北京大學圖書館藏
“大倉文庫”善本圖録

北京大學圖書館 編

（上）

中華書局

圖書在版編目（CIP）數據

北京大學圖書館藏“大倉文庫”善本圖録 ： 全2册/北京大學圖書館編. -- 北京 ： 中華書局，2014.5
ISBN 978-7-101-10080-8

Ⅰ.北… Ⅱ.北… Ⅲ.古籍－善本－圖書館目録－北京市 Ⅳ.Z838

中國版本圖書館CIP數據核字(2014)第063124號

責任編輯：張　進　陳利輝　張學領
裝幀設計：劉　麗　毛　淳

北京大學圖書館藏“大倉文庫”善本圖録

（全二册）

北京大學圖書館 編

*

中 華 書 局 出 版 發 行

（北京市豐臺區太平橋西里38號　100073）

http://www.zhbc.com.cn

E-mail:zhbc@zhbc.com.cn

三河弘翰印務有限公司印刷

*

880×1230毫米 1/16・39¾印張

2014年5月第1版　2014年5月三河第1次印刷

印數：1-800册　定價：980.00元

ISBN 978-7-101-10080-8

北京大學圖書館藏“大倉文庫”善本圖録

編輯委員會

北京大學圖書館藏“大倉文庫”善本圖録

編輯委員會

主　　編：朱　强

副 主 編：李　雲　劉大軍

編 纂 者：吕淑賢　常雯嵐　胡海帆　湯　燕　吴曉雲　展京芬

何燕華　丁世良　魯學禮　楊　芬　楊楠楠

書影製作：王　俊

圖片攝影：許春芳　李東溟　常雯嵐　宋慶生　澁谷文敏（日本）

小林威芳（日本）　當銘藤子（日本）　吕淑賢　尹松月

目　録

序

2013年12月，北京大學整體購回了日本大倉文化財團大倉集古館存藏的古籍九百餘部，其中有很珍貴的善本典籍。這是新中國建立之後第一次將國外某一藏書機構存藏的全部中國古籍收購回歸，在中國古籍回歸史上，到目前為止，是唯一的一次。同時，這批古籍在整體數量上和版本價值上，也勝過了近幾十年回歸的各批圖書。

中國的古籍自它產生之時起，就不僅在中國本土流傳，無論是稿本、鈔本，還是刻本，都有流到國外。流傳的情況是多種多樣的。有政府間的贈書，如清同治八年（1869）清政府回贈美國政府十種書，包括《農政全書》、《本草綱目》、《皇清經解》等，至今收藏在美國國會圖書館。有外國人在中國生活一段時間之後帶回國去的，如日本的遣唐使、美國的傳教士。有外國的書商到中國成批購買後到本國銷售的，如20世紀前葉日本東京的文求堂書店。有外國圖書館正常購買的，如20世紀50年代芝加哥大學從香港搜購中國圖書近三十萬册，其中經部古籍佔有相當比例。有侵略者從中國搶掠走的，如1860年英法聯軍將北京圓明園所藏文源閣《四庫全書》的燼餘散本劫帶回國；日本侵華時期掠走中國東三省的貴重古籍。有中外勾結聯手偷盜走的，如敦煌藏經洞的文獻由英國斯坦因、法國伯希和、俄國奥登堡等人買通看管人明目張膽搶掠走的。也有中國人移居海外帶出去的，如前些年上海圖書館、中國國家圖書館先後從移民美國的藏書家後人那裡購回的兩批書。所以，目前在海外的這批中國古籍（或稱海外漢籍）的外流途徑，是流傳與流失並存，正常交流與强行掠奪同在。

當前，海外所藏中國古籍數量相當大，僅宋元版書而言，全世界範圍內約有六千部左右，其中我國有四千餘部，外國有近兩千部。海外的這批中國古籍數量不小，雖然絕大多數是常見古籍，大多在國内有藏，但也有一部分是國内沒有的孤本或國内少有的珍稀本。這次北京大學購回的大倉集古館的圖書，有一批是珍稀本，稿本、鈔本、明銅活字本、清宫舊藏本屢現其中，在版本價值和學術研究上，這批書的回歸是有價值的。

存藏在海外的中國古籍，不管他們當年是通過什麼渠道，怎樣流傳到海外的，今天，都已經成為國外衆多圖書館收藏的書籍，甚至是這些圖書館的重要存藏。各國的人，只要他能讀得懂，都可以到存藏有中國古籍的圖書館去借閲中國古書，這是中國文化在世界上的影響。這使得中國的文化財富也成為世界文化的寶藏。所以，我們不必籠統地、簡單地强調古籍的回歸。近年，我們大多採取將海外漢籍中的珍稀本複製回國的辦法，如日本宫内廳書陵部藏的一百四十三種宋元版古籍，我們全部複製回國，并選擇其中六十六種影印出版。但是，珍稀的古籍如能原書回歸，更是我們盼望的好事。有如今天大倉集古館的中國古籍回歸中國，入藏北京大學圖書館，正是百年不遇的機會，它不僅讓更多的學子、國内外人士閲讀、使用，更是新世紀裡中日文化交流的一種新形式。

安平秋

2014年4月10日於北京大學

序

回購日本“大倉藏書”，無疑是2013年中國古籍界的頭等大事，也是北京大學圖書館百多年來藏書建設史上的里程碑。有幸參與其中，深感榮幸！

專家組在《鑒定書》中對“大倉藏書”的評價是：“……大倉文化財團大倉集古館所藏中文古籍經史子集四部咸備，宋元明清歷朝傳本齊全，刻印、活字排印、鈔寫批校等版本類型皆具，是一批難能可貴的重要典籍。……我們一致認為：這批典籍與大倉文化財團大倉集古館提供給北京大學圖書館之最終購書目録在數量、版本諸方面相符，並且可以確定一些典籍之版本價值、文獻價值和文物價值等方面已超出了大倉文化財團大倉集古館的原有估量。這批典籍品質上乘、印製精良、數量規模大、書品保存完好是一筆巨大的文化財富，而能集中回購中國則是一件空前的文化盛事，將會在中日文化交流史上成為令人稱道的範例。……”

沒想到北京大學圖書館在極短的時間內編纂出了如此“色香味俱全”高質量的圖録。

“大倉藏書”從開始意向出售中國，經歷了一個複雜曲折的爭購過程，北京大學上下齊心努力，最終“水落石出”落戶其圖書館，其決心、魄力、能量和眼光令人欽佩！特別是北京大學圖書館的同仁，其專業素質、敬業精神、工作態度、辦事效率，從在日本東京日通公司倉庫對“大倉藏書”進行審核、清點、造册、裝箱，到“大倉藏書”入庫圖書館後開箱、驗收、整理、編目，再到加班加點、精益求精地編纂出這套《北京大學圖書館藏“大倉文庫”善本圖録》，都給人留下極其深刻的印象！

該圖録展現了“大倉文庫”九百餘部典籍中的部分：四部宋刻遞修本、九部元刻及元刻遞修本、六十餘部明清刻本、十四部明銅活字本、三十餘部木活字本、七十餘部明清鈔稿本，以及近三十部清宫舊藏。

在"大倉文庫"衆多珍貴古籍中，還包括一批極具特色的典籍，如：文津閣《四庫全書》寫本《南巡盛典》，以及清代名家陸貽典、毛扆、鮑廷博等人的批校題跋本。最值得稱道的是其中二十二部鈐滿漢合璧"翰林院印"朱文大方印的"四庫進呈本"。其中"四庫著録"十二部、"四庫存目"七部、"四庫未著録"三部；而十二部"四庫著録"中"四庫底本"三部。

這批"四庫進呈本"書品較佳，保存完好，其中十二部完好地保存了"朱文長方形木記"，十一部為"乾隆三十八年十一月浙江巡撫三寶送到……"可以推斷，當初進呈之書是按照地區和年月順序集中於翰林院，四庫館臣撰寫提要、謄録閣本後將其歸還到了原來的位置；"四庫進呈本"的散出，有一部分是批量從翰林院散出後又批量流入了藏書家之手。這批"四庫進呈本"從今入藏北京大學圖書館再不會二次散出了，不亦樂乎！

"四庫進呈本"中的十二部"四庫著録"本，有一部可補《四庫提要著録叢書》之闕，有三部版本優於《四庫提要著録叢書》；七部"四庫存目"本，有三部可補《四庫全書存目叢書》之闕，有一部版本優於《四庫全書存目叢書》。

"四庫進呈本"在"大倉文庫"中比例如此之高，令人驚奇不已；一次購入如此衆多的"四庫進呈本"，真是令人嘆為觀止！"四庫進呈本"，特别是"四庫底本"之版本價值、文獻價值和文物價值極高，頗受歷代藏書家和圖書館的珍視，而日方在此之前提供的"大倉藏書"目録并未著録"四庫進呈本"。包括"四庫進呈本"在内的一部分典籍，在日方提供的目録上所著録的版本多較為模糊，更比經實際鑒定后所確定的版本價值要低，因此，更讓回購的這批典籍物超所值。

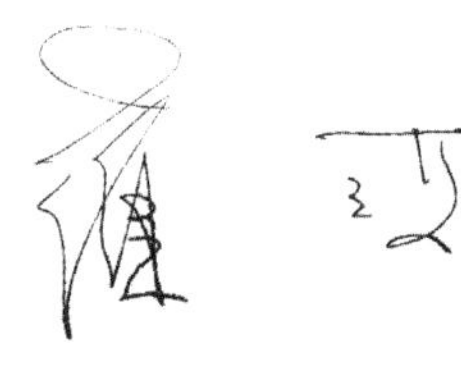

2014年4月3日

20世紀初，在日本訪問的中國藏書家董康因急需資金，將所藏部分典籍售予了日本友人——大倉文化財團創始人大倉喜八郎先生。時光荏苒，這批典籍在大倉文化財團大倉集古館已珍藏了近百年。此間，大倉文化財團以該批典籍為核心不斷蒐儲，使其漸成規模，世稱“大倉藏書”。大倉文化財團大倉集古館也因此成為日本收藏中國典籍數量較多的機構。

2005年，大倉文化財團為籌措收購本國民間流散文物的資金，決定以18億日元的價格出售“大倉藏書”，其條件為：不得打散拍賣，由中國國有收藏機構永久性整體收藏。自2005年至2012年，國內的許多收藏機構、企業，甚至個人，紛紛通過中介與大倉文化財團大倉集古館接洽商討收購事宜，但或因資金問題，或因無法滿足大倉文化財團的要求，均未能實現收購願望。

2012年，北京大學圖書館在校内外37位專家學者的建議下決定對“大倉藏書”實施收購。自2012年6月起，朱强館長領導相關業務人員奮力擔當，堅忍付出，全力推進收購工作。在北京大學黨委書記朱善璐、校长王恩哥等校領導的大力支持下，收購事宜最終得到了中央有關領導的關注，由教育部會同財政部撥付50%的購書款，解決了購書經費問題。歷時一年半，“大倉藏書”于2013年12月12日運抵北京大學圖書館。

這是一百多年來中國首次大批量收購留存在海外的中華典籍。

今天的“大倉藏書”經過揭示整理，以“大倉文庫”專藏的形式整體保存在北京大學圖書館的地下善本庫。“大倉文庫”將與北京大學所藏的各類文獻一起，在教學與科研中充分發揮學術公器之作用。

位於日本國東京都虎之門的大倉文化財團大倉集古館

曾經儲存“大倉藏書”的大倉文化財團大倉集古館書庫

2012年6月30日，北京大學圖書館館長朱强（左三）由古籍部主任李雲（左一）陪同，與大倉文化財團大倉集古館指定代表、日本現代中國藝術中心代表取締役當銘藤子女士（左二），上海博古齋拍賣有限公司總經理李東溟先生（左四），在北京大學圖書館貴賓室會面，就北京大學圖書館擬收購“大倉藏書”進行商談。

朱强館長在善本地庫向當銘藤子女士介紹北京大學圖書館古文獻的收藏情況。

曾經儲存"大倉藏書"的大倉文化財團大倉集古館書庫

2012年6月30日，北京大學圖書館館長朱强（左三）由古籍部主任李雲（左一）陪同，與大倉文化財團大倉集古館指定代表、日本現代中國藝術中心代表取締役當銘藤子女士（左二），上海博古齋拍賣有限公司總經理李東溟先生（左四），在北京大學圖書館貴賓室會面，就北京大學圖書館擬收購“大倉藏書”進行商談。

朱强館長在善本地庫向當銘藤子女士介紹北京大學圖書館古文獻的收藏情況。

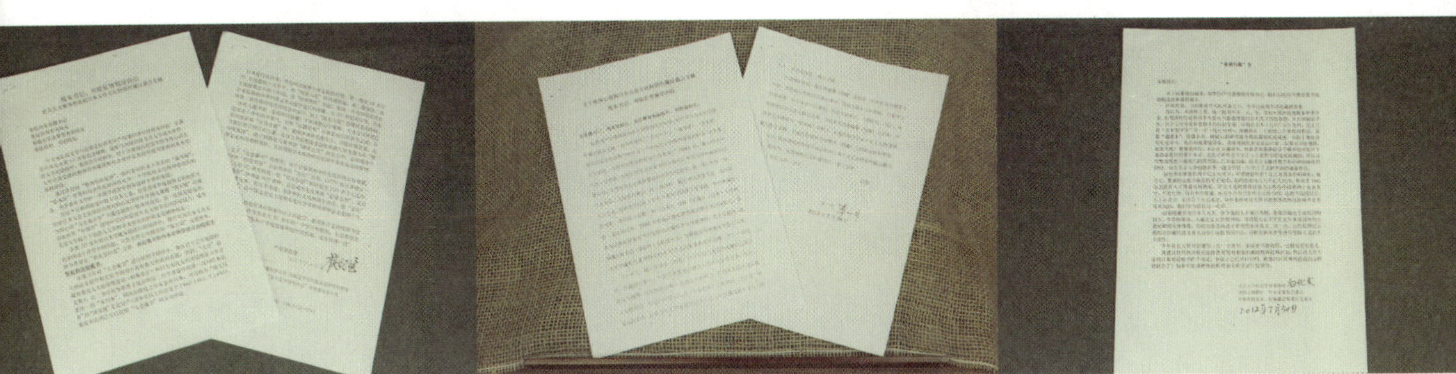

2012年7月27日，嚴紹璗教授致北京大學校領導《建言北大整體性收購日本大倉文化財團所藏漢籍文獻》。

2012年7月28日，湯一介教授向北京大學校領導推薦北京大學圖書館對“大倉藏書”實施整體收購。

2012年7月30日，白化文教授以《董康舊事》為題向朱强館長推薦北京大學圖書館收購“大倉藏書”。

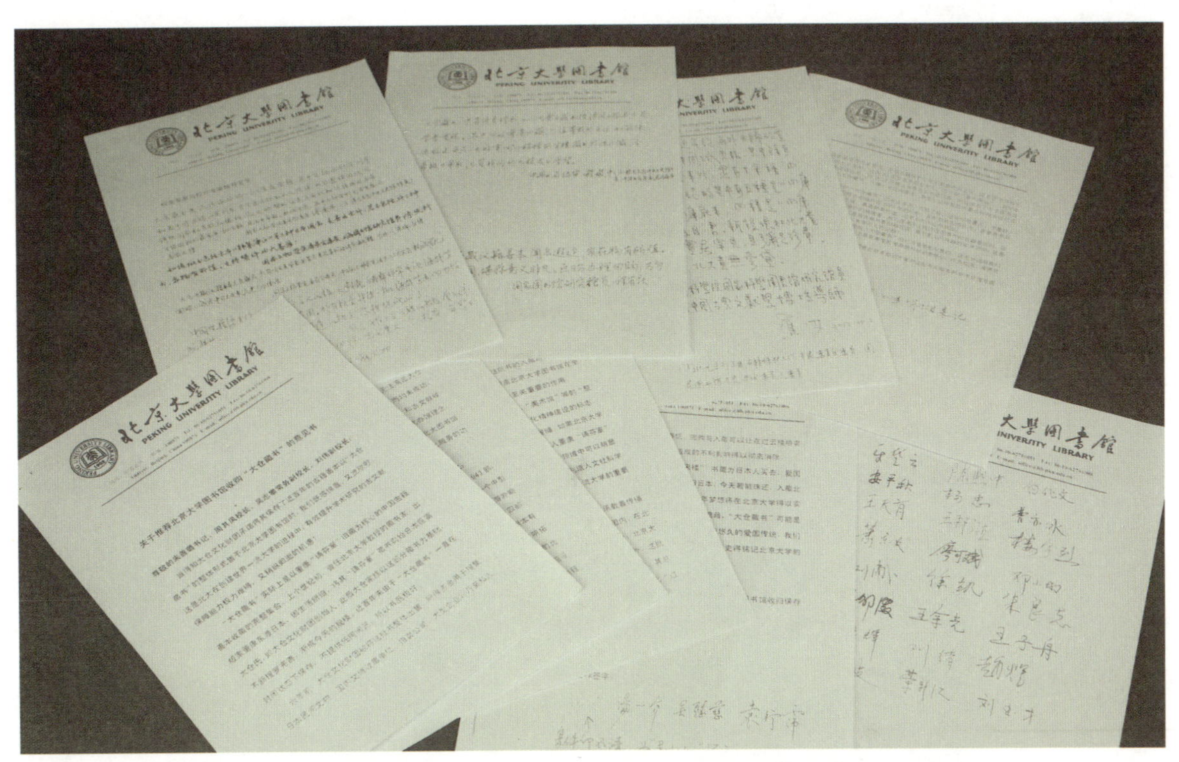

2012年10月，37位專家學者聯名推薦北京大學圖書館收購“大倉藏書”。

2013年6月20日，受北京大學校長王恩哥的委託，北京大學副校長劉偉在朱强館長的陪同下抵達東京，與大倉文化財團簽署收購協議。《中國古籍善本轉讓合同書》簽署後，雙方合影留念。（從左至右：大倉集古館事務局長澁谷文敏先生、大倉集古館館長大倉喜彦先生、大倉集古館理事長大崎磐夫先生、北京大學副校長劉偉、北京大學圖書館館長朱强、北京大學圖書館館員力愷、日方代表當銘藤子女士）

劉偉副校長向大崎磐夫理事長贈送北京大學紀念品。

2013年9月9日至9月14日，朱强館長帶隊，由全國古籍保護工作專家委員會主任、國家文物鑒定委員會委員、國家圖書館研究館員李致忠先生，全國高等院校古籍整理研究工作委員會主任、北京大學中文系教授、博士生導師安平秋先生，全國古籍保護工作專家委員會委員、國家文物鑒定委員會委員、上海圖書館研究館員陳先行先生，全國古籍保護工作專家委員會委員、中國科學院國家科學圖書館研究館員、博士生導師羅琳先生組成的專家鑒定組，和參與清點工作的北京大學圖書館部分業務人員，赴日本東京對“大倉藏書”進行鑒定、清點。朱强館長與李致忠先生（右一）、羅琳先生（右二）、安平秋先生（右四）在東京日通公司倉庫的鑒定工作現場。

安平秋先生與陳先行先生在鑒定“大倉藏書”。

專家在對“大倉藏書”進行鑒定。

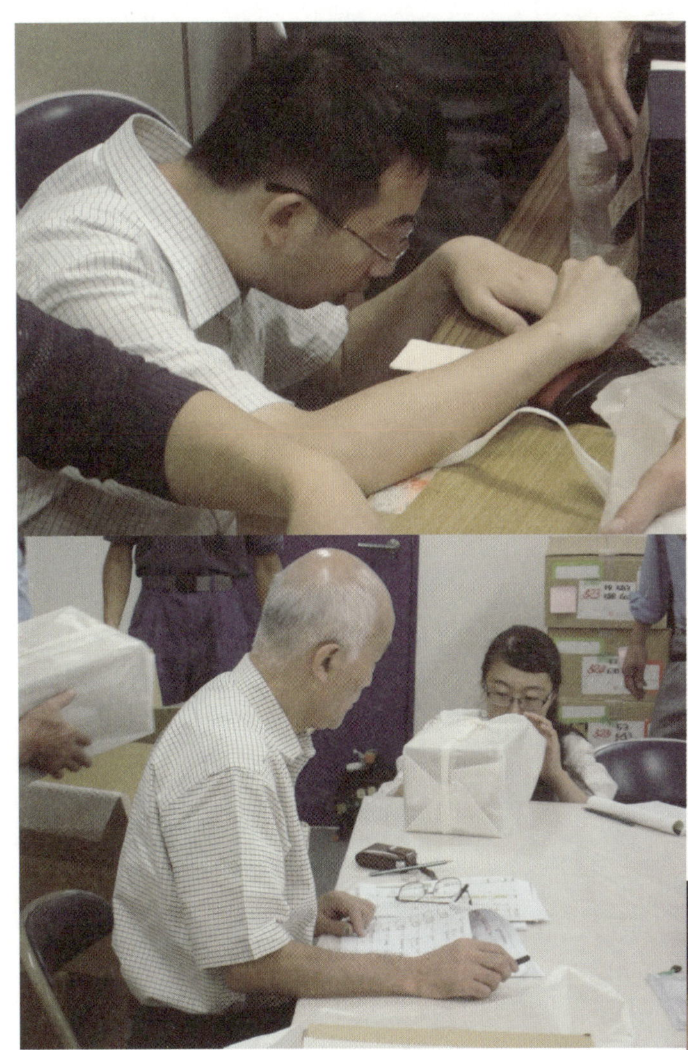

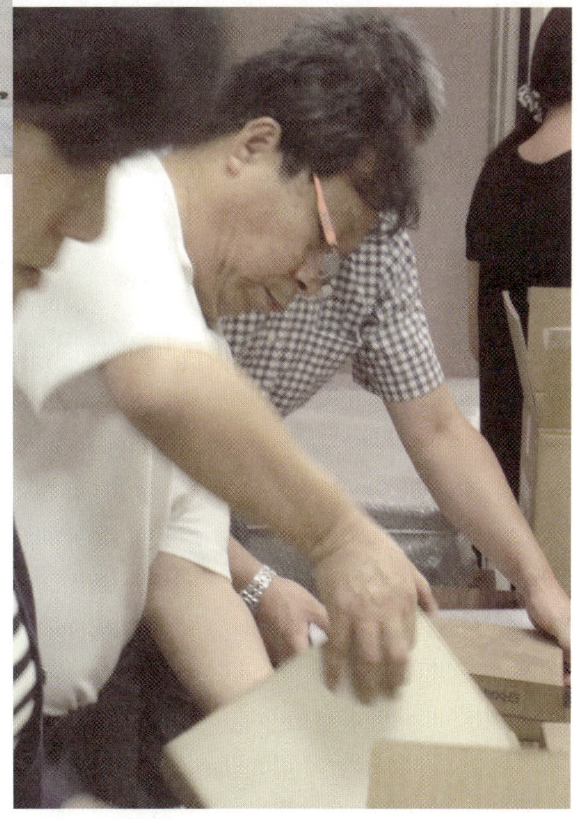

北京大學圖書館的業務人員在清點“大倉藏書”。

北京大學圖書館古籍部業務人員在日本東京日通公司倉庫清點已裝箱的"大倉藏書"。

北京大學圖書館古籍部業務人員在大倉文化財團大倉集古館書庫清點"大倉藏書"。(從左至右：劉大軍副主任、何燕華、丁世良)

鑒定工作間歇，專家留影。

鑒定專家與北京大學圖書館古籍部業務人員商議起草鑒定書。

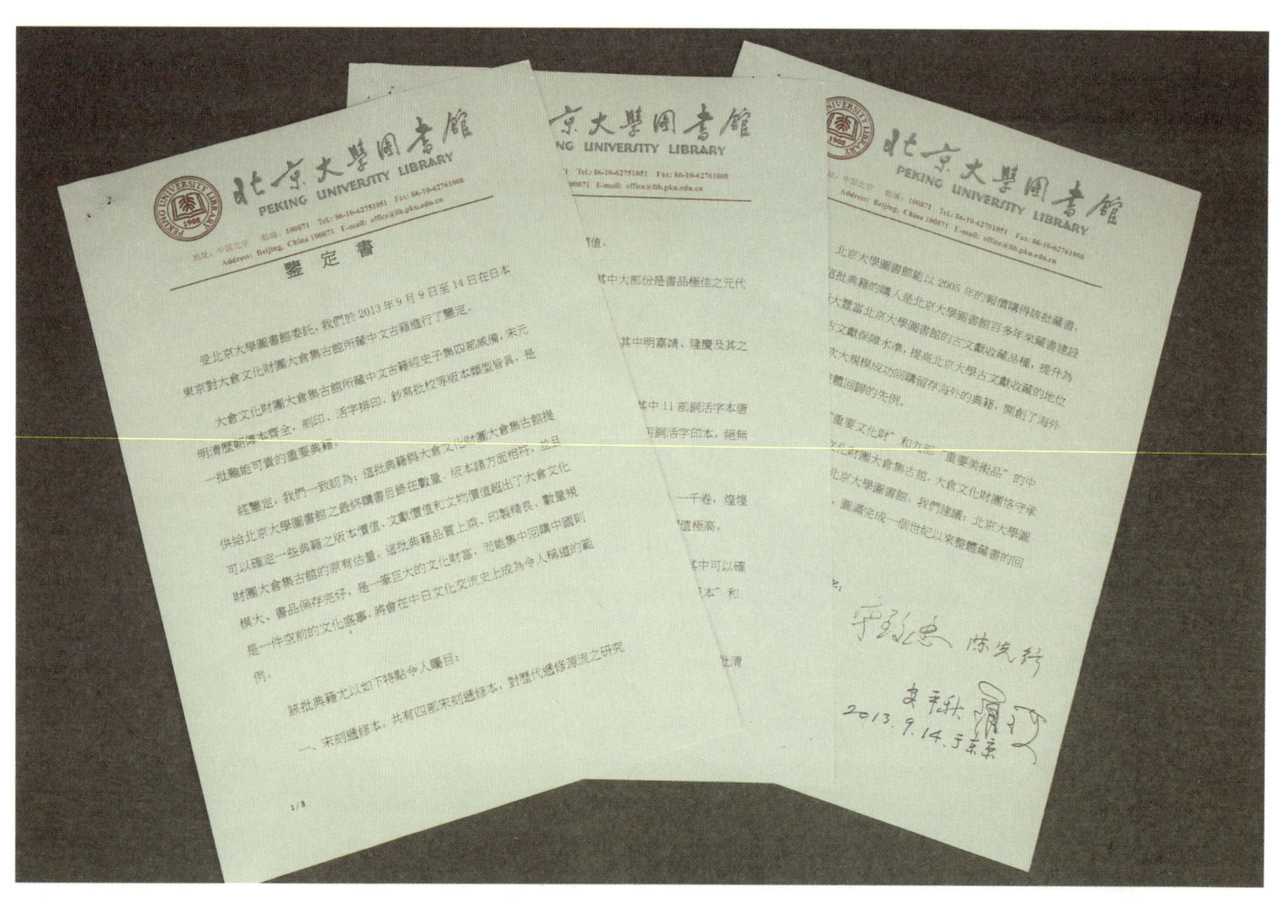

北京大學圖書館
PEKING UNIVERSITY LIBRARY
地址：中國北京 郵編：100871 Tel.: 86-10-62751051 Fax: 86-10-62761008
Address: Beijing, China 100871 E-mail: office@lib.pku.edu.cn

鑒定書

受北京大學圖書館委託，我們於2013年9月9日至14日在日本東京對大倉文化財團大倉集古館所藏中文古籍進行了鑒定。

大倉文化財團大倉集古館所藏中文古籍經史子集四部咸備，宋元明清歷朝傳本齊全，刻印、活字排印、鈔寫批校等版本類型皆具，是一批難能可貴的重要典籍。

經鑒定，我們一致認為：這批典籍與大倉文化財團大倉集古館提供給北京大學圖書館之最終購書目録在數量、版本諸方面相符，並且可以確定一些典籍之版本價值、文獻價值和文物價值超出了大倉文化財團大倉集古館的原有估量。這批典籍品質上乘、印製精良、數量規模大、書品保存完好，是一筆巨大的文化財富，而能集中回購中國則是一件空前的文化盛事，將會在中日文化交流史上成為令人稱道的範例。

該批典籍尤以如下特點令人矚目：

一、宋刻遞修本。共有四部宋刻遞修本，對歷代遞修源流之研究

1/3

2013年9月14日，四位專家簽署鑒定書。

鑒定清點工作結束後，中日雙方工作人員合影。

四位鑒定專家與北京大學圖書館業務人員合影。

2013年12月12日中午，日通公司北京分公司租用9輛郵政運輸車將裝有“大倉藏書”的58個大木箱運抵北京大學圖書館。

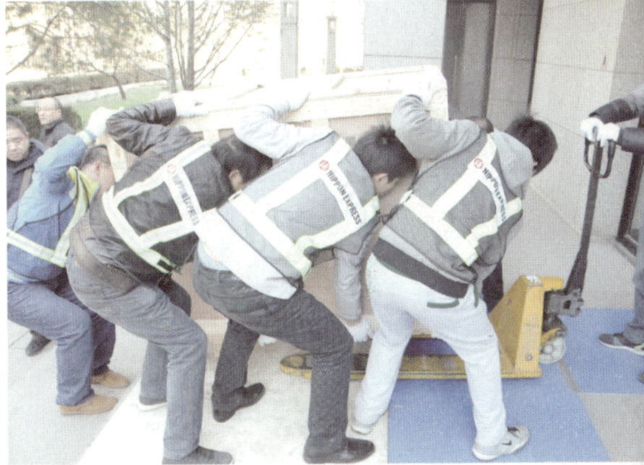

日通公司北京分公司的工作人員進行卸車、搬運、拆封等作業。

北京大學黨委書記朱善璐對圖書館收購“大倉藏書”鼎力支持。2013年12月12日中午，朱書記趕到圖書館搬運現場，查看“大倉藏書”運抵情況。

朱善璐書記與朱强館長在交談。

北京大學黨委書記朱善璐（右）在北京大學圖書館館長朱强（中）和北京大學圖書館黨委書記、副館長蕭群（左）的陪同下，查看裝有“大倉藏書”的航空木箱。

"大倉藏書"運入北京大學圖書館善本地庫。

北京大學圖書館古籍部業務人員將"大倉藏書"開箱上架。

北京大學校長王恩哥在北京大學圖書館館長朱强的陪同下查看儲存“大倉文庫”典籍的北京大學圖書館善本地庫。

王恩哥校長查閲“大倉文庫”善本典籍（左為北京大學圖書館館長朱强，右為北京大學圖書館黨委書記、副館長蕭群）。

北京大學圖書館古籍部的業務人員在研究整理“大倉文庫”典籍。

在大倉文化財團集古館，“大倉文庫”典籍受到科學精心的保管，其書品整體精良。但由於個別典籍在入藏集古館以前就有破損情況，所以這批書在入藏北京大學圖書館后，古籍部的修複人員就立刻對其進行了修複。

北京大學圖書館的業務人員為"大倉文庫"典籍加蓋北京大學圖書館館藏章。

北京大學圖書館的業務人員正在掃描製作"大倉文庫"典籍書影。

修複前後的“大倉文庫”典籍書套。

修複前後的“大倉文庫”典籍。

儲存“大倉文庫”典籍的善本地庫。

具有一百一十六年歷史的北京大學圖書館。

刻本

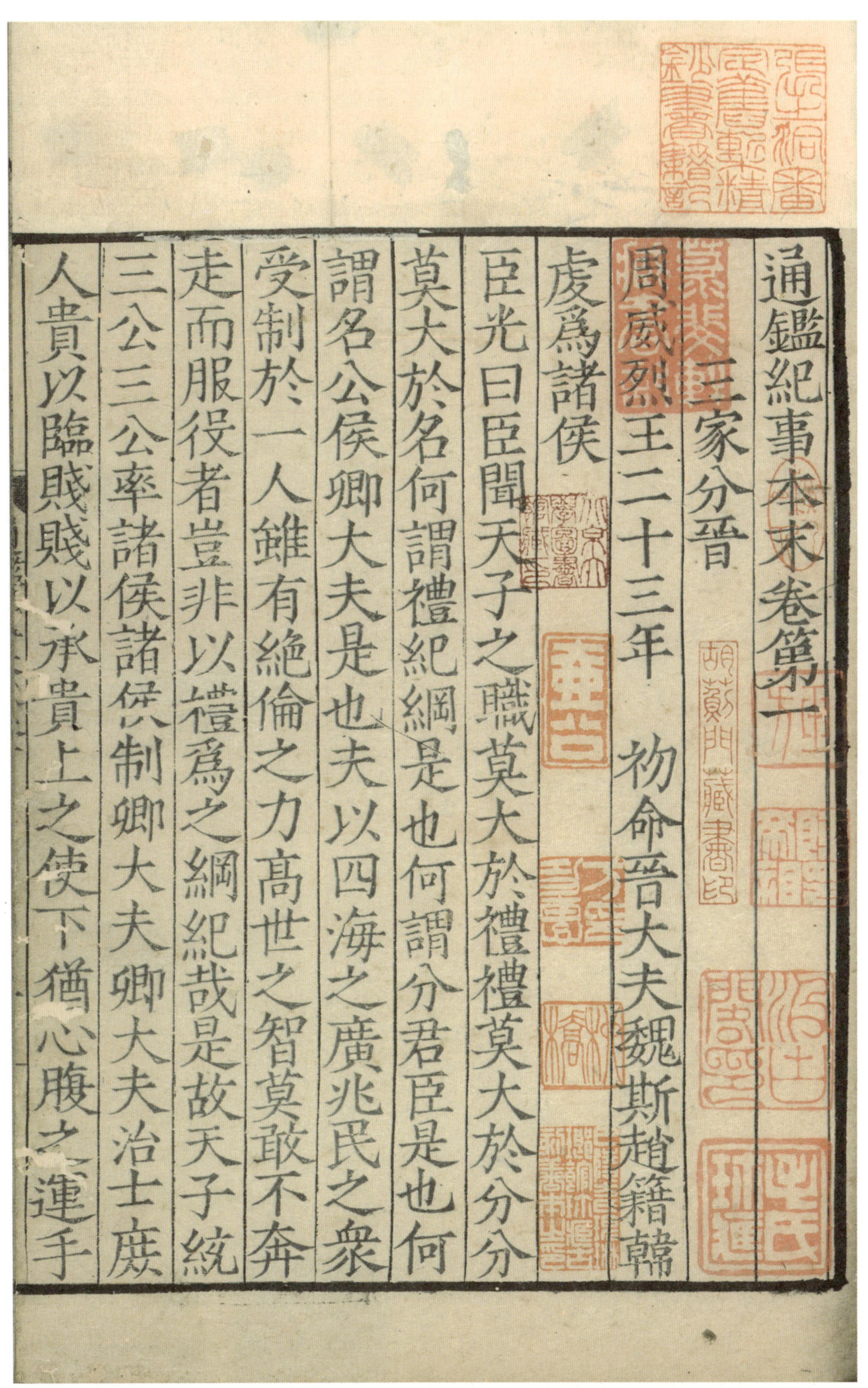
通鑑紀事本末卷第一
三家分晉
周威烈王二十三年　初命晉大夫魏斯趙籍韓
虔爲諸侯
臣光曰臣聞天子之職莫大於禮禮莫大於分分
莫大於名何謂禮紀綱是也何謂分君臣是也何
謂名公侯卿大夫是也夫以四海之廣兆民之衆
受制於一人雖有絶倫之力高世之智莫敢不奔
走而服役者豈非以禮爲之綱紀哉是故天子統
三公三公率諸侯諸侯制卿大夫卿大夫治士庶
人貴以臨賤賤以承貴上之使下猶心腹之運手

通鑑紀事本末四十二卷/八夾板八十四册/宋寶祐丁巳（五年，1257）刻元明遞修本

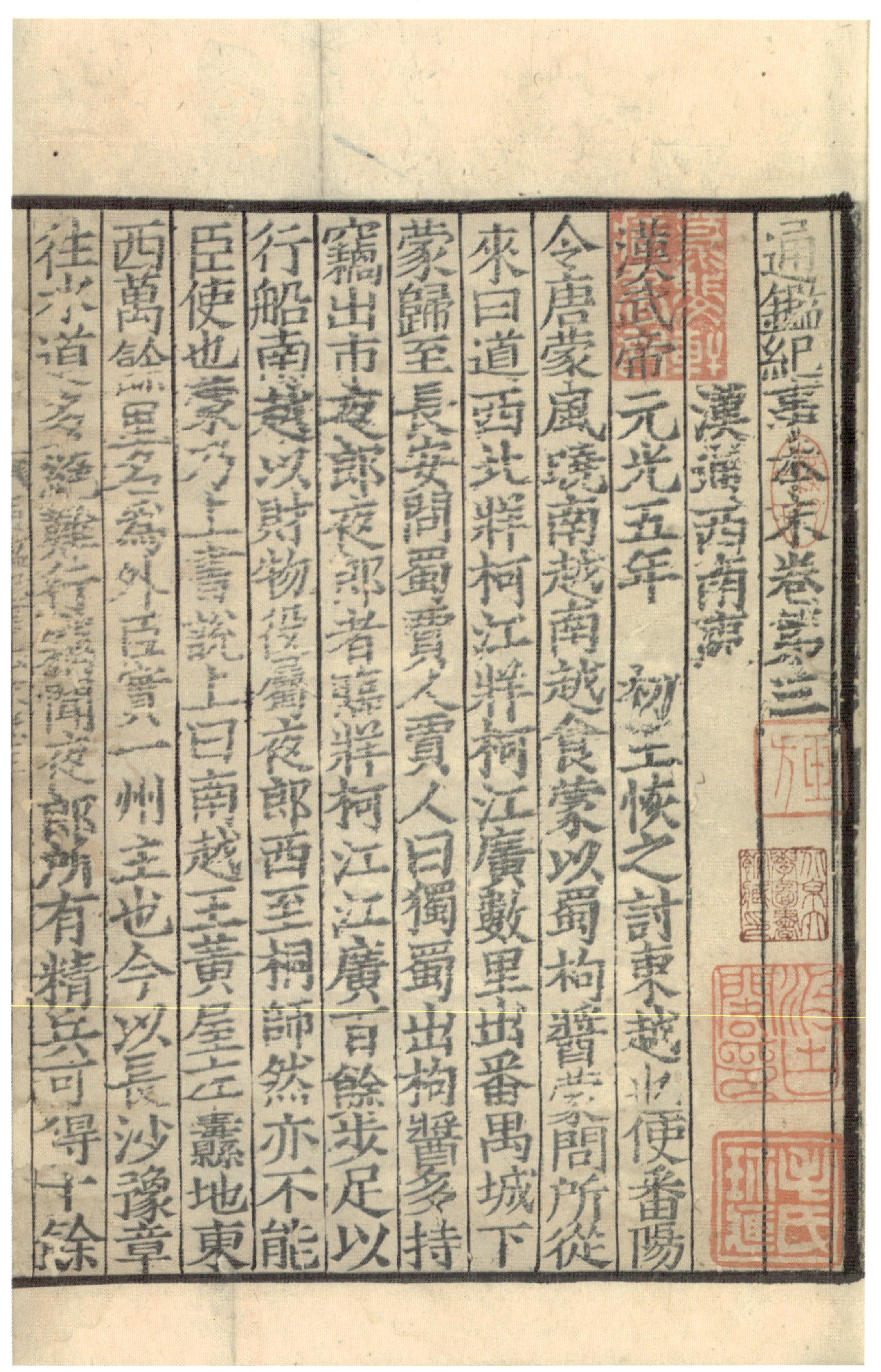
通鑑紀事本末卷第三
漢通西南夷
漢武帝元光五年　初王恢之討東越也便番陽
令唐蒙風曉南越南越食蒙以蜀枸醬蒙問所從
來曰道西北牂柯江牂柯江廣數里出番禺城下
蒙歸至長安問蜀賈人賈人曰獨蜀出枸醬多持
竊出市夜郎夜郎者臨牂柯江江廣百餘步足以
行船南越以財物役屬夜郎西至桐師然亦不能
臣使也蒙乃上書說上曰南越王黃屋左纛地東
西萬餘里名為外臣實一州主也今以長沙豫章
往水道多絕難行竊聞夜郎所有精兵可得十餘

通鑑紀事本末四十二卷　之二

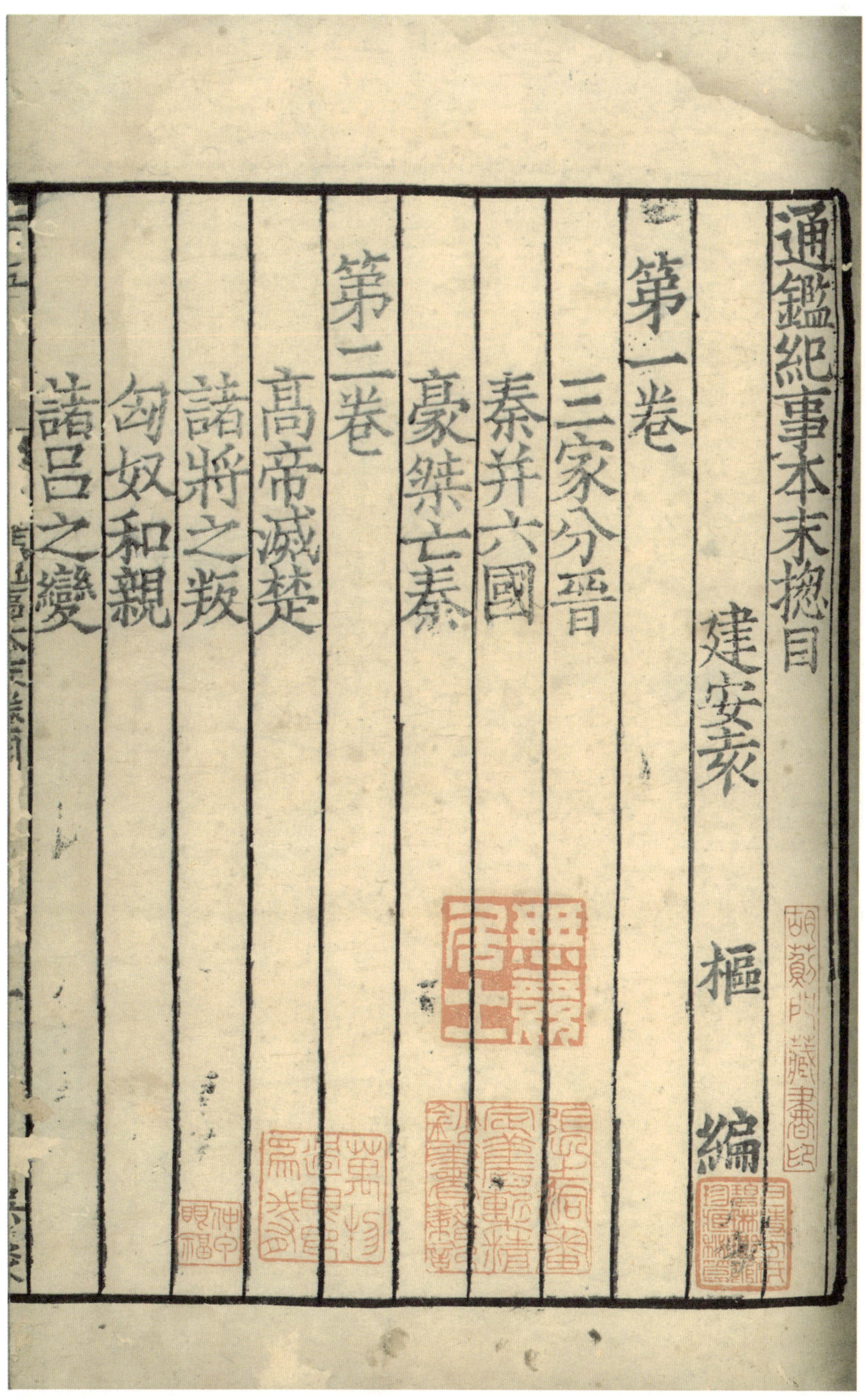

通鑑紀事本末揔目

建安袁　樞　編

第一卷

三家分晉

秦并六國

豪桀亡秦

第二卷

高帝滅楚

諸將之叛

匈奴和親

諸呂之變

通鑑紀事本末四十二卷　之三

周語上第一　國語　韋氏解

穆王將征犬戎穆王周康王之孫昭王之子穆王滿也征正也上討下之稱犬戎西戎之

別名也在■服之中祭公謀父諫曰不可祭畿內之國周公之後爲王卿士謀父字也傳

曰凡蔣邢茅胙■周公之胤也先王耀德不觀兵耀明也觀示也明德尚道化也不示

兵者有大罪惡然後致誅不以小小而示威武也夫兵戢而時動動則威戢聚也威

畏也時動謂三時務農一時講武守則有財征則有威觀則玩玩則無震玩黷也震

懼也是故周文公之頌曰文公周公旦之謚也頌時邁之詩也武王既伐紂周公爲作

此詩巡守告祭之樂歌也載戢干戈載櫜弓矢載則也干楯也戈戟也櫜韜也言天

下已定聚斂其干戈[illegible]藏其弓矢示不復用也我求懿德肆于時夏懿美也肆陳也

于於也時是也夏大也言武王常求美德故陳其功於是夏而歌之樂章大者曰夏允王保之

國語二十一卷補音三卷/八冊/宋紹興間杭州刻元大德間西湖書院修明弘治十七年（1504）南京國子監續修本

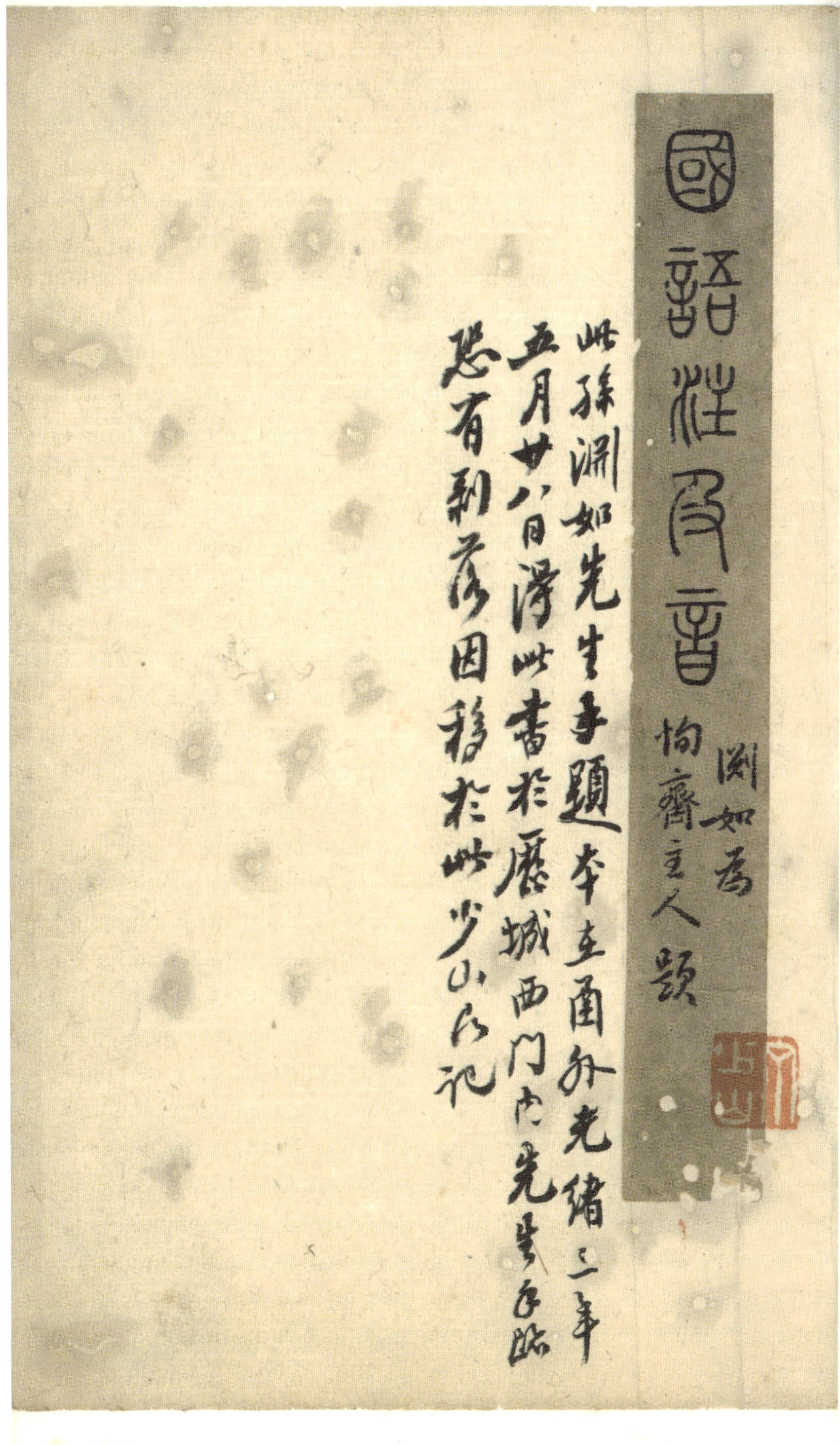

國語注補音

淵如為恂齋主人題

此孫淵如先生手題。李直圃外光緒三年五月廿八日得此書於歷城西门内。先生手跡恐有剝落，因移於此。少山氏記

國語二十一卷補音三卷　之二

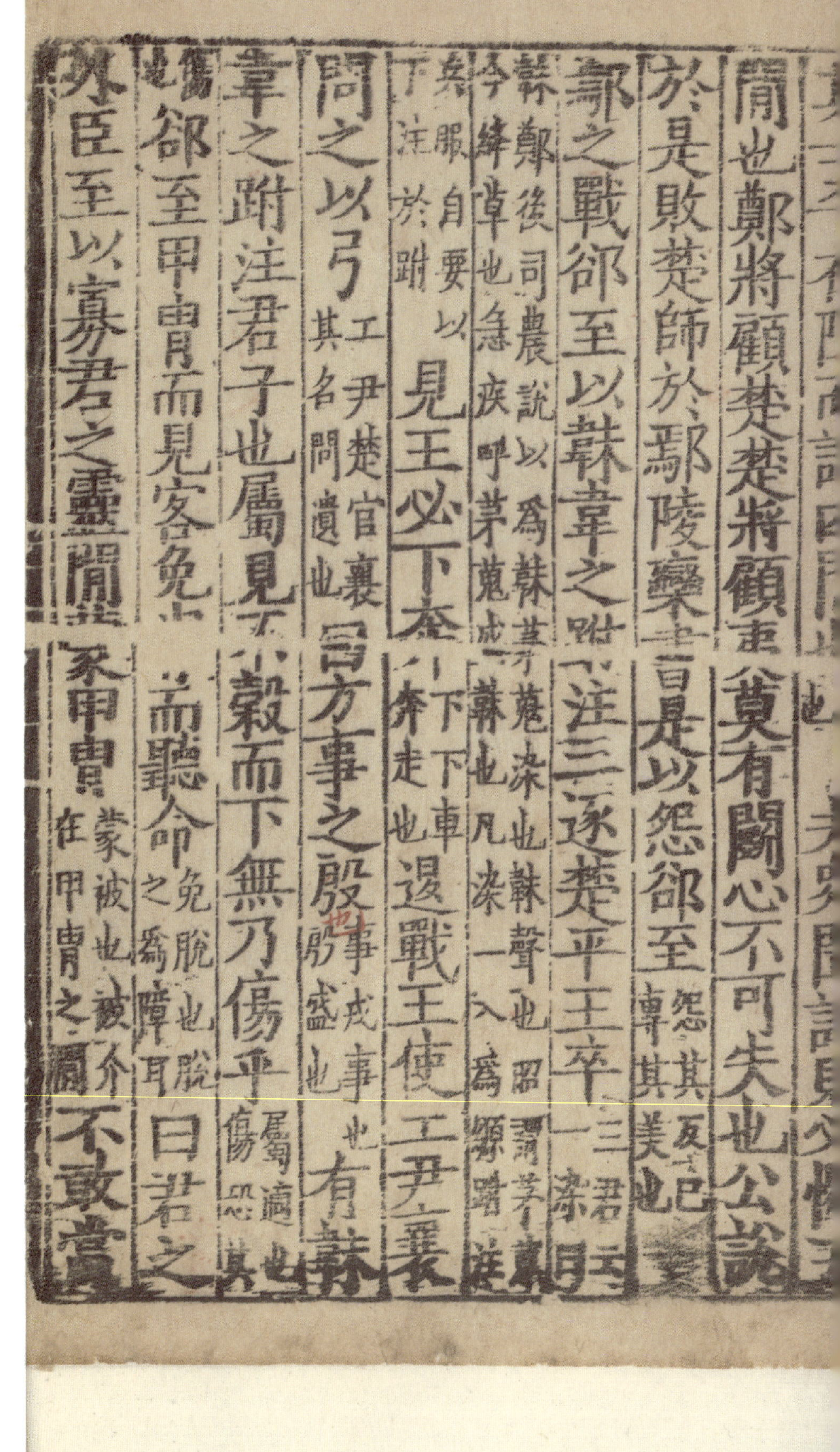

間也鄭將顧楚楚將顧晉莫有鬬心不可失也公說於是敗楚師於鄢陵欒書是以怨郤至怨其反己專其美也鄢之戰郤至以韎韋之跗注三逐楚平王卒三君云一染曰韎鄭後司農說以爲韎茅蒐染也韎聲也昭謂茅蒐今絳草也急疾呼茅蒐成韎也凡染一入爲韎跗注兵服自要以下注於跗見王必下奔下下車奔走也退戰王使工尹襄問之以弓工尹楚官襄其名問遺也曰方事之殷也事戎事也殷盛也有韎韋之跗注君子也屬見不穀而下無乃傷乎屬適也傷恐其傷也郤至甲冑而見客免冑而聽命免脫也脫之爲障耳曰君之外臣至以寡君之靈間蒙甲冑蒙被也被介在甲冑之閒不敢當

國語二十一卷補音三卷　之三

晉之功故多憂變我晉也子晃無土而欲富者樂乎哉

求富行不得息

厲公六年伐鄭六年魯成十六年且使苦成叔及欒黶興齊

魯之師苦成叔郤犨欒黶欒書之子桓子也郤犨如齊欒黶如魯皆乞師楚恭王帥

東夷救鄭恭王莊王之子箴也或作審東夷楚東之夷也楚半陳公使擊之

欒書曰君使黶也興齊魯之師請俟之郤至曰不可

楚師將退我擊之必以勝歸將退無鬬心故可勝也夫陳不違

忌一間也違避也忌謂晦也間隙也晦陰氣盡兵家陰故忌之經書六月甲午晦晉侯及楚子

鄭伯戰于鄢陵夫南夷與楚來而不與陳二間也南夷蠻在晉南也不

與陳不戰也夫楚與鄭陳而不與整三間也雖俱陳不且

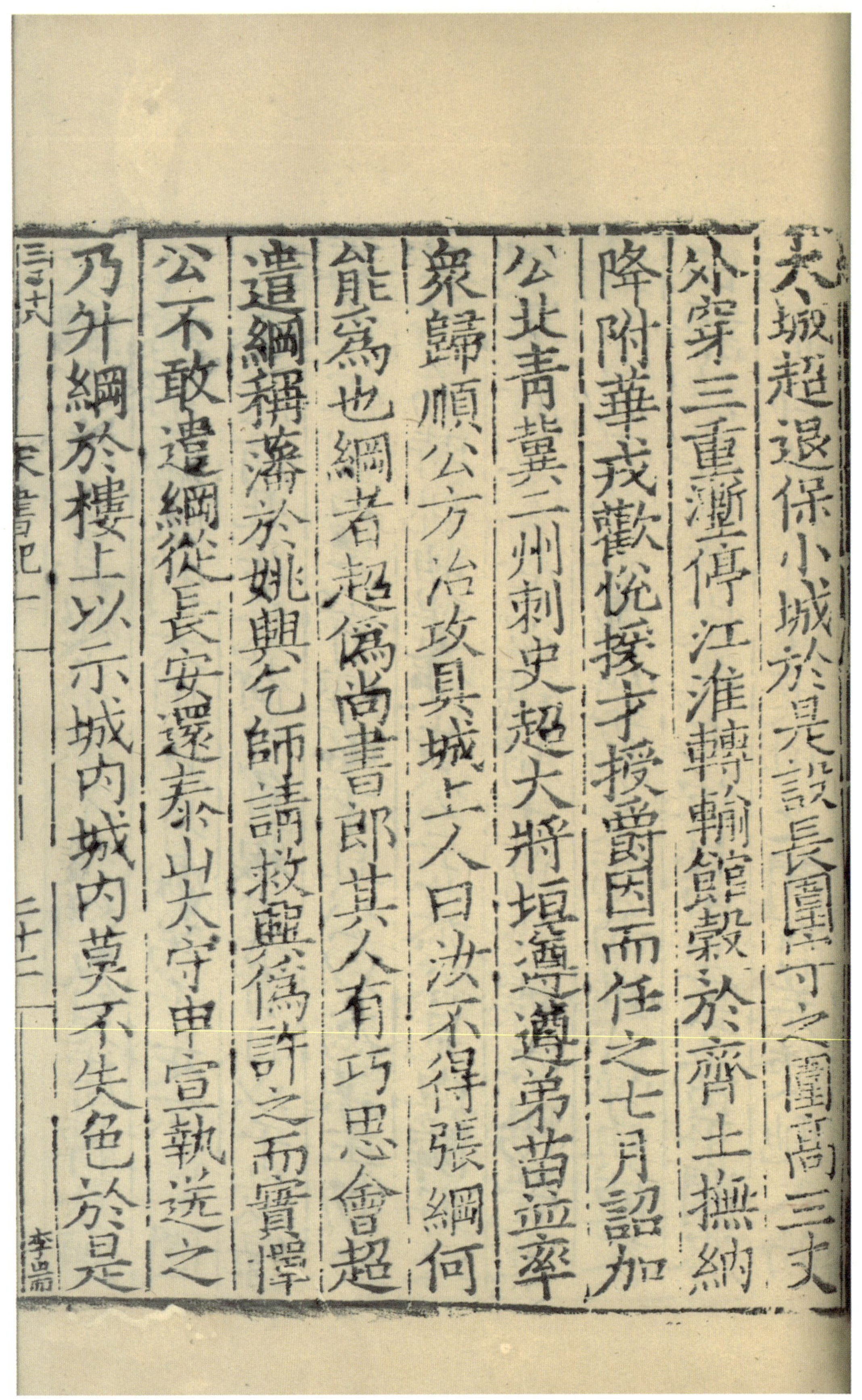

大城超退保小城於是設長圍守之圍高三丈
外穿三重壍停江淮轉輸館穀於齊土撫納
降附華戎歡悅援才授爵因而任之七月詔加
公北青冀二州刺史超大將垣遵遵弟苗並率
衆歸順公方治攻具城上人曰汝不得張綱何
能爲也綱者超僞尚書郎其人有巧思會超
遣綱稱藩於姚興乞師請救興僞許之而實憚
公不敢遣綱從長安還泰山太守申宣執送之
乃升綱於樓上以示城内城内莫不失色於是

三百十八　宋書紀一　二十二　李耑

宋書一百卷/四函三十二册/宋刻宋元明遞修本

序紀第一　魏書一

昔黃帝有子二十五人或内列諸華或外分
服昌意少子受封北土國有大鮮卑山因以爲
號其後世爲君長統幽都之北廣漠之野畜牧
遷徙射獵爲業淳樸爲俗簡易爲化不爲文字
刻木紀契而已世事遠近人相傳授如史官之
紀録焉黃帝以土德王北俗謂土爲托謂后爲
跋故以爲氏其裔始均入仕堯世逐女魃於弱
水之北民賴其勤帝舜嘉之命爲田祖爰歷三

二百六十　魏書紀一　一

魏書一百十四卷/八十册/宋刻元明遞修本

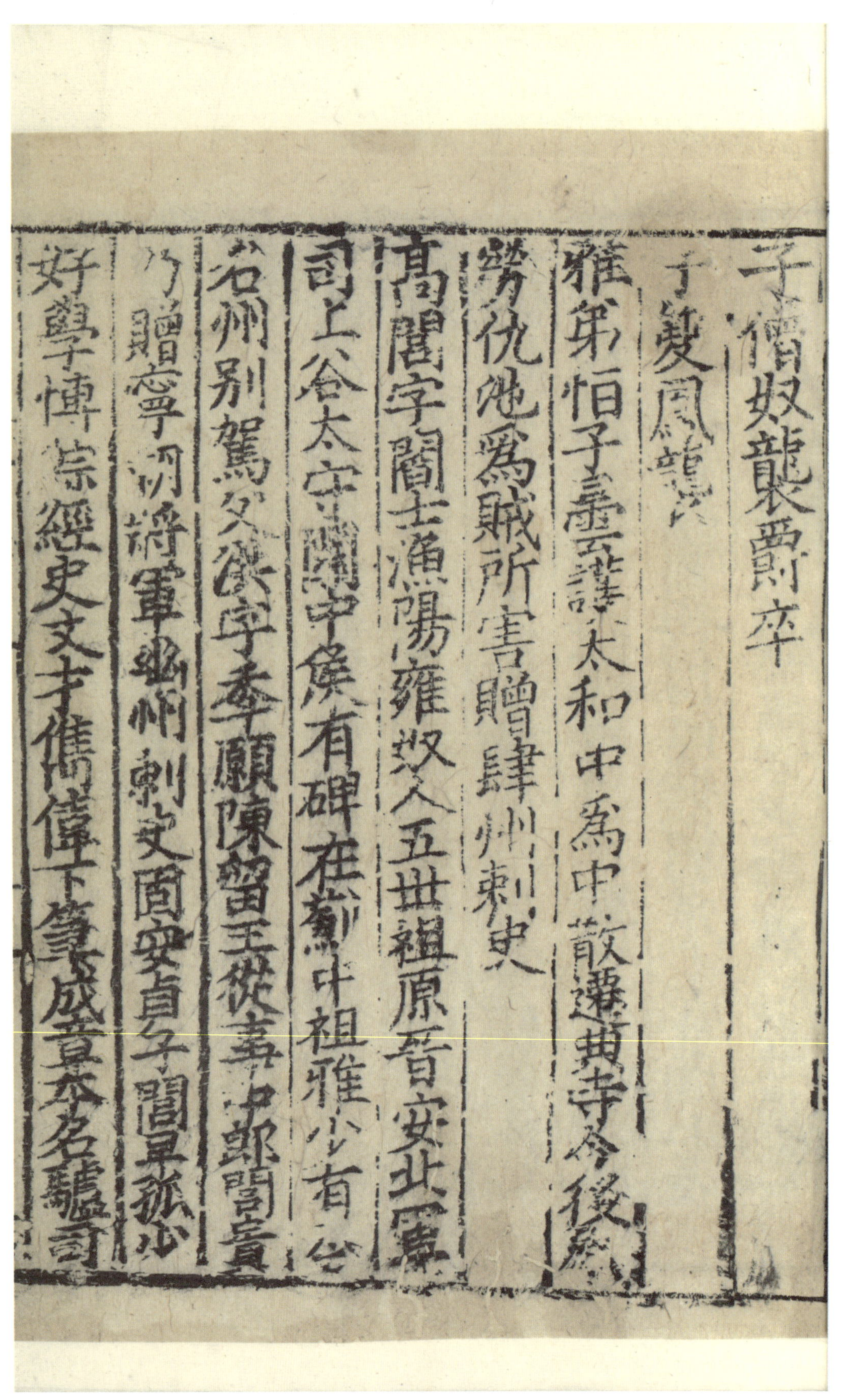

魏書一百十四卷　之二

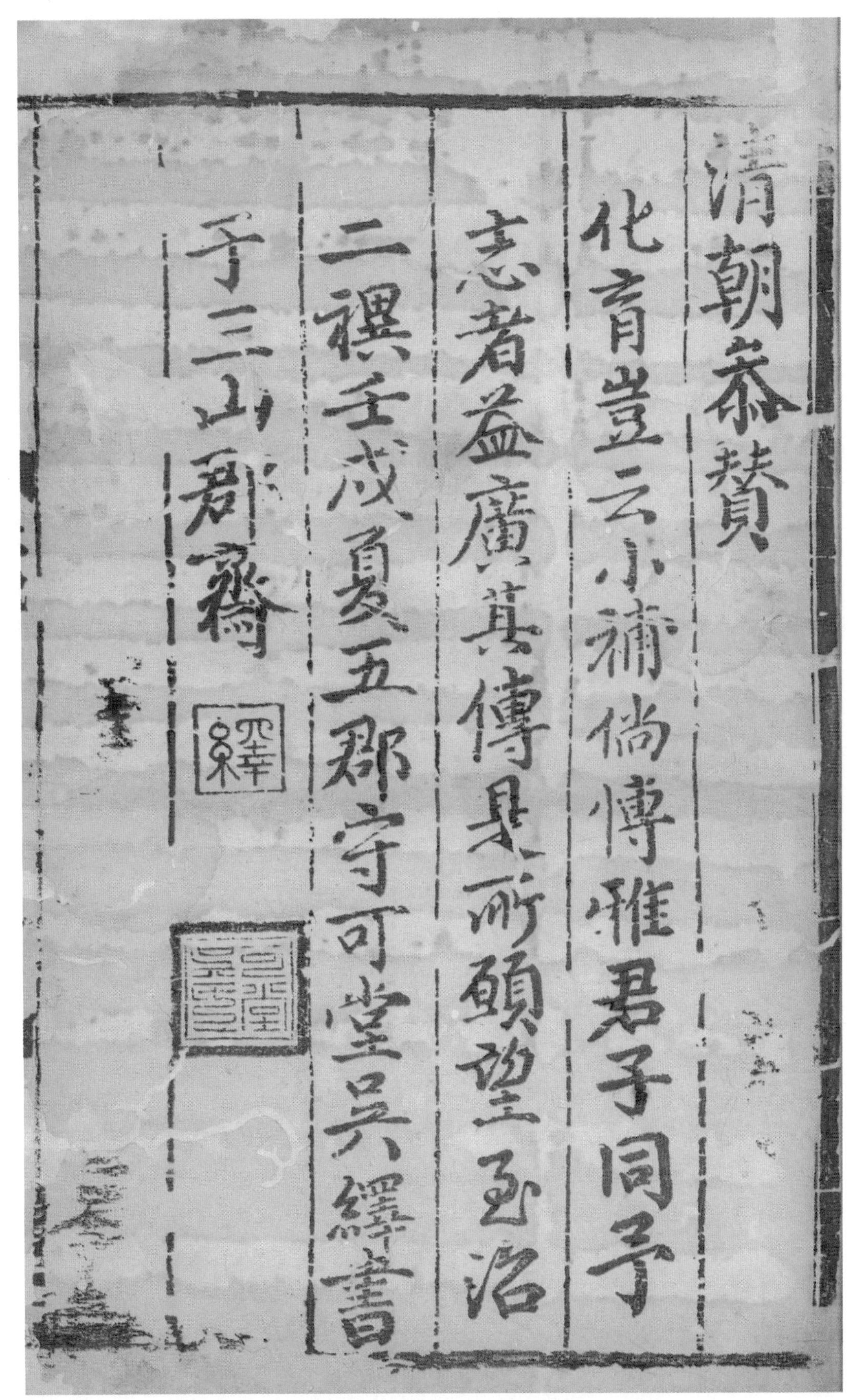

通志二百卷/三十夾板三百册/元大德三山郡庠刻元明遞修本

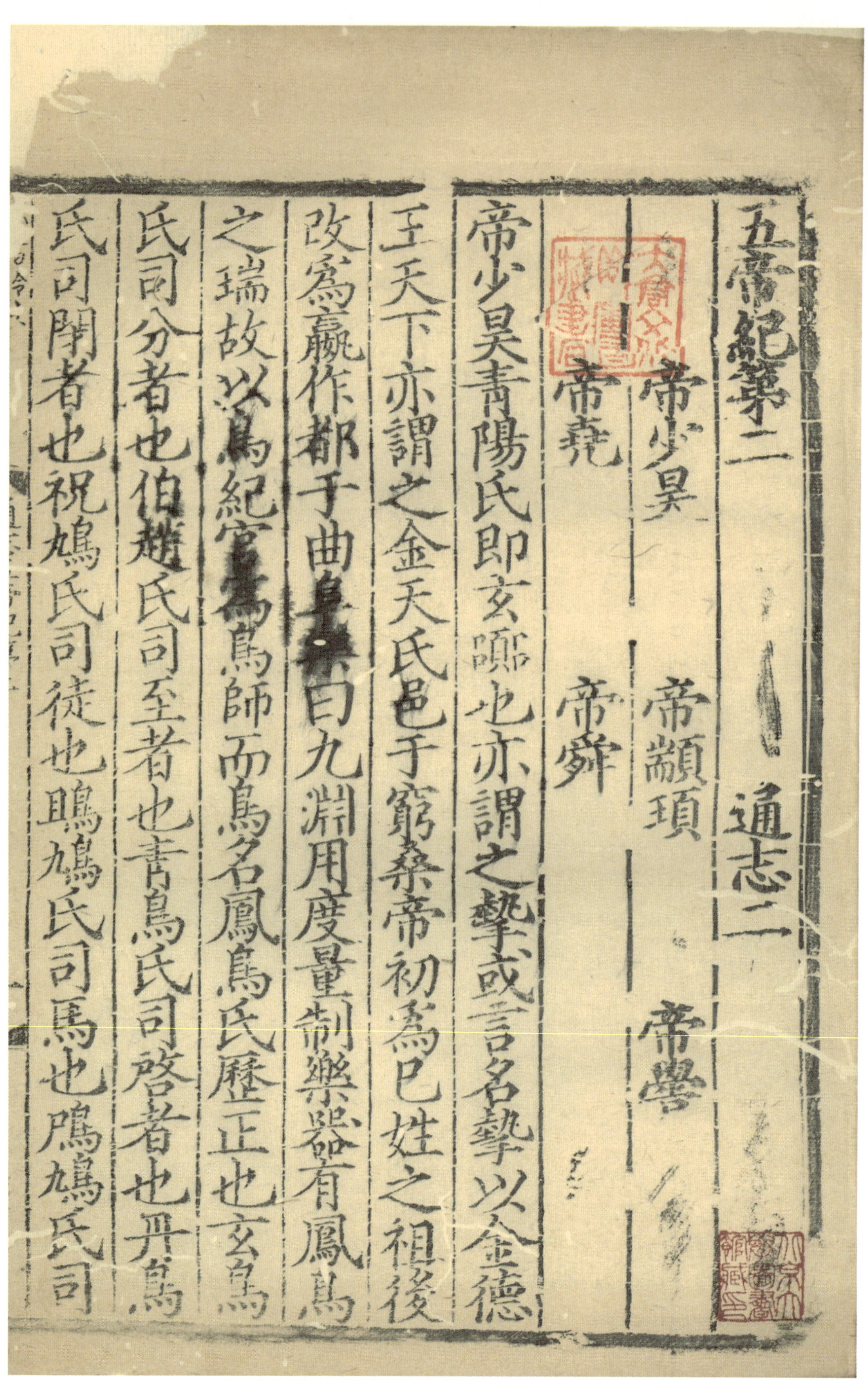

五帝紀第二　　通志二

帝少昊　帝顓頊　帝嚳

帝堯　帝舜

帝少昊青陽氏即玄嚻也亦謂之摯或言名摯以金德王天下亦謂之金天氏邑于窮桑帝初爲己姓之祖後改爲嬴作都于曲阜樂曰九淵用度量制樂器有鳳鳥之瑞故以鳥紀官爲鳥師而鳥名鳳鳥氏歷正也玄鳥氏司分者也伯趙氏司至者也青鳥氏司啓者也丹鳥氏司閉者也祝鳩氏司徒也鴡鳩氏司馬也鳲鳩氏司

通志二百卷　之二

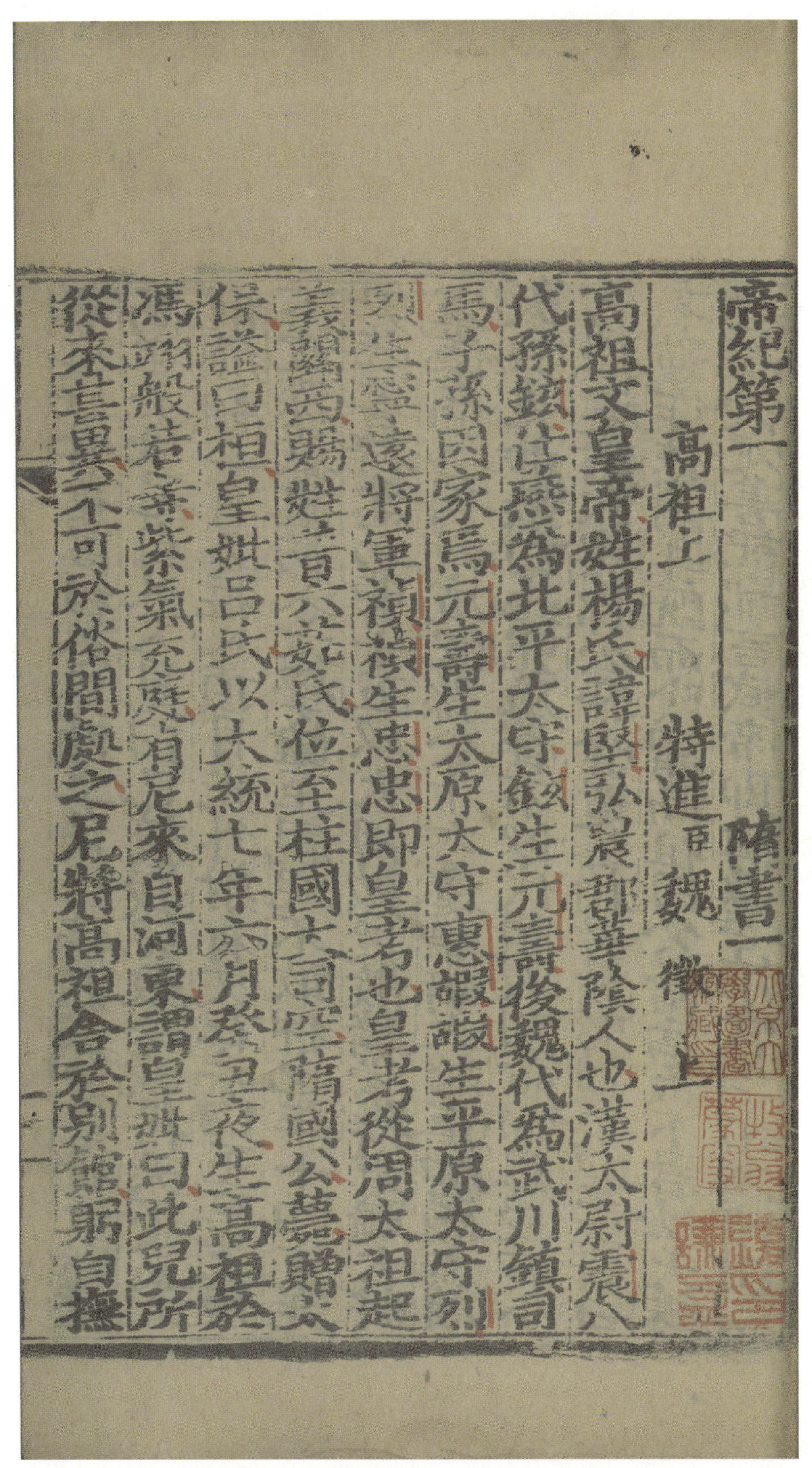

隋書八十五卷/十二册/元大德間瑞州路刻明正德嘉靖間南監修補印本

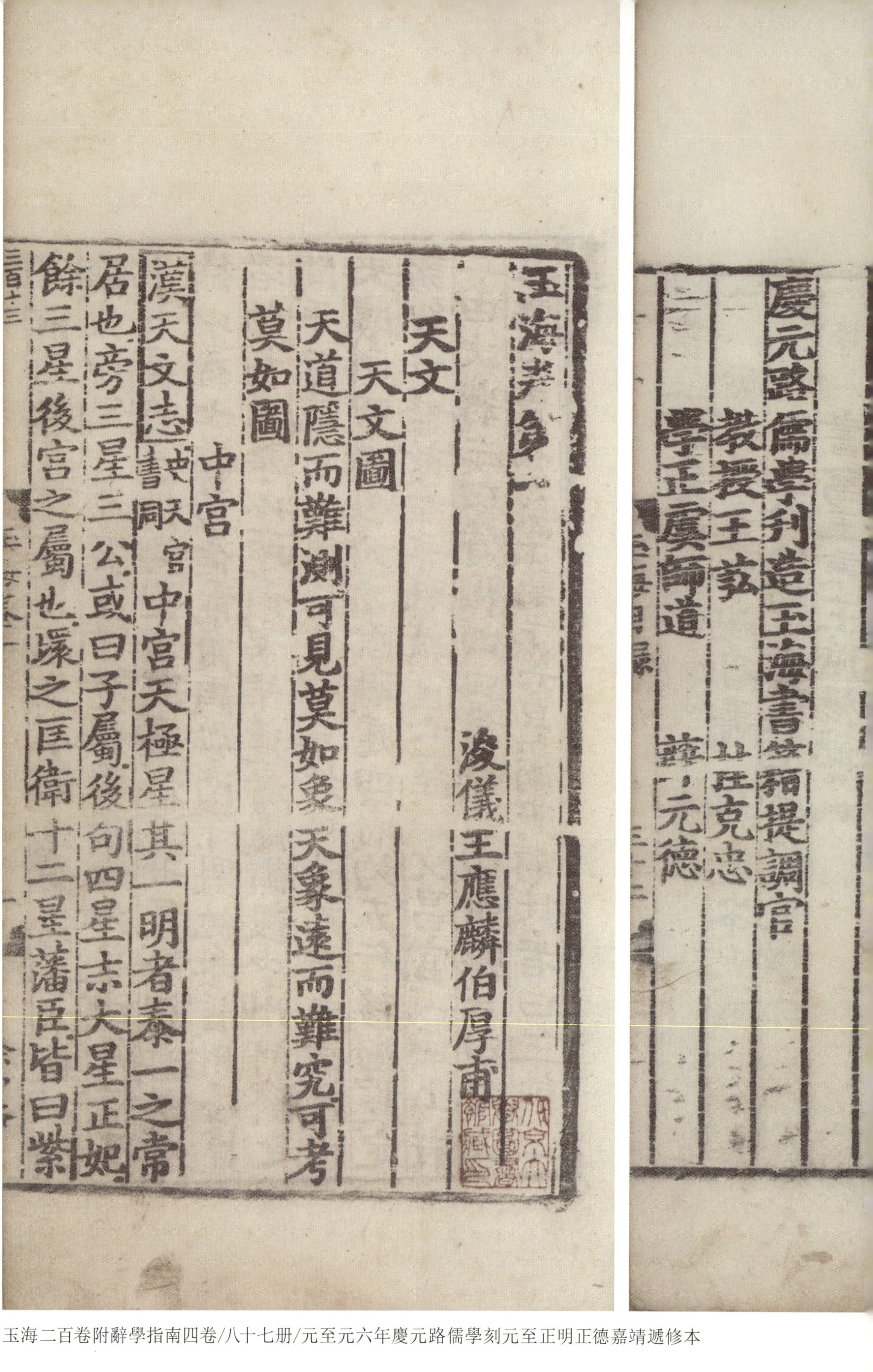

玉海卷第一

浚儀王應麟伯厚甫

天文

天文圖

天道隱而難測可見莫如象天象遠而難究可考莫如圖

中宮

漢天文志史記天官書同中宮天極星其一明者泰一之常居也旁三星三公或曰子屬後句四星末大星正妃餘三星後宮之屬也環之匡衛十二星藩臣皆曰紫

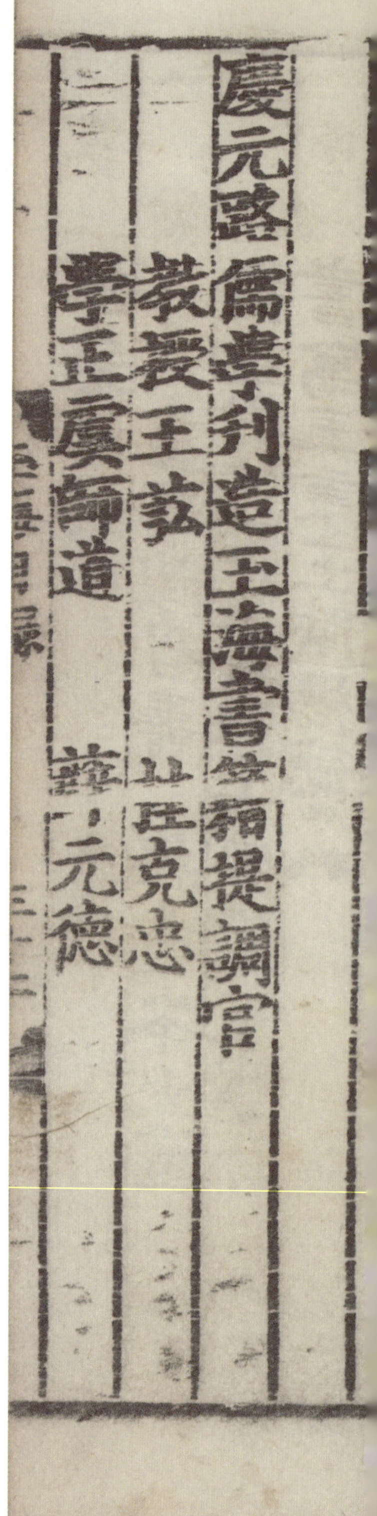
慶元路儒學刊造玉海書籍提調官

教授王玆　[illegible]克忠

學正虞師道　[illegible]元德

玉海二百卷附辭學指南四卷/八十七册/元至元六年慶元路儒學刻元至正明正德嘉靖遞修本

博通經典熟知古今老師宿儒校正對讀無差

與工刊行仍下慶元路依上施行咨請

本道宣慰使都元帥也乞里不花資德宣慰副使

僉都元帥府事郭朝散提調委自都事張承務

令史王良知管併校正刊行外合行具

呈者

至元三年十一月　日令史王良知

武維周・劉榮

朱貴　蔡懋

歷司典吏馮天祐

試卷弍　題

宏辭所業

玉海目録

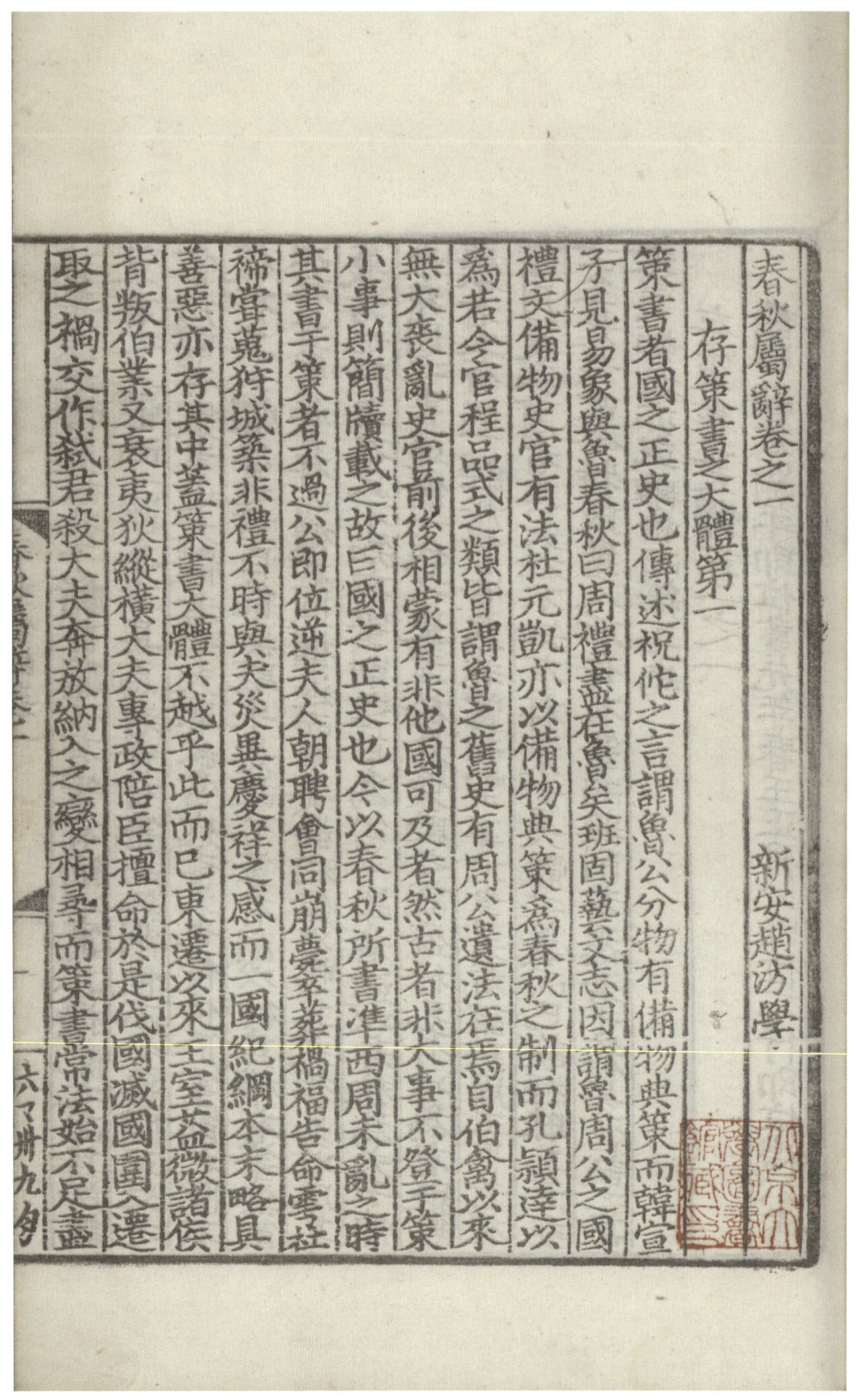
春秋屬辭卷之一　新安趙汸學

存策書之大體第一

策書者國之正史也傳述祝佗之言謂魯公分物有備物典策而韓宣子見易象與魯春秋曰周禮盡在魯矣班固藝文志因謂魯周公之國禮文備物史官有法杜元凱亦以備物典策爲春秋之制而孔穎達以爲若今官程品式之類皆謂魯之舊史有周公遺法在焉自伯禽以來無大喪亂史官前後相蒙有非他國可及者然古者非大事不登于策小事則簡牘載之故曰國之正史也今以春秋所書準西周未亂之時其書于策者不過公即位逆夫人朝聘會同崩薨卒葬禍福告命雩社禘嘗蒐狩城築非禮不時與夫災異慶祥之感而一國紀綱本末略具善惡亦存其中蓋策書之大體不越乎此而已東遷以來王室益微諸侯背叛伯業又衰夷狄縱横大夫專政陪臣擅命於是伐國滅國圍入遷取之禍交作弑君殺大夫奔放納入之變相尋而策書常法始不足盡

春秋屬辭卷之一　一

春秋屬辭十五卷/四册/元至正庚子（二十年,1360）至甲辰（二十五年，1365）海寧商山義塾刻本

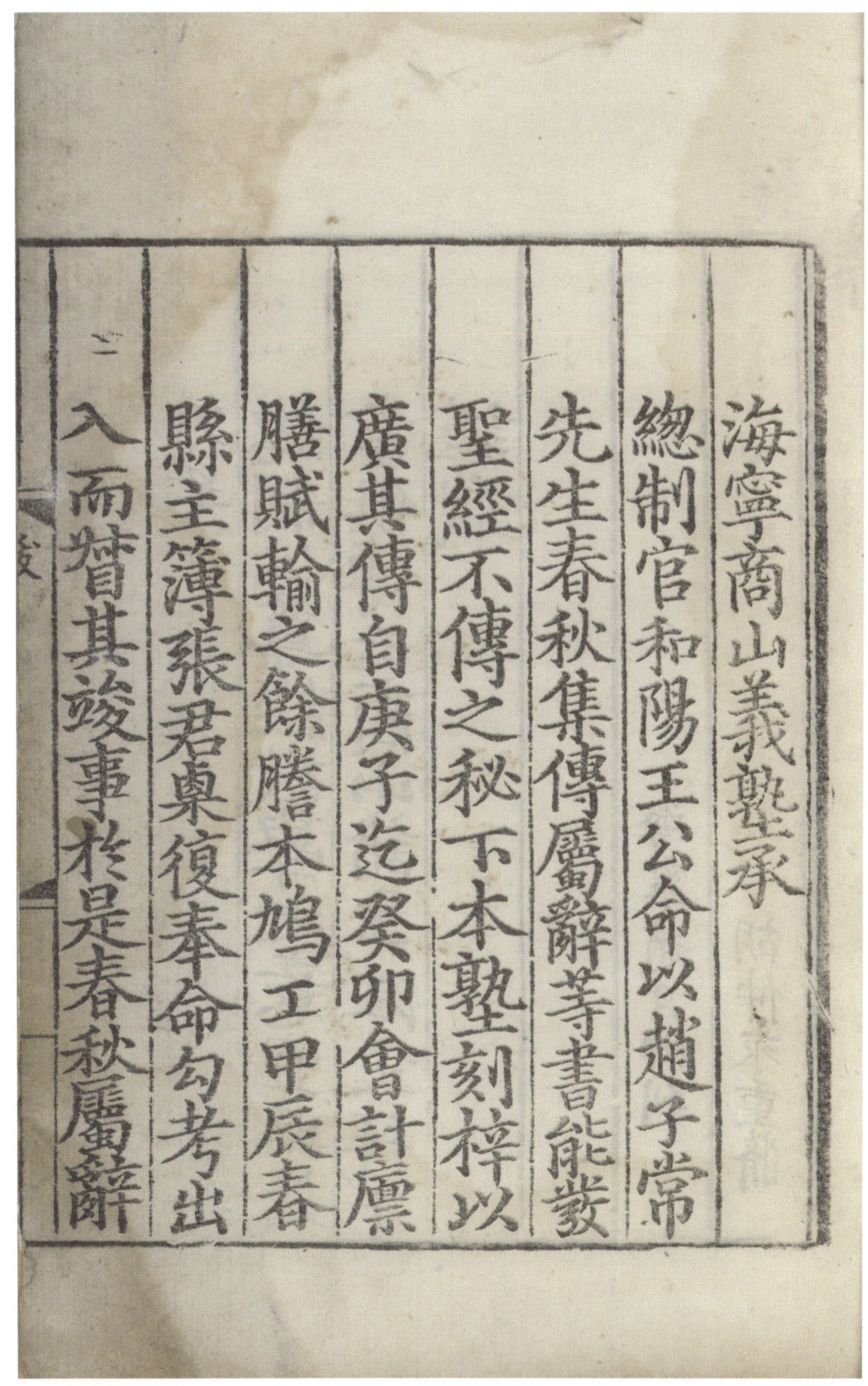
海寧商山義塾承
總制官和陽王公命以趙子常
先生春秋集傳屬辭等書能發
聖經不傳之秘下本塾刻梓以
廣其傳自庚子迄癸卯會計廩
膳賦輸之餘賸本鳩工甲辰春
縣主簿張君臬復奉命勾考出
入而贊其竣事於是春秋屬辭

春秋屬辭十五卷　之二

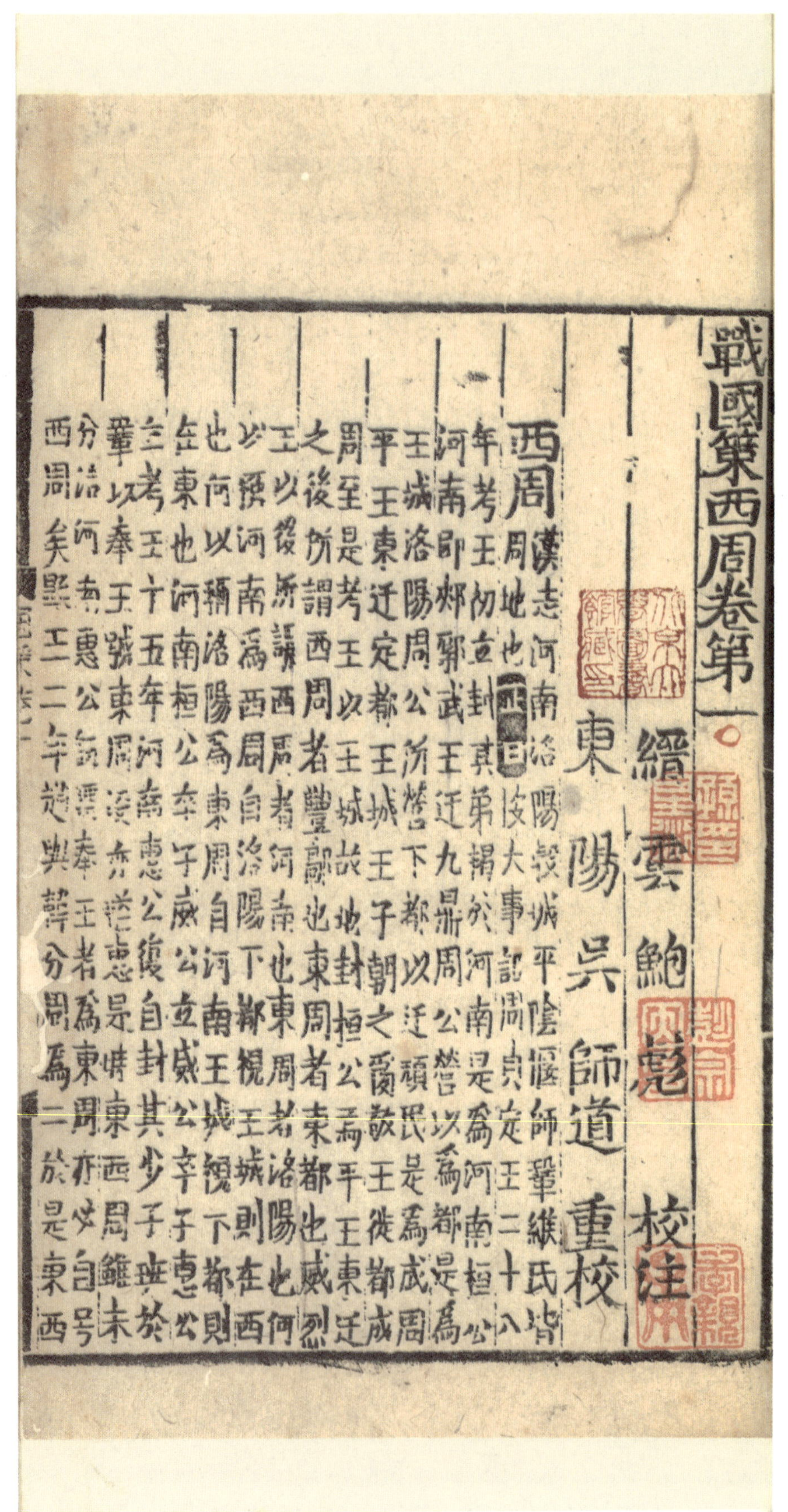

戰國策西周卷第一

縉雲 鮑彪 校注

東陽 吳師道 重校

西周 漢志河南洛陽穀城平陰偃師鞏緱氏皆周地也 正曰 按大事記周貞定王二十八年考王初立封其弟揭於河南是為河南桓公河南即郟鄏武王遷九鼎周公營以為都是為王城洛陽周公所營下都以遷頑民是為成周平王東遷定都王城王子朝之亂敬王徙都成周至是考王以王城故地封桓公焉平王東遷之後所謂西周者豐鎬也東周者東都也威烈王以後所謂西周者河南也東周者洛陽也何以稱河南為西周自洛陽下都視王城則在西也何以稱洛陽為東周自河南王城視下都則在東也河南桓公卒子威公立威公卒子惠公立考王十五年河南惠公復自封其少子班於鞏以奉王號東周後亦從惠是時東西周雖未分治河南惠公既遷奉王者為東周亦以自号西周矣顯王二年趙與韓分周為二於是東西

戰國策十卷/十二册/元至正二十五年（1365）平江路儒學刻明修本

事□殆未必然大事記據呂氏春秋晉太史屠
餘謂周威公曰天生民而令有別有別人之義也
所異於禽獸麋鹿也君臣上下之所以立也中
山之俗以晝為夜以夜繼日男女切倚固無休息
其主弗之惡此亡國之風也居二年中山果亡其
亡之故可者矣使賢俊盛多尊禮無失則當時風
俗安得
至此乎

凡九章

平江路儒學正徐昭文校勘

戰國策宋衛中山卷第十終

戰國策十卷　之二

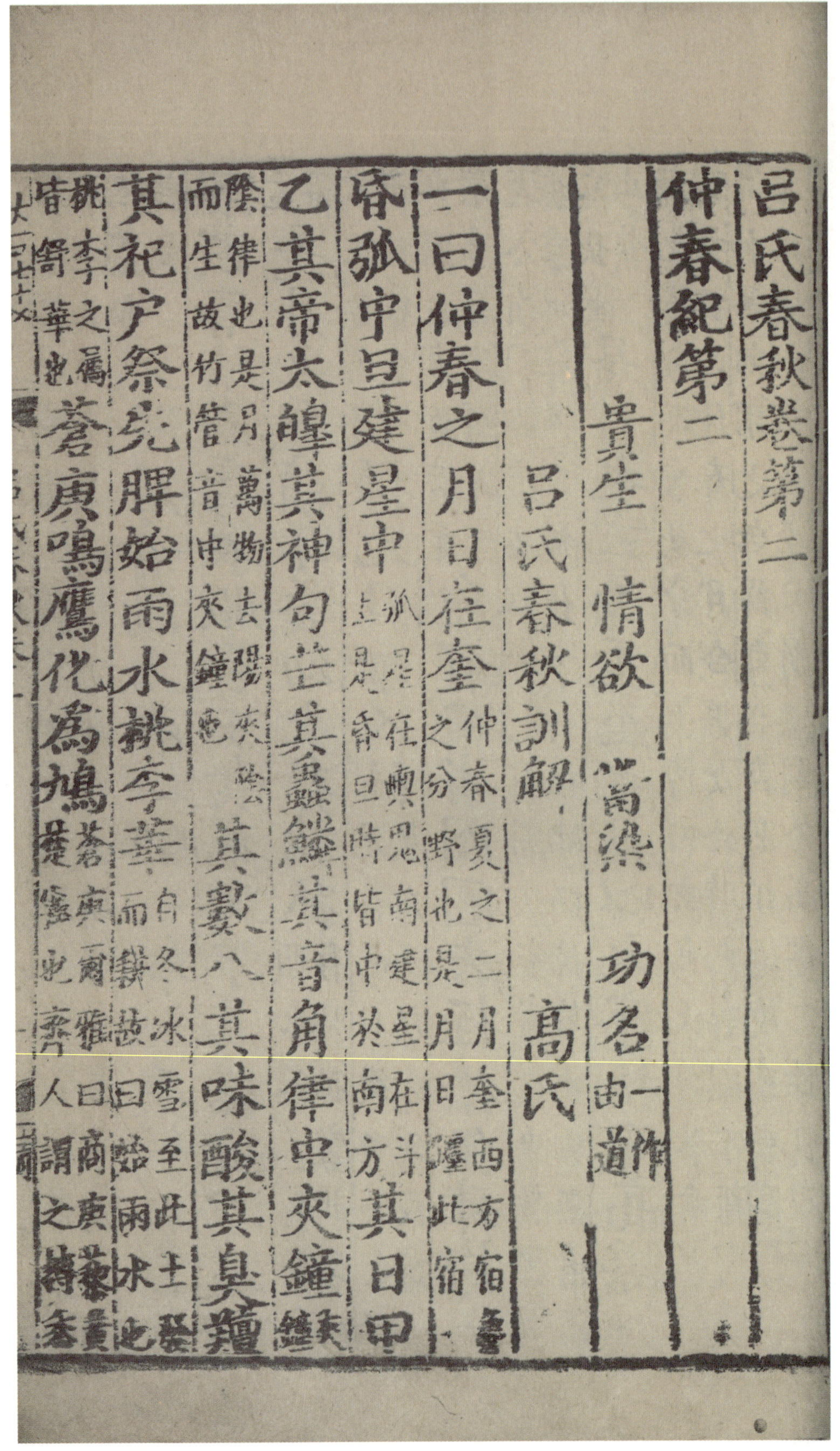

呂氏春秋卷第二

仲春紀第二

貴生 情欲 當染 功名一作由道

呂氏春秋訓解 高氏

一曰仲春之月日在奎仲春夏之二月奎西方宿魯之分野也是月日躔此宿昏弧中旦建星中弧星在輿鬼南建星在斗上是昏旦時皆中於南方其日甲乙其帝太皞其神句芒其蟲鱗其音角律中夾鍾夾鍾陰律也是月萬物去陽夾陰而生故竹管音中夾鍾也其數八其味酸其臭羶其祀戶祭先脾始雨水桃李華自冬冰雪至此土發而散故曰始雨水也桃李之屬皆舒華也蒼庚鳴鷹化為鳩蒼庚爾雅曰商庚黎黃楚雀也齊人謂之搏黍

呂氏春秋二十六卷/一夾板五册/元至正嘉興路刻明修補印本

呂氏春秋序

高誘撰

呂不韋者濮陽人也爲陽翟之富賈家累千金秦昭襄王者孝公之曾孫惠文王之孫武烈王之子也太子死以庶子安國君柱爲太子柱有子二十餘人所幸妃號曰華陽夫人華陽夫人無子安國君庶子名楚其母曰夏姬不甚得幸令楚質於趙而不能顧質數東攻趙趙不禮楚楚時不韋賈於邯鄲見之曰此奇貨也不可失乃見楚曰吾能大子之門楚曰何不大君之門乃大吾之門耶不韋曰子不知也吾門待子門大而大之

呂氏春秋二十六卷　之二

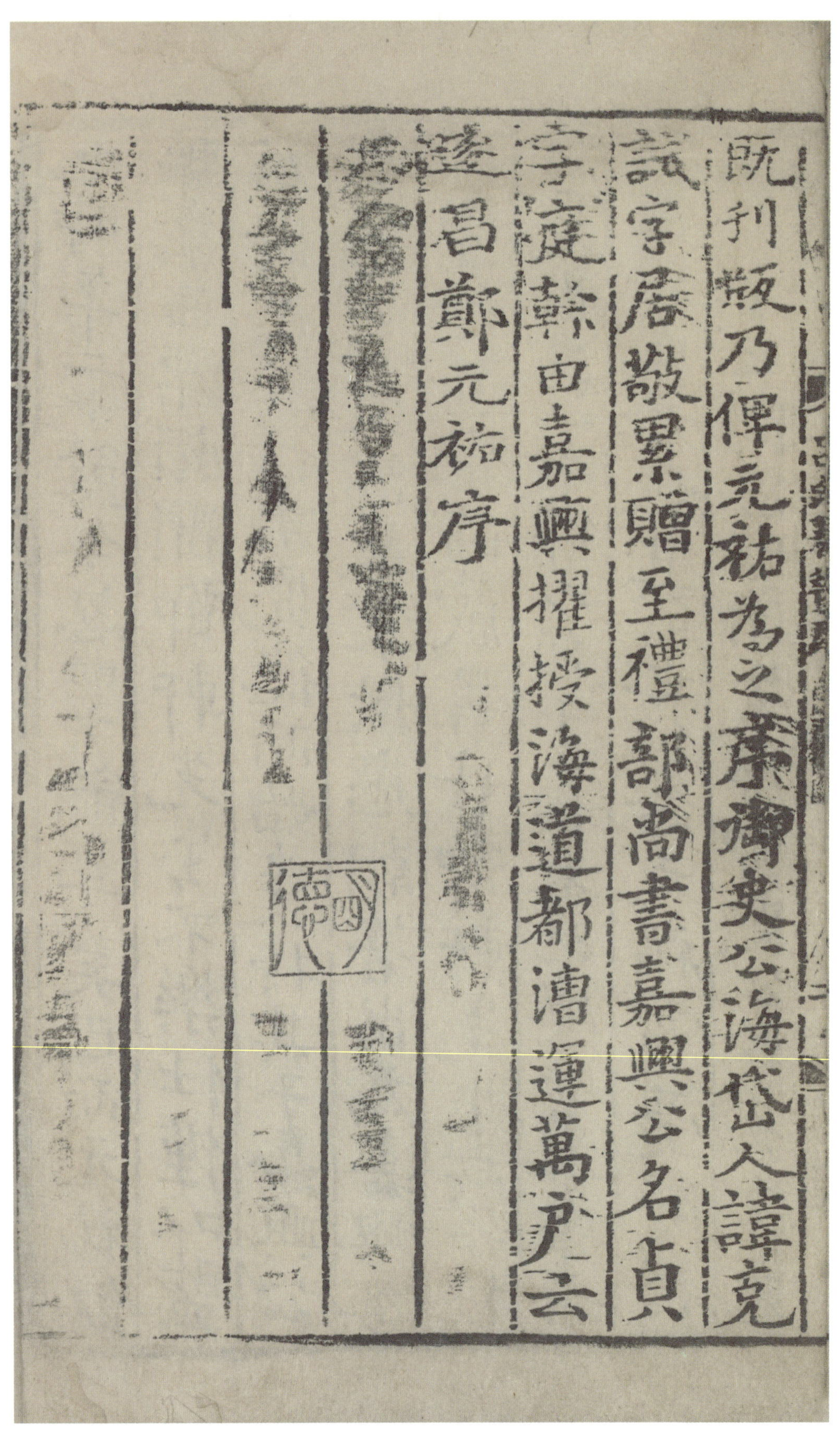
既刊版乃俾元祐爲之序衛史公海岱人諱克
誠字居敬累贈至禮部尚書嘉興公名貞
字庭幹由嘉興擢授海道都漕運萬戶云
遂昌鄭元祐序

呂氏春秋二十六卷　之三

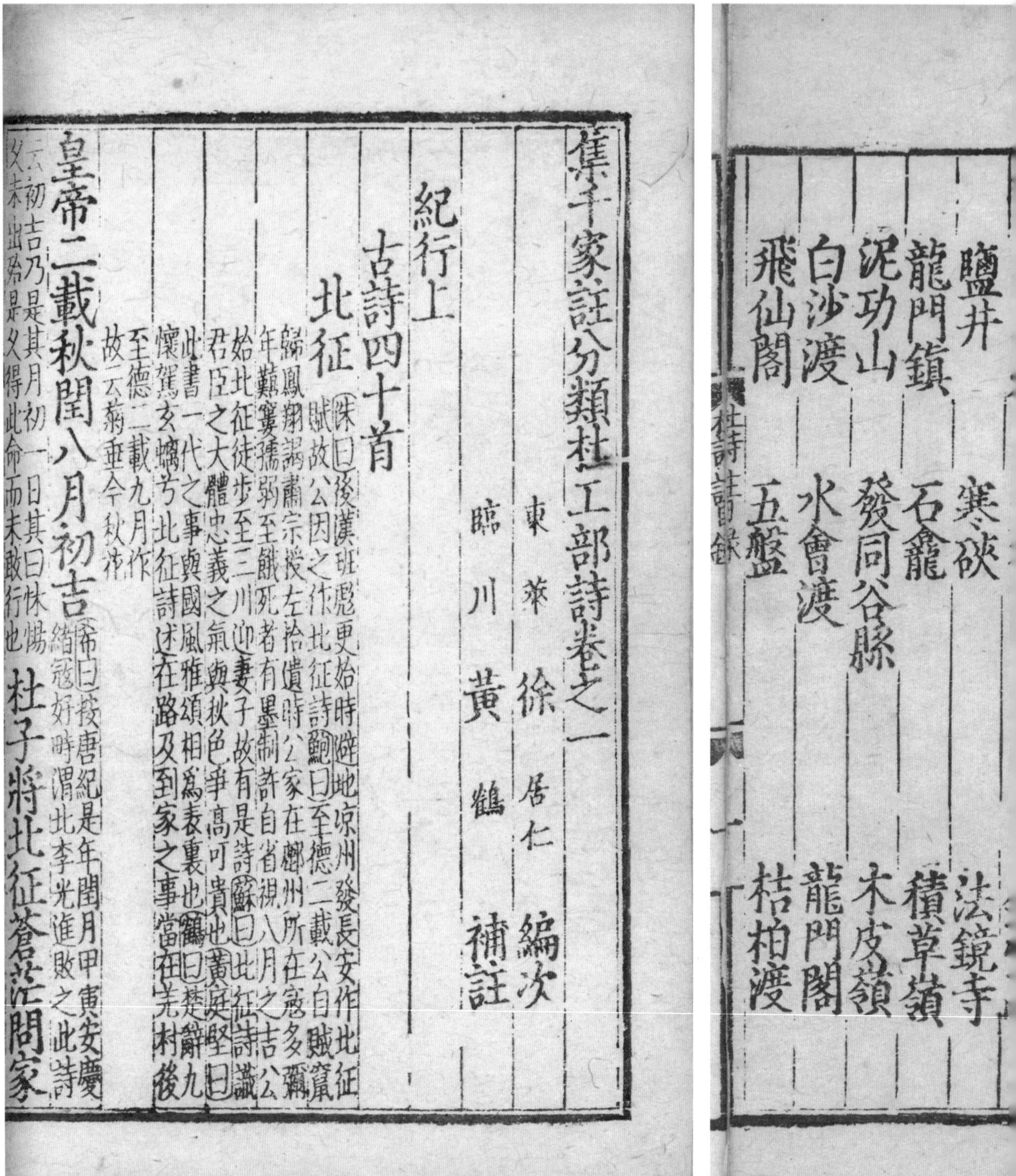

杜詩註目錄

鹽井 寒硤 法鏡寺
龍門鎮 石龕 積草嶺
泥功山 發同谷縣 木皮嶺
白沙渡 水會渡 龍門閣
飛仙閣 五盤 桔柏渡

集千家註分類杜工部詩卷之一

東萊 徐 居仁 編次

臨川 黃 鶴 補註

紀行上

古詩四十首

北征 洙曰後漢班彪更始時避地涼州發長安作北征賦故公因之作北征詩鮑曰至德二載公自賊竄歸鳳翔謁肅宗授左拾遺時公家在鄜州所在寇多豺年饑寠孺弱至餓死者有墨制許自省視八月之吉公始北征徒步至三川迎妻子故有是詩蘇曰北征詩識君臣之大體忠義之氣與秋色爭高可貴也黃庭堅曰此書一代之事與國風雅頌相爲表裏也鶴曰楚辭九懷駕玄螭兮北征詩述在路及到家之事當在羌村後至德二載九月作故云蕭垂今秋作

皇帝二載秋閏八月初吉 希曰按唐紀是年閏月甲寅安慶緒寇好畤渭北李光進敗之此詩云初吉乃是其月初一日其曰怵惕久未出爲是久得此命而未敢行也 杜子將北征蒼茫問家

集千家註分類杜工部詩二十四卷杜工部文集二卷附一卷/一木匣二函十二册/元廣勤書堂刻本

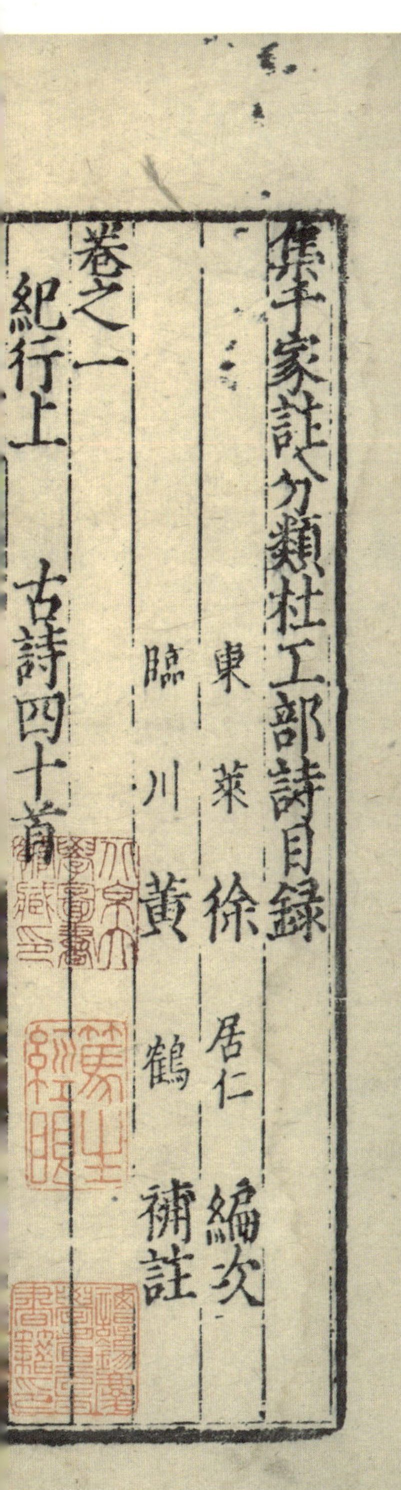
集千家註分類杜工部詩目錄
東萊 徐居仁 編次
臨川 黄鶴 補註
卷之一
紀行上 古詩四十首

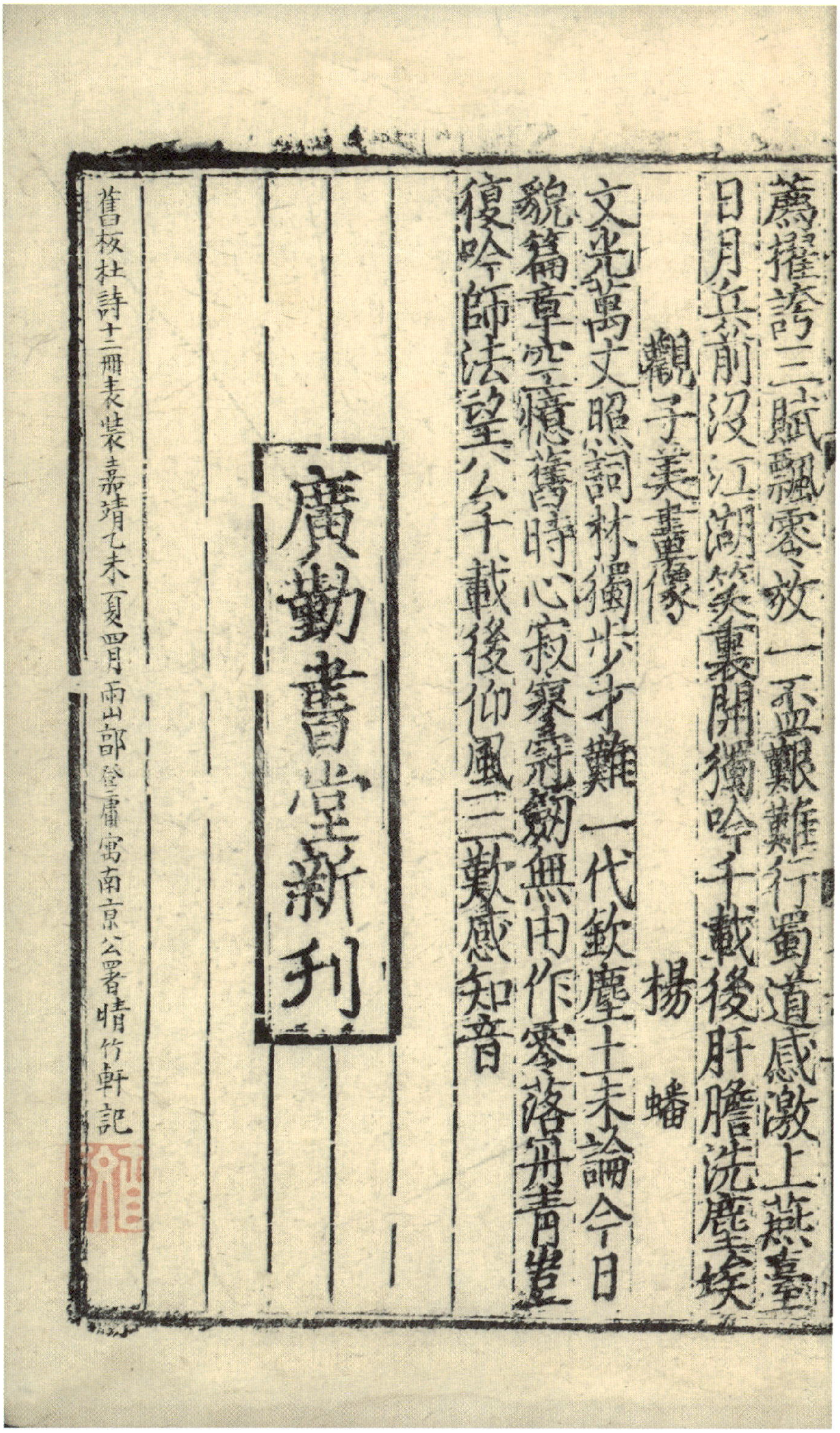

薦擢誇三賦飄零放一盃艱難行蜀道感激上燕臺
日月兵前沒江湖笑裏開獨吟千載後肝膽洗塵埃
觀子美畫像　楊蟠
文光萬丈照詞林獨步才難一代欽塵土未論今日
貌篇章空憶舊時心寂寥冠劒無由作零落丹青豈
復吟師法望公千載後仰風三歎感知音

廣勤書堂新刊

舊板杜詩十二冊表裝嘉靖乙未夏四月雨山部登庸寓南京公署晴竹軒記

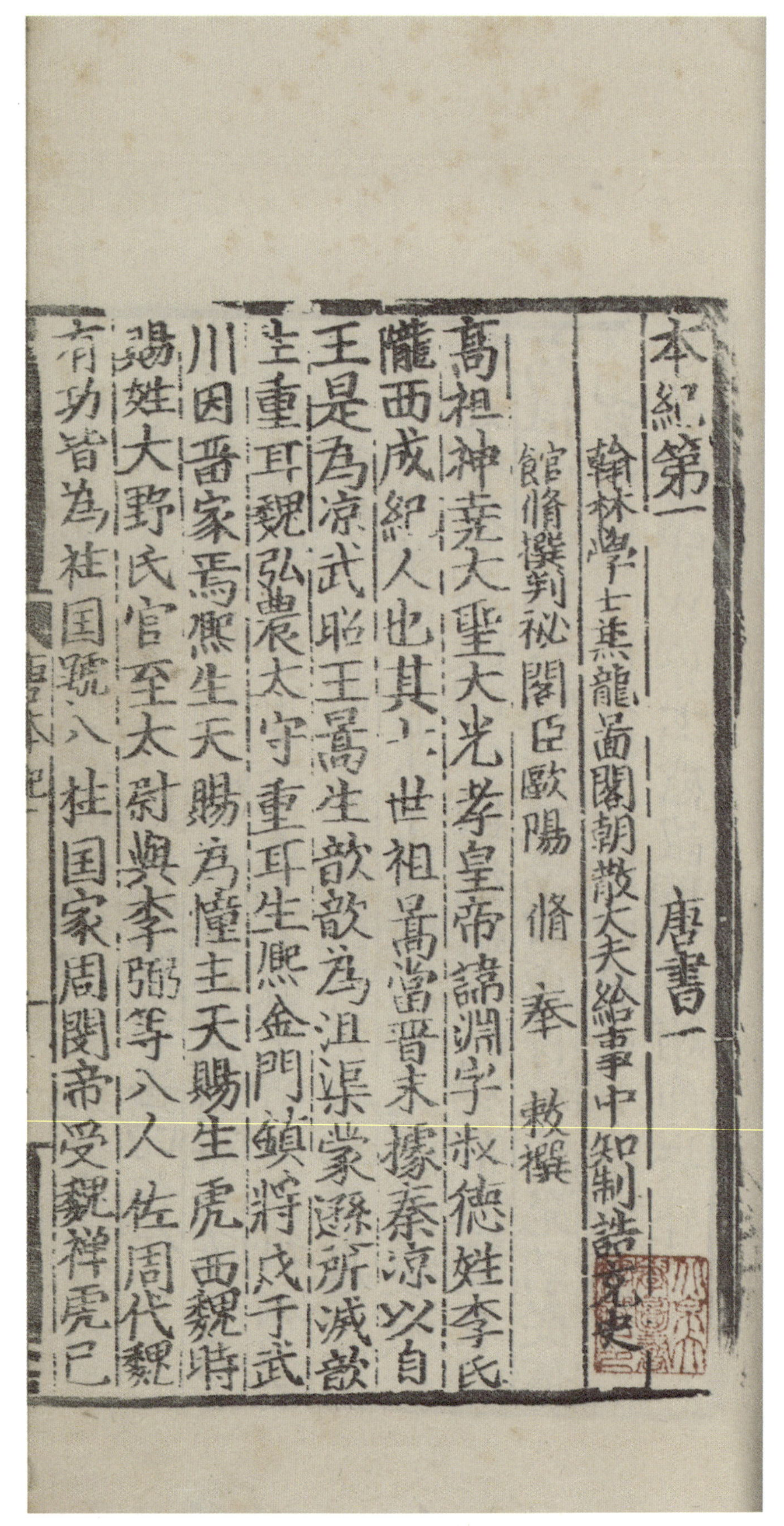
本紀第一　唐書一
翰林學士兼龍圖閣朝散大夫給事中知制誥充史
館脩撰判秘閣臣歐陽脩奉　勑撰
高祖神堯大聖大光孝皇帝諱淵字叔德姓李氏
隴西成紀人也其七世祖暠當晉末據秦涼以自
王是為涼武昭王暠生歆歆為沮渠蒙遜所滅歆
生重耳魏弘農太守重耳生熙金門鎮將戍于武
川因畱家焉熙生天賜天賜為幢主天賜生虎西魏時
賜姓大野氏官至太尉與李弼等八人佐周代魏
有功皆為柱国號八柱国家周閔帝受魏禪虎已

唐書二百二十五卷目録二卷附釋音二十五卷/五十冊/元刻元明遞修本

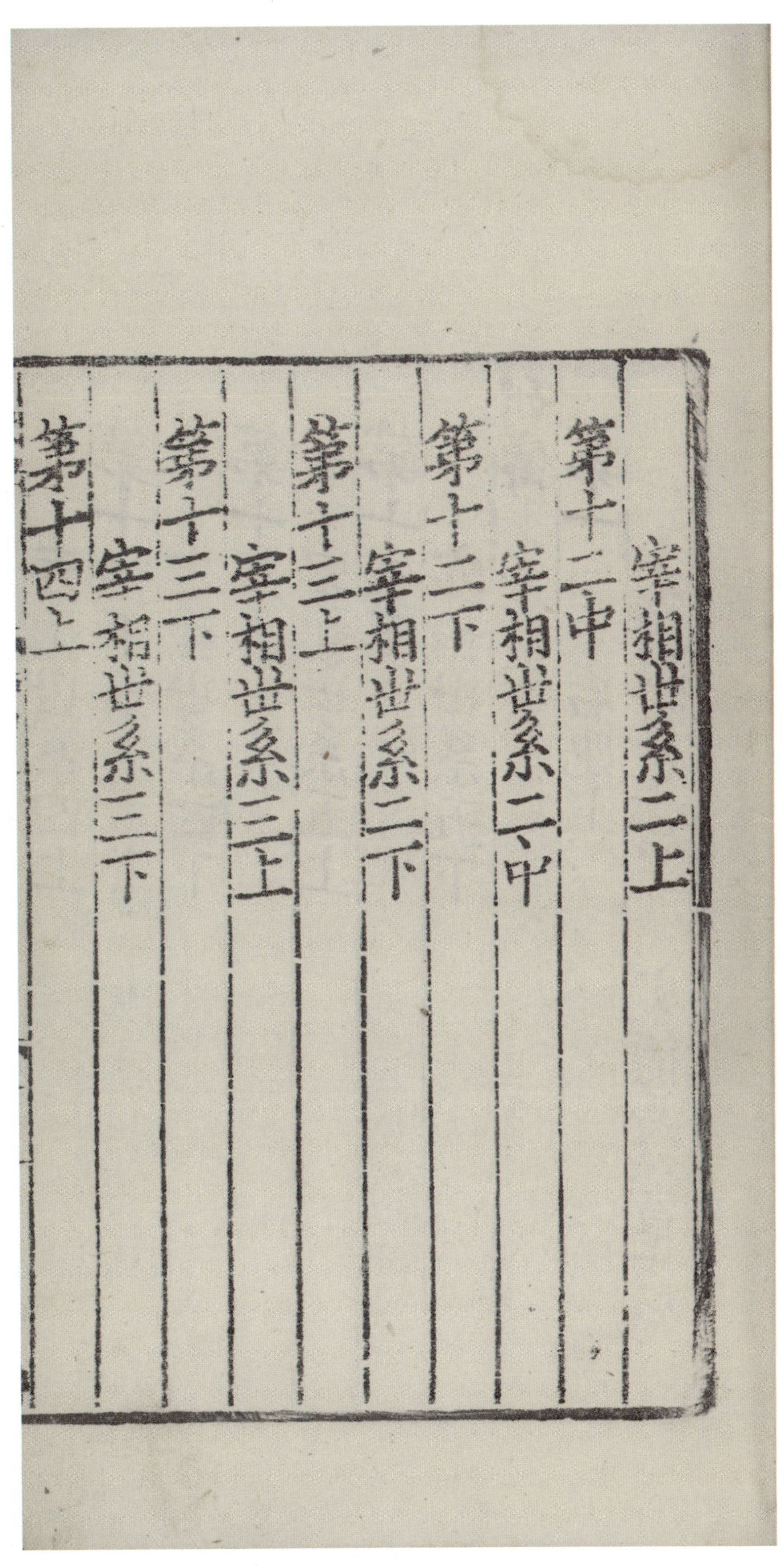
宰相世系二上
第十二中
宰相世系二中
第十二下
宰相世系二下
第十三上
宰相世系三上
第十三下
宰相世系三下
第十四上

唐書二百二十五卷目録二卷附釋音二十五卷　之二

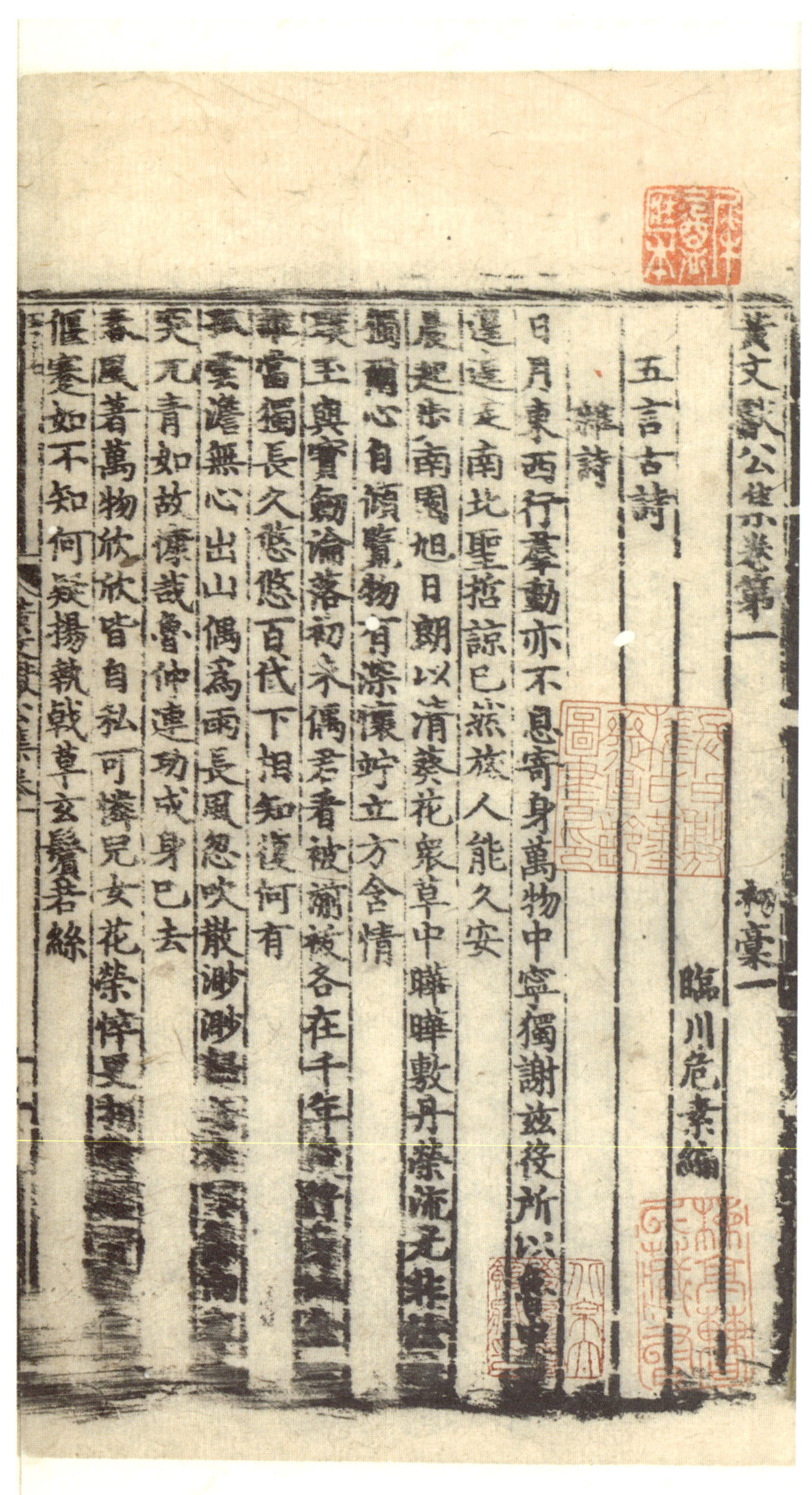

黄文獻公集卷第一

臨川危素編

五言古詩

雜詩

日月東西行羣動亦不息寄身萬物中寧獨謝兹役所以

遑遑走南北聖哲諒已然旅人能久安

晨起步南園旭日朗以清葵花衆草中暐暐數丹榮流光

獨爾心自顧覽物有深懷竚立方含情

璞玉與寶劍淪落初不偶君看被薦被各在千年

乖當獨長久悠悠百代下相知復何有

孤雲澹無心出山偶爲雨長風忽吹散渺渺

天元青如故標哉魯仲連功成身已去

春風著萬物欣欣皆自私可憐兒女花榮悴

偃蹇如不知何疑揚執戟草玄鬢君絲

黄文獻公集二十三卷/二函十二册/元刻明正統三年(1438)修補本

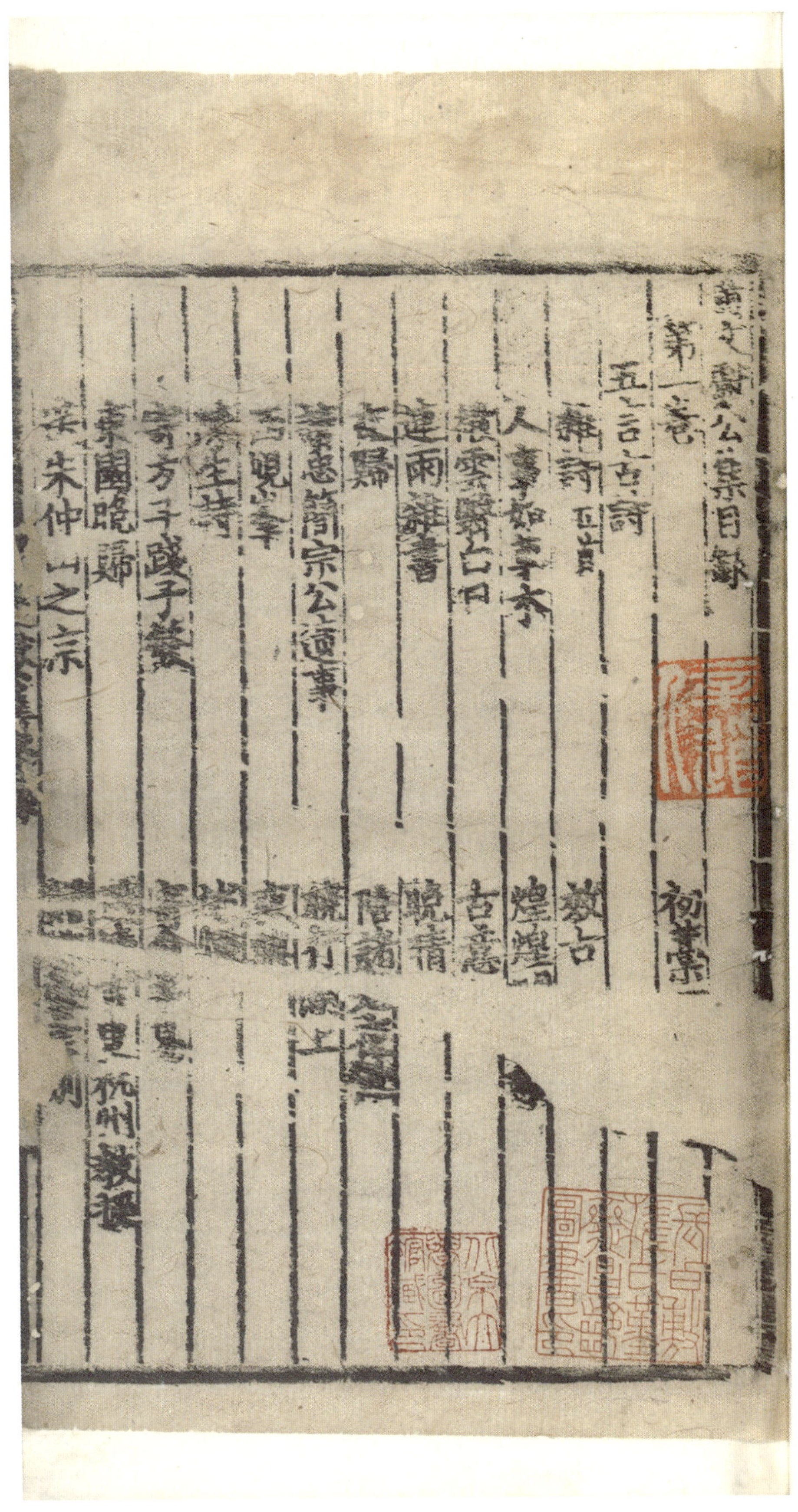

黄文獻公集二十三卷 之二

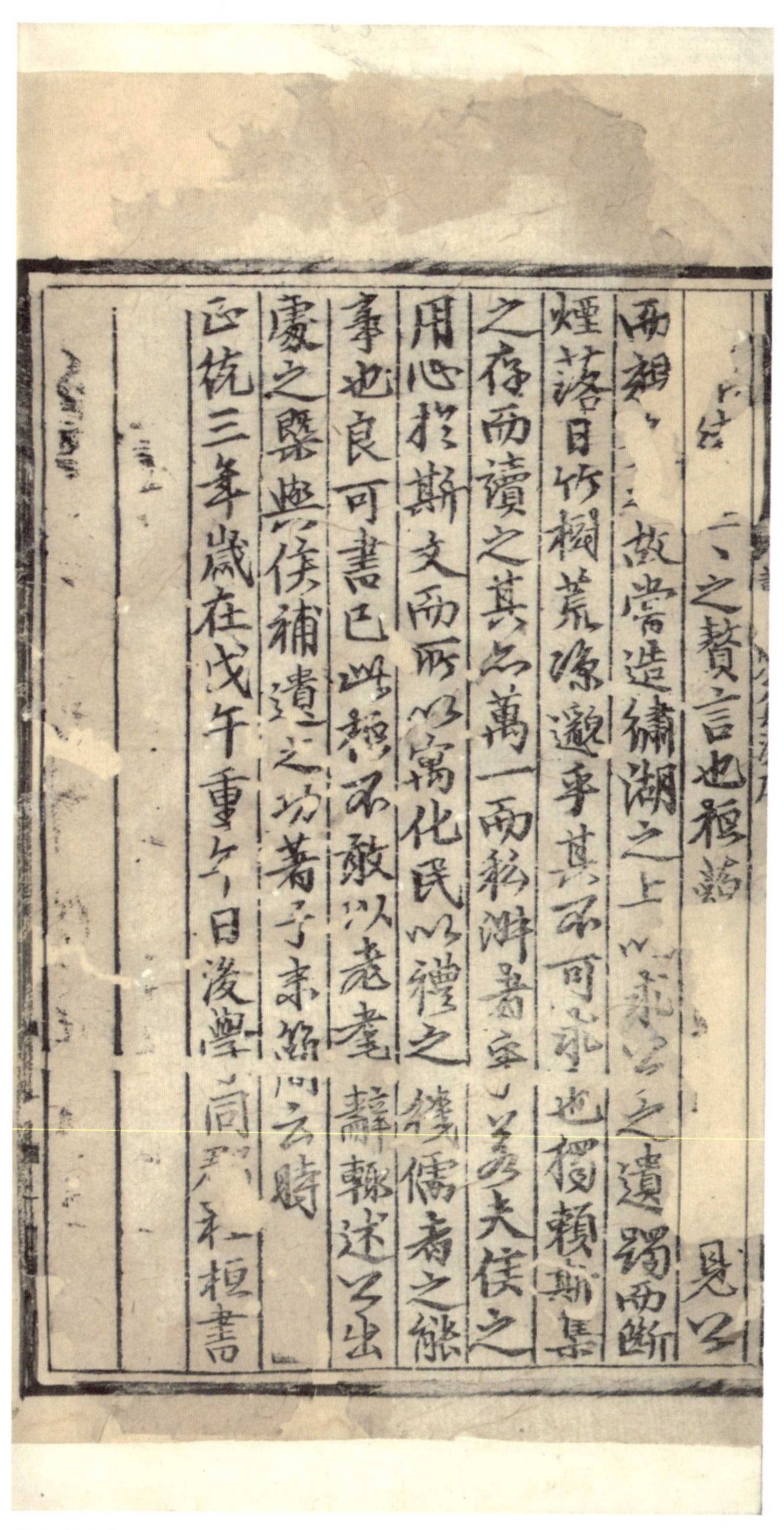

黄文獻公集二十三卷　之三

元史 第四函
元史 第三函 小蓮花山館藏書
元史 第二函 志三十七 小蓮花山館藏書
元史 第一函 本紀四十七 小蓮花山館藏書

人謂之癡獨阿蘭語人曰此兒非癡後世子孫必有
大貴者阿蘭沒諸兄分家貲不及之孛端乂兒曰貧
賤富貴命也貲財何足道獨乘青白馬至八里屯阿
懶之地居焉食飲無所得適有蒼鷹搏野獸而食孛
端乂兒以緡設機取之鷹即馴狎乃臂鷹獵兔禽以
為饍或闕即繼似有天相之居數月有民數十家自
統急里忽魯之野逐水草來遷孛端乂兒結茅與之
居出入相資自此生理稍足一日仲兄忽思之曰孛
端乂兒獨出而無賫近者得無凍餒乎即自來訪邀
與俱歸孛端乂兒中路謂其兄曰統急里忽魯之民

元史二百一十卷目録二卷/四函三十六册/明洪武二年（1369）内府刻本

本紀卷第一　　元史一

翰林學士亞中大夫知制誥兼修國史臣宋濂　翰林待制承直郎兼國史院編修官臣王禕等奉

勅修

太祖

太祖法天啓運聖武皇帝諱鐵木真姓奇渥温氏蒙古部人其十世祖孛端叉兒母曰阿蘭果火嫁脱奔咩哩犍生二子長曰博寒葛荅黒次曰博合覩撒里直既而夫亡阿蘭寡居夜寢帳中夢白光自天窻中入化爲金色神人來趨卧榻阿蘭驚覺遂有娠産一子即孛端叉兒也孛端叉兒狀貌奇異沉黙寡言家

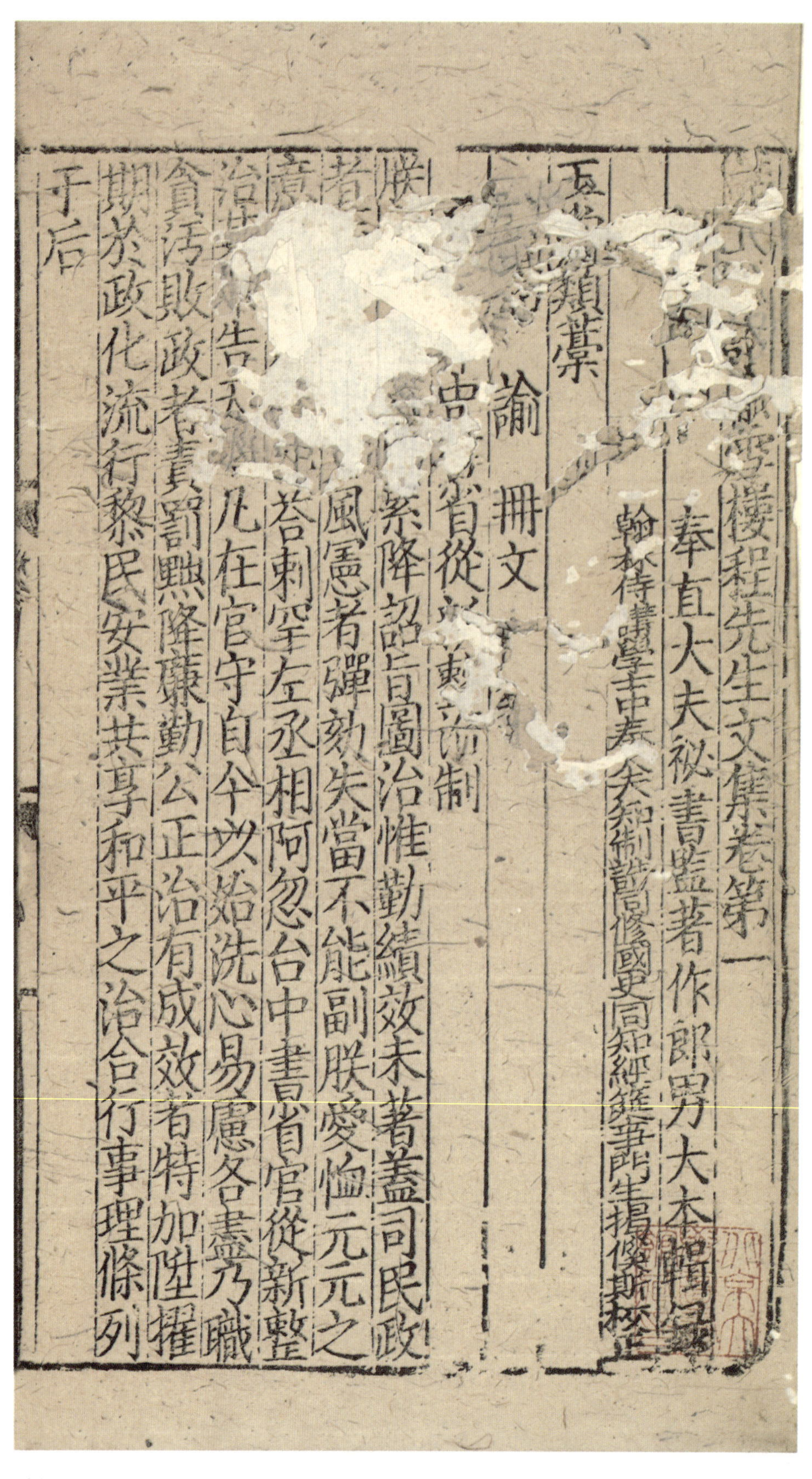

楚國文憲公雪樓程先生文集二十四卷附録一卷年譜一卷/十二册/明洪武二十八年(1395)與耕書堂刻本

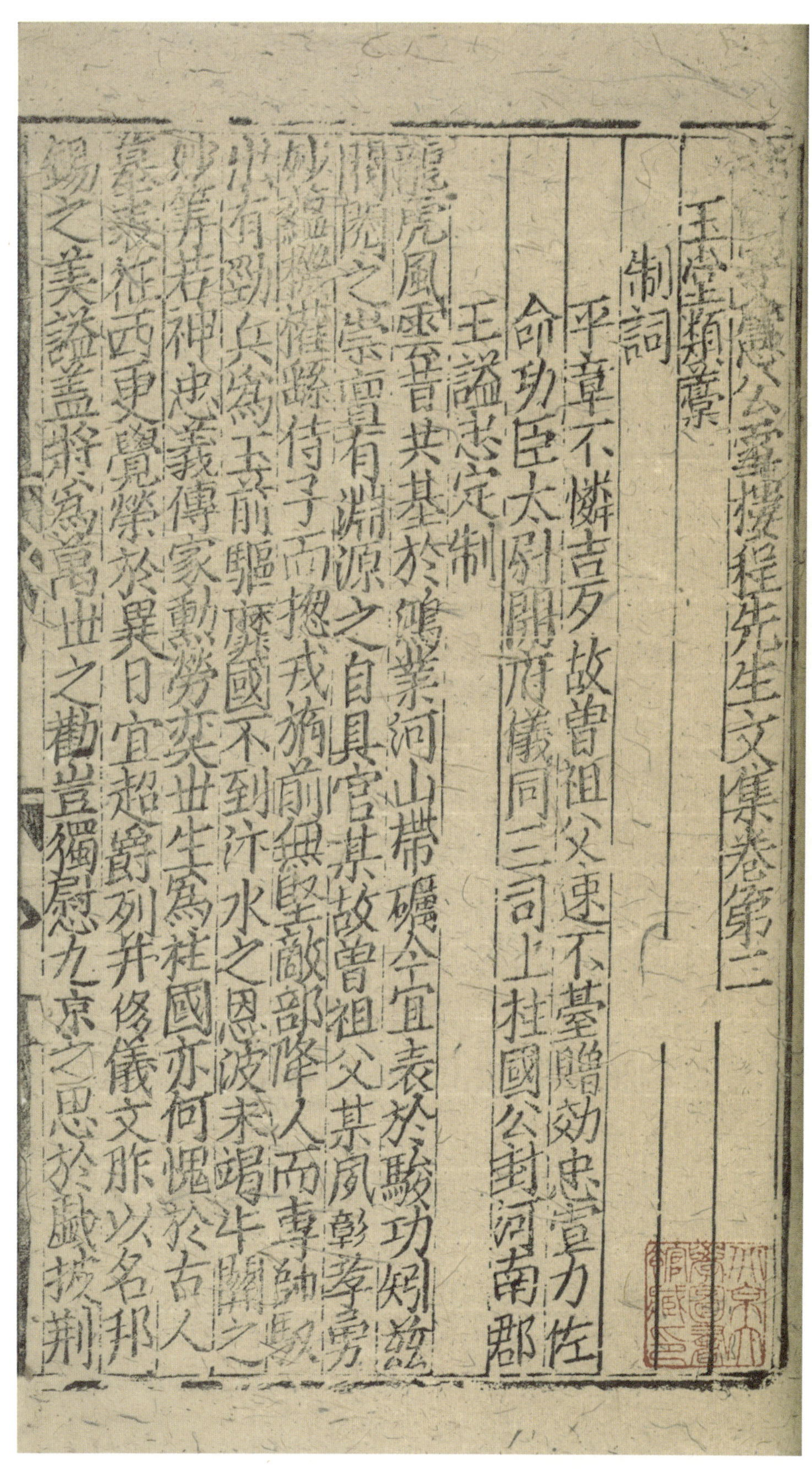

楚國文憲公雪樓程先生文集二十四卷附録一卷年譜一卷 之二

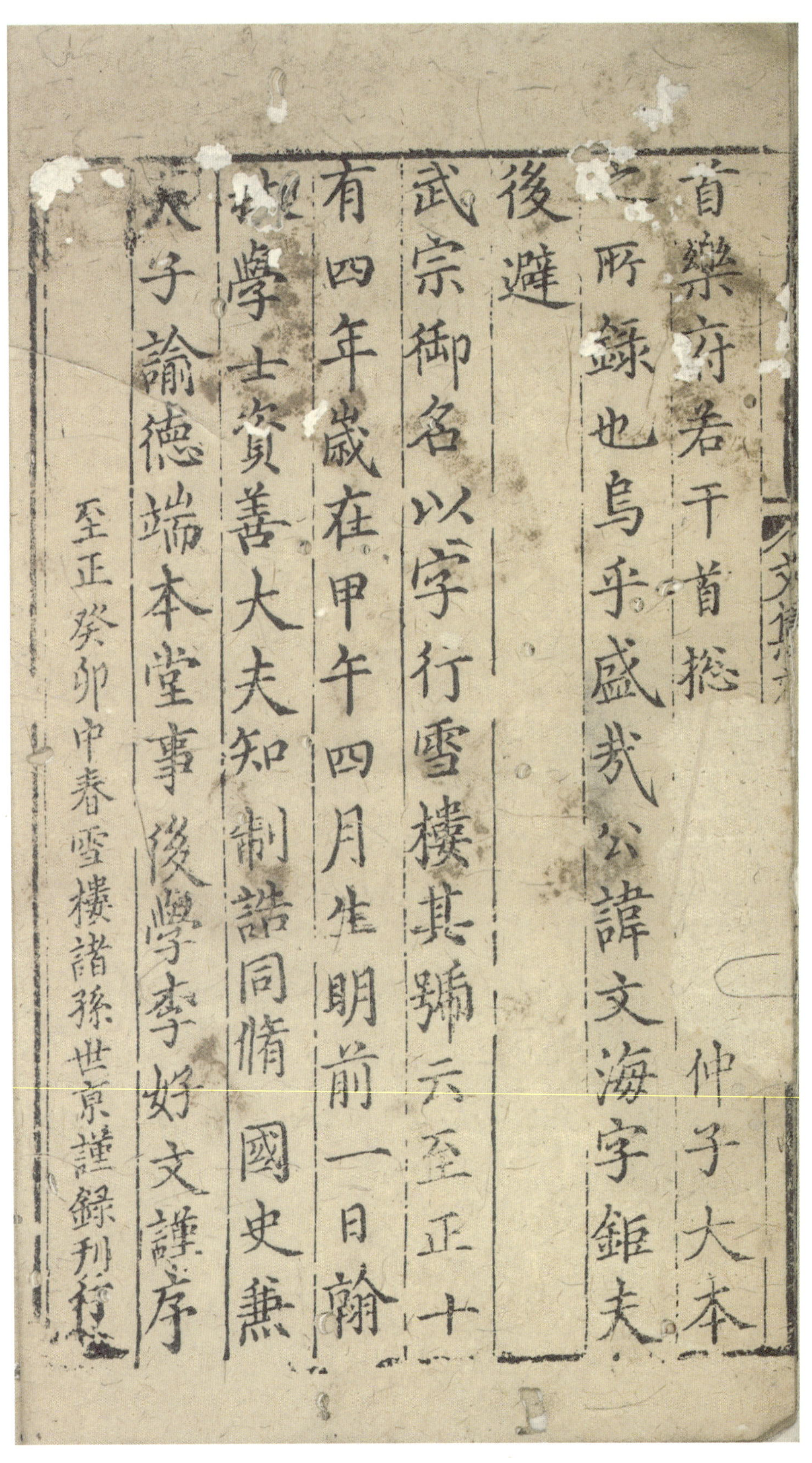
首樂府若干首總仲子大本
之所録也烏乎盛哉公諱文海字鉅夫
後避
武宗御名以字行雪樓其號云至正十
有四年歲在甲午四月生明前一日翰
林學士資善大夫知制誥同脩國史兼
太子諭德端本堂事後學李好文謹序
至正癸卯中春雪樓諸孫世京謹録刊行

楚國文憲公雪樓程先生文集二十四卷附録一卷年譜一卷　之三

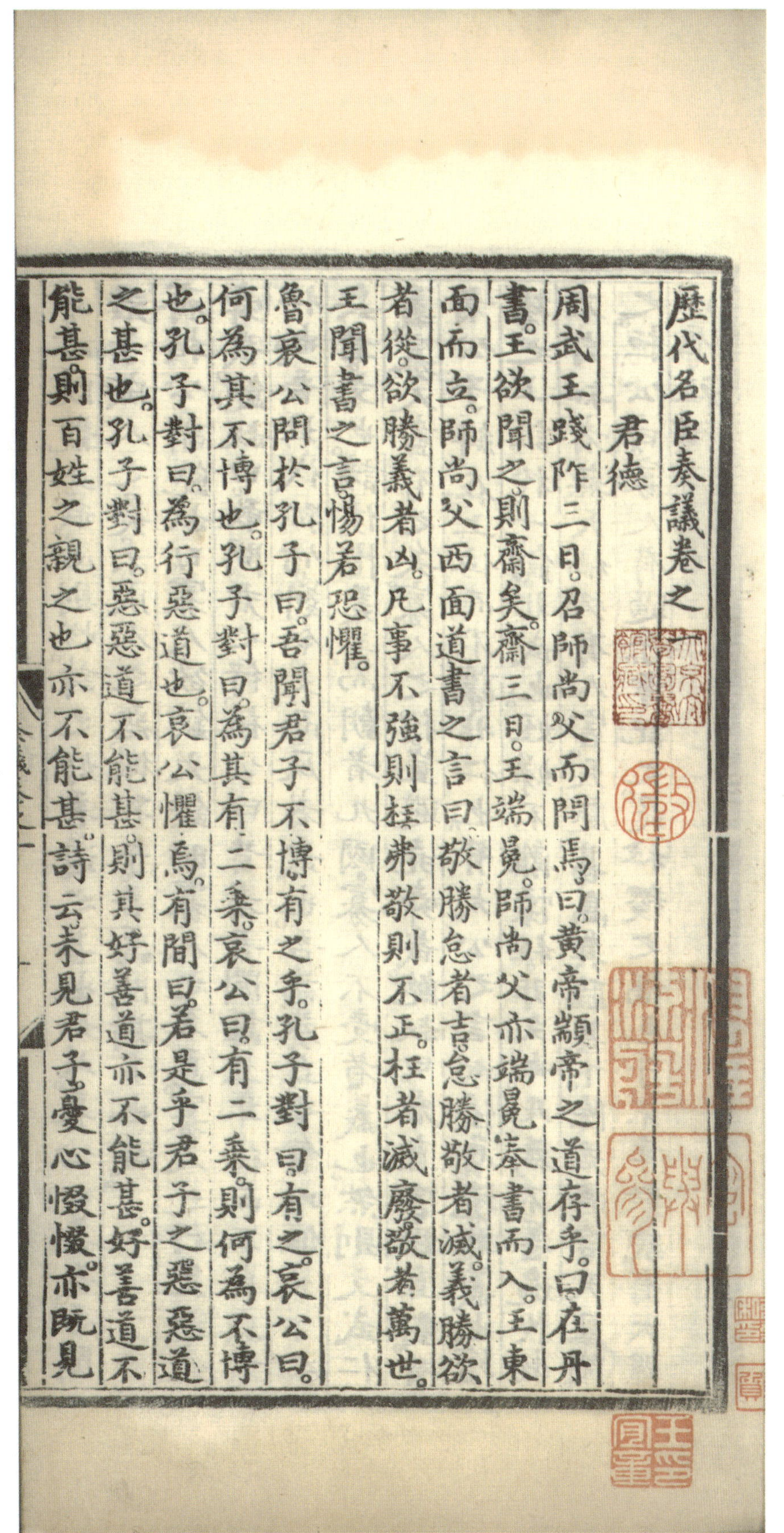

歷代名臣奏議卷之

君德

周武王踐阼三日。召師尚父而問焉曰。黄帝顓帝之道存乎。曰在丹書。王欲聞之。則齋矣。齋三日。王端冕。師尚父亦端冕奉書而入。王東面而立。師尚父西面道書之言曰。敬勝怠者吉。怠勝敬者滅。義勝欲者從。欲勝義者凶。凡事不強則枉。弗敬則不正。枉者滅廢。敬者萬世。王聞書之言惕若恐懼。

魯哀公問於孔子曰。吾聞君子不博有之乎。孔子對曰有之。哀公曰。何爲其不博也。孔子對曰爲其有二乘。哀公曰有二乘。則何爲不博也。孔子對曰。爲行惡道也。哀公懼焉。有間曰。若是乎君子之惡惡道之甚也。孔子對曰。惡惡道不能甚。則其好善道亦不能甚。好善道不能甚。則百姓之親之也亦不能甚。詩云。未見君子。憂心惙惙。亦既見

歷代名臣奏議三百五十卷/十九函一百四十二册/明初內府刻本

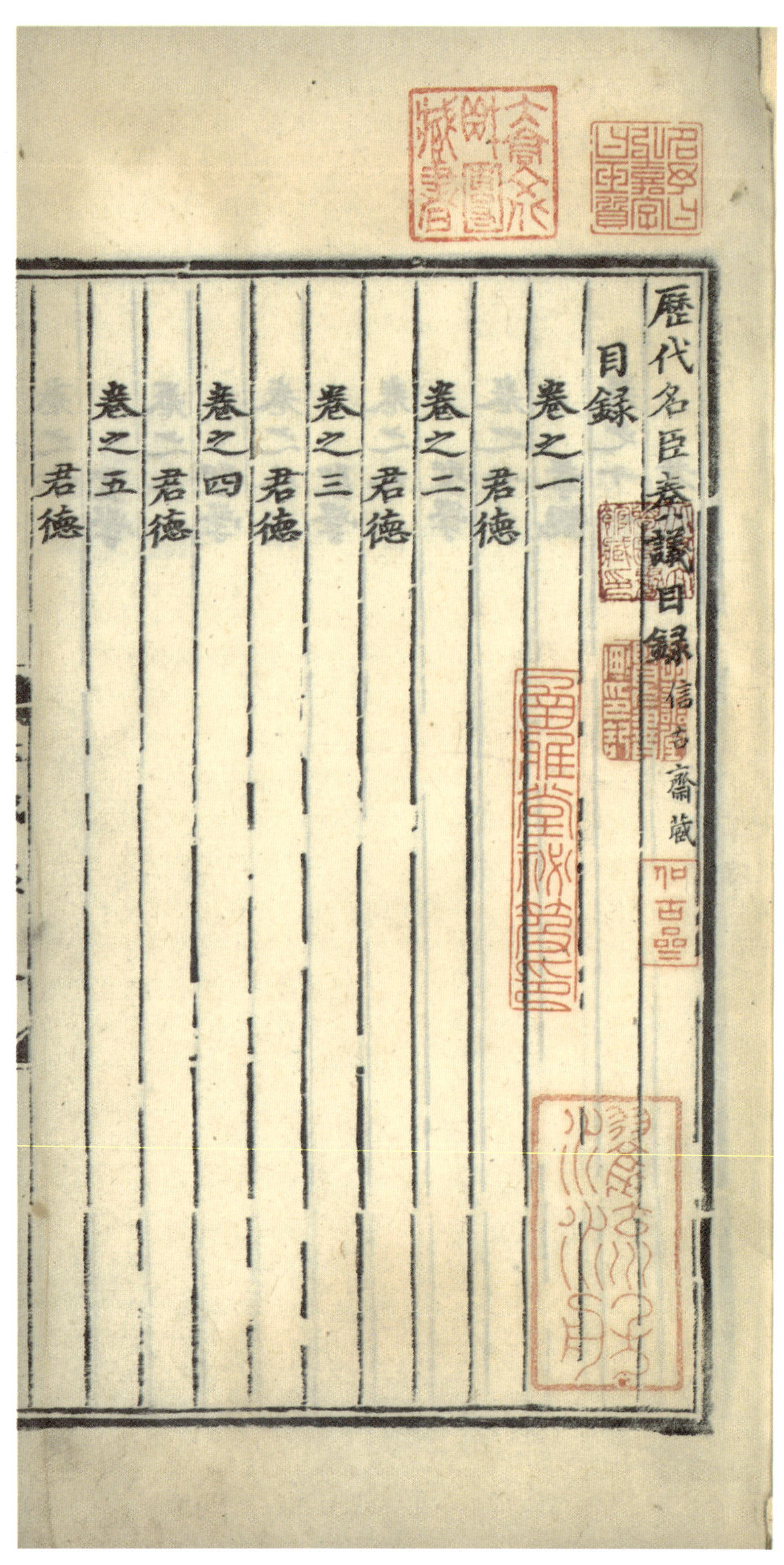
歷代名臣奏議目錄
目錄
卷之一 君德
卷之二 君德
卷之三 君德
卷之四 君德
卷之五 君德

歷代名臣奏議三百五十卷　之二

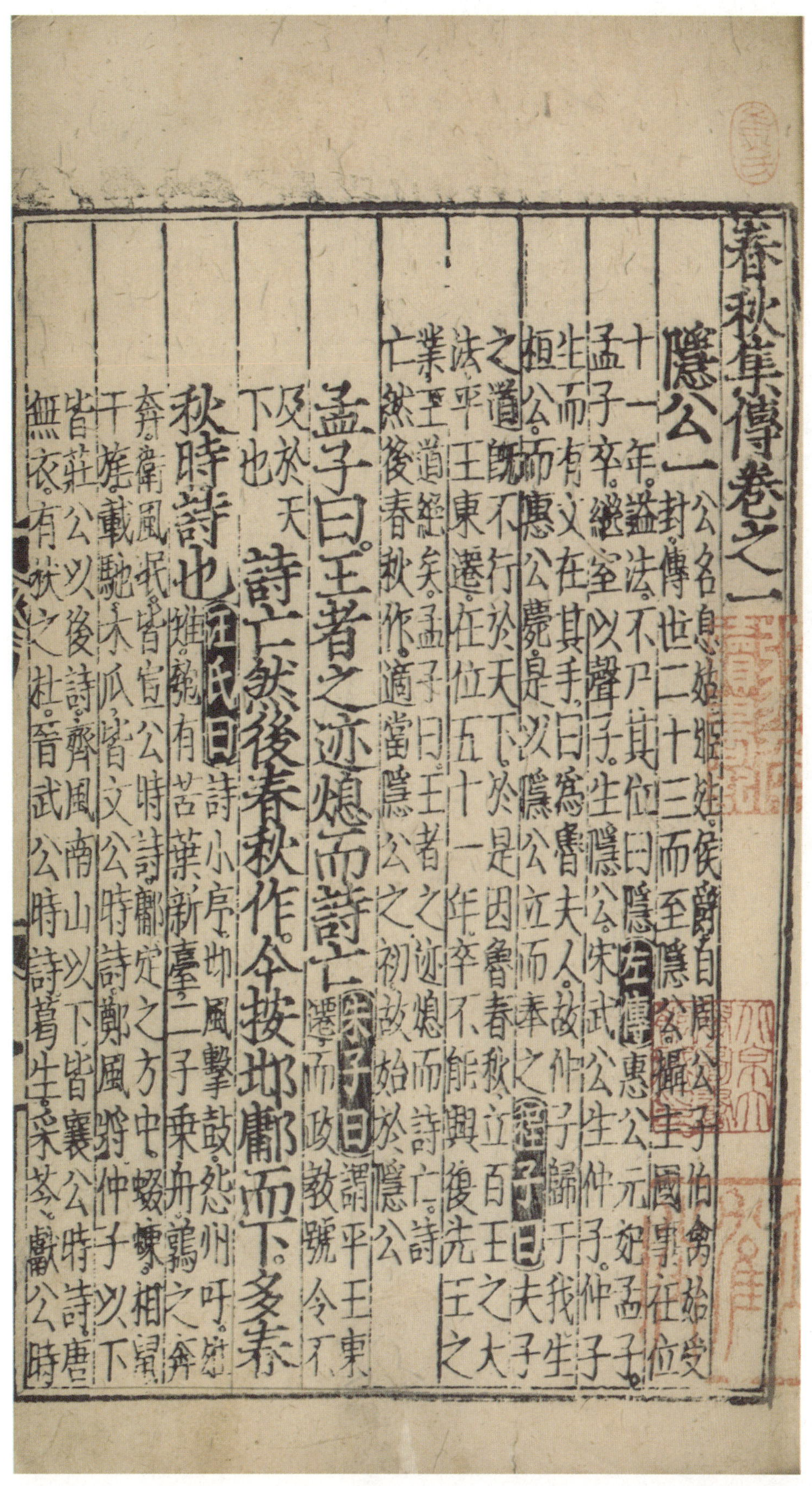

春秋集傳三十七卷首一卷/三十八册/明初刻本

宣统辛亥八月从楼经京卿假觀仁和吴昌绶

公之說云耳子游吳興得之乃知公所學如此故能獨步一代項邑士有欲刻公詩者因出前闋爲冠集首庶學者知公淵源所自且以折近世黨同伐異之說云公名與義字去非初賦墨梅受知徽考入中祕書遂掌帝制後參紹興大政簡齋其自謂也玄黓敦牂中秋晦齋書

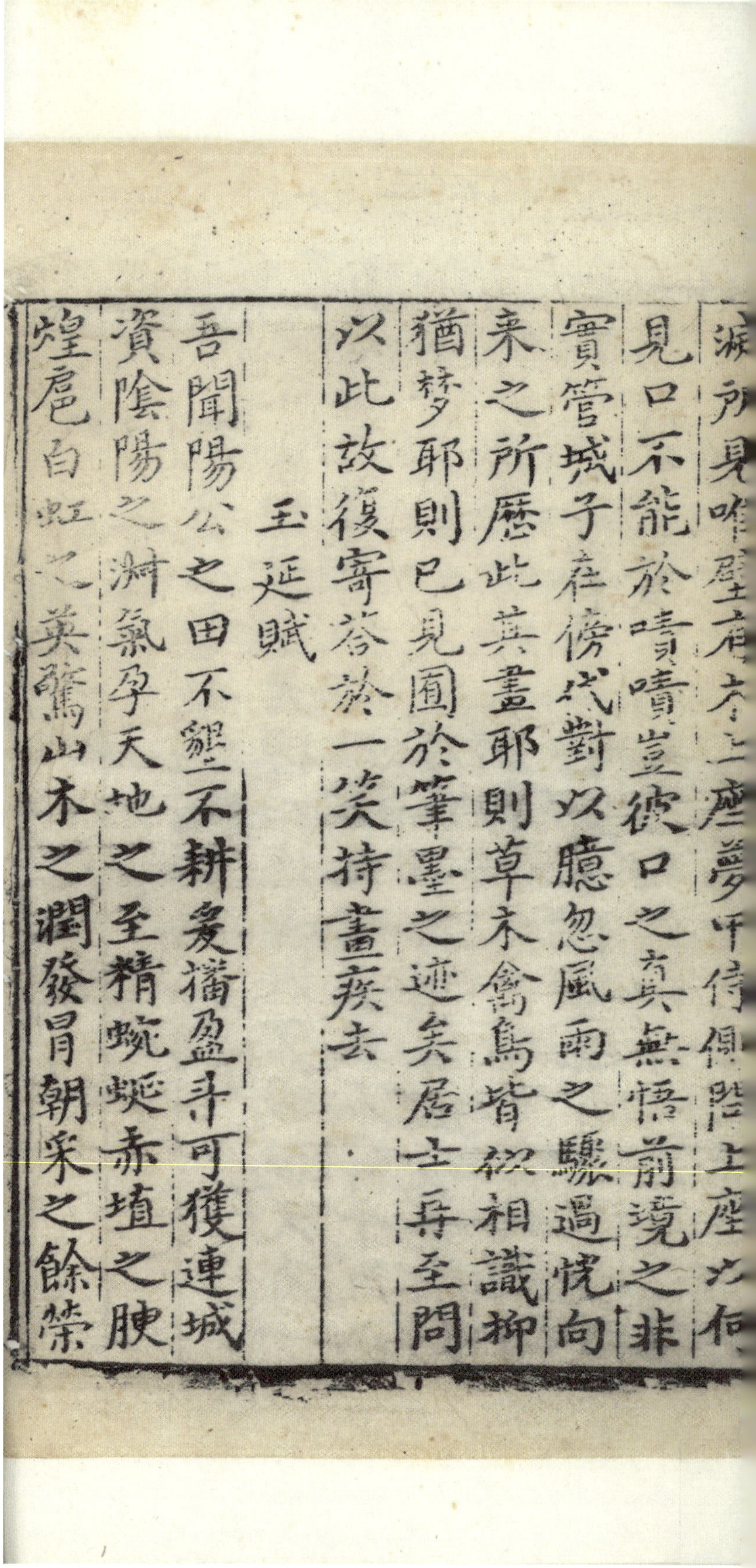

滅所見唯壁存夲上座夢中侍側皆上座之何
見口不能於嘖嘖豈彼口之真無悟前境之非
實管城子在傍代對以聽忽風雨之驟過恍向
來之所歷此其畫耶則草木禽鳥皆似相識抑
猶夢耶則已見圖於筆墨之迹矣居士再至問
以此故復寄答於一笑持畫疾去

玉延賦

吾聞陽公之田不壟不耕爰播盈斗可獲連城
資陰陽之淑氣孕天地之至精蜿蜒赤埴之腴
煌扈白虹之英鷲山木之潤發冒朝采之餘榮

簡齋詩集十五卷/一函六册/明初刻本

簡齋詩集卷之一

賦三首

覺心畫山水賦

天寧堂中黄面老禪四海無人碧眼視天有一居士山澤之仙結三生之習氣口不停乎說山聊寄荅於一笑夜乃夢乎其間重巖複嶺蔽虧吐吞紛應接其乖了萬雲忽兮歸也亂晦明於俄頃存十二之峯巒有木偃蹇樵斤所難飽千霜與百霆根不動而意安瞻山椒之落日送萬古以無言彼禽鳥兮何知方相急而號煙須臾變

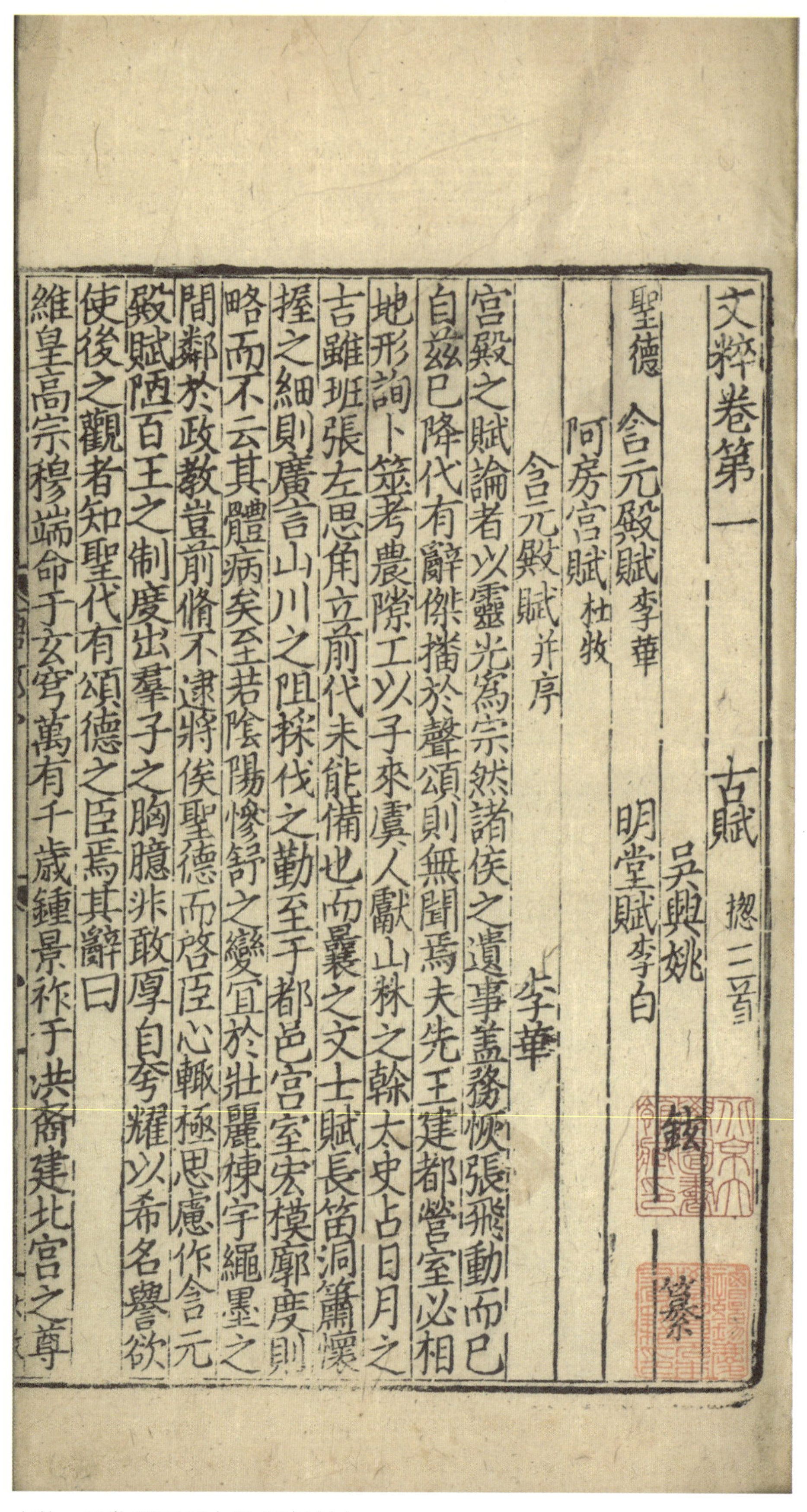
文粹卷第一　古賦　揔三首

吳興姚　鉉　纂

聖德　含元殿賦李華　明堂賦李白

阿房宫賦杜牧

含元殿賦并序　李華

宫殿之賦論者以靈光爲宗然諸侯之遺事蓋務恢張飛動而已自兹已降代有辭傑播於聲頌則無聞焉夫先王建都營室必相地形詢卜筮考農隙工以子來虞人獻山林之榦太史占日月之吉雖班張左思角立前代未能備也而曩之文士賦長笛洞簫懷握之細則廣言山川之阻採伐之勤至于都邑宫室宏模廓度則略而不云其體病矣至若隂陽慘舒之變宜於壯麗棟宇繩墨之間鄰於政教豈前脩不逮將俟聖德而啓臣心輒極思慮作含元殿賦陋百王之制度出羣子之胸臆非敢厚自夸耀以希名譽欲使後之觀者知聖代有頌德之臣焉其辭曰

維皇高宗穆端命于玄穹萬有千歲鍾景祚于洪裔建北宫之尊

文粹一百卷/四函四十册/明初刻本

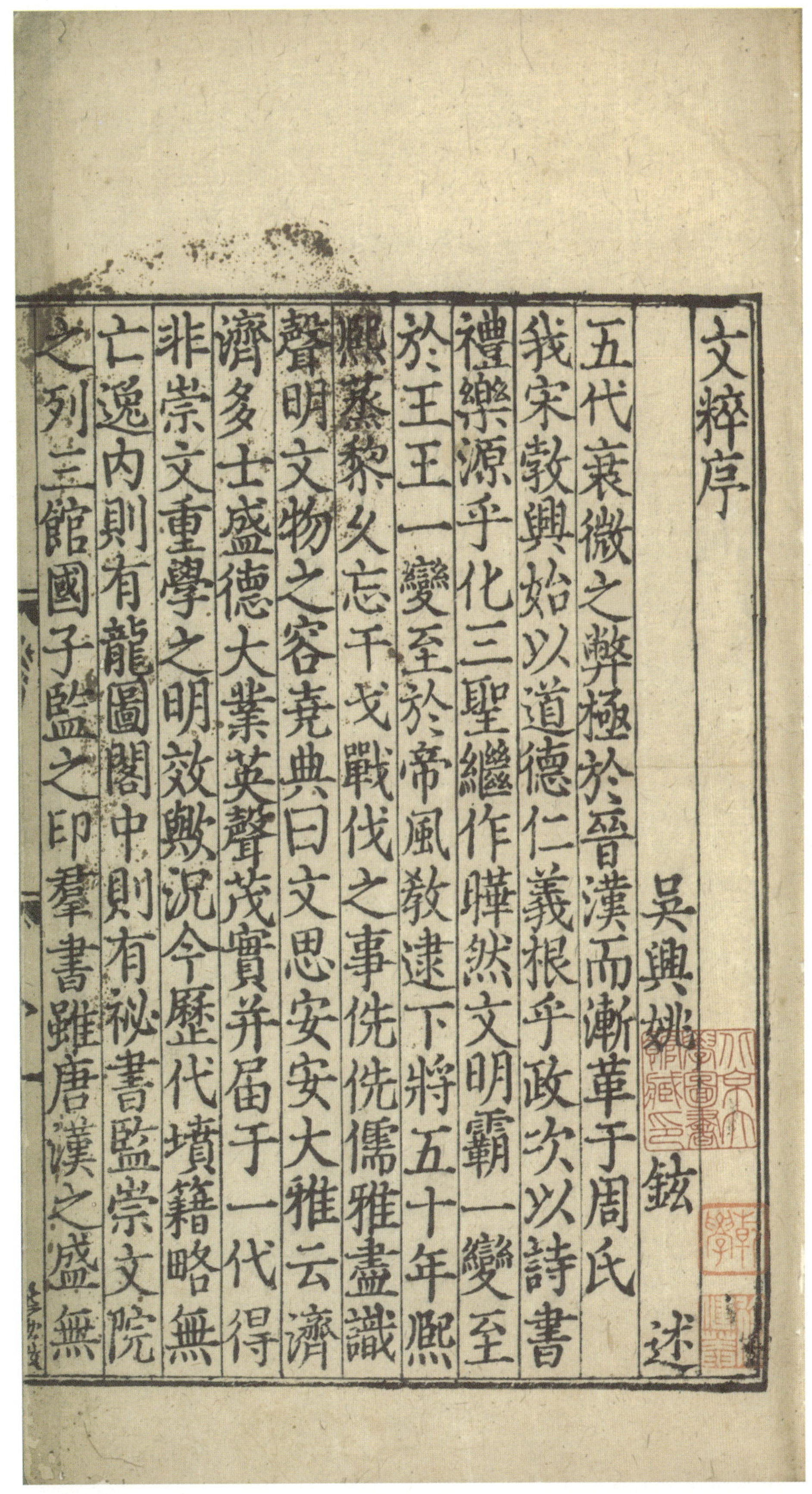

文粹序

吴興姚鉉 述

五代衰微之弊極於晉漢而漸革于周氏我宋勃興始以道德仁義根乎政次以詩書禮樂源乎化三聖繼作曄然文明霸一變至於王王一變至於帝風教逮下將五十年熙熙蒸黎久忘干戈戰伐之事侁侁儒雅盡識聲明文物之容堯典曰文思安安大雅云濟濟多士盛德大業英聲茂實并届于一代得非崇文重學之明效歟況今歷代墳籍略無亡逸内則有龍圖閣中則有祕書監崇文院之列三館國子監之印羣書雖唐漢之盛無

文粹一百卷　之二

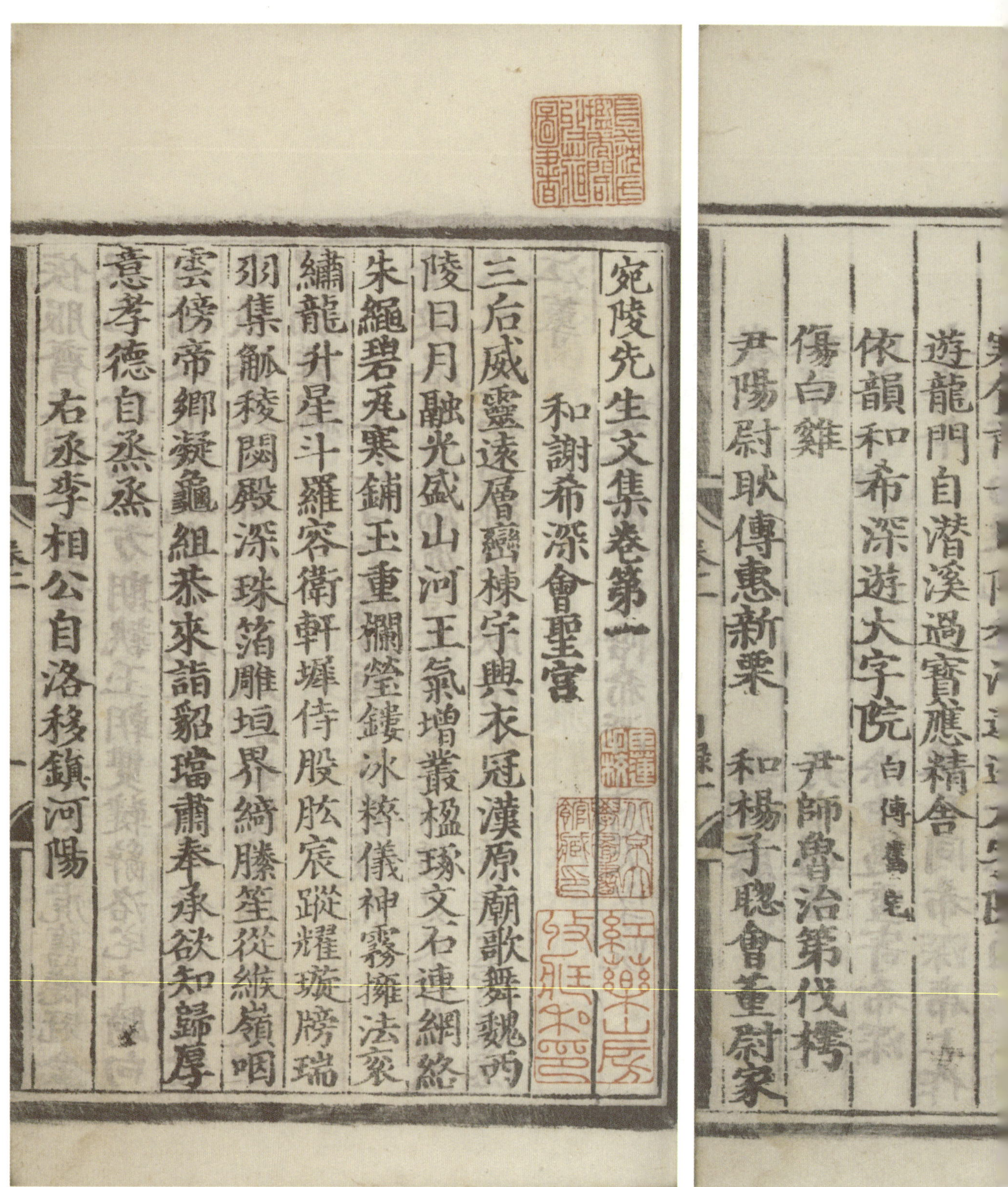

宛陵先生文集六十卷拾遺一卷附録一卷/十一册/明正統四年(1439)刻本

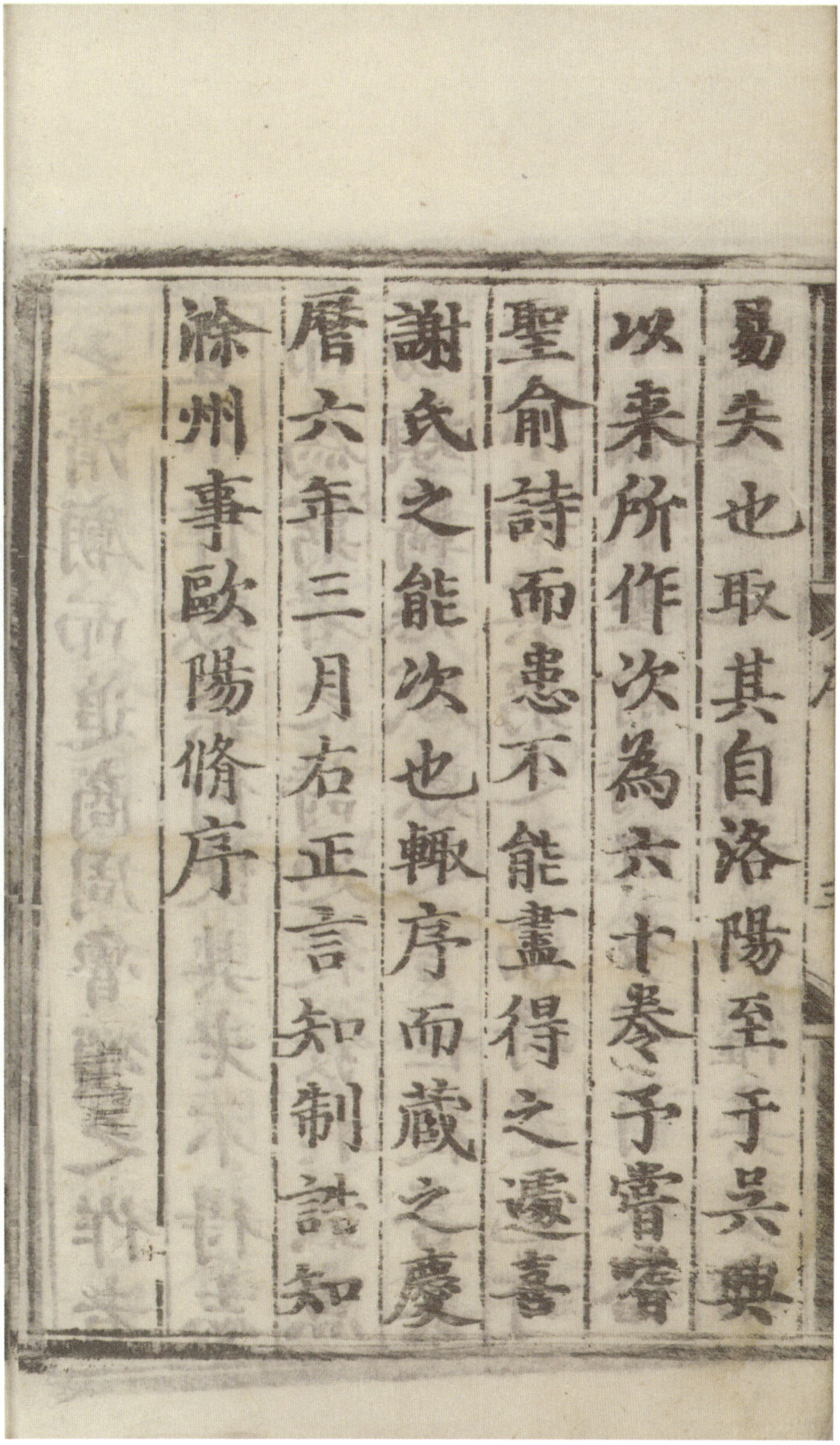

易失也取其自洛陽至于吳興
以來所作次為六十卷予嘗嗜
聖俞詩而患不能盡得之遽喜
謝氏之能次也輒序而藏之慶
曆六年三月右正言知制誥知
滁州事歐陽脩序

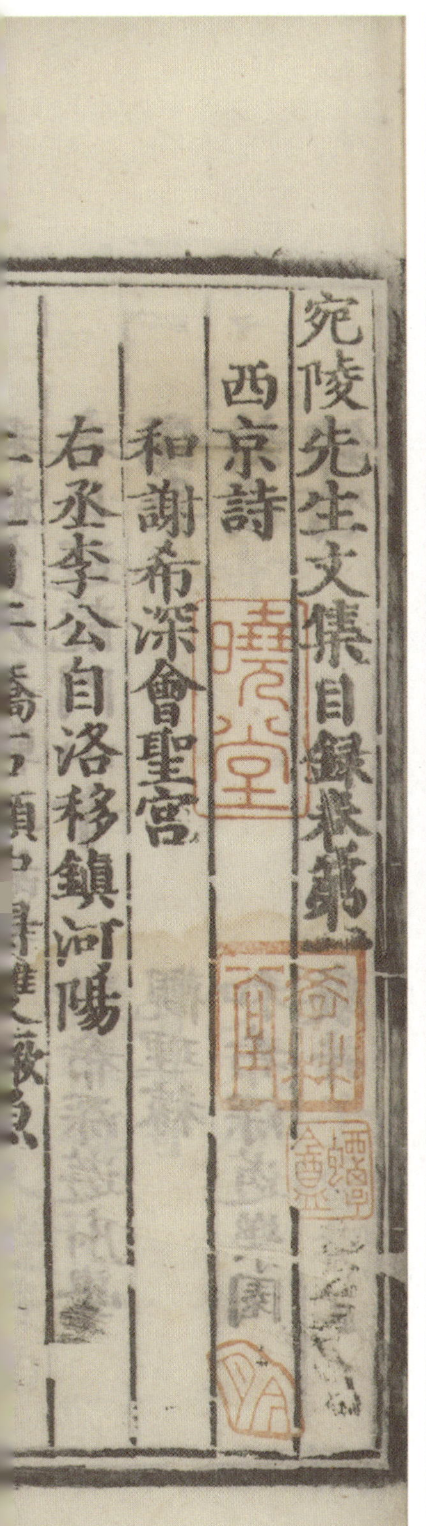

宛陵先生文集目錄卷第一
西京詩
和謝希深會聖宮
右丞李公自洛移鎮河陽

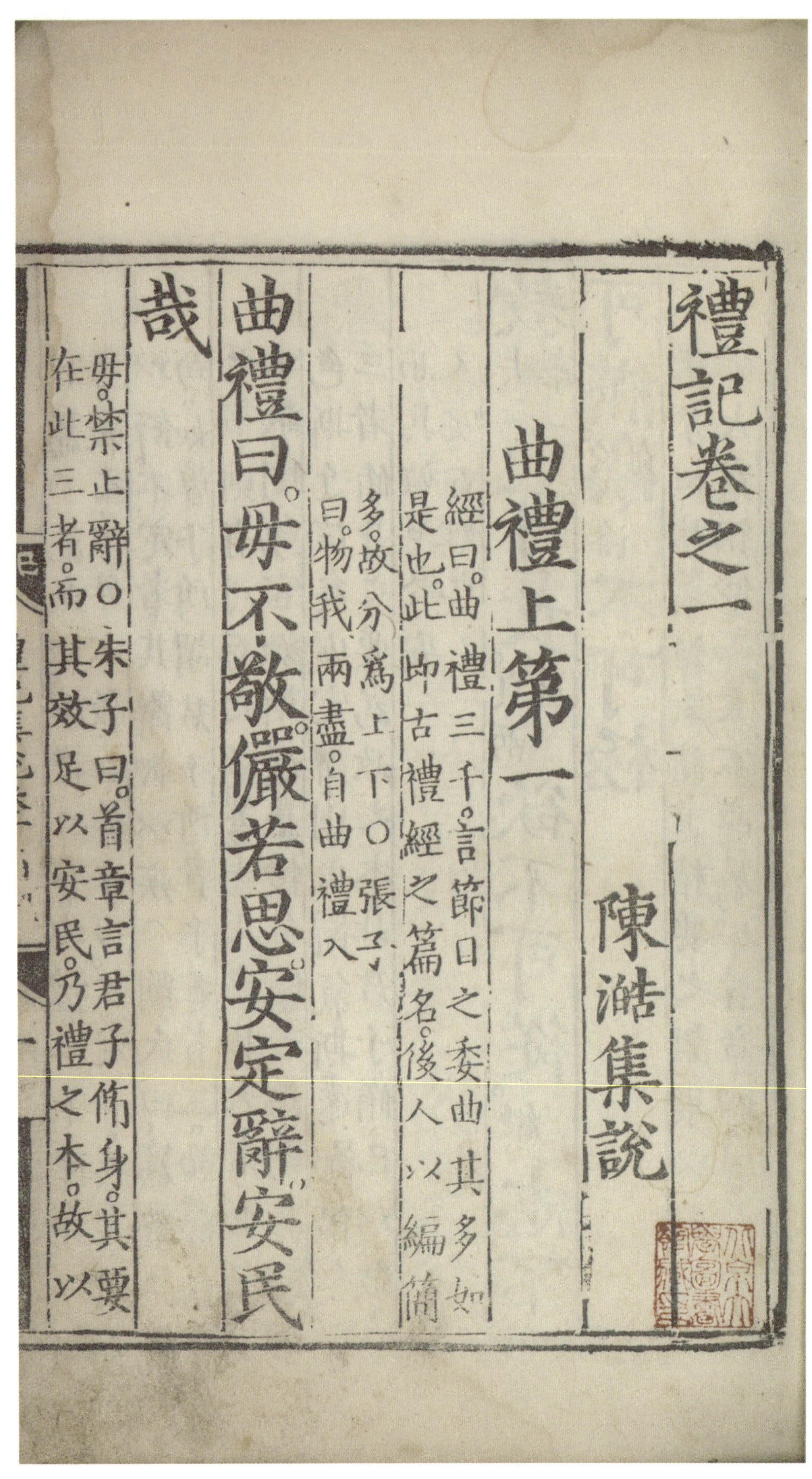

禮記卷之一

陳澔集說

曲禮上第一

經曰。曲禮三千。言節目之委曲其多如是也。此即古禮經之篇名。後人以編簡多。故分爲上下。○張子曰。物我兩盡。自曲禮入。

曲禮曰。毋不敬。儼若思。安定辭。安民哉

毋。禁止辭。○朱子曰。首章言君子脩身。其要在此三者。而其效足以安民。乃禮之本。故以

禮記十六卷/八册/明正統十二年（1447）司禮監刻本

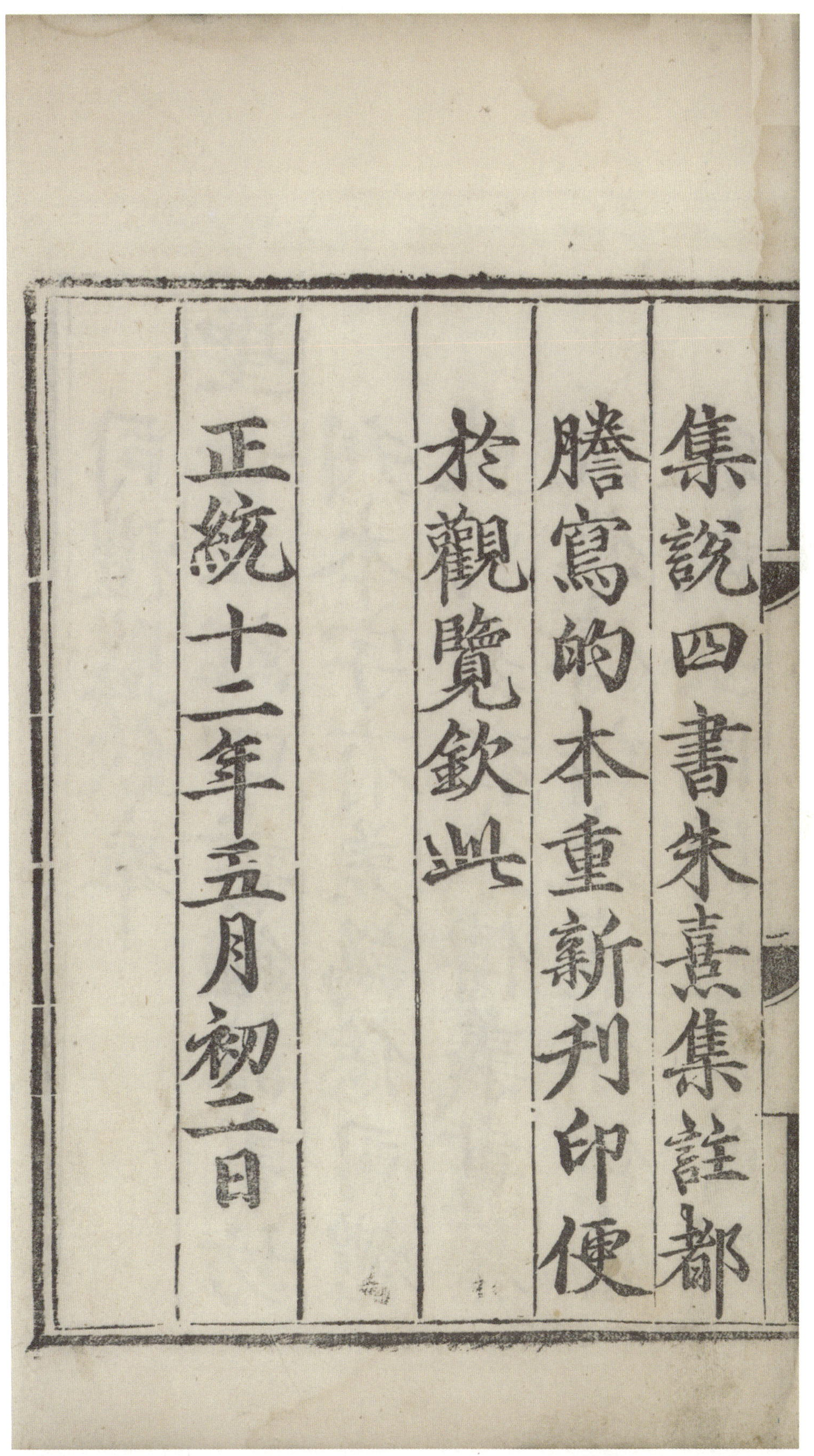
集說四書朱熹集註都
謄寫的本重新刊印便
於觀覽欽此
正統十二年五月初二日

禮記十六卷　之二

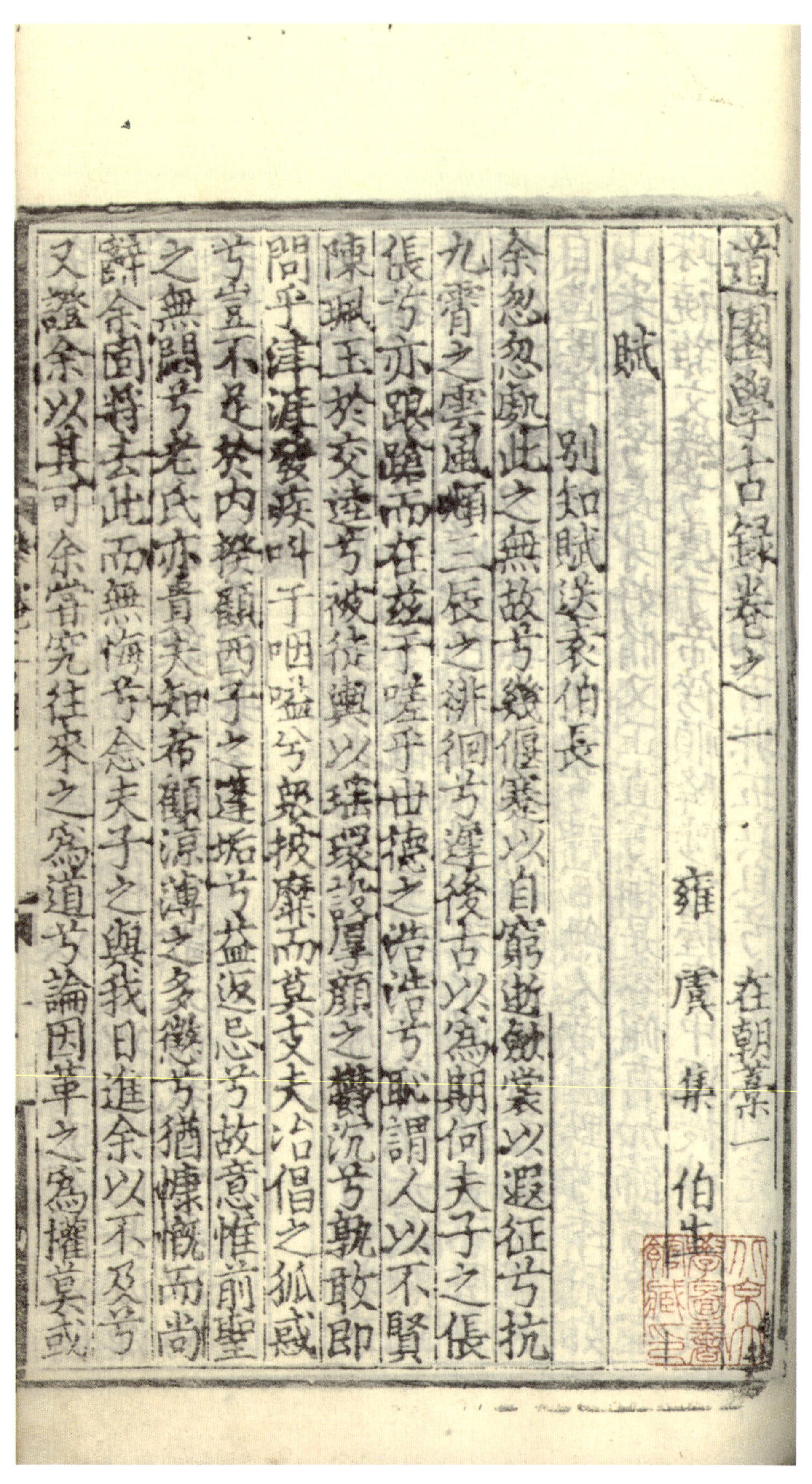

道園學古録五十卷/二函十册/明景泰刻本

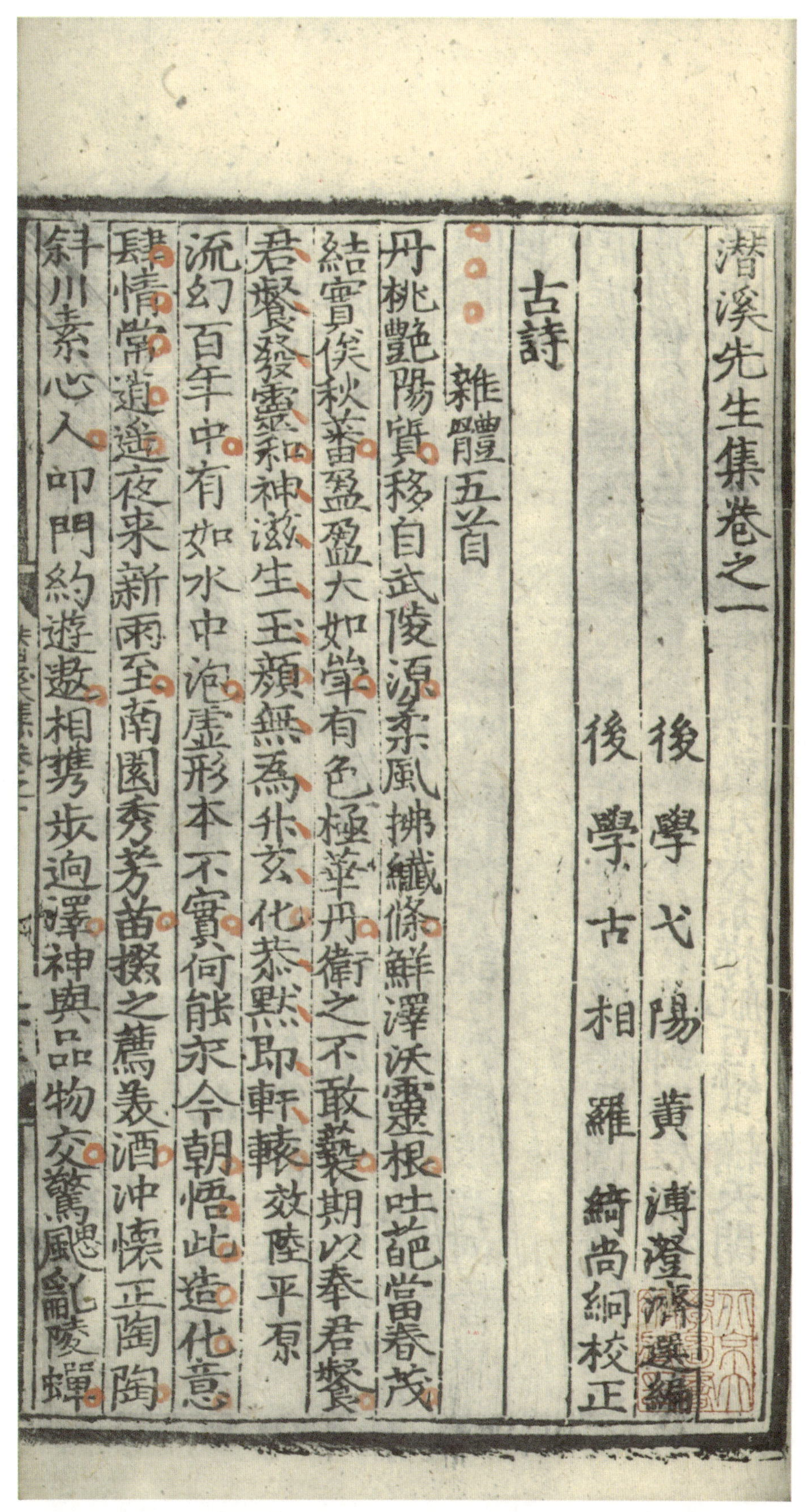
潛溪先生集卷之一

後學弋陽黃溥澄濟選編

後學古相羅綺尚絅校正

古詩

雜體五首

丹桃艷陽質移自武陵源柔風拂纖條鮮澤沃靈根吐葩當春茂
結實俟秋蕃盈盈大如掌有色極華丹衛之不敢褻期以奉君餐
君餐發靈和神滋生玉顏無為升玄化恭默即軒轅效陸平原
流幻百年中有如水中泡虛形本不實何能永今朝悟此造化意
肆情當逍遙夜來新雨至南園秀芳苗掇之薦美酒沖懷正陶陶
斜川素心人叩門約遊遨相携步迴澤神與品物交鶩飈亂陵蟬

潛溪先生集十八卷潛溪先生集宸翰一卷附録一卷/八册/明天順元年(1457)黃溥嚴塤刻成化間補刻本

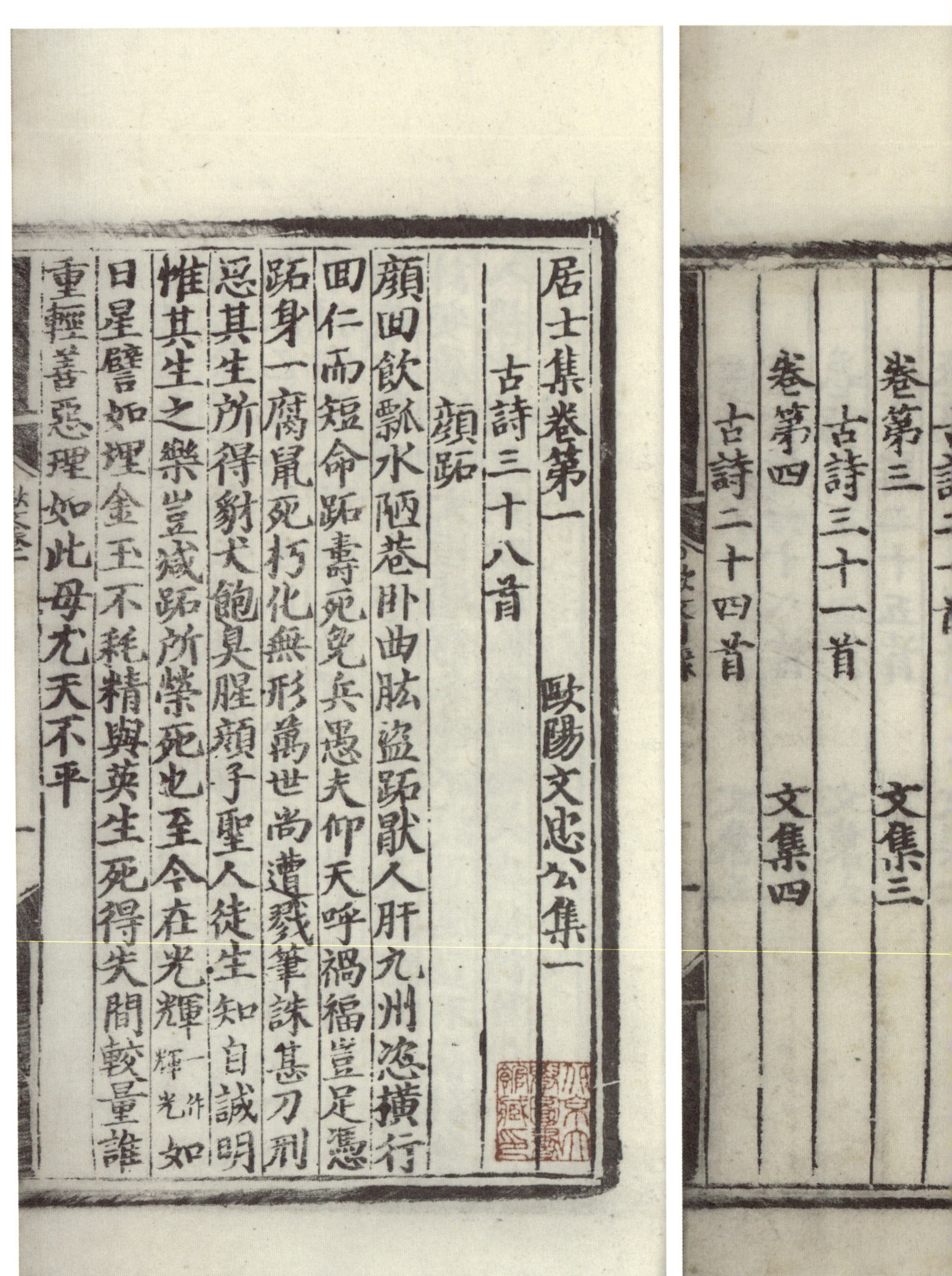

歐陽文忠公文集一百五十三卷附録五卷/四十八册/明天順五年（1461）刻本

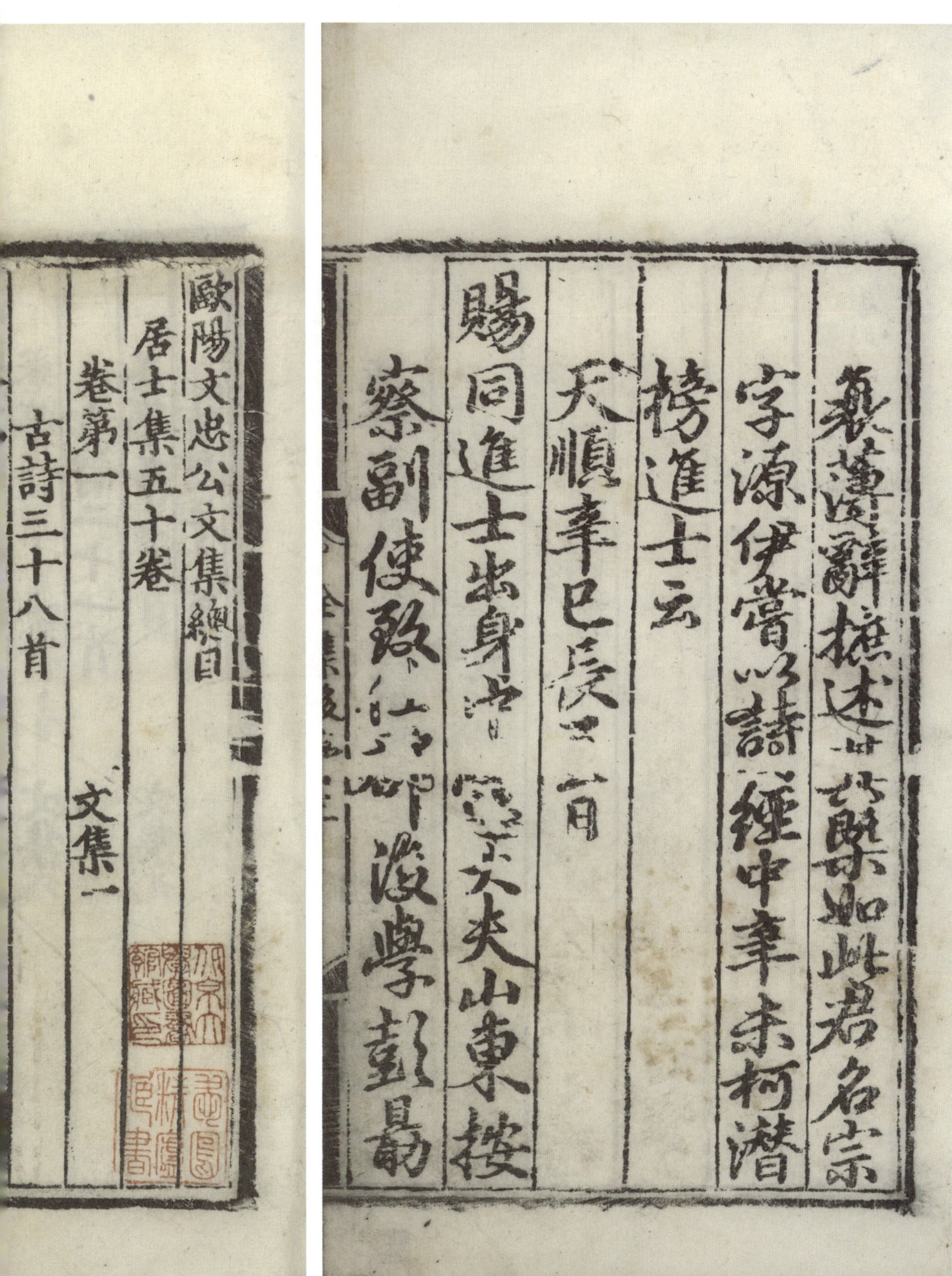

歐陽文忠公文集總目
居士集五十卷
卷第一
古詩三十八首
文集一

袁蓬逸辭摭述其好學如此君名宗
字源伊嘗以詩經中辛未科潛
榜進士云
天順辛巳長至日
賜同進士出身中大夫山東按
察副使致仕後學彭勗

孚尹於璚户出則鏘和鸞驂與組媚日馭之光華屢天
衢之步武然其氣質不可求之驪黄之餘其芻秣不可
畀之阜櫪之伍峙玉山之殖未足供其齕委金臺之貲
未足議其估是知天馬固難得而不易畜也所以罕見
於盛時僅聞於前古時則有傚鄒枚請賡樂府而客或
難之曰時方歌鹿鳴之章子乃為天馬之賦得無馳騖
鼓車者寧不與此而逈殊也哉嗟夫寶不自貴以人而
貴物不自異以人而異方神駒絢綵於水涯固期鶩岑
之同滯至其裂髫矢而庭賓竟乃自齒於天駟信物美
而無所遺兮亦奇才之能自致負鹽車而上太行者慨

圭齋文集十六卷/一函四册/明成化七年（1471）刻本

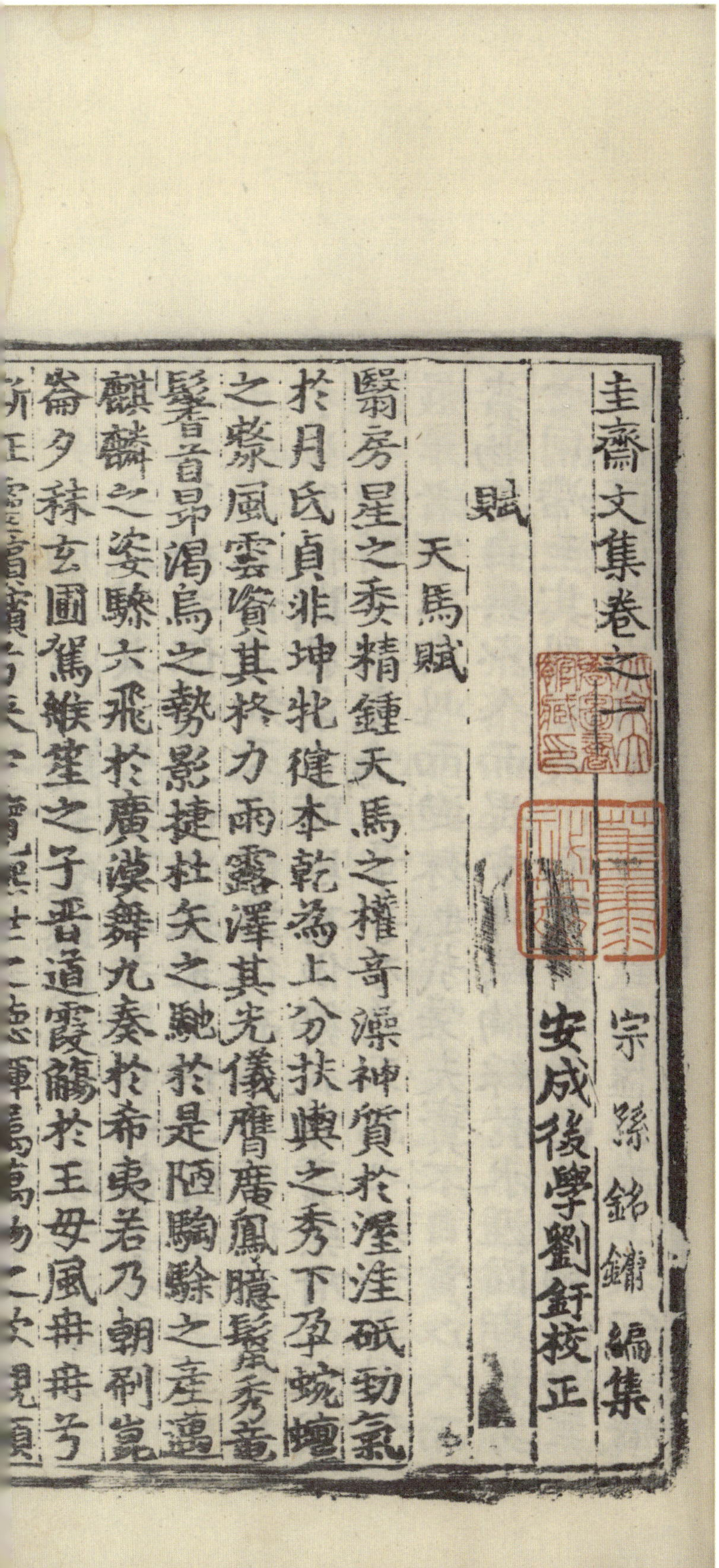

圭齋文集卷之一

宗孫銘鏞編集

安成後學劉釪校正

賦

天馬賦

翳房星之委精鍾天馬之權奇濼神質於渥洼砥勁氣於月氐貞非坤牝德本乾爲上分扶輿之秀下孕蜿蟺之粲風雲資其狡力雨露澤其光儀膺鷹鳳臆鬣秀龍鬐首昂渴烏之勢影捷杜矢之馳於是陋騊駼之產邁麒麟之姿驂六飛於廣漠舞九奏於希夷若乃朝刷崑崙夕秣玄圃駕緱臺之子晉通霞鶴於王母風冉冉兮

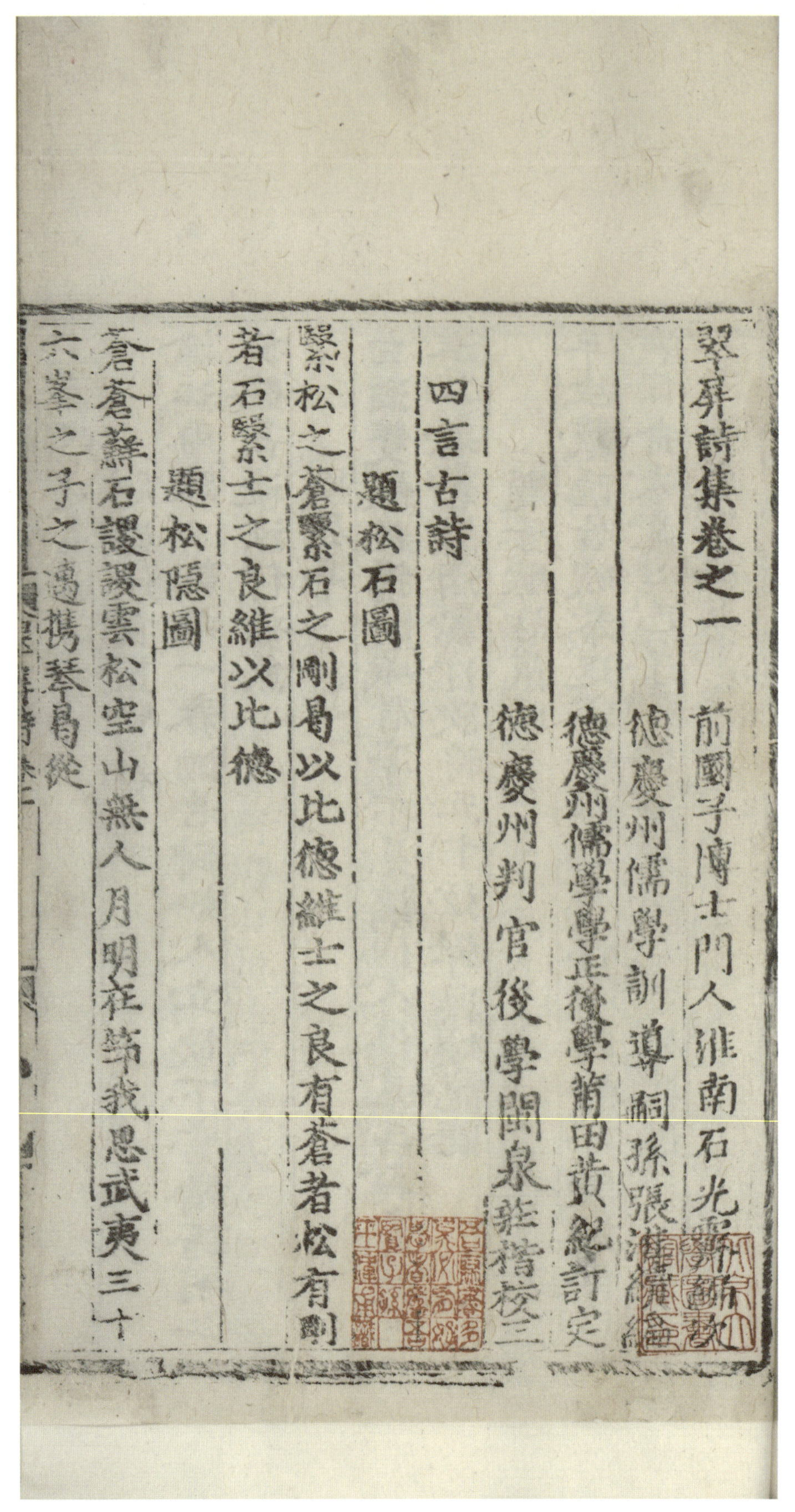
翠屏詩集卷之一　前國子博士門人淮南石光霽編
德慶州儒學訓導嗣孫張淮編
德慶州儒學學正後學莆田黄紀訂定
德慶州判官後學閩泉莊楷校正
四言古詩
題松石圖
鬰松之蒼鬰石之剛曷以比德維士之良有蒼者松有剛者石鬰士之良維以比德
題松隱圖
蒼蒼蘚石靉靉雲松空山無人月明在篛我思武夷三十六峯之子之邁携琴曷從

翠屏集四卷/一函四册/明成化十六年（1480）張淮刻明清遞修本

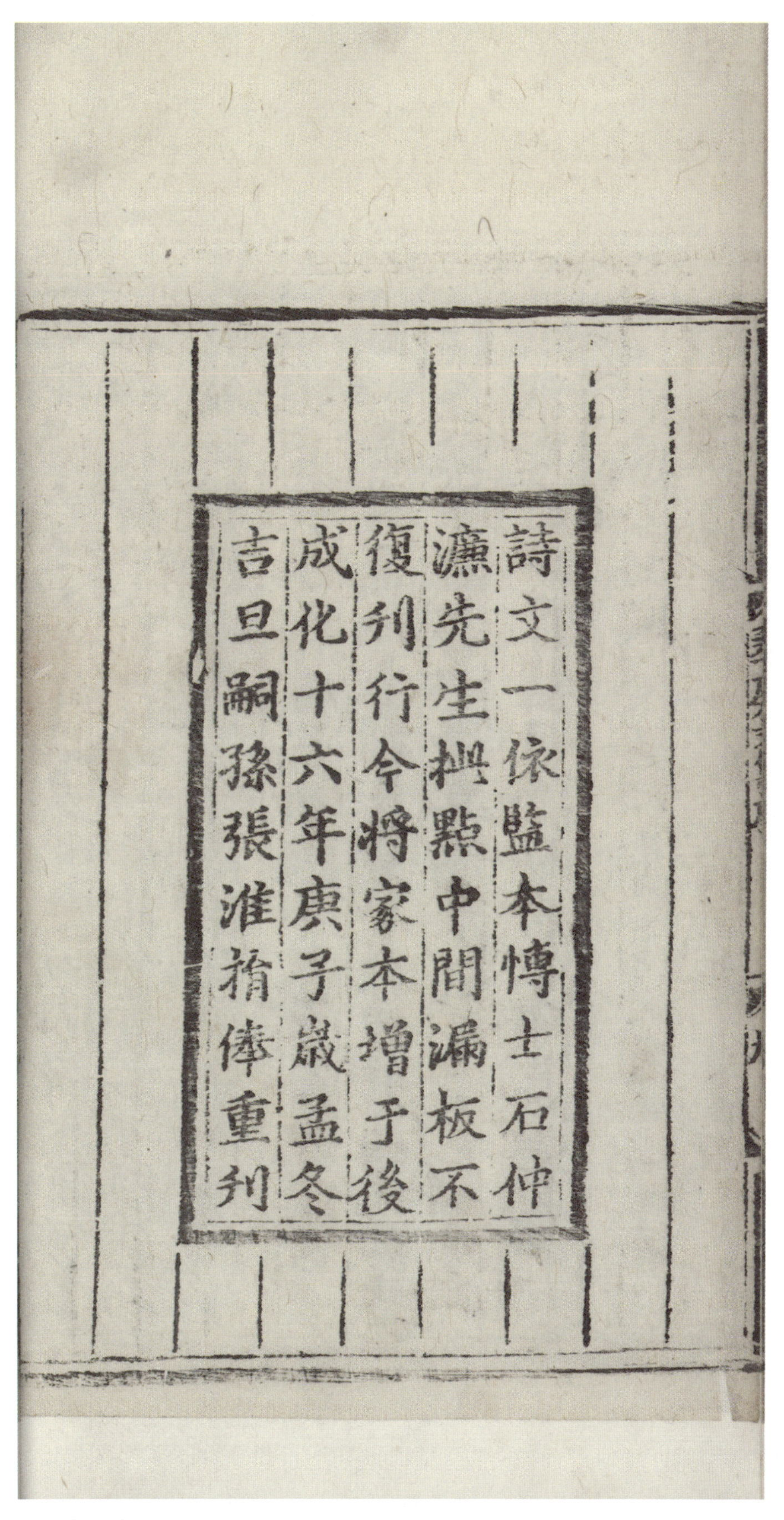
詩文一依監本愽士石仲
濂先生批點中間漏板不
復刊行今將家本增于後
成化十六年庚子歲孟冬
吉旦嗣孫張淮稍俸重刊

翠屏集四卷　之二

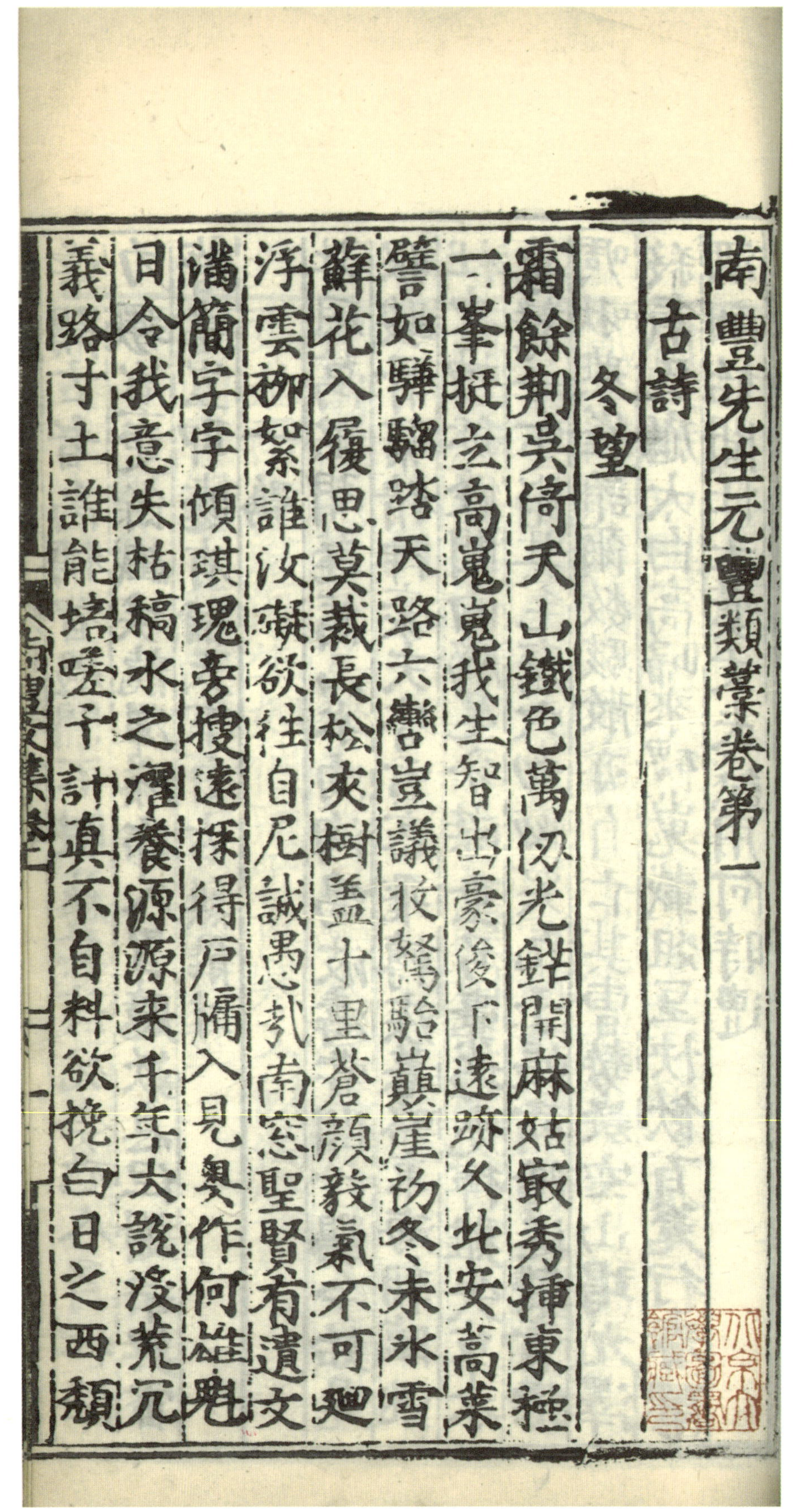

南豐先生元豐類藁五十卷續附録一卷/一函八册/明成化南豐縣刻遞修本

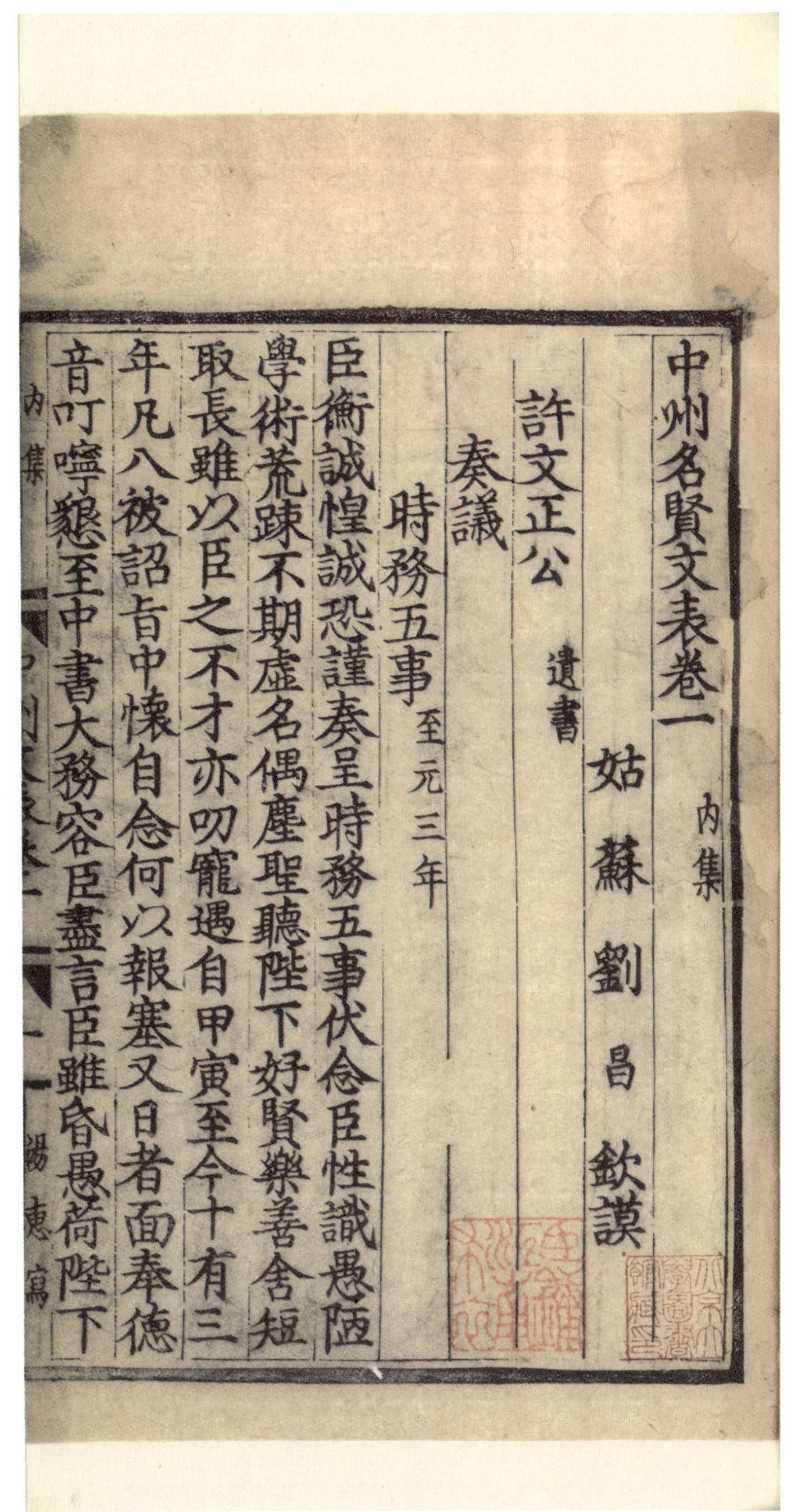
中州名賢文表卷一 內集

姑蘇劉昌欽謨

許文正公 遺書

奏議

時務五事 至元三年

臣衡誠惶誠恐謹奏呈時務五事伏念臣性識愚陋學術荒踈不期虚名偶塵聖聽陛下好賢樂善舍短取長雖以臣之不才亦叨寵遇自甲寅至今十有三年凡八被詔旨中懐自念何以報塞又日者面奉德音叮嚀懇至中書大務容臣盡言臣雖昏愚荷陛下

中州名賢文表三十卷/四函二十册/明成化刻本

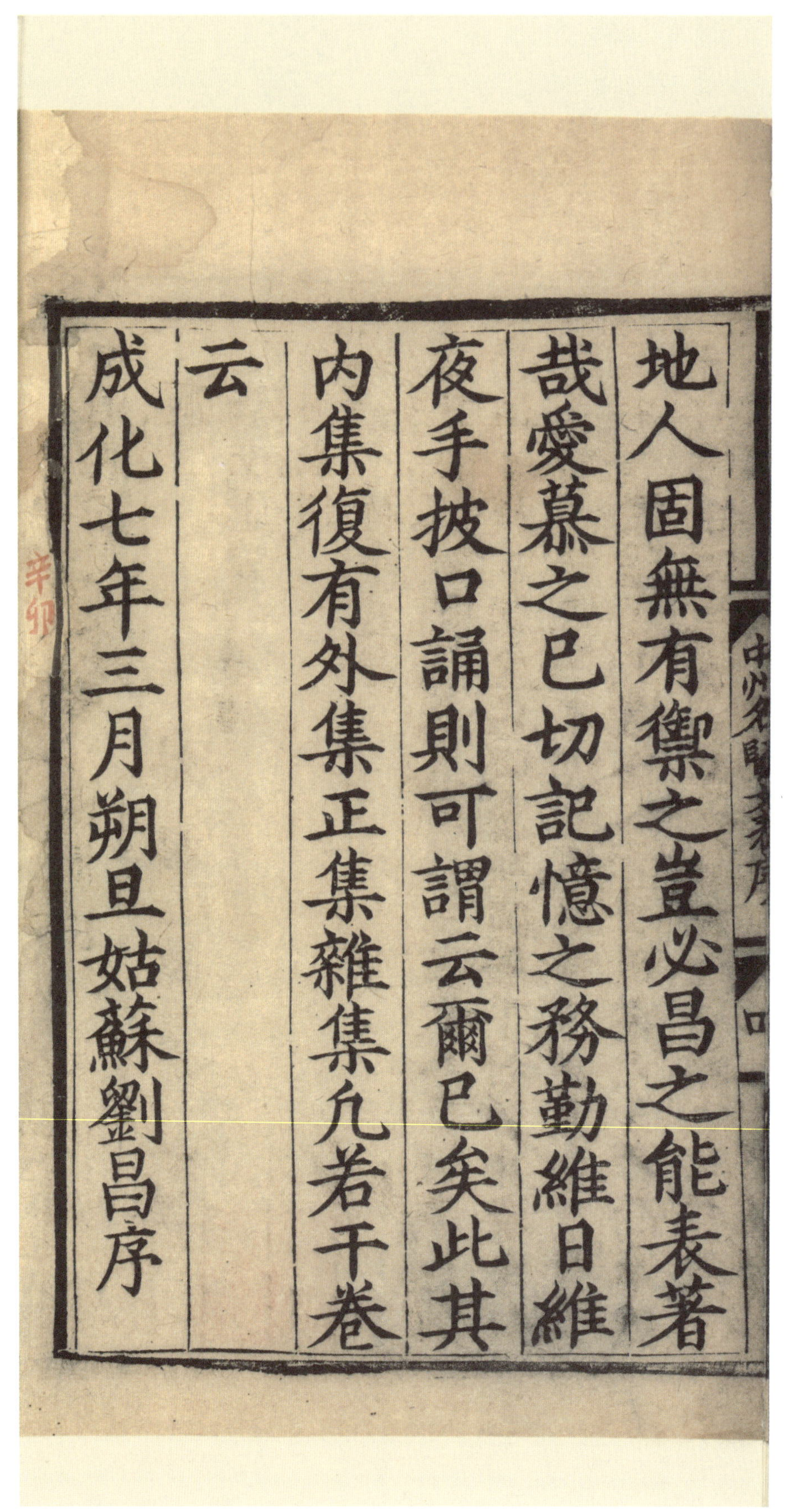

地人固無有禦之豈必昌之能表著
哉愛慕之已切記憶之務勤維日維
夜手披口誦則可謂云爾已矣此其
内集復有外集正集雜集凡若干卷
云
成化七年三月朔旦姑蘇劉昌序

中州名賢文表三十卷　之二

重刊詩話引
詩話卷九

何如論者謂質厚宏壯真詔旨也
劉子儀贈人詩云惠和官尚小師達祿須干取下惠聖之和師也達而子張學干之事或有除六官字示人曰此必蕃僧也其名達祿須干聞者大笑詩有詩病俗忌當避之此[illegible][illegible][illegible]合無若輕薄子何非筆力過也景祐中宋宣獻上楊太妃挽詩云神歸梁小廟禮祔漢餘陵文士無其用事情當楊昌言詩曰先帝遺弓劍排雲上紫清同時受顧託今日見升平雖不用事意思宏深足為警語

景祐末元昊叛夏鄭公出鎮長安梅送詩曰亞夫金鼓從天落韓信旌旗背水陳時獨刻公詩於石僧惠崇詩云河分崗勢斷春入燒痕青然唐人舊句而崇之弟子吟贈其師曰河分岡勢司空曙春入燒痕劉長卿不是師偷古人句古人詩句似師兄杜工部有峽束蒼江起岩排石樹圓蘇子美遂用峽束蒼江岩

詩話十卷/一函六册/明弘治庚戌（三年，1490）馮忠刻本

弘治庚戌夏四月望日

賜進士出身中順大夫知揚州府

事前刑部員外郎四明馮忠識

詩話卷第一

劉攽貢父

太宗好文每進士及第賜聞喜宴常作詩賜之累朝以爲故事仁宗在位四十二年賜詩尤多然不必盡

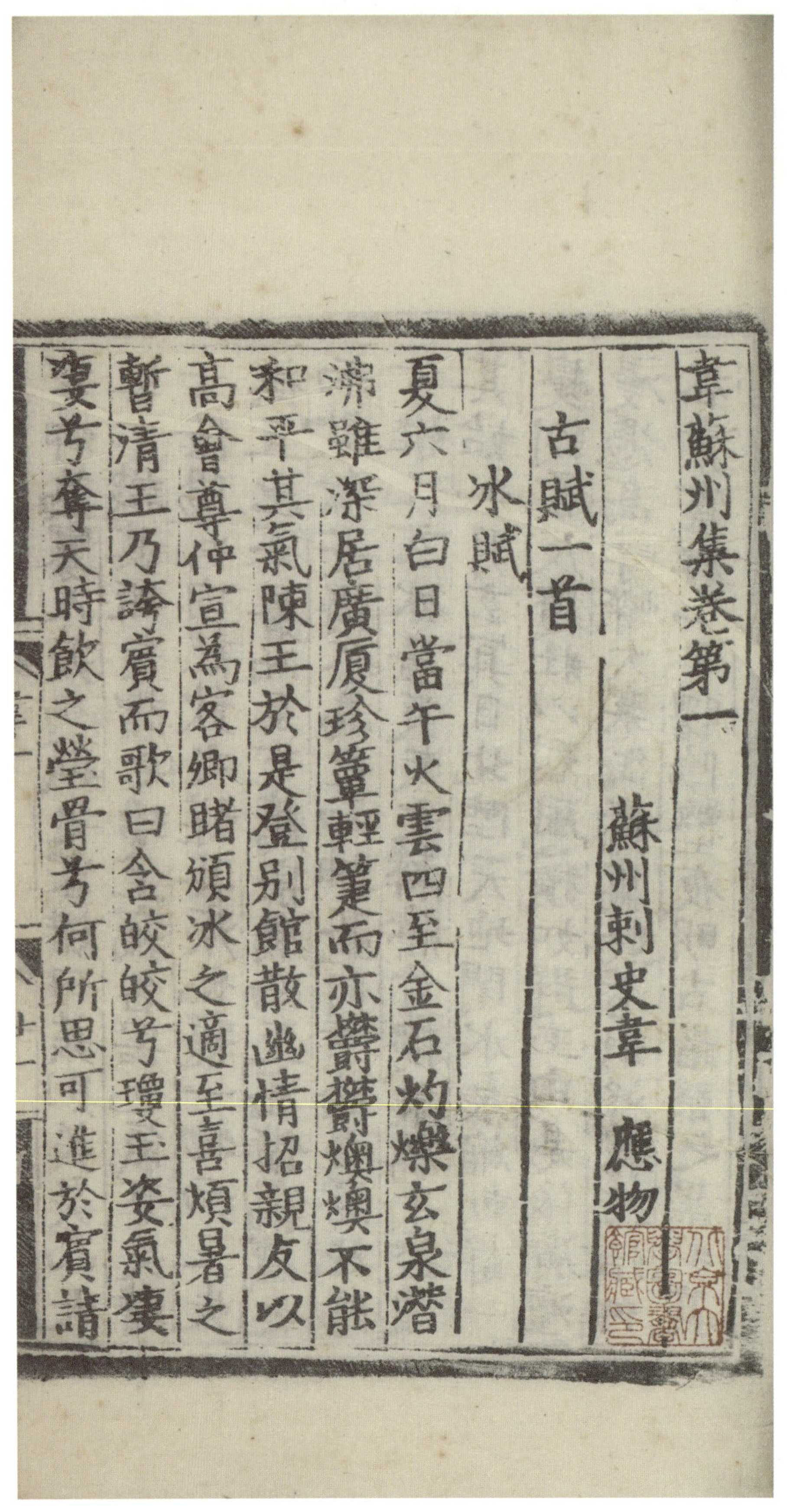

韋蘇州集卷第一

蘇州刺史韋　應物

古賦一首

冰賦

夏六月白日當午火雲四至金石灼爍玄泉潛
潇雖深居廣厦珍簟輕箑而亦欝欝燠燠不能
和平其氣陳王於是登别館散幽情招親友以
高會尊仲宣爲客卿睹頒冰之適至喜煩暑之
暫清王乃諭賓而歌曰含皎皎兮瓊玉姿氣淒
淒兮奪天時飲之瑩骨兮何所思可進於賓請

韋蘇州集十卷拾遺一卷/一函二册/明弘治丙辰（九年，1496）刻本

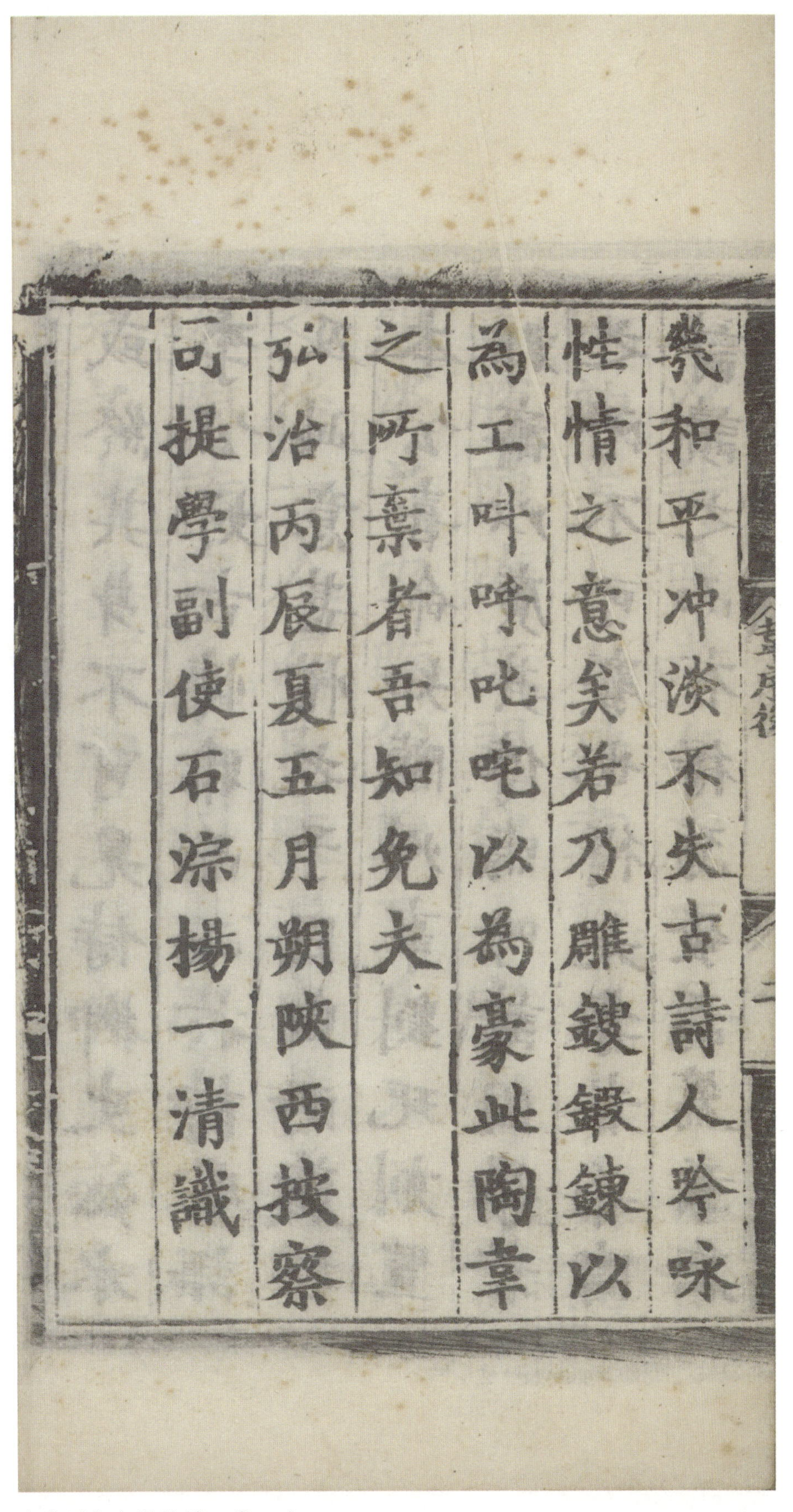

發和平冲淡不失古詩人吟咏
性情之意矣若乃雕鎪鍛鍊以
爲工呌呼叱咤以爲豪此陶韋
之所稟者吾知免夫
弘治丙辰夏五月朔陝西按察
司提學副使石淙楊一清識

韋蘇州集十卷拾遺一卷　之二

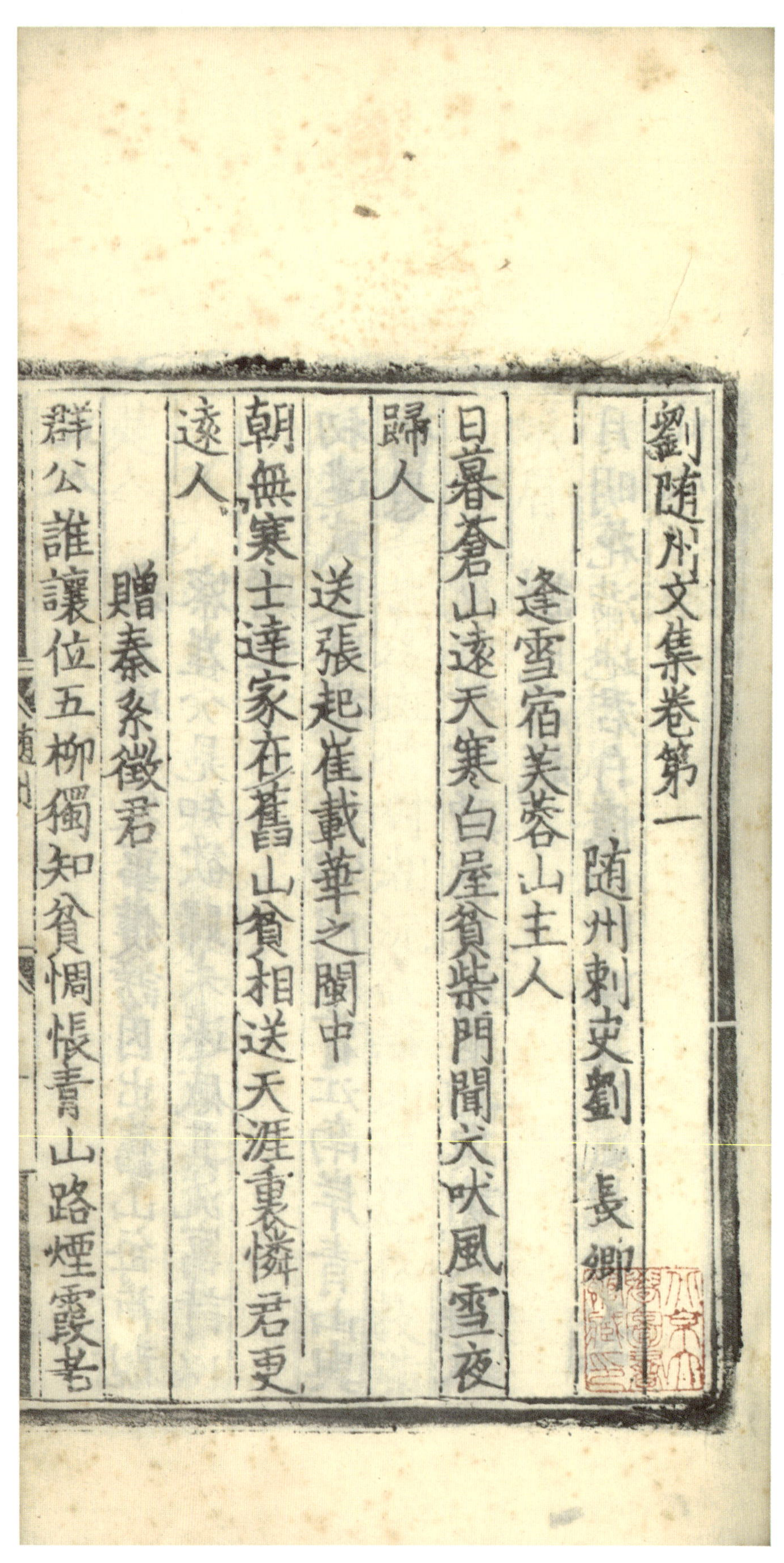

劉隨州文集十一卷外集一卷/一函二册/明弘治戊午（十一年，1498）韓明刻本

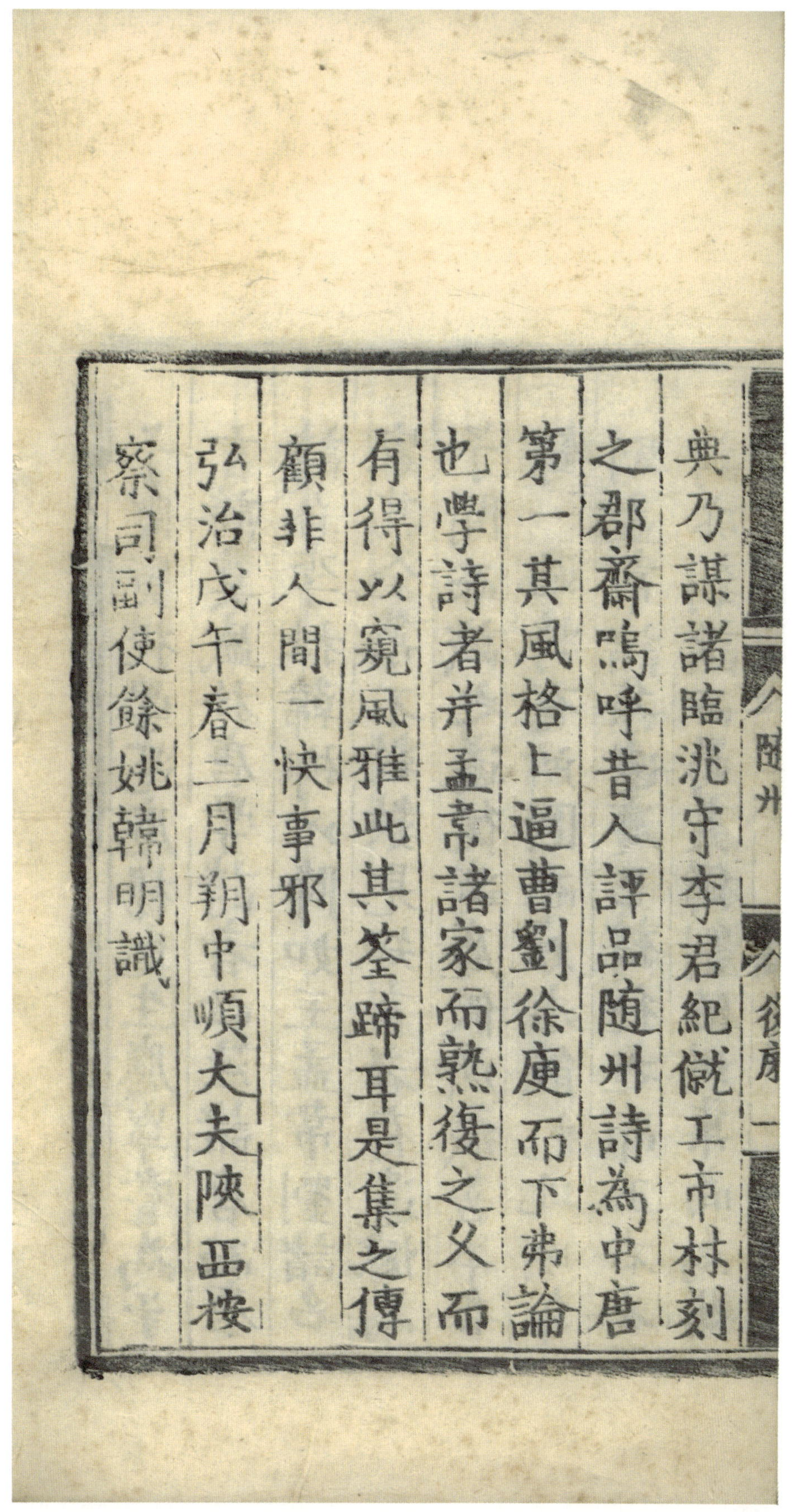

隨州　後序　一

典乃謀諸臨洮守李君紀僦工市林刻之郡齋嗚呼昔人評品隨州詩為中唐第一其風格上逼曹劉徐庾而下弗論也學詩者并孟韋諸家而熟復之久而有得以窺風雅此其筌蹄耳是集之傳顧非人間一快事邪

弘治戊午春二月朔中順大夫陝西按察司副使餘姚韓明識

劉隨州文集十一卷外集一卷　之二

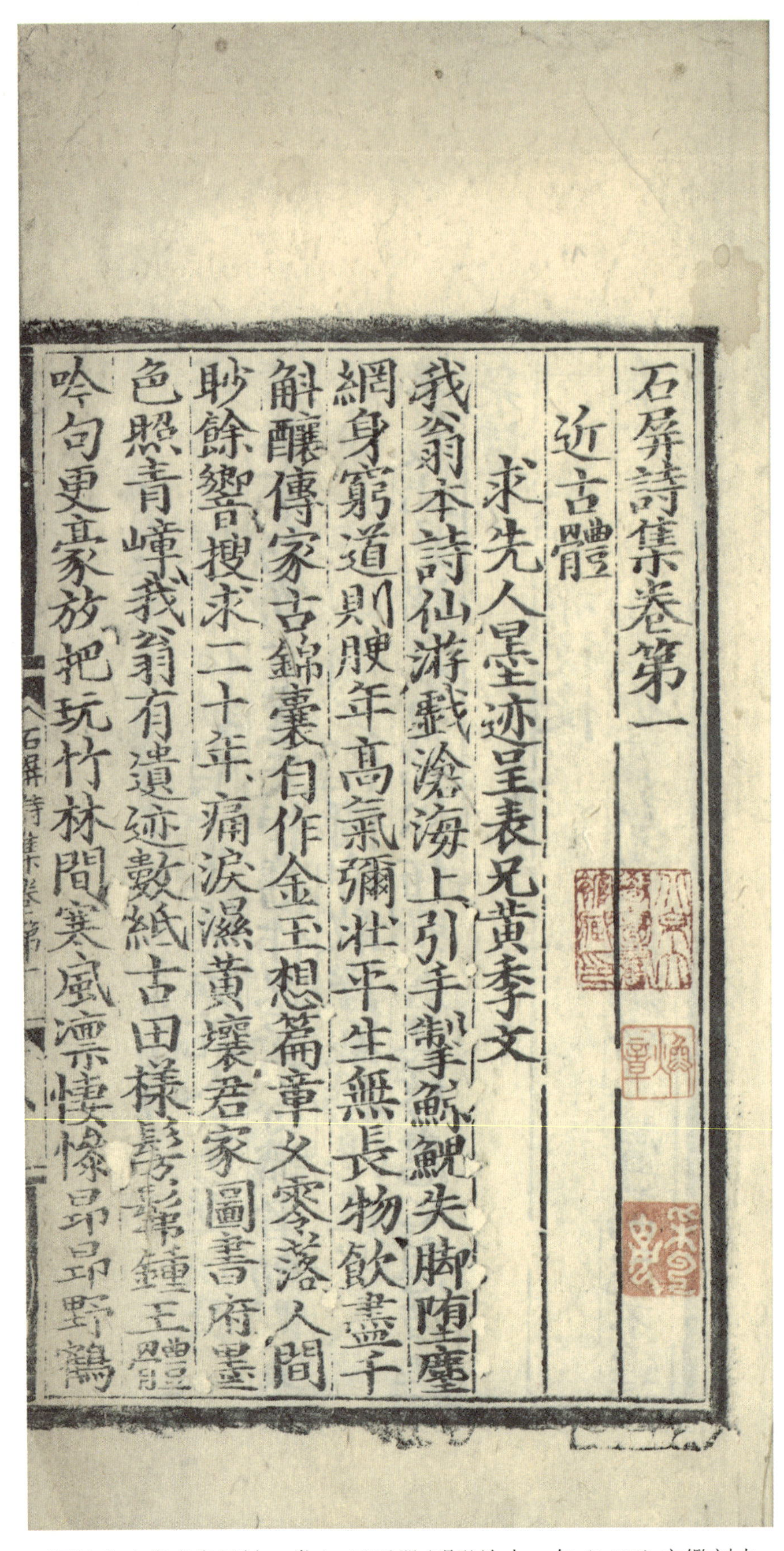

石屏詩集十卷東皋子詩一卷/一函五册/明弘治十一年（1498）宋鑑刻本

溫庭筠詩集卷第一

鷄鳴埭曲

南朝天子射雉時銀河耿耿星參差銅壺漏斷夢初覺宝馬塵高人未知魚躍蓮東蕩宮沼濛濛御柳懸棲烏紅粧萬户鏡中春碧樹一聲天下曉盤踞勢窮三百年朱方殺氣成愁煙彗星拂地浪連海戰鼓渡江塵漲天繡龍畫雉填宮井野火風驅燒九鼎殿巢江燕砌生蒿十二金人霜炯炯芊綿平綠臺城基暖色春容荒古陂

溫庭筠詩集七卷別集一卷/二册/明弘治己未（十二年，1499）李熙刻本

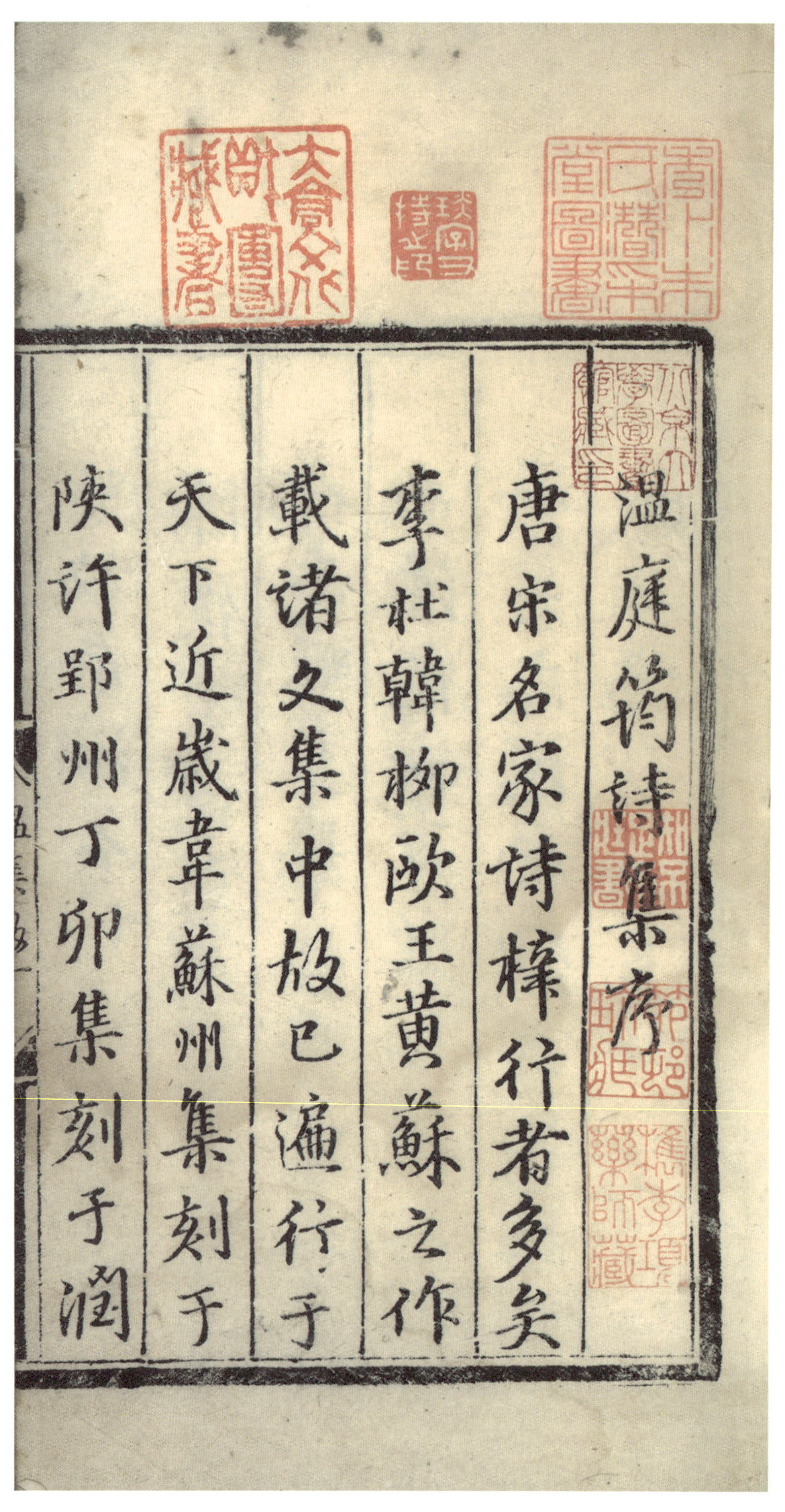
溫庭筠詩集序
唐宋名家詩梓行者多矣
李杜韓柳歐王黃蘇之作
載諸文集中故已遍行于
天下近歲韋蘇州集刻于
陝許郢州丁卯集刻于閩

溫庭筠詩集七卷别集一卷　之二

鐔津文集
弘治本
下函

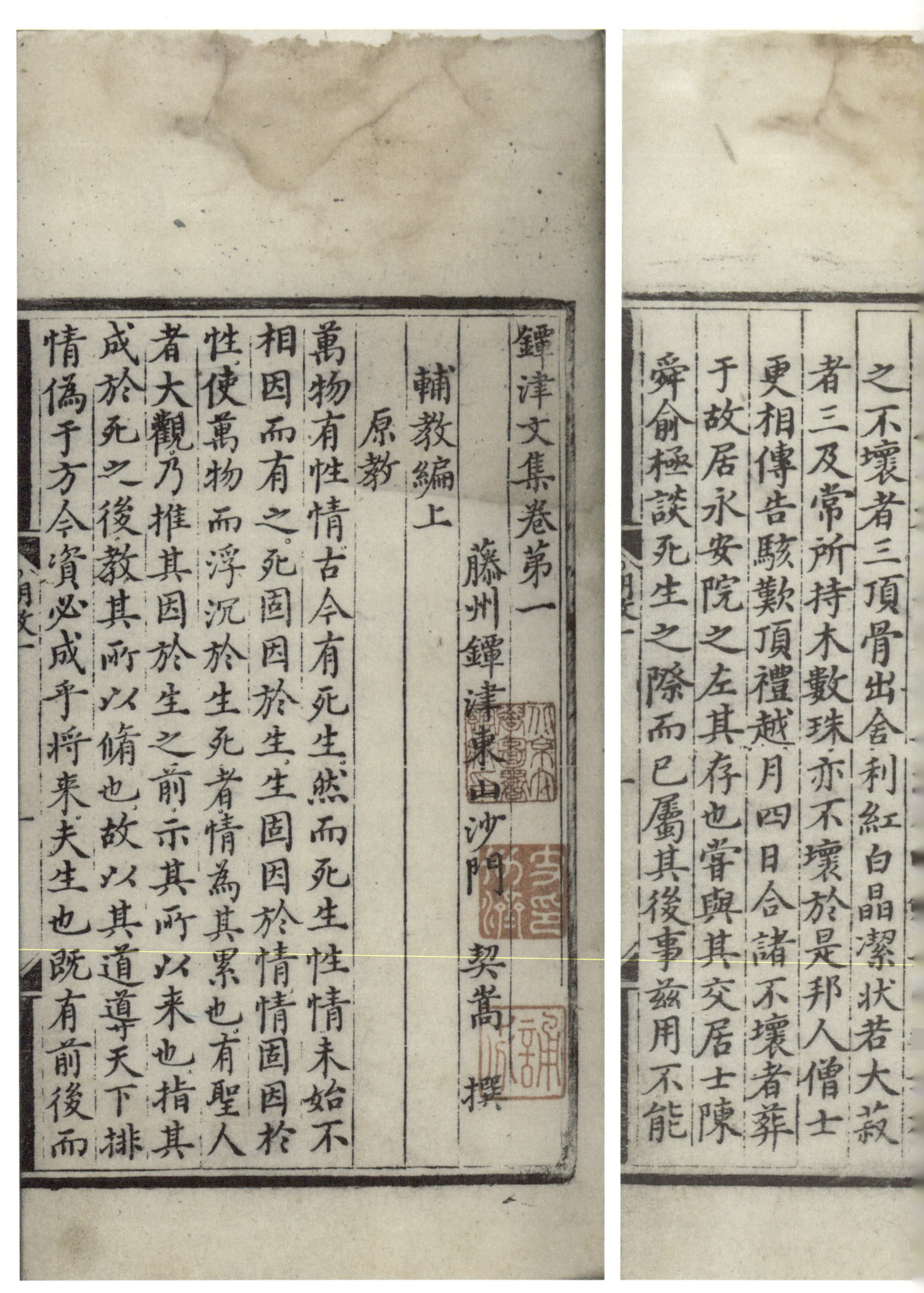

鐔津文集二十二卷/二函八册/明弘治十二年（1499）刻本

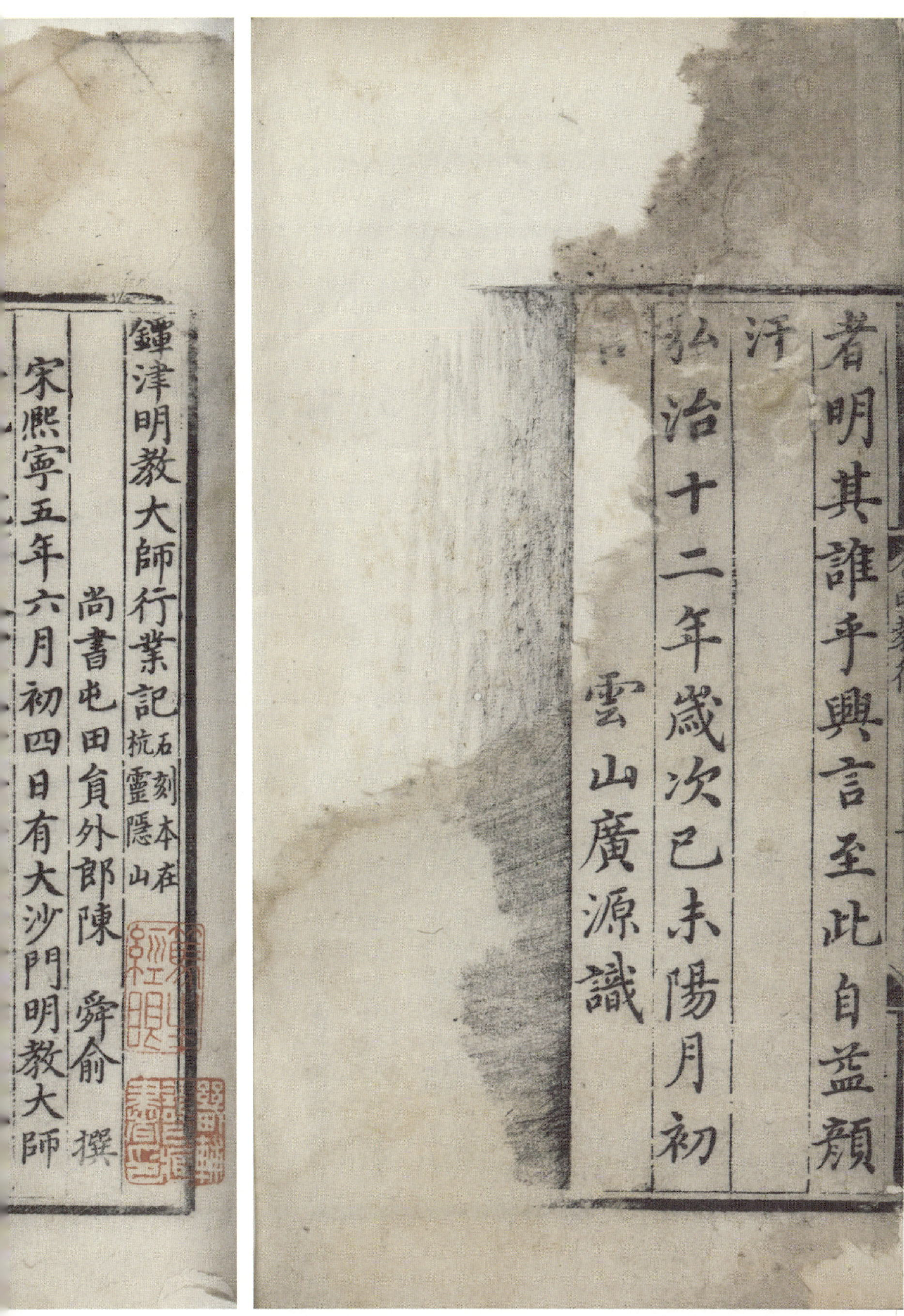

者明其誰乎興言至此自益顔
汗
弘治十二年歲次己未陽月初
吉
雲山廣源識

鐔津明教大師行業記 石刻本在杭靈隱山
尚書屯田員外郎陳 舜俞 撰
宋熙寧五年六月初四日有大沙門明教大師

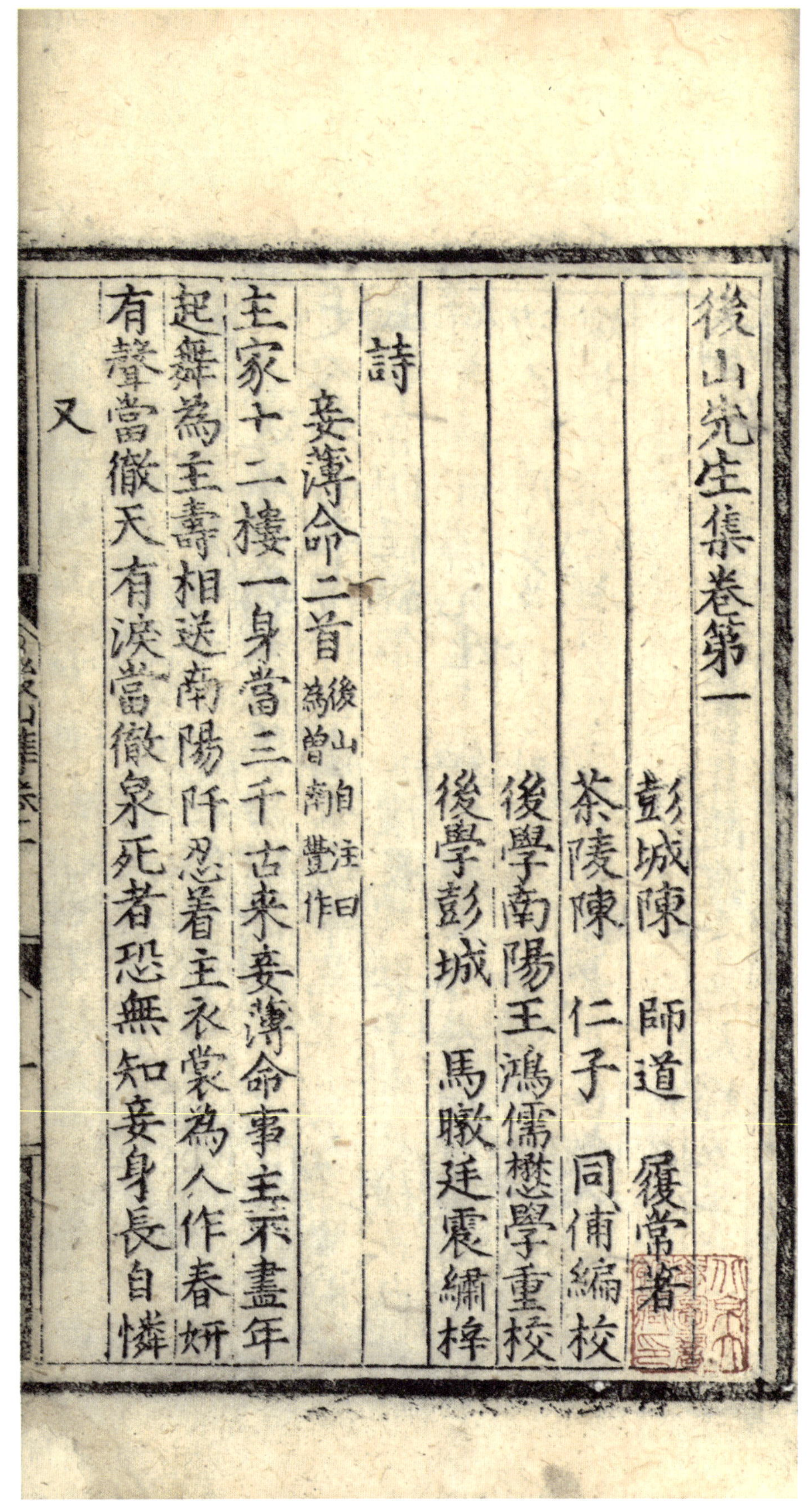

後山先生集卷第一

彭城陳　師道　履常著

茶陵陳　仁子　同補編校

後學南陽王鴻儒懋學重校

後學彭城　馬暾廷震繡梓

詩

妾薄命二首 後山自注曰為曾南豐作

主家十二樓一身當三千古來妾薄命事主不盡年

起舞為主壽相送南陽阡忍着主衣裳為人作春妍

有聲當徹天有淚當徹泉死者恐無知妾身長自憐

又

後山先生集三十卷/一函八册/明弘治十二年（1499）馬暾刻本

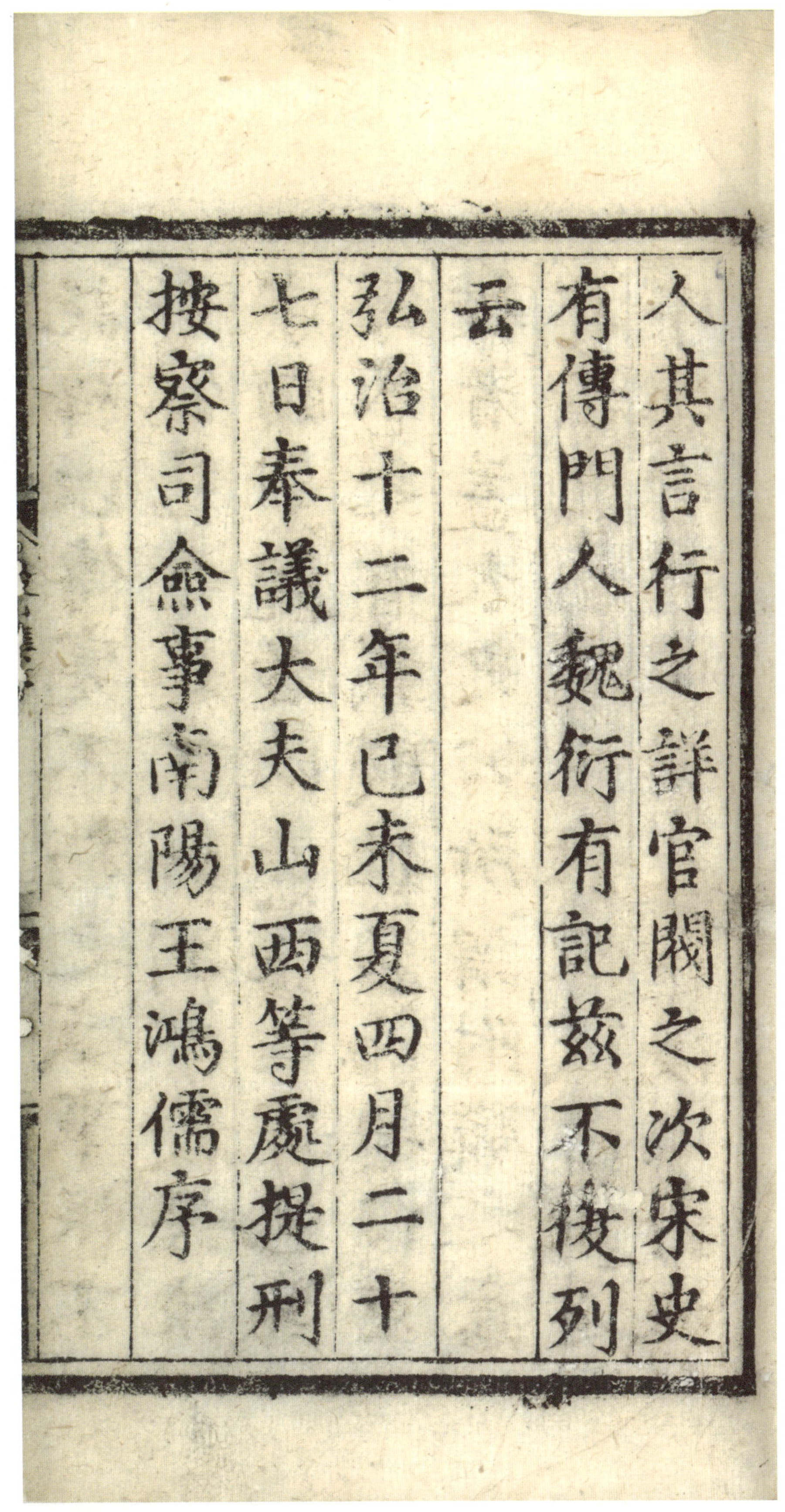
人其言行之詳官閥之次宋史有傳門人魏衍有記兹不復列云

弘治十二年己未夏四月二十七日奉議大夫山西等處提刑按察司僉事南陽王鴻儒序

後山先生集三十卷　之二

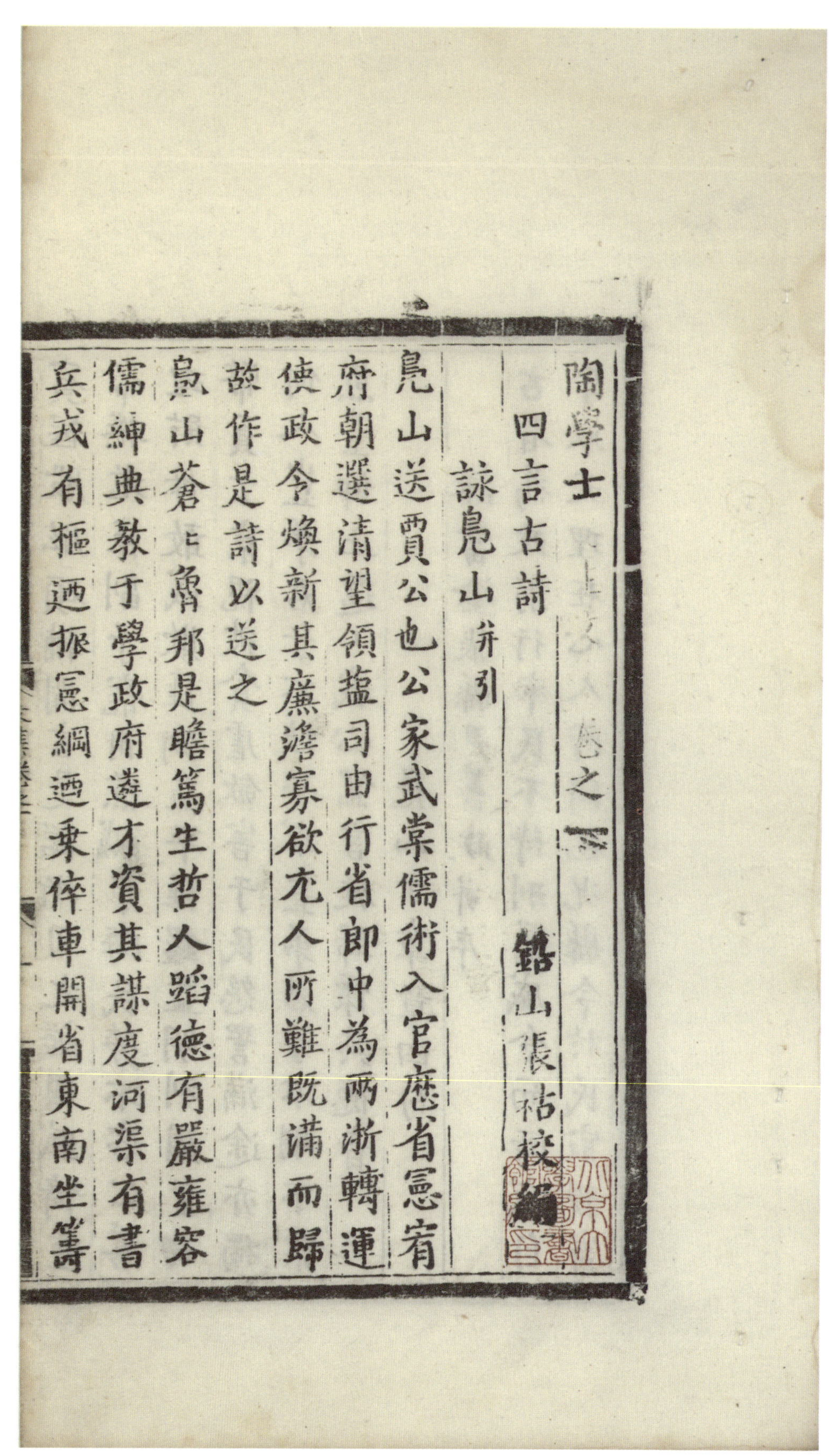

陶學士先生文集卷之一

錫山張祜校編

四言古詩

詠皋山并引

皋山送賈公也公家武崇儒術入官歷省憲肩府朝選清望領鹽司由行省郎中為兩浙轉運使政令煥新其廉潔寡欲尤人所難既滿而歸故作是詩以送之

皋山蒼蒼魯邦是瞻篤生哲人蹈德有嚴雍容儒紳典教于學政府遴才資其謀度河渠有書兵戎有樞洒振憲綱洒乘倅車開省東南坐籌

陶學士先生文集二十卷/六册/明弘治十三年(1500)項經刻本

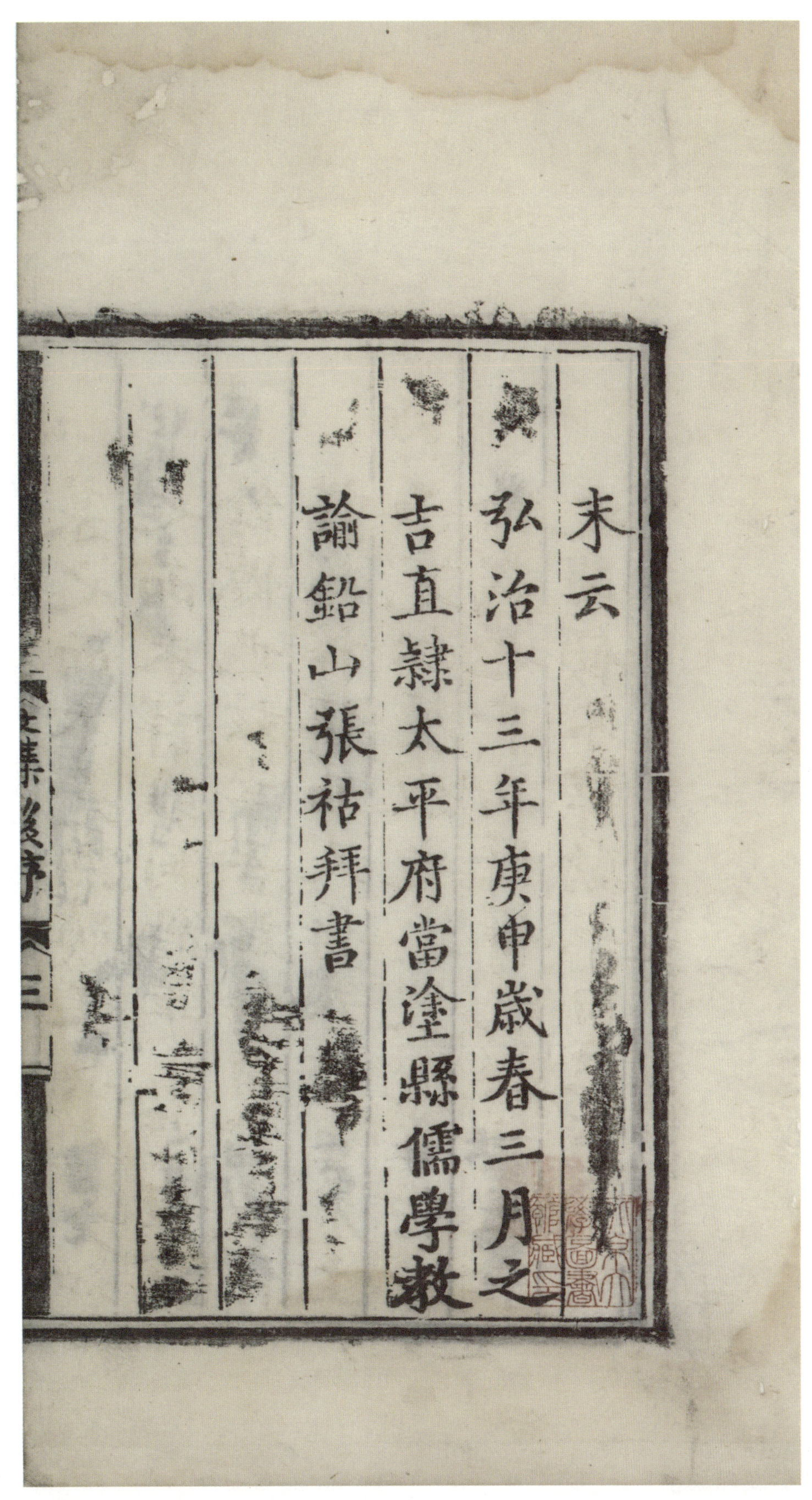
末云
弘治十三年庚申歲春三月之
吉直隸太平府當塗縣儒學教
諭鉛山張祐拜書

陶學士先生文集二十卷　之二

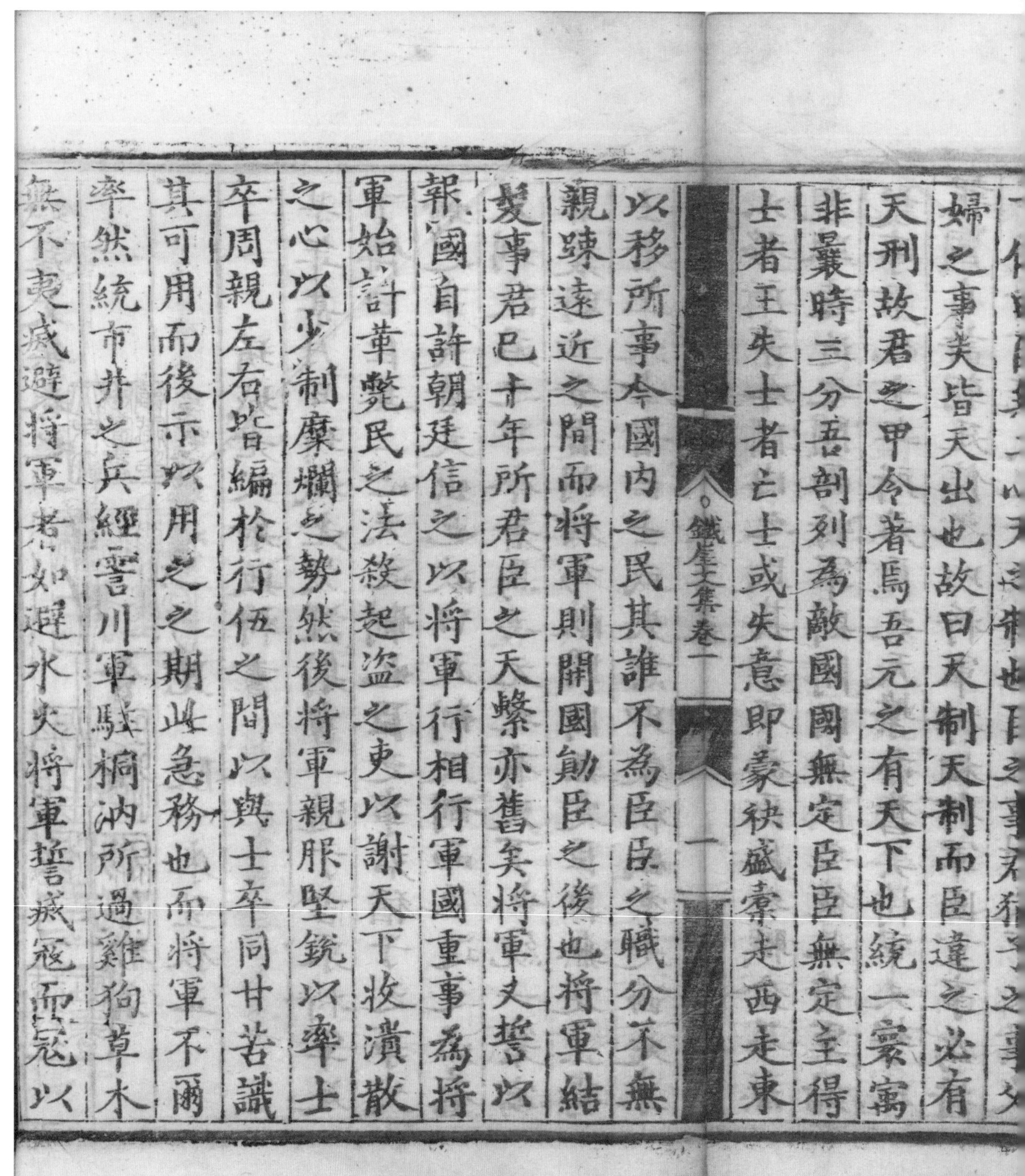

鐵崖文集五卷/二册/明弘治十四年(1501)馮允中刻本

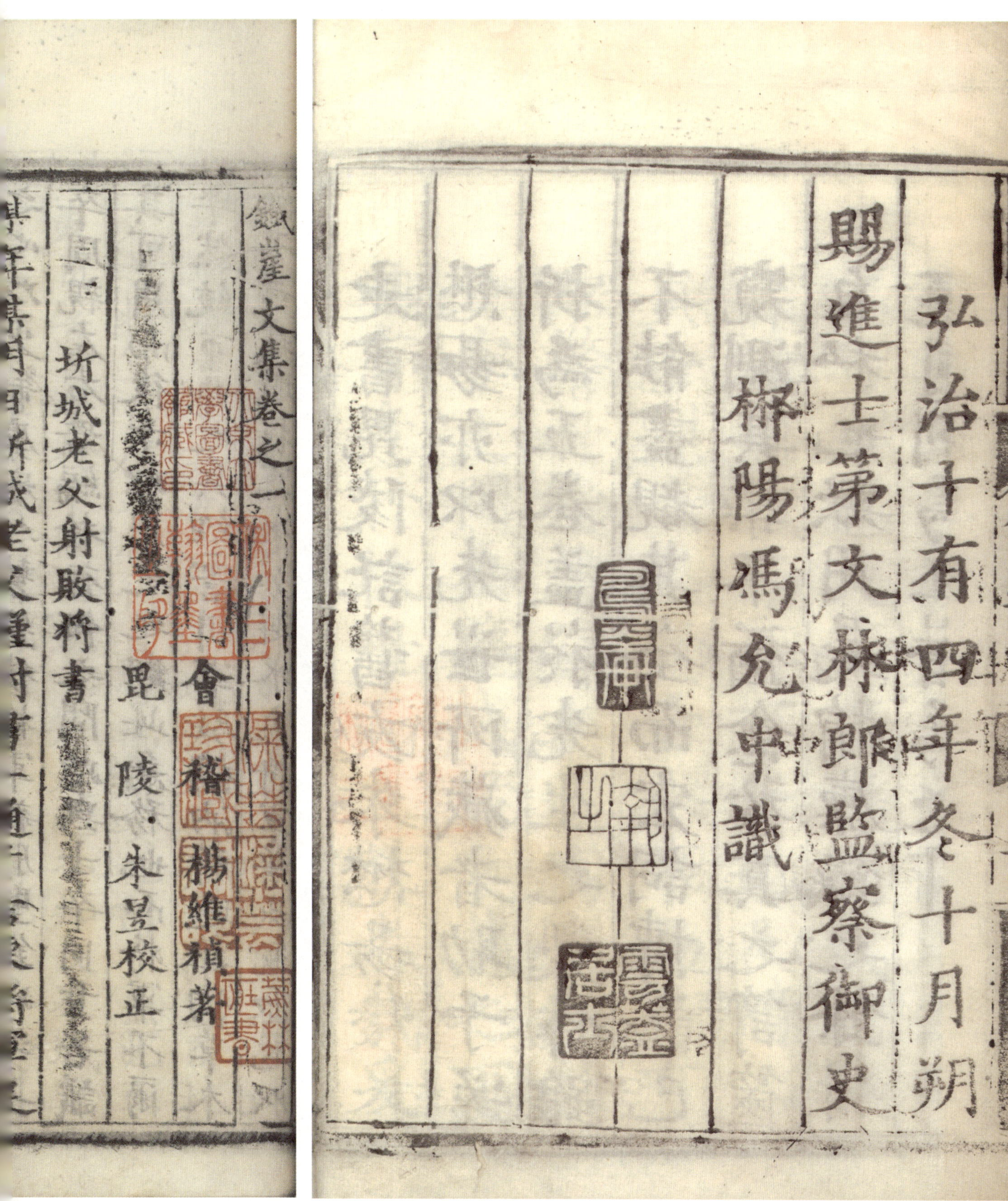
鐵崖文集卷之一
會稽楊維禎著
毗陵朱昱校正
圻城老父射敗將書
弘治十有四年冬十月朔
賜進士第文林郎監察御史
郴陽馮允中識

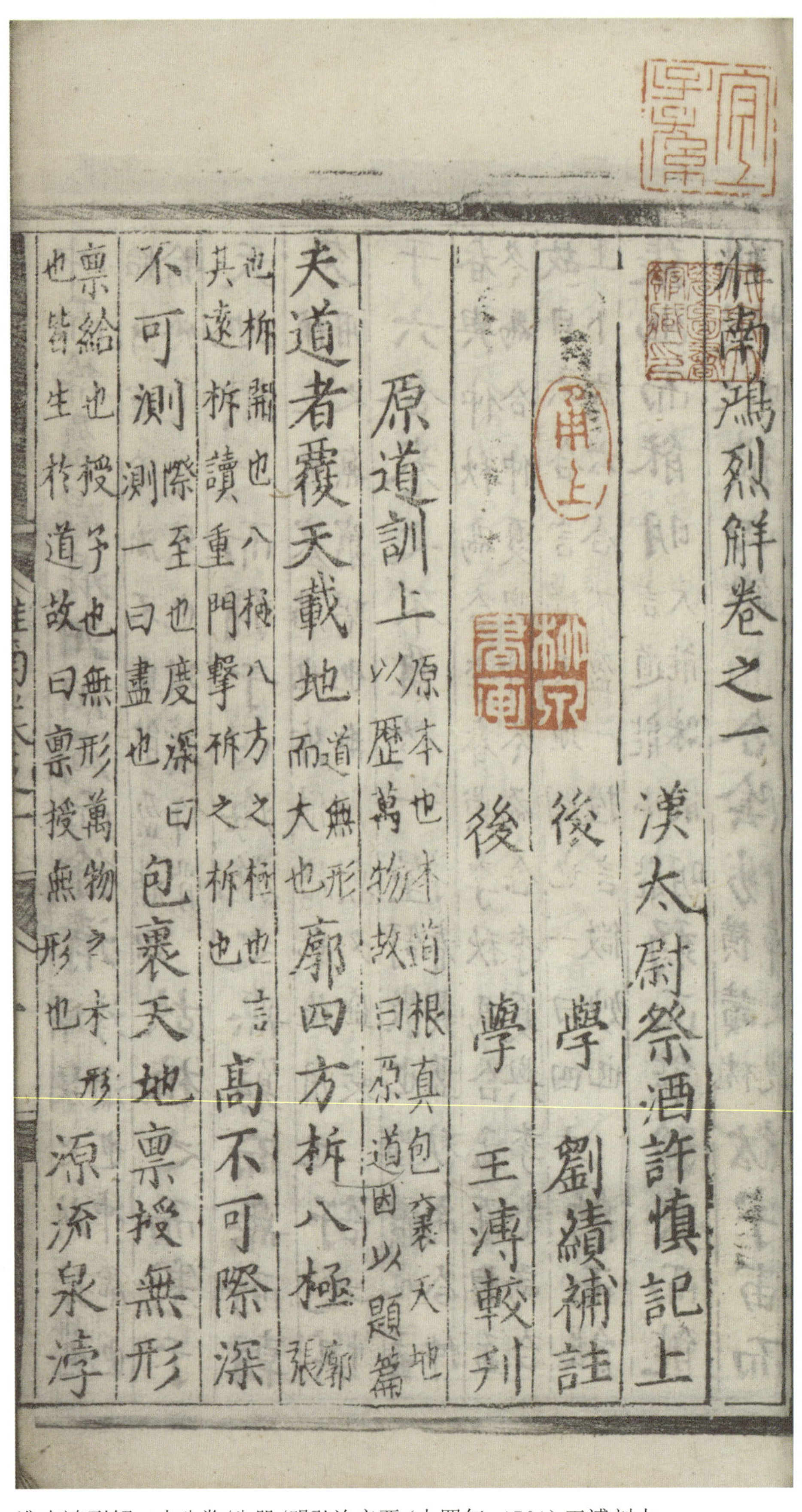
淮南鴻烈解卷之一　漢太尉祭酒許慎記上
後學　劉績補註
後學　王溥較刊

原道訓上　原本也本道根真包裹天地以歷萬物故曰原道因以題篇
夫道者覆天載地　道無形而大也　廓四方柝八極　廓張也柝開也八極八方之極也言其遠也柝讀重門擊柝之柝也　高不可際深不可測　際至也度深曰測一曰盡也　包裹天地稟授無形　稟給也授予也無形萬物之未形也皆生於道故曰稟授無形也　源流泉浡

淮南鴻烈解二十八卷/八册/明弘治辛酉（十四年，1501）王溥刻本

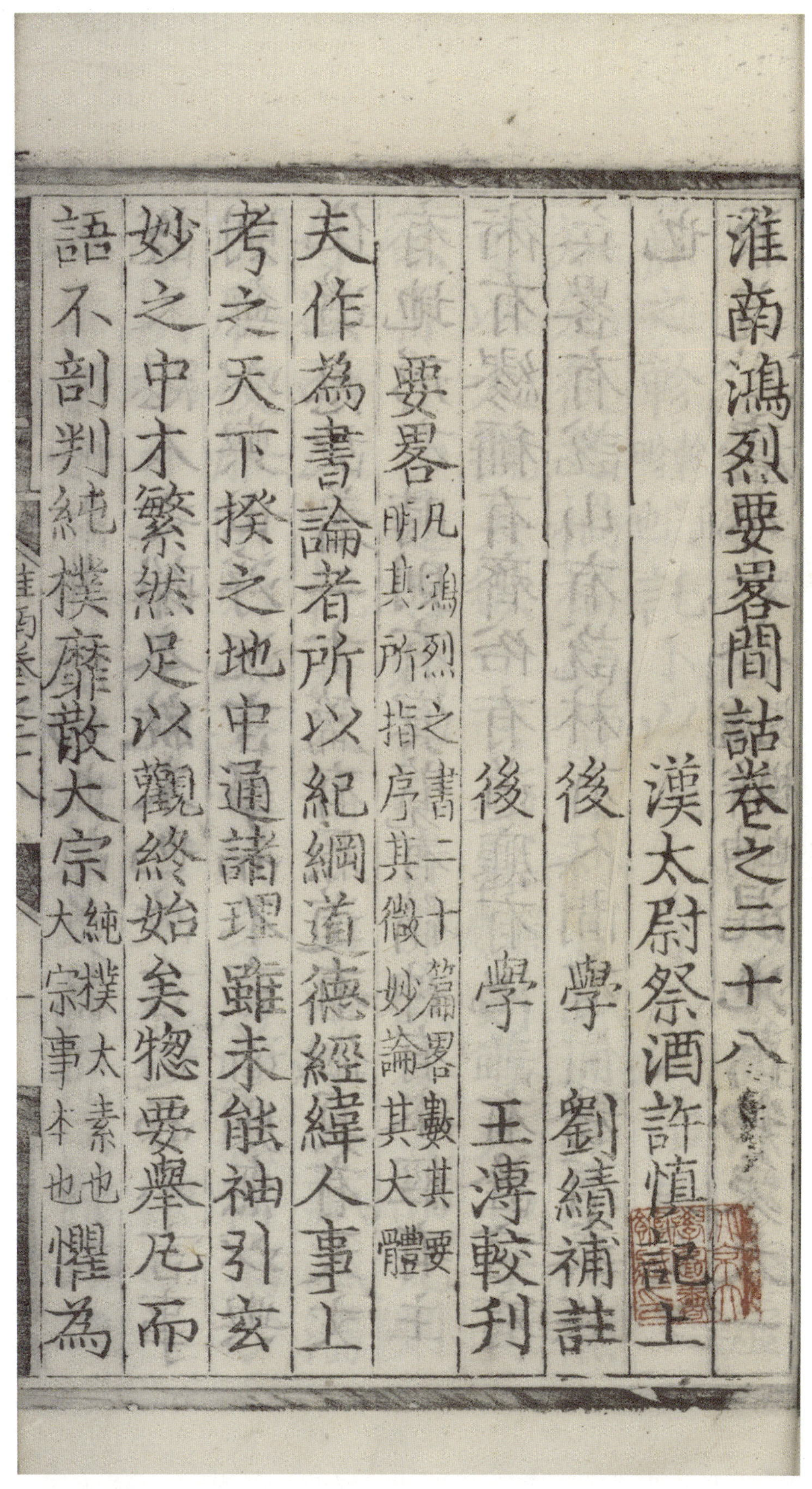

淮南鴻烈要畧間詁卷之二十八

漢太尉祭酒許慎記上

後學劉績補註

後學王溥較刋

要畧凡鴻烈之書二十篇畧數其要明其所指序其微妙論其大體

夫作爲書論者所以紀綱道德經緯人事上考之天下揆之地中通諸理雖未能抽引玄妙之中才繁然足以觀終始矣總要舉凡而語不剖判純樸靡散大宗純樸太素也大宗事本也懼爲

淮南鴻烈解二十八卷 之二

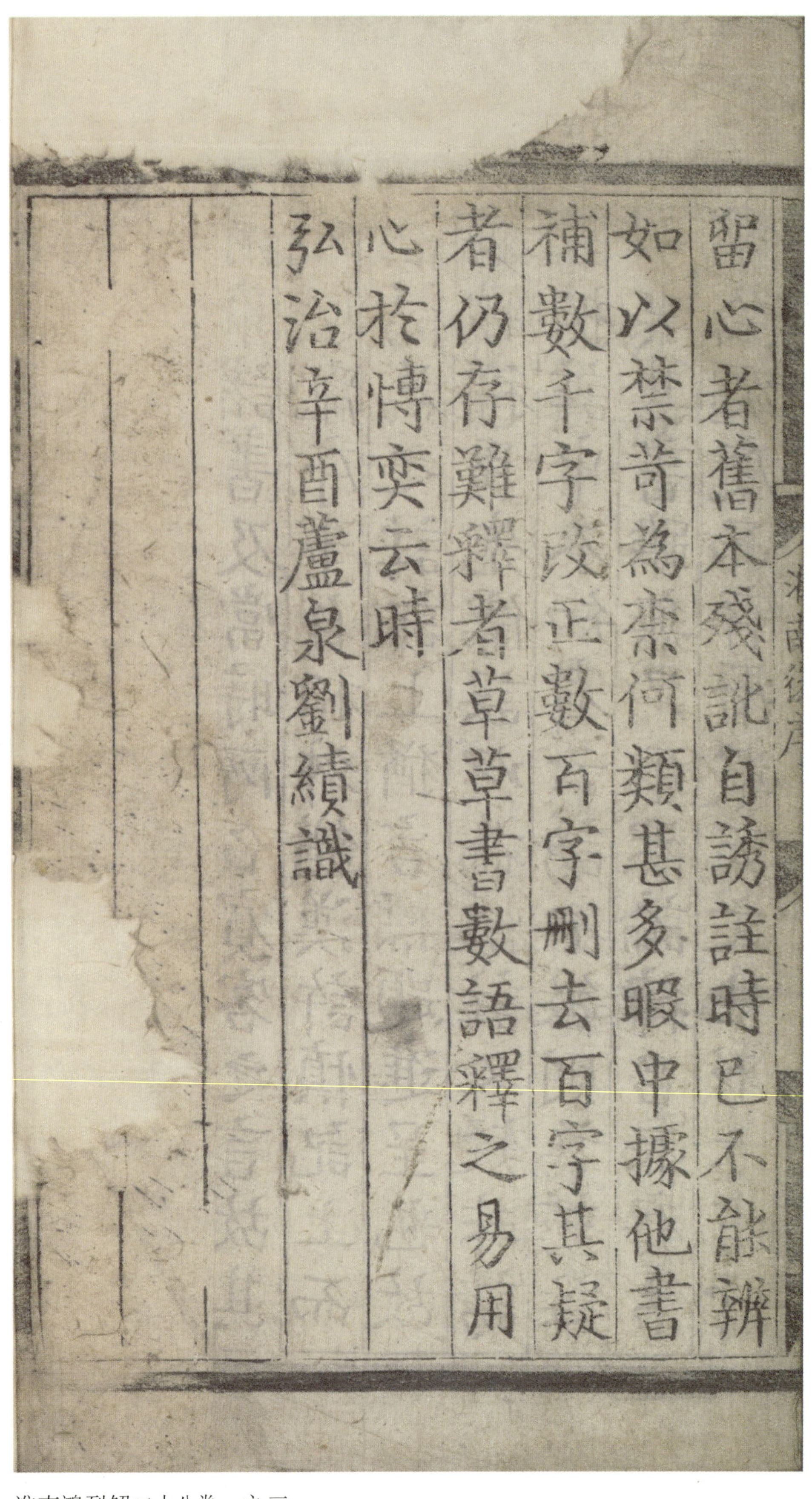

留心者舊本殘訛自誘註時已不能辨
如以禁苛為柰何類甚多暇中據他書
補數千字改正數百字刪去百字其疑
者仍存難釋者草草書數語釋之易用
心於博奕云時
弘治辛酉盧泉劉績識

淮南鴻烈解二十八卷　之三

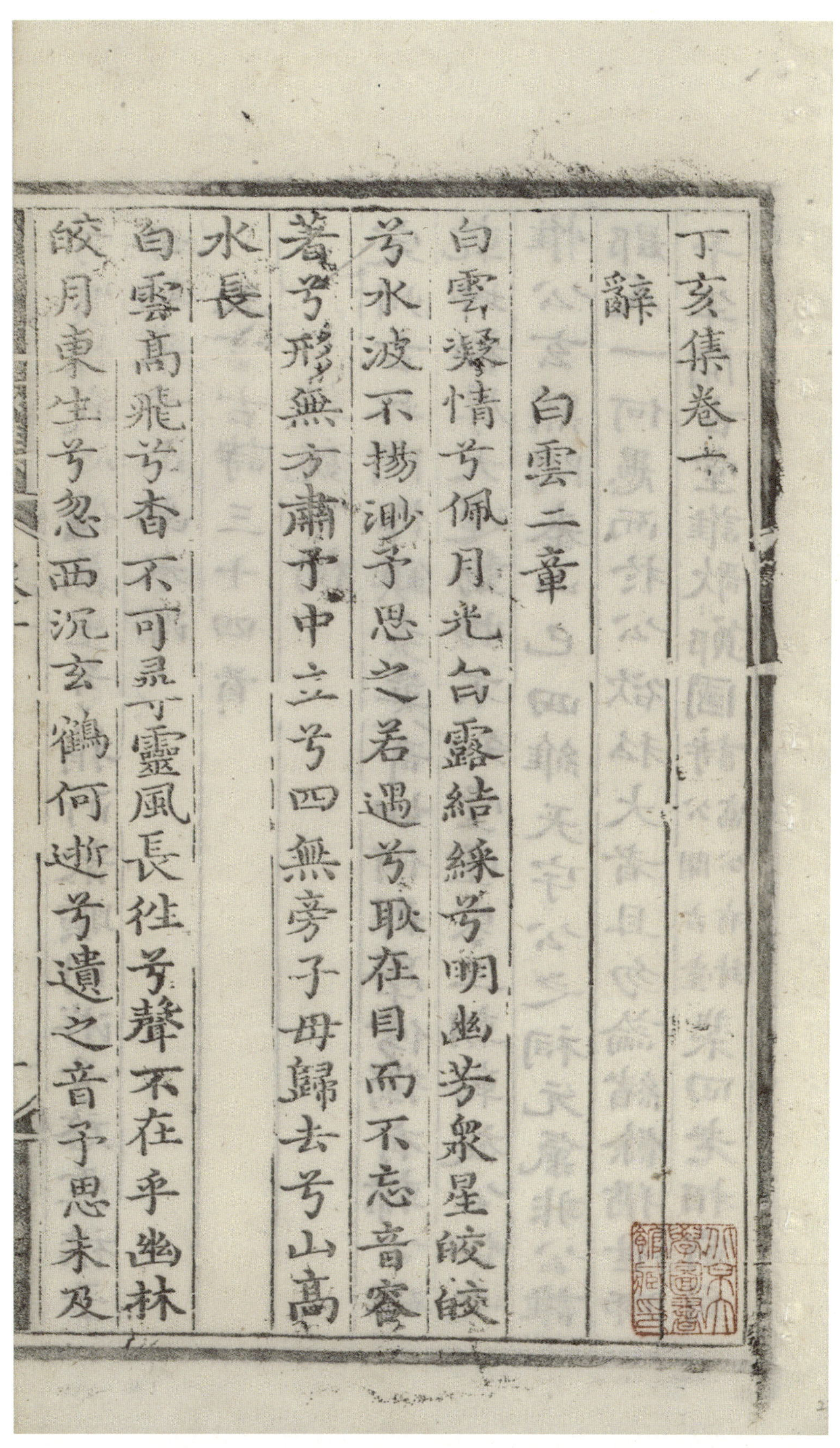
丁亥集卷十一
辭
白雲二章
白雲凝情兮佩月光白露結綵兮明幽芳衆星皎皎兮水波不揚渺予思之若遇兮耿在目而不忘音蓉蓍兮形無方肅予中立兮四無旁子母歸去兮山高水長
白雲高飛兮杳不可見丁靈風長往兮聲不在乎幽林皎月東生兮忽西沉玄鶴何逝兮遺之音予思未及

靜修先生文集六卷遺文六卷遺詩六卷拾遺七卷又續集三卷附録二卷/四册/明弘治乙丑（十八年，1505）崔暠刻本

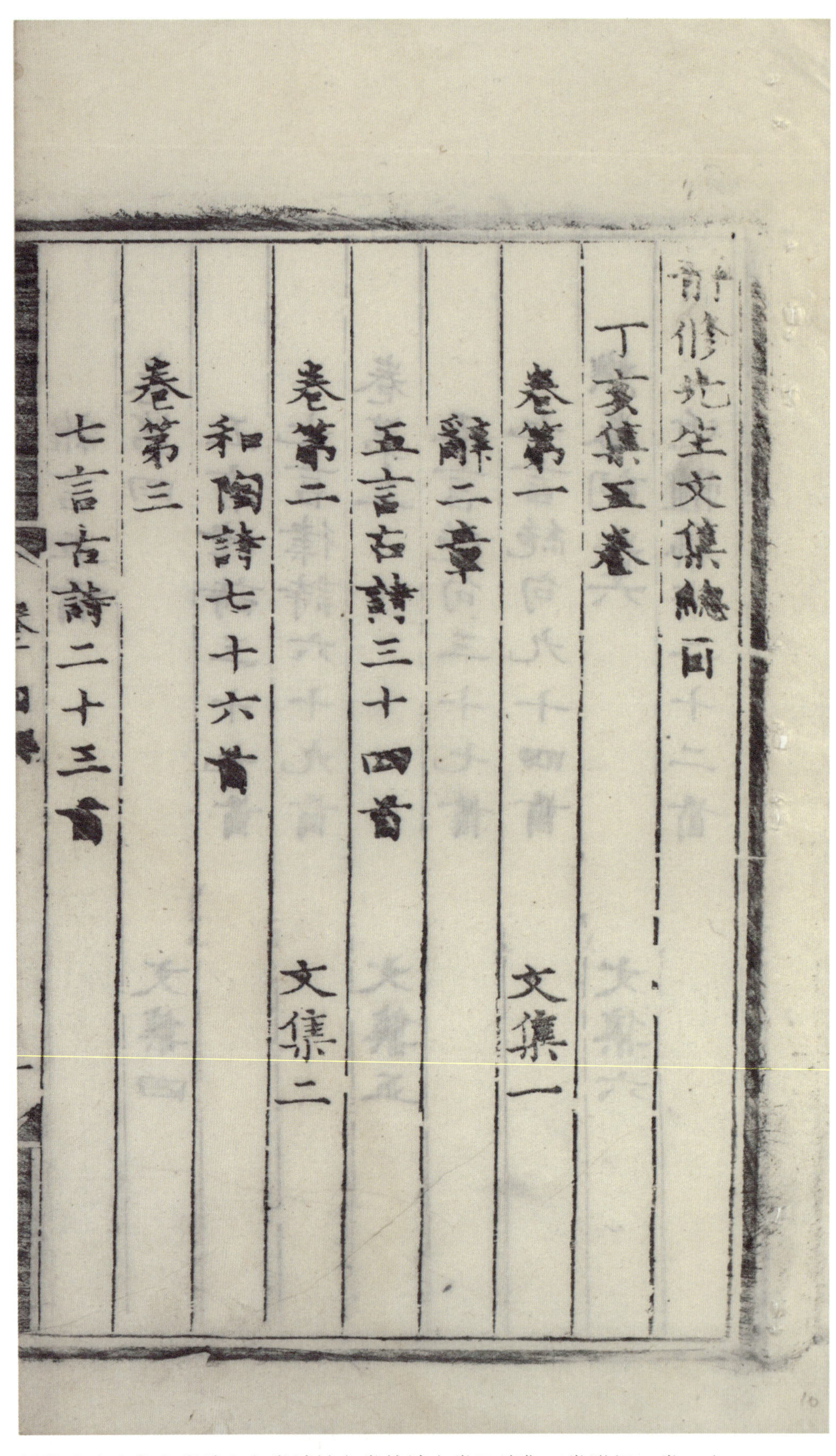

靜修先生文集總目

丁亥集五卷

卷第一　文集一

辭二章

五言古詩三十四首

卷第二　文集二

和陶詩七十六首

卷第三

七言古詩二十三首

靜修先生文集六卷遺文六卷遺詩六卷拾遺七卷又續集三卷附録二卷　之二

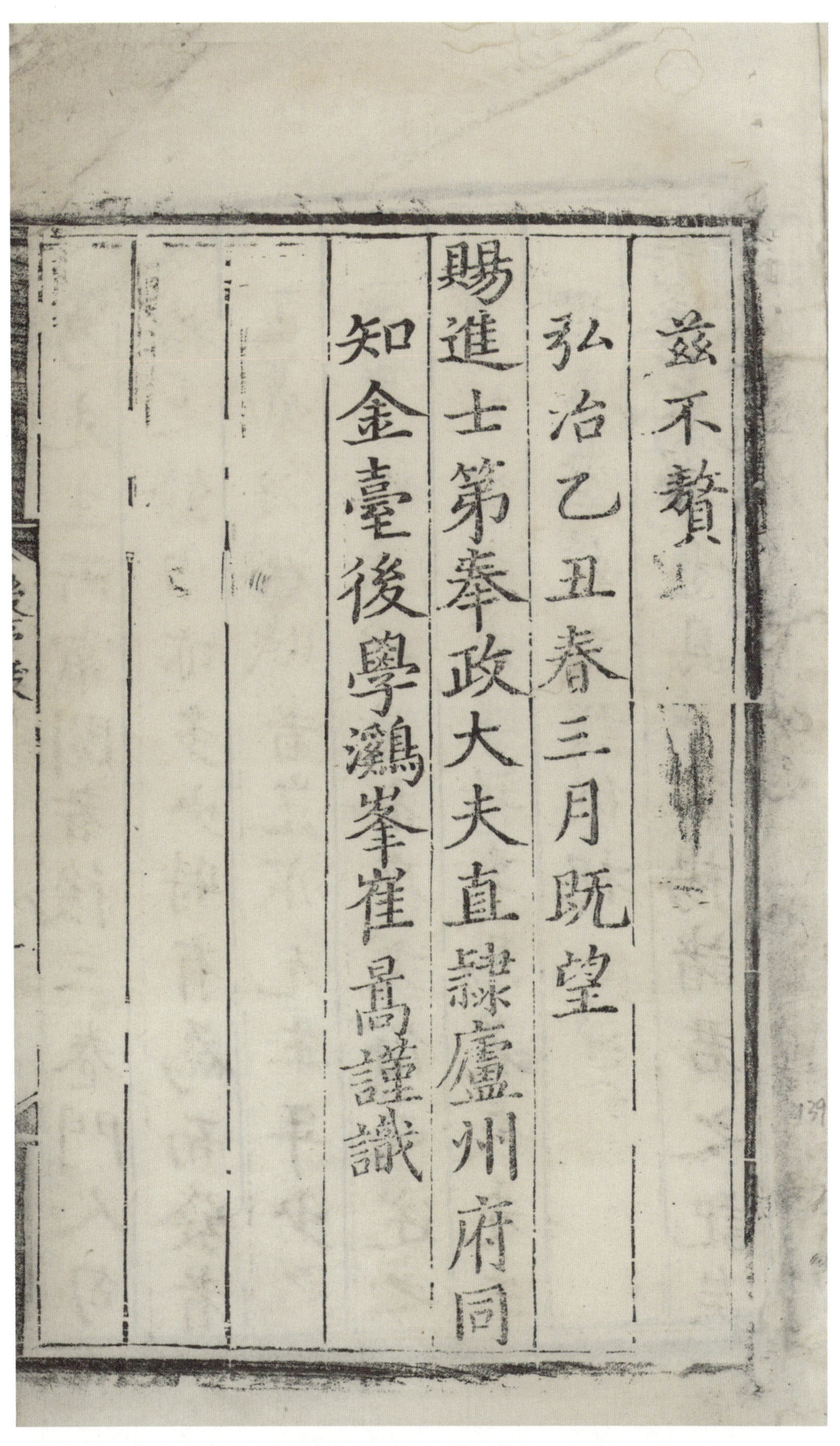
茲不贅
弘治乙丑春三月既望
賜進士第奉政大夫直隸廬州府同
知金臺後學瀛峯崔㫖謹識

靜修先生文集六卷遺文六卷遺詩六卷拾遺七卷又續集三卷附録二卷　之三

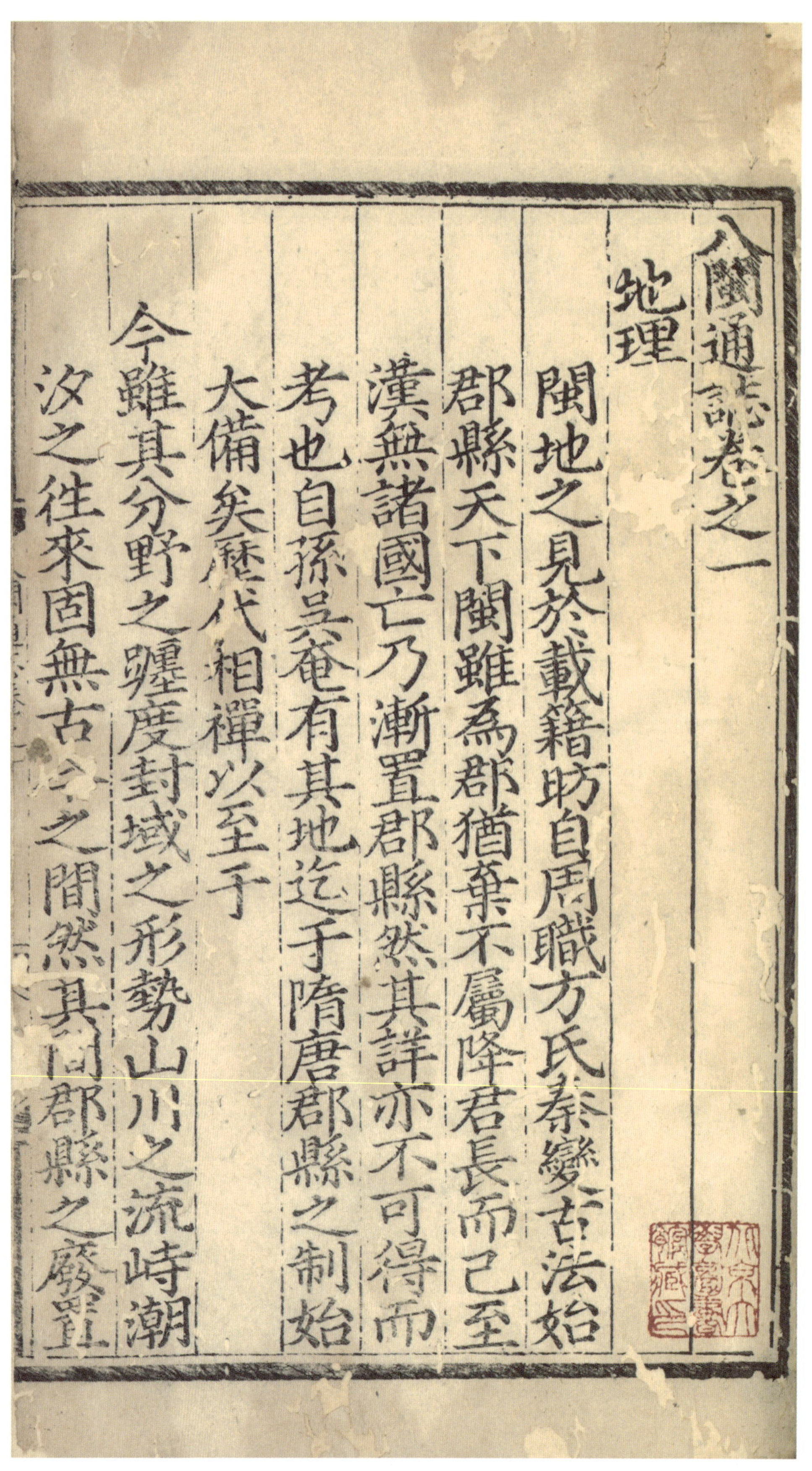

八閩通誌卷之一

地理

閩地之見於載籍昉自周職方氏秦變古法始郡縣天下閩雖為郡猶棄不屬降君長而已至漢無諸國亡乃漸置郡縣然其詳亦不可得而考也自孫吳奄有其地迄于隋唐郡縣之制始大備矣歷代相禪以至于

今雖其分野之躔度封域之形勢山川之流峙潮汐之往來固無古今之間然其間郡縣之廢置

八閩通誌八十七卷/八十册/明弘治刻本

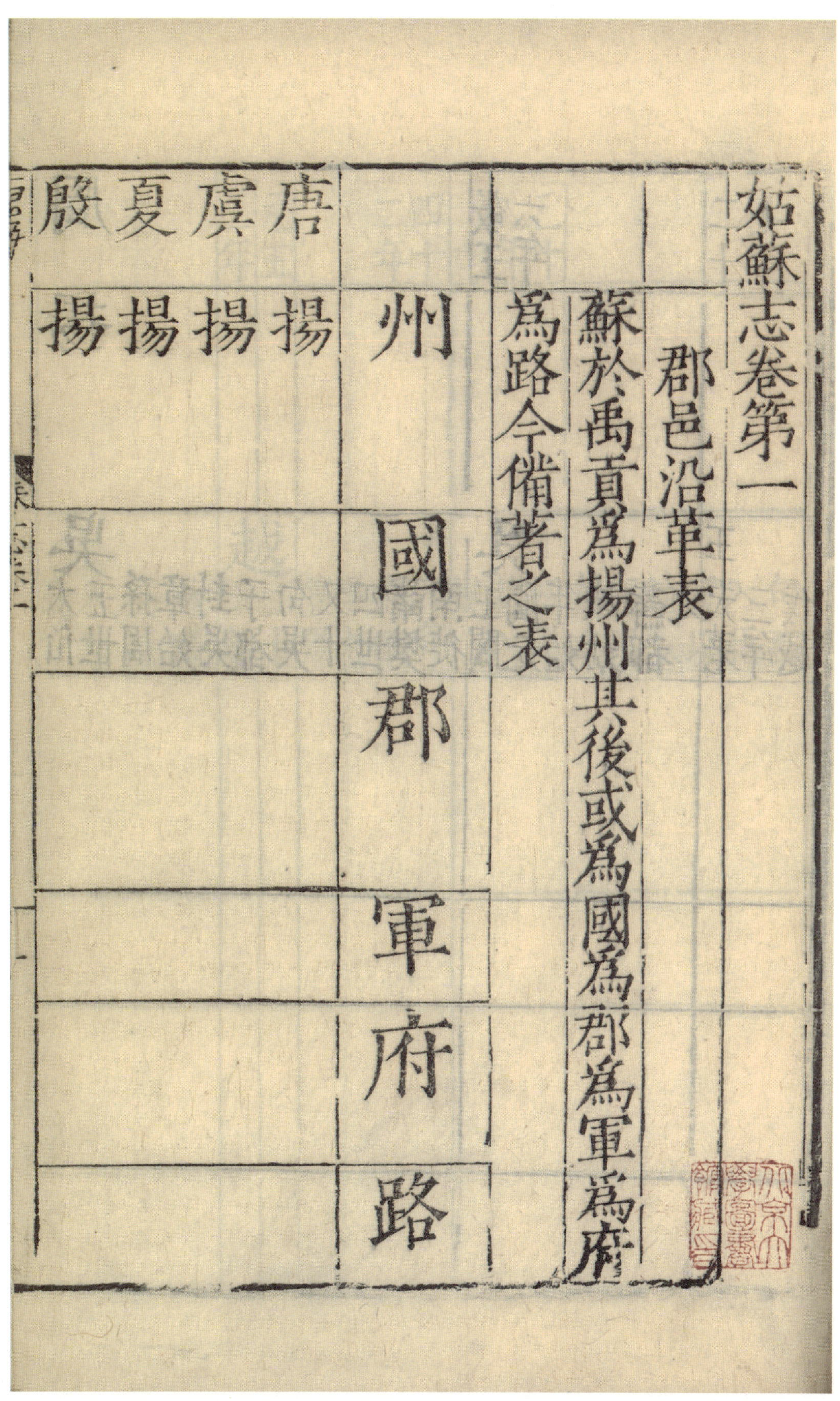

姑蘇志卷第一

郡邑沿革表

蘇於禹貢爲揚州其後或爲國爲郡爲軍爲府爲路今備著之表

	州	國	郡	軍	府	路
唐	揚					
虞	揚					
夏	揚					
殷	揚					

姑蘇志六十卷/十冊/明正德元年（1506）刻本

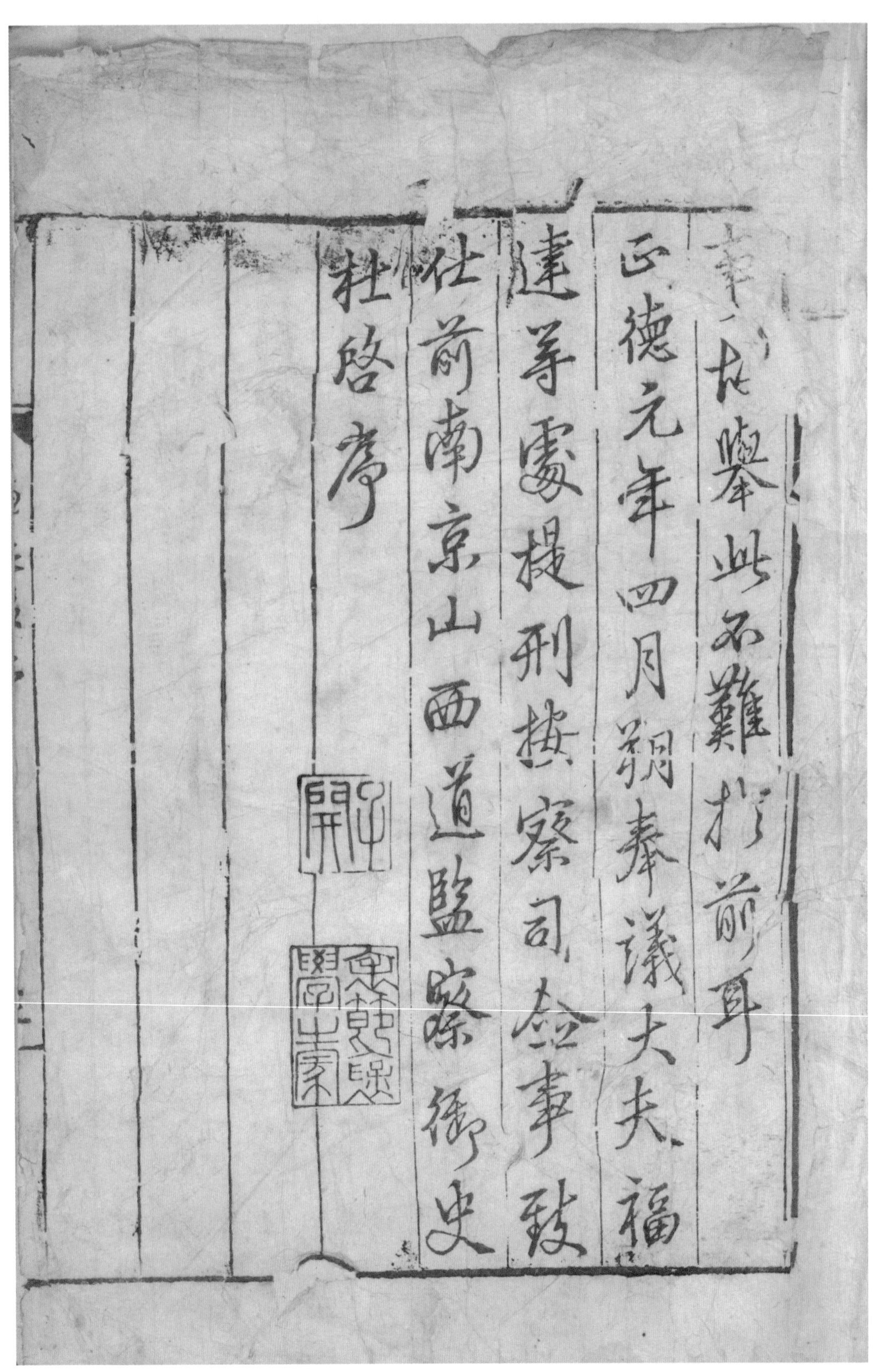

幸長擧此不難於前耳

正德元年四月朔奉議大夫福

建等處提刑按察司僉事致

仕前南京山西道監察御史

杜啓序

姑蘇志六十卷　之二

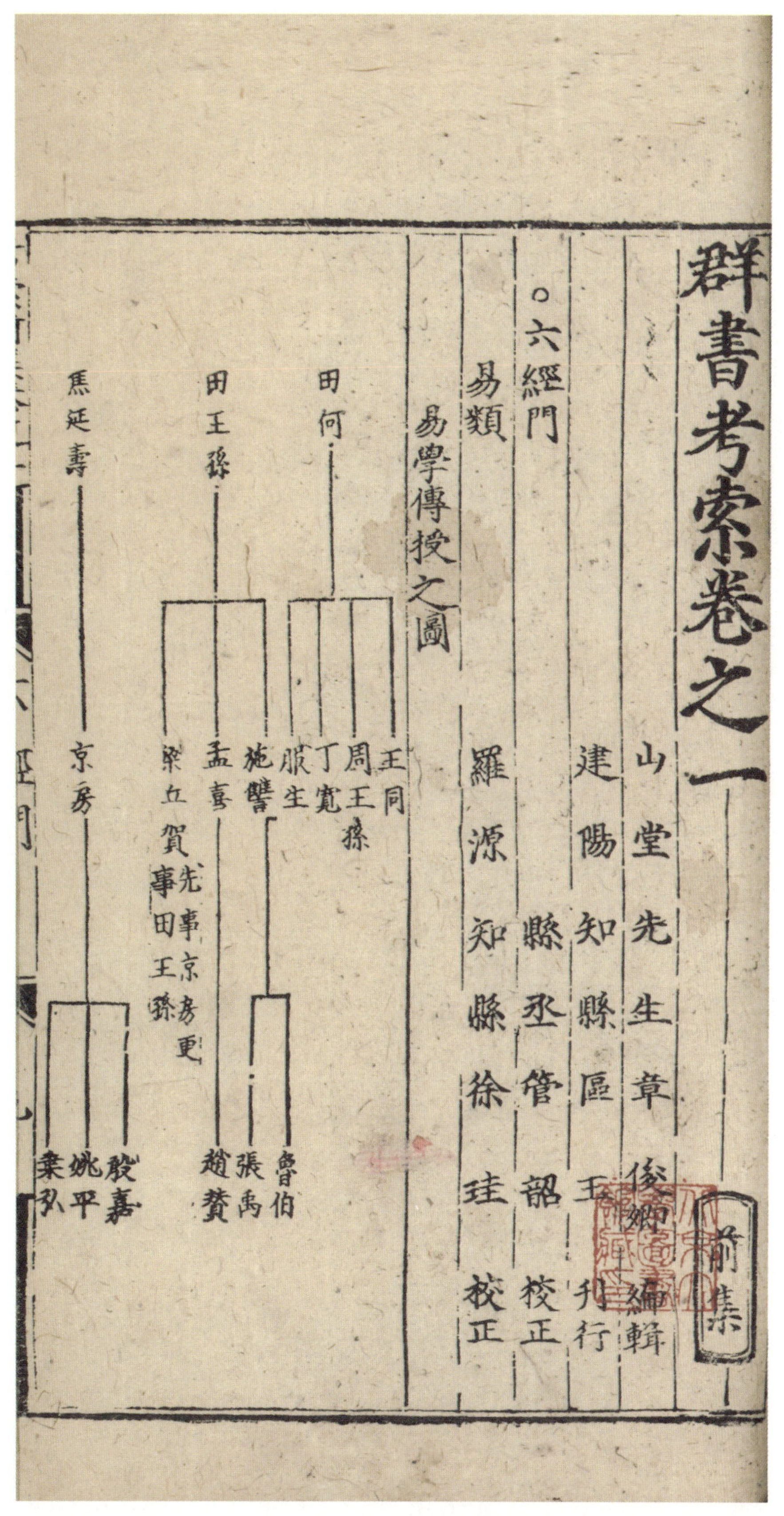

群書考索前集六十六卷後集六十五卷續集五十六卷別集二十五卷/十函六十册/明正德三年（1508）至十三年（1518）劉氏慎獨齋刻本

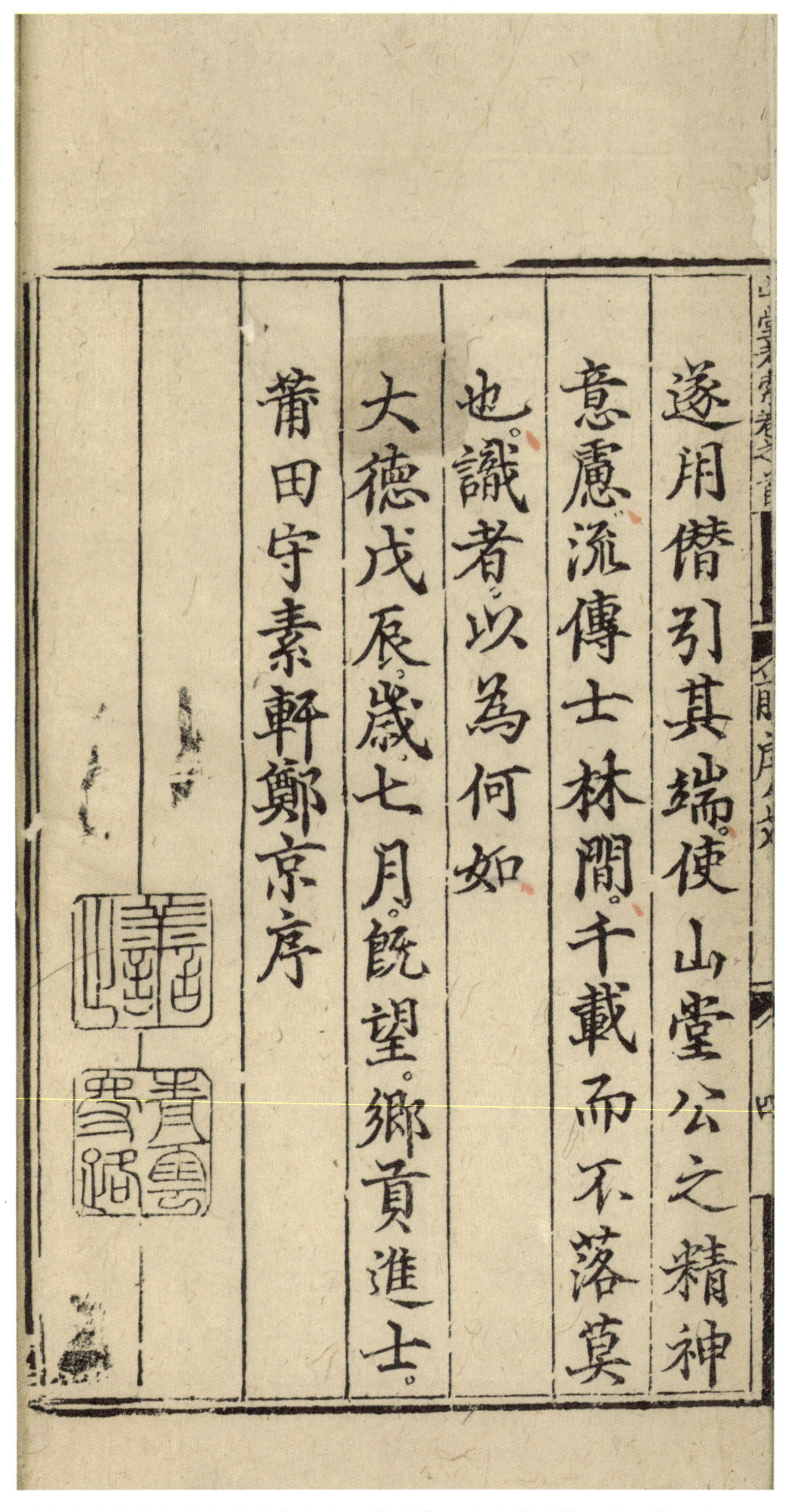

遂用僣引其端。使山堂公之精神

意慮流傳士林間。千載而不落莫

也。識者以為何如

大德戊辰歲七月既望鄉貢進士

莆田守素軒鄭京序

群書考索前集六十六卷後集六十五卷續集五十六卷别集二十五卷　之二

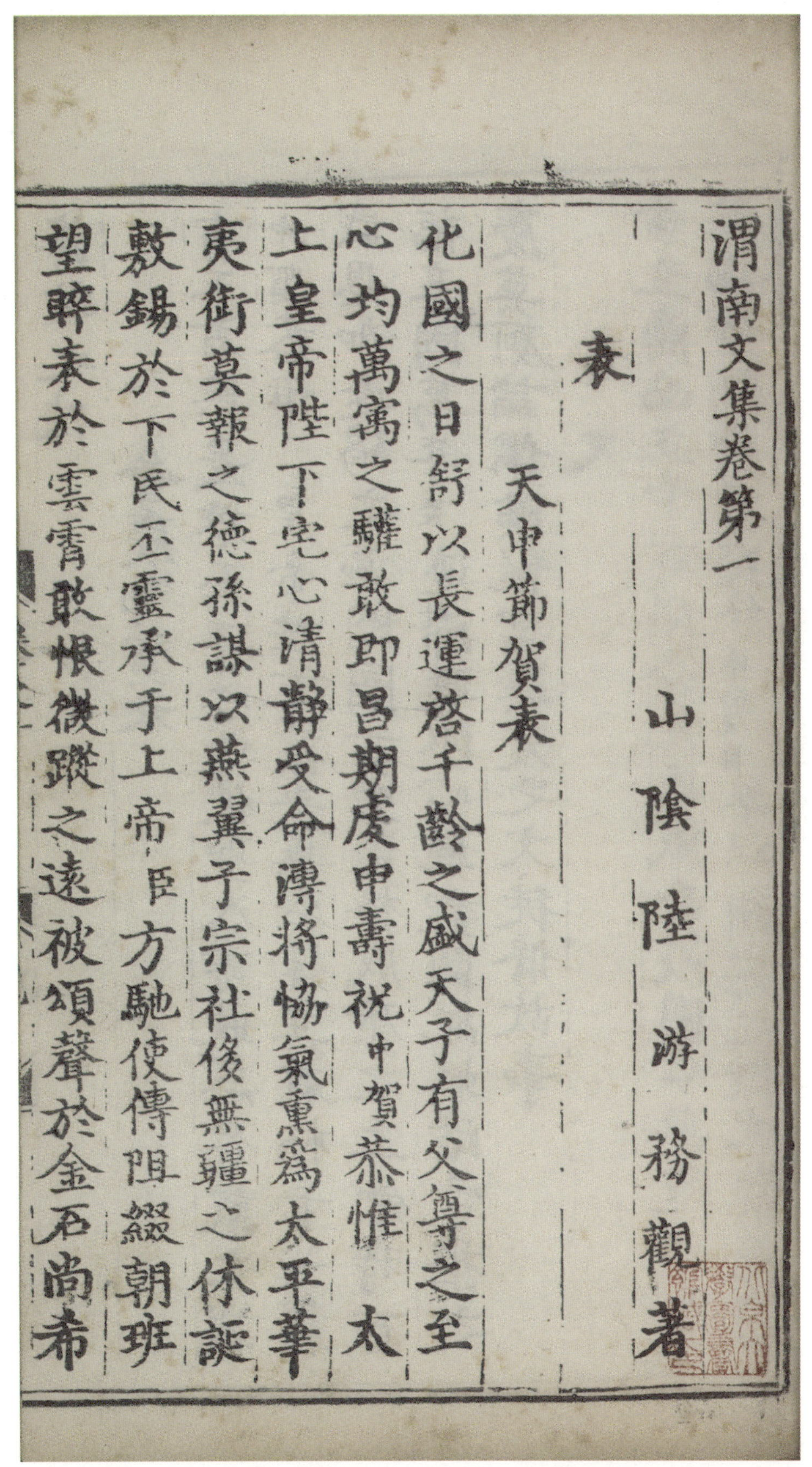

渭南文集卷第一　　山陰陸游務觀著

表

天申節賀表

化國之日舒以長運啓千齡之盛天子有父尊之至心均萬寓之驩敢即昌期虔申壽祝中賀恭惟太上皇帝陛下宅心清静受命溥將協氣熏爲太平華夷銜莫報之德孫謀以燕翼子宗社後無疆之休誕敷錫於下民丕靈承于上帝臣方馳使傳阻綴朝班望睟表於雲霄敢恨微蹤之遠被頌聲於金石尚希

渭南文集五十二卷/一函九册/明正德八年（1513）梁喬刻本

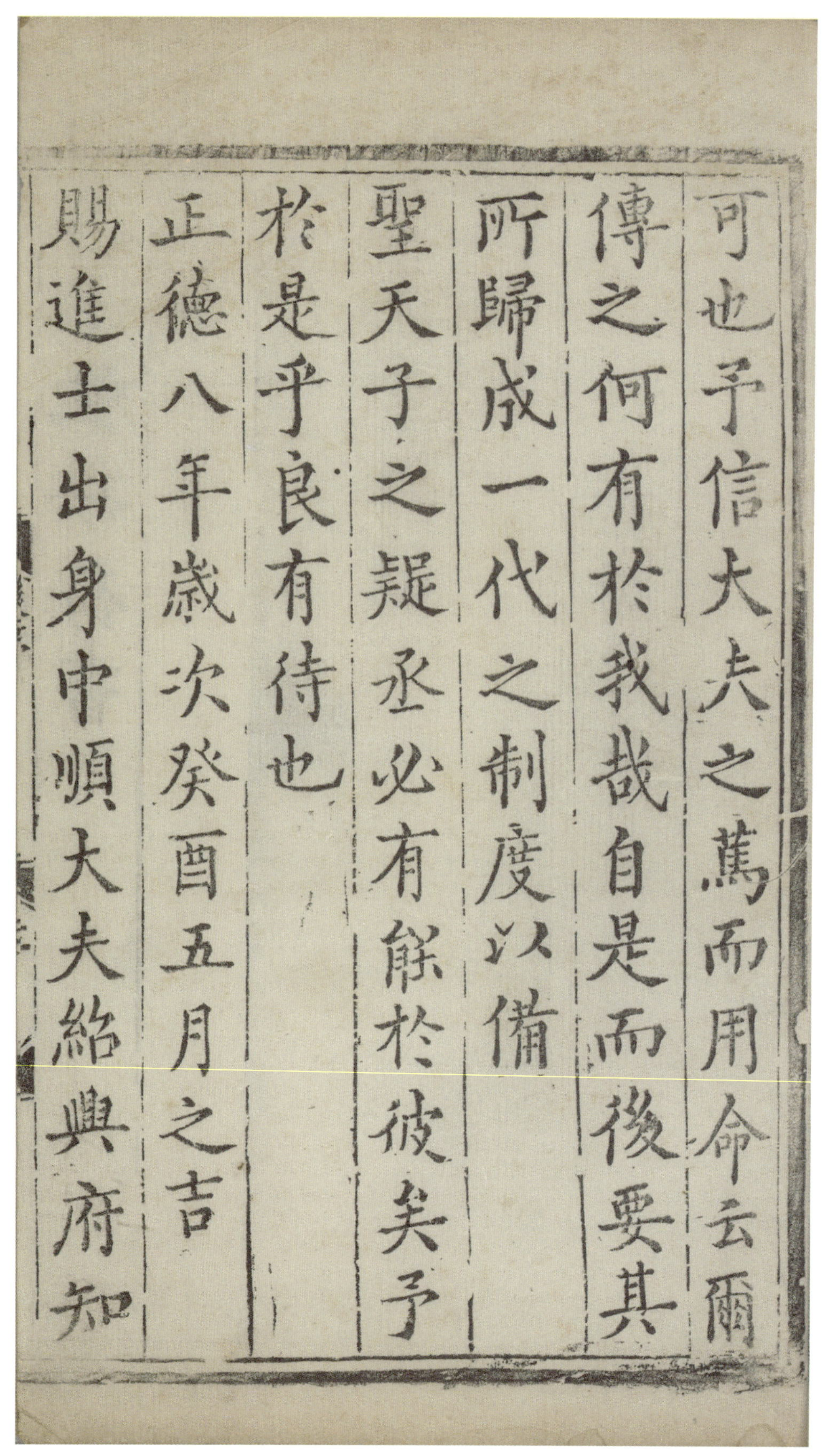

可也予信大夫之薦而用命云爾
傳之何有於我哉自是而後要其
所歸成一代之制度以備
聖天子之疑丞必有驗於彼矣予
於是乎良有待也
正德八年歲次癸酉五月之吉
賜進士出身中順大夫紹興府知

渭南文集五十二卷　之二

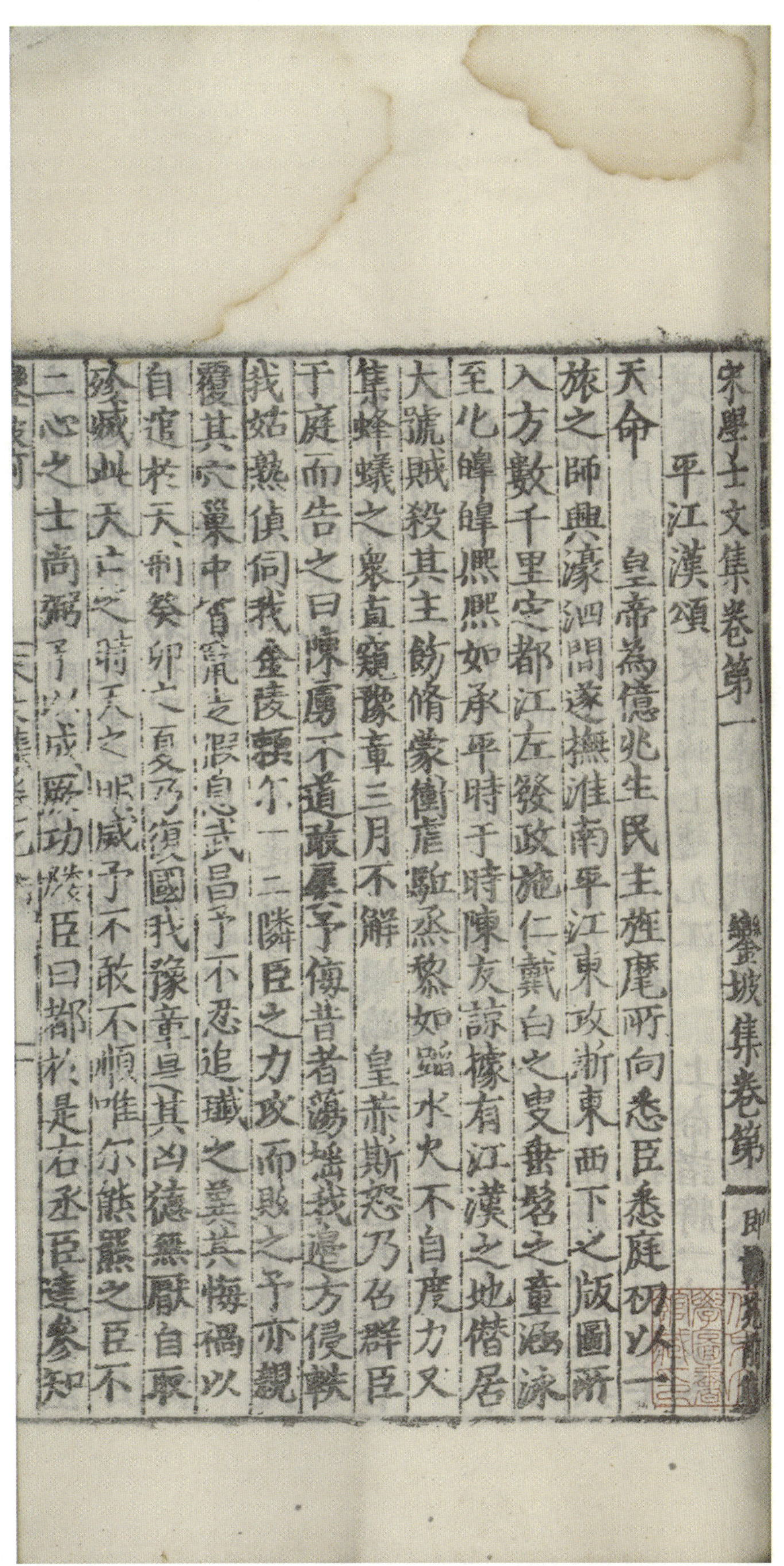

宋學士文集卷第一　　鑾坡集卷第一

平江漢頌

天命　皇帝為億兆生民主旌麾所向悉臣悉庭初以一旅之師興濠泗間遂撫淮南平江東攻浙東西下之版圖所入方數千里定都江左發政施仁戴白之叟垂髫之童涵泳至化皥皥熙熙如承平時于時陳友諒據有江漢之地僭居大號賊殺其主飭脩蒙衝虐驅烝黎如蹈水火不自度力又集蜂蟻之衆直窺豫章三月不解　皇帝斯怒乃召群臣于庭而告之曰陳虜不道敢犯予侮昔者蕩搖我遐方侵軼我姑孰偵伺我金陵藉爾一二隣臣之力攻而敗之予亦覘覆其穴巢中有窮鼠之假息武昌予不忍追殲之冀其悔禍以自逭於天刑癸卯之夏乃復圖我豫章是其凶德無厭自取殄滅此天亡之時天之所威予不敢不順唯爾熊羆之臣不二心之士尚弼予以成厥功羣臣曰都於是右丞臣達參知

宋學士文集七十五卷/二函二十册/明正德九年（1514）刻本

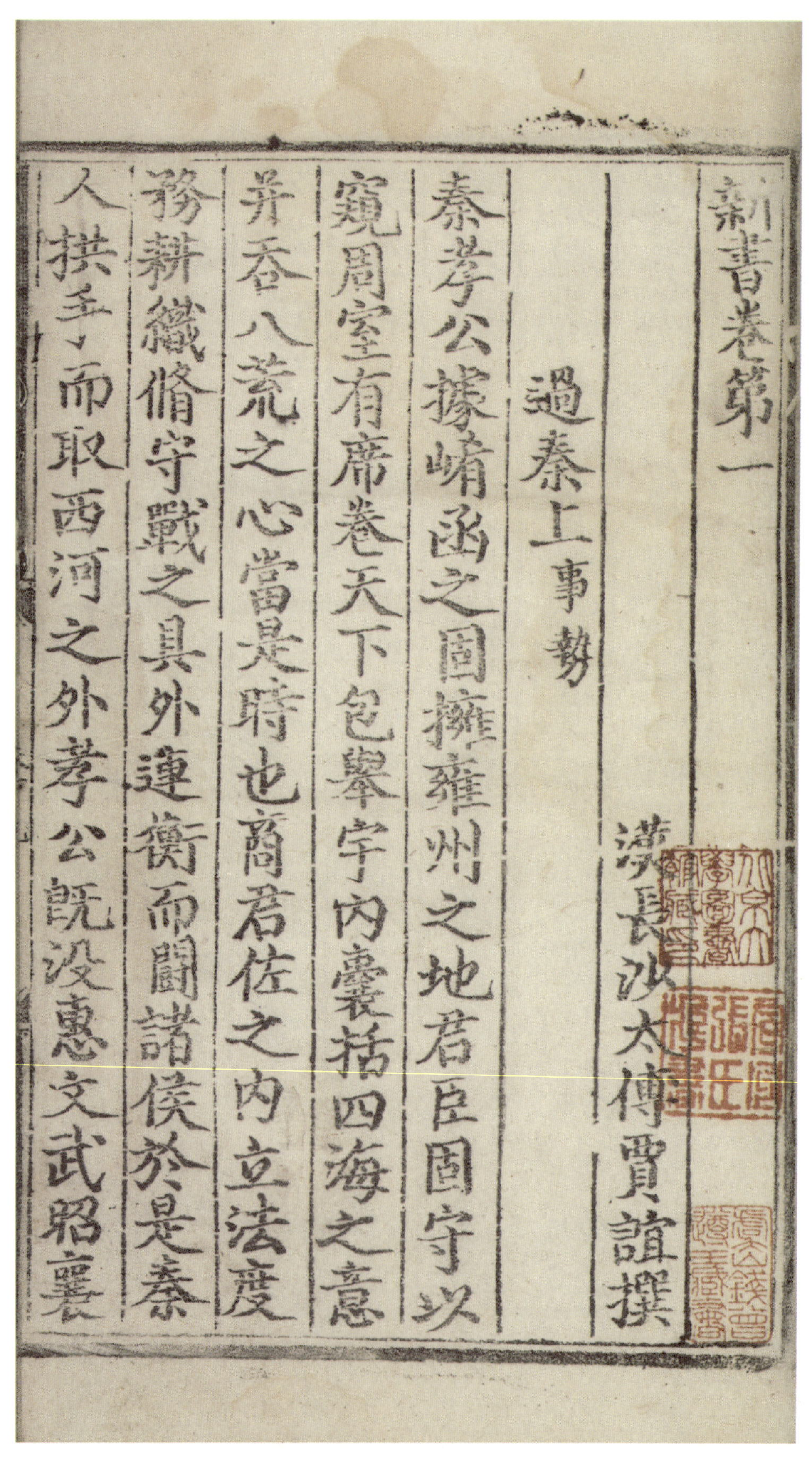
新書卷第一

漢長沙太傅賈誼撰

過秦上事勢

秦孝公據崤函之固擁雍州之地君臣固守以窺周室有席卷天下包舉宇內囊括四海之意并吞八荒之心當是時也商君佐之內立法度務耕織脩守戰之具外連衡而鬭諸侯於是秦人拱手而取西河之外孝公既沒惠文武昭襄

新書十卷/一函四册/明正德乙亥（十年，1515）吉府刻本

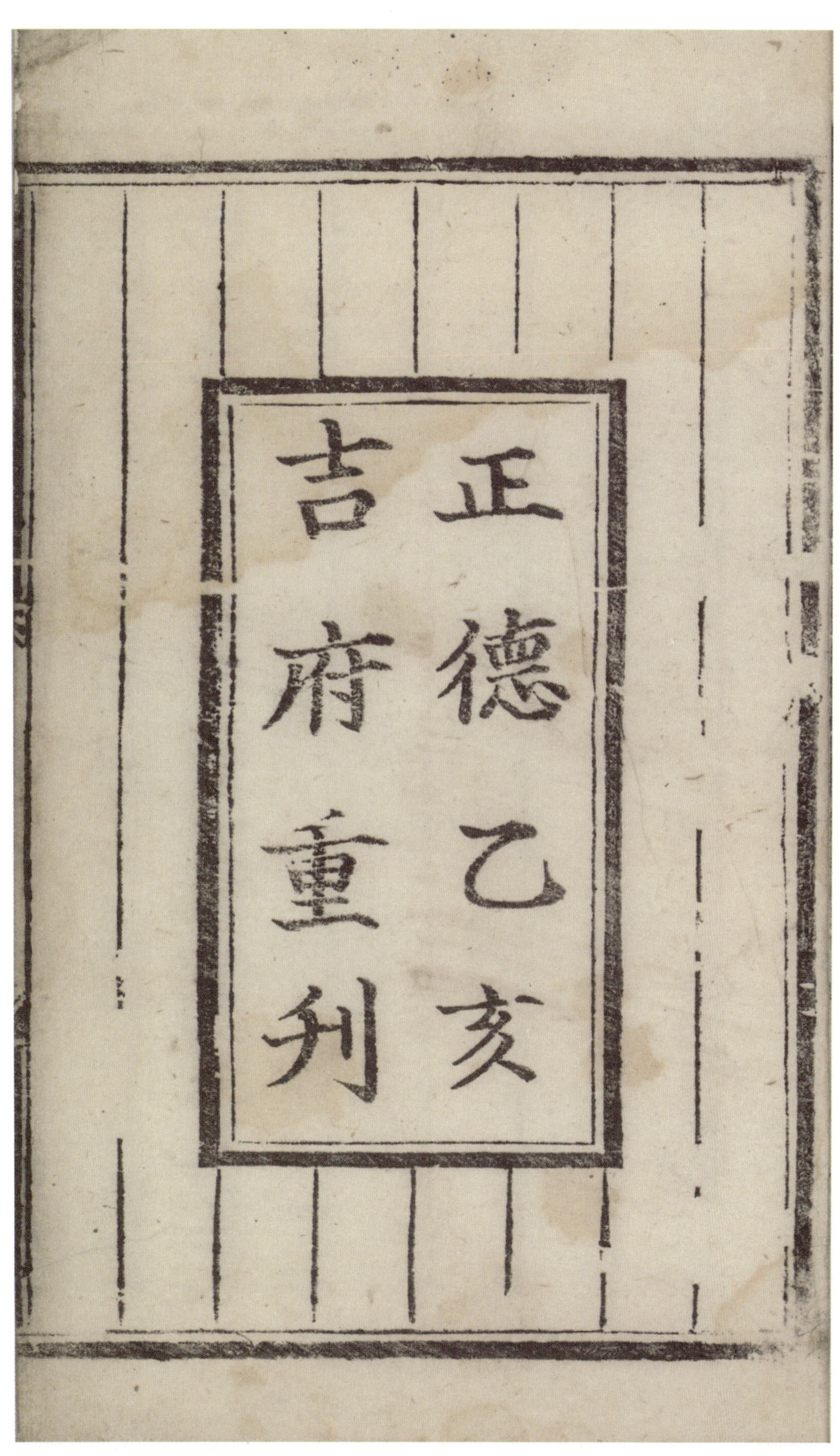

新書十卷 之二

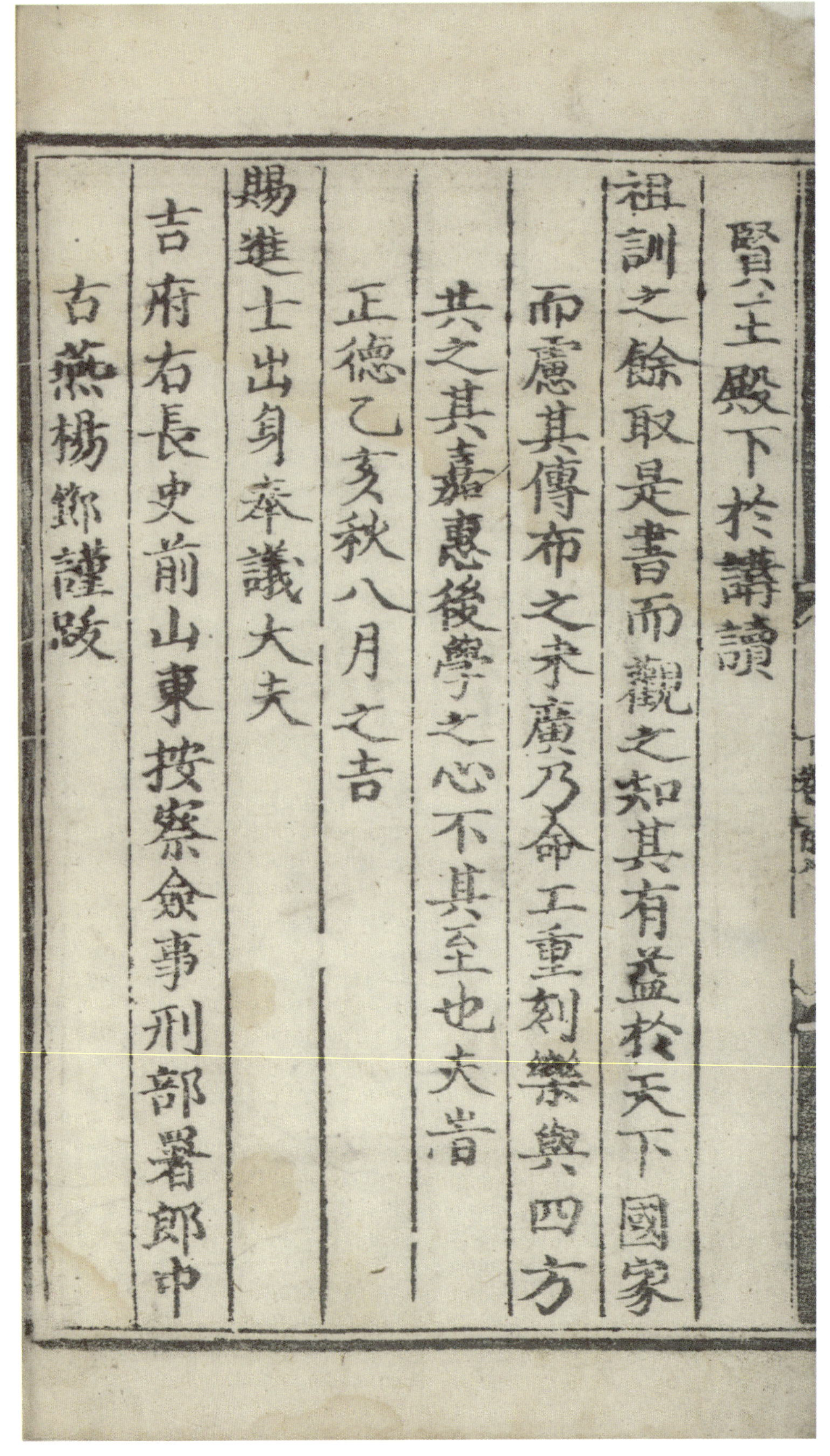
賢王殿下於講讀
祖訓之餘取是書而觀之知其有益於天下國家
而慮其傳布之未廣乃命工重刻樂與四方
共之其嘉惠後學之心不其至也夫旹
正德乙亥秋八月之吉
賜進士出身奉議大夫
吉府右長史前山東按察僉事刑部署郎中
古燕楊鄉謹跋

新書十卷　之三

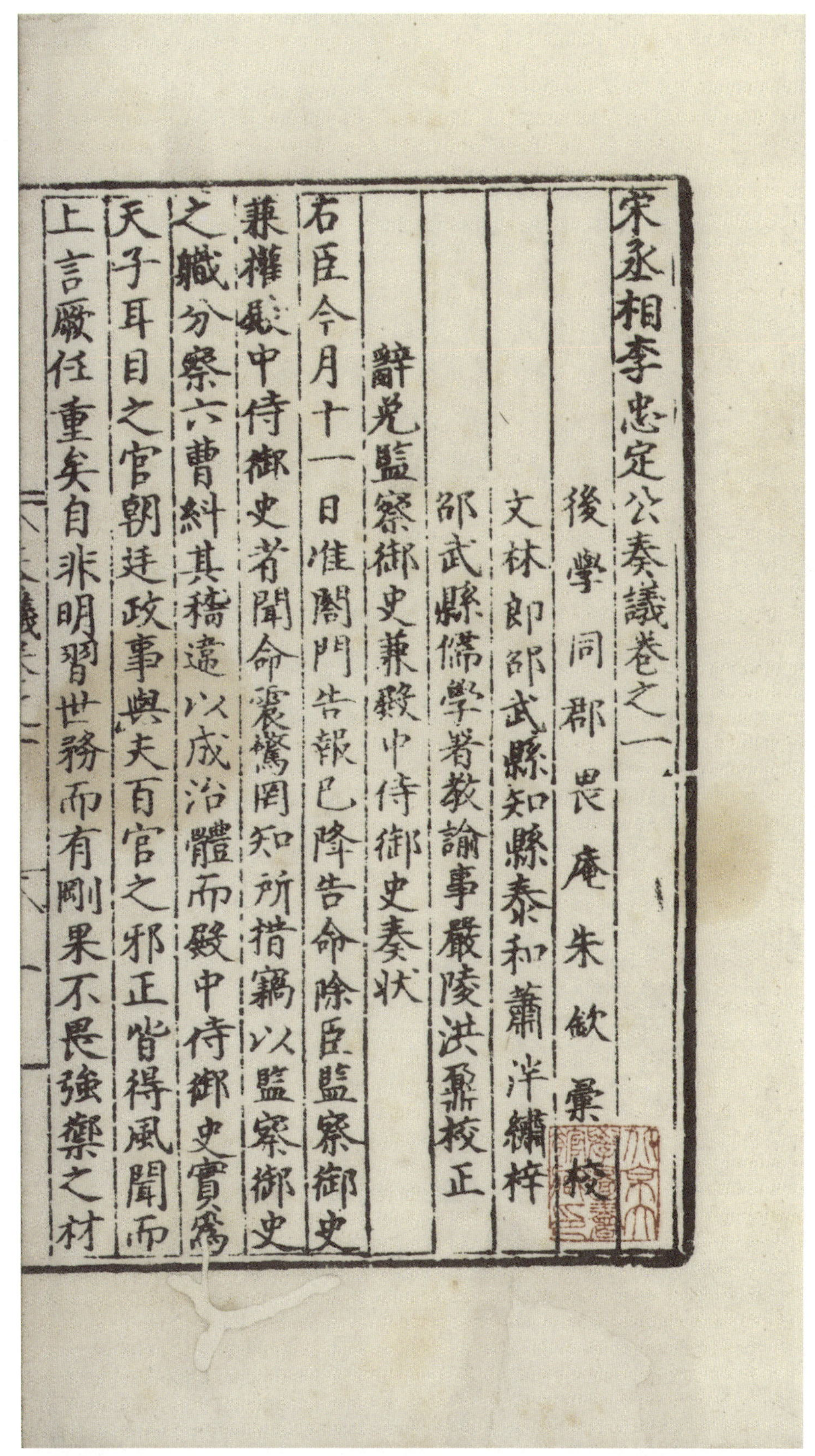

宋丞相李忠定公奏議六十九卷附録九卷/四函十六册/明正德丙子（十一年，1516）胡文静刻本

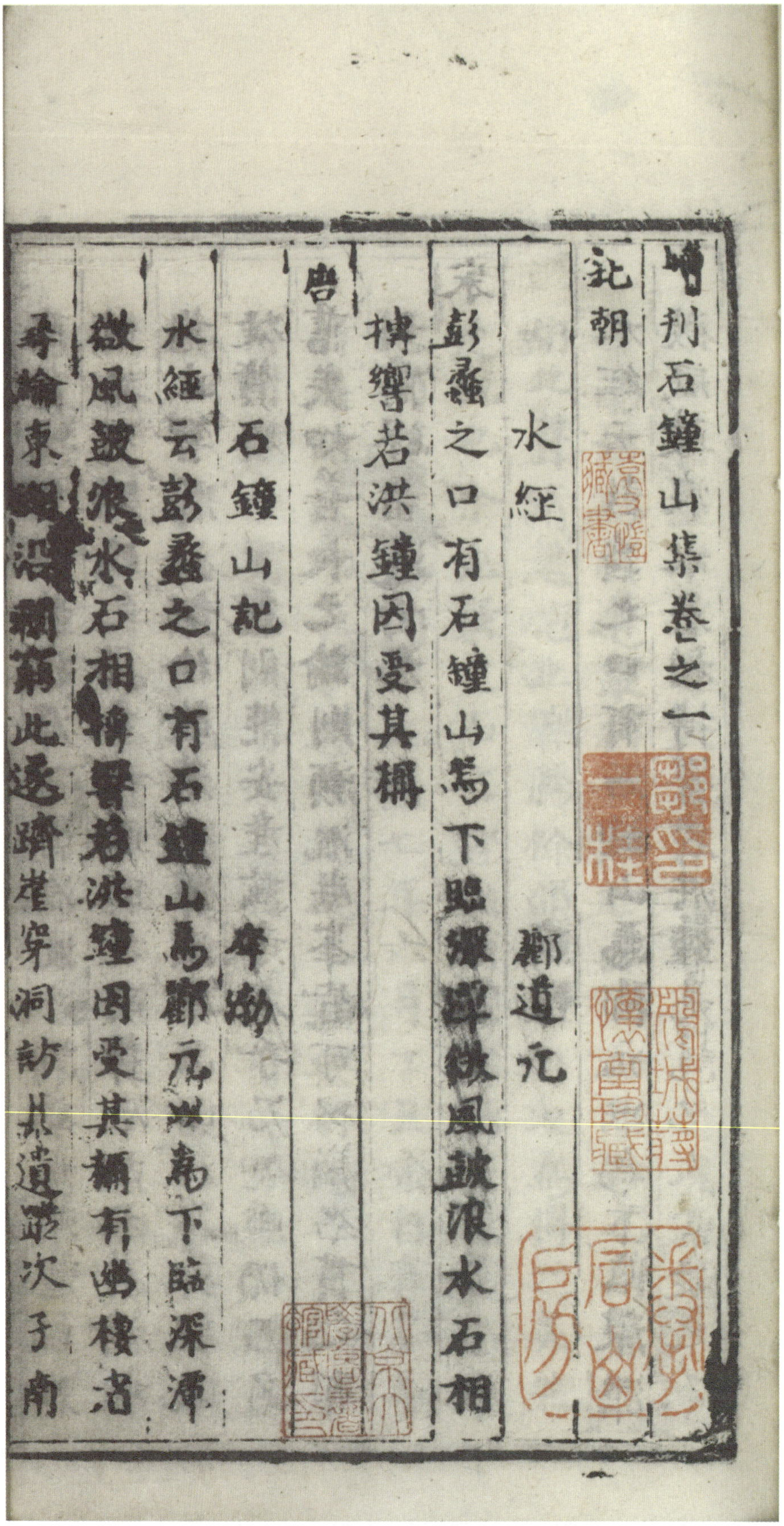

增刊石鐘山集卷之一

紀朝

水經　　酈道元

彭蠡之口有石鐘山焉下臨深潭微風鼓浪水石相

搏響若洪鐘因受其稱

唐

石鐘山記　　李渤

水經云彭蠡之口有石鐘山焉酈元以爲下臨深潭微風鼓浪水石相搏響若洪鐘因受其稱有幽棲者

尋綸東[illegible]沿[illegible][illegible]此遂躋崖穿洞訪其遺蹤次于南

增刊石鐘山集九卷卷末附湖口縣八景一卷/一册/明正德十三年（1518）刻本

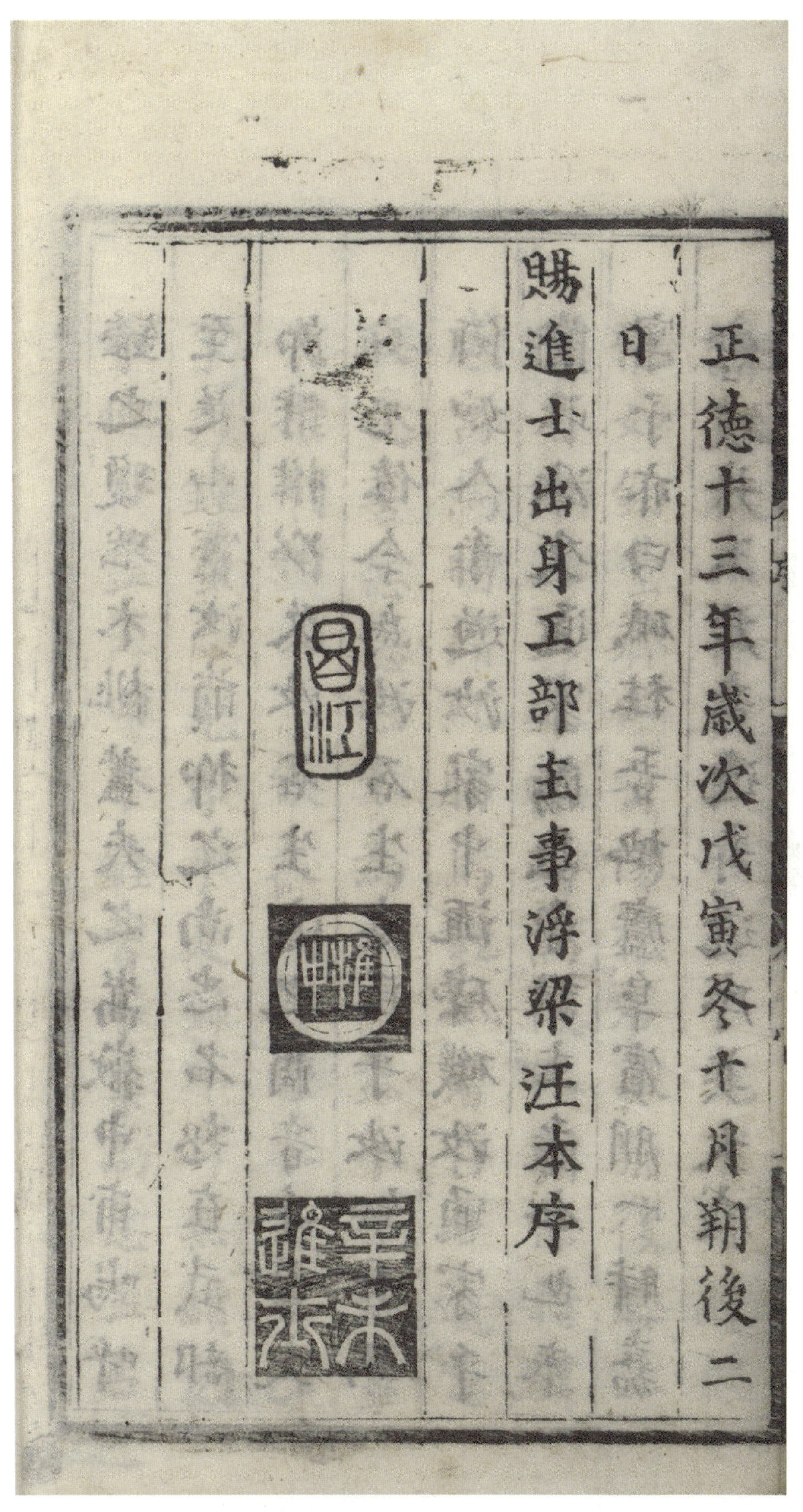

增刊石鐘山集九卷卷末附湖口縣八景一卷　之二

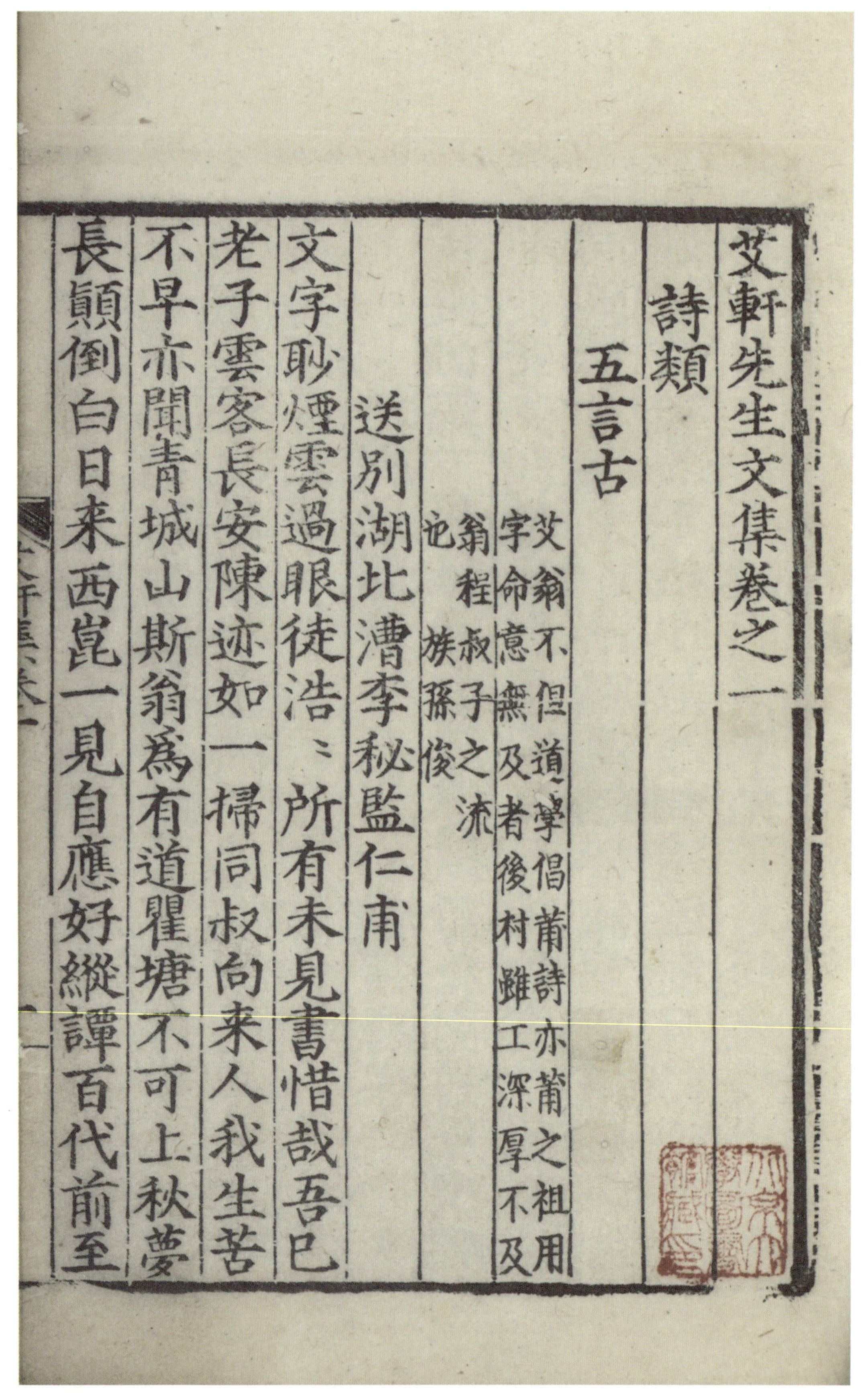

艾軒先生文集十卷/一函六册/明正德辛巳（十六年，1521）鄭岳刻本

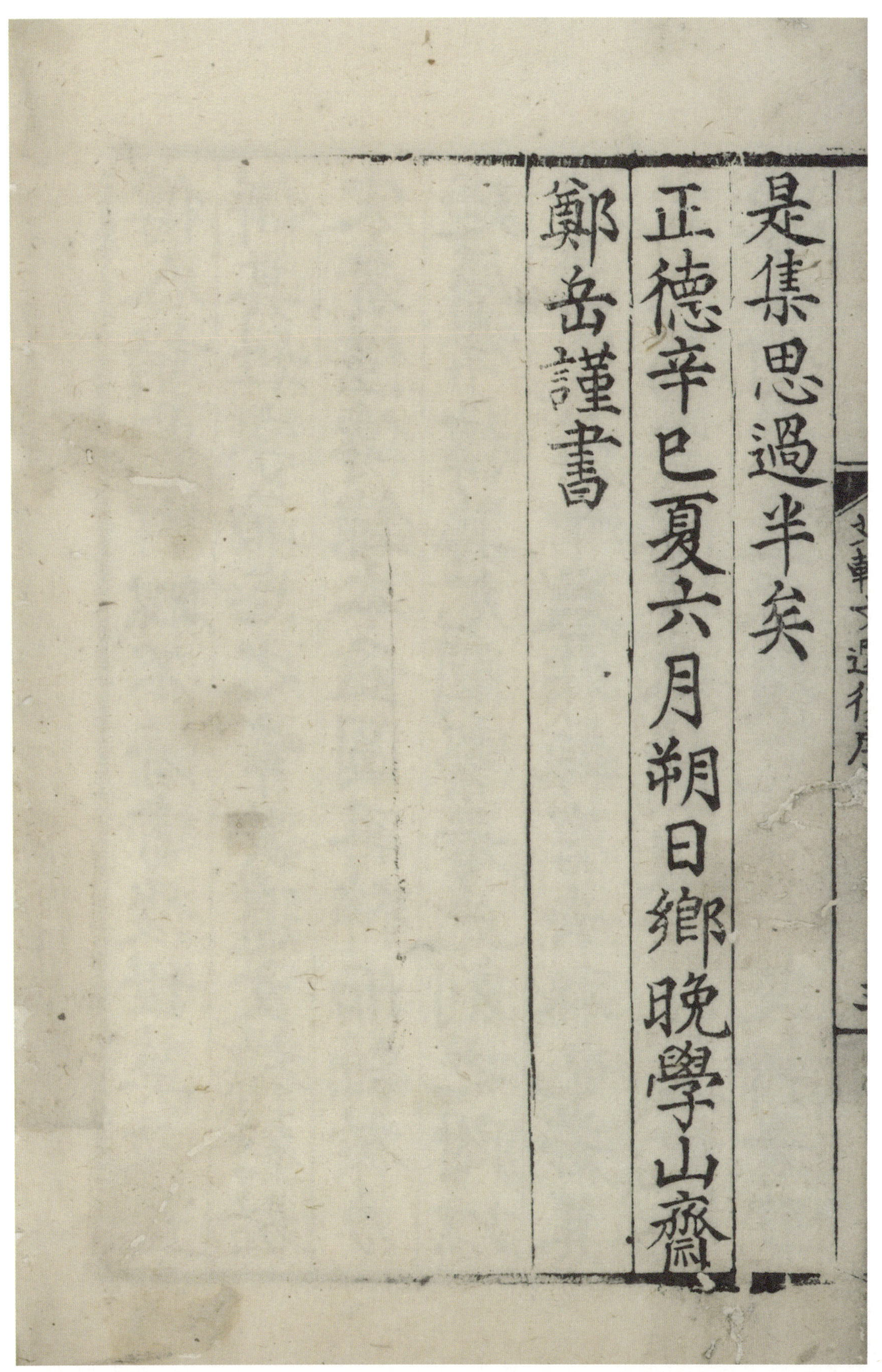
是集思過半矣
正德辛巳夏六月朔日鄉晚學山齋
鄭岳謹書

艾軒先生文集十卷　之二

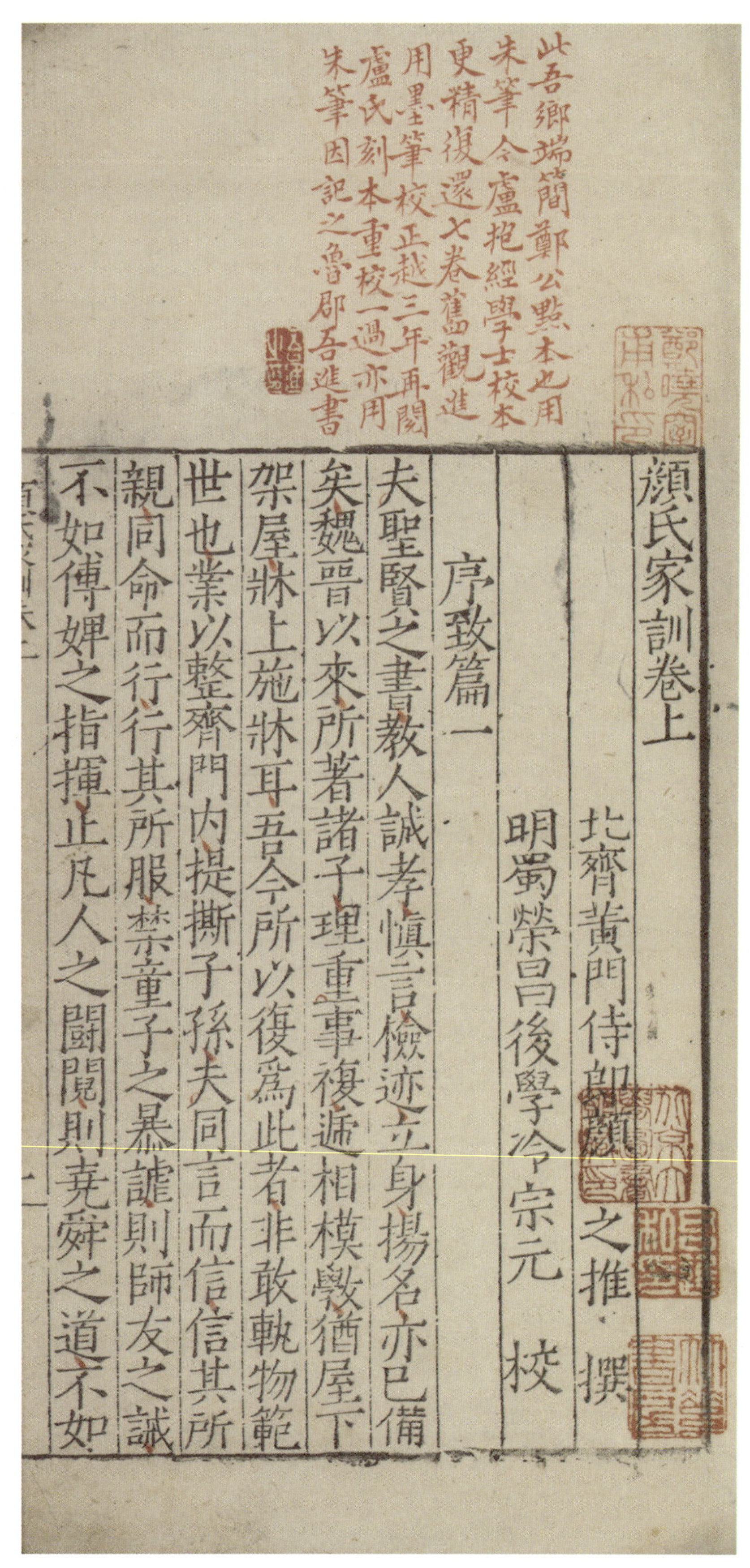

顏氏家訓二卷/二册/明嘉靖甲申（三年,1524）傅太平刻本

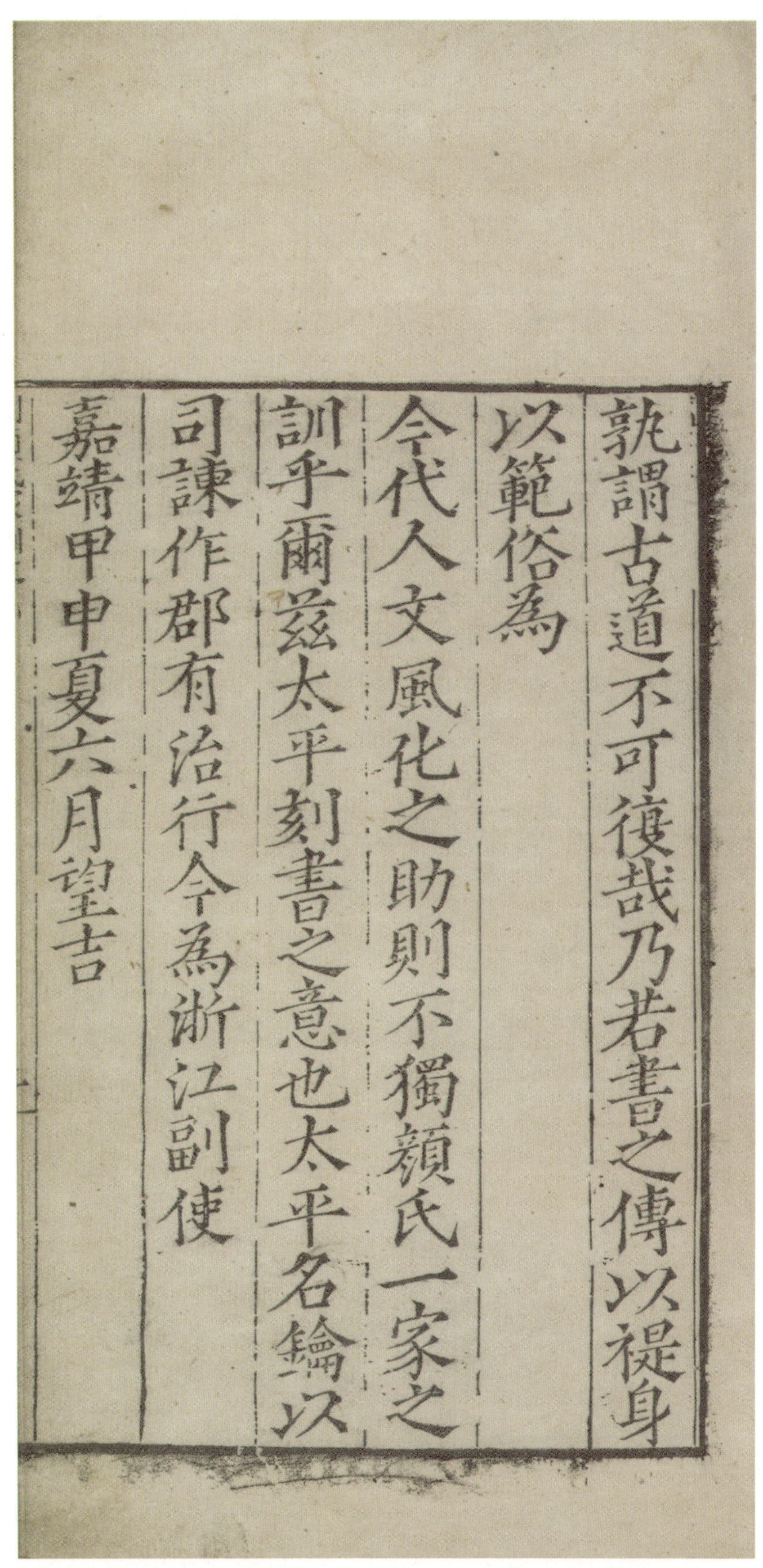
孰謂古道不可復哉乃若書之傳以禔身
以範俗為
今代人文風化之助則不獨顔氏一家之
訓乎爾茲太平刻書之意也太平名鑰以
司諫作郡有治行今為浙江副使
嘉靖甲申夏六月望吉

顔氏家訓二卷 之二

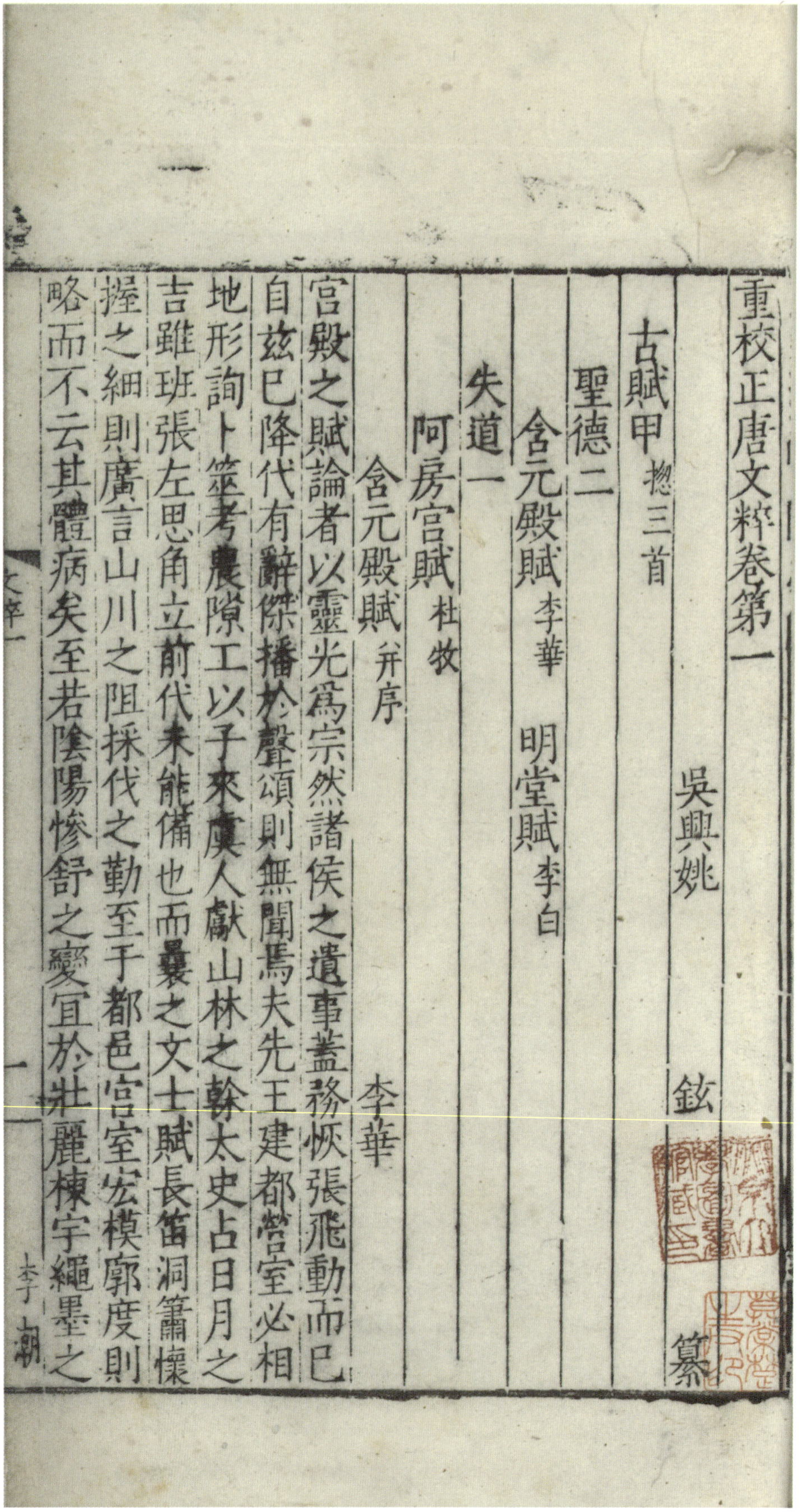

重校正唐文粹卷第一

吳興姚鉉纂

古賦甲 揔三首

聖德二

含元殿賦 李華　明堂賦 李白

失道一

阿房宮賦 杜牧

含元殿賦 幷序　李華

宮殿之賦論者以靈光爲宗然諸侯之遺事蓋務恢張飛動而已自茲已降代有辭傑播於聲頌則無聞焉夫先王建都營室必相地形詢卜筮考農隙工以子來庶人獻山林之幹太史占日月之吉雖班張左思角立前代未能備也而曩之文士賦長笛洞簫懷握之細則廣言山川之阻採伐之勤至于都邑宮室宏模廓度則略而不云其體病矣至若陰陽慘舒之變宜於壯麗棟宇繩墨之

文粹一　一　李潮

重校正唐文粹一百卷/四函二十四册/明嘉靖甲申（三年，1524）徐焴刻本以古雅爲命不以雕篆爲工故侈言蔓辭率皆不取觀夫羣賢之作也氣包元化理貫六籍雖復造物者固亦不能測研幾而窺沈慮故英辭一發夐出千古琅琅之玉聲粲粲之珠光不待汎天風激海波而盡在耳目於戲李唐一代之文其至乎

唐文粹序

嘉靖甲申歲太學生姑蘇徐焴文明刻于家塾

李潮

重校正唐文粹一百卷　之二

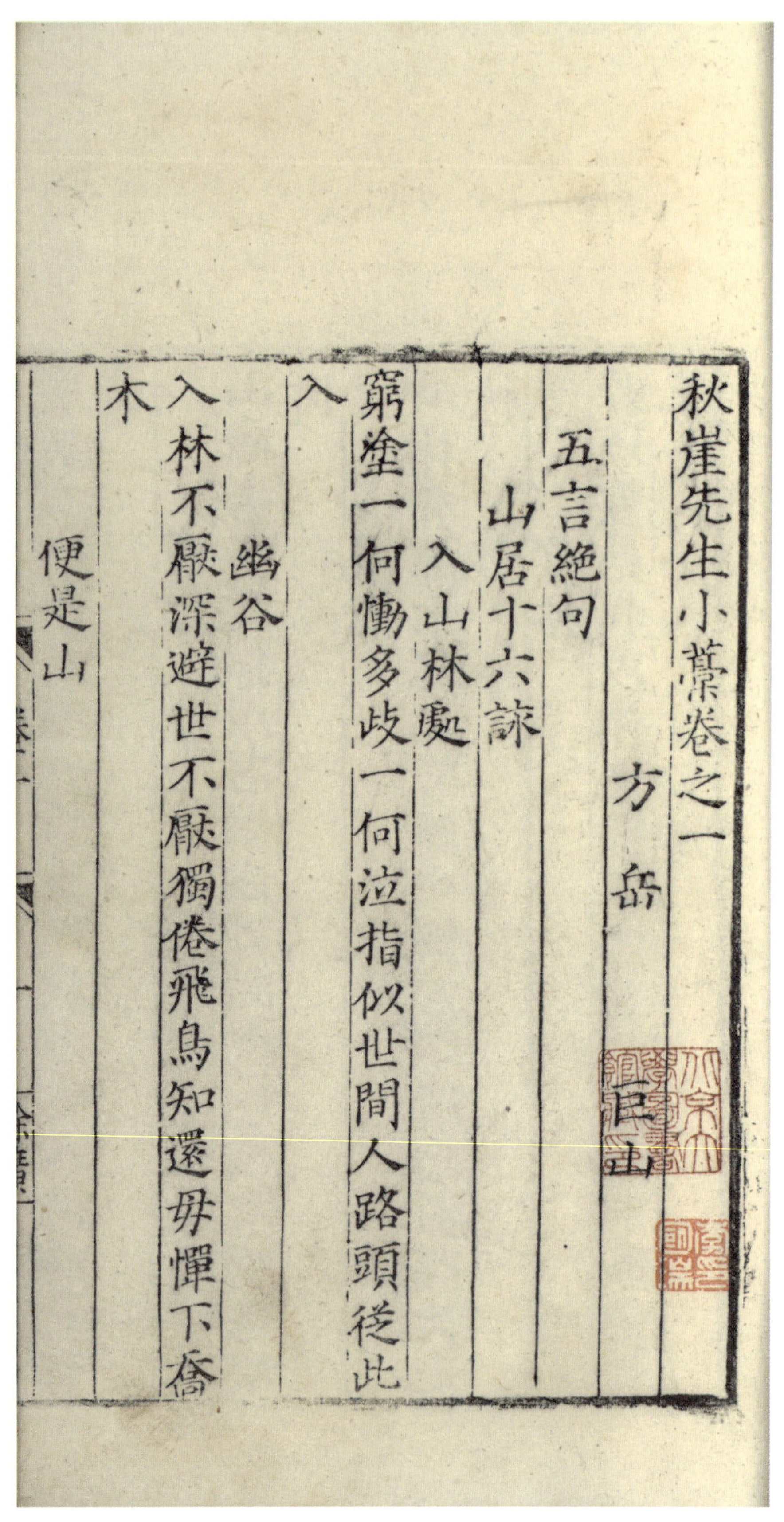
秋崖先生小藁卷之一
方岳
五言絶句
山居十六詠
入山林處
窮塗一何慟多歧一何泣指似世間人路頭從此
入
幽谷
入林不厭深避世不厭獨倦飛鳥知還毋憚下喬
木
便是山

秋崖先生小藁詩集三十八卷文四十五卷/十六册/明嘉靖五年（1526）祁門方氏刻嘉靖二十一年（1542）補刻本

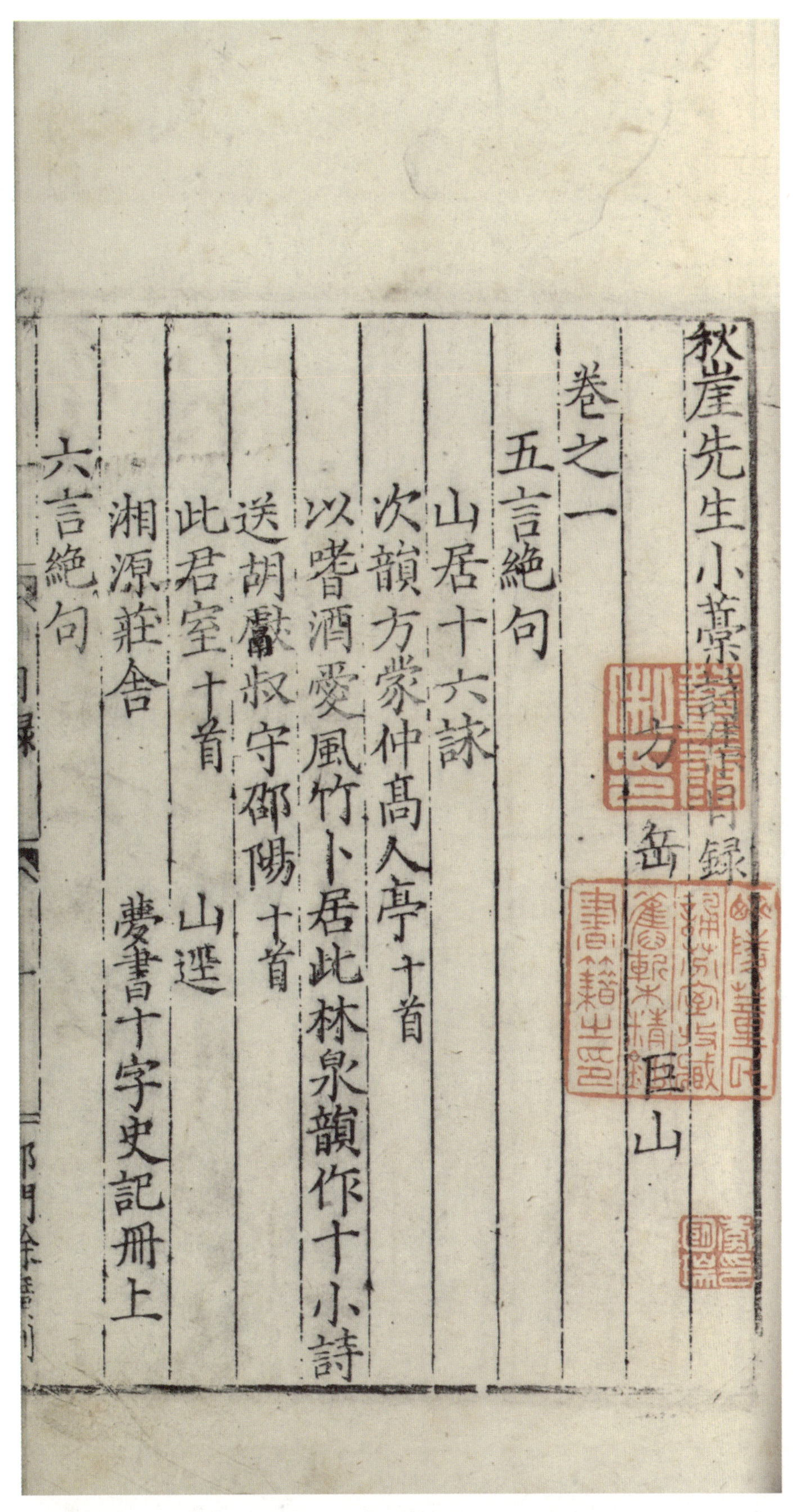

秋崖先生小藁詩集三十八卷文四十五卷　之二

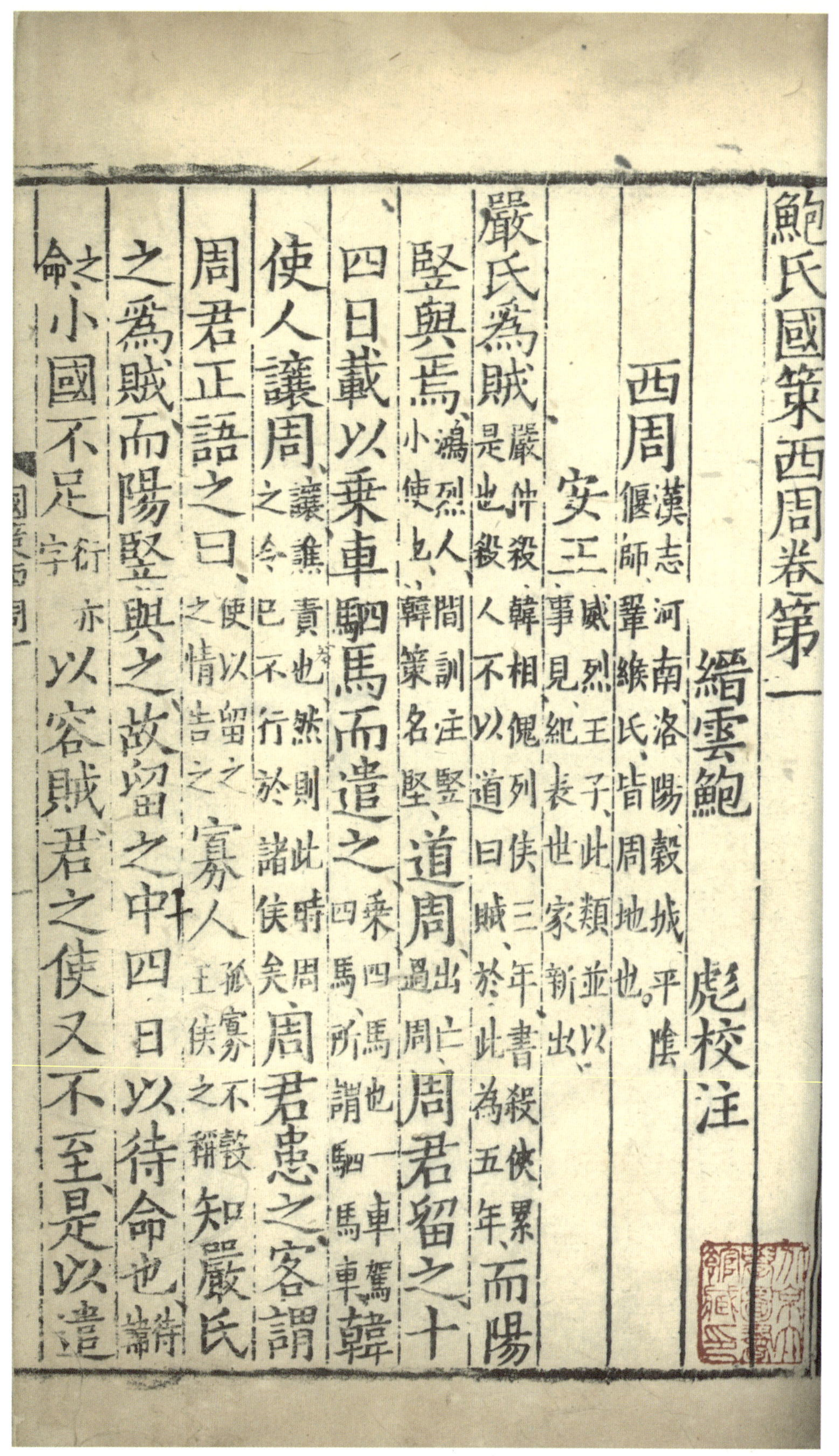

鮑氏國策西周卷第一

縉雲鮑　彪校注

西周（漢志河南洛陽穀城平陰偃師鞏緱氏皆周地也。）

安王（威烈王子。此類並以事見紀表世家新出）

嚴氏爲賊（嚴仲殺韓相傀，列侯三年書殺俠累是也。殺人不以道曰賊，於此爲五年）而陽豎與焉（鴻烈人間訓注豎小使也。韓策名豎）道周（出亡過周）周君留之十四日，載以乘車駟馬而遣之（乘四馬也。一車駕四馬，所謂駟馬車）韓使人讓周（讓譙責也。然則此時周之令已不行於諸侯矣）周君患之，客謂周君正語之曰（使以留之之情告之）寡人（孤寡不穀王侯之稱）知嚴氏之爲賊，而陽豎與之，故留之十四日以待命也（待韓之命）小國不足（衍亦字）以容賊，君之使又不至，是以遣

鮑氏國策十卷/二函八册/明嘉靖七年（1528）吴門龔雷刻本

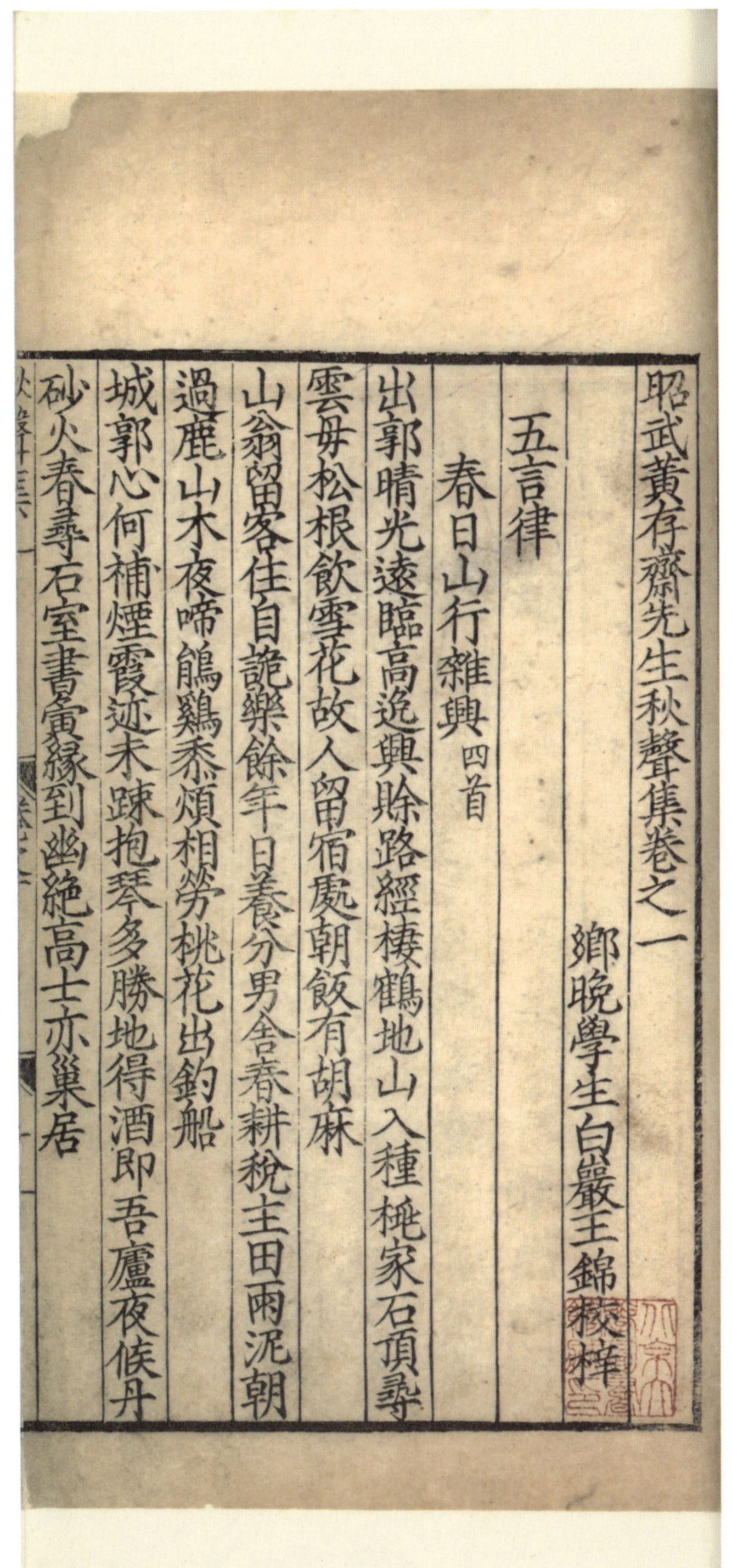

昭武黃存齋先生秋聲集卷之一

鄉晚學生白巖王錦校梓

五言律

春日山行雜興 四首

出郭晴光遠臨高逸興賒路經棲鶴地山入種桃家石頂尋雲母松根飲雪花故人留宿處朝飯有胡麻

山翁留客住自詭樂餘年日養分男舍春耕稅主田雨泥朝過鹿山木夜啼鶬鷄黍煩相勞桃花出釣船

城郭心何補煙霞迹未疎抱琴多勝地得酒即吾廬夜候丹砂火春尋石室書夤緣到幽絶高士亦巢居

昭武黃存齋先生秋聲集十卷/一函二册/明嘉靖十二年（1533）王錦刻本

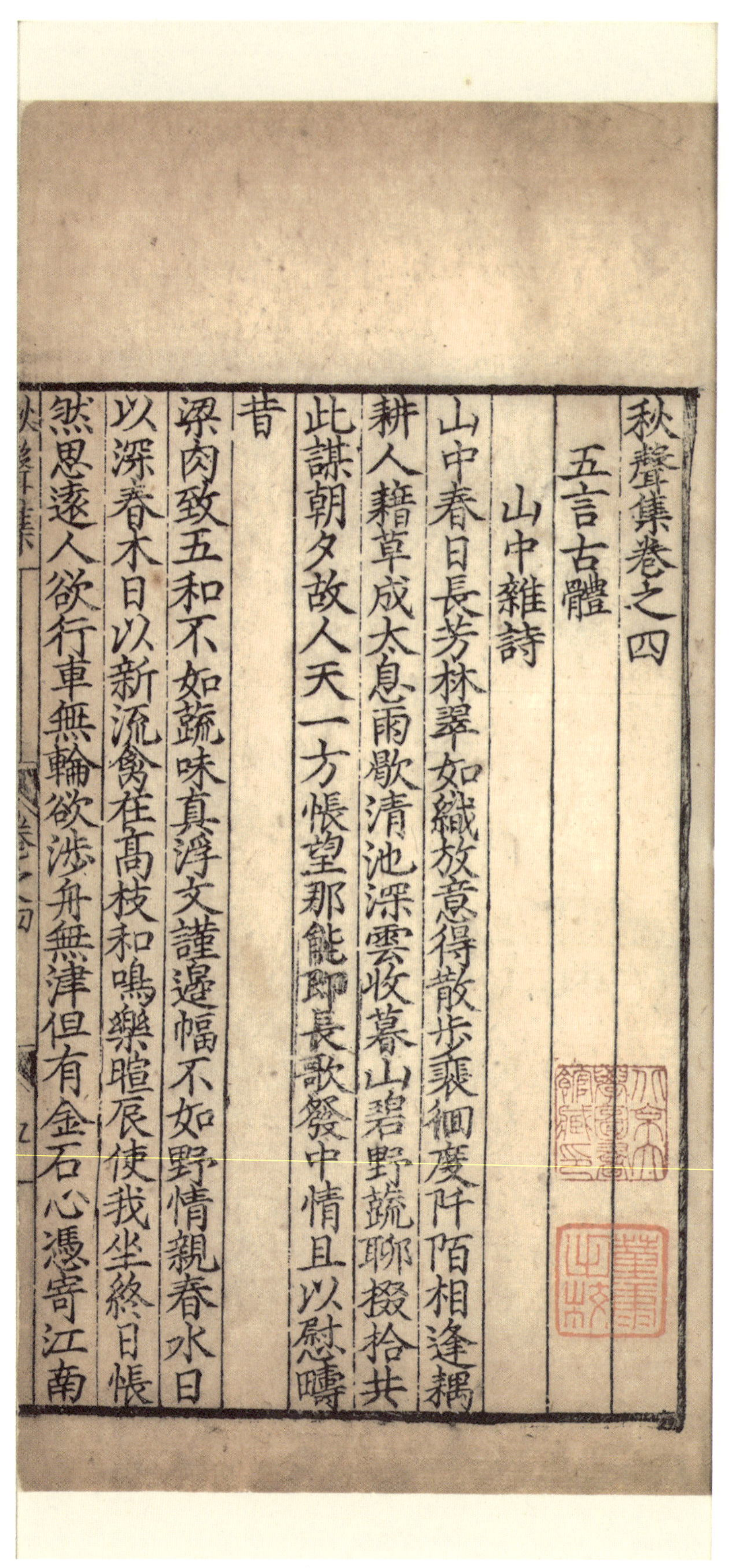
秋聲集卷之四
五言古體
山中雜詩
山中春日長芳林翠如織放意得散步爽徊度阡陌相逢耦耕人藉草成太息雨歇清池深雲收暮山碧野蔬聊掇拾共此謀朝夕故人天一方悵望那能即長歌發中情且以慰疇昔
粱肉致五和不如蔬味真浮文謹邊幅不如野情親春水日以深春木日以新流禽在高枝和鳴樂暄辰使我坐終日悵然思遠人欲行車無輪欲涉舟無津但有金石心憑寄江南

昭武黄存齋先生秋聲集十卷　之二

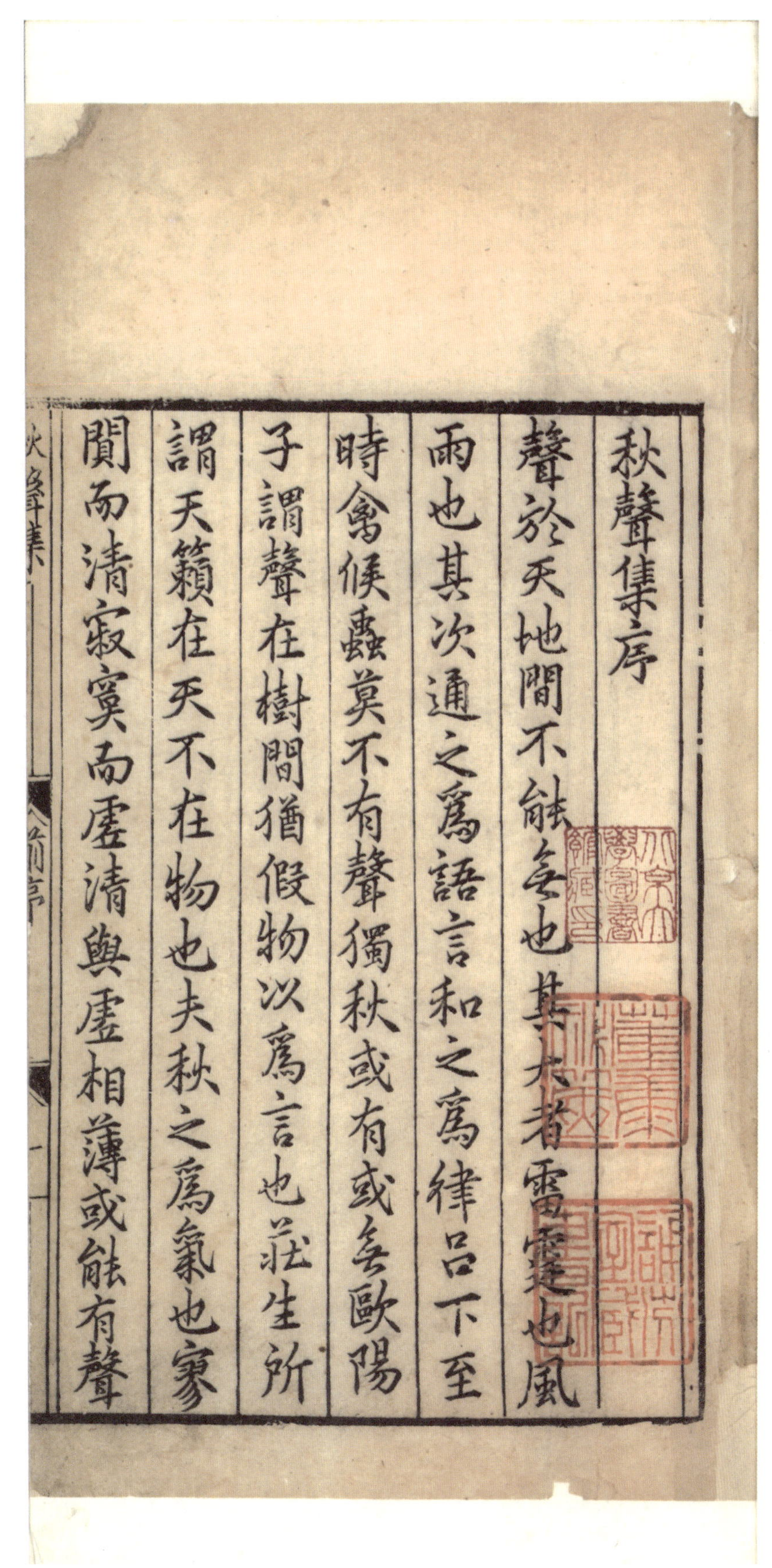
秋聲集序

聲於天地間不能無也其大者雷霆也風雨也其次通之爲語言和之爲律呂下至時禽候蟲莫不有聲獨秋或有或無歐陽子謂聲在樹間猶假物以爲言也莊生所謂天籟在天不在物也夫秋之爲氣也寥閴而清寂寞而虛清與虛相薄或能有聲

昭武黃存齋先生秋聲集十卷　之三

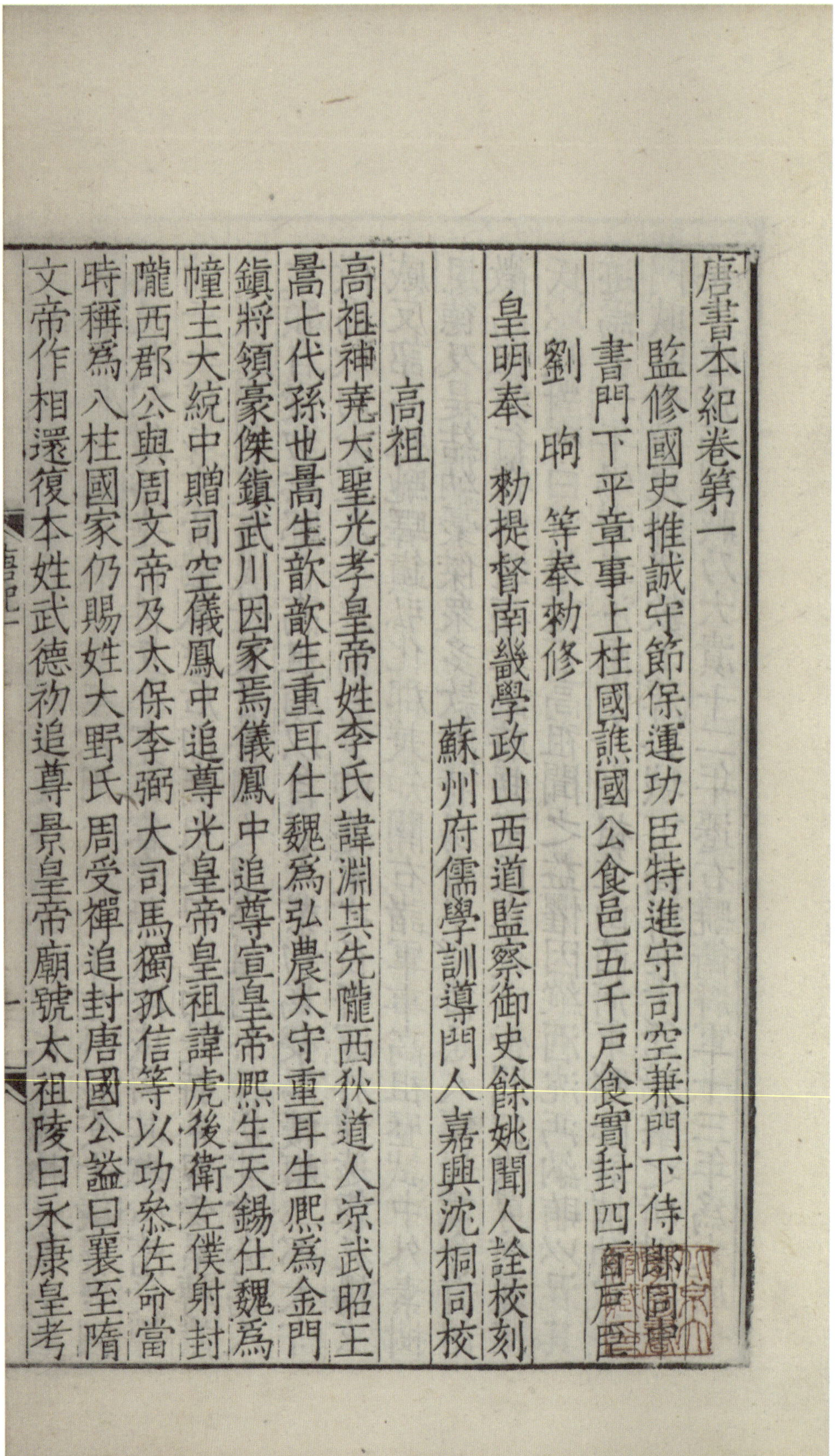

唐書本紀卷第一

監修國史推誠守節保運功臣特進守司空兼門下侍郎同中

書門下平章事上柱國譙國公食邑五千戶食實封四百戶臣

劉昫 等奉勑修

皇明奉 勑提督南畿學政山西道監察御史餘姚聞人詮校刻

蘇州府儒學訓導門人嘉興沈桐同校

高祖

高祖神堯大聖光孝皇帝姓李氏諱淵其先隴西狄道人凉武昭王暠七代孫也暠生歆歆生重耳仕魏爲弘農太守重耳生熙爲金門鎮將領豪傑鎮武川因家焉儀鳳中追尊宣皇帝熙生天錫仕魏爲幢主大統中贈司空儀鳳中追尊光皇帝皇祖諱虎後衛左僕射封隴西郡公與周文帝及太保李弼大司馬獨孤信等以功參佐命當時稱爲八柱國家仍賜姓大野氏周受禪追封唐國公謚曰襄至隋文帝作相還復本姓武德初追尊景皇帝廟號太祖陵曰永康皇考

唐書二百卷/六函四十冊/明嘉靖十八年（1539）聞人詮刻本

舊唐書重鏤紀勛序

李唐氏有天下三百年十三代而降英君明辟若唐文皇
功德固在首列厥後子孫迭興雖中更喪亂猶不失為
盛朝而玄憲二宗至配貞觀與漢七廟同稱何也其典
章濬度貽謀之善不可及已盖作唐史者有三人焉吳
兢韋述令狐垣此皆金閨上彥操筆石渠而未竟一代
至石晉朝始敕中書劉昫等因垣舊文增為百九十卷
然後有唐事跡悉載無遺而撰述詳贍妙極模寫足以
上追史漢下包魏陳信乎史之良者無以加于是矣柰
何宋之慶曆又出新編大有增損至使讀者不復得覩

唐書二百卷　之二

俞文聚　陳模　盧恩

袁貞　龔雷　金用

周雅　姚圭

蔣球玉　陳國祥

金表　宋純仁

李堯臣　陸應澤以上俱蘇州府學生

錢江餘姚縣學生　吳岫太学生

出貲經費

曾子修　嚴汝賢

陳讓　陸一陽以上俱國子生

許道蘇州府學生　高本文華亭縣人

嘉靖十八年四月既望蘇州府儒學訓導沈桐識

唐書二百卷　之三

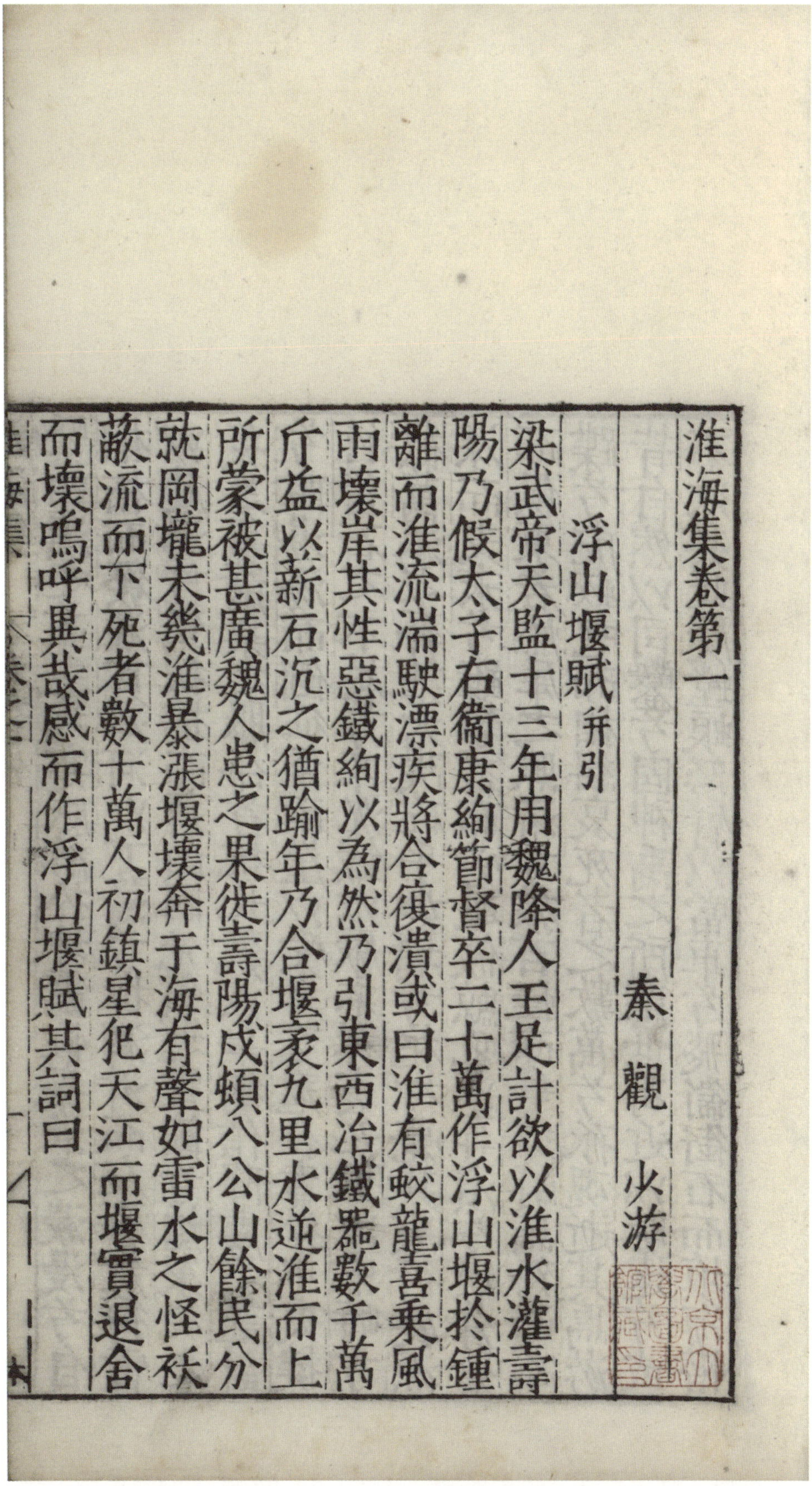

淮海集卷第一

秦觀 少游

浮山堰賦 幷引

梁武帝天監十三年用魏降人王足計欲以淮水灌壽陽乃假太子右衛康絢節督卒二十萬作浮山堰於鍾離而淮流湍駛漂疾將合復潰或曰淮有蛟龍喜乘風雨壞岸其性惡鐵絢以為然乃引東西冶鐵器數千萬斤益以新石沉之循踰年乃合堰袤九里水逆淮而上所蒙被甚廣魏人患之果徙壽陽戍頓八公山餘民分就岡壠未幾淮暴漲堰壞奔于海有聲如雷水之怪祆蔽流而下死者數十萬人初鎮星犯天江而堰實退舍而壞嗚呼異哉感而作浮山堰賦其詞曰

淮海集 卷之一

淮海集四十卷後集六卷長短句三卷/六册/明嘉靖己亥(十八年，1539)刻本

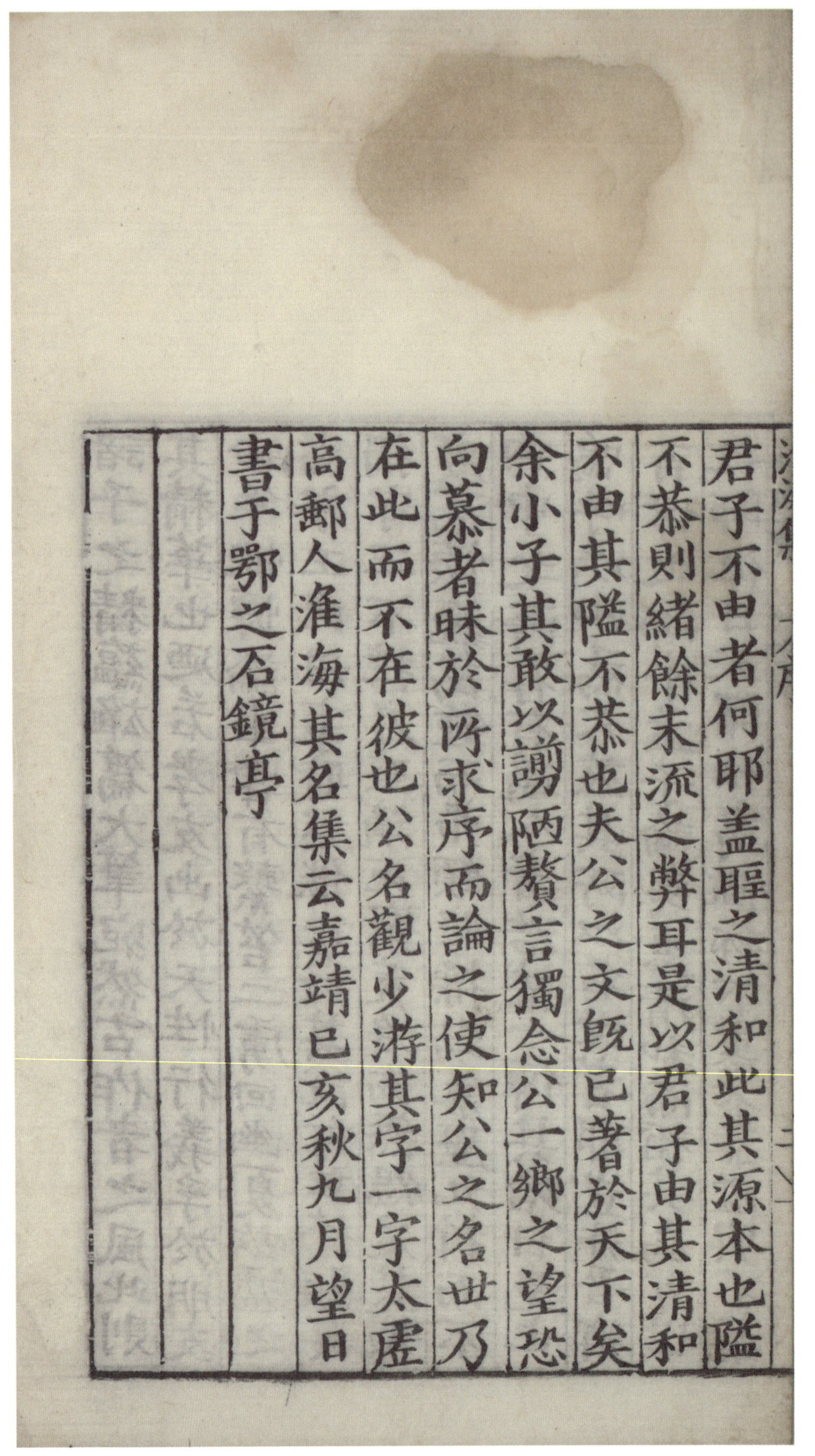
君子不由者何耶盖聖之清和此其源本也隘
不恭則緒餘末流之弊耳是以君子由其清和
不由其隘不恭也夫公之文既已著於天下矣
余小子其敢以譾陋贅言獨念公一鄉之望恐
向慕者昧於所求序而論之使知公之名世乃
在此而不在彼也公名觀少游其字一字太虚
高郵人淮海其名集云嘉靖己亥秋九月望日
書于鄂之石鏡亭

淮海集四十卷後集六卷長短句三卷　之二

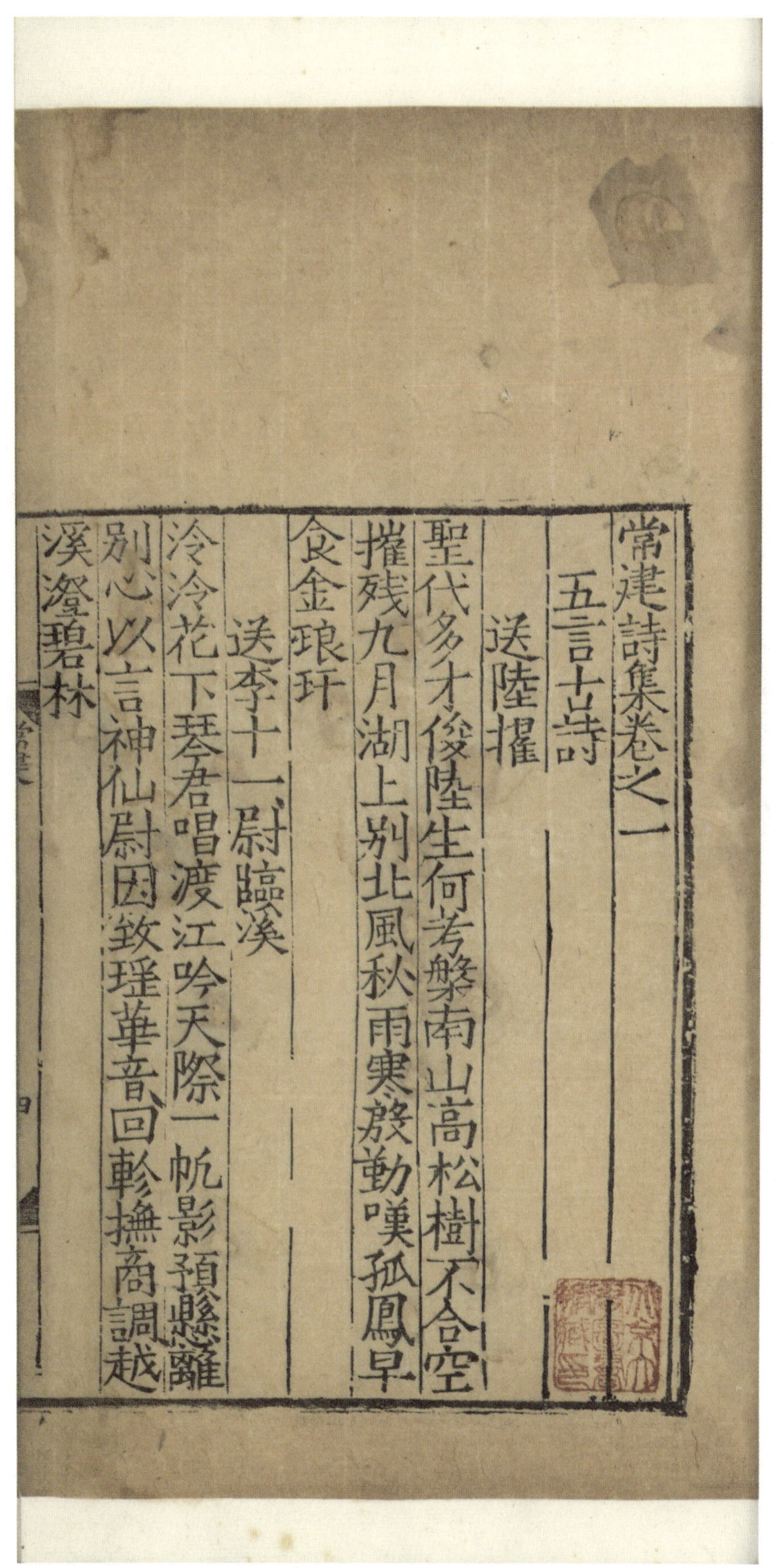

唐十子詩十種十四卷/一函四册/明嘉靖甲辰（二十三年，1544）王準石谷書院刻本

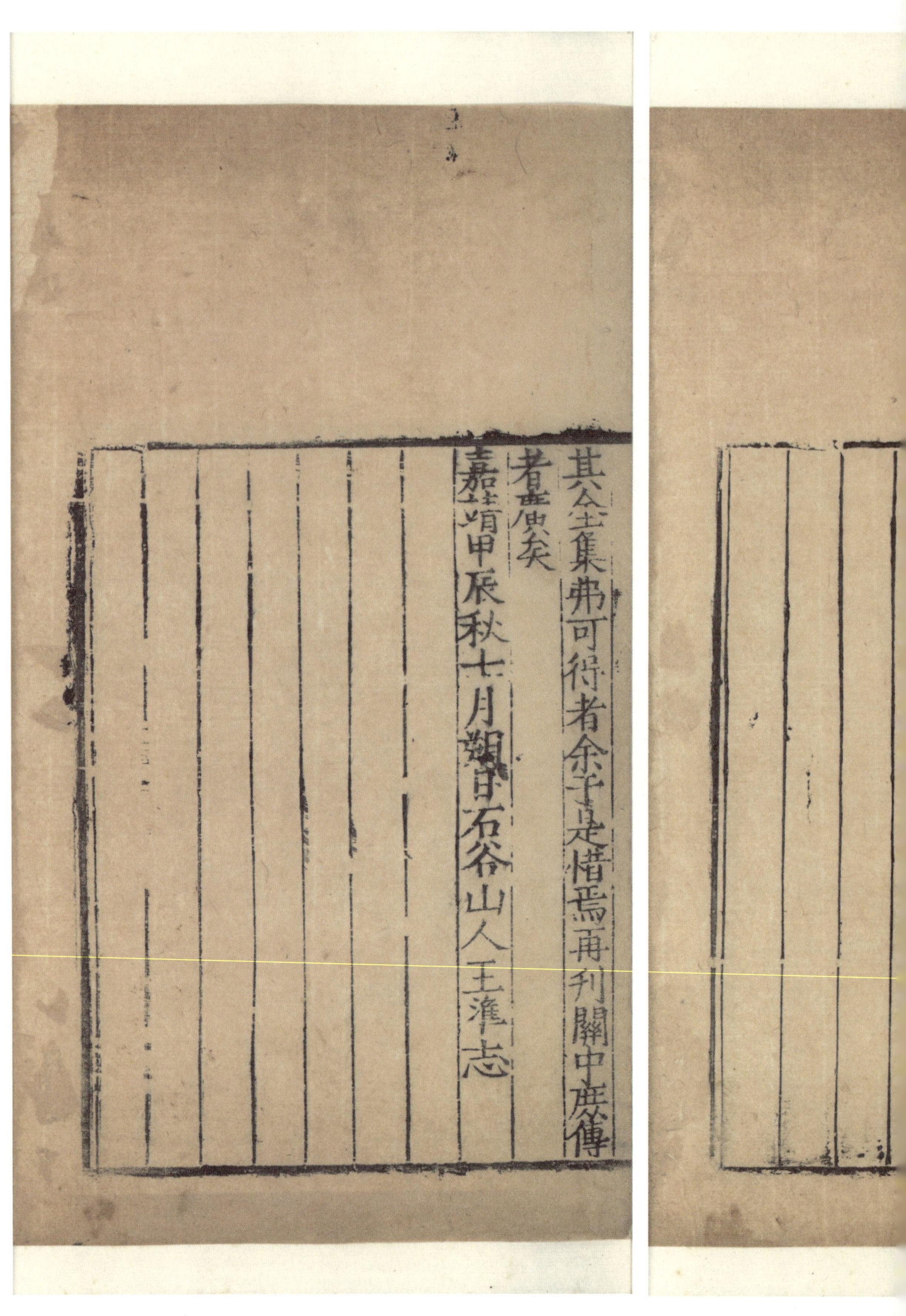

其全集弗可得者余子是惜焉再刋關中庶傳
者益廣矣
嘉靖甲辰秋七月朔日石谷山人王準志

唐十子詩十種十四卷　之二

連渭水離宫曙色近京闕亭皋寂寞傷孤客雲
雪蕭條滿衆山時命如今猶未偶辭君擬欲拂
衣還

郎士元詩集終

石谷書院宋板重刻

圖繪剪錦巧飾雖妍割強巳露豈知夫川月巔
雲即之不得玩之有餘者哉自謂上諧盛唐遂
同秦漢知者巳陋其下也

嘉靖丁未孟秋吉旦西雍石谷山人王準書

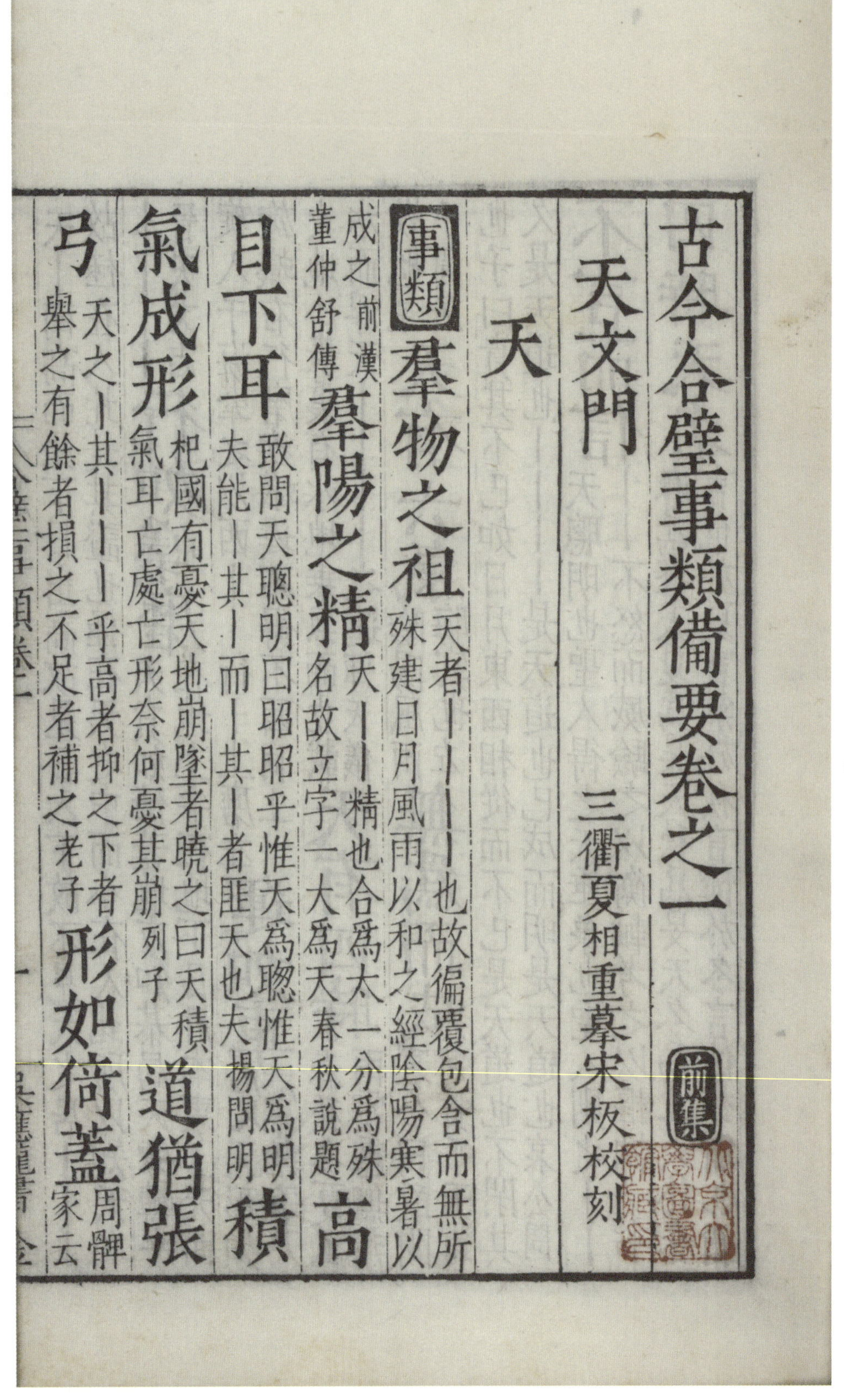
古今合璧事類備要卷之一 前集

天文門 三衢夏相重摹宋板校刻

天

事類 羣物之祖 天者丨丨丨也故徧覆包含而無所殊建日月風雨以和之經陰陽寒暑以成之前漢董仲舒傳 羣陽之精 天丨丨丨精也合爲太一分爲殊名故立字一大爲天春秋說題 高目下耳 敢問天聰明曰昭昭乎惟天爲聰惟天爲明夫能丨其丨而丨其丨者匪天也夫揚問明 積氣成形 杞國有憂天地崩墜者曉之曰天積氣耳亡處亡形奈何憂其崩列子 道猶張弓 天之丨其丨丨丨乎高者抑之下者舉之有餘者損之不足者補之老子 形如倚蓋 周髀家云

古今合璧事類備要前集六十九卷後集八十一卷續集五十六卷別集九十四卷外集六十六卷/一百册/明嘉靖壬子（三十一年，1552）至丙辰（三十五年，1556）夏相仿宋刻本

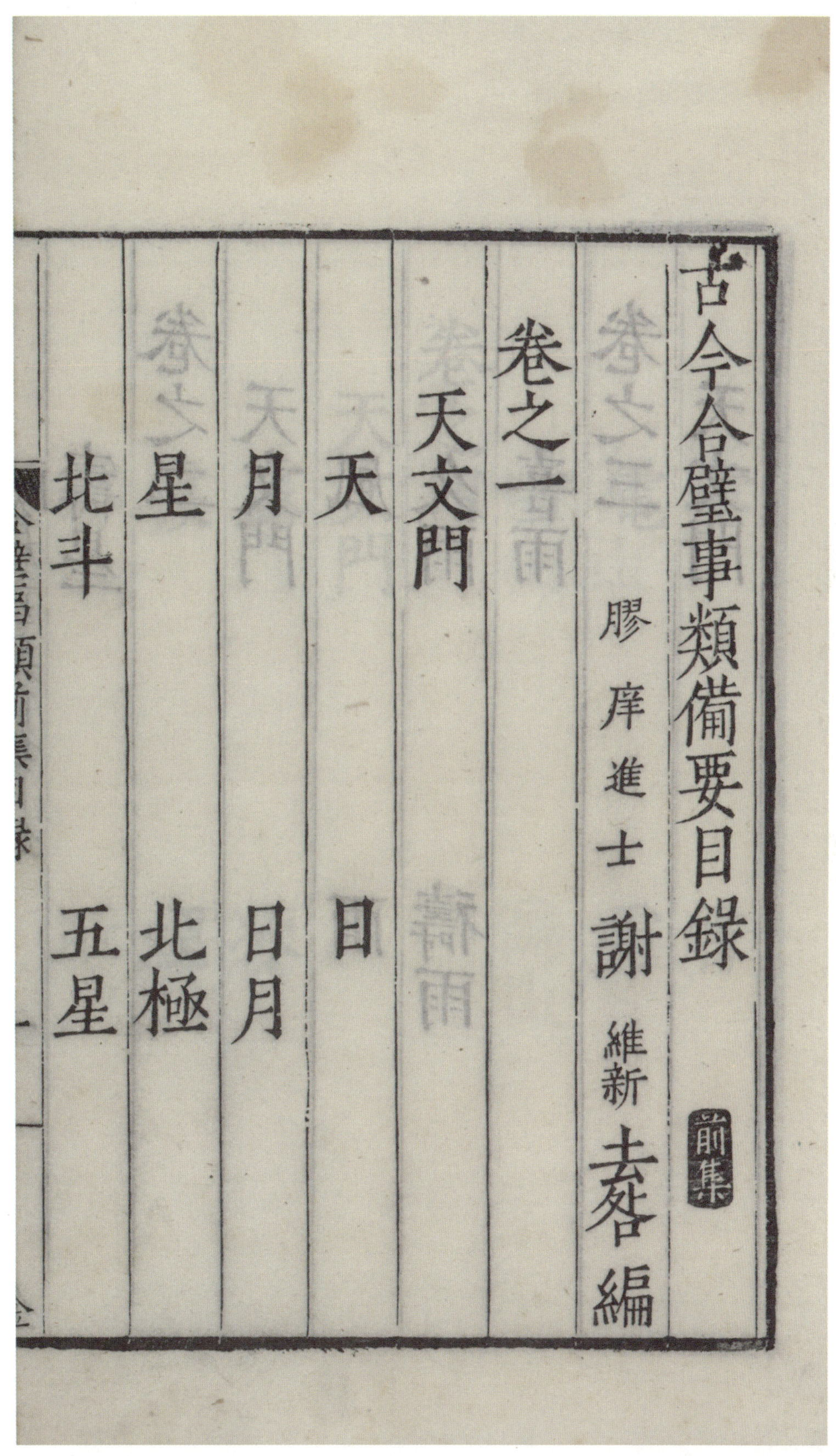

古今合璧事類備要目錄　前集

膠庠進士謝維新去咎編

卷之一

天文門

天　日

月　日月

星　北極

北斗　五星

合璧事類前集目錄　一

古今合璧事類備要前集六十九卷後集八十一卷續集五十六卷別集九十四卷外集六十六卷　之二

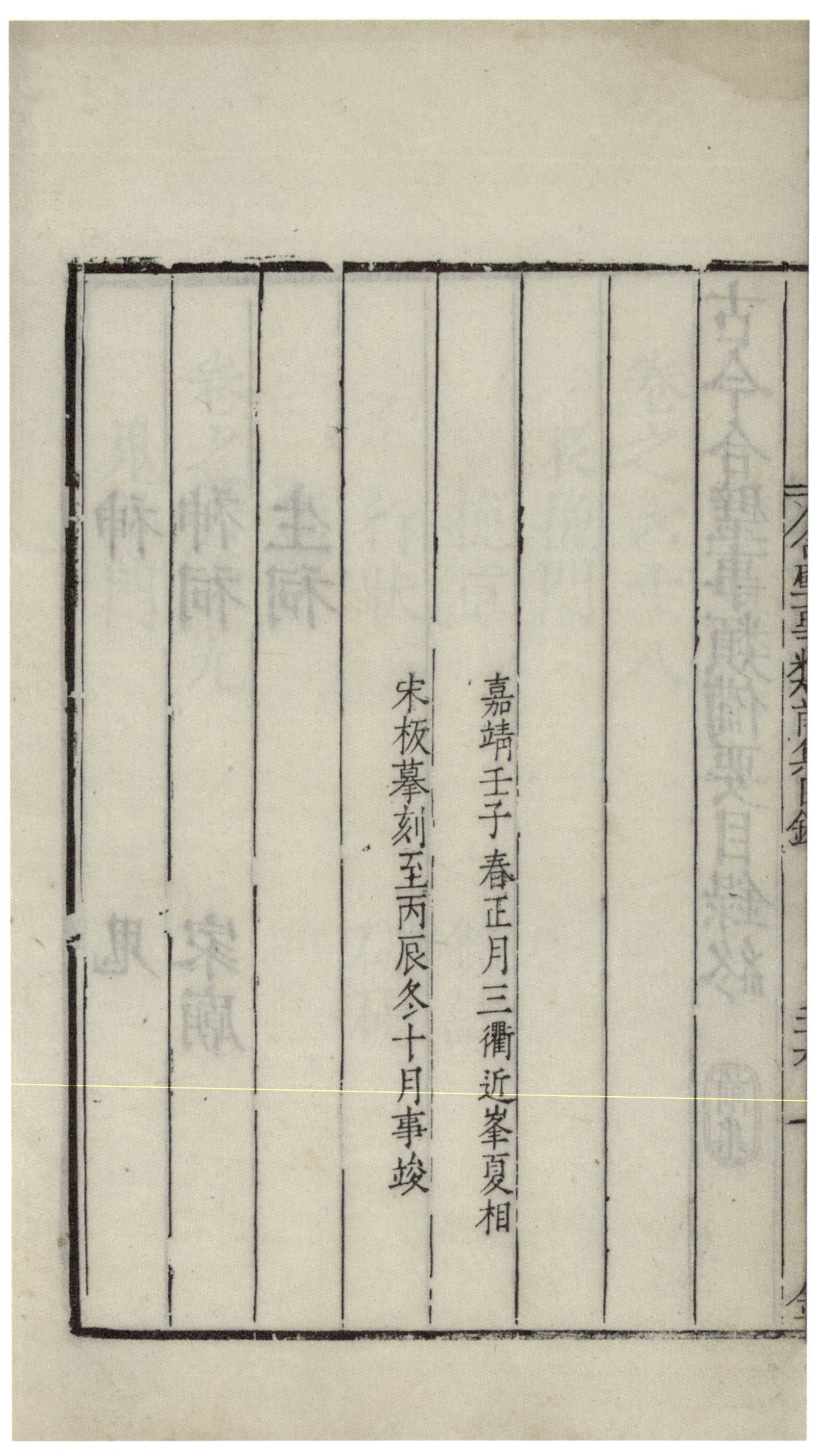

古今合璧事類備要前集六十九卷後集八十一卷續集五十六卷別集九十四卷外集六十六卷　之三

宋元通鑑卷第一
明賜進士前中憲大夫浙江按察司提學副使兩京吏禮郎中武進薛應旂編集
明賜進士太中大夫陝西布政司叅政前湖廣副使整飭蘇松常鎮兵備陽曲王道行
明賜進士中憲大夫陝西按察司副使前知常州府事蘄水朱　袗校正
宋紀一起庚申至壬戌凡三年
太祖一
建隆元年周恭帝宗訓元年周亡蜀主孟昶廣政二十三年南漢主劉鋹大寶三年北漢孝和帝劉鈞天會五年南唐元宗李景十八年新大國一舊小國四凡五國吳越荆南湖南凡三鎮春正月周殿前都點檢趙匡胤稱帝匡胤涿郡人四世祖朓唐幽都令生珽唐御史中丞珽生敬涿州刺史敬

宋元通鑑一百五十七卷/八函六十四册/明嘉靖丙寅（四十五年，1566）薛氏自刻本

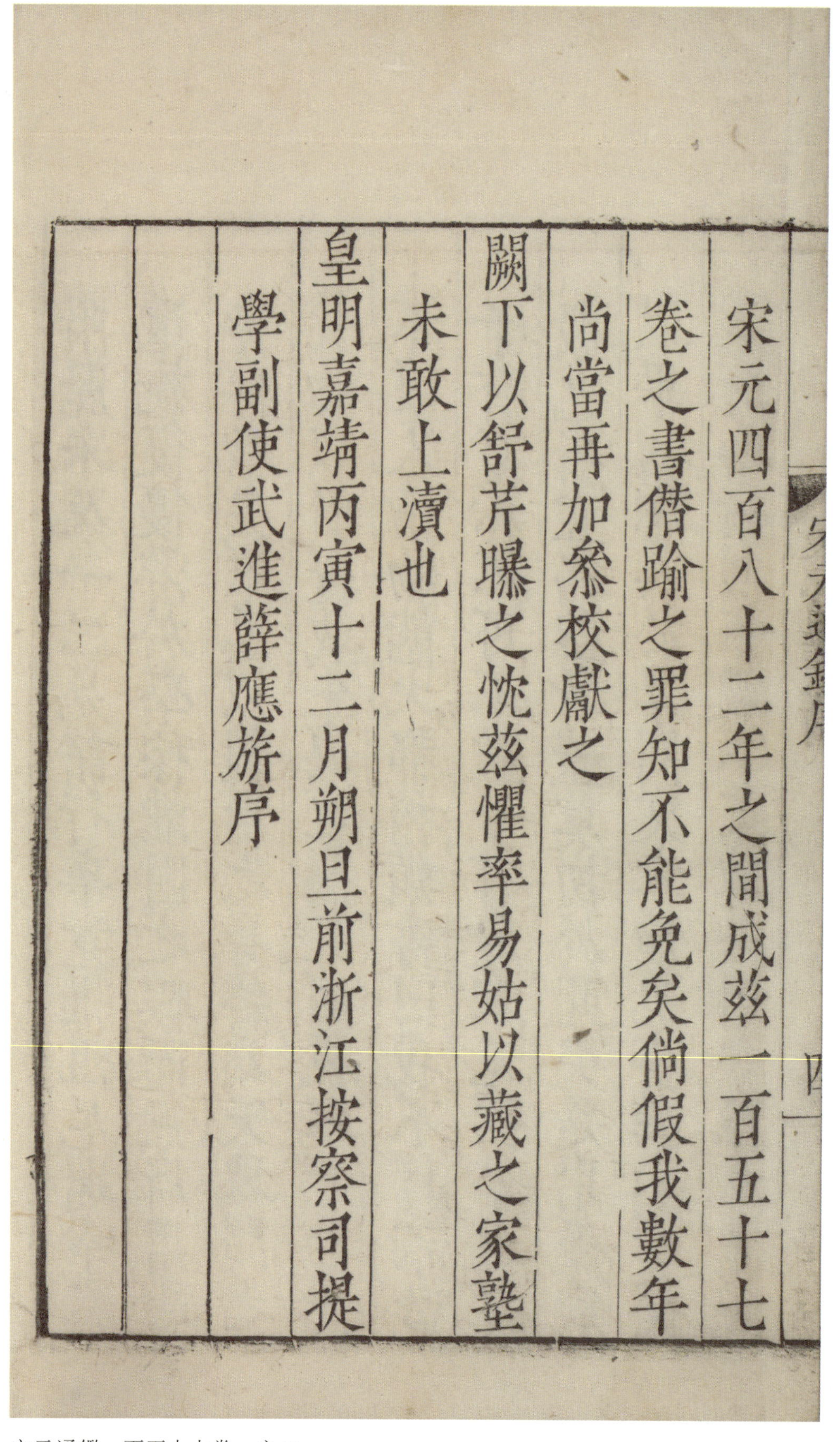
宋元四百八十二年之間成茲一百五十七
卷之書僭踰之罪知不能免矣倘假我數年
尚當再加叅校獻之
闕下以舒芹曝之忱茲懼率易姑以藏之家塾
未敢上瀆也
皇明嘉靖丙寅十二月朔旦前浙江按察司提
學副使武進薛應旂序

宋元通鑑一百五十七卷　之二

通典卷第一

唐京兆杜佑君卿

佑少嘗讀書而性且蒙固不達術數之藝不好章句之學所纂通典實采群言徵諸人事將施有政夫理道之先在乎行教化教化之本在乎足衣食易稱聚人曰財洪範八政一曰食二曰貨管子曰倉廩實知禮節衣食足知榮辱夫子曰既富而教斯之謂也夫行教化在乎設職官設職官在乎審官才審官才在乎精選舉制禮以端其俗立樂以和其心此先哲王致治之大方也故職官設然後興禮樂焉教化隳然後用刑罰焉列州郡俾分領焉置邊防遏戎狄焉是以食貨為

通典二百卷/六函五十册/明嘉靖刻本

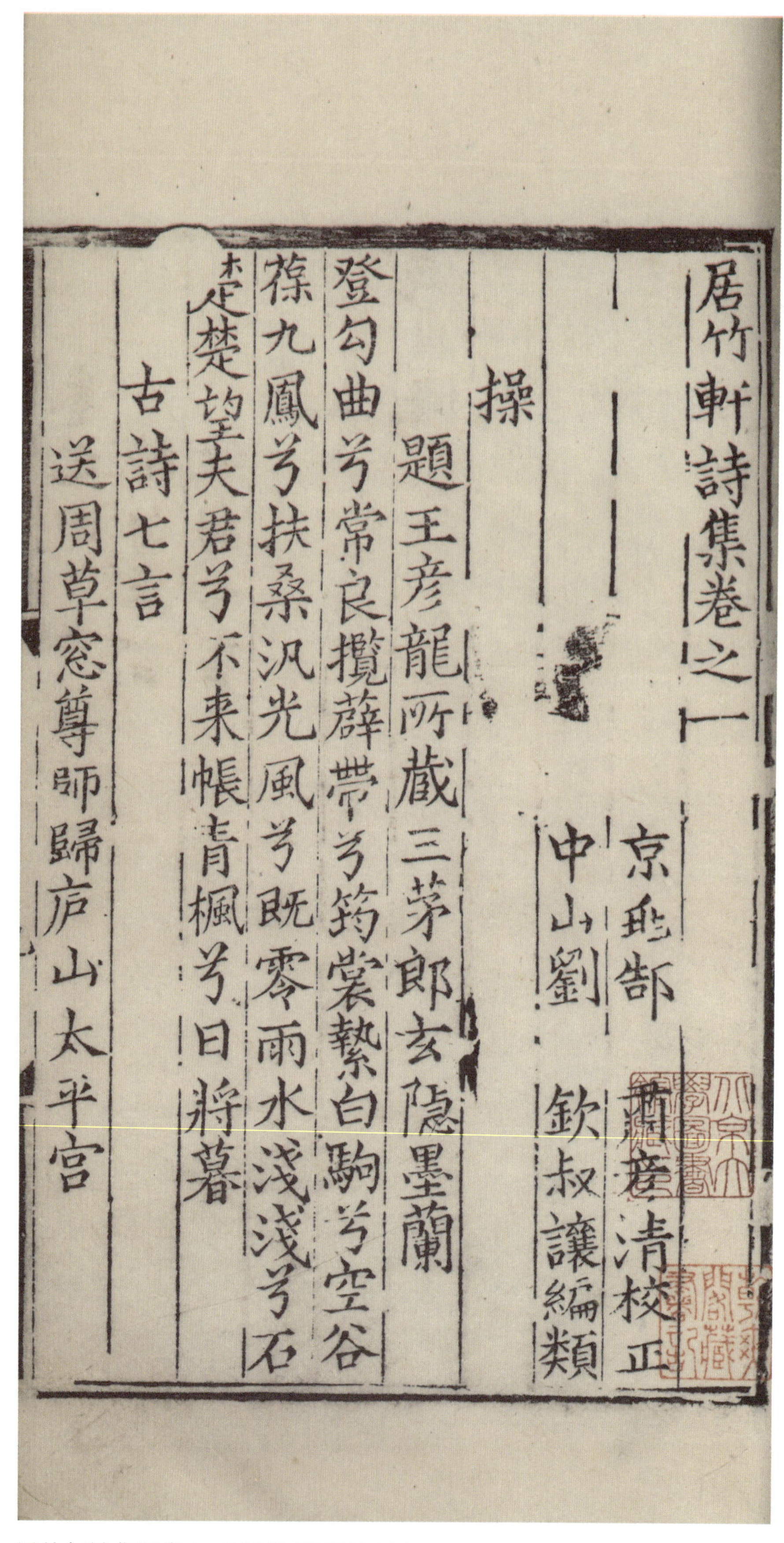

居竹軒詩集卷之一

京兆郜　蕭彥清校正

中山劉　欽叔讓編類

操

題王彥龍所藏三茅郎玄隱墨蘭

登勾曲兮常良攬薜帶兮筠裳縶白駒兮空谷

葆九鳳兮扶桑汎光風兮既零雨水淺淺兮石

楚楚望夫君兮不來帳青楓兮日將暮

古詩七言

送周草窗尊師歸庐山太平宮

居竹軒詩集四卷/一函四册/明嘉靖刻本

居竹軒詩集卷之二

律詩五言

上丞相朶兒只國王 江浙省

太祖開中國元臣起朔方八荒歸版籍千載際明良奕世燕茅土閒孫列廟堂白麻新命相紫誥舊封王鏤玉為符契鎔金作印章既徵扶社稷仍賛理陰陽遼海風塵静梁園草木芳精忠存壯闕化澤被南荒翠織龍衣窄黄封蜜酒香三吳歌盛美百辟仰輝光士已歌麟趾人争覩鳳凰小儒狂斐在有頌繼甘棠

居竹軒詩集四卷　之二

周禮註疏　卷第一

朝散大夫行太學博士弘文館學士臣賈公彦等奉

勑撰

國子博士兼太子中允贈齊州刺史吳縣開國男臣陸德明釋文

提督直隸學政監察御史餘姚聞人詮校正

直隸常州府知府遂昌應檟刊行

天官冢宰第一。陸德明音義曰本或作冢宰上非餘卷放此【疏】天官冢宰

鄭曰録云象天所立之官冢大也宰者官也天者統理萬物天子立冢宰使掌邦治亦所以總御衆官使不失職不言司者大宰總御衆官不主一官之事也○釋曰鄭云象天者周天有三

周禮註疏四十二卷/二函二十册/明嘉靖應檟刻白棉紙印本

五代史記卷第一　　梁本紀一

宋歐陽脩譔　徐無黨注

本紀因舊以爲名本原其所始起而紀次其事與時也即位以前其事詳原本其所自來故曲而備之見其起之有漸有暴也即位以後其事略居尊任重所責者大故所書者簡惟簡乃可立法

太祖神武元聖孝皇帝姓朱氏宋州碭山午溝里人也其父誠以五經教授鄉里生三子曰全昱存温變諱其書名義在藩王注中誠卒三子貧不能爲生與其母傭食蕭縣人劉崇家全昱無他材能然爲人頗長者存温勇有力而温尤凶悍唐僖宗乾符四年黄巢起曹濮存温亡入賊中巢攻嶺南存戰死巢陷京師以温爲東南面行營先鋒使攻陷同州以爲同州防禦使是時天子在蜀諸鎮會兵討賊諸鎮記當時語也唐謂節度使所治軍州爲藩鎮故有逃鎮移鎮之語温數爲河中王重榮所敗屢請兵於

五代史記七十四卷/二函十六册/明嘉靖汪文盛等刻本

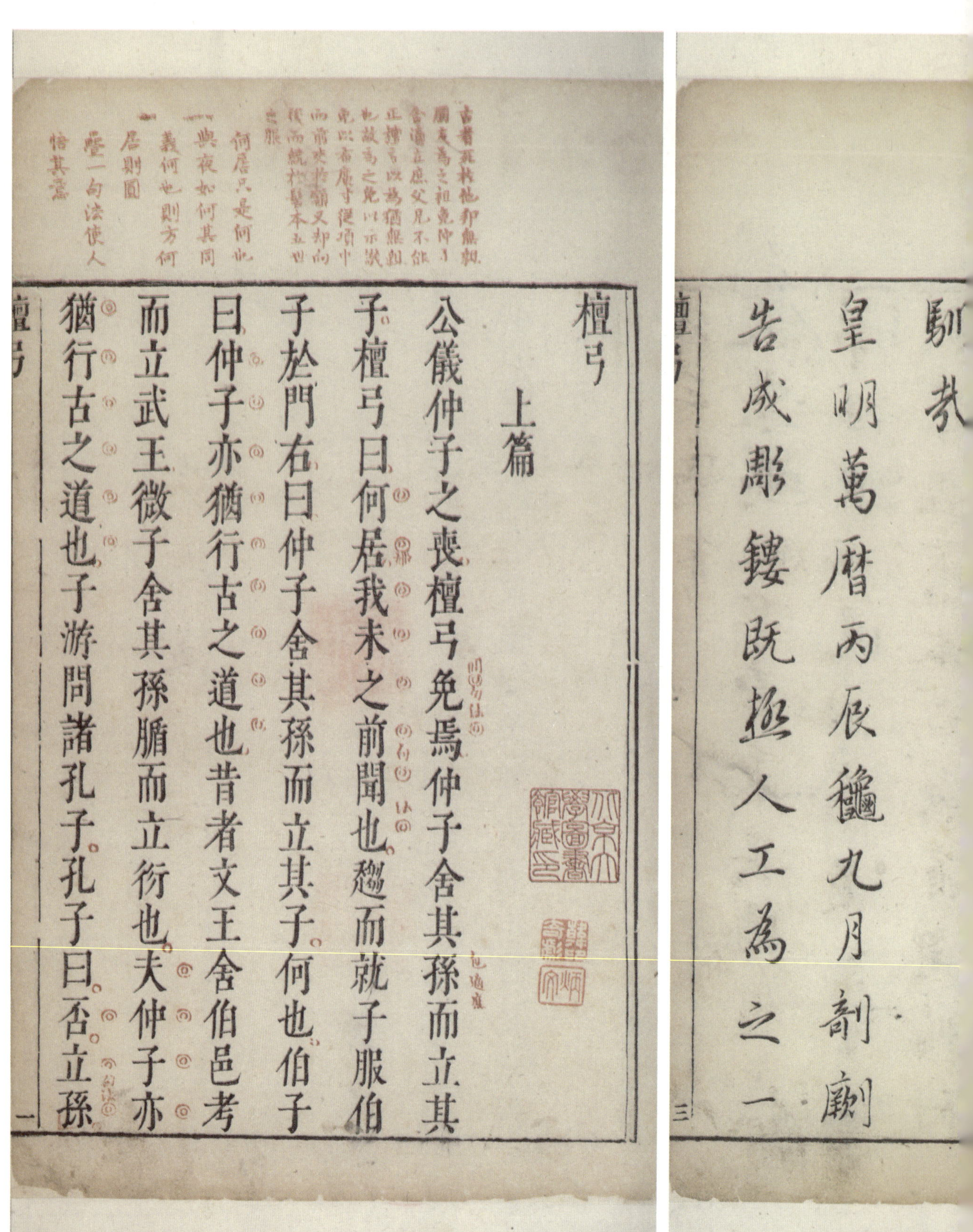

檀弓一卷/一函二册/明萬曆丙辰（四十四年，1616）吴興閔齊伋刻朱墨套印本

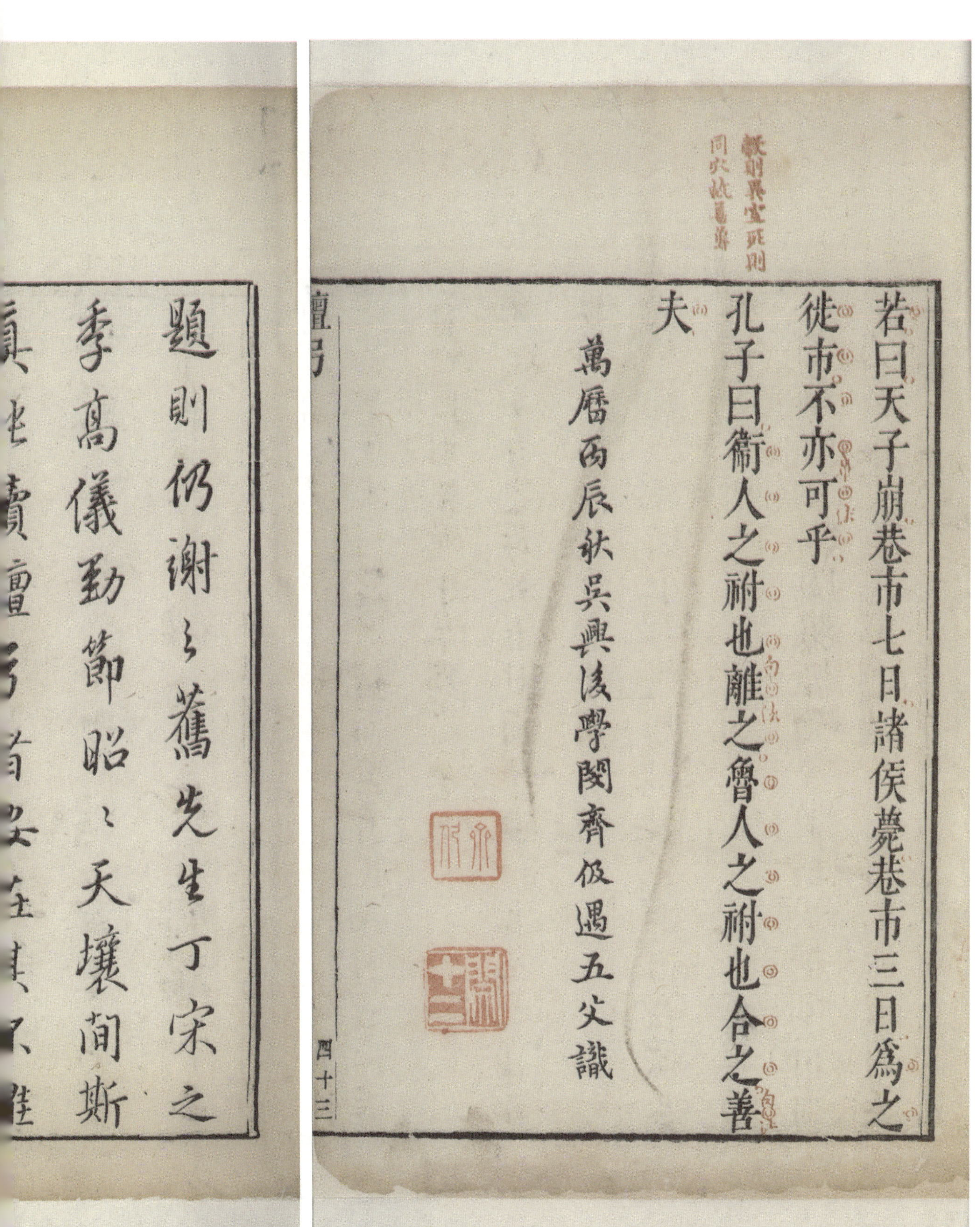

若曰天子崩巷市七日諸侯薨巷市三日爲之
徙市不亦可乎
孔子曰衛人之祔也離之魯人之祔也合之善
夫
萬曆丙辰秋吳興淩學閔齊伋遇五父識

檀弓 四十三

題則仍謝〻舊先生丁宋之
季高儀勤節昭〻天壤間斯

此與宋玉諷賦同一詞旨而更覺婉媚

文致

美人賦　　司馬相如

司馬相如美麗閑都遊於梁王梁王悅之鄒陽譖之於王曰相如美則美矣然服色容冶妖麗不忠將欲媚辭取悅遊王後宮王不察之乎王問相如曰子好色乎相如曰臣不好色也王曰子不好色何若孔墨乎相如曰古之避色孔墨之徒聞齊饋女而遐逝望朝歌而迴車譬於防

文致　賦

文致不分卷/二函十册/明天啓元年（1621）閔元衢刻朱墨套印本

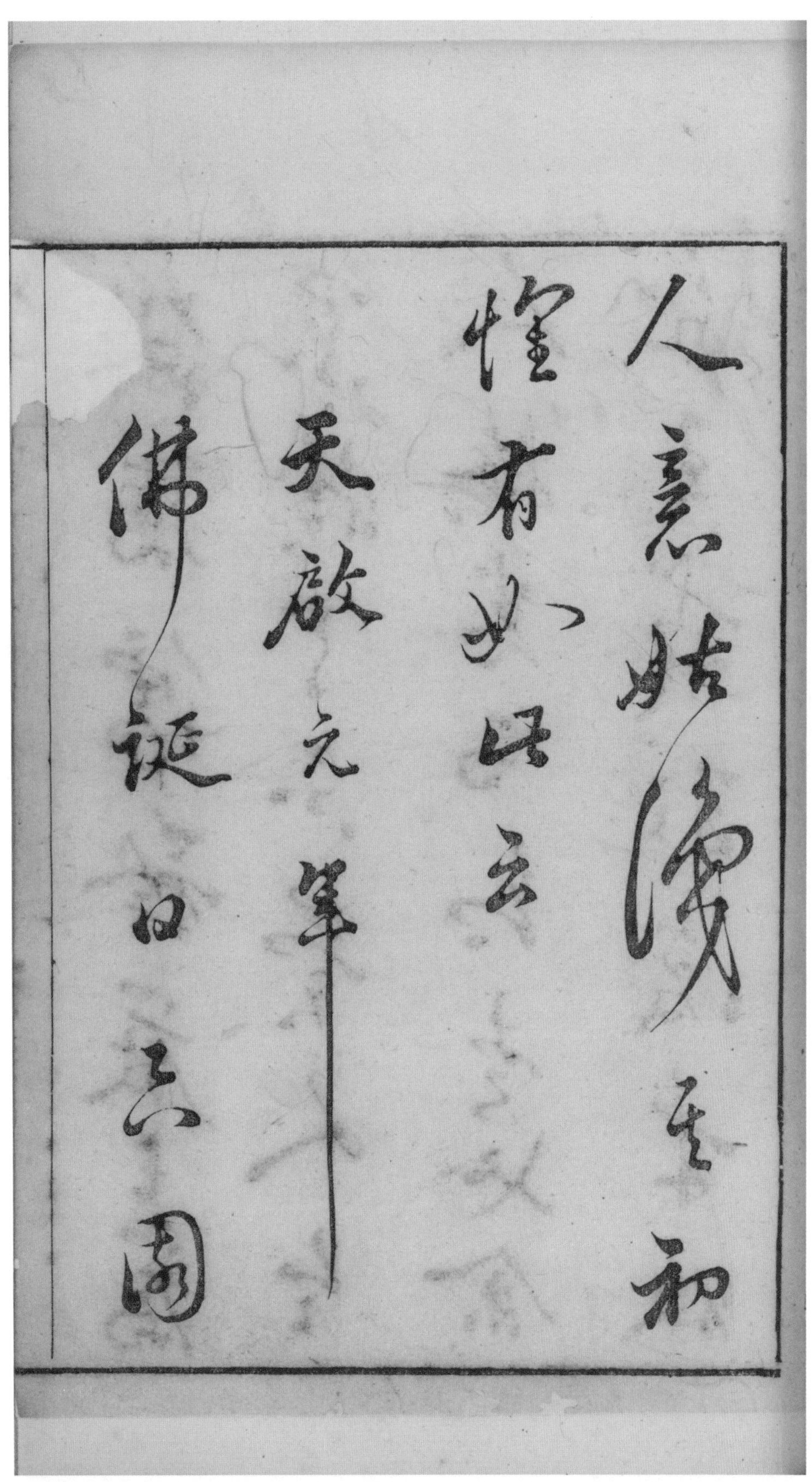

文致不分卷　之二

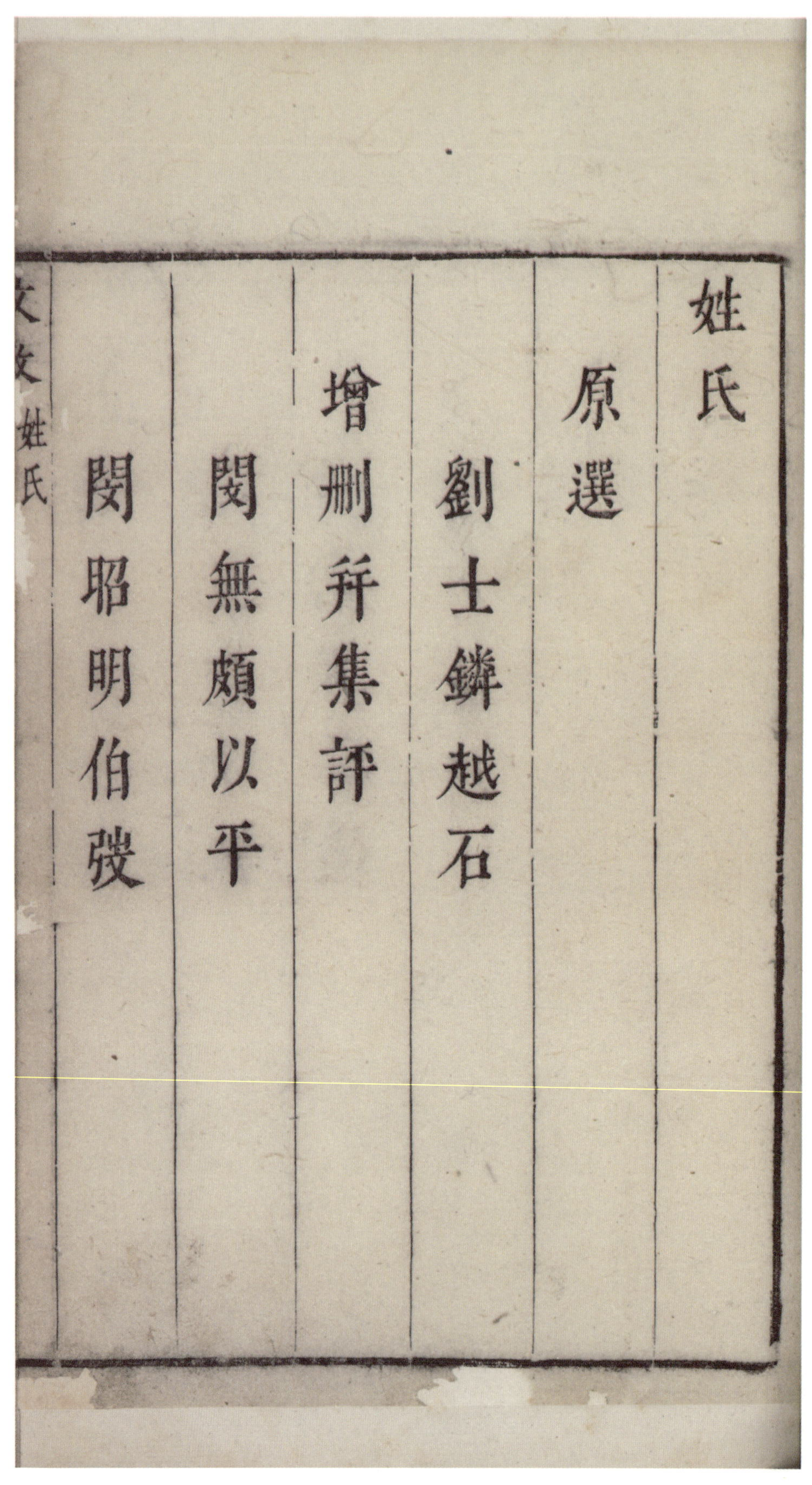
姓氏
原選
劉士鏻越石
增删弁集評
閔無頗以平
閔昭明伯弢
文致　姓氏

文致不分卷　之三

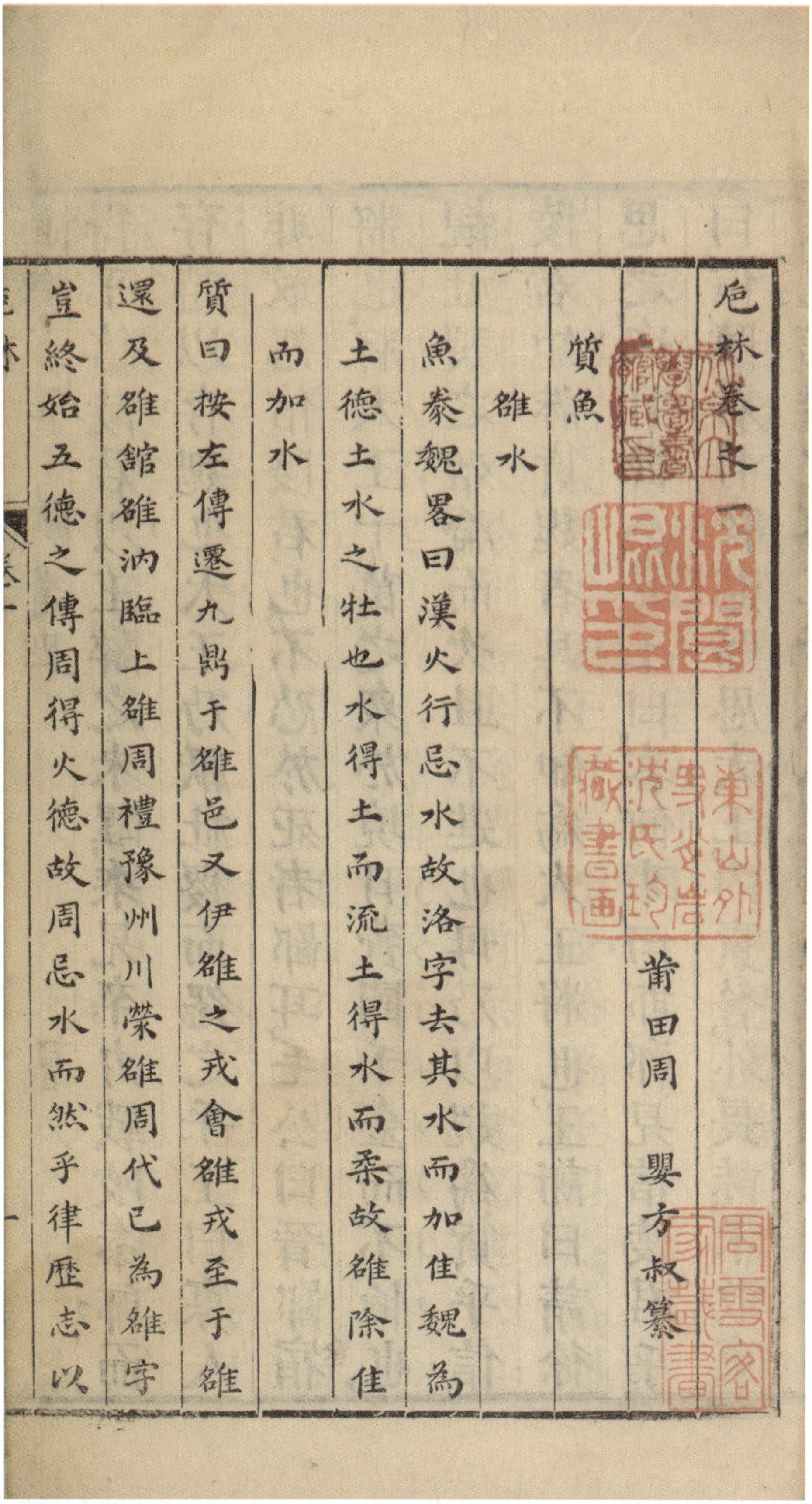

巵林卷之一

質魚　　莆田周　嬰方叔纂

雒水

魚豢魏畧曰漢火行忌水故洛字去其水而加隹魏爲土德土水之牡也水得土而流土得水而柔故雒除隹而加水

質曰按左傳遷九鼎于雒邑又伊雒之戎會雒戎至于雒還及雒館雒汭臨上雒周禮豫州川滎雒周代已爲雒字豈終始五德之傳周得火德故周忌水而然乎律歷志以

巵林十卷補遺一卷/十册/明崇禎十六年(1643)刻本

元板元明分類補註李太白集

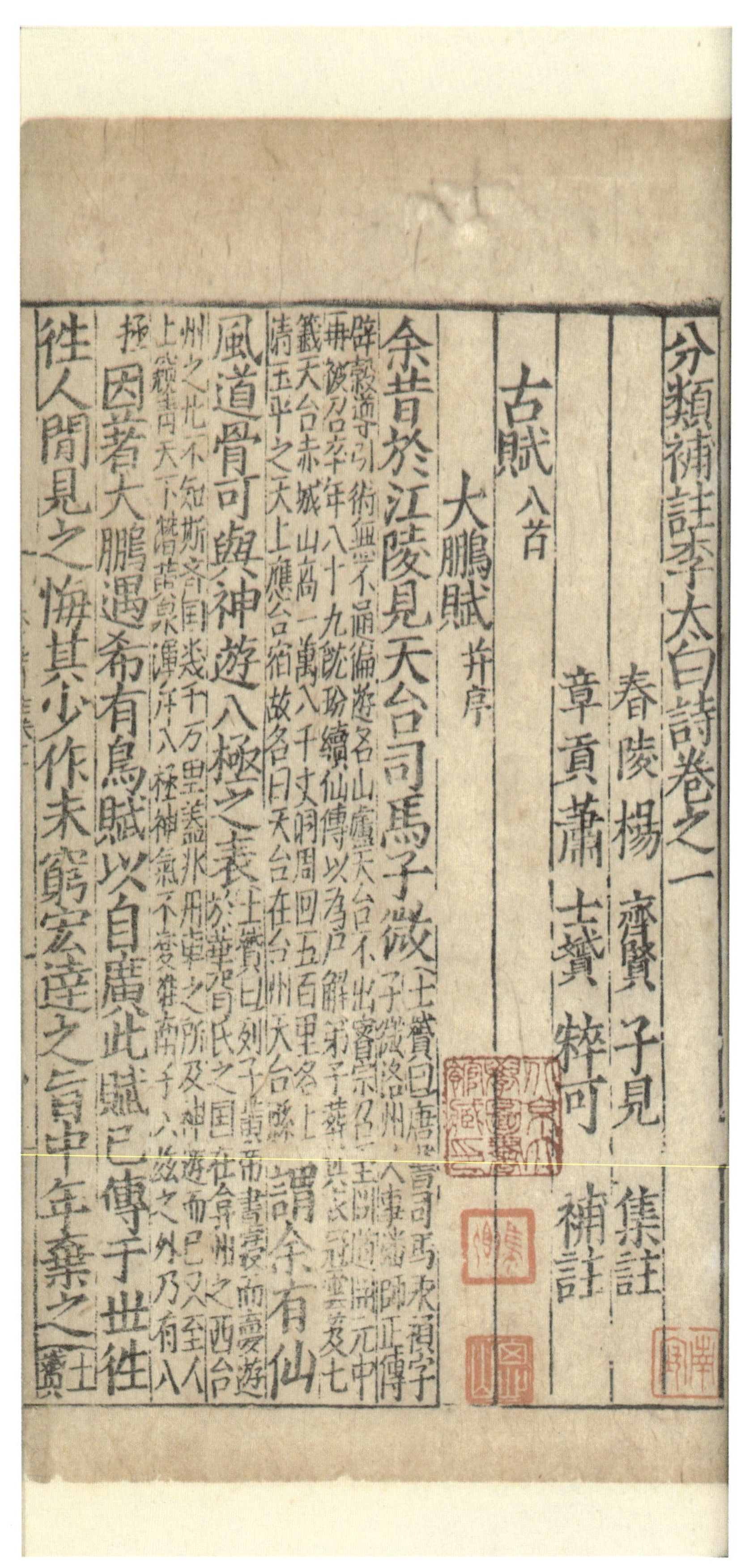

分類補註李太白詩卷之一

春陵楊　齊賢　子見　集註

章貢蕭　士贇　粹可　補註

古賦八首

大鵬賦并序

余昔於江陵見天台司馬子微（士贇曰：唐書司馬承禎字子微，洛州人，事潘師正，傳辟穀導引術，無不通。徧遊名山，廬天台不出。睿宗召至，開元中再被召。卒年八十九。沈玢續仙傳以為尸解，弟子葬其衣冠。雲笈七籤：天台赤城山高一萬八千丈，周回五百里，名上清玉平之天，上應台宿，故名曰天台，在台州天台縣。）謂余有仙風道骨，可與神遊八極之表（士贇曰：列子：黃帝晝寢而夢遊於華胥氏之國。華胥氏之國在弇州之西，台州之北，不知斯齊國幾千万里，蓋非舟車足力之所及，神遊而已。又：至人上窺青天，下潛黃泉，揮斥八極，神氣不變。淮南子：八紘之外乃有八極。）因著大鵬遇希有鳥賦以自廣。此賦已傳于世，往往人間見之。悔其少作，未窮宏達之旨，中年棄之（士贇

分類補註李太白集二十五卷/一匣二函十二册/明覆元刻本

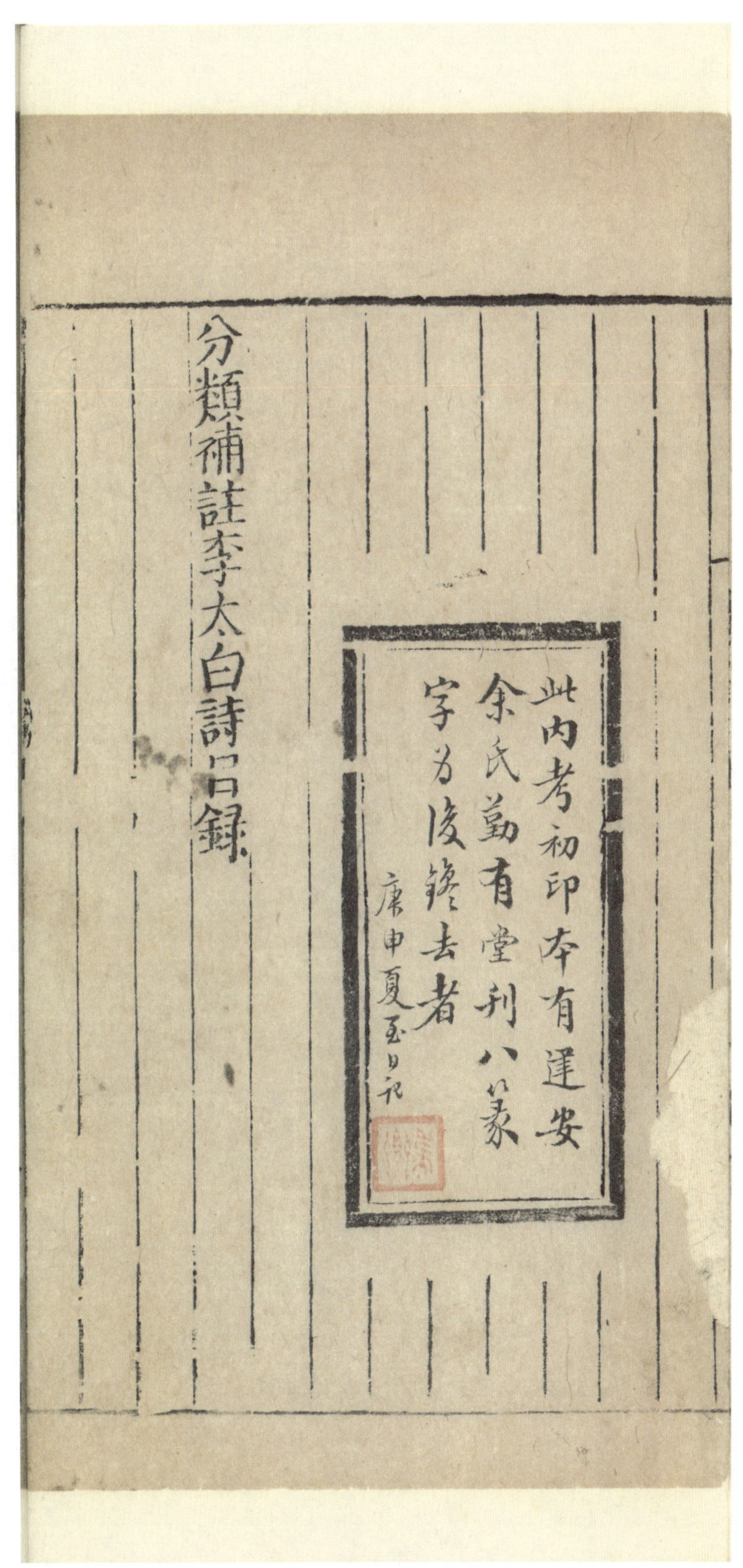

分類補註李太白集二十五卷 之二

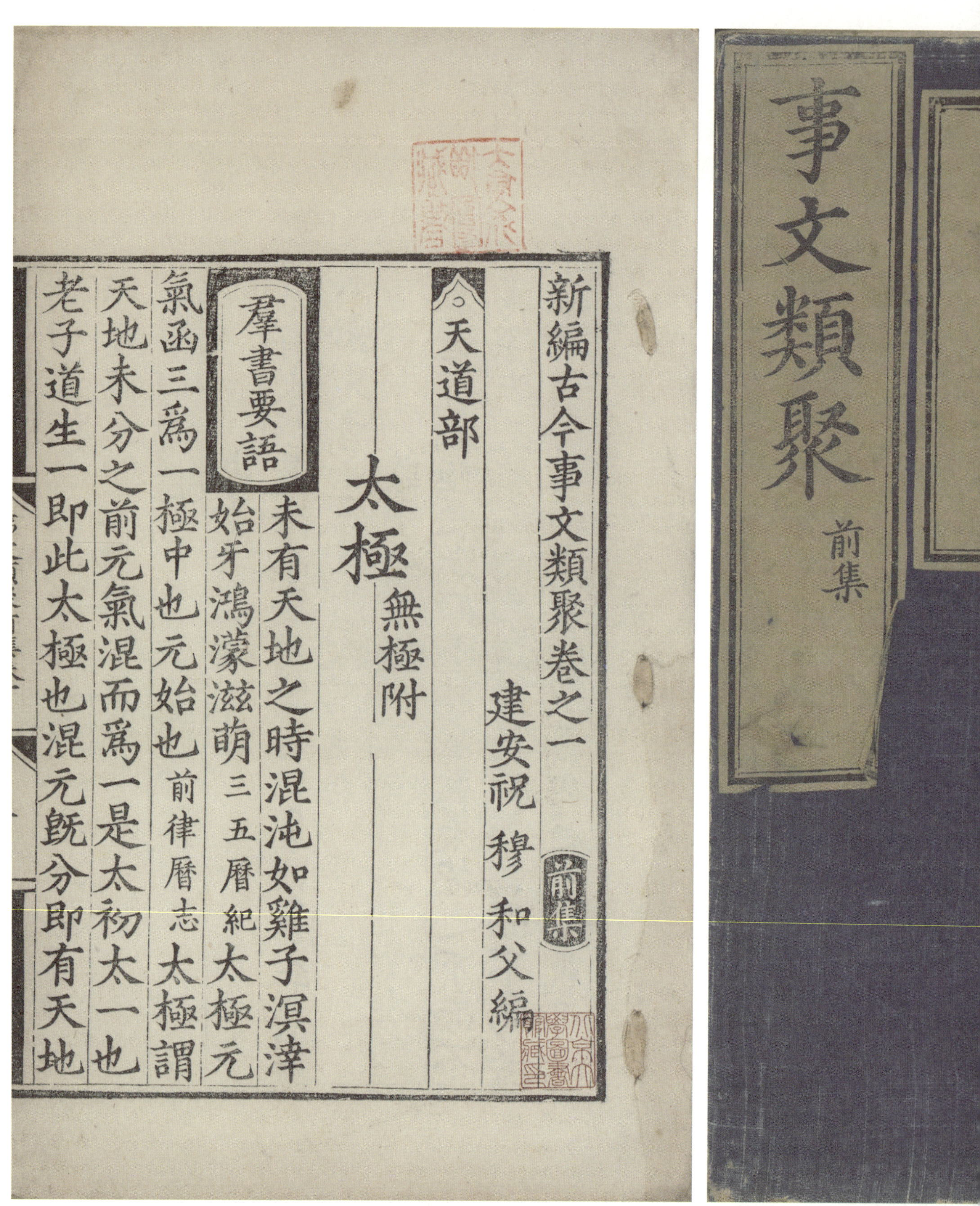
新編古今事文類聚卷之一　前集
建安祝穆和父編
天道部
太極　無極附
羣書要語
未有天地之時混沌如雞子溟涬
始牙鴻濛滋萌　三五曆紀　太極元
氣函三爲一極中也元始也　前律曆志　太極謂
天地未分之前元氣混而爲一是太初太一也
老子道生一即此太極也混元既分即有天地

新編古今事文類聚前集六十卷後集五十卷續集二十八卷新集三十二卷/十六函一百册/明内府刻本

記問非講學所急而亦講學之一助焉昔上蔡謝公初謁明道程先生頗以記問自多至貽玩物喪志之戒非鄙之也特不欲專以此爲學耳竊謂講學固以窮理爲尚而考古訂今亦必資記問之博使有一書之未讀一

高帝紀第一上 師古曰紀理也統理衆事而繫之於年月者也 班固 漢書一

正議大夫行祕書少監琅邪縣開國子顔師古注

高祖 荀悅曰諱邦字季邦之字曰國張晏曰禮謚法無高以爲功最高而爲漢帝之太祖故特起名焉師古曰邦之字曰國者臣下所避以相代也 沛豐邑中陽里人也 應劭曰沛縣也豐其鄉也孟康曰後沛爲郡而豐爲縣師古曰沛者本秦泗水郡之屬縣豐者沛之聚邑耳方言高祖所生故舉其本稱以說之也此下言縣鄉邑告喻之故知邑繫於縣也 姓劉氏 師古曰本出劉累而范氏在秦者又爲劉因以爲姓 母媼 文穎曰幽州及漢中皆謂老嫗爲媼孟康曰媼母別名音烏老反師古曰媼女老稱也孟音是矣史家不詳著高祖母之姓氏無得記之故取當時相呼稱號而言也其下王媼之屬意義皆同至如皇甫謐等妄引讖記好奇騁博強爲高祖父母名字皆非正史所說蓋無取焉寧有劉媼本姓實存史遷肯不詳載即理而言斷可知矣他皆類此 嘗息大澤之陂 師古曰蓄水曰陂蓋於澤陂隄塘之上休息而寢寐也陂音彼皮反 夢與神

漢書一百二十卷/二十二册/明刻本

光武帝紀第一上　范曄　後漢書一上

唐章懷太子賢注

世祖光武皇帝諱秀字文叔禮祖有功而宗有德光武中興故廟稱世祖謚法能紹前業曰光克定禍亂曰武伏侯古今註曰秀之字曰茂伯仲叔季兄弟之次長兄伯升次仲故字文叔焉南陽蔡陽人南陽郡今鄧州縣也蔡陽縣故城在今隨州棗陽縣西南高祖九世之孫也出自景帝生長沙定王發長沙郡今潭州縣也○劉攽曰按文言出自景帝生長沙定王發文意不足蓋此生字當作子字發生舂陵節侯買舂陵鄉名本屬零陵泠道縣在今永州唐興縣北元帝待徙南陽仍號舂陵故城今在隨州棗陽縣東事具宗室四王傳買生鬱林太守外鬱林郡今鄉州縣前書曰郡守秦官秩二千石景帝更名太守外生鉅鹿都尉回鉅鹿郡今邢州縣也前書曰都尉本郡尉秦官也掌佐守典武職秩比二千石景帝更名都尉回生南頓令欽南頓縣屬

後漢書一百二十卷/二十二冊/明刻本

帝紀第一　晉書一　御撰

宣帝

宣皇帝諱懿字仲達河内温縣孝敬里人姓司馬氏其先出自帝高陽之子重黎爲夏官祝融歷唐虞夏商世序其職及周以夏官爲司馬其後程伯休父周宣王時以世官克平徐方錫以官族因而爲氏楚漢閒司馬卬爲趙將與諸侯伐秦秦亡立爲殷王都河内漢以其地爲郡子孫遂家焉

晉書一百三十卷附音義/八函八十册/明刻本

晉書目録　唐太宗文皇帝御撰

帝紀十

志二十

列傳七十

載記三十

帝紀第一卷　晉書一

帝紀

高祖宣帝懿

第二卷　晉書二

晉書一百三十卷附音義　之二

藝文類聚卷第一

唐太子率更令弘文館學士　歐陽詢撰

天部上　天　日　月　星　風　雲

天

周易曰大哉乾元萬物資始乃統天雲行雨施品物流形大明終始六位時成時乘六龍以御天乾道變化各正性命　又曰立天之道曰陰與陽　又曰天行健　尚書曰乃命羲和欽若昊天　又曰皇天震怒命我文考率將天威　禮記曰天地之道博也厚也高也明也悠也久也日月星辰繫焉萬物覆焉　論語曰天何言哉四時行焉百物生焉　老子曰天得一以清　春秋繁露曰天有十端天地陰陽水土金木火人凡十端天亦喜怒之氣哀樂之心與人相副以類合之天人一也　爾雅曰穹蒼蒼天也春為蒼天夏為昊天秋為旻天冬為上天　春秋元命苞曰天不足西北陽極於九故天周九九八十一萬里　渾天儀曰天如雞子天大地小天表裏有水地各乘氣而立載水而浮天轉如車轂之運　黃帝素問曰

藝文類聚一百卷/四函三十二冊/明刻本

藝文類聚卷第三

歲時部上　春　夏　秋　冬

春

爾雅曰春為青陽一曰發生　尚書曰寅賓出日平秩東作日中星鳥以殷仲春　禮記月令曰孟春之月東風解凍蟄蟲始振魚上冰獺祭魚鴻鴈來乃擇元辰天子躬耕帝籍是月也天氣下降地氣上騰天地和同草木萌動仲春之月桃始華倉庚鳴鷹化為鳩是月也玄鳥至之日祀于高禖季春之月桐始華虹始見萍始生舟牧覆舟五覆五反天子始乘舟布德行惠鳴鳩拂其羽戴勝降于桑　周禮曰仲春詔后帥外內命婦始蠶于北郊帥六宮之夫人生穜稑之種而獻之于王　釋名曰春之為言蠢也物蠢而生　尸子曰春為忠東方為春春動也是故鳥獸孕寧草木華生萬物咸遂忠之至　尚書大傳曰東方者動方也物之動也何以謂之春春出也物之出故謂東方春也　周官曰羅氏仲春羅春鳥獻鳩以養老也　易緯通卦驗曰震東方也主春分日出青氣出直震此正氣出也

藝文類聚一百卷　之二

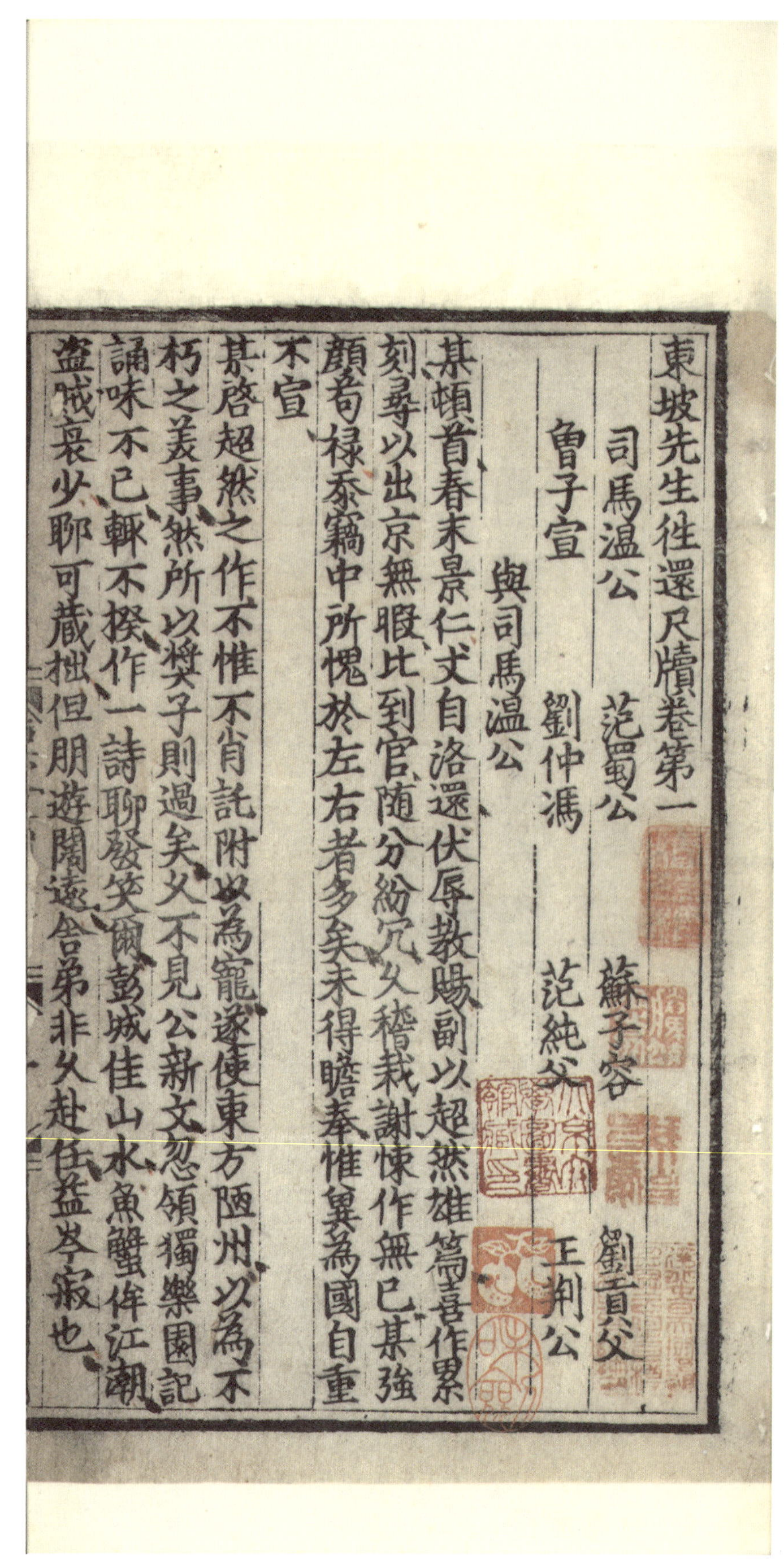
東坡先生徃還尺牘卷第一

司馬温公　范蜀公　蘇子容　劉貢父

曾子宣　劉仲馮　范純父　王荆公

與司馬温公

某頓首春末景仁丈自洛還伏辱教賜副以超然雄篇喜作累刻尋以出京無暇比到官隨分紛冗久稽裁謝悚作無已某強顔省禄忝竊中所愧於左右者多矣未得瞻奉惟冀爲國自重不宣

某啓超然之作不惟不肖託附以爲寵遂使東方陋州以爲不朽之美事然所以奬子則過矣久不見公新文忽領獨樂園記誦味不已輙不揆作一詩聊發笑爾彭城佳山水魚蟹侔江湖盗賊衰少聊可藏拙但朋遊闊遠舍弟非久赴任益岑寂也

東坡先生徃還尺牘二十卷/一函四册/明刻本

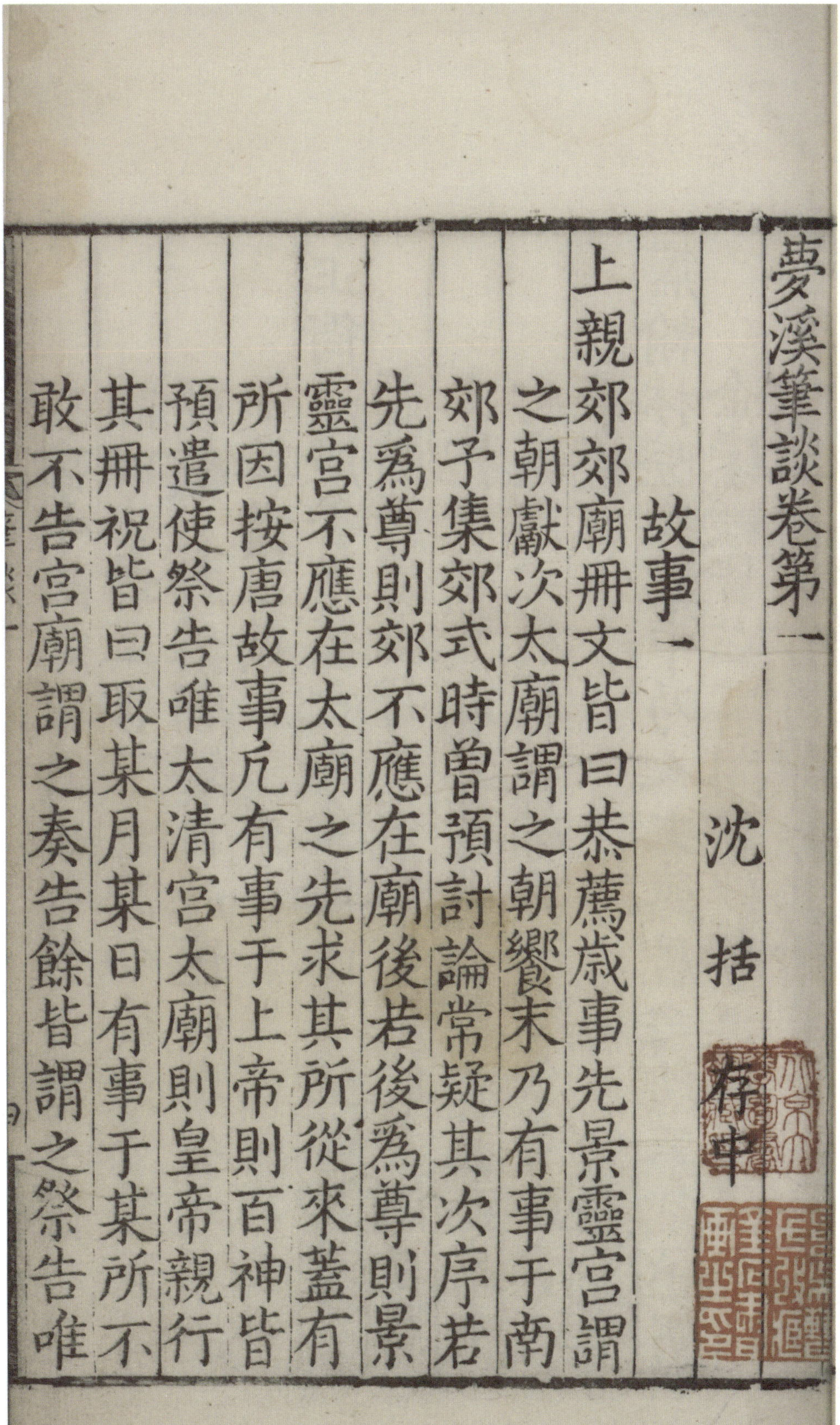

夢溪筆談卷第一

沈括 存中

故事一

上親郊郊廟冊文皆曰恭薦歲事先景靈宮謂之朝獻次太廟謂之朝饗末乃有事于南郊予集郊式時曾預討論常疑其次序若先爲尊則郊不應在廟後若後爲尊則景靈宮不應在太廟之先求其所從來蓋有所因按唐故事凡有事于上帝則百神皆預遣使祭告唯太清宮太廟則皇帝親行其冊祝皆曰取某月某日有事于某所不敢不告宮廟謂之奏告餘皆謂之祭告唯

夢溪筆談二十六卷/一函六册/明刻本

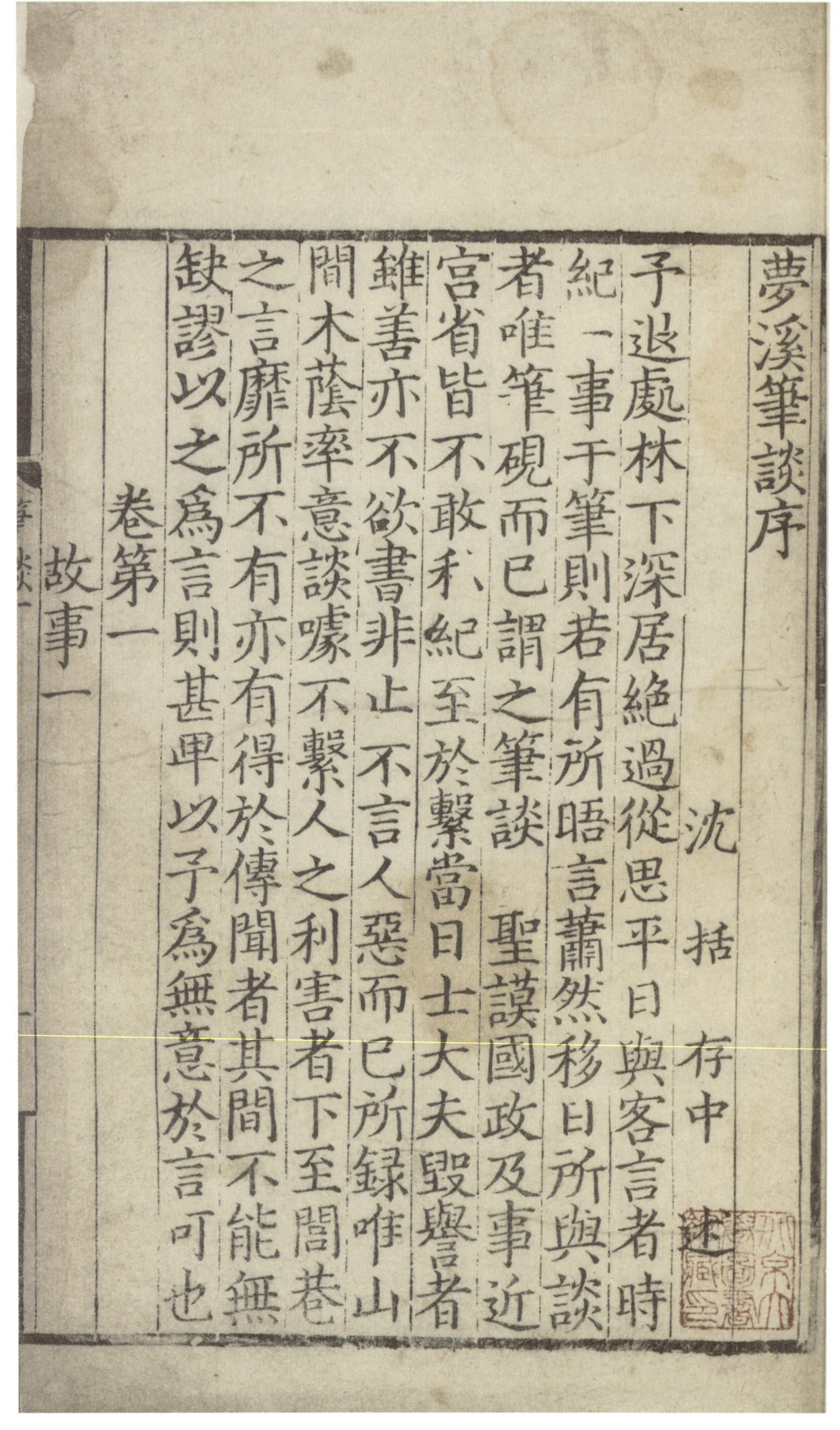

夢溪筆談序

沈　括　存中　述

予退處林下深居絶過從思平日與客言者時紀一事于筆則若有所晤言蕭然移日所與談者唯筆硯而已謂之筆談　聖謨國政及事近宮省皆不敢私紀至於繫當日士大夫毀譽者雖善亦不欲書非止不言人惡而已所録唯山閒木蔭率意談噱不繫人之利害者下至閭巷之言靡所不有亦有得於傳聞者其間不能無缺謬以之爲言則甚卑以予爲無意於言可也

卷第一

故事一

夢溪筆談二十六卷　之二

夢溪筆談二十六卷　之三

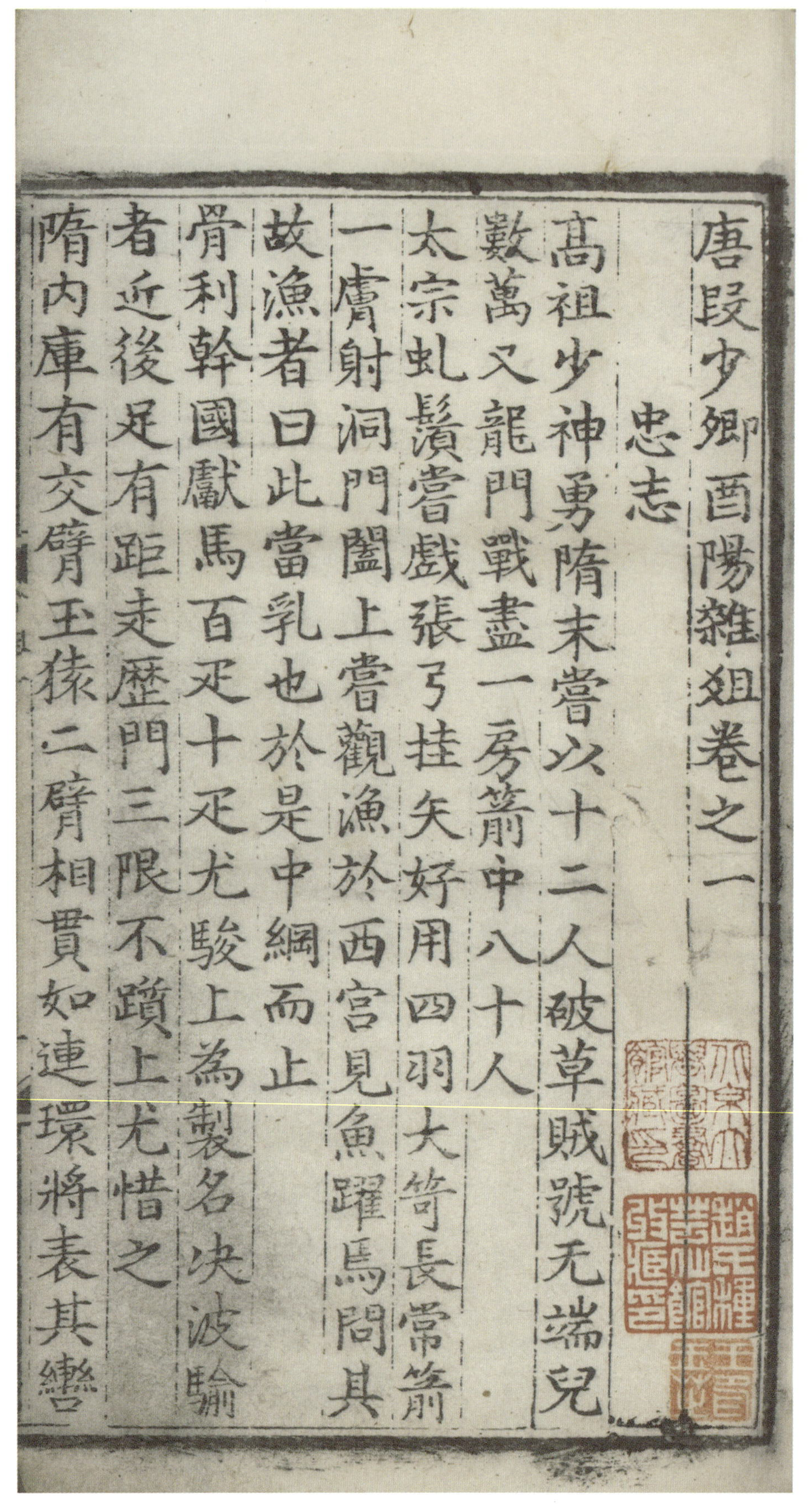

唐段少卿酉陽雜俎卷之一

忠志

高祖少神勇隋末嘗以十二人破草賊號无端兒數萬又龍門戰盡一房箭中八十人

太宗虬鬚嘗戲張弓挂矢好用四羽大笴長常箭一膚射洞門闔上嘗觀漁於西宮見魚躍焉問其故漁者曰此當乳也於是中網而止

骨利幹國獻馬百疋十疋尤駿上為製名決波騟者近後足有距走歷門三限不躓上尤惜之

隋內庫有交臂玉猿二臂相貫如連環將表其轡

唐段少卿酉陽雜俎二十卷/一函四册/明刻本

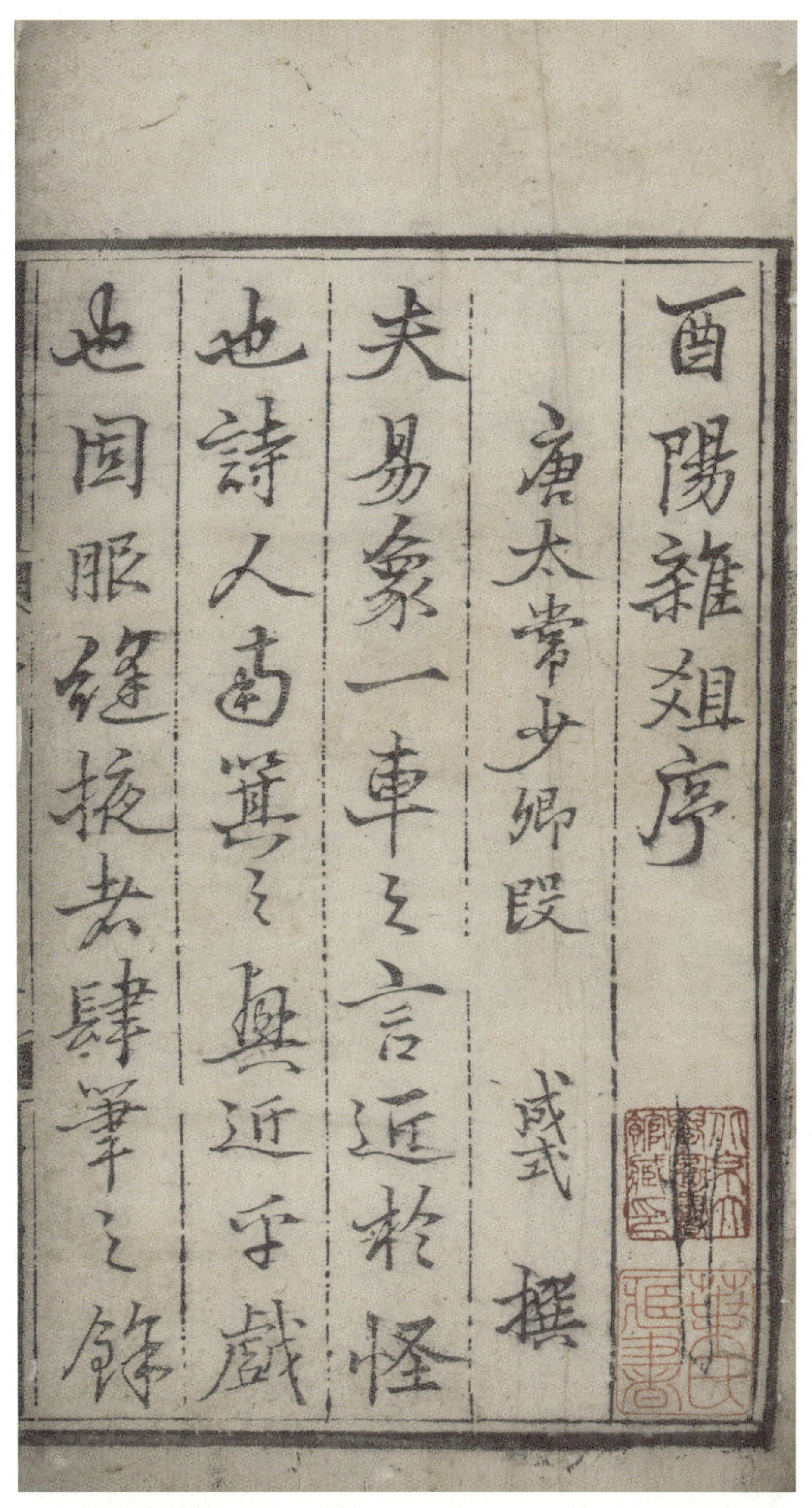

酉陽雜俎序

唐太常少卿段成式撰

夫易象一車之言近於怪

也詩人南箕之興近乎戲

也固服縫掖者肆筆之餘

唐段少卿酉陽雜俎二十卷　之二

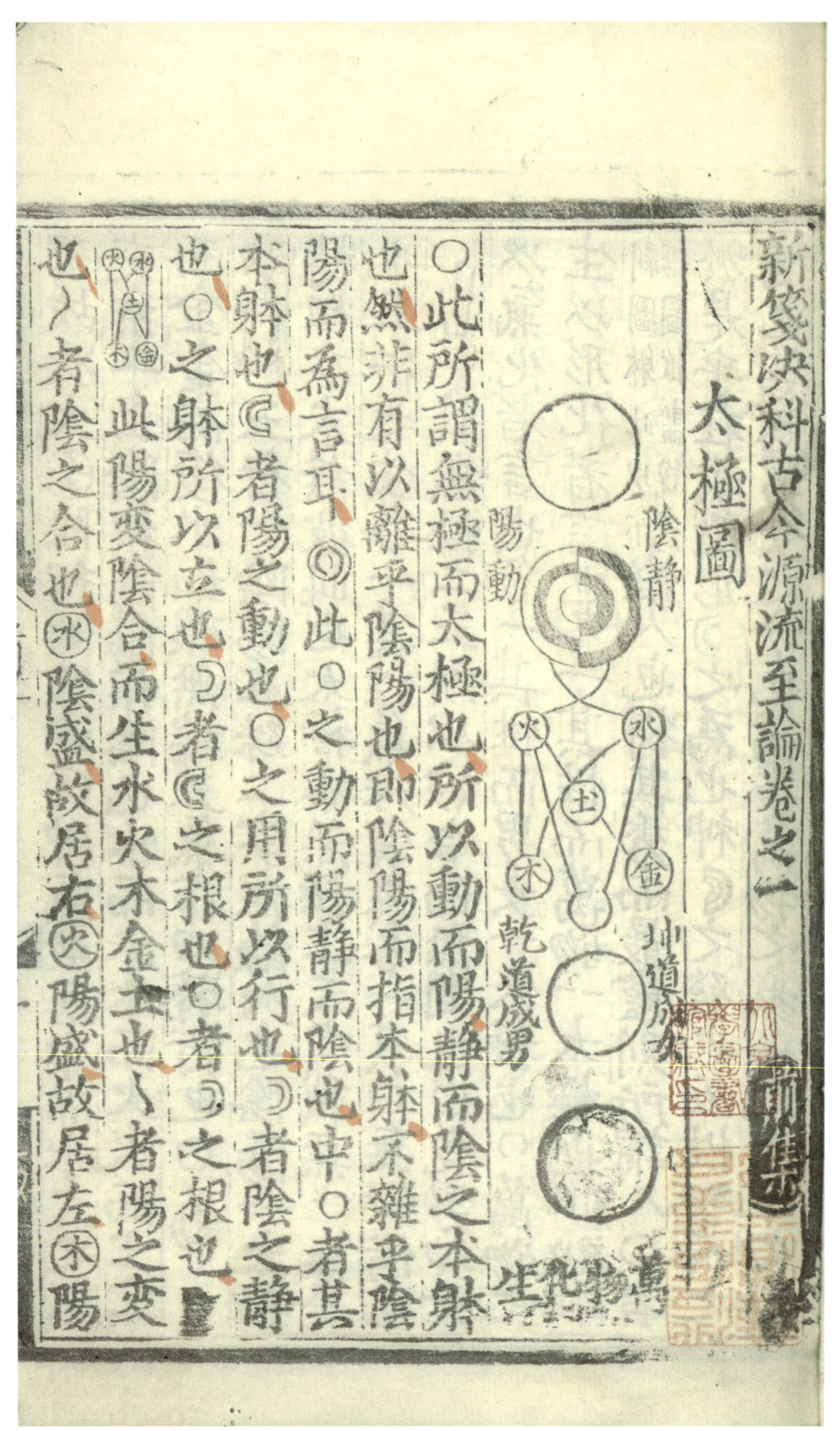

新箋决科古今源流至論卷之一　前集

太極圖

○此所謂無極而太極也所以動而陽靜而陰之本躰也然非有以離乎陰陽也即陰陽而指其本躰不雜乎陰陽而爲言耳◎此○之動而陽靜而陰也中○者其本躰也☾者陽之動也○之用所以行也☽者陰之靜也○之躰所以立也☽者☾之根也○者☽之根也

此陽變陰合而生水火木金土也〻者陽之變也〻者陰之合也㊌陰盛故居右㊋陽盛故居左㊍陽

新箋决科古今源流至論前集十卷後集十卷續集十卷別集十卷/八册/明刻本

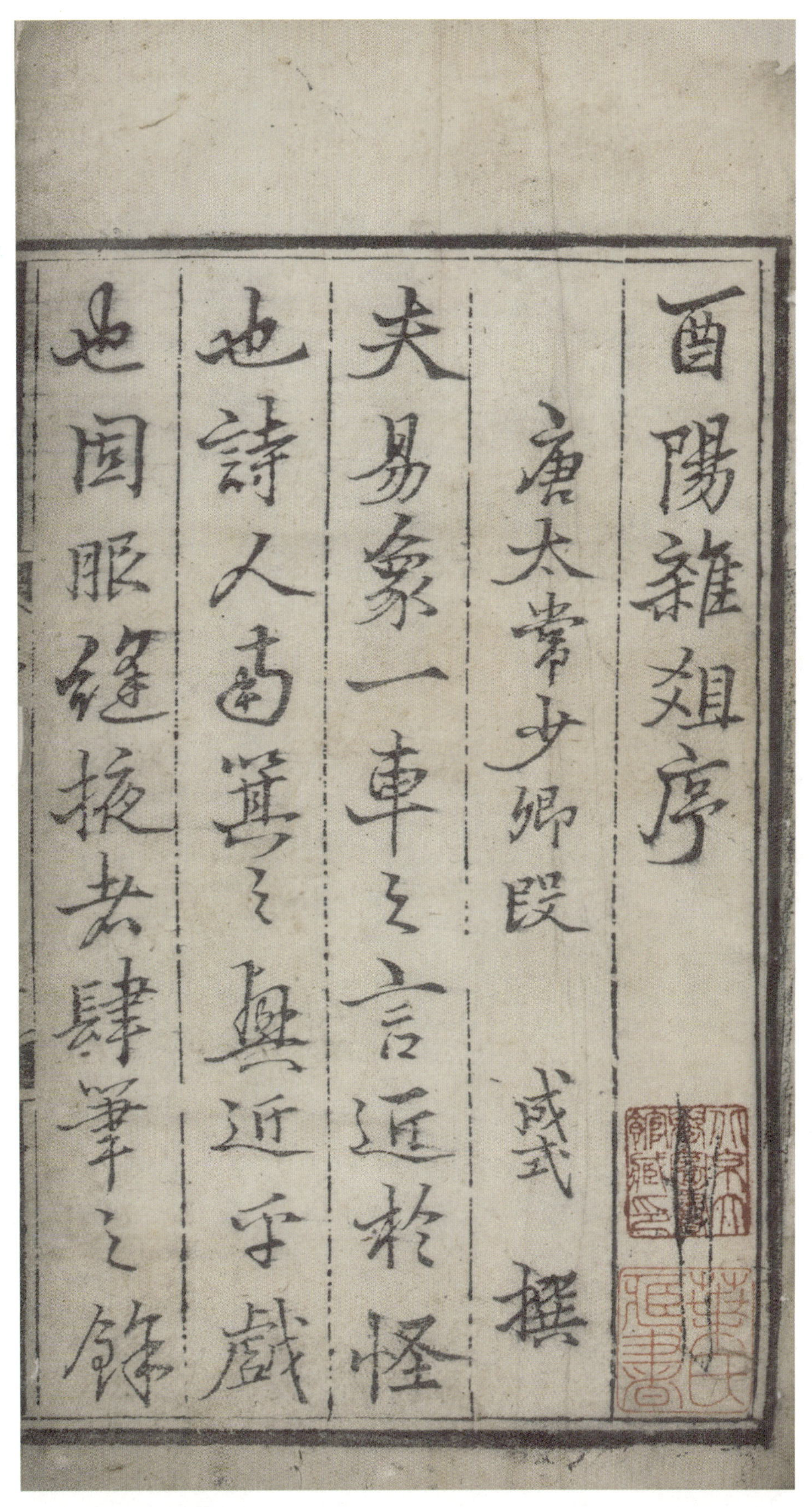

酉陽雜俎序

唐太常少卿段　成式　撰

夫易象一車之言近於怪也詩人南箕之興近乎戲也固服縫掖者肆筆之餘

唐段少卿酉陽雜俎二十卷　之二

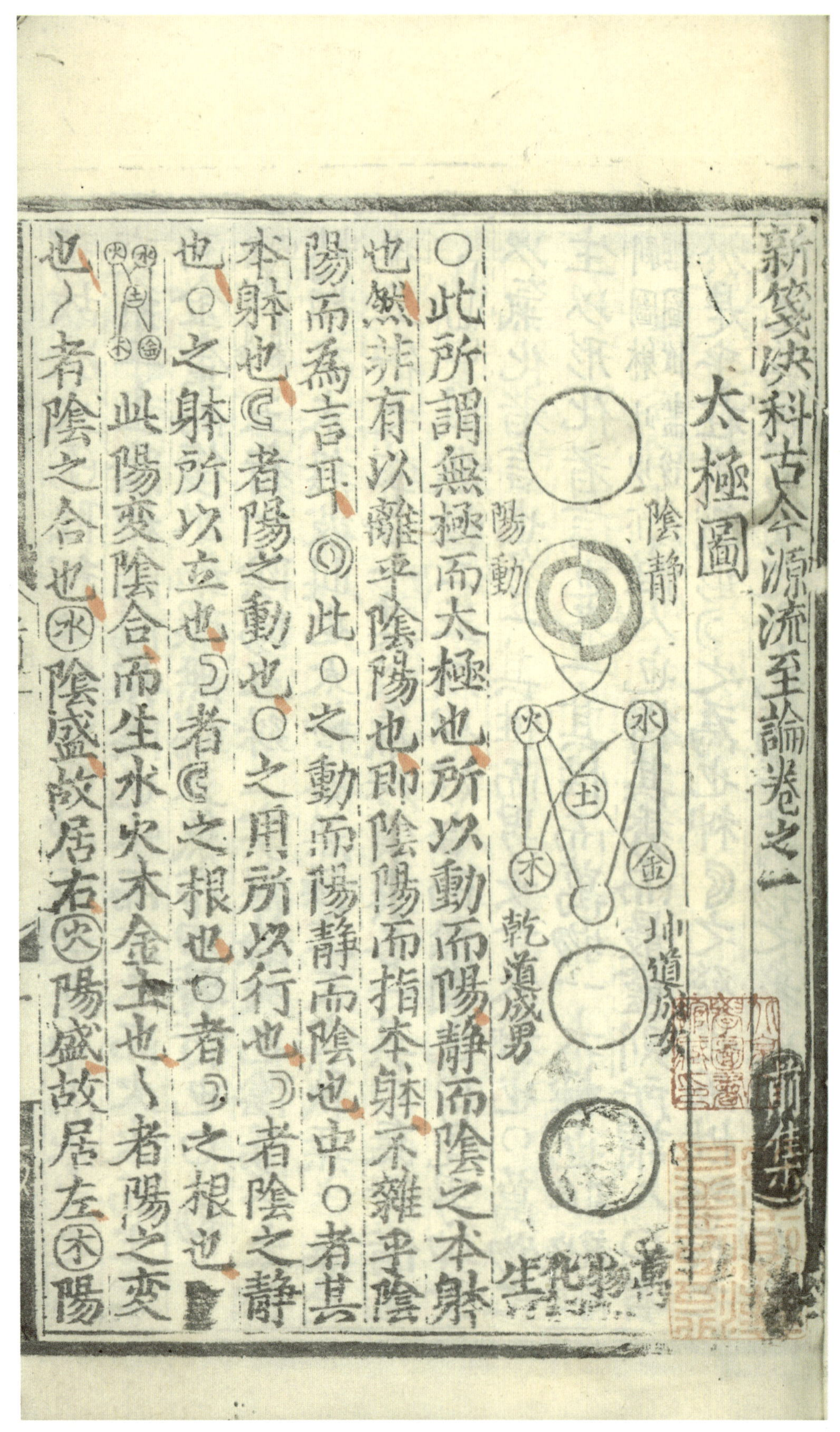

新箋决科古今源流至論前集十卷後集十卷續集十卷别集十卷/八册/明刻本

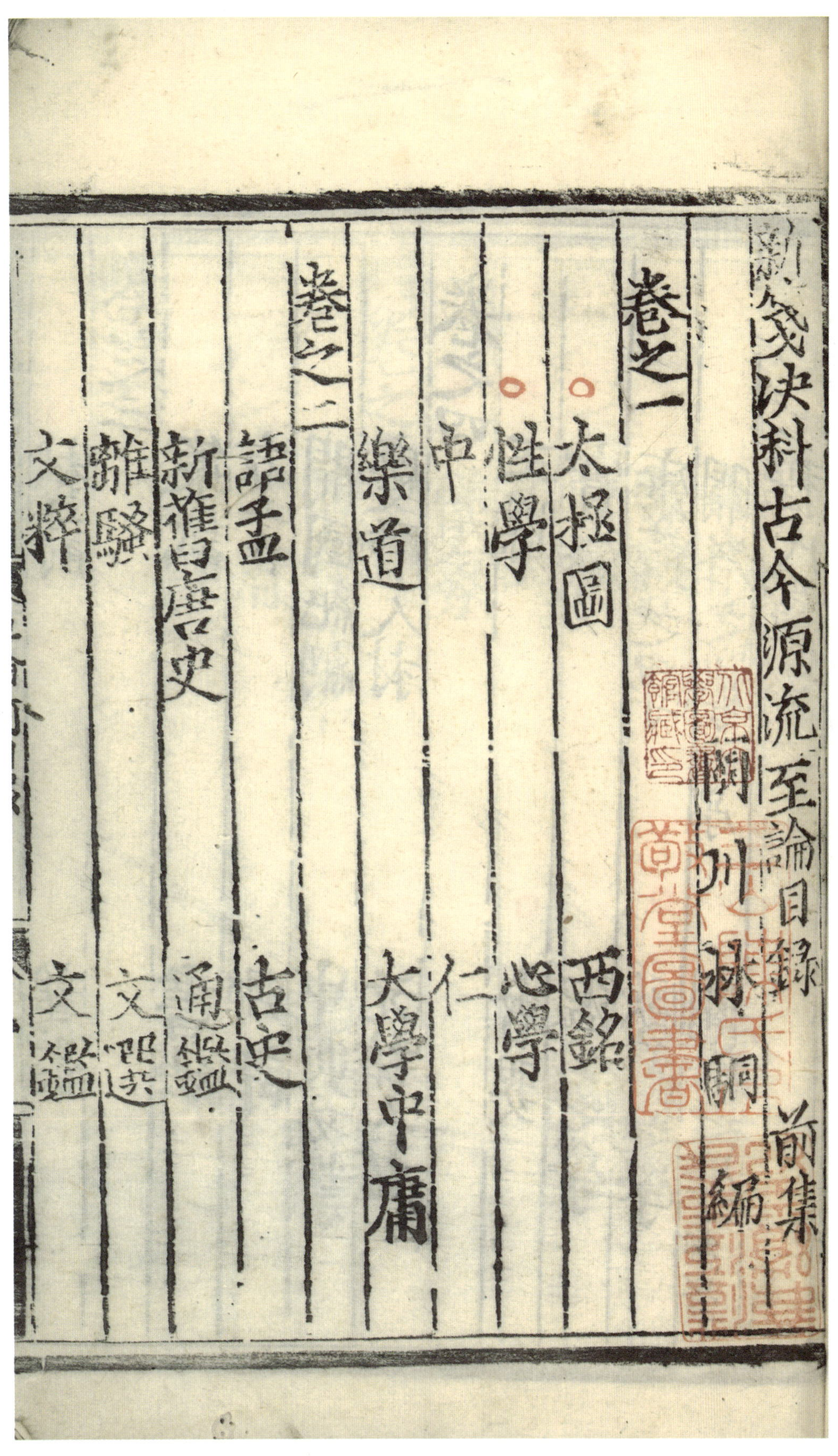

新箋决科古今源流至論前集十卷後集十卷續集十卷别集十卷　之二

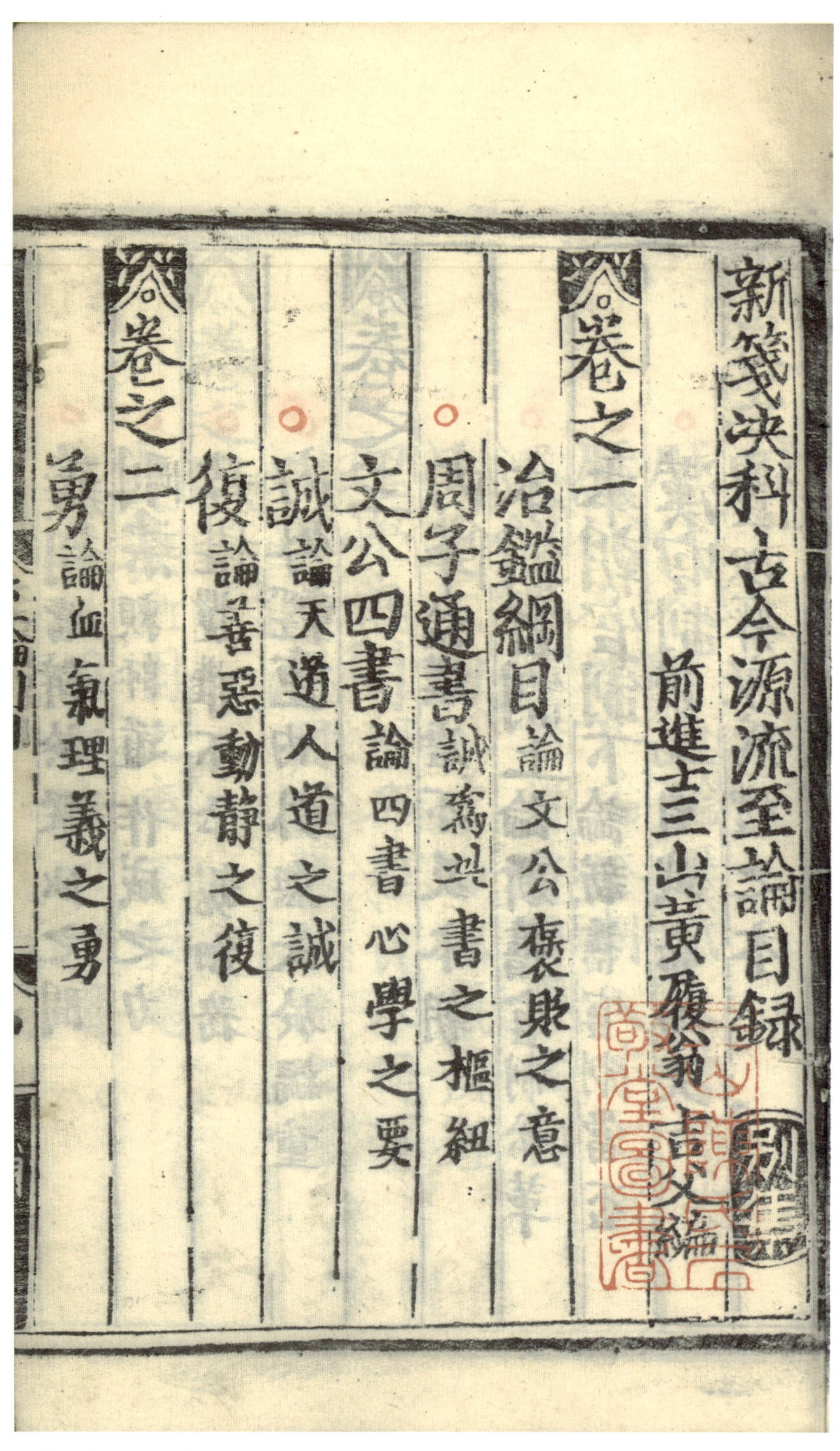
新箋决科古今源流至論目録
前進士三山黄履翁吉父編
卷之一
治鑑綱目論文公褒貶之意
周子通書誠爲此書之樞紐
文公四書論四書心學之要
誠論天道人道之誠
復論善惡動静之復
卷之二
勇論血氣理義之勇

新箋决科古今源流至論前集十卷後集十卷續集十卷别集十卷　之三

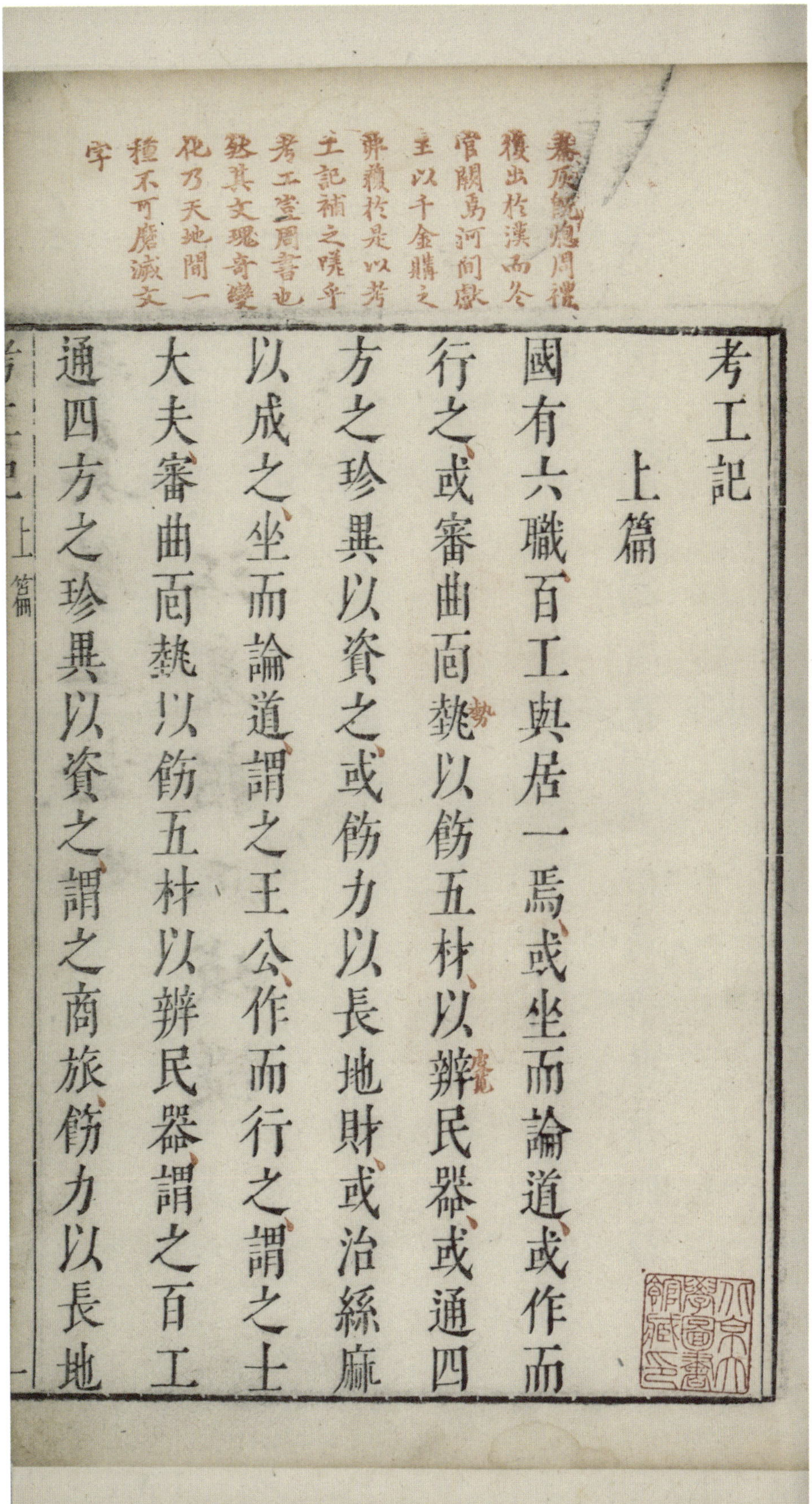

秦燄既熄周禮獲出於漢而冬官闕焉河間獻王以千金購之弗獲於是以考工記補之嘻乎考工豈周書也然其文瑰奇變化乃天地間一種不可磨滅文字

考工記

上篇

國有六職百工與居一焉或坐而論道或作而行之或審曲面埶以飭五材以辨民器或通四方之珍異以資之或飭力以長地財或治絲麻以成之坐而論道謂之王公作而行之謂之士大夫審曲面埶以飭五材以辨民器謂之百工通四方之珍異以資之謂之商旅飭力以長地

考工記 上篇 一

考工記二卷/一函二册/明末朱墨套印本

蔣春甫曰用韵先四仄次四平後復五仄結響玲瓏

李于鱗唐詩廣選卷一

五言古

太宗皇帝

飲馬長城窟行

塞外悲風切，交河冰已結。瀚海百重波，陰山千里雪。迥戍危烽火，層巒引高節。悠悠卷旆旌，飲馬出長城。寒沙連騎迹，朔吹斷邊聲。胡塵清玉塞，羌笛韻金鉦。絕漠干戈戢，車徒振原隰。都尉

唐詩廣選卷一 一

李于鱗唐詩廣選七卷/一函八册/明末吴興凌氏刻朱墨套印本

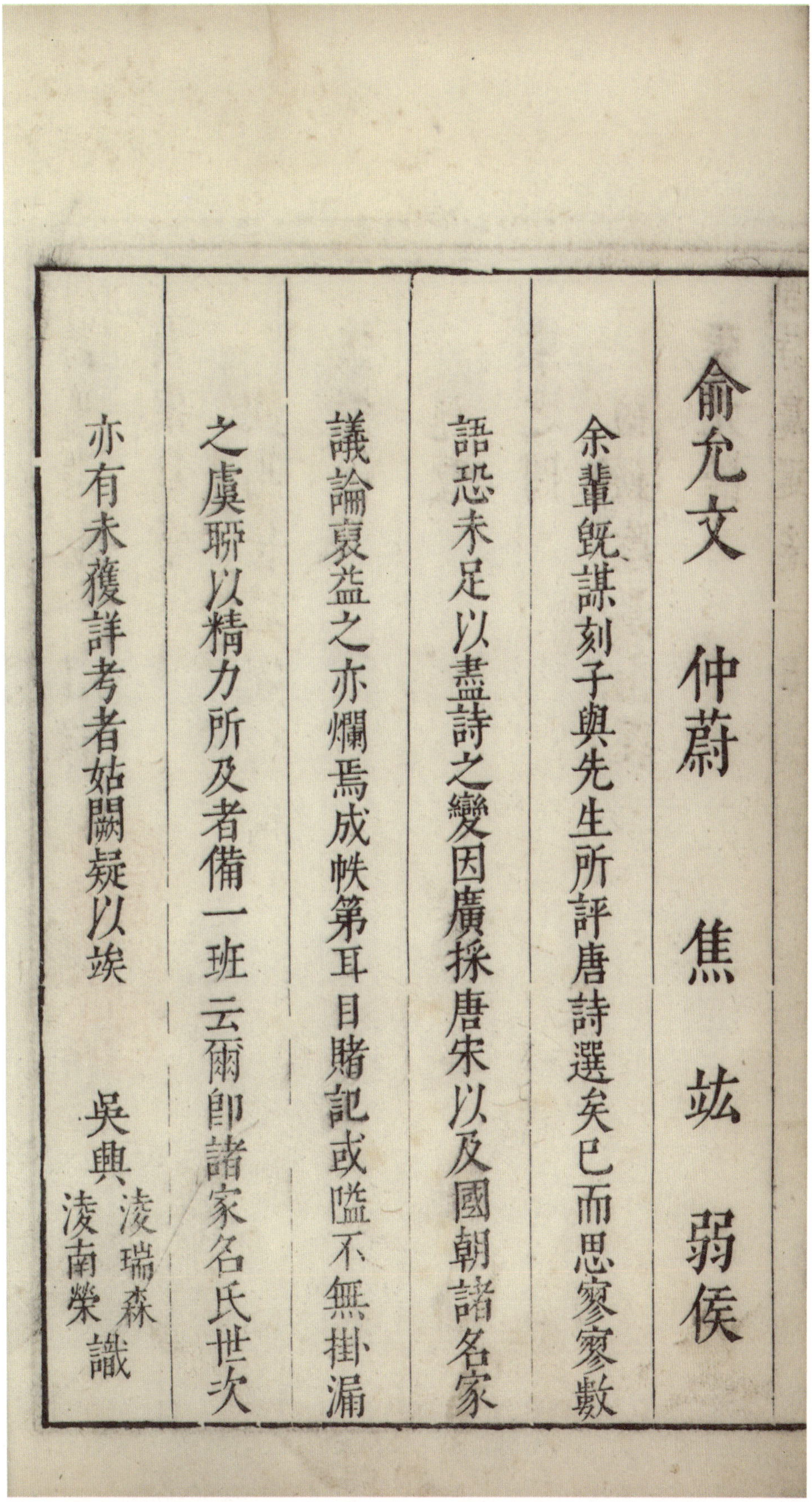

俞允文 仲蔚 焦竑 弱侯

余輩既謀刻子與先生所評唐詩選矣已而思寥寥數語恐未足以盡詩之變因廣採唐宋以及國朝諸名家議論裒益之亦爛焉成帙第耳目睹記或隘不無掛漏之虞聊以精力所及者備一班云爾郎諸家名氏世次亦有未獲詳考者姑闕疑以竢

吳興 淩瑞森
淩南榮 識

李于鱗唐詩廣選七卷 之二

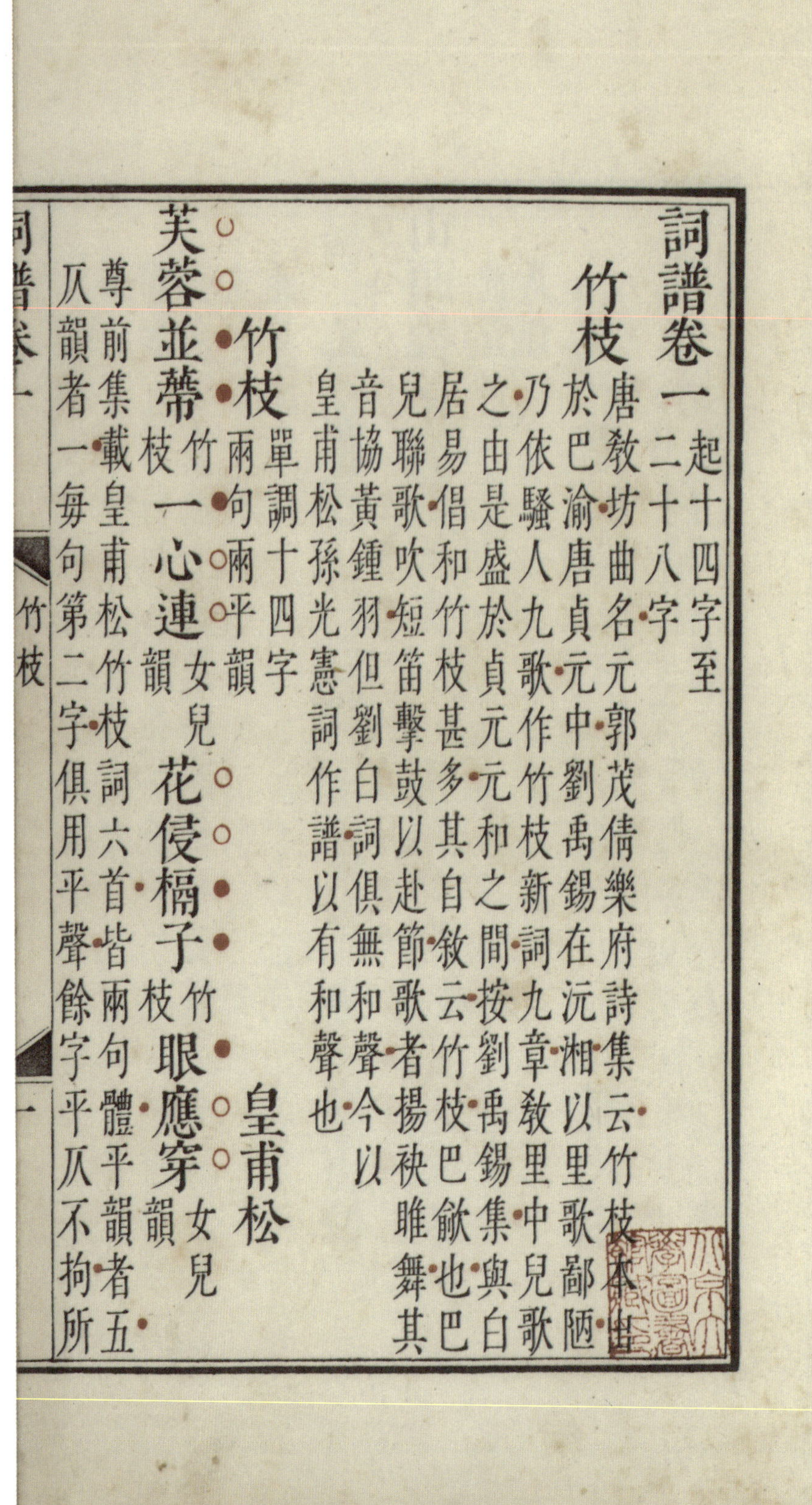

詞譜卷一　起十四字至二十八字

竹枝　唐教坊曲名元郭茂倩樂府詩集云竹枝本出於巴渝唐貞元中劉禹錫在沅湘以里歌鄙陋乃依騷人九歌作竹枝新詞九章敎里中兒歌之由是盛於貞元元和之間按劉禹錫集與白居易倡和竹枝甚多其自敘云竹枝巴歈也巴兒聯歌吹短笛擊鼓以赴節歌者揚袂睢舞其音協黃鍾羽但劉白詞俱無和聲今以皇甫松孫光憲詞作譜以有和聲也

竹枝　單調十四字　兩句兩平韻　皇甫松

芙蓉並蔕竹枝一心連韻女兒花侵槅子竹枝眼應穿韻女兒

尊前集載皇甫松竹枝詞六首皆兩句體平韻者五仄韻者一每句第二字俱用平聲餘字平仄不拘所

詞譜卷一　竹枝　一

詞譜四十卷/六函四十册/清康熙五十四年(1715)内府刻朱墨套印本

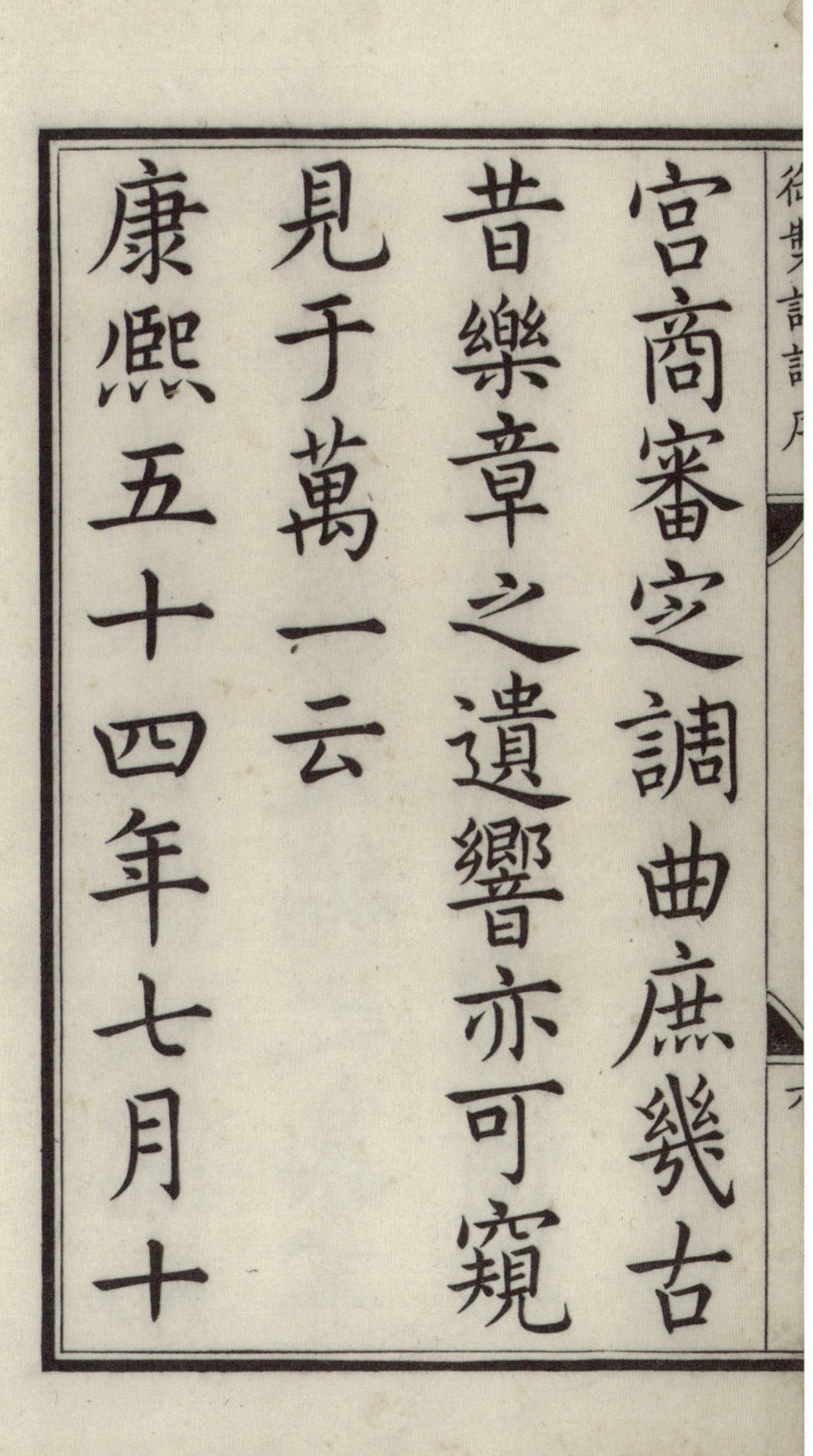

宮商審定調曲庶幾古
昔樂章之遺響亦可窺
見于萬一云
康熙五十四年七月十

詞譜四十卷　之二

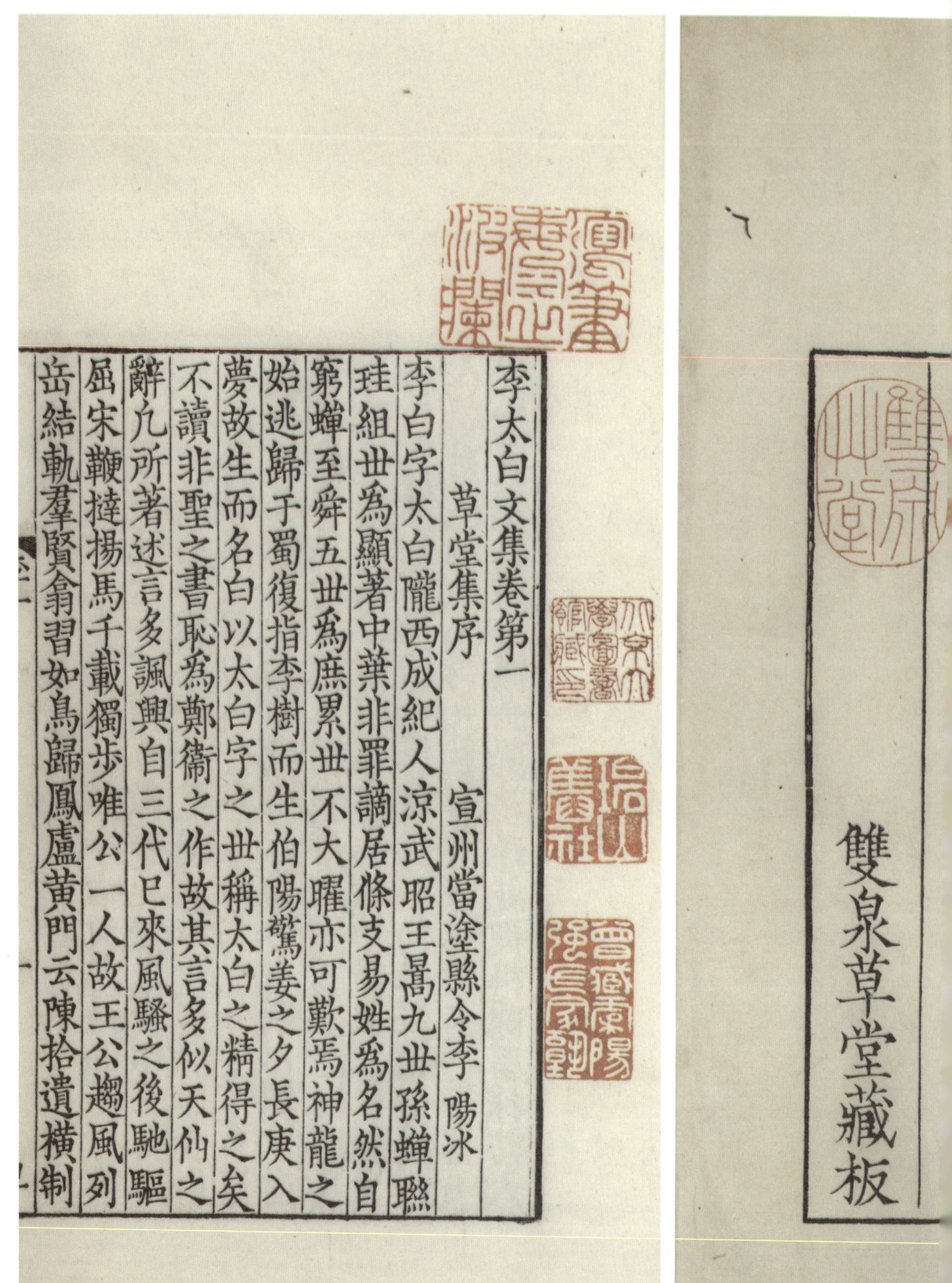

李太白文集三十卷/一函八册/清康熙五十六年（1717）吴門繆氏雙泉草堂刻本

李翰林集三十卷常山宋次道編類而南豐曾氏所攷次者也歲久譌鈌俗本雜出增損互異無所是正余嘗病之癸巳秋得崑山徐氏所藏臨川晏處善本重加挍正梓之家塾其與俗本不同者别爲攷異一卷庶使讀是編者不失古人之舊而余亦得以廣其傳焉康熙五十六年五月吴門繆曰芑題於城西之雙泉草堂

吴門繆武子重刊宋本

李太白全集

附釋音禮記註疏卷第一

國子祭酒上護軍曲阜縣開國子臣孔頴達等奉勑撰

國子博士兼太子中允贈齊州刺史吳縣開國男臣陸德明釋文

禮記○陸德明音義曰此記二禮之遺闕故名禮記（疏）正義曰夫禮者經天地理人倫本其所起在天地未分之前故禮運云夫禮必本於大一是天地未分之前已有禮也禮者理也其用以治則與天地俱興故昭二十六年左傳稱晏子云禮之可以爲國也久矣與天地並但于時質略物生則自然而有尊卑若羊羔跪乳鴻鴈飛有行列豈由教之者哉是三才既判尊卑自然而有但天地初分之後即應有君臣治國但年代縣遠無文以言案易緯通卦驗云天皇之先與乾曜合元君有五期輔有三名注云君之用事五行王亦有五期輔有三名公卿大夫也又云遂皇始出握機矩注云遂皇謂遂人在伏犧前始王天下也矩法也言遂皇持斗機運轉之法指天以施政教既云始王天下是尊卑之禮起於遂皇也持斗星以施政教者即禮緯斗威儀云宮主君商主臣角主父徵主子羽主夫少宮主婦少商主政是

附釋音禮記註疏六十三卷/二十四册/清乾隆乙卯（六十年，1795）和珅翻刻宋本

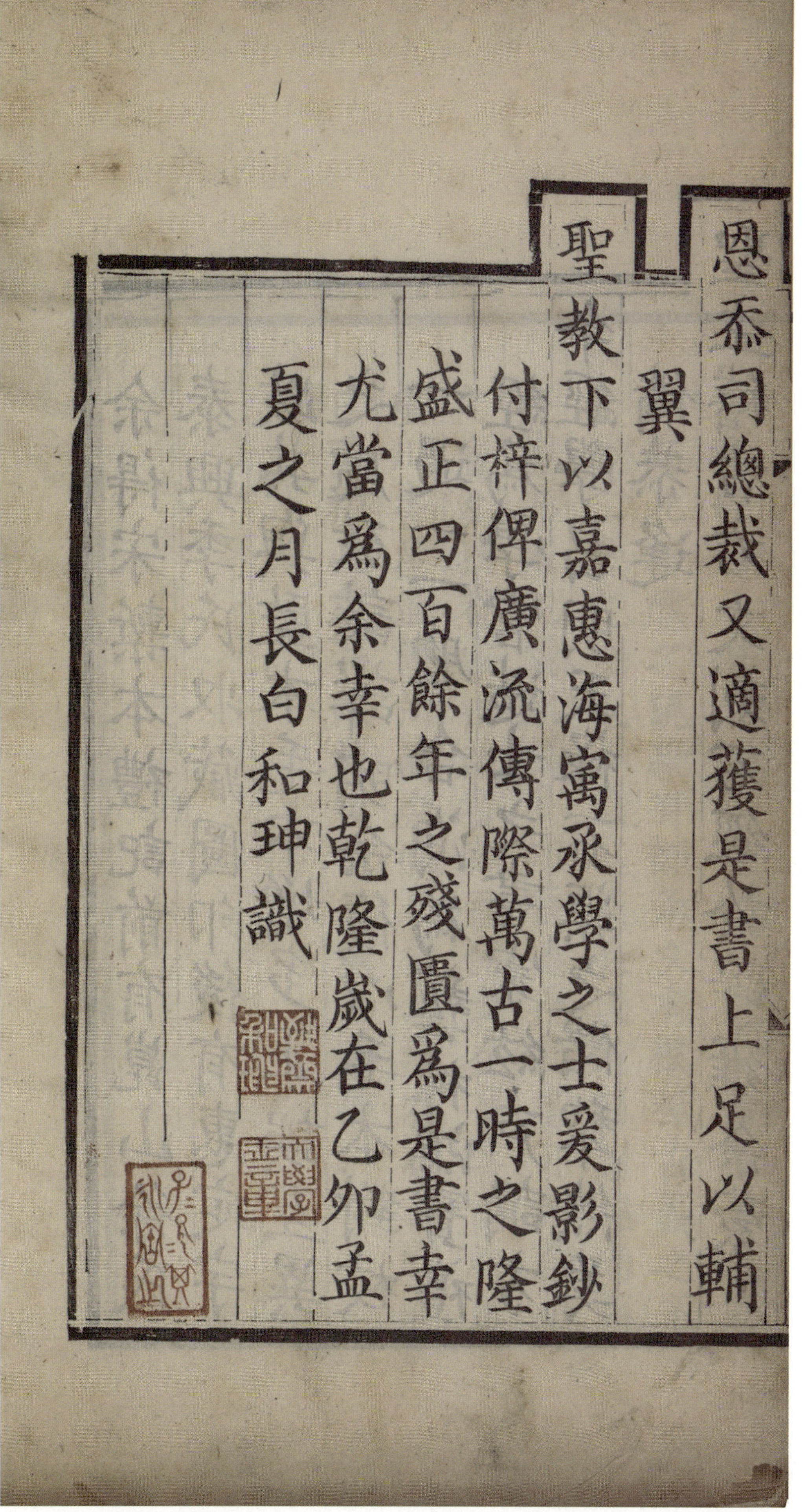

恩忝司總裁又適獲是書上足以輔

翼

聖教下以嘉惠海㝢承學之士爰影鈔付梓俾廣流傳際萬古一時之隆盛正四百餘年之殘匱爲是書幸尤當爲余幸也乾隆歲在乙夘孟夏之月長白和珅識

附釋音禮記註疏六十三卷　之二

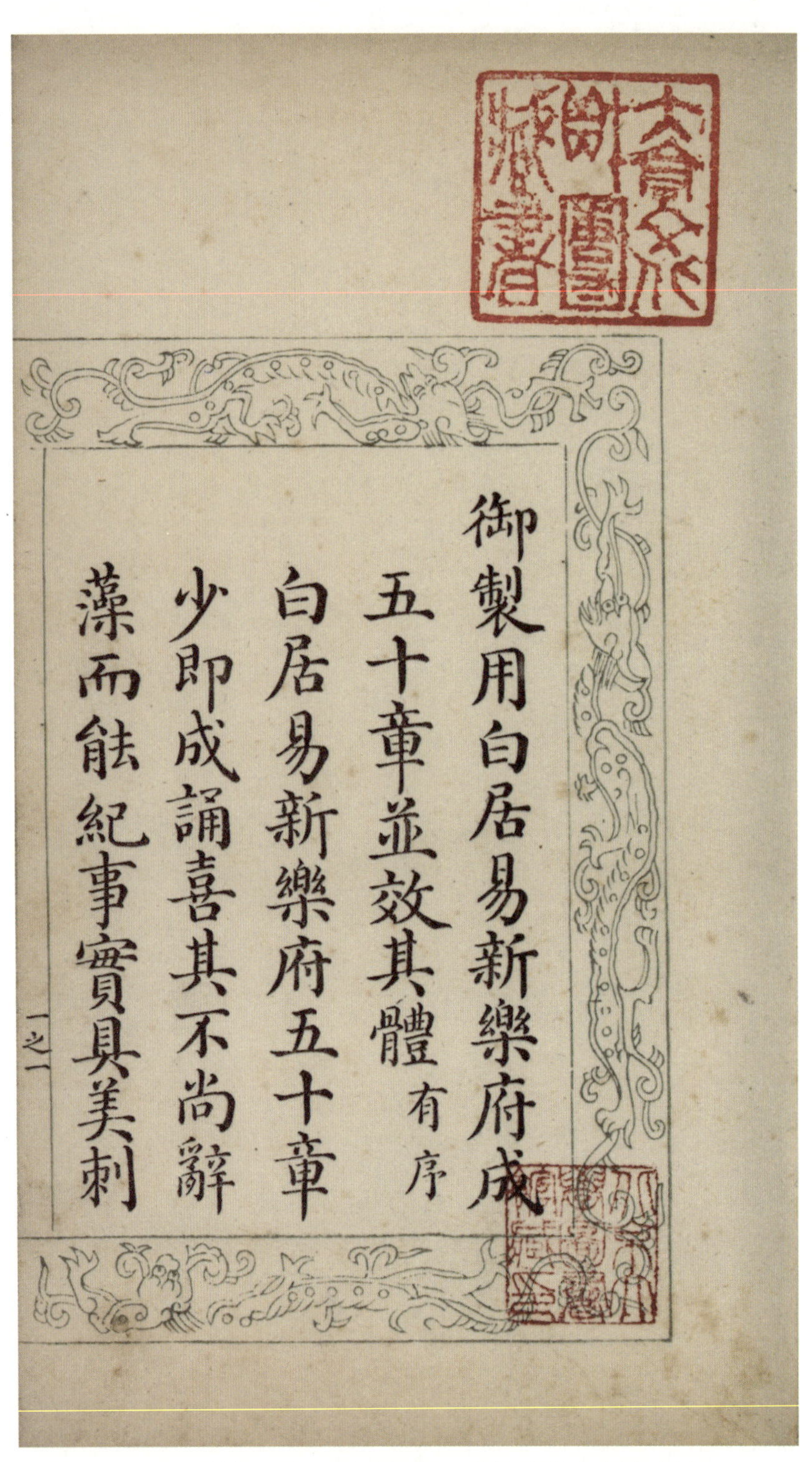

御製用白居易新樂府成五十章並效其體有序

白居易新樂府五十章少即成誦喜其不尚辭藻而能紀事實具美刺

一之一

御製擬白居易新樂府四卷/一夾板四册/清乾隆徐立綱寫刻本

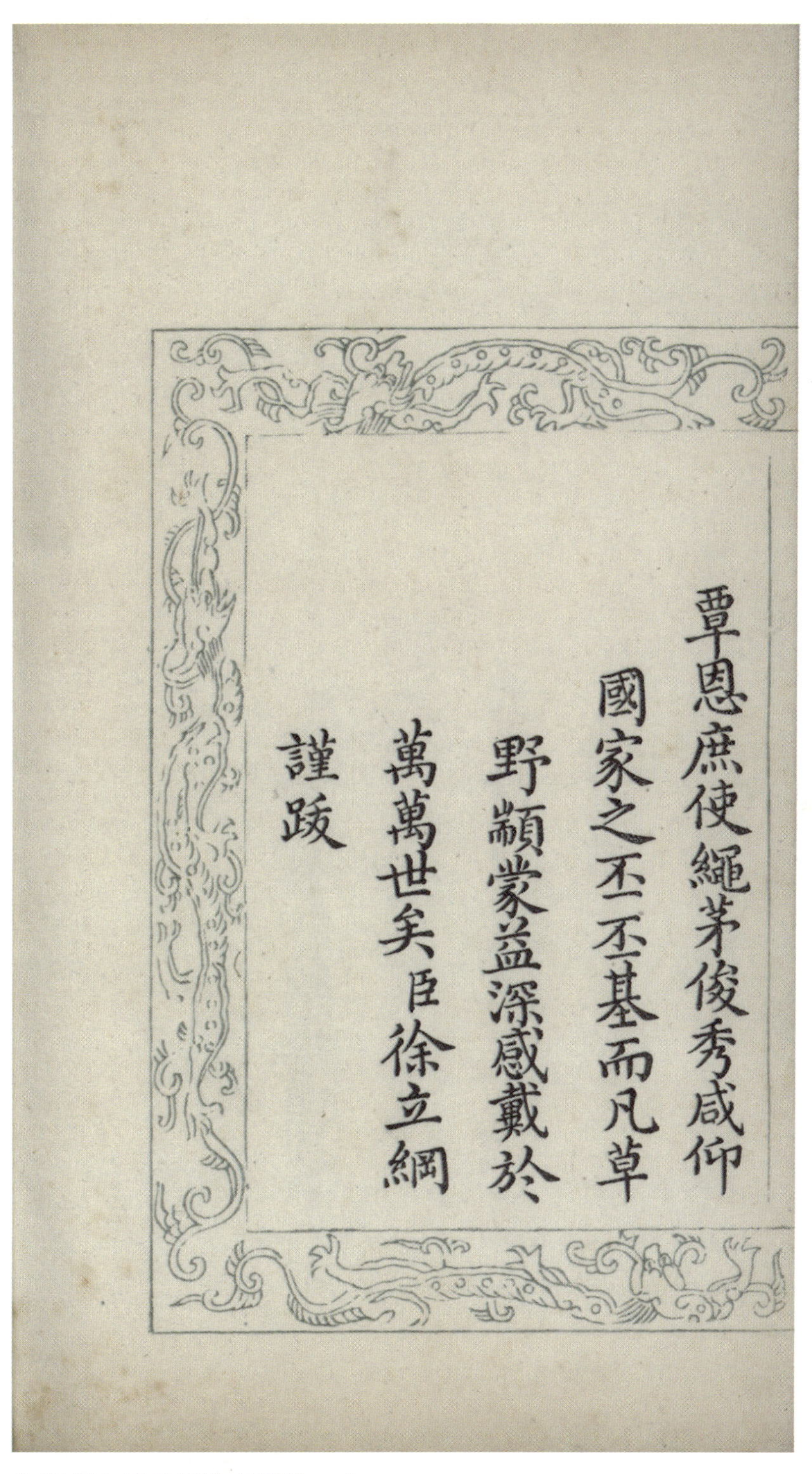

覃恩庶使繩茅俊秀咸仰
國家之丕丕基而凡草
野顓蒙益深感戴於
萬萬世矣臣徐立綱
謹跋

御製擬白居易新樂府四卷　之二

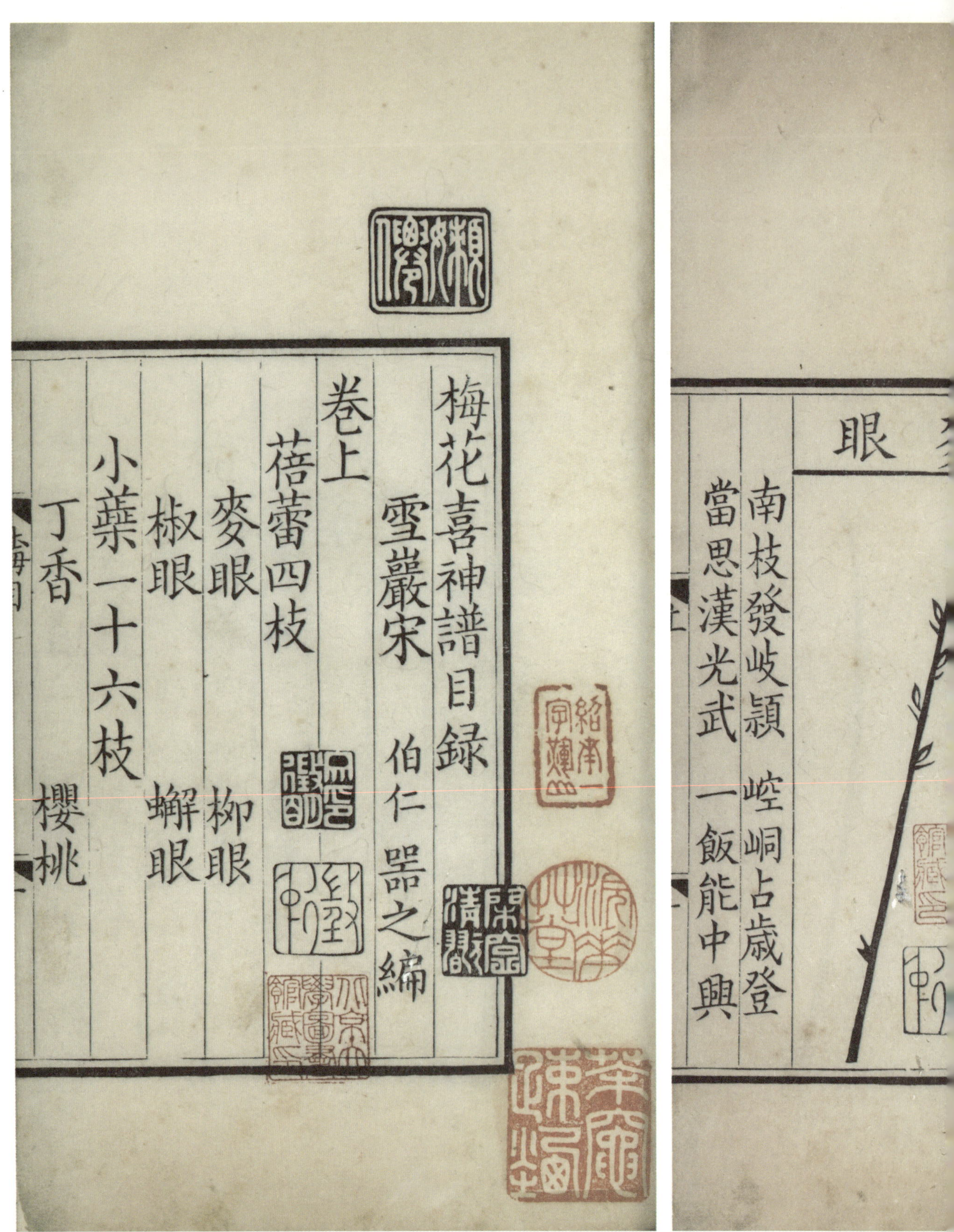

梅花喜神譜二卷/一函二册/清嘉慶辛未（十六年，1811）雲間沈氏古倪園影宋刻本

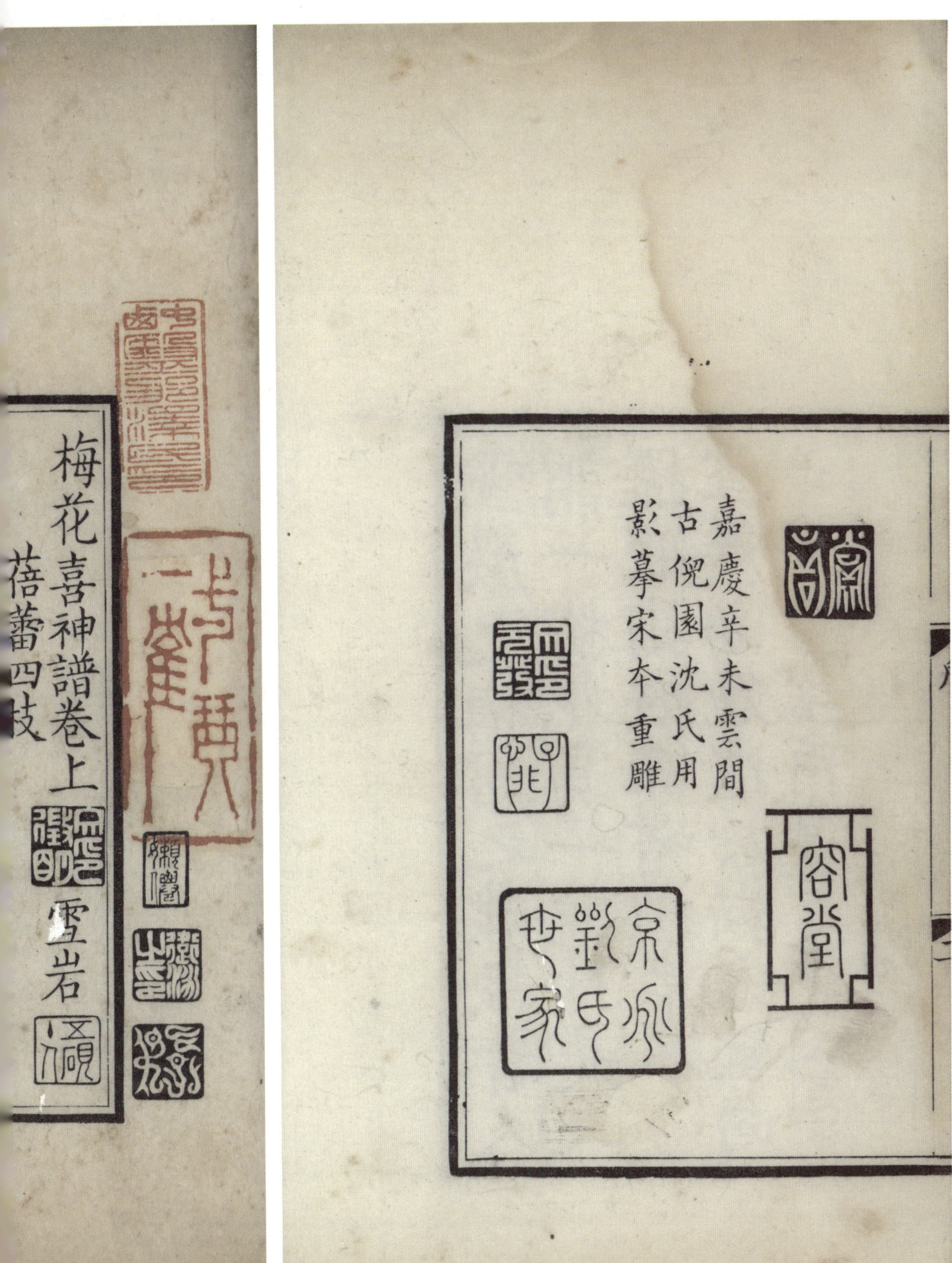
嘉慶辛未雲間
古倪園沈氏用
影摹宋本重雕
梅花喜神譜卷上
蓓蕾四枝
雪岩

欽定全唐文卷一

高祖皇帝

帝姓李氏諱淵字叔德其先隴西成紀人後徙長安祖虎佐周有功爲柱國追封唐公帝生襲封隋大業十二年十二月爲太原留守明年五月舉義兵十一月入長安尊立恭帝自爲大丞相進爵爲王義寧二年戊寅五月受禪建元武德在位九年八月傳位太子年七十一謚曰大武皇帝廟號高祖追尊神堯大聖大光孝皇帝

授老人等官教

欽定全唐文一千卷總目三卷/一百函一千四册/清嘉慶十九年（1814）刻本

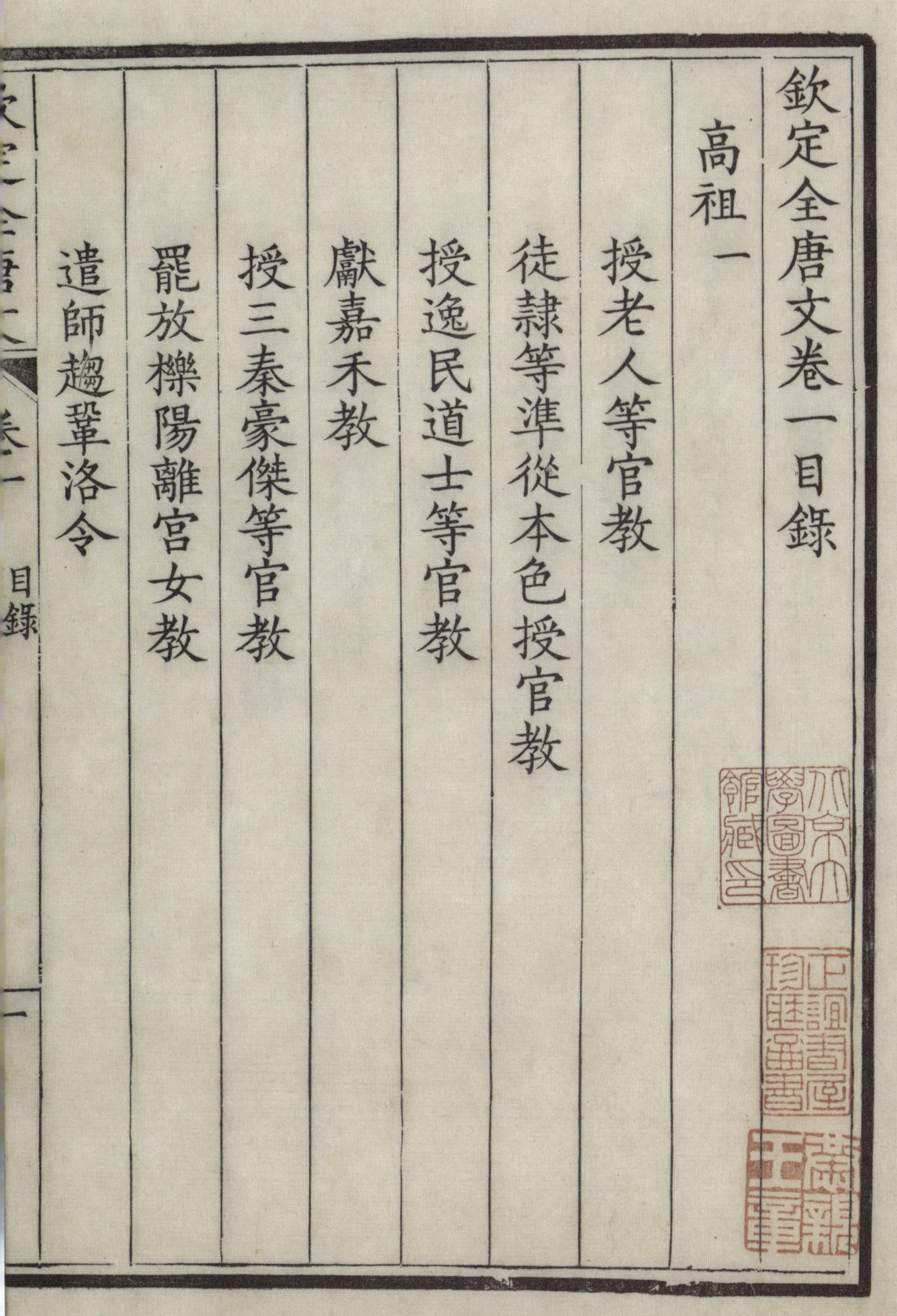

欽定全唐文卷一目錄

高祖一

授老人等官教

徒隸等準從本色授官教

授逸民道士等官教

獻嘉禾教

授三秦豪傑等官教

罷放櫟陽離宮女教

遣師趨鞏洛令

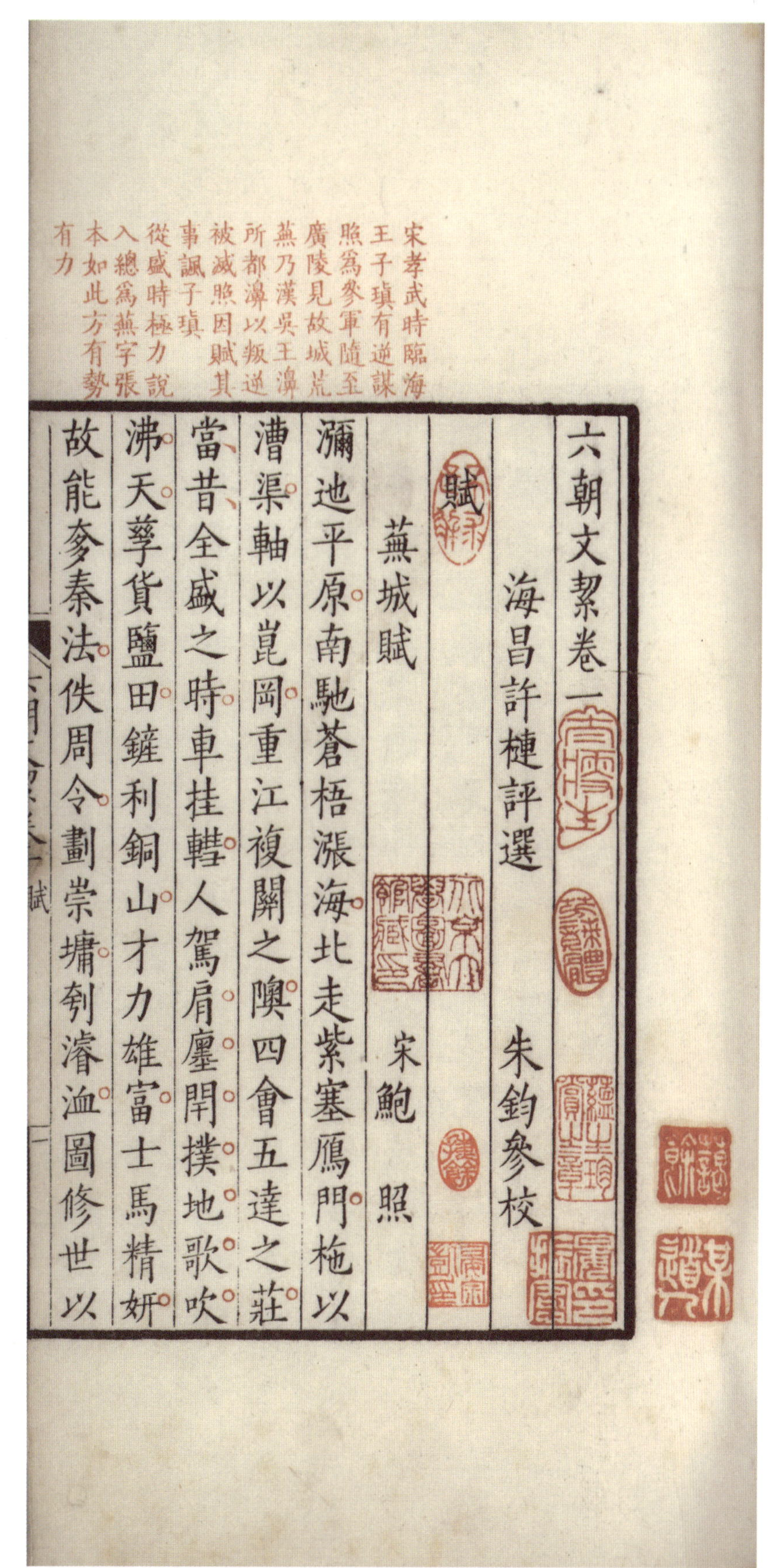

六朝文絜四卷/一函二册/清道光五年(1825)享金寶石齋刻朱墨套印本

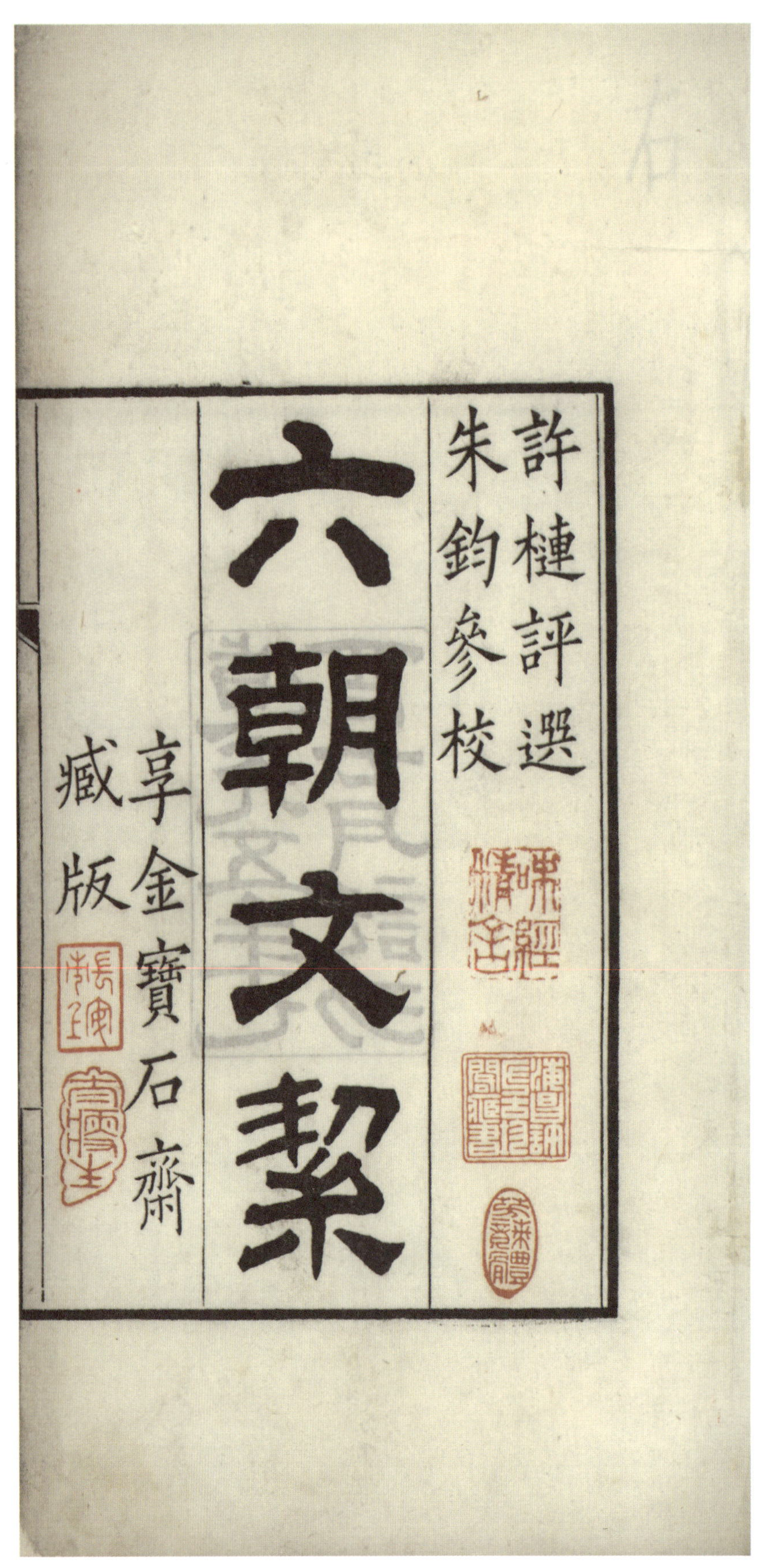
許槤評選
朱鈞參校
六朝文絜
享金寶石齋
藏版

六朝文絜四卷　之二

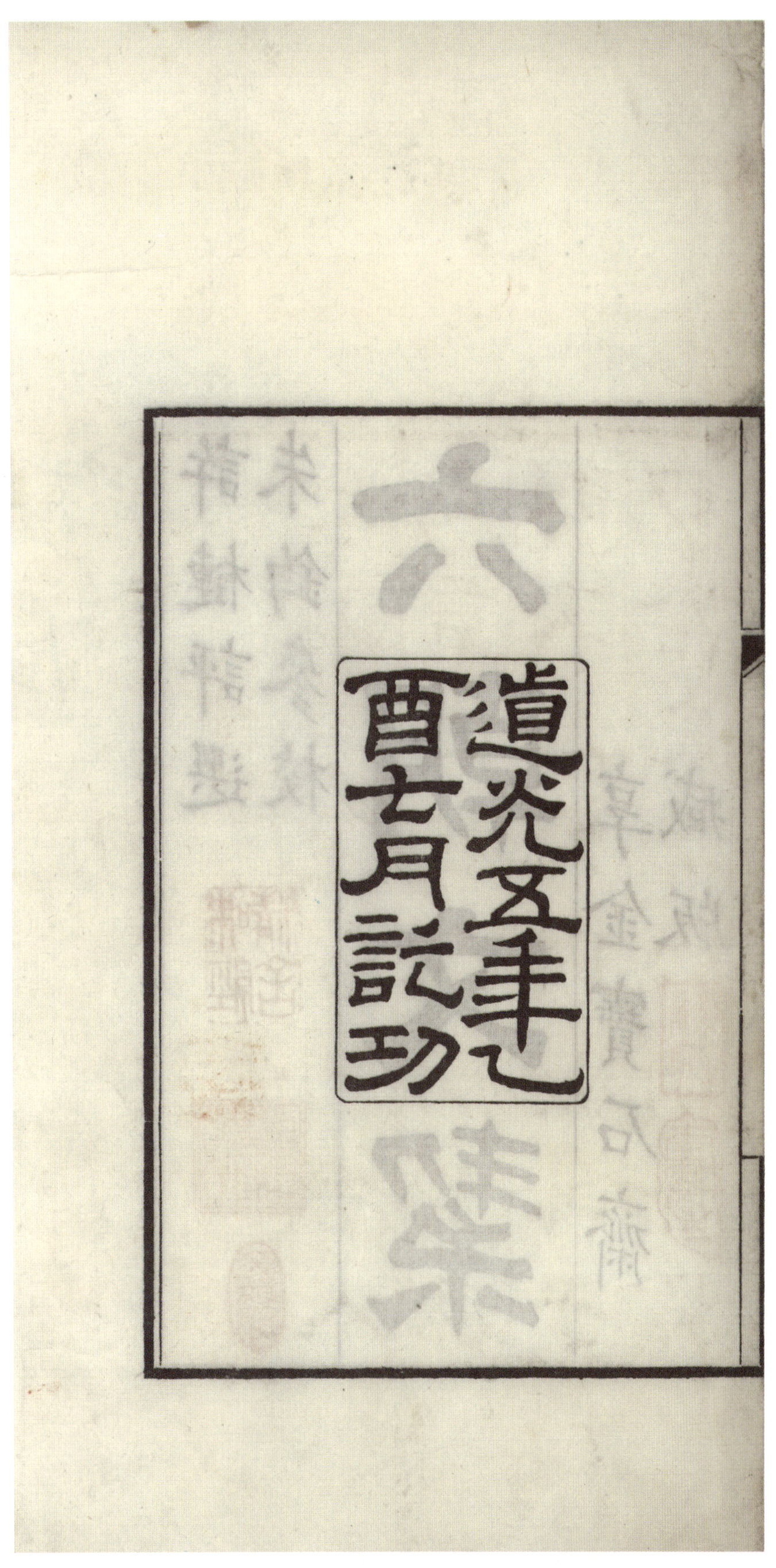

六朝文絜四卷　之三

陽春白雪
清唫閣正本

陽春白雪卷一 宋臨濮趙聞禮立之選

解語花 元宵 周邦彥

風銷燗蠟露浥烘鑪花市光相射桂華流瓦纖雲散耿耿素娥欲下衣裳澹雅看楚女宮腰一把簫鼓喧人影參差滿路飄蘭麝 因念都城放夜望千門如晝嬉笑遊冶鈿車羅帕相逢處自有暗塵隨馬年光是也惟只有舊情衰謝清漏移飛蓋歸來從舞休歌罷

撥春 田不伐

小雨分山斷雲鏤日丹青難狀清曉梆眼窺晴梅妝迎

陽春白雪卷一 一 清吟閣正本

陽春白雪八卷外集一卷/一函四册/清道光十年（1830）刻校樣本

虛檐提起

愁未紓幾信

秦吳紓一作舒

眼媚雙波灑腰柔一搦纖問伊何事放珠簾笑道篆香
銷盡要重添　數日寬金釧梳雲拂翠簽梅妝依舊落
虛檐題起一春心事兩眉尖
柳梢青　陳坦之
綠弱紅臞煖雲沁雨乍有還無破曉幽禽平渠流水春
響庭除　梅酸初著花尌似滴滴新愁未紓幾信花風
燒萬里秦吳
謁金門
歸未卜頻倒金彄纖玉明月綃窗停翦燭搦愁題蠹緣
秋水娟娟魚目腰素幾分銷縮接得雲箋無意讀雕

陽春白雪卷八　　清吟閣正本

陽春白雪八卷外集一卷　之二

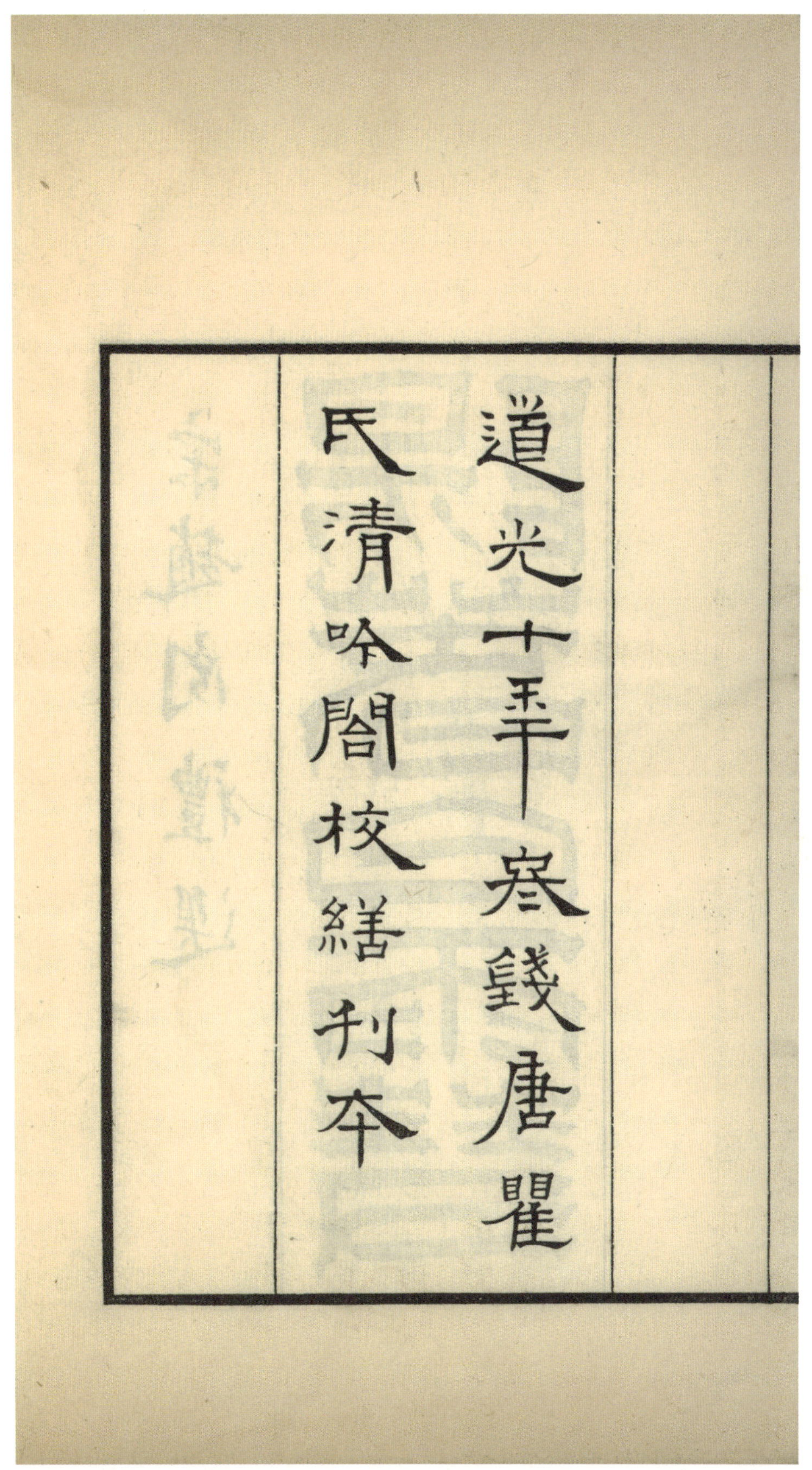
道光十年寅錢唐瞿
氏清吟閣校繕刊本

陽春白雪八卷外集一卷　之三

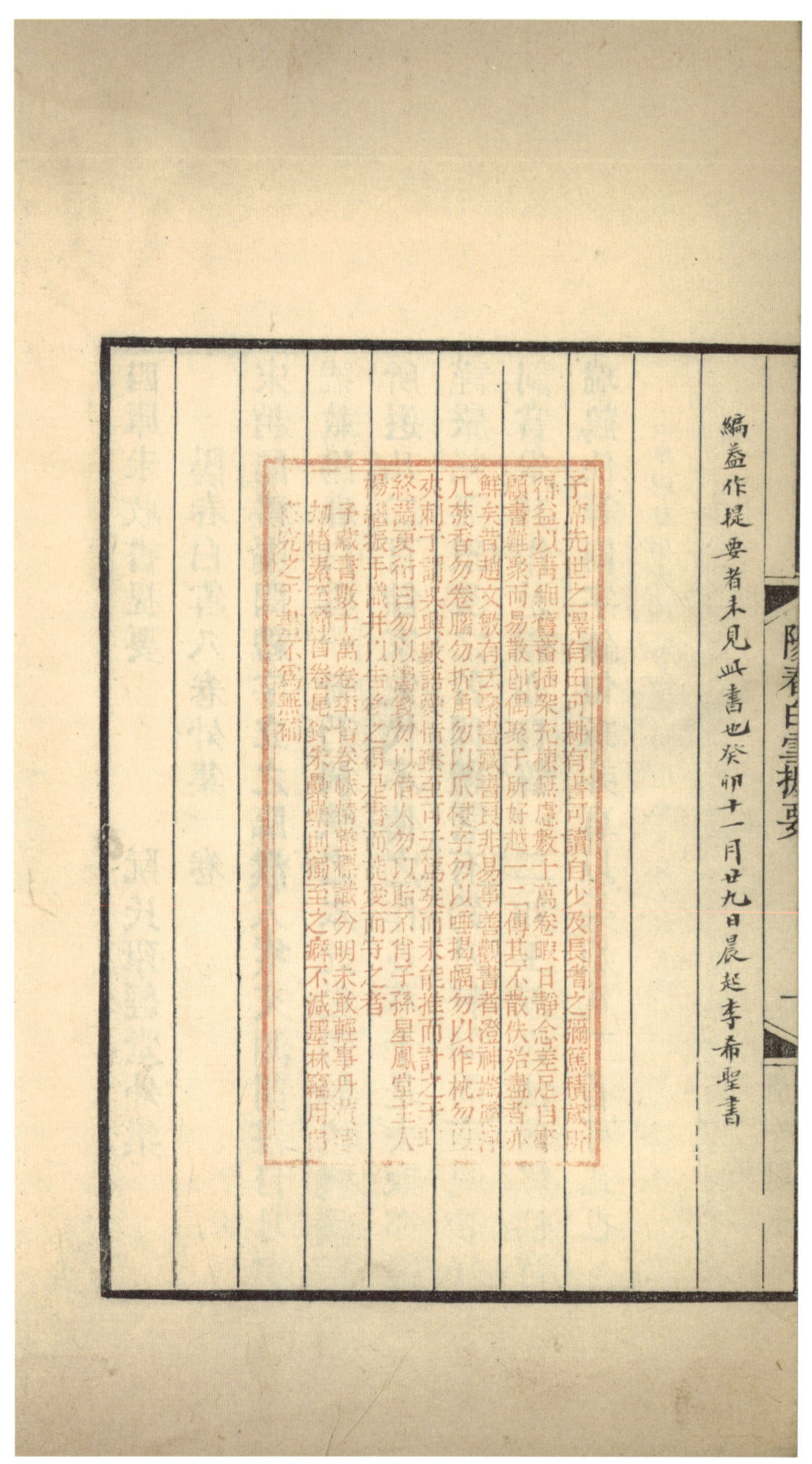

陽春白雪八卷外集一卷　之四

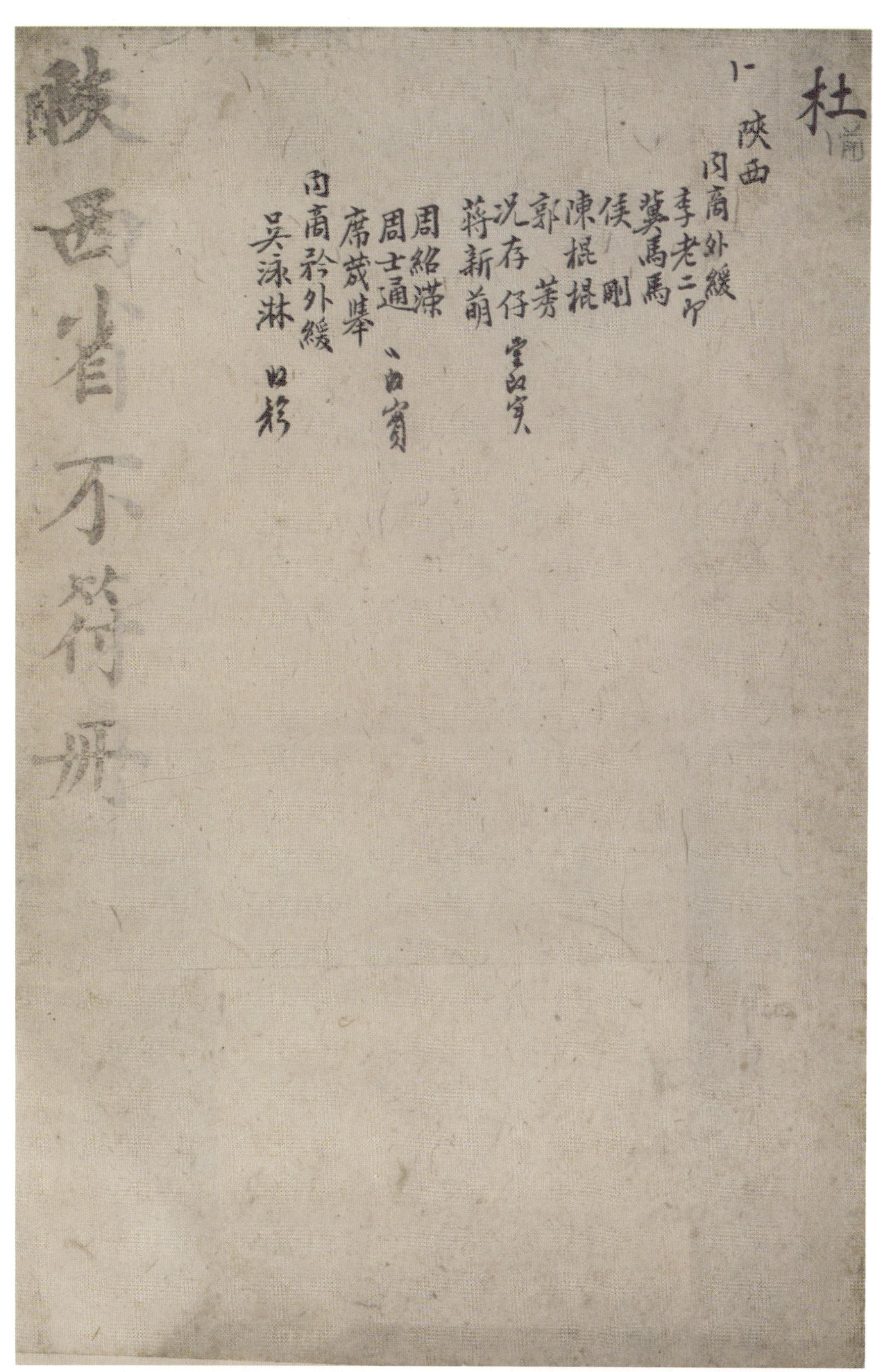

各省不符册/二十一册/清末刑部刻本

各省不符册　之二

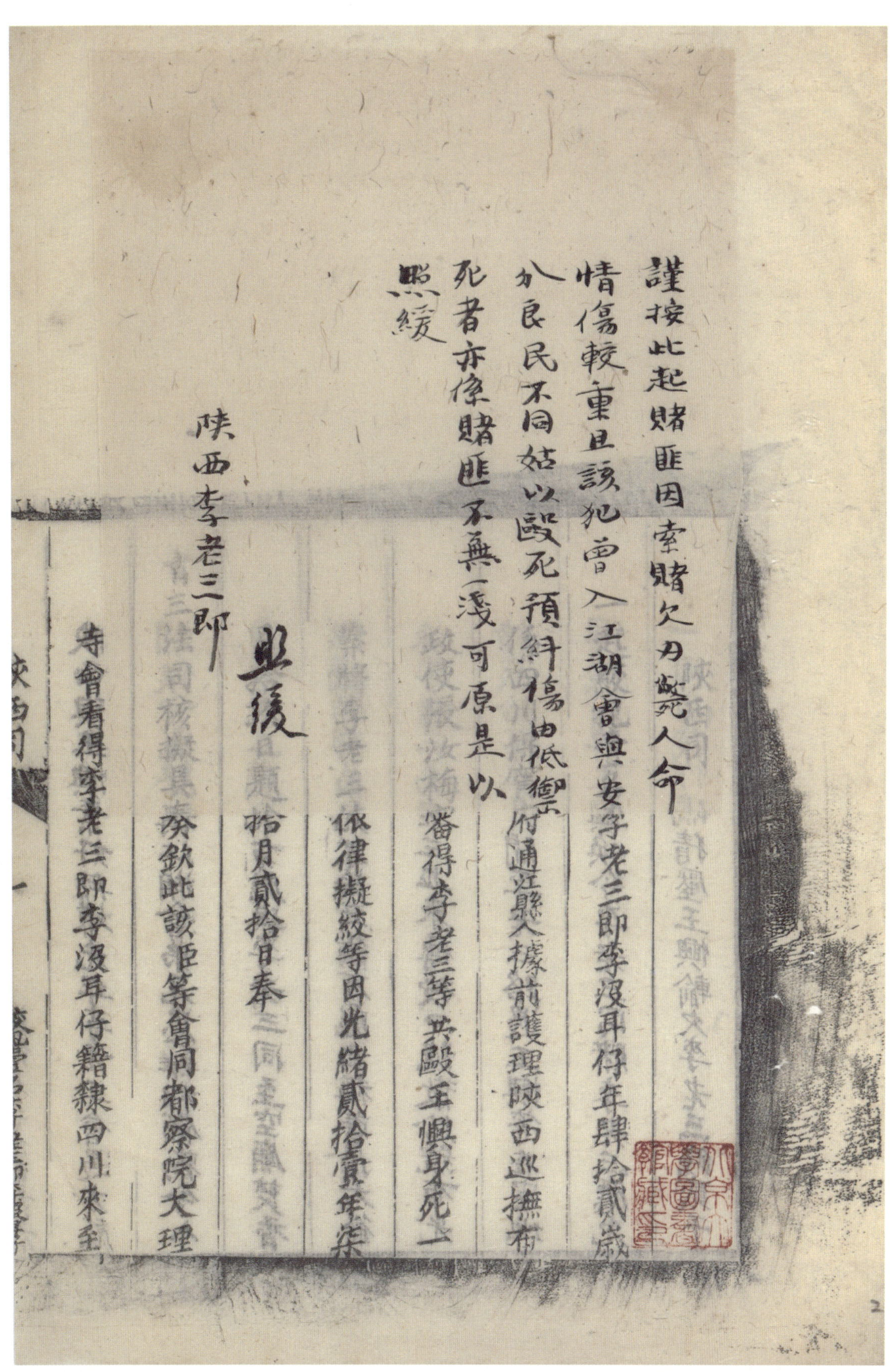
謹按此起賭匪因索賭欠刀毆死人命
情傷較重且該犯曾入江湖會與安
分良民不同姑以毆死預糾傷由低擬
死者亦係賭匪不無一綫可原是以
照緩
陝西李老三郎

李老三郎李潑耳仔年肆拾貳歲
何通江縣人據前護理陝西巡撫布
審得李老三等共毆王興身死一
依律擬絞等因光緒貳拾壹年
拾月貳拾日奉
照緩
欽此該臣等會同都察院大理
寺會看得李老三郎李潑耳仔籍隸四川來至

各省不符册　之三

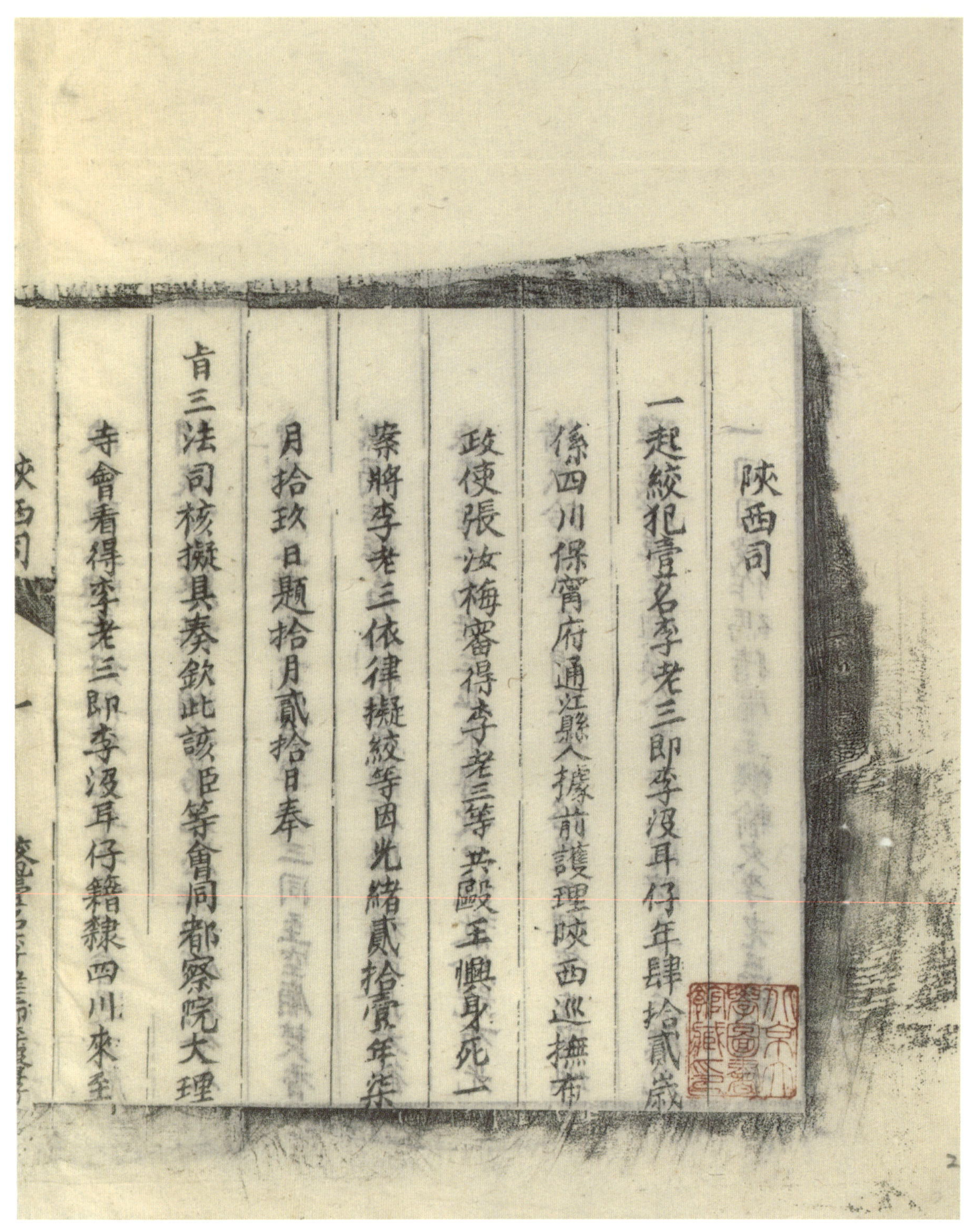
陝西司
一起絞犯壹名李老三即李沒耳仔年肆拾貳歲
係四川保寧府通江縣人據前護理陝西巡撫布
政使張汝梅審得李老三等共毆王懊身死一
案將李老三依律擬絞等因光緒貳拾壹年柒
月拾玖日題拾月貳拾日奉
旨三法司核擬具奏欽此該臣等會同都察院大理
寺會看得李老三即李沒耳仔籍隸四川來至

陝西司
一

各省不符册　之四

活字本

白氏長慶集
第三帙
六冊
白氏長慶集
第四帙
六冊

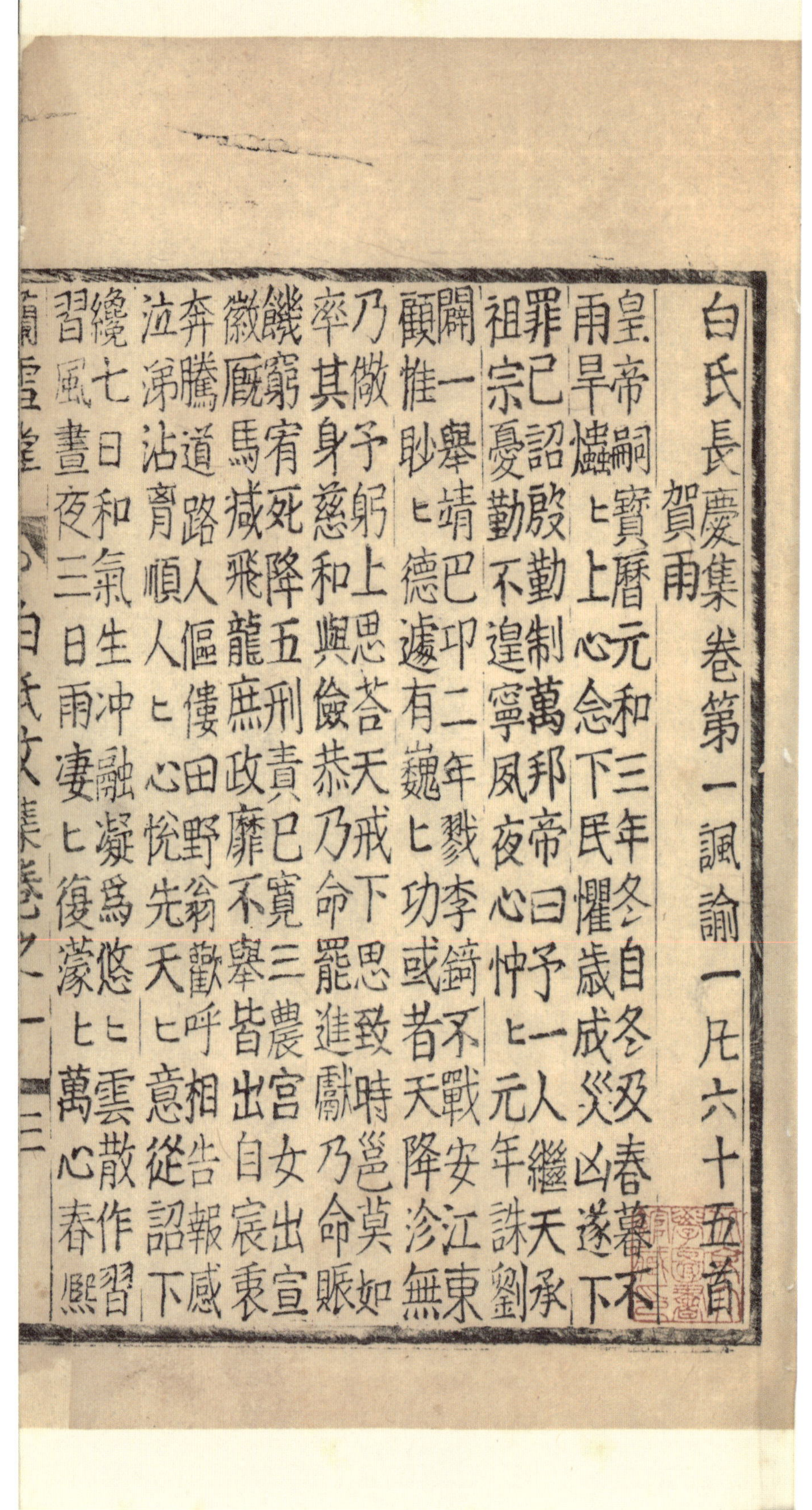

白氏長慶集卷第一　諷諭一　凡六十五首

賀雨

皇帝嗣寶曆元和三年冬自冬及春暮不雨旱爞爞上心念下民懼歲成災凶遂下罪己詔殷勤制萬邦帝曰予一人繼天承祖宗憂勤不遑寧夙夜心忡忡元年誅劉闢一舉靖巴邛二年戮李錡不戰安江東顧惟眇眇德遽有巍巍功或者天降沴無乃儆予躬上思答天戒下思致時邕莫如率其身慈和與儉恭乃命罷進獻乃命賑饑窮宥死降五刑責己寬三農宮女出宣徽廄馬減飛龍庶政靡不舉皆出自宸衷奔騰道路人傴僂田野翁懽呼相告報感泣涕沾胷順人人心悅先天天意從詔下纔七日和氣生沖融凝爲悠悠雲散作習習風晝夜三日雨凄凄復濛濛萬心春熙

蘭雪堂　白氏文集卷之一　三

白氏長慶集七十一卷目録二卷/四函二十四册/明正德八年（1513）蘭雪堂金屬活字本

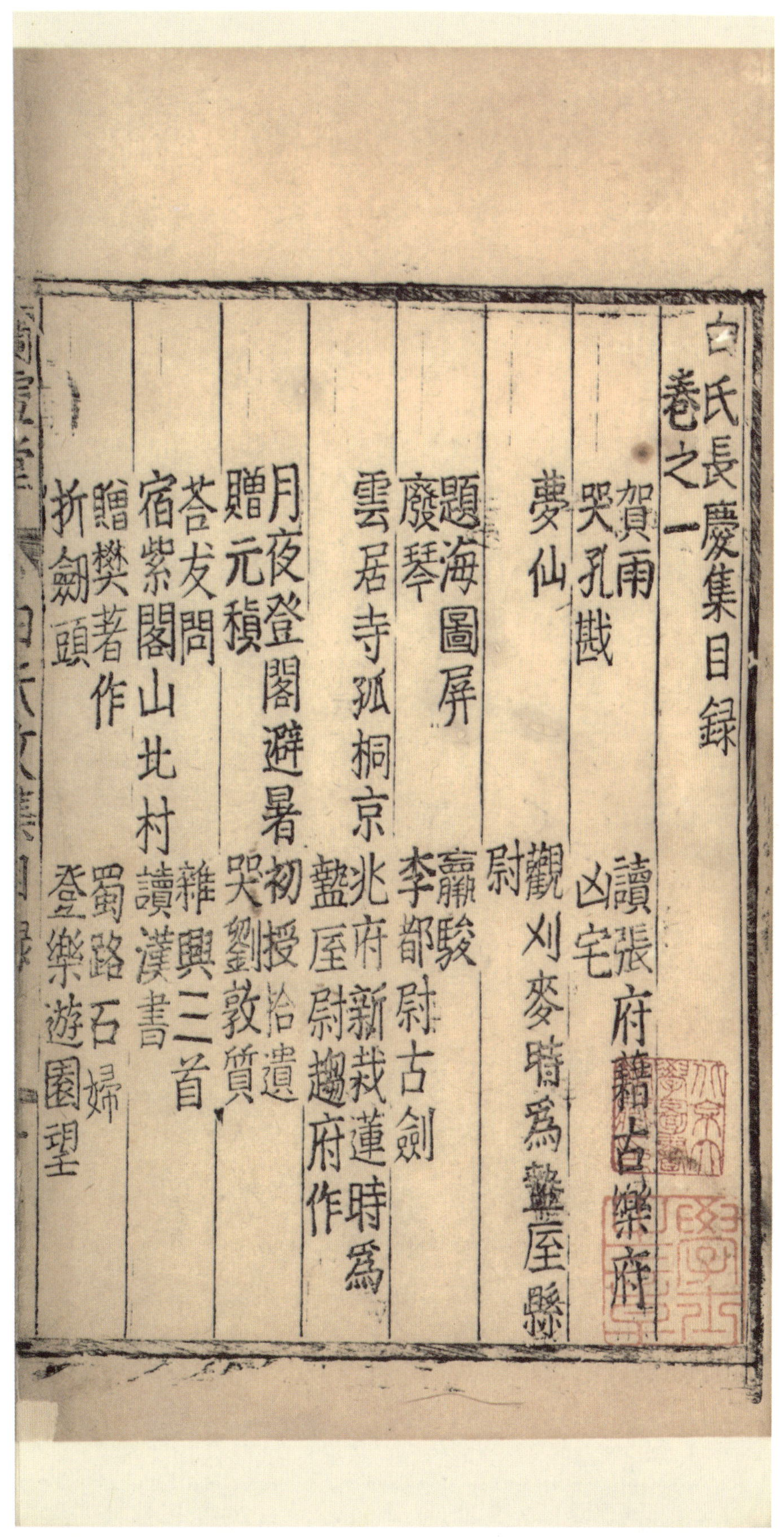
白氏長慶集目録
卷之一
賀雨　讀張籍古樂府
哭孔戡　凶宅
夢仙　觀刈麥時爲盩厔縣尉
題海圖屏　羸駿
廢琴　李都尉古劍
雲居寺孤桐　京兆府新栽蓮時爲盩厔尉趨府作
月夜登閣避暑　初授拾遺
贈元稹　哭劉敦質
答友問　雜興三首
宿紫閣山北村　讀漢書
贈樊著作　蜀路石婦
折劍頭　登樂遊園望

白氏長慶集七十一卷目録二卷　之二

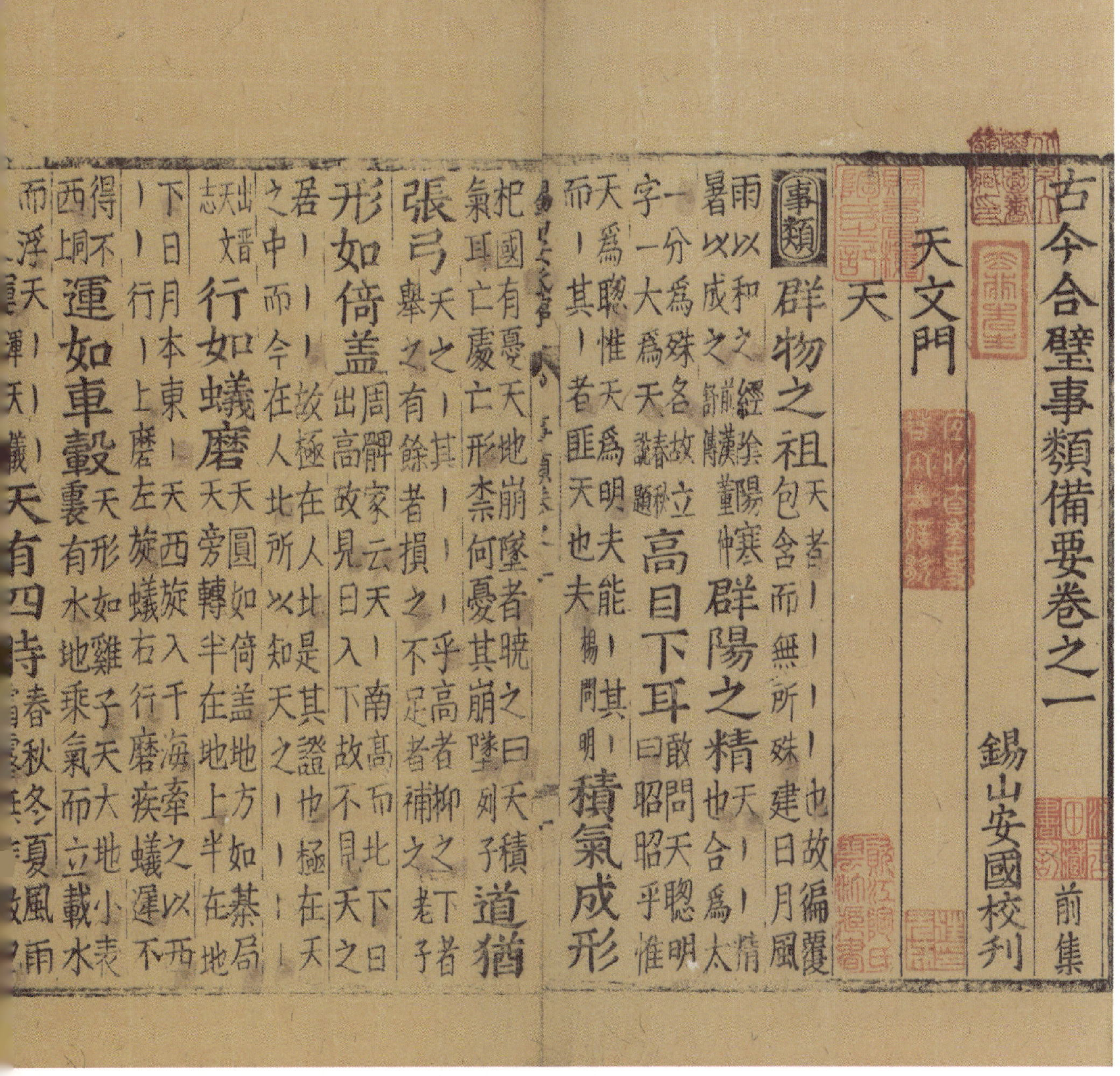

古今合璧事類備要前集六十九卷後集八十一卷續集五十六卷别集九十四卷/八十册/明錫山安國金屬活字印本

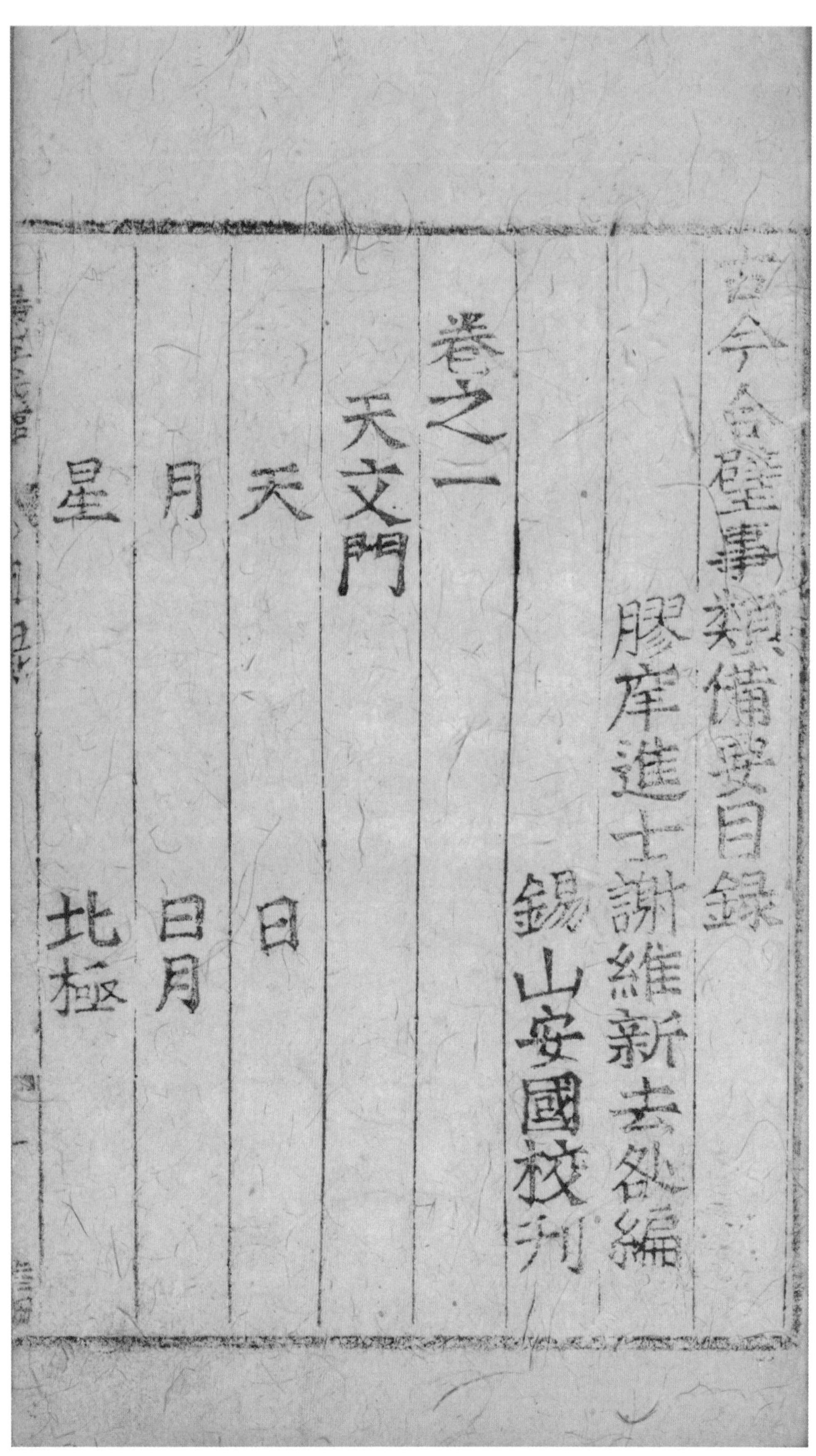

古今合璧事類備要目録
膠庠進士謝維新去咎編
錫山安國校刋
卷之一
天文門
天　日
月　日月
星　北極

古今合璧事類備要前集六十九卷後集八十一卷續集五十六卷別集九十四卷　之二

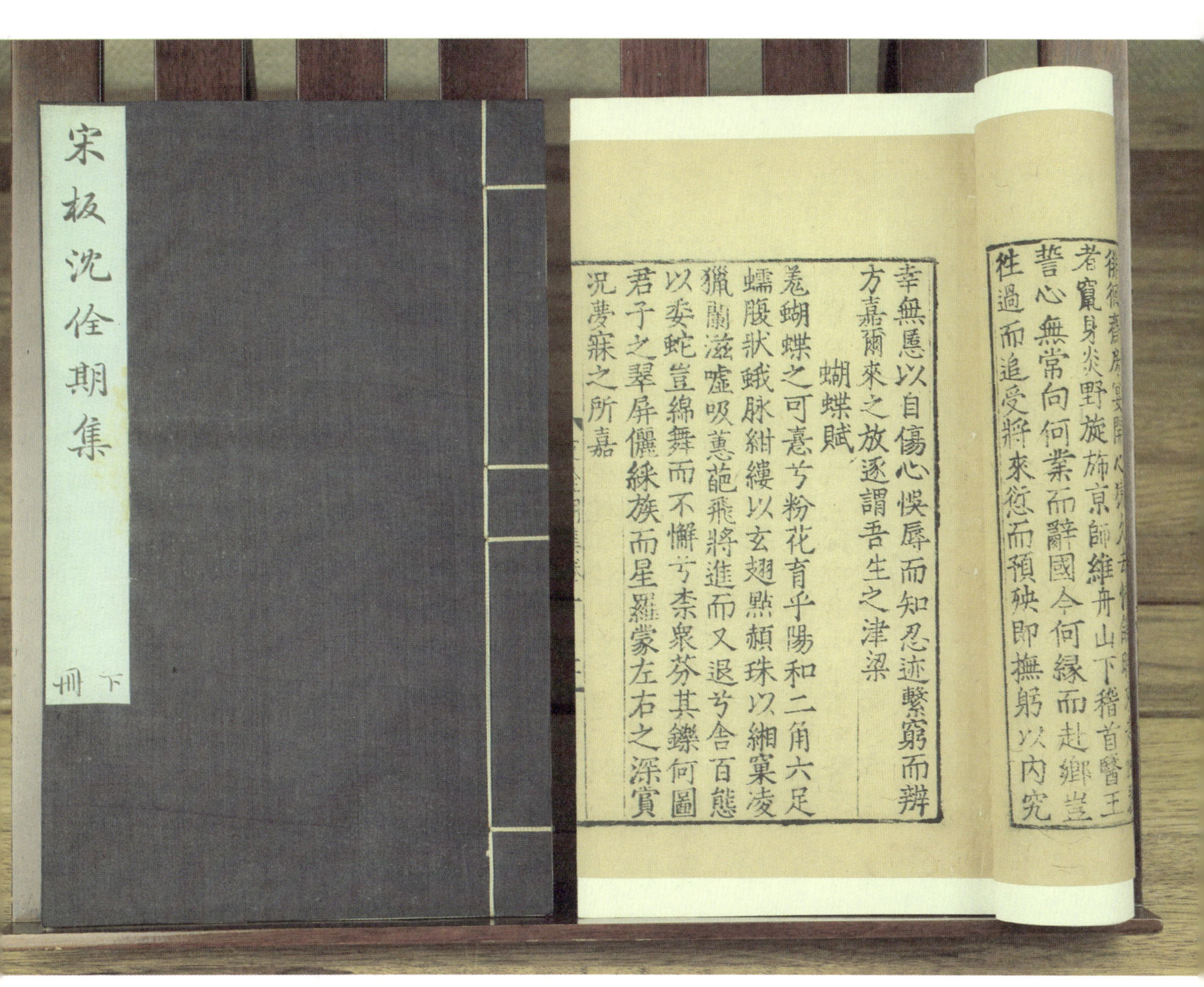
宋板沈佺期集
下冊
者竄身炎野旋旆京師緋舟山下稽首醫王
誓心無常向何業而辭國今何緣而赴鄉豈
性過而追受將來愆而預殃即撫躬以內究
幸無慝以自傷心惧辱而知忍迹繫窮而辯
方嘉爾來之放逐謂吾生之津梁
蝴蝶賦
羗蝴蝶之可憙兮粉花育乎陽和二角六足
蠕腹狀蛾脉紺縷以玄翅點頳珠以緗窠凌
獵蘭滋噓吸蕙葩飛將進而又退兮含百態
以委蛇豈綿舞而不懈兮柰衆芬其鑠何圖
君子之翠屏儼綵旗而星羅蒙左右之深賞
況夢寐之所嘉

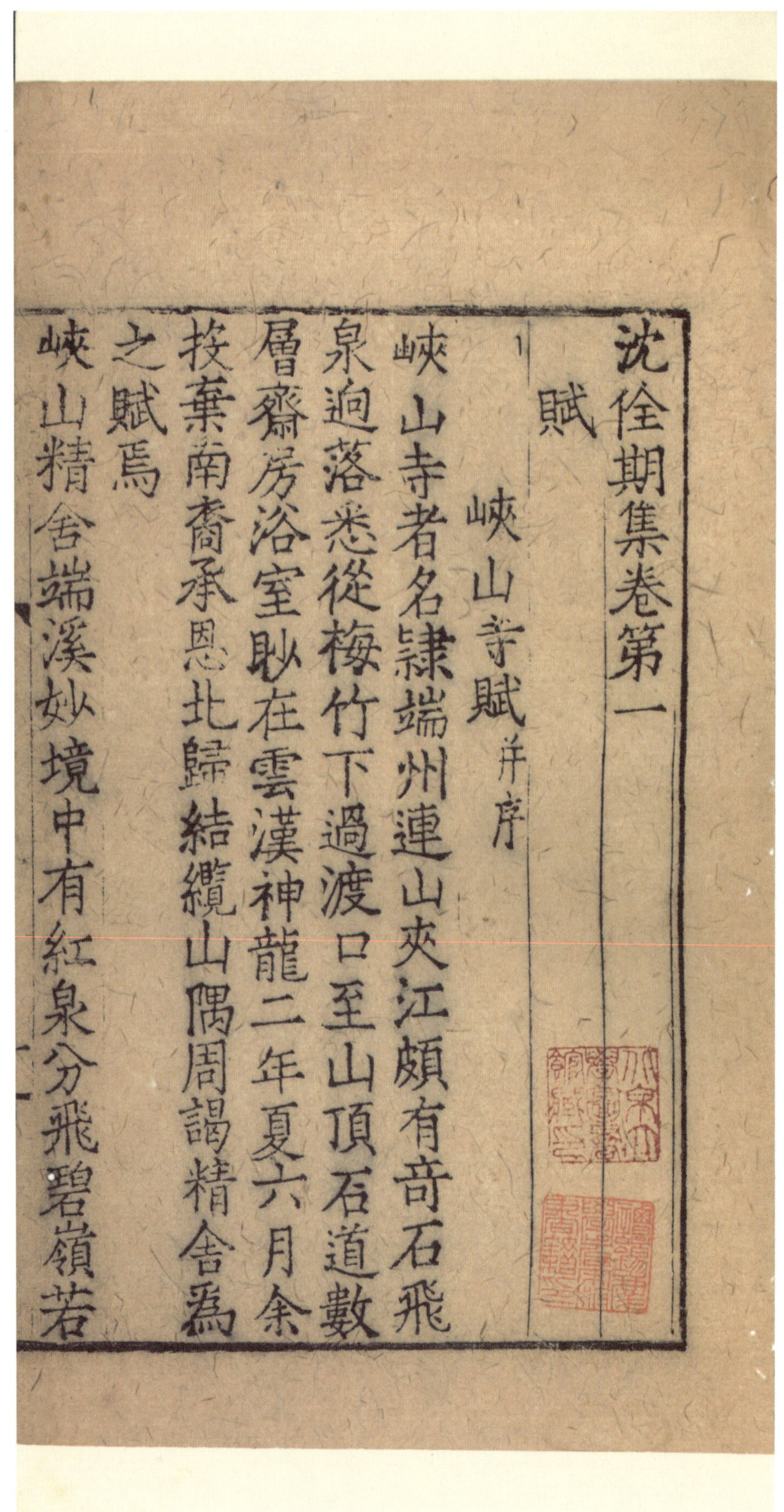

沈佺期集卷第一

賦

峽山寺賦并序

峽山寺者名隷端州連山夾江頗有奇石飛泉迴落悉從梅竹下過渡口至山頂石道數層齋房浴室耿在雲漢神龍二年夏六月余投棄南裔承恩北歸結纜山隅周謁精舍爲之賦焉

峽山精舍端溪妙境中有紅泉分飛碧嶺若

沈佺期集四卷/一函二册/明金屬活字本

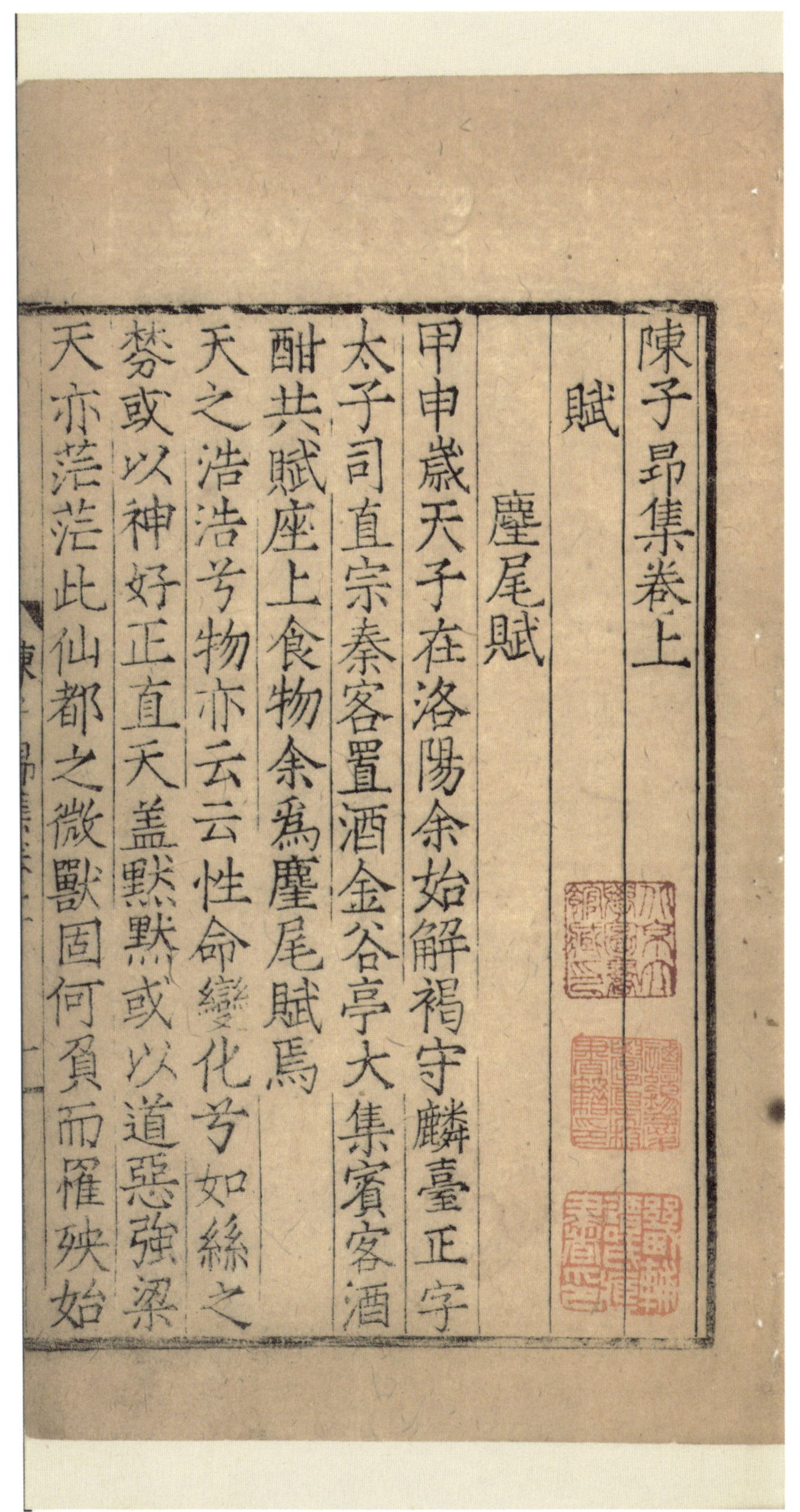

陳子昂集卷上

賦

麈尾賦

甲申歲天子在洛陽余始解褐守麟臺正字太子司直宗秦客置酒金谷亭大集賓客酒酣共賦座上食物余爲麈尾賦焉

天之浩浩兮物亦云云性命變化兮如絲之棼或以神好正直天蓋黙黙或以道惡強梁天亦茫茫此仙都之微獸固何負而罹殃始

陳子昂集二卷/一函一册/明金屬活字本

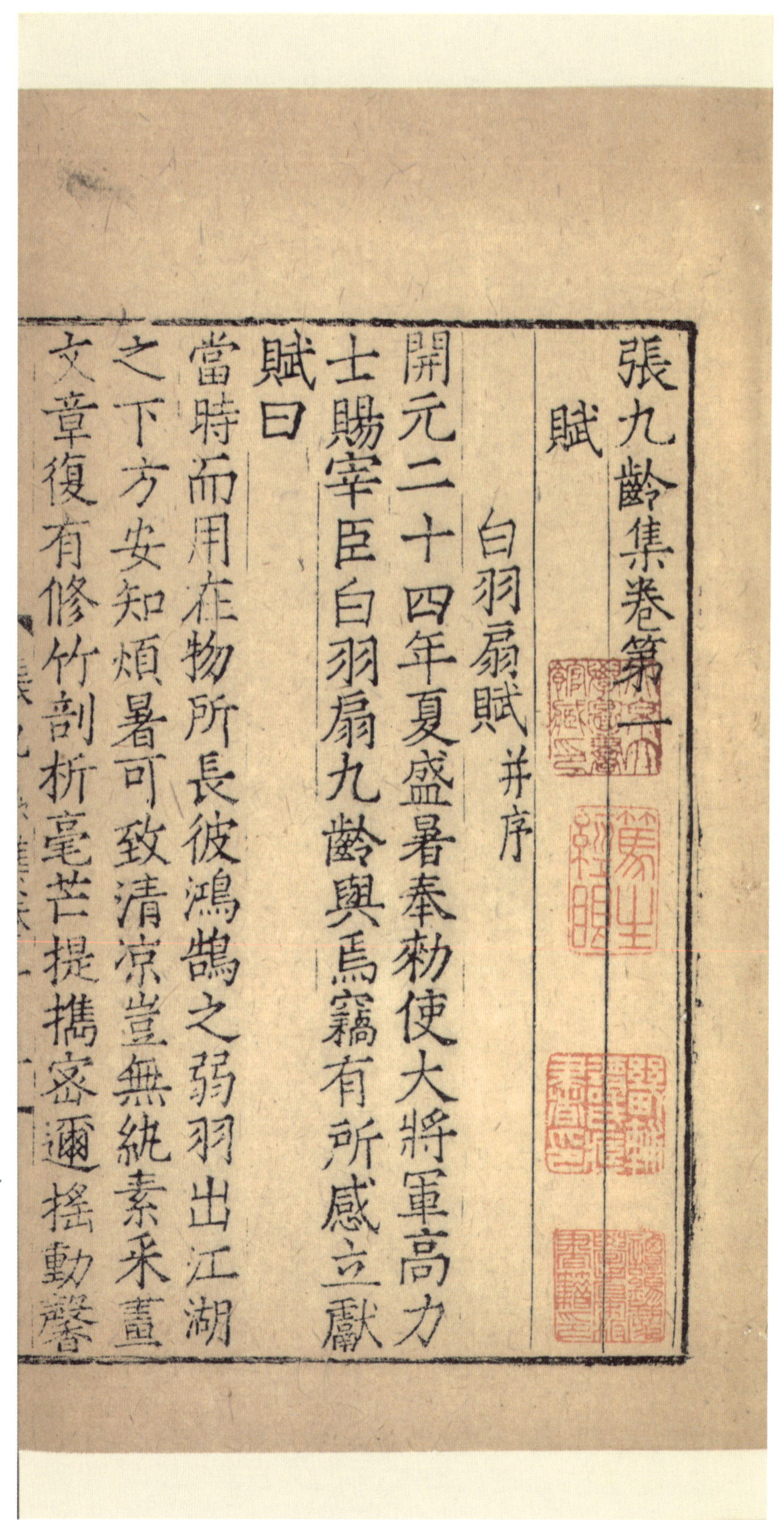

張九齡集卷第一

賦

白羽扇賦 并序

開元二十四年夏盛暑奉勑使大將軍高力士賜宰臣白羽扇九齡與焉竊有所感立獻賦曰

當時而用在物所長彼鴻鵠之弱羽出江湖之下方安知煩暑可致清涼豈無紈素采畫文章復有修竹剖析毫芒提攜密邇搖動馨

張九齡集三卷／一函一册／明金屬活字本

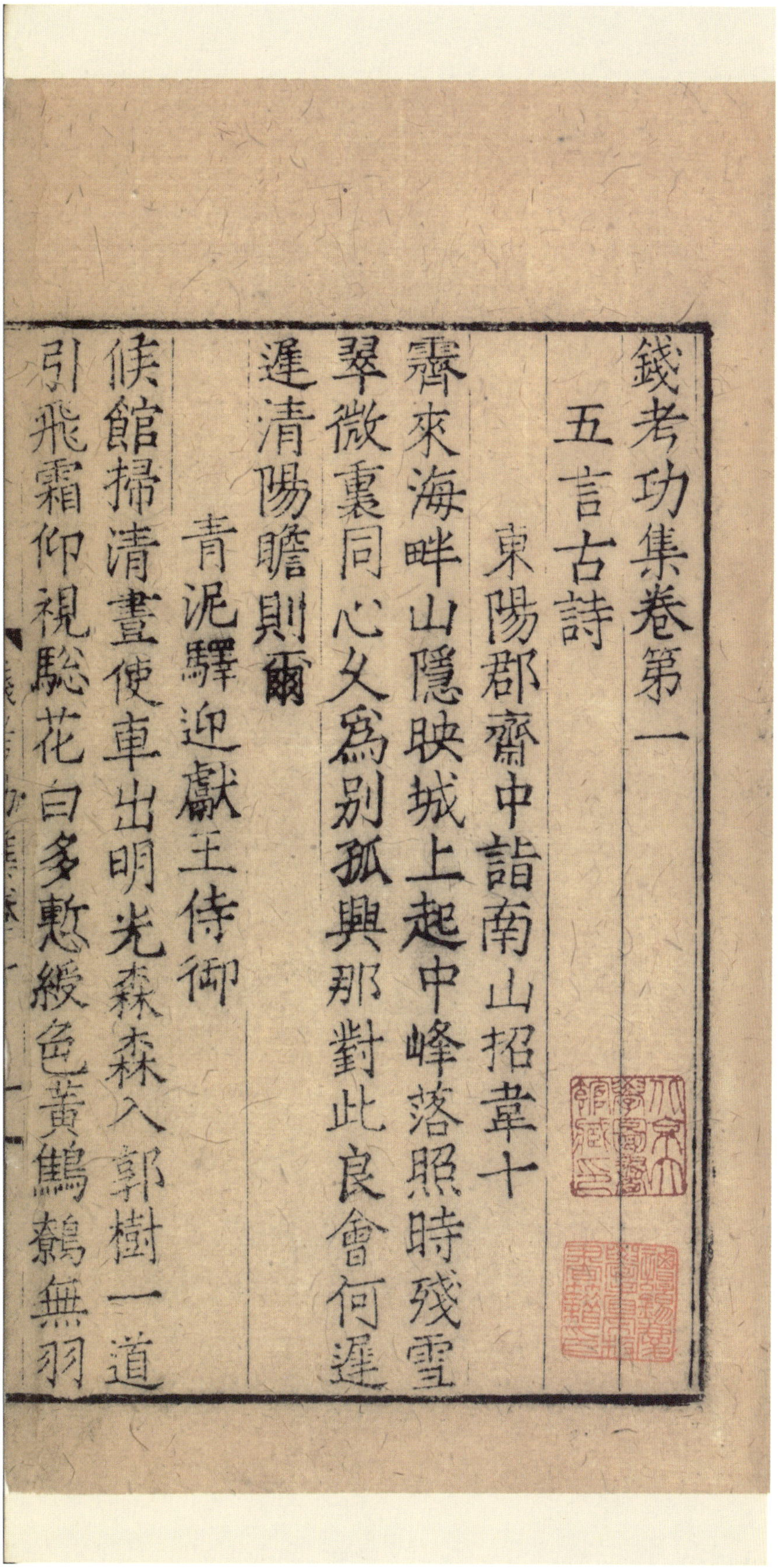

錢考功集卷第一

五言古詩

東陽郡齋中詣南山招韋十

霽來海畔山隱映城上起中峰落照時殘雪

翠微裏同心夂爲别孤興那對此良會何遲

遲清陽瞻則爾

青泥驛迎獻王侍御

候館掃清晝使車出明光森森入郭樹一道

引飛霜仰視驄花白多慙緩色黄鶺鴒無羽

錢考功集十卷/四册/明金屬活字本

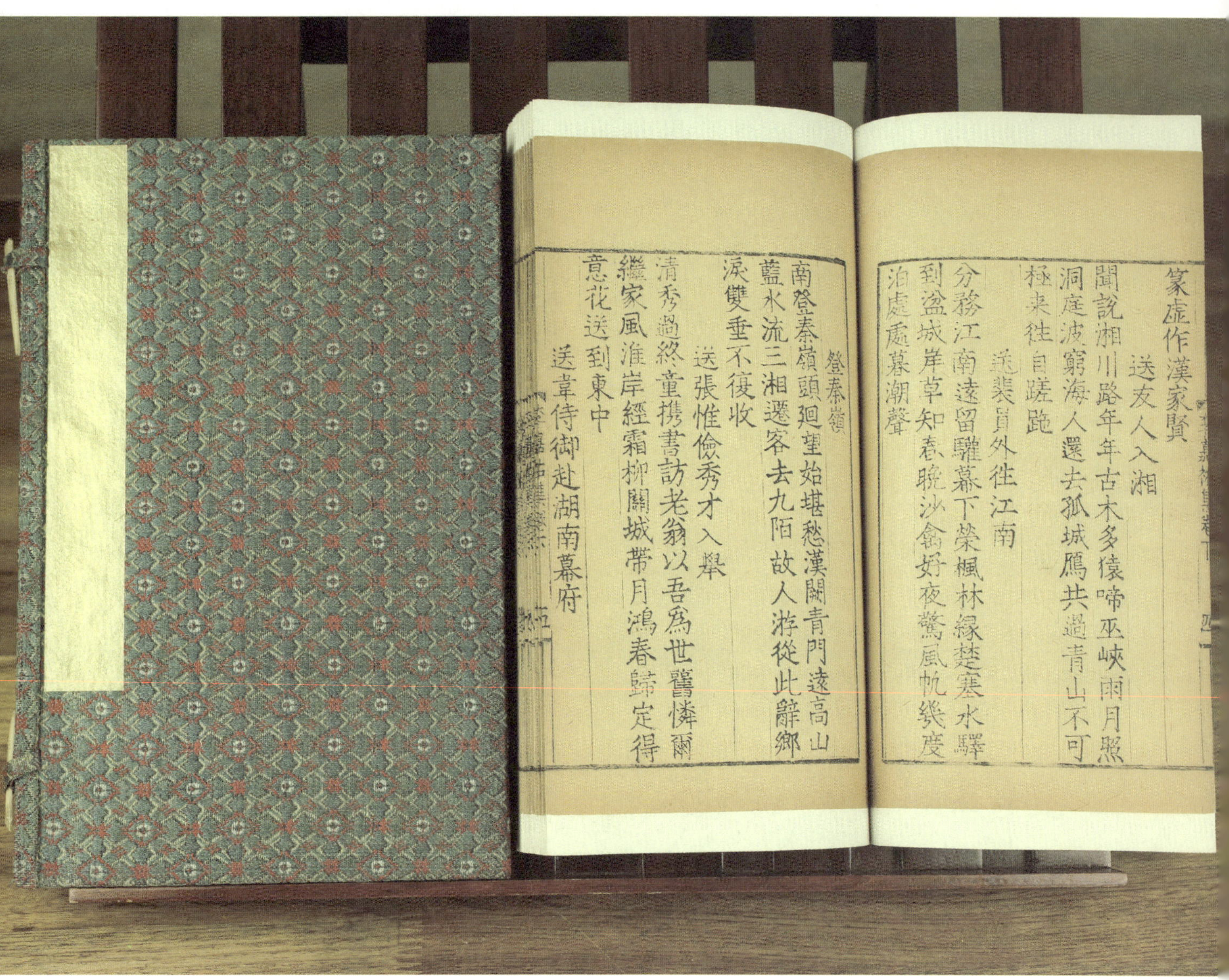

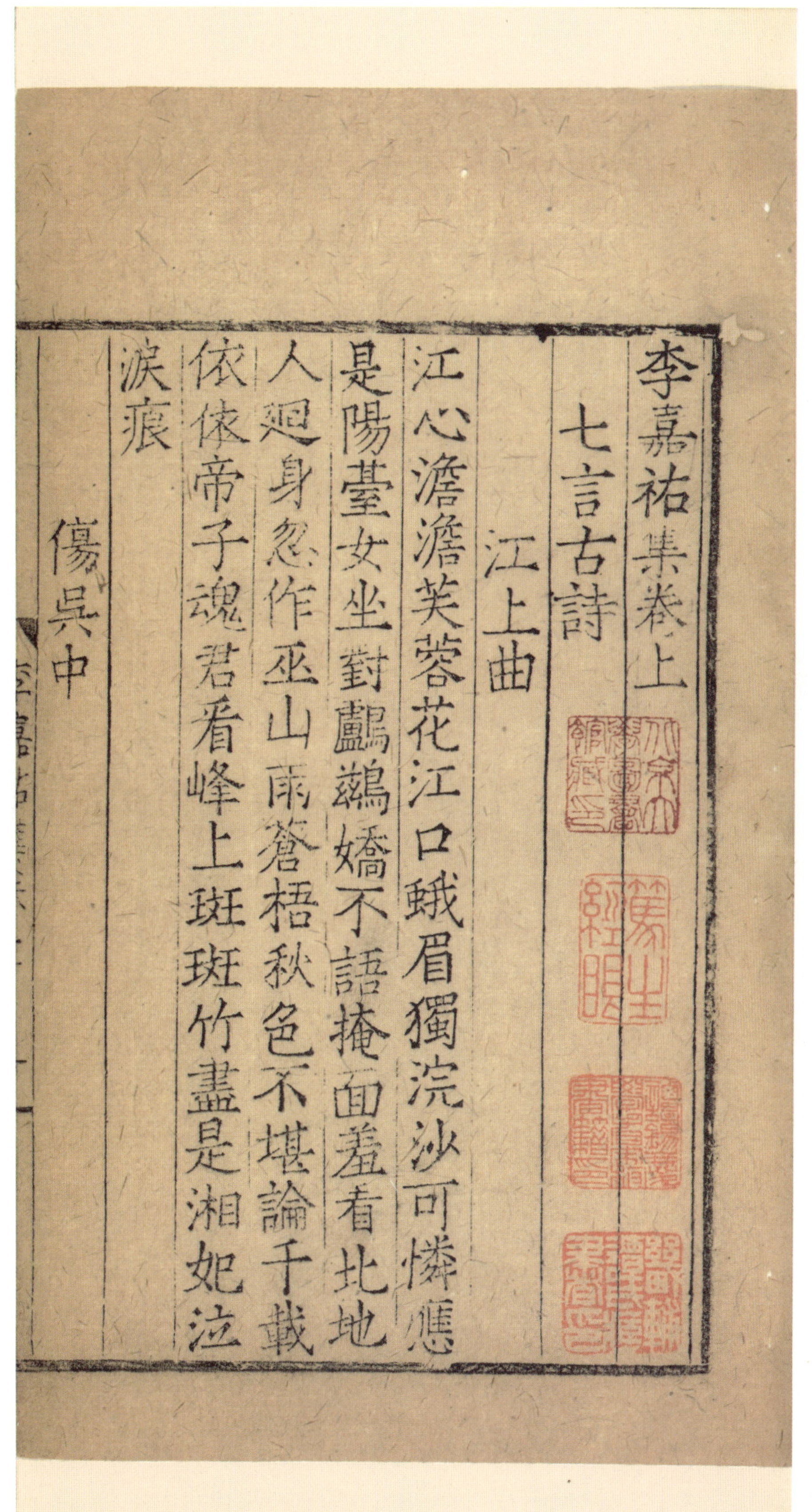

李嘉祐集卷上

七言古詩

江上曲

江心澹澹芙蓉花江口蛾眉獨浣沙可憐應是陽臺女坐對鸂鶒嬌不語掩面羞看北地人廻身忽作巫山雨蒼梧秋色不堪論千載依依帝子魂君看峰上斑斑竹盡是湘妃泣淚痕

傷吳中

李嘉祐集二卷／一函一册／明金屬活字本

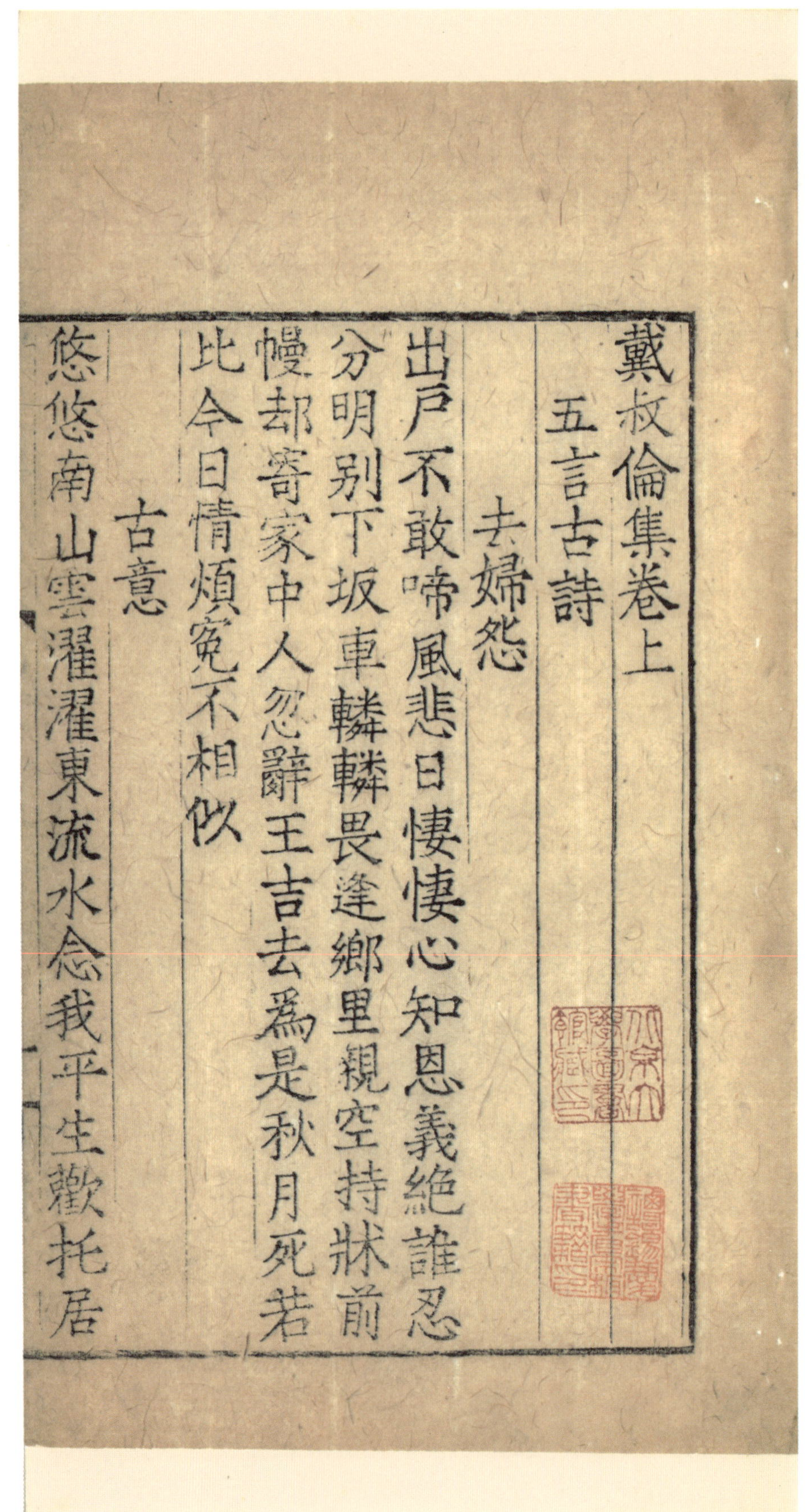

戴叔倫集卷上

五言古詩

去婦怨

出戸不敢啼風悲日悽悽心知恩義絶誰忍
分明別下坂車轔轔畏逢鄉里親空持牀前
幔郄寄家中人忽辭王吉去爲是秋月死若
比今日情煩寃不相似

古意

悠悠南山雲濯濯東流水念我平生歡托居

戴叔倫集二卷 / 一函一册 / 明金屬活字本

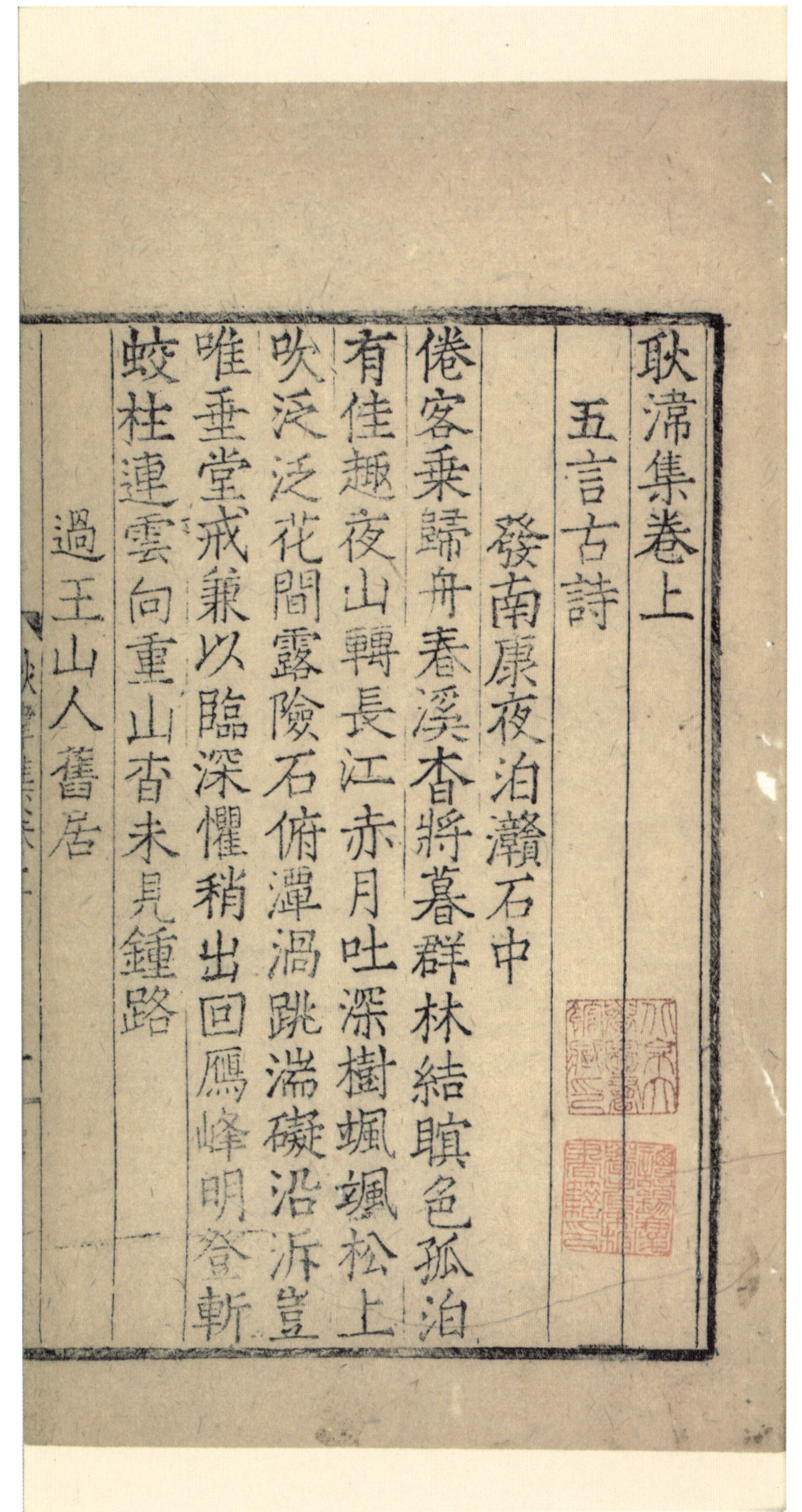

耿湋集三卷 / 一函一册 / 明金屬活字本

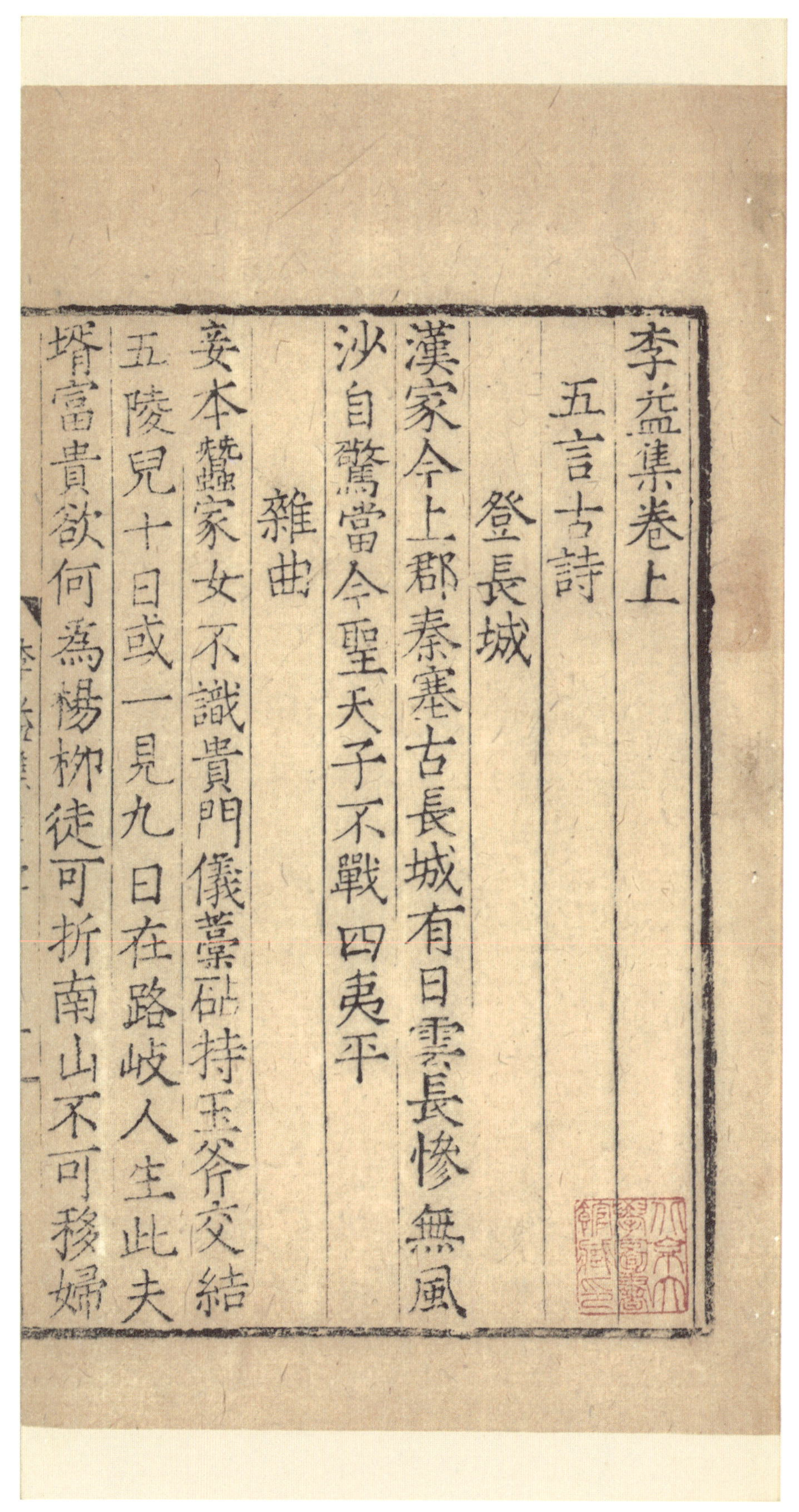

李益集卷上

五言古詩

登長城

漢家今上郡秦塞古長城有日雲長慘無風
沙自驚當今聖天子不戰四夷平

雜曲

妾本蠶家女不識貴門儀藁砧持玉斧交結
五陵兒十日或一見九日在路岐人生此夫
壻富貴欲何爲楊柳徒可折南山不可移婦

李益集二卷/一函一册/明金屬活字本

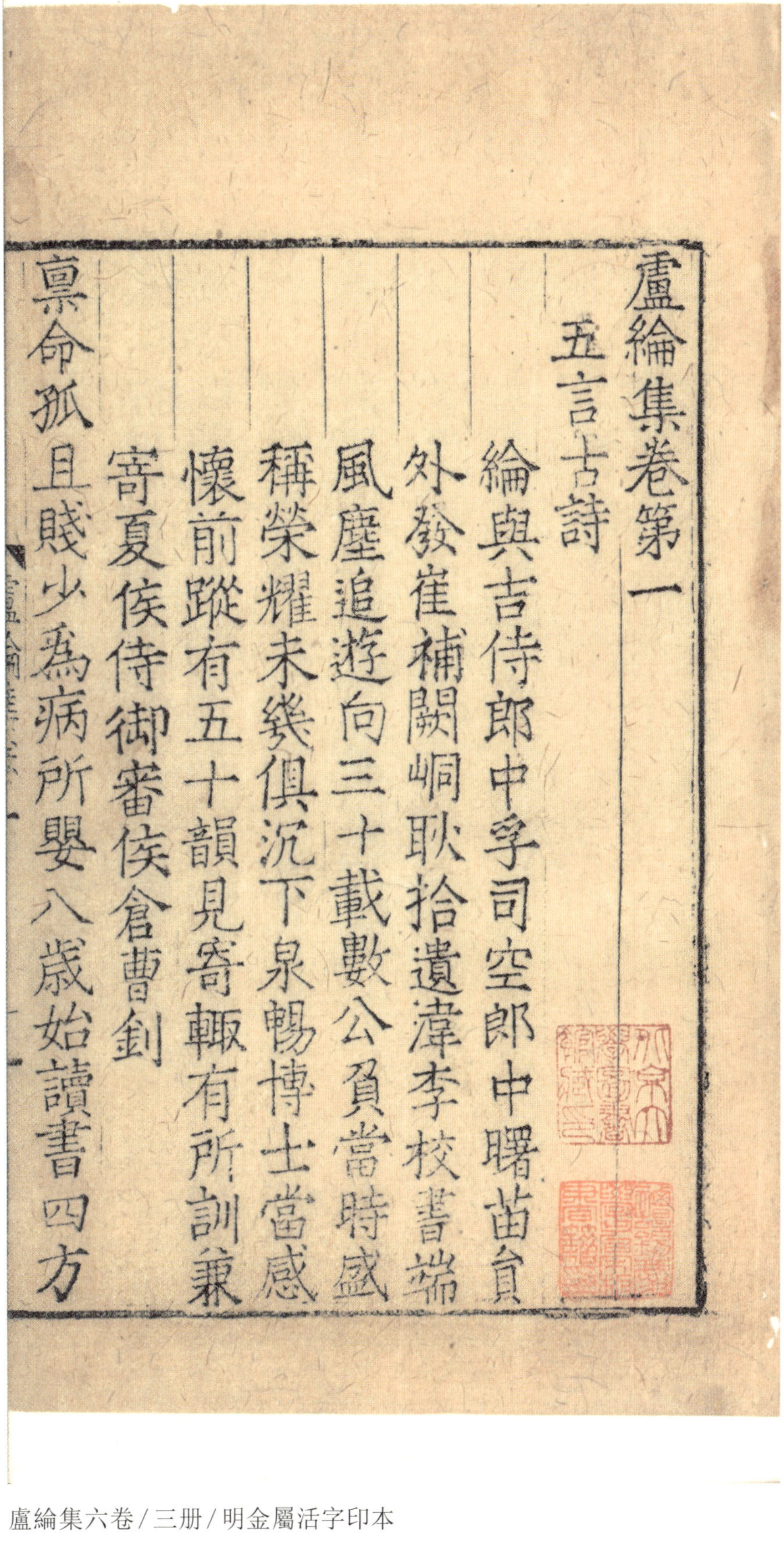

盧綸集卷第一

五言古詩

綸與吉侍郎中孚司空郎中曙苗員外發崔補闕峒耿拾遺湋李校書端風塵追遊向三十載數公負當時盛稱榮耀未幾俱沉下泉暢博士當感懷前蹤有五十韻見寄輙有所訓兼寄夏侯侍御審侯倉曹釗

稟命孤且賤少爲病所嬰八歲始讀書四方

盧綸集卷一

盧綸集六卷／三册／明金屬活字印本

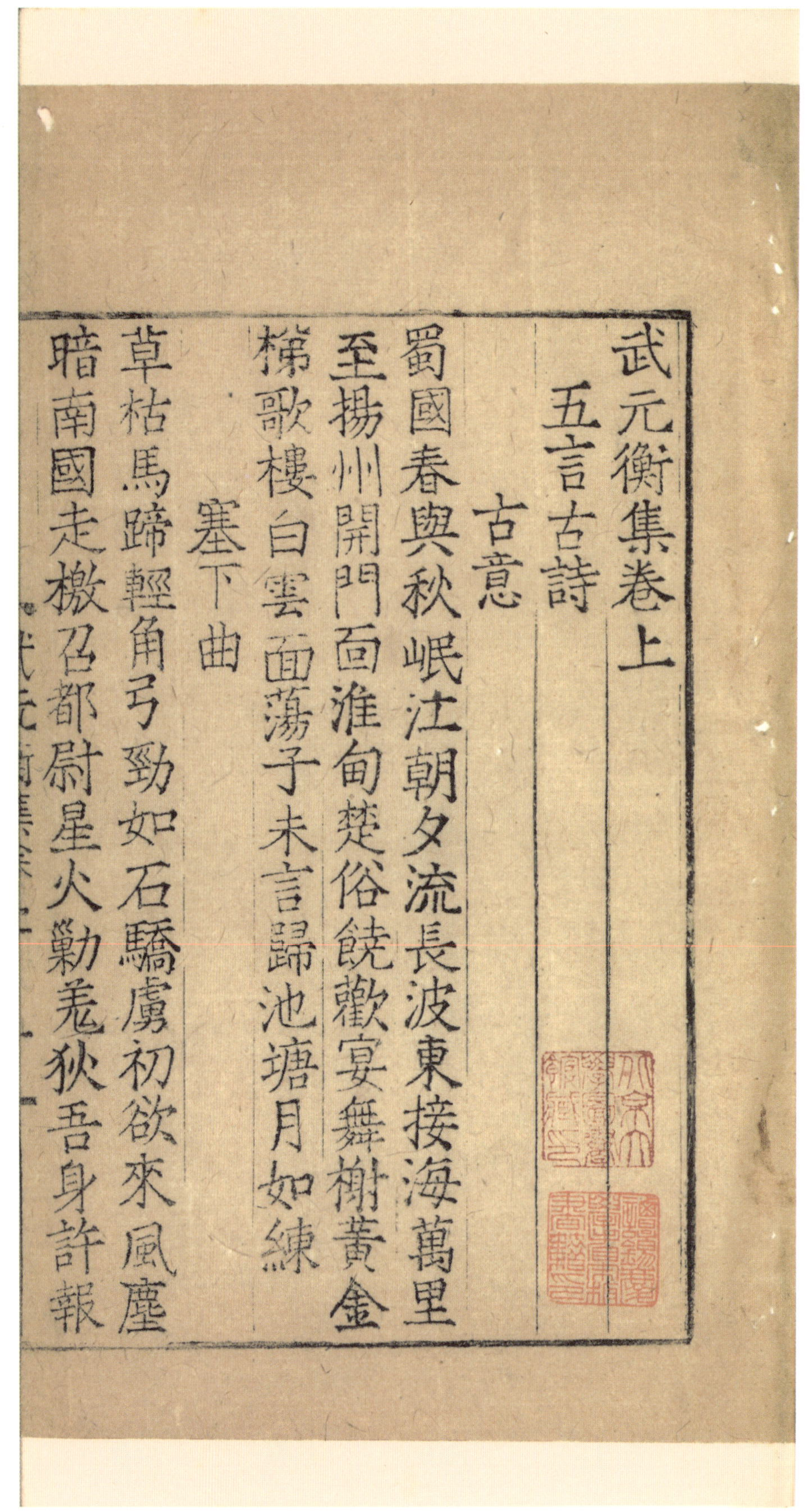

武元衡集卷上

五言古詩

古意

蜀國春與秋岷江朝夕流長波東接海萬里至揚州開門面淮甸楚俗饒歡宴舞榭黃金梯歌樓白雲面蕩子未言歸池塘月如練

塞下曲

草枯馬蹄輕角弓勁如石驕虜初欲來風塵暗南國走檄召都尉星火勦羌狄吾身許報

武元衡集三卷/二册/明金屬活字本

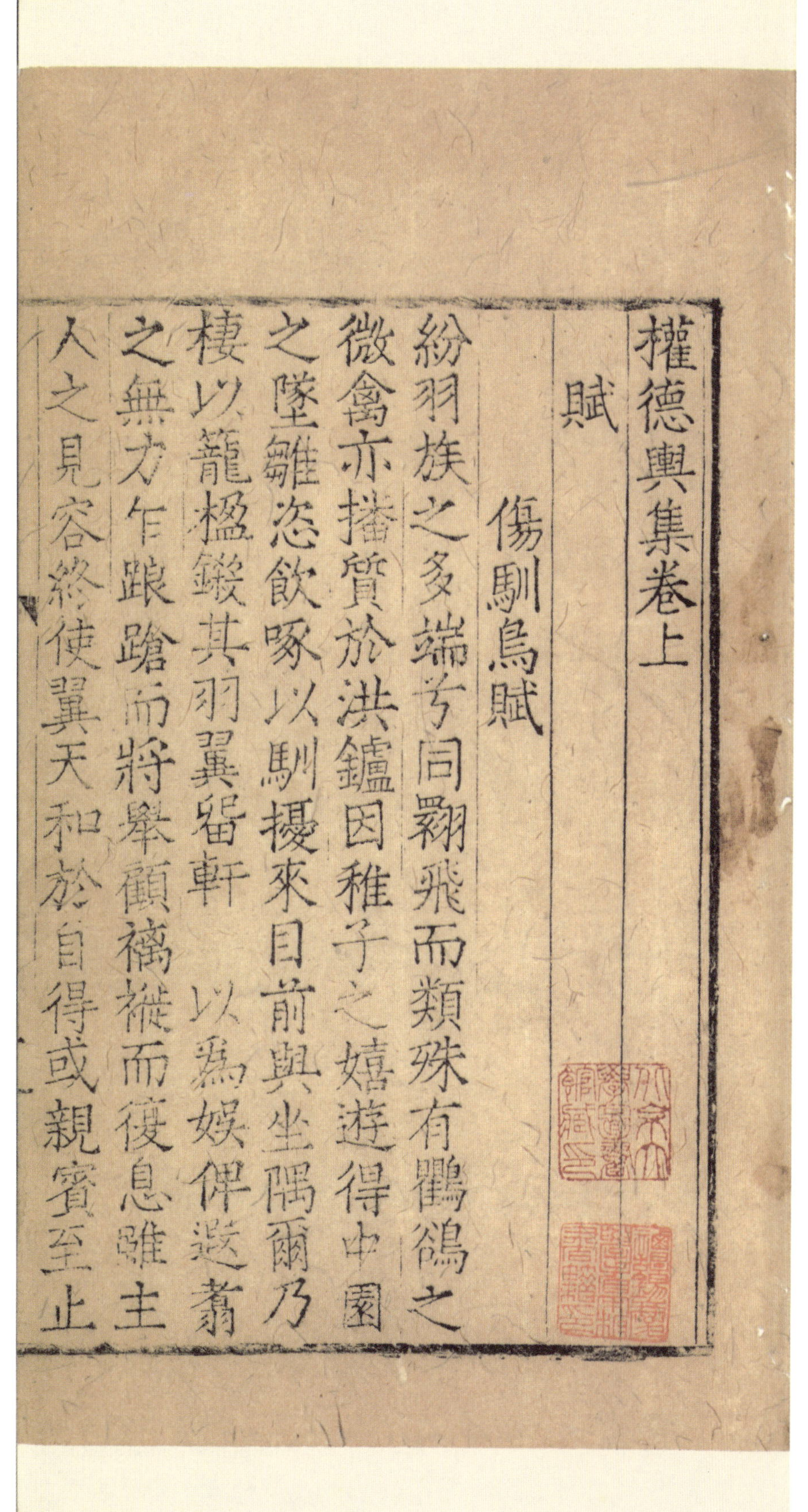

權德輿集卷上

賦

傷馴鳥賦

紛羽族之多端兮同翾飛而類殊有鸜鵒之微禽亦播質於洪鑪因稚子之嬉遊得中園之墜雛恣飲啄以馴擾來目前與坐隅爾乃棲以籠檻鎩其羽翼留軒　以爲娛俾避蕭之無尤乍踉蹌而將舉顧褵褷而復息雖主人之見容終使冀天和於自得或親賓至止

權德輿集二卷/一函一册/明金屬活字本

文體明辯卷之一　大明吳江徐師曾伯魯纂

歸安茅乾健夫校正

建陽游榕活板印行

古歌謠辭　歌○謠○謳○誦○詩○辭○諺附

按歌謠者朝野詠歌之辭也廣雅云聲比於琴瑟曰歌爾雅云徒歌謂之謠韓詩章句云有章曲謂之歌無章曲謂之謠則歌與謠之辨其來尚矣然考上古之世如卿雲采薇並爲徒歌不皆稱謠擊壤扣角亦皆可歌不盡比於琴瑟則

文體明辯　卷之一　一

文體明辯六十一卷卷首一卷目録六卷/六函三十四册/明萬曆建陽游榕金屬活字印本

文體明辯序
文體明辯六十一卷綱領一卷目録六卷附録十四卷目録二卷通八十四卷撰述始嘉靖三十三年甲寅春迄隆慶四年庚午秋凡十有七年而後成其書大抵以同郡常熟吴文恪公訥所纂文章辯體爲主而損益之辯體爲類五十今明辯百有一辯體外集爲類五今明辯附録二十有六進律賦律詩於正編賦以類從詩以近正也輯既成繕寫貯藏以俟正於君子乃原撰述之故而序之曰夫文章之有體裁猶宫室

文体明辨　序　一

文體明辯六十一卷卷首一卷目録六卷　之二

別爲一格如六朝唐初文陸宣公奏議今並弗
録慱雅君子當自求之至於附錄則閭巷家人
之事俳優方外之語本吾儒所不道然知而不
作乃有辭於世若乃內不能辨而外爲大言以
欺人則儒者之耻也故亦錄而附焉萬曆改元
歲在癸酉三月朔旦吳江徐師曾序

歸安少溪茅乾健夫校正

閩建陽游榕製活板印行

文體明辯六十一卷卷首一卷目録六卷　之三

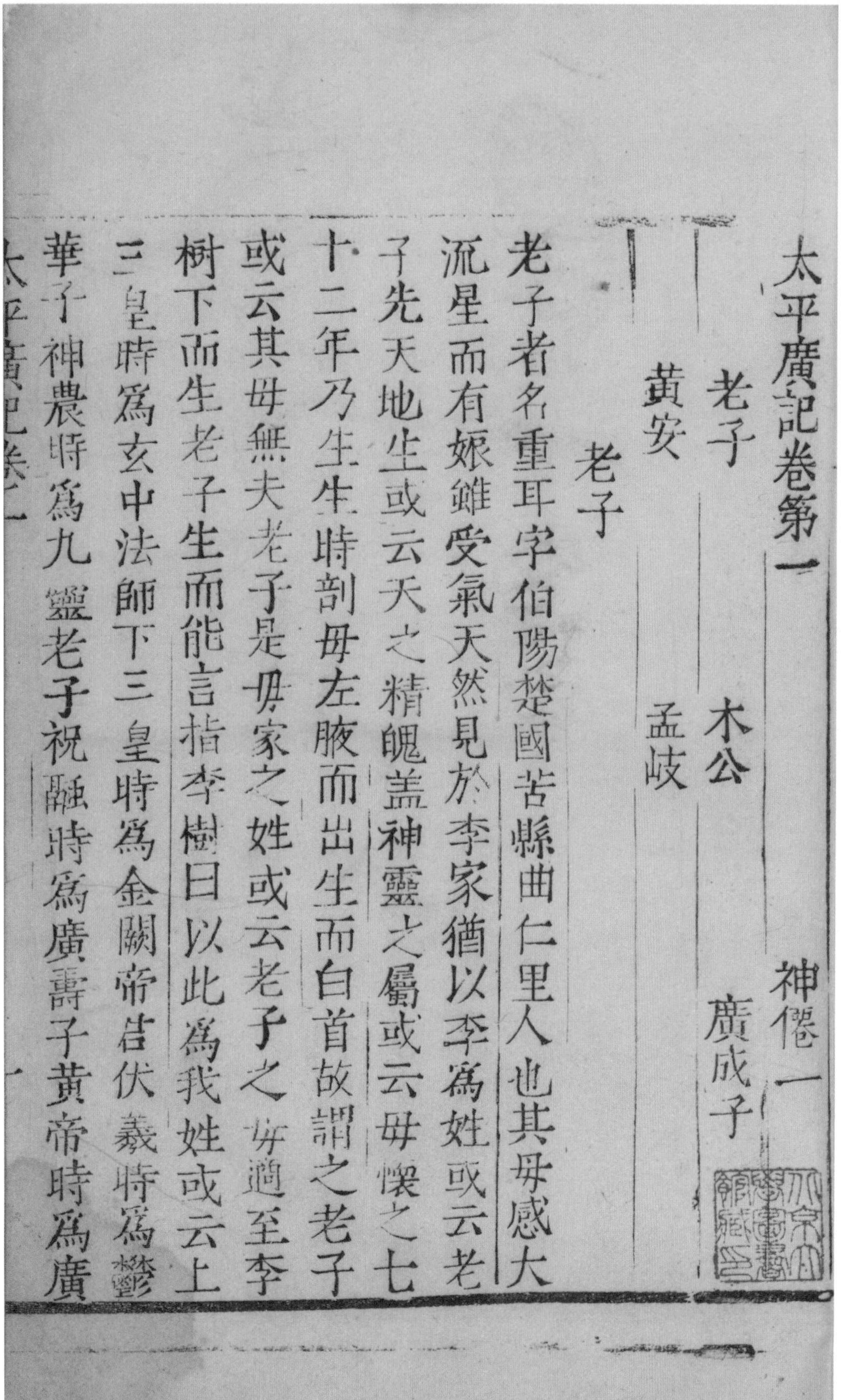

太平廣記卷第一　神僊一

老子　木公　廣成子

黄安　孟岐

老子

老子者名重耳字伯陽楚國苦縣曲仁里人也其母感大流星而有娠雖受氣天然見於李家猶以李爲姓或云老子先天地生或云天之精魄蓋神靈之屬或云母懷之七十二年乃生生時剖母左腋而出生而白首故謂之老子或云其母無夫老子是母家之姓或云老子之母適至李樹下而生老子生而能言指李樹曰以此爲我姓或云上三皇時爲玄中法師下三皇時爲金闕帝君伏羲時爲鬱華子神農時爲九靈老子祝融時爲廣壽子黄帝時爲廣

太平廣記卷之一　一

太平廣記五百卷目録十卷/十函八十册/明木活字本

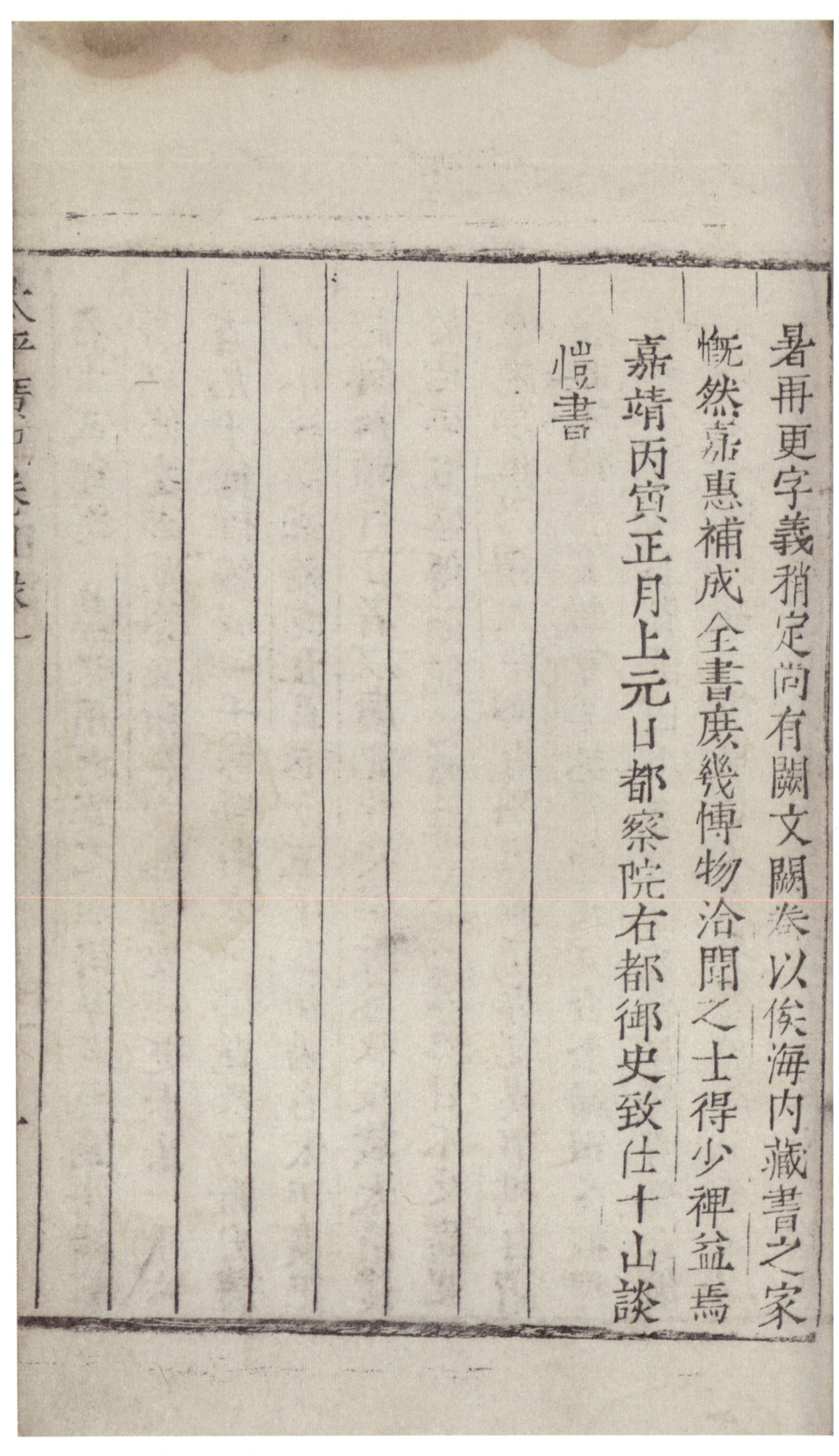

畧再更字義稍定尚有闕文闕卷以俟海内藏書之家
慨然嘉惠補成全書庶幾博物洽聞之士得少裨益焉
嘉靖丙寅正月上元日都察院右都御史致仕十山談
愷書

太平廣記五百卷目録十卷　之二

太平廣記目録卷第一

宋翰林學士中順大夫户部尚書上柱國賜紫金魚

袋李昉等編

明資善大夫都察院右都御史談愷校刊

姚安府知府秦汴德州知州強仕台東山人唐詩

同校

第一　神仙一

老子　木公　廣成子

黄安　孟岐

第二　神仙二

周穆王　燕昭王　彭祖

太平廣記目録卷一　一

太平廣記五百卷目録十卷　之三

金屑一撮

本分事絶羅籠不貪香餌味可謂碧潭龍潜潭不
礙蛟龍舞挂角羚羊不見蹤月挂寒空闊巖高鳥
不栖觀瀑無聲處捫空有色時花開碧岫山糚面
月映寒潭水畫眉荷盡已無擎雨蓋菊殘猶有傲
霜枝

明眼漢無窠臼内外追尋覔總無境上施爲渾大
有巨浪湧千尋澄波不離水直透萬重關莫住青
霄裏殘夢五更鐘落花三月雨一道神光萬境閒

金屑一撮 一

金屑一撮一卷/一函二册/清初銅活字本

直齋書錄解題卷一

宋 陳 振 孫 撰

易類

周易注六卷略例一卷繫辭注三卷

魏尚書郎山陽王弼輔嗣注上下經撰畧例晉太常潁川韓康伯注繫辭說序雜卦自漢以來言易者多溺於象占之學至弼始一切掃去暢以義理於是天下後世宗之餘家盡廢然王弼好老氏魏晉談元自弼輩倡之易有聖人之道四焉去三存一於道闕矣

直齋書錄解題卷一 一

直齋書録解題二十二卷/四册/清乾隆三十八年（1773）武英殿聚珍本

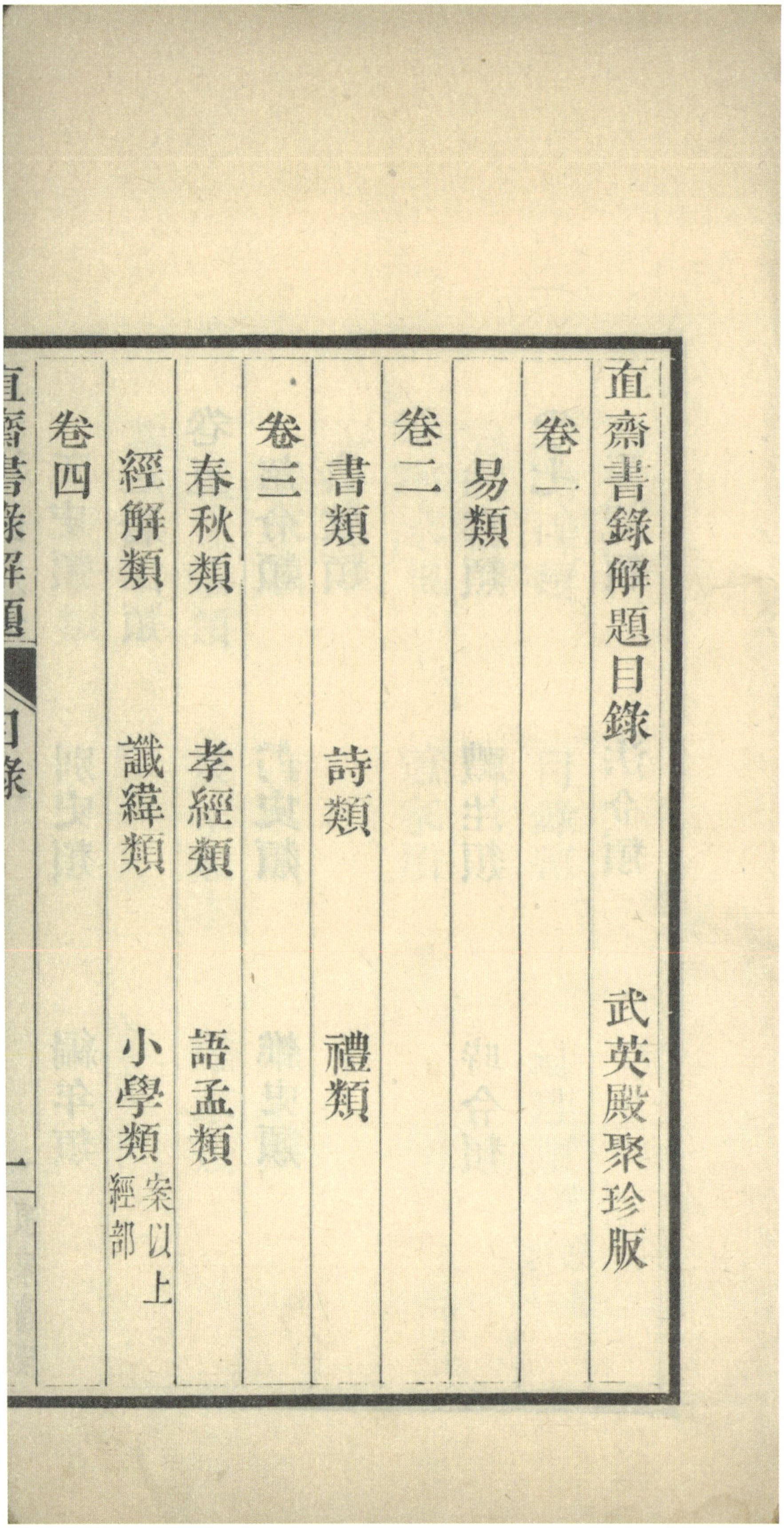

直齋書録解題目録　武英殿聚珍版

卷一
易類
卷二
書類　詩類　禮類
卷三
春秋類　孝經類　語孟類
經解類　讖緯類　小學類案以上經部
卷四

直齋書録解題　目録　一

直齋書録解題二十二卷　之二

農桑輯要卷一
元 司 農 司 撰
典訓
農功起本
周書曰神農之時天雨粟神農遂耕而種之 白虎通
古之人民皆食禽獸肉至於神農因天之時分地之利
制耒耜教民農作神而化之使民宜之故謂之神農
典語神農嘗草別穀烝民乃粒食 世本倕作耒耜倕
神農之臣也 周本紀棄爲兒時其遊戲好種樹麻菽

農桑輯要 卷一 一

農桑輯要七卷/四册/清乾隆三十八年(1773)武英殿聚珍本

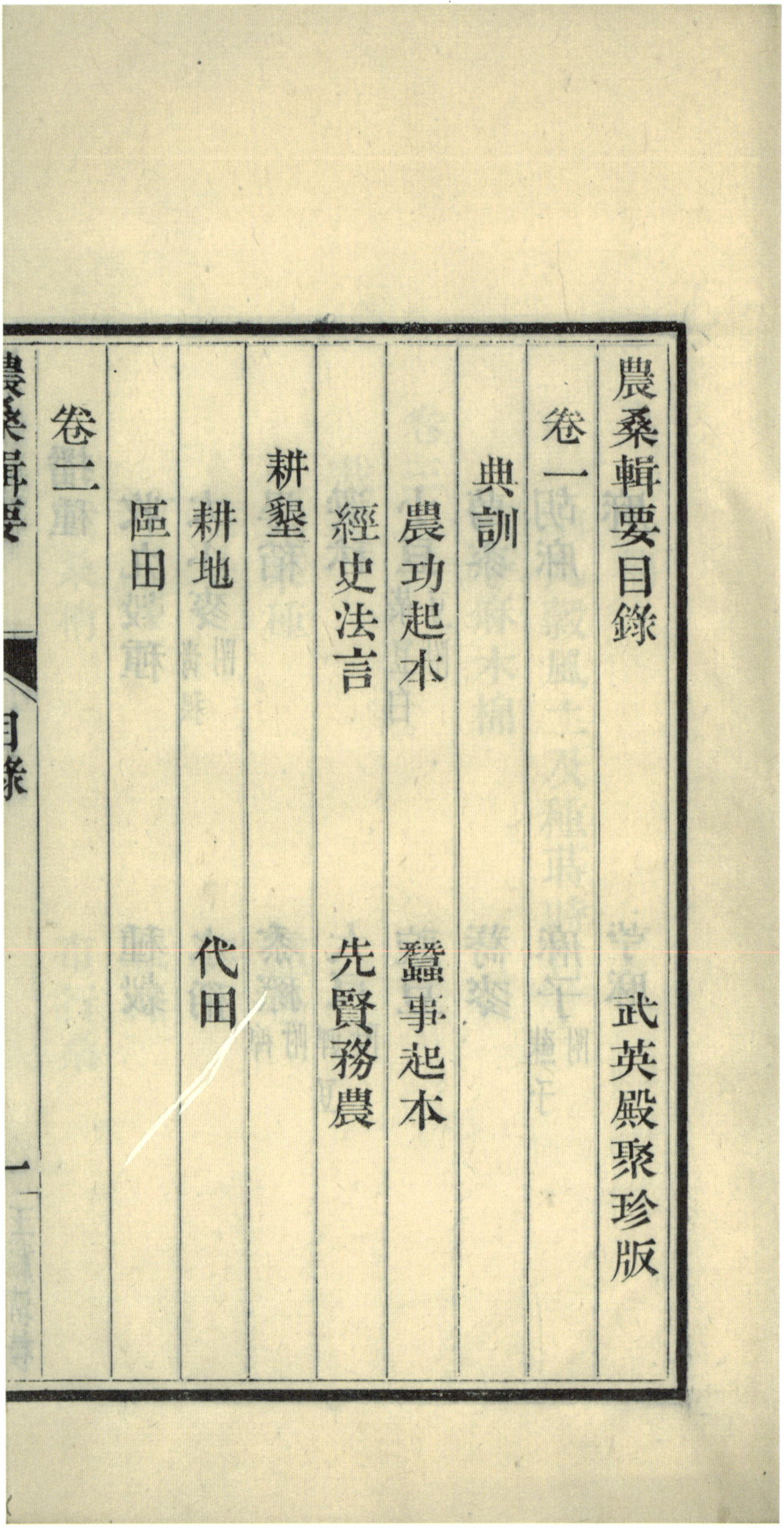

農桑輯要目録　武英殿聚珍版

卷一

典訓

農功起本　蠶事起本

經史法言　先賢務農

耕墾

耕地　代田

區田

卷二

農桑輯要　目録　一

農桑輯要七卷　之二

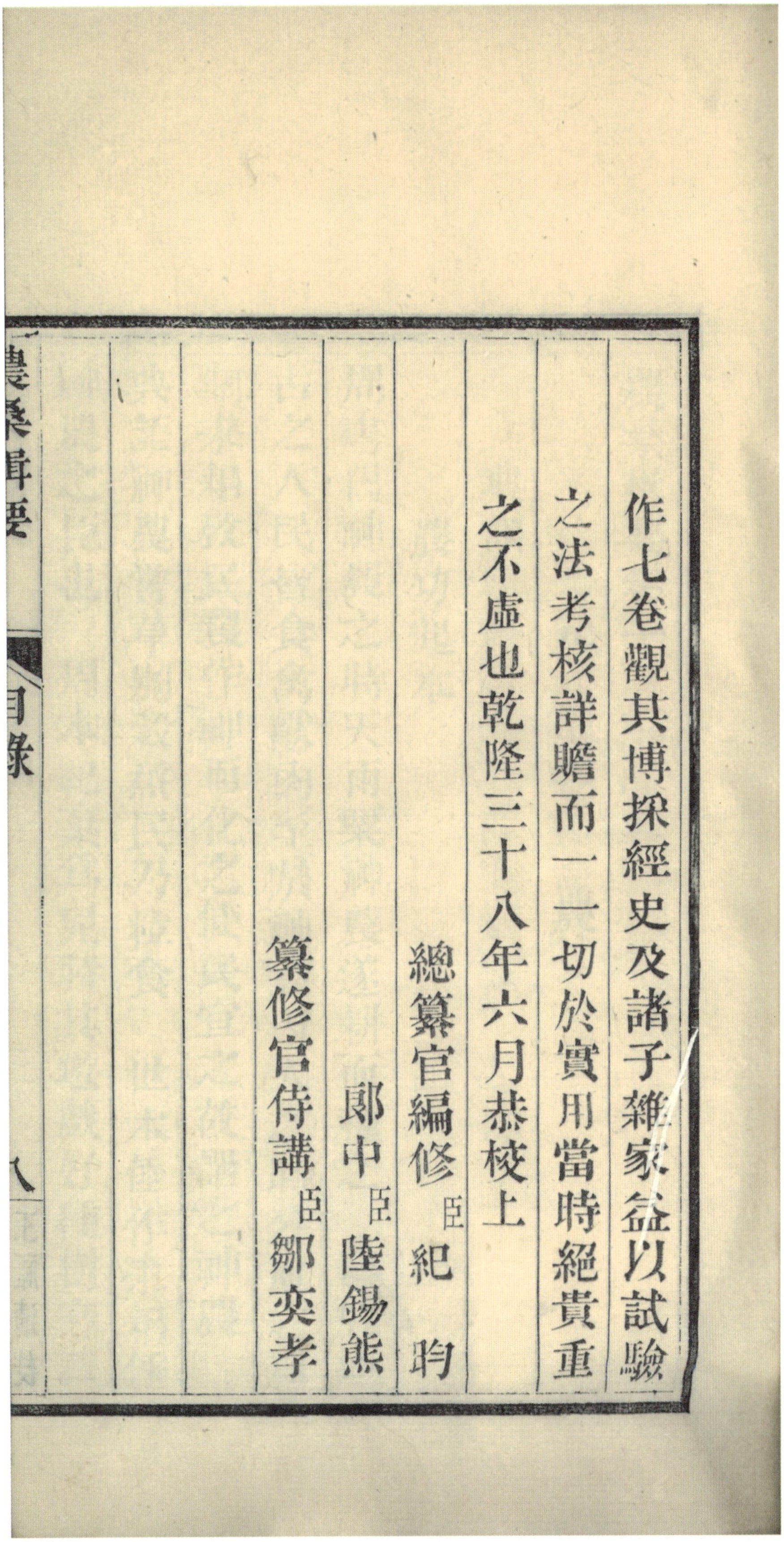

作七卷觀其博採經史及諸子雜家益以試驗
之法考核詳贍而一一切於實用當時絕貴重
之不虛也乾隆三十八年六月恭校上

總纂官編修臣紀昀
郎中臣陸錫熊
纂修官侍講臣鄒奕孝

農桑輯要　目録　八

農桑輯要七卷　之三

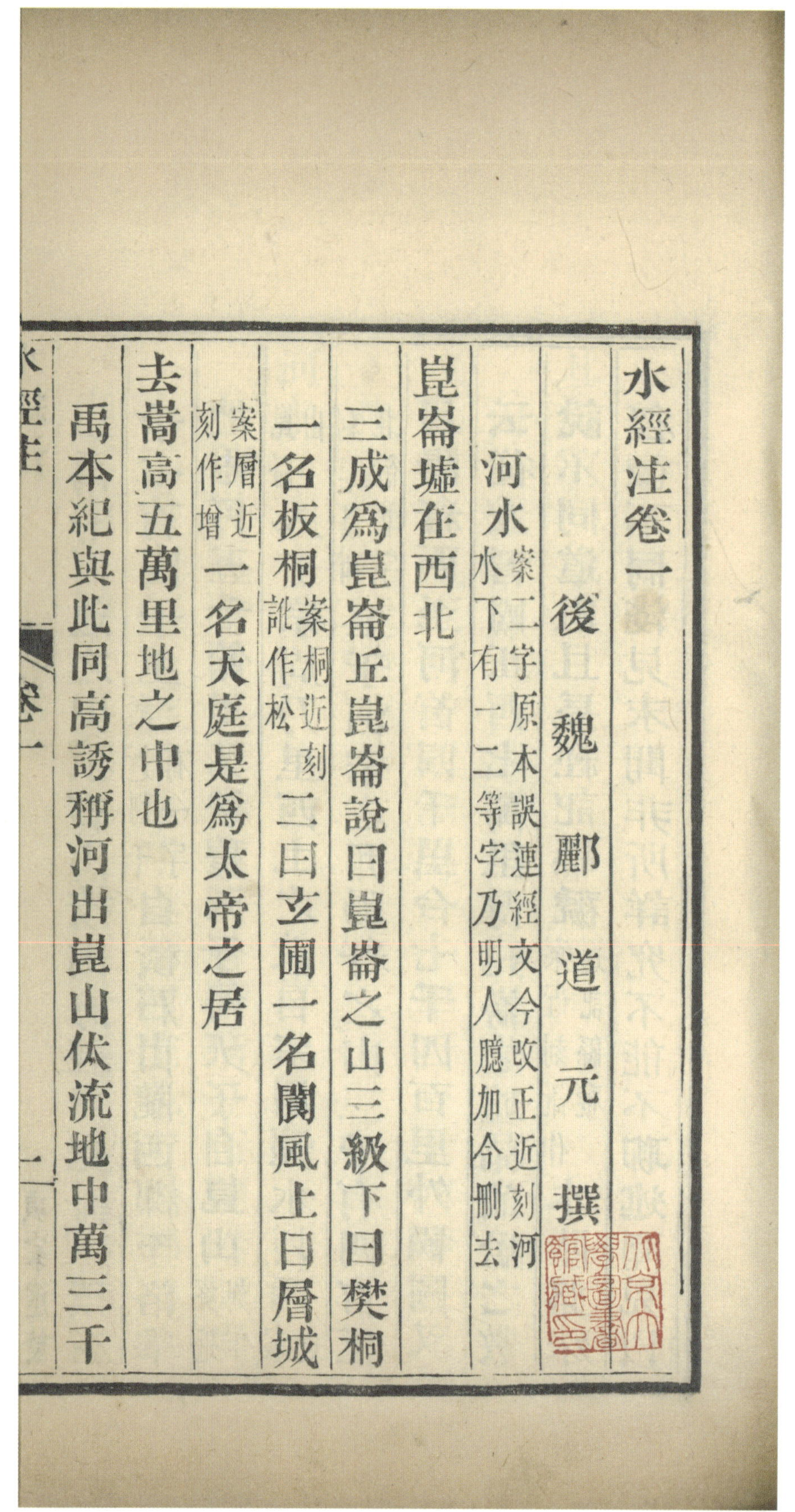
水經注卷一　後魏酈道元撰

河水案二字原本誤連經文今改正近刻河水下有一二等字乃明人應加今刪去

崑崙墟在西北

三成爲崑崙丘崑崙說曰崑崙之山三級下曰樊桐一名板桐案桐近刻訛作松二曰玄圃一名閬風上曰層城案層近刻作增一名天庭是爲太帝之居去嵩高五萬里地之中也

禹本紀與此同高誘稱河出崑山伏流地中萬三千

水經注四十卷首一卷/二函十六册/清乾隆三十九年（1774）武英殿聚珍本

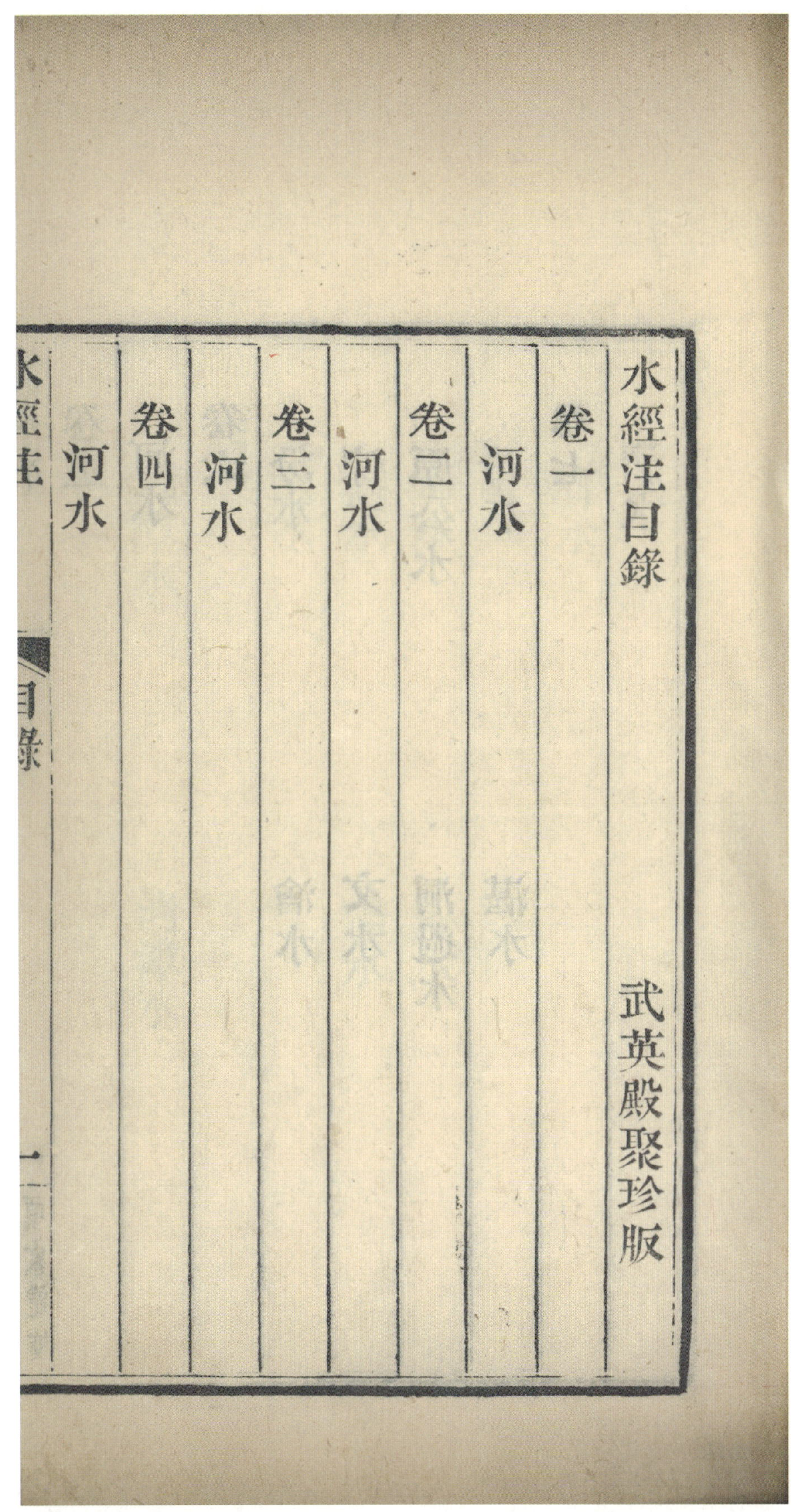
水經注目錄　武英殿聚珍版

卷一

河水

卷二

河水

卷三

河水

卷四

河水

水經注　目錄　一

水經注四十卷首一卷　之二

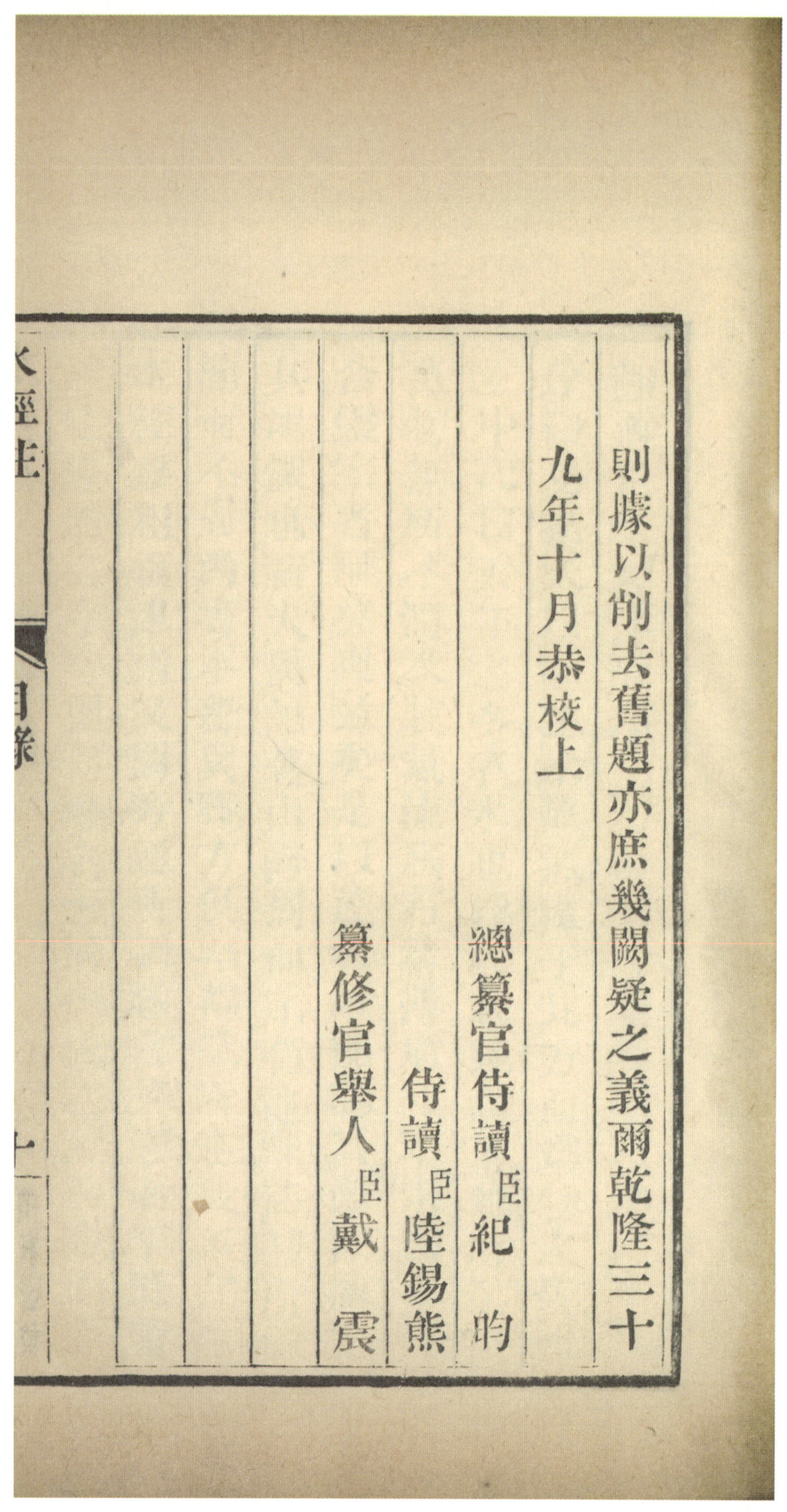

則據以削去舊題亦庶幾闕疑之義爾乾隆三十
九年十月恭校上
總纂官侍讀臣紀昀
侍讀臣陸錫熊
纂修官舉人臣戴震

水經注四十卷首一卷　之三

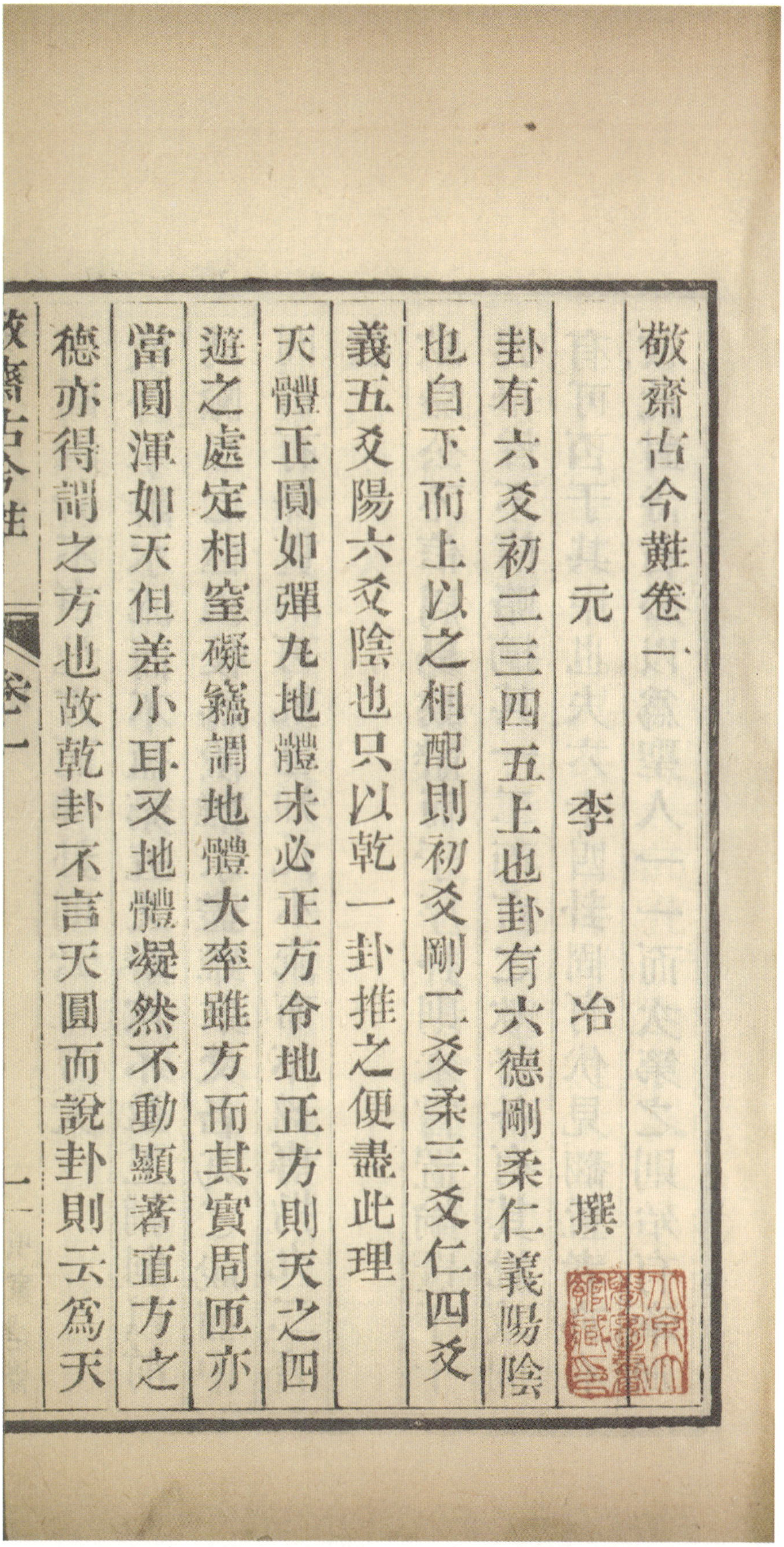

敬齋古今黈卷一

元 李冶 撰

卦有六爻初二三四五上也卦有六德剛柔仁義陽陰也自下而上以之相配則初爻剛二爻柔三爻仁四爻義五爻陽六爻陰也只以乾一卦推之便盡此理

天體正圓如彈丸地體未必正方令地正方則天之四遊之處定相窒礙竊謂地體大率雖方而其實周匝亦當圓渾如天但差小耳又地體凝然不動顯著直方之德亦得謂之方也故乾卦不言天圓而說卦則云爲天

敬齋古今黈 卷一 二

敬齋古今黈八卷/一函二册/清乾隆四十年（1775）武英殿聚珍本

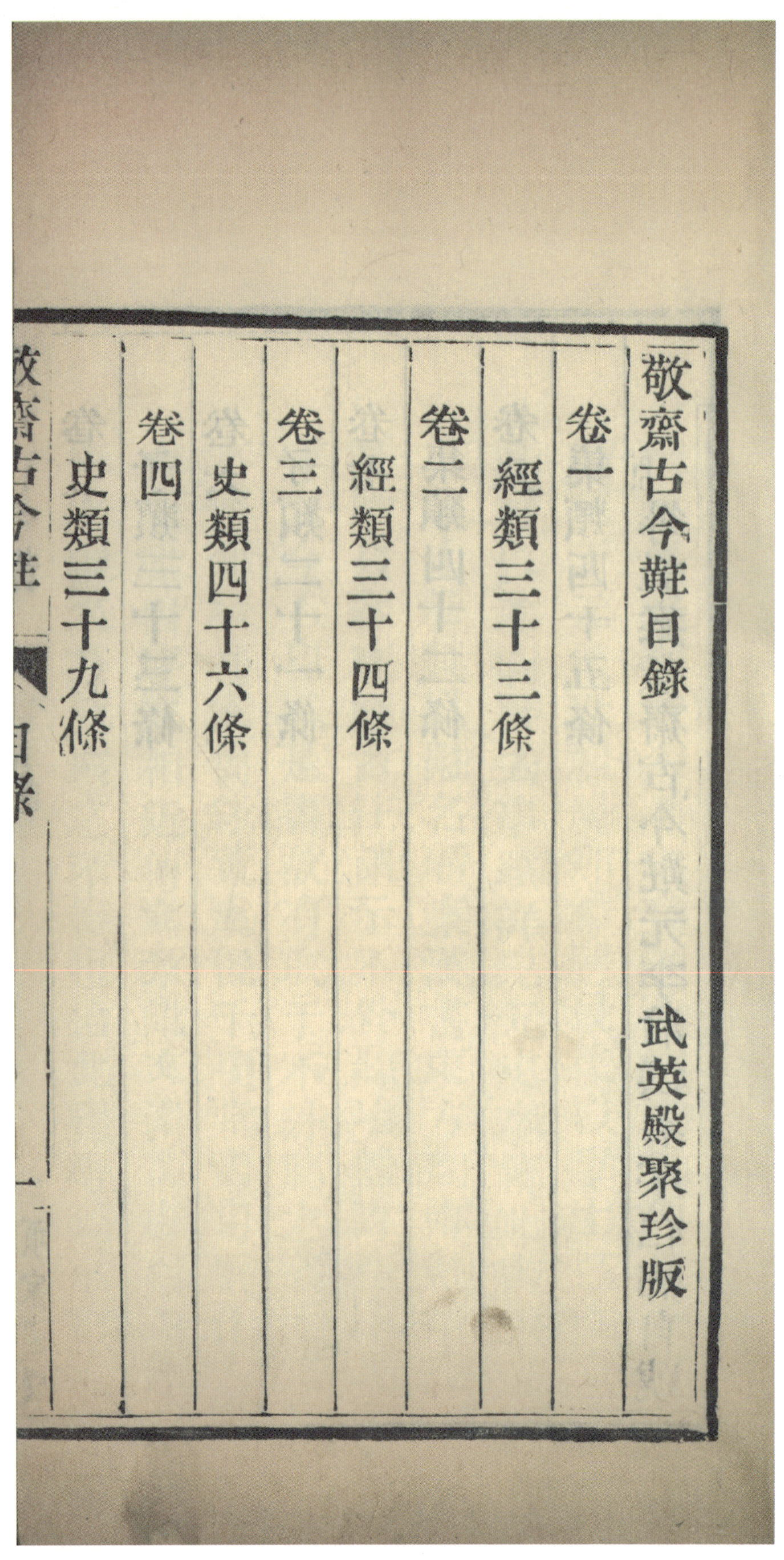

敬齋古今黈目錄　武英殿聚珍版

卷一

經類三十三條

卷二

經類三十四條

卷三

史類四十六條

卷四

史類三十九條

敬齋古今黈　目錄　一

敬齋古今黈八卷　之二

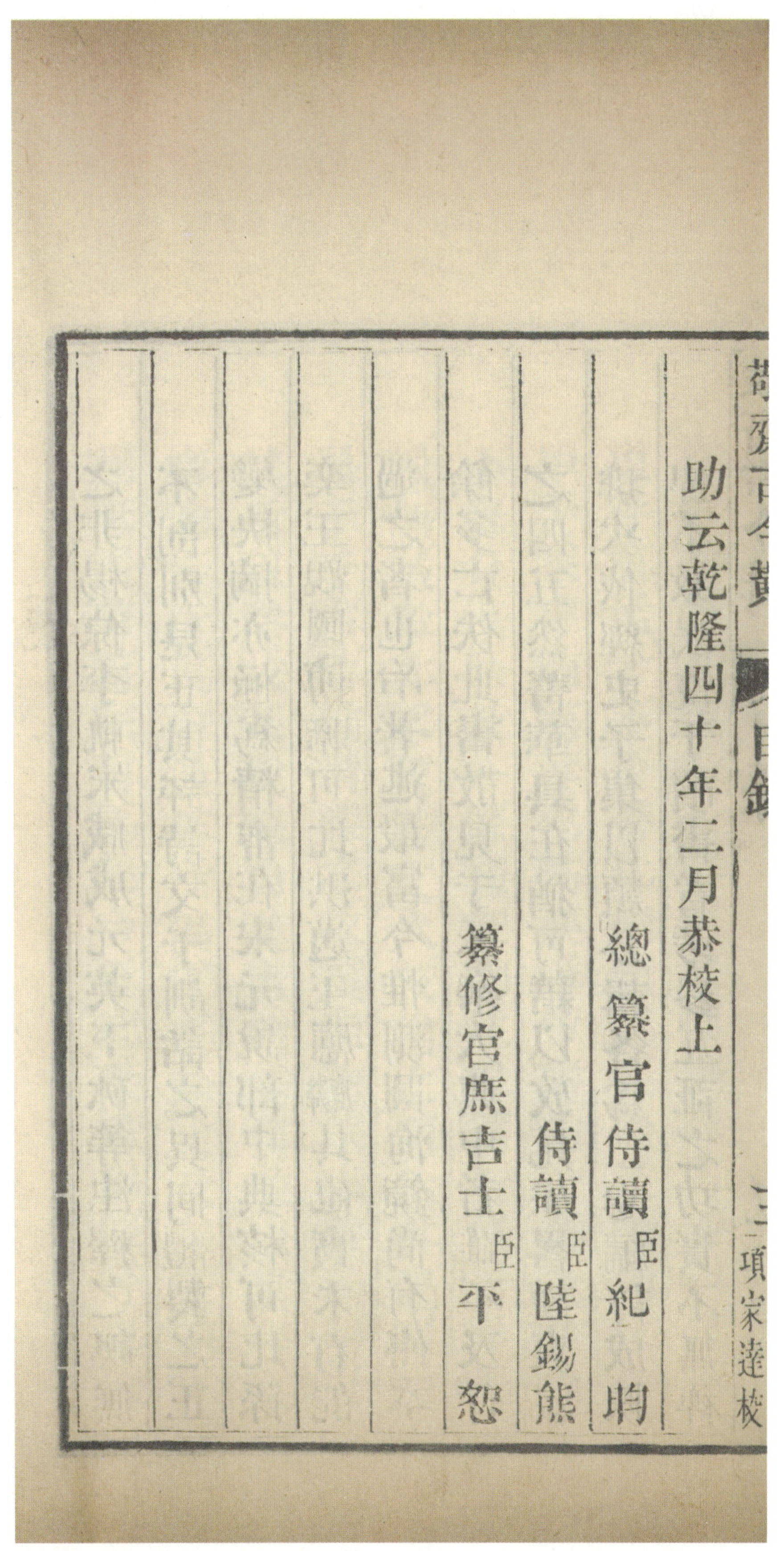
敬齋古今黈

目録

助云乾隆四十年二月恭校上

總纂官侍讀臣紀昀

侍讀臣陸錫熊

纂修官庶吉士臣平恕

三

項家達校

敬齋古今黈八卷　之三

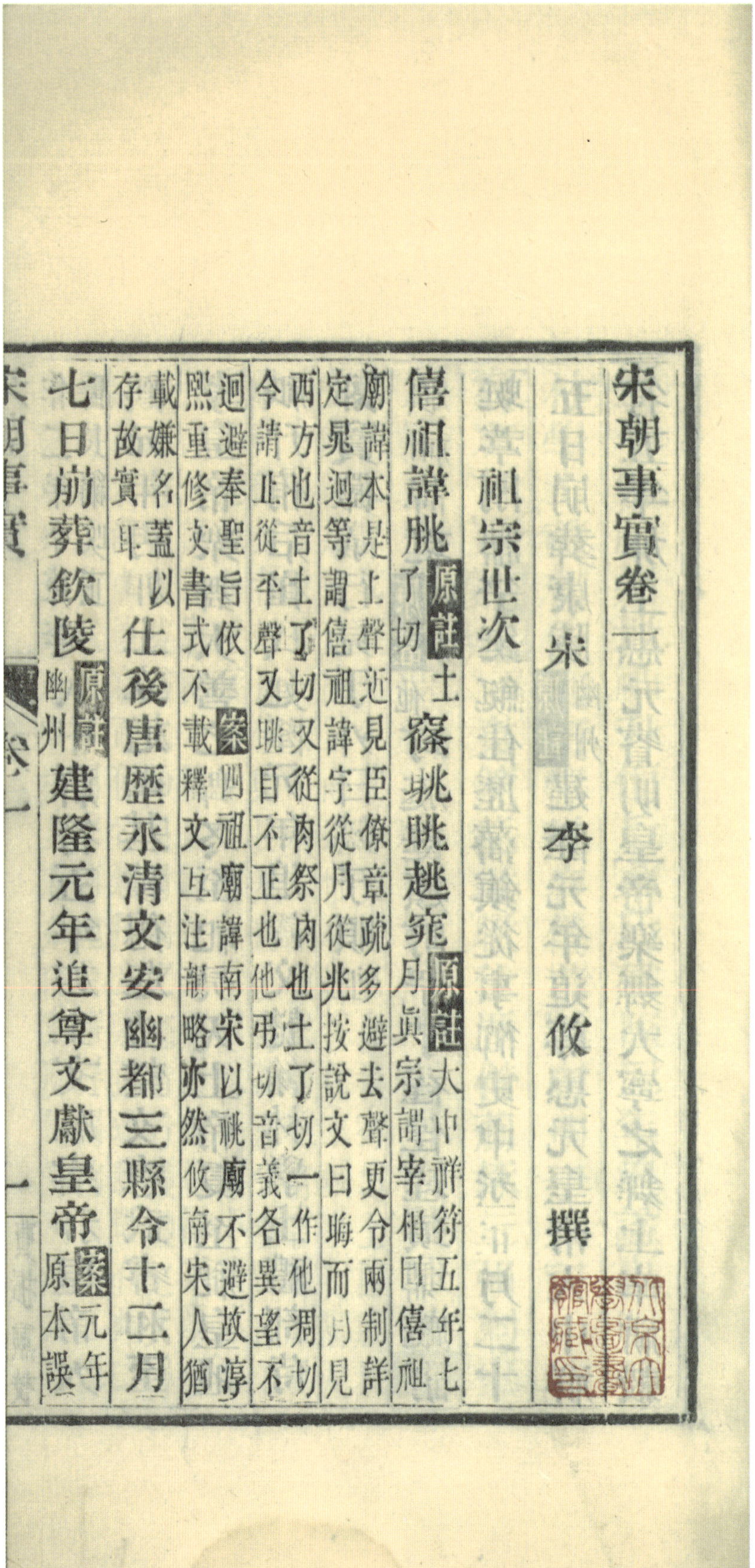

宋朝事實卷一　宋　李攸　撰

祖宗世次

僖祖諱朓原註土了切篠朓朓越窕原註大中祥符五年七月眞宗謂宰相曰僖祖廟諱本是上聲近見臣僚章疏多避去聲更令兩制詳定晁迥等謂僖祖諱字從月從兆按說文曰晦而月見西方也音土了切又從肉祭肉也土了切一作他凋切今請止從平聲又朓目不正也他弔切音義各異望不迴避奉聖旨依案四祖廟諱南宋以祧廟不避故淳熙重修文書式不載釋文互注禮部韻略亦然攸南宋人猶載嫌名蓋以仕後唐歷永清文安幽都三縣令十二月存故實耳

七日崩葬欽陵原註幽州建隆元年追尊文獻皇帝案元年原本誤

宋朝事實　卷一　一

宋朝事實二十卷/八册/清乾隆四十一年（1776）武英殿聚珍本

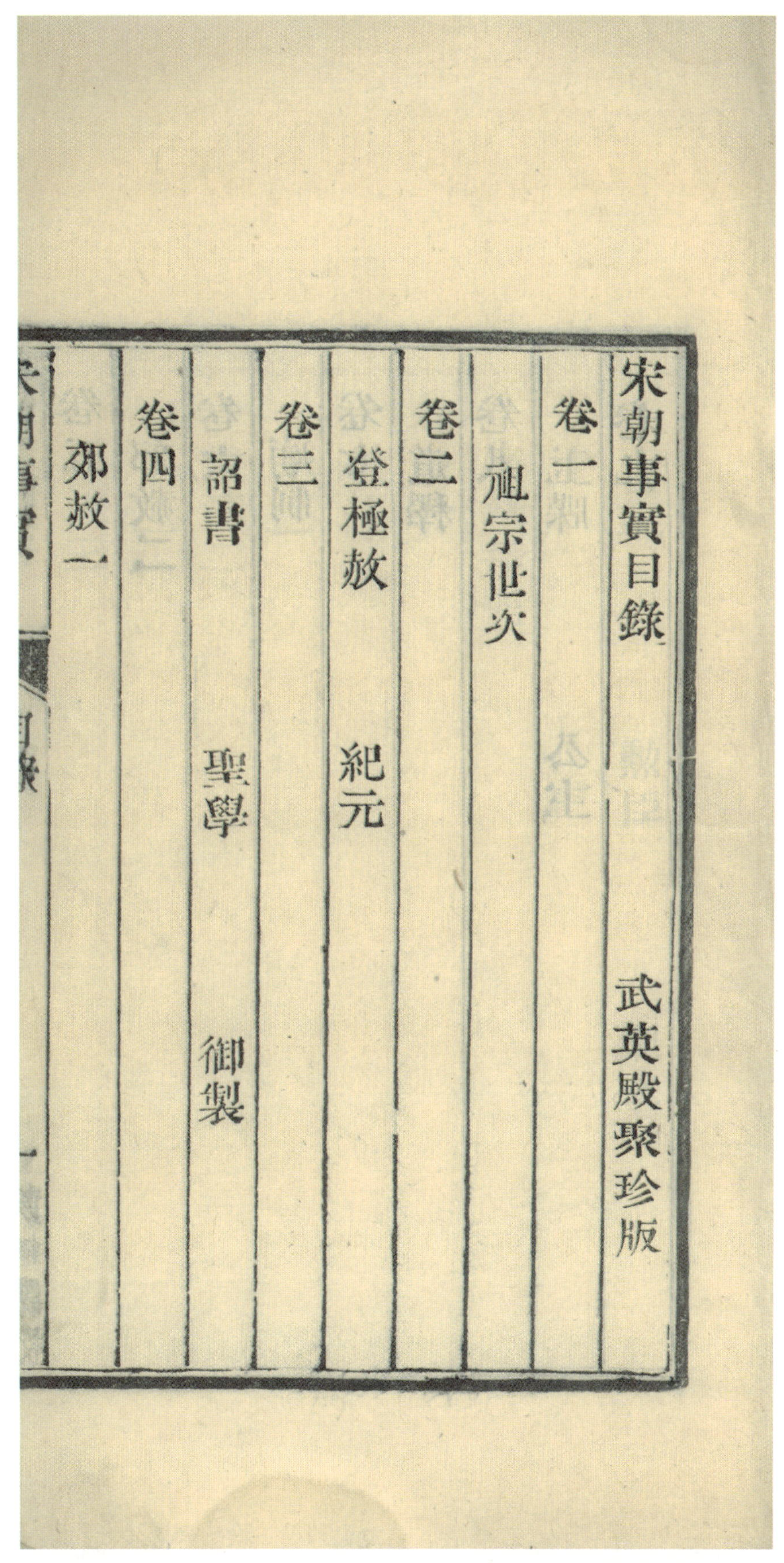

宋朝事實目錄　武英殿聚珍版

宋朝事實二十卷　之二

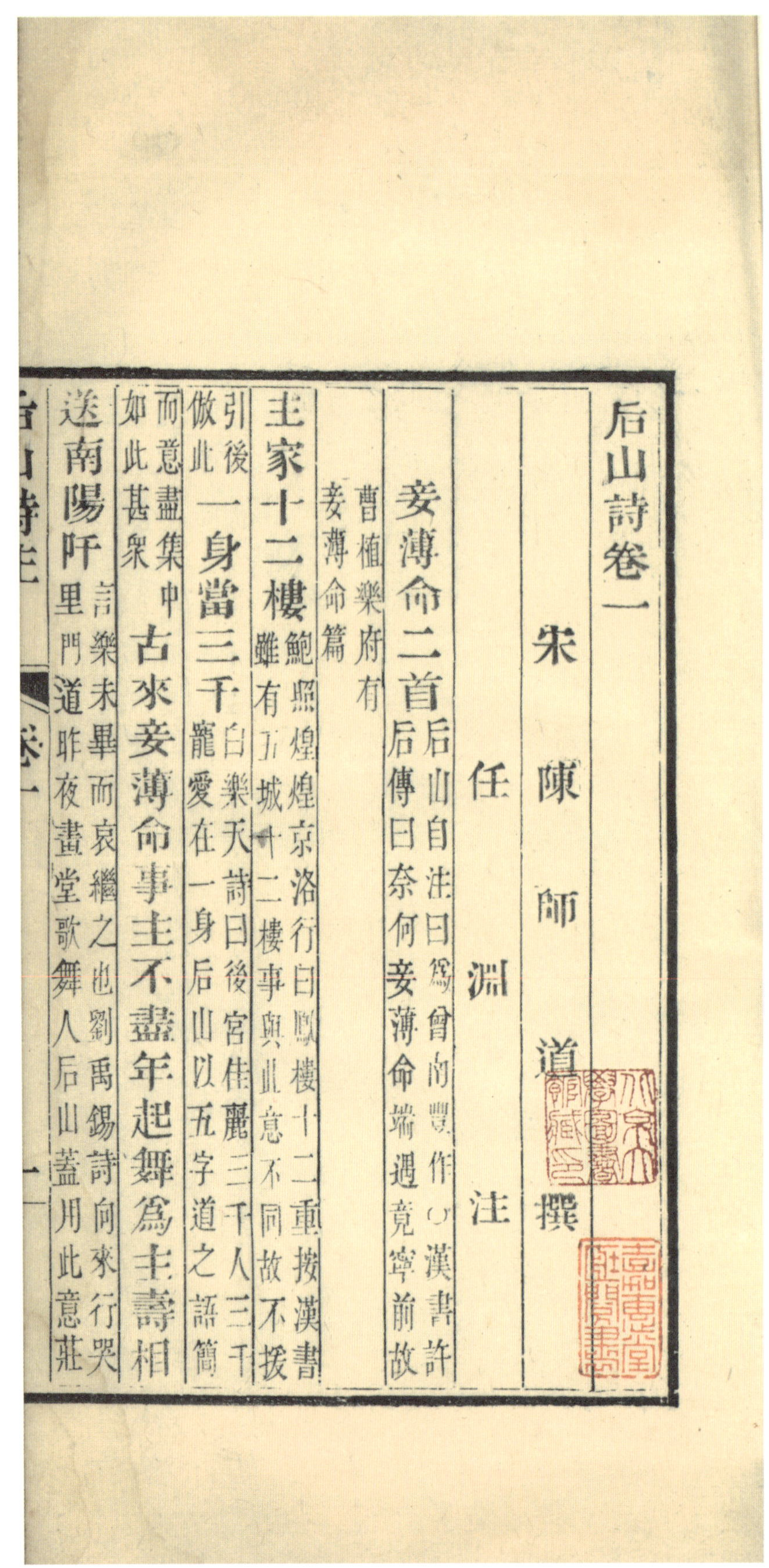
后山詩卷一

宋 陳師道 撰

任淵 注

妾薄命二首 后山自注曰爲曾南豐作○漢書許后傳曰奈何妾薄命端遇竟寧前故曹植樂府有妾薄命篇

主家十二樓 鮑照煌煌京洛行曰鳳樓十二重按漢書雖有五城十二樓事與此意不同故不援引後倣此 一身當三千 白樂天詩曰後宮佳麗三千人三千寵愛在一身后山以五字道之語簡而意盡集中如此甚衆 古來妾薄命事主不盡年起舞爲主壽相送南陽阡 言樂未畢而哀繼之也劉禹錫詩向來行哭里門道昨夜畫堂歌舞人后山蓋用此意莊

后山詩注 卷一 一

后山詩十二卷/八册/清乾隆四十一年（1776）武英殿聚珍本

后山詩注目錄年譜附　武英殿聚珍版

讀后山詩大似參曹洞禪不犯正位切忌死語非冥搜旁引莫窺其用意深處此詩注所以作也近時刊本參錯繆誤政和中王雲子飛得后山門人魏衍親本編次有序歲月可攷今悉據依略加緒正詩止六卷益以注卷各釐爲上下作之有謂而存之可傳無恠夫詩之少也衍字昌世作后山集記頗能道其出處今置之篇首後有學者得以覽觀焉天社任淵

第一卷

后山詩注　目錄　一

后山詩十二卷　之二

茶山集卷一　宋　曾幾　撰

五言古詩

尋春次曾宏甫韻 案曾宏甫名惇避宋光宗諱以字行紆之子鞏之姪孫陳振孫書録解題曾氏三望最初温陵公亮次南豐鞏兄弟其後則幾之族集中贈宏甫必冠以曾蓋以明同姓不宗之意

春山數峯青春水一溪綠幽尋山水間物物可寓目花香若三薰柳色若新沐吾儕幸閒放晴晝頗連屬胡爲深閉門終日仰看屋嘉招儻亟拜豈敢憚僕僕請君攜

茶山集　卷一　一

茶山集八卷／二册／清乾隆四十一年（1776）武英殿聚珍本

止堂集卷一

宋 彭龜年 撰

奏疏

乞留侍御史劉光祖疏紹熙元年四月上時爲太學博士

臣等備數學官素餐無補事有職守不敢越思惟念國家開設學校所以涵養天下公議之原而臣等謹以課試文藝苟求塞責誠不足仰稱明旨日夕憂懼不知所爲適有一事偶關士氣之消長臣等儻顧出位小嫌緘默自愛揆之初心實所不忍臣等伏見殿中侍御史劉

止堂集　卷一　一

止堂集十八卷/一函四册/清乾隆四十一年(1776)武英殿聚珍本

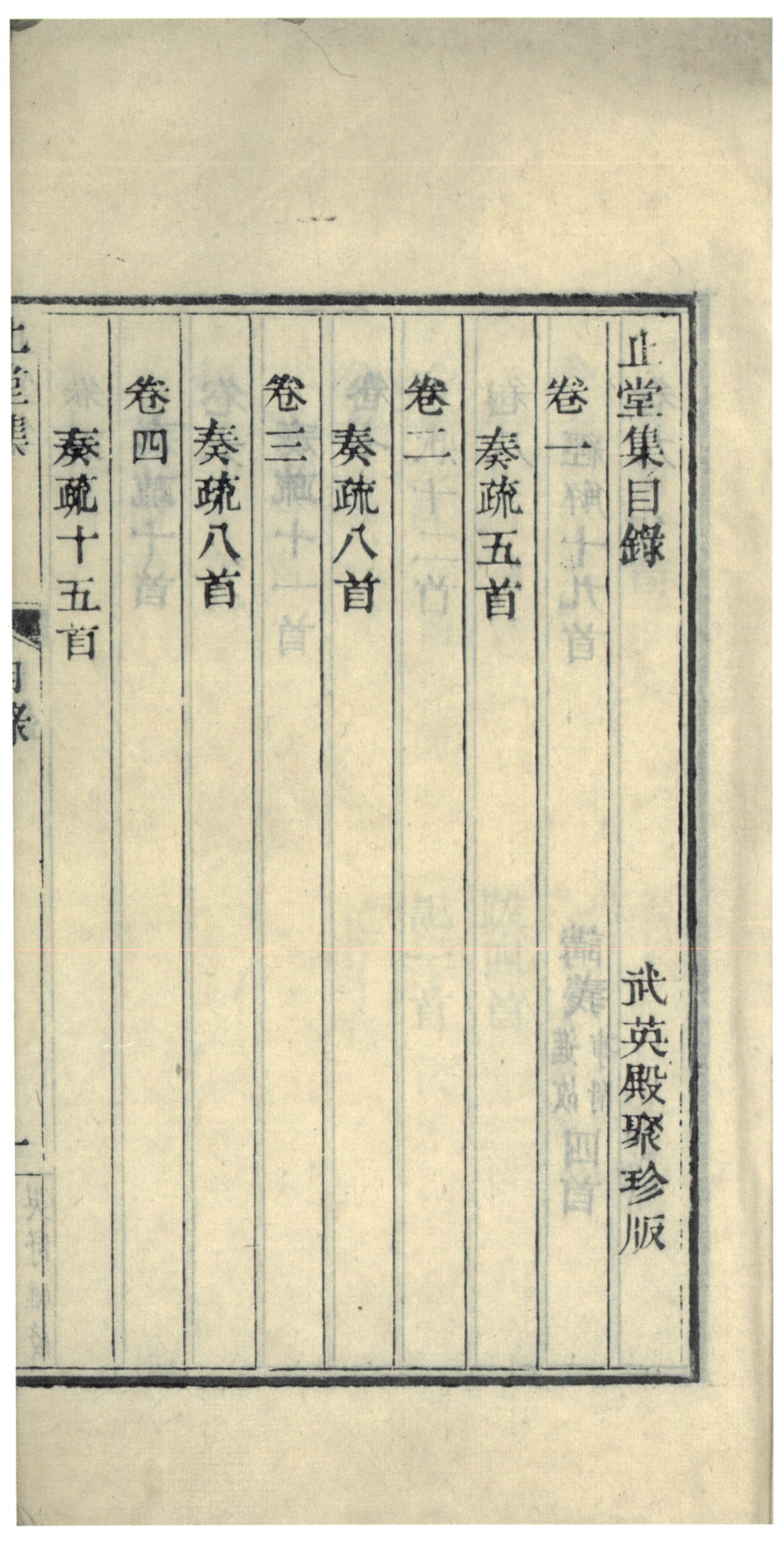
止堂集目錄　武英殿聚珍版
卷一
奏疏五首
卷二
奏疏八首
卷三
奏疏八首
卷四
奏疏十五首

止堂集十八卷/之二

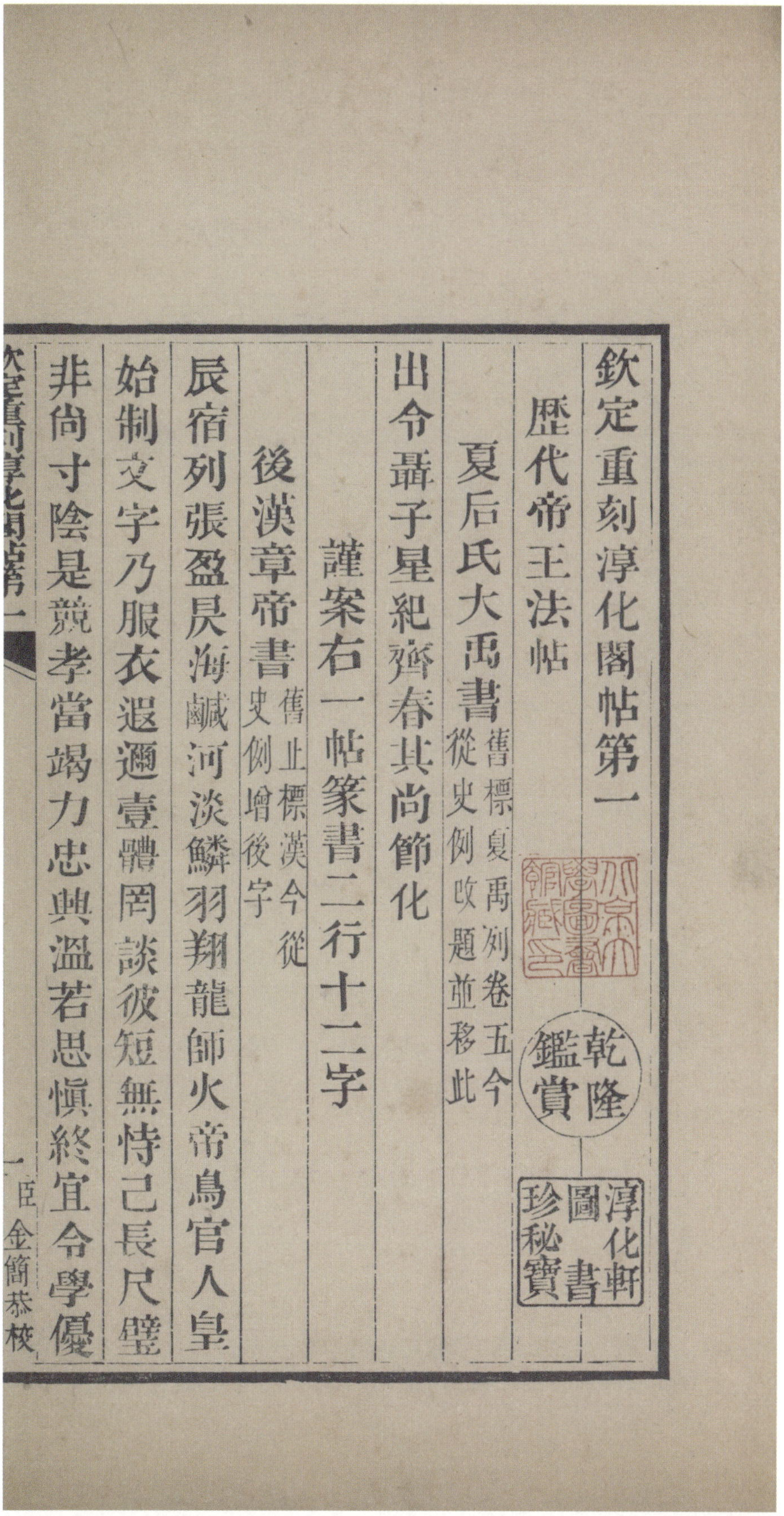

欽定重刻淳化閣帖第一

歷代帝王法帖

夏后氏大禹書 舊標夏禹列卷五今從史例改題並移此

出令聶子星紀齊春其尚節化

謹案右一帖篆書二行十二字

後漢章帝書 舊止標漢今從史例增後字

辰宿列張盈昃海鹹河淡鱗羽翔龍師火帝鳥官人皇

始制文字乃服衣退遜壹體罔談彼短無恃己長尺璧

非尚寸陰是競孝當竭力忠興溫若思慎終宜令學優

欽定重刻淳化閣帖第一　一　臣金簡恭校

乾隆鑑賞

淳化軒圖書珍秘寶

欽定重刻淳化閣帖十卷/四册/清乾隆丙申(四十一年，1776)武英殿聚珍本

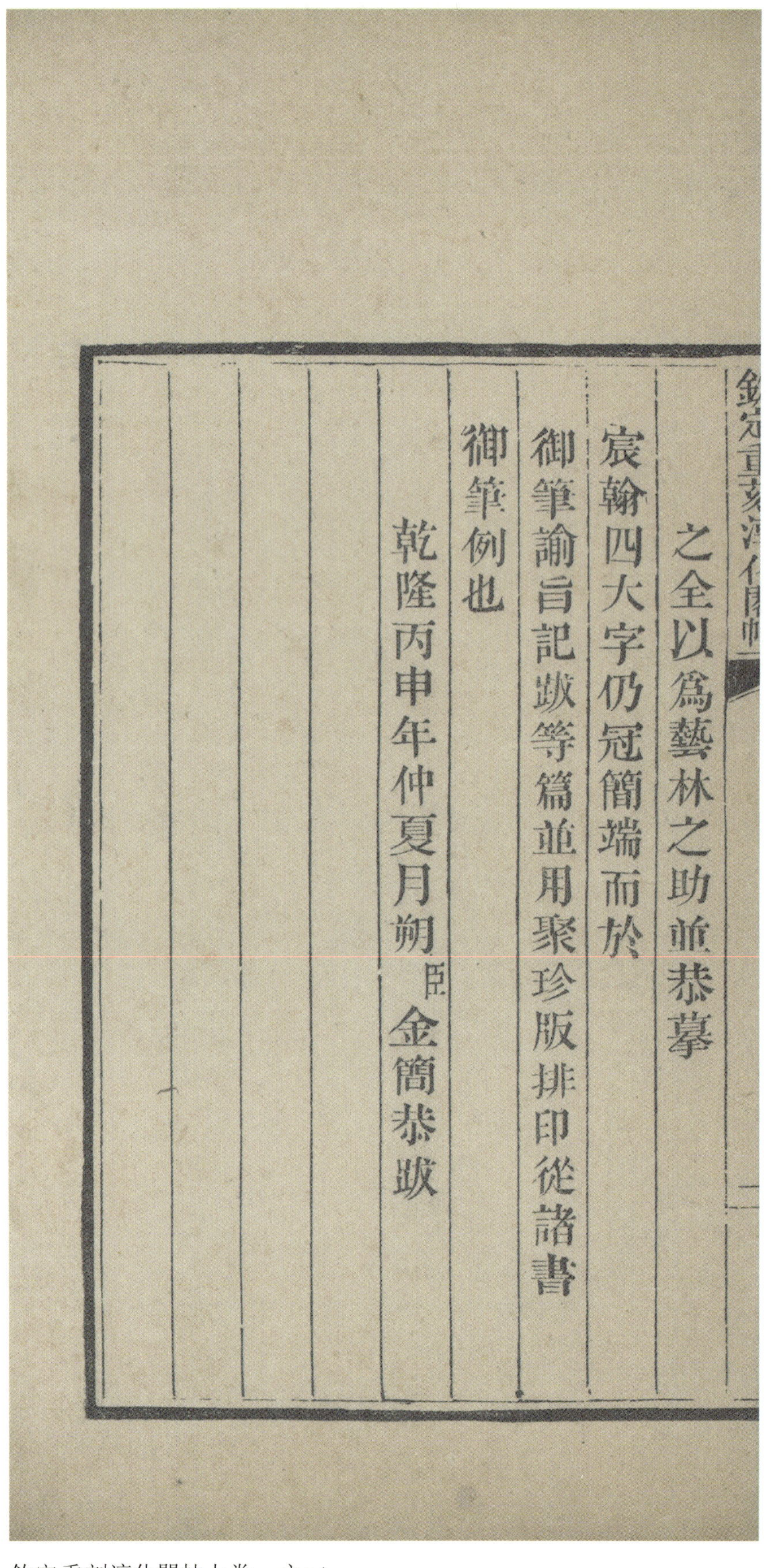

欽定重刻淳化閣帖

之全以爲藝林之助並恭摹

宸翰四大字仍冠簡端而於

御筆諭旨記跋等篇並用聚珍版排印從諸書

御筆例也

乾隆丙申年仲夏月朔臣金簡恭跋

欽定重刻淳化閣帖十卷　之二

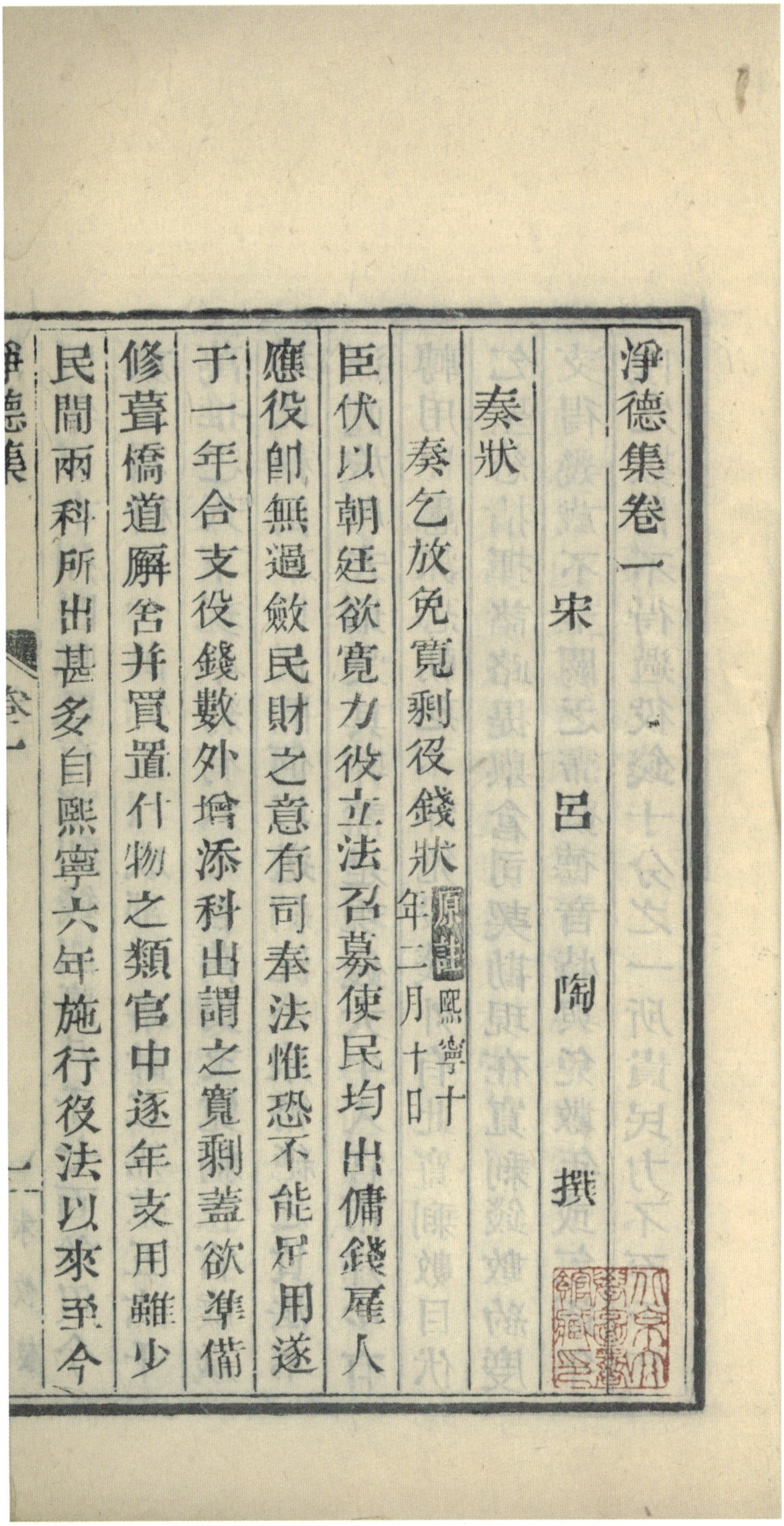

淨德集卷一

宋　呂陶　撰

奏狀

奏乞放免寬剩役錢狀（原注：熙寧十年二月十日）

臣伏以朝廷欲寬力役立法召募使民均出傭錢雇人應役即無過斂民財之意有司奉法惟恐不足用遂于一年合支役錢數外增添科出謂之寬剩蓋欲準備修葺橋道廨舍并買置什物之類官中逐年支用雖少民間兩科所出甚多自熙寧六年施行役法以來至今

淨德集　卷一　一

淨德集三十八卷／一函六册／清乾隆四十二年（1777）武英殿聚珍本

原序

嗚呼靖康丙午之禍奚爲而至是極哉熙寧當國者患
時舒緩不振大爲理財拓邊之規諸老臣不可則援引
少年銳於事者慫慂附和而小人徧中外矣雖然自熙
寧至宣和五十年間累聖賢明固嘗用賢士大夫而俱
無改絃易轍之謂何耶夫一薫一蕕十年猶有臭邪正
並用則小人卒以得志故也元豐間棄置王安石者八
年有悔意矣而執政皆其徒也元祐克成先志內君子
外小人天下稱治矣而末年乃用調停之說使其厠徒

淨德集 原序 一

淨德集三十八卷　之二

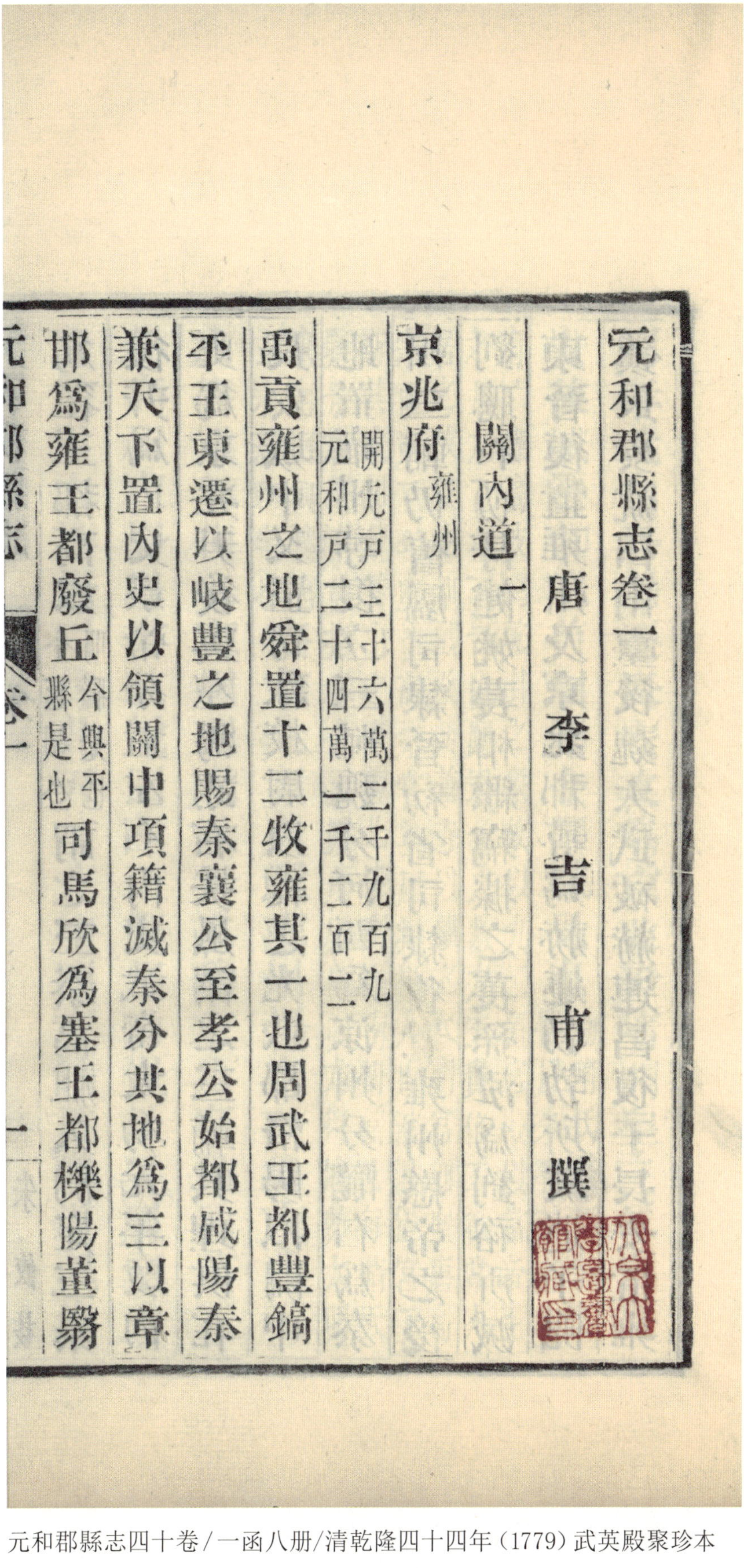

元和郡縣志卷一

唐　李吉甫　撰

關內道一

京兆府　雍州

開元戶三十六萬二千九百九　元和戶二十四萬一千二百二

禹貢雍州之地舜置十二牧雍其一也周武王都豐鎬平王東遷以岐豐之地賜秦襄公至孝公始都咸陽秦兼天下置內史以領關中項籍滅秦分其地爲三以章邯爲雍王都廢丘今興平縣是也司馬欣爲塞王都櫟陽董翳

元和郡縣志　卷一　一

元和郡縣志四十卷／一函八冊／清乾隆四十四年（1779）武英殿聚珍本

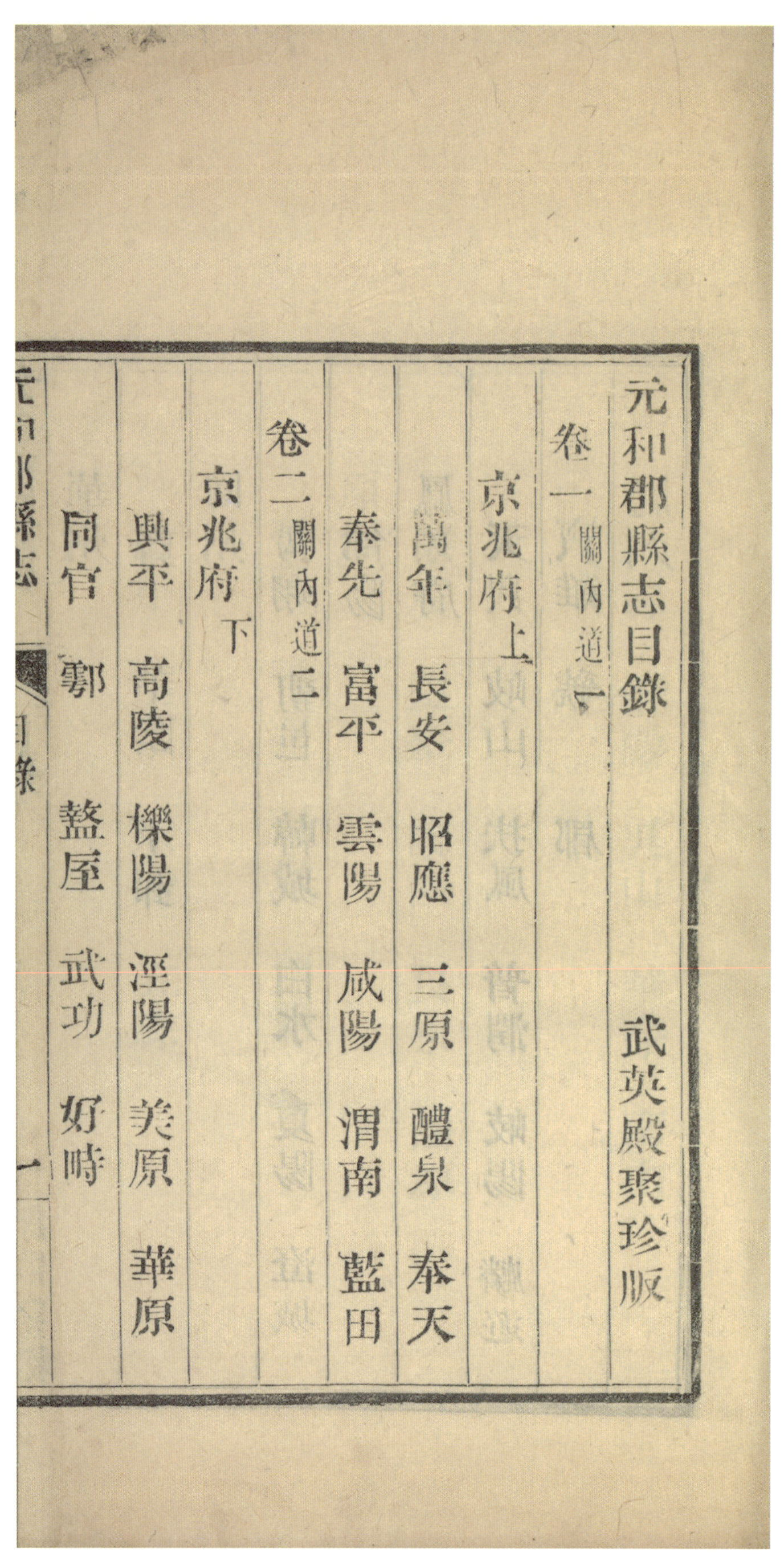

元和郡縣志目錄　　武英殿聚珍版

卷一　關内道一

京兆府上

萬年　長安　昭應　三原　醴泉　奉天

奉先　富平　雲陽　咸陽　渭南　藍田

卷二　關内道二

京兆府下

興平　高陵　櫟陽　涇陽　美原　華原

同官　鄠　盩厔　武功　好畤

元和郡縣志　目錄　一

元和郡縣志四十卷　之二

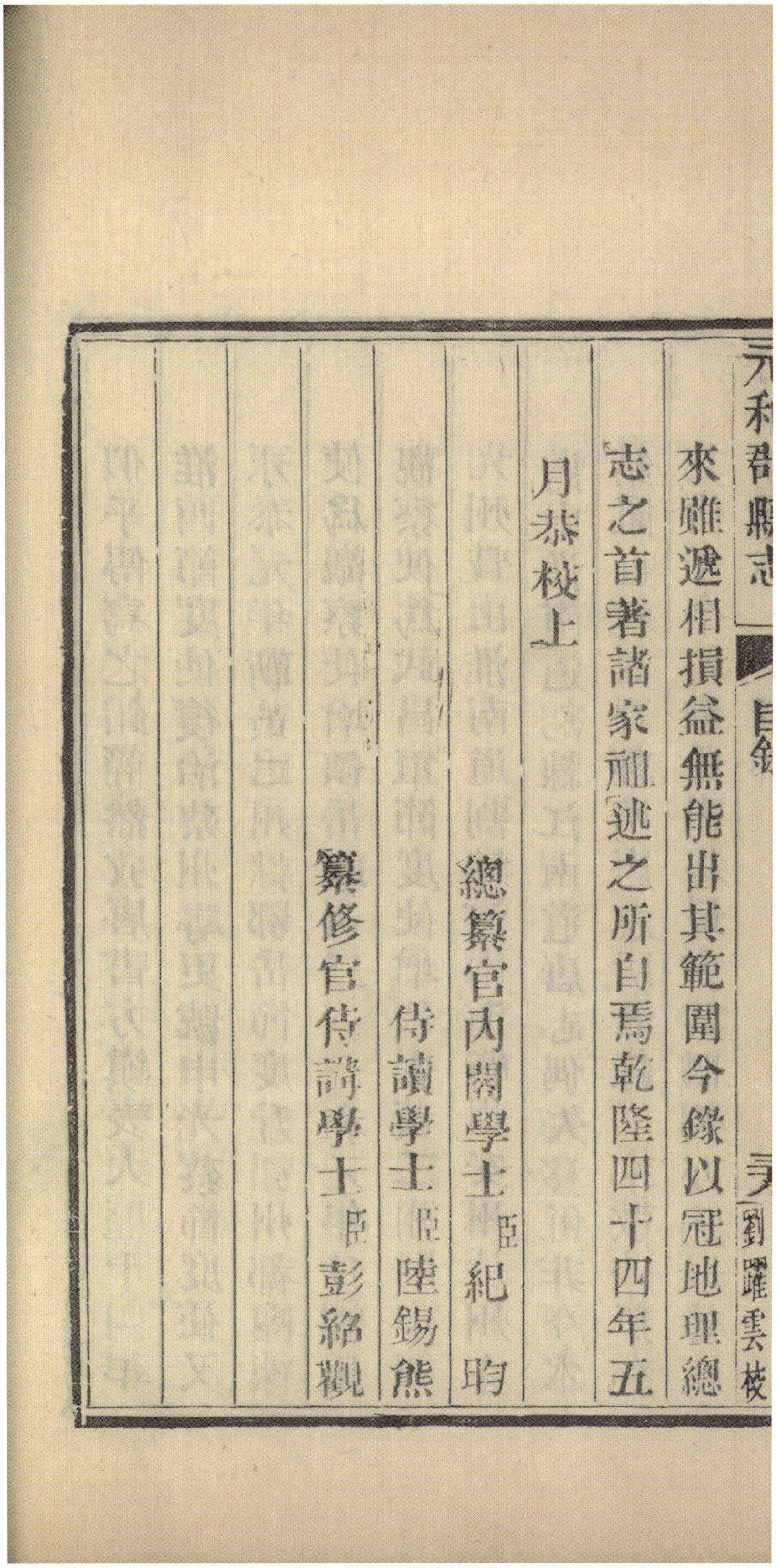

元和郡縣志 目録 三 劉羅雲校

來雖遞相損益無能出其範圍今録以冠地理總
志之首著諸家祖述之所自焉乾隆四十四年五
月恭校上

總纂官內閣學士臣紀昀
侍讀學士臣陸錫熊
纂修官侍讀學士臣彭紹觀

元和郡縣志四十卷　之三

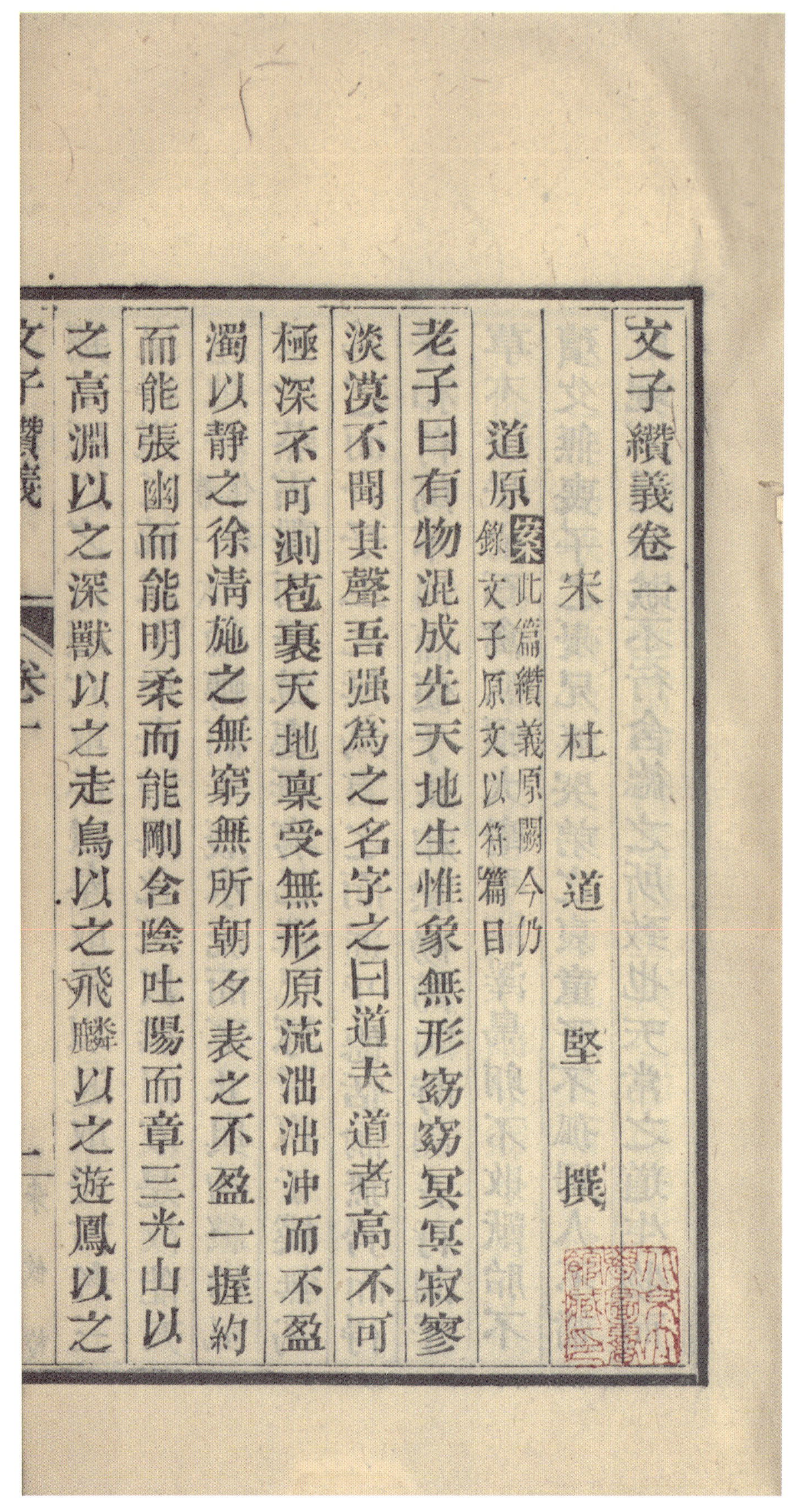
文子纘義卷一
宋 杜 道 堅 撰
道原 案此篇纘義原闕今仍錄文子原文以符篇目
老子曰有物混成先天地生惟象無形窈窈冥冥寂寥
淡漠不聞其聲吾强爲之名字之曰道夫道者高不可
極深不可測苞裹天地稟受無形原流泏泏沖而不盈
濁以靜之徐淸施之無窮無所朝夕表之不盈一握約
而能張幽而能明柔而能剛含陰吐陽而章三光山以
之高淵以之深獸以之走鳥以之飛麟以之遊鳳以之
文子纘義 卷一 一

文子纘義十二卷/一函二册/清乾隆四十五年(1780)武英殿聚珍本

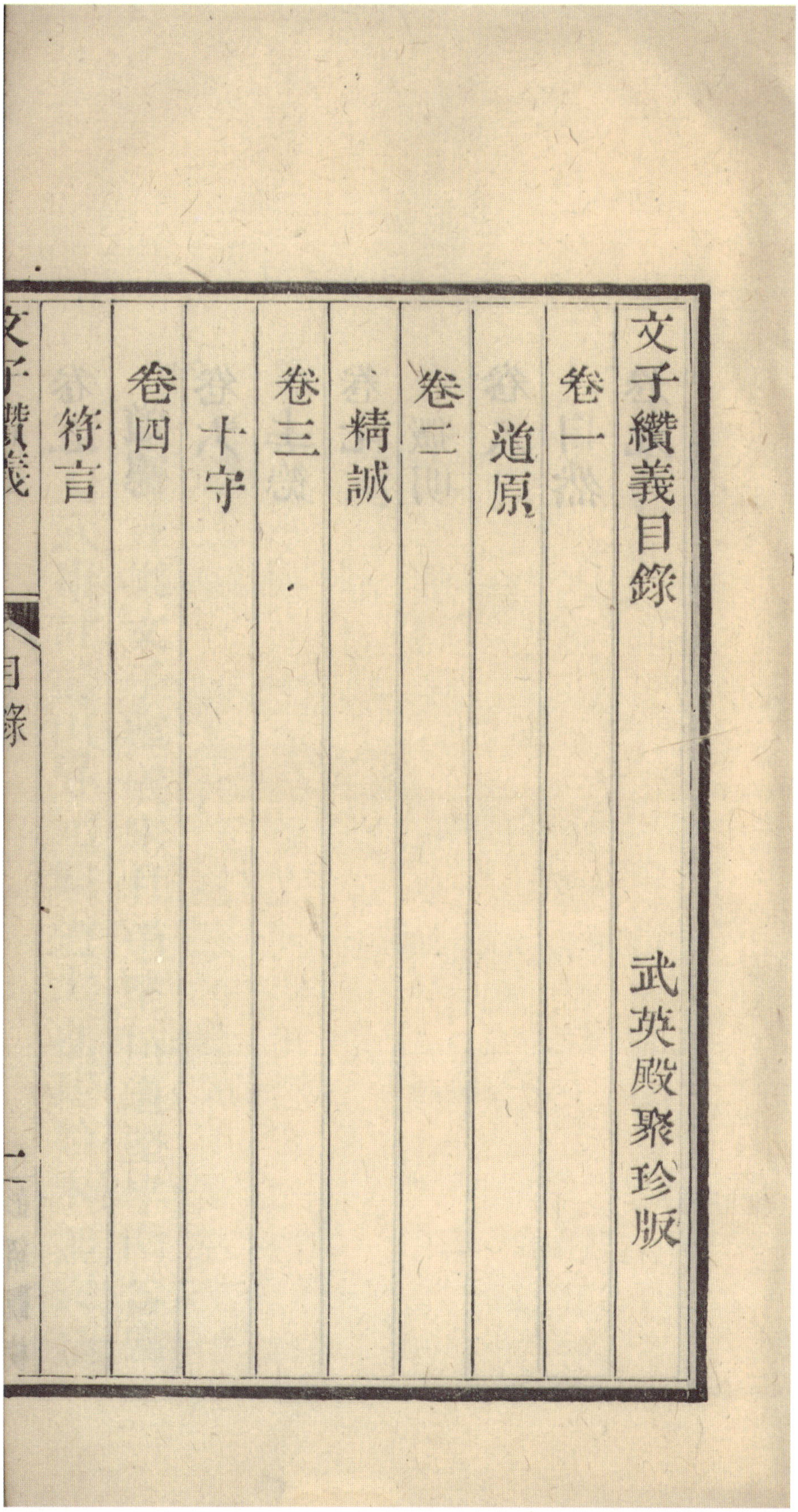

文子纘義目錄　　武英殿聚珍版

文子纘義　目錄　一

文子纘義十二卷　之二

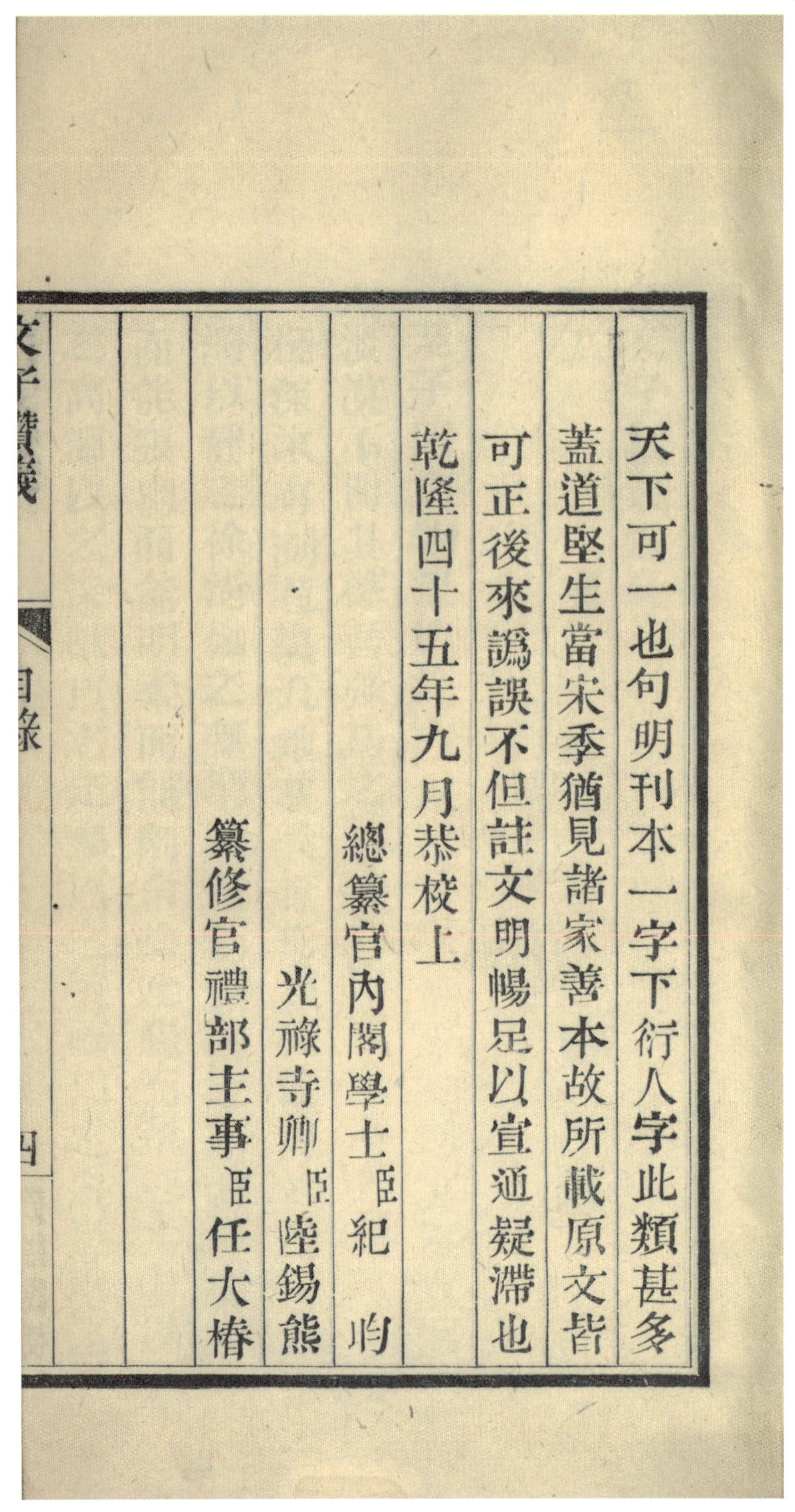
天下可一也句明刊本一字下衍八字此類甚多
蓋道堅生當宋季猶見諸家善本故所載原文皆
可正後來譌誤不但註文明暢足以宣通疑滯也
乾隆四十五年九月恭校上
總纂官內閣學士臣紀昀
光祿寺卿臣陸錫熊
纂修官禮部主事臣任大椿
文子纘義 目録 四

文子纘義十二卷　之三

攻媿集卷一 宋 樓 鑰 撰

古體詩

攻媿齋

余以攻媿名齋俞致翁惠書謂若無媿可攻者讀之悚然不敢當以詩謝之

聖賢不得見道散固已久學者多自賢鮮肯事師友顛冥聲利中悔吝皆自取動言無媿怍未知果然否寡過云未能先聖欣善誘凜凜孟氏言幾希異禽獸參乎病

攻媿集 卷一 一

攻媿集一百一十二卷／一函二十二册／清乾隆四十五年（1780）武英殿聚珍本

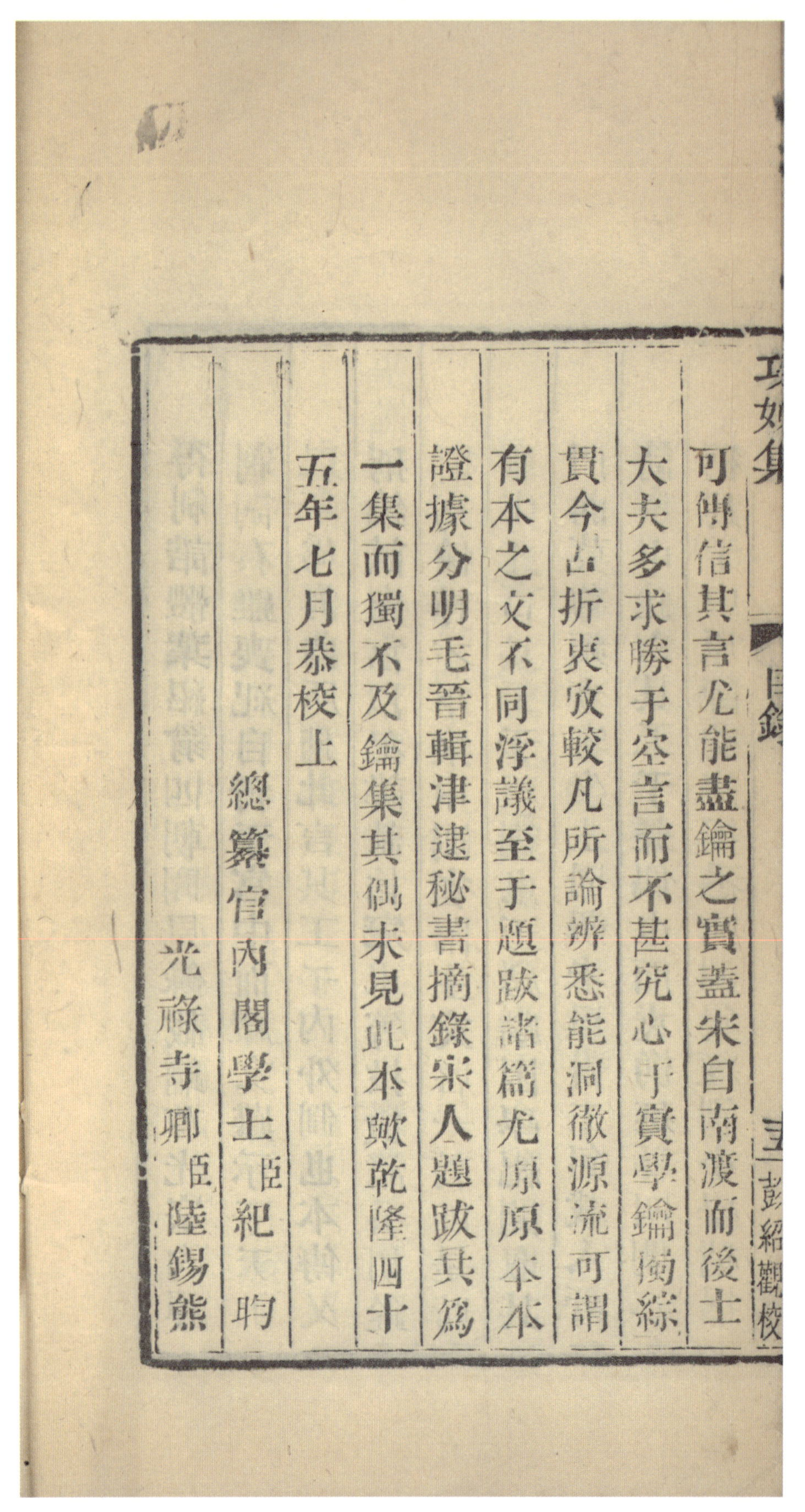

可傳信其言尤能盡鑰之實蓋宋自南渡而後士大夫多求勝于空言而不甚究心于實學鑰摘綜貫今古折衷攷較凡所論辨悉能洞徹源流可謂有本之文不同浮議至于題跋諸篇尤原原本本證據分明毛晉輯津逮秘書摘錄宋人題跋共爲一集而獨不及鑰集其偶未見此本歟乾隆四十五年七月恭校上

總纂官內閣學士臣紀昀

光祿寺卿臣陸錫熊

攻媿集一百一十二卷　之二

纂修官翰林院編修臣查瑩

攻媿集一百十二卷同治八年六月八日城西草堂

徐氏收藏其中十四卷（九十一之九十四　九十九之百八）為鈔本稍短小

挂背

武英殿聚珍板原本也命工人接補一式為二十二本

此書有翻刻聚珍本已有錯誤且時閩中有

新雕本錯誤更多故諸本以聚珍元本為第

一價亦甚遠諸本而難不易得前余所藏亦元

翻二本配合者蓋買書數十年今始遇此元本

攻媿集一百一十二卷　之三

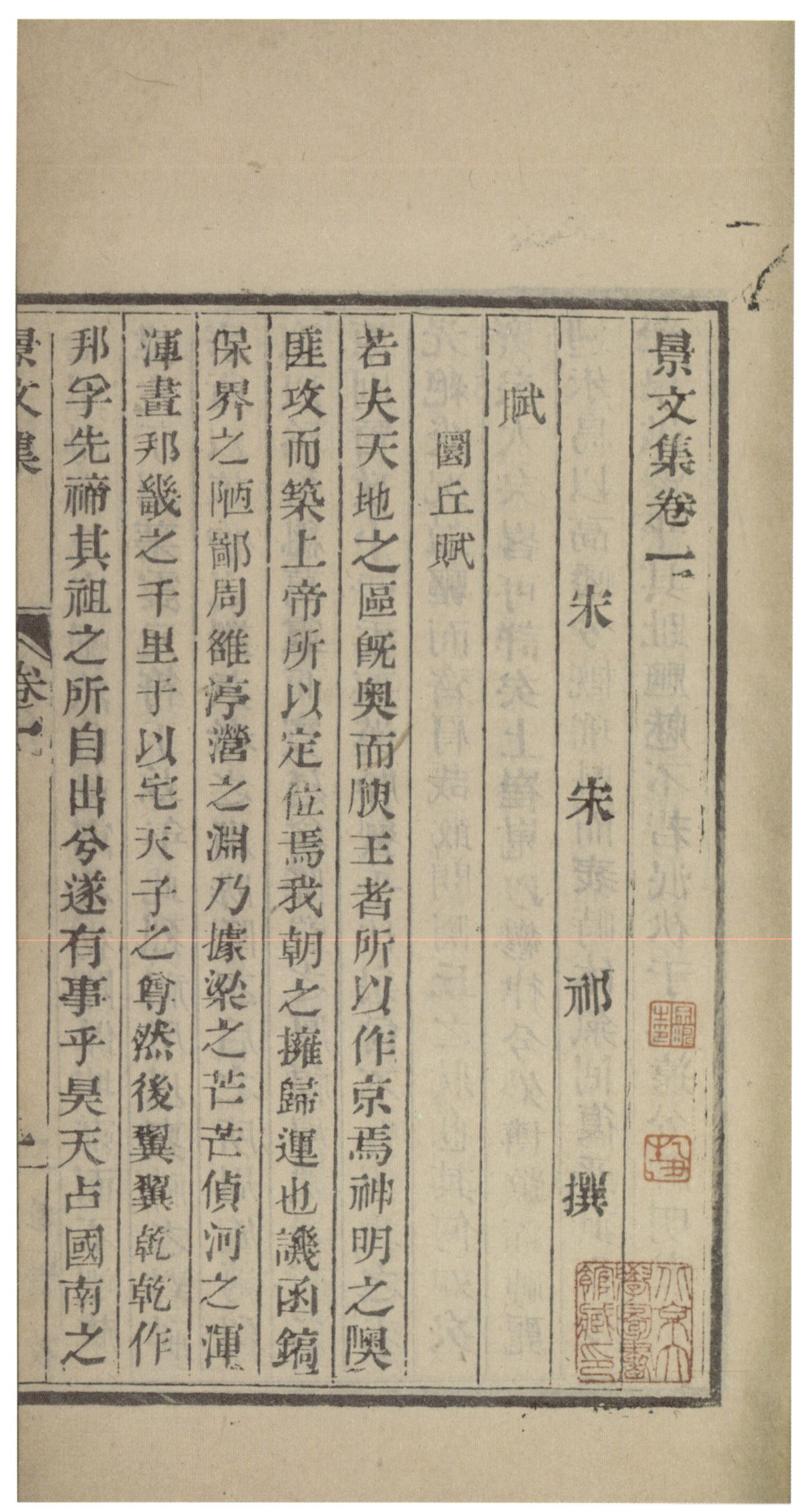

景文集卷一

宋 宋祁 撰

賦

圜丘賦

若夫天地之區既奧而腴王者所以作京焉神明之隩匯攻而築上帝所以定位焉我朝之擁歸運也譏函鎬保界之陋鄙周維渟瀯之淵乃據梁之芒芒傎河之渾渾晝邦畿之千里于以宅天子之尊然後翼翼乾乾作邦孚先禘其祖之所自出兮遂有事乎昊天占國南之

景文集 卷一

景文集六十二卷／二函十二册／清乾隆四十六年（1781）武英殿聚珍本

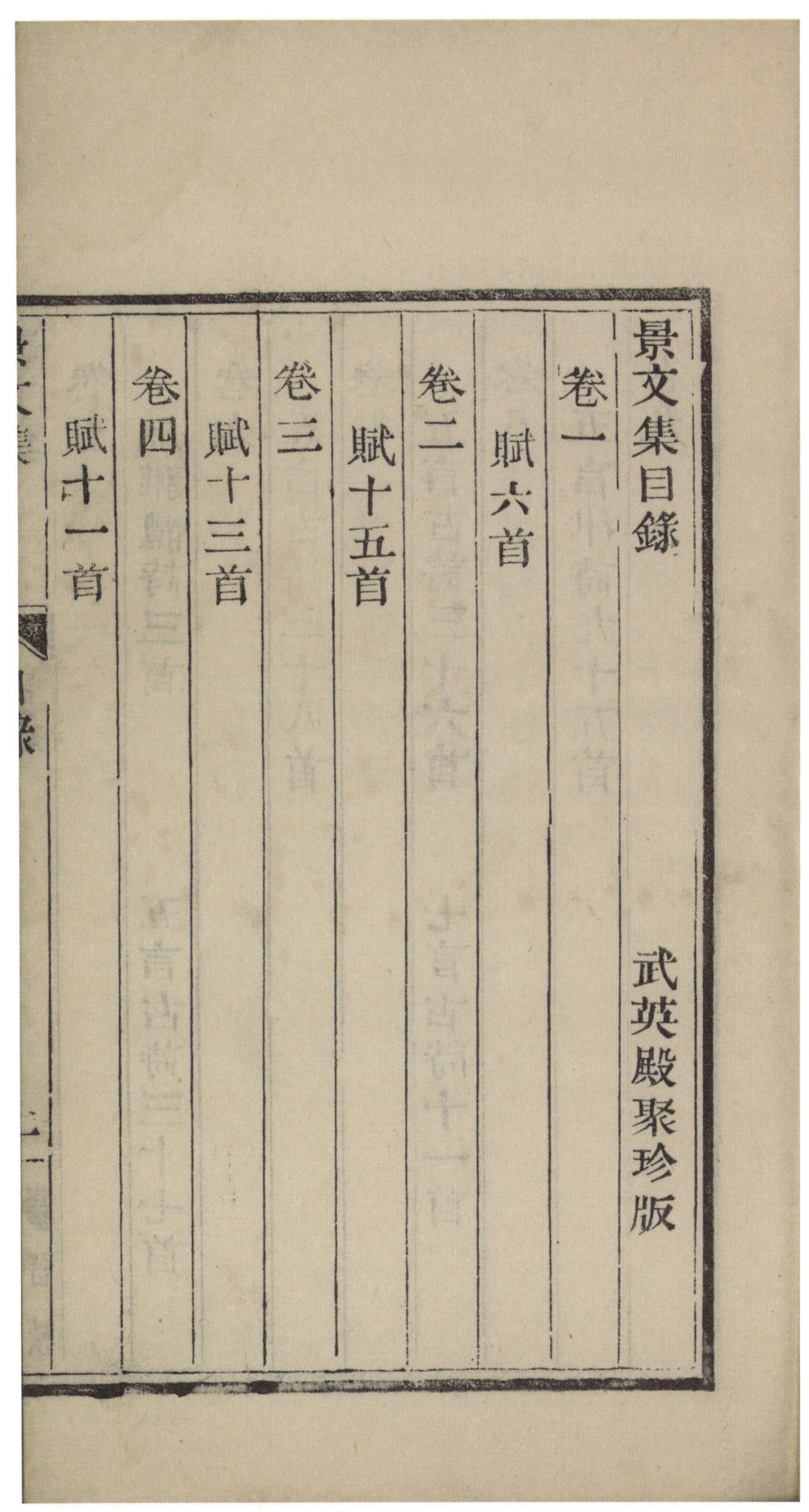
景文集目錄　　武英殿聚珍版
卷一
賦六首
卷二
賦十五首
卷三
賦十三首
卷四
賦十一首

景文集六十二卷　之二

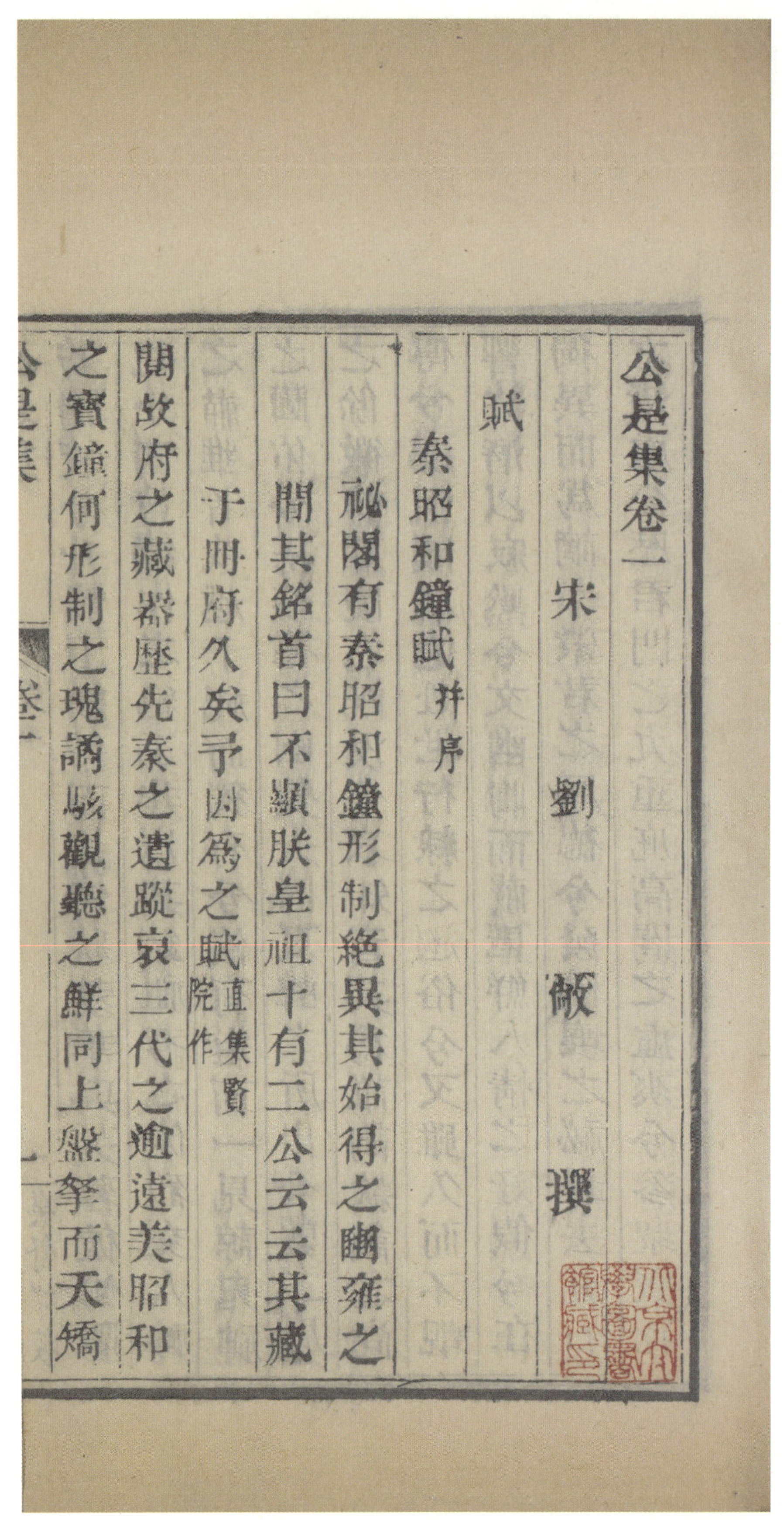

公是集卷一

宋 劉敞 撰

賦

秦昭和鐘賦 并序

祕閣有秦昭和鐘形制絶異其始得之幽雍之間其銘首曰不顯朕皇祖十有二公云云其藏于冊府久矣予因爲之賦 直集賢院作

開故府之藏器歷先秦之遺蹤哀三代之逈遠美昭和之寶鐘何形制之瑰譎駭觀聽之鮮同上盤拏而夭矯

公是集 卷一 一

公是集五十四卷／八册／清乾隆四十六年（1781）武英殿聚珍本

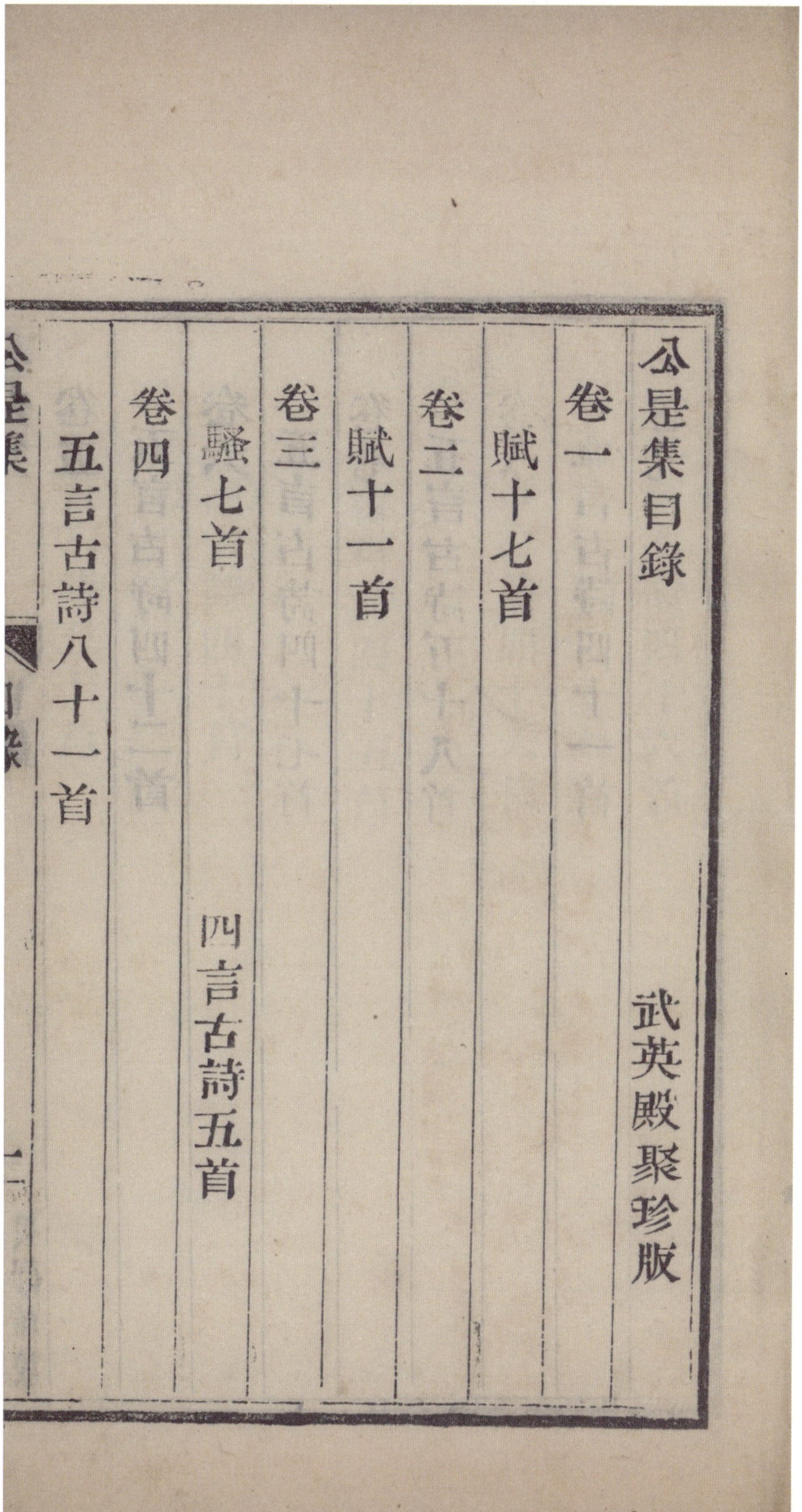

公是集目錄　　武英殿聚珍版

公是集五十四卷　之二

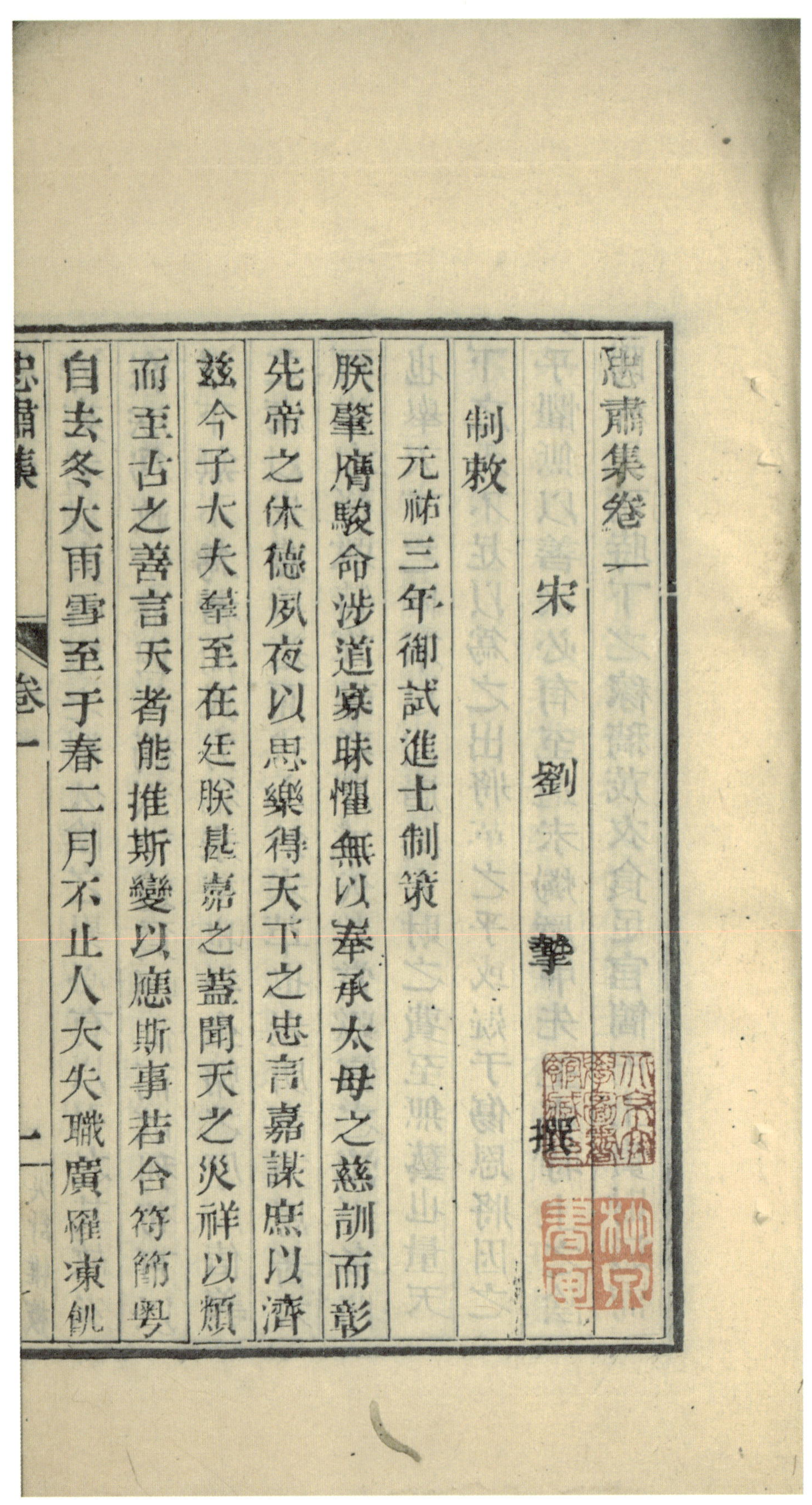

忠肅集二十卷／四册／清乾隆四十六年（1781）武英殿聚珍本

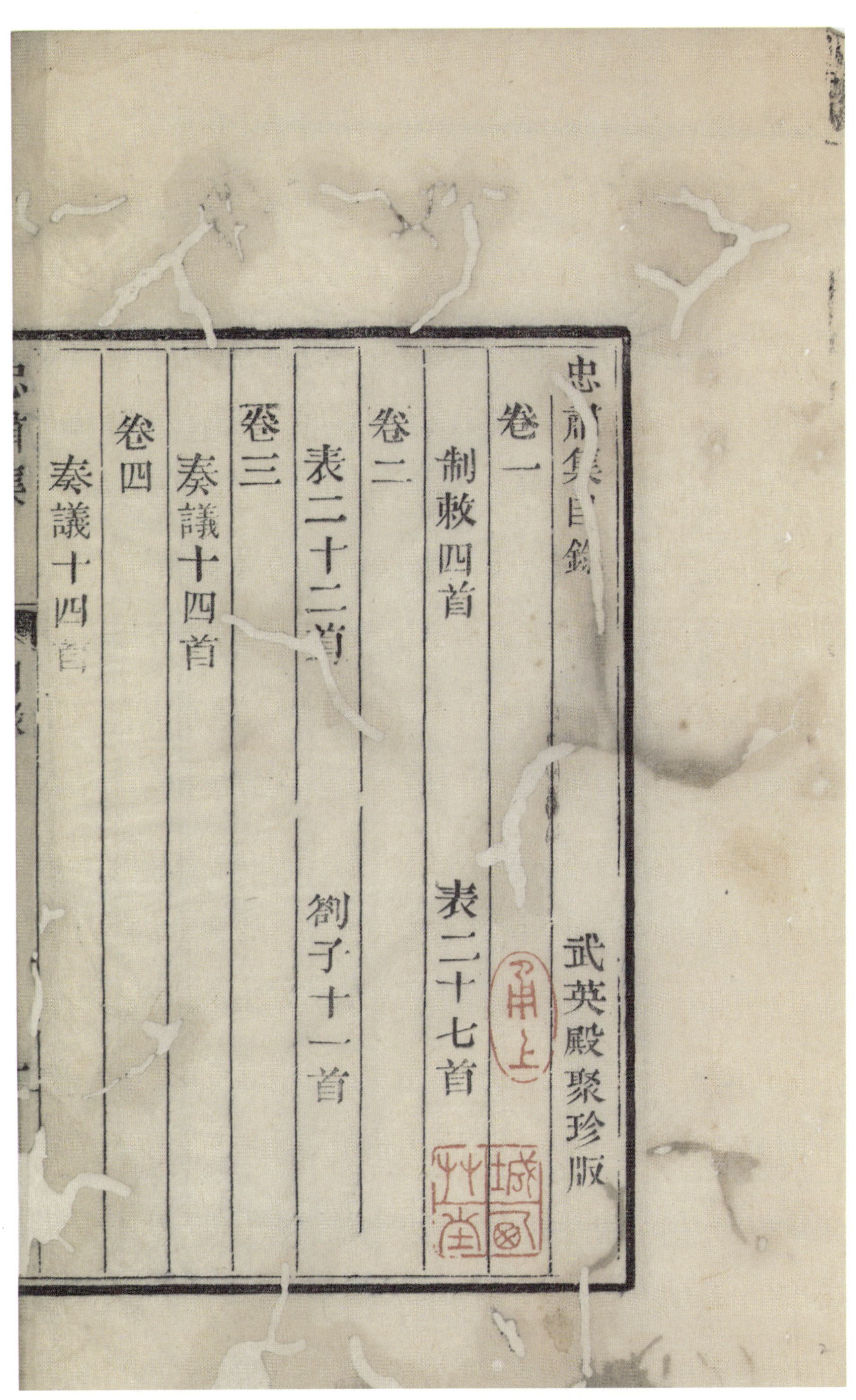

忠肅集目錄　武英殿聚珍版

卷一

制敕四首　表二十七首

卷二

表二十二首　劄子十一首

卷三

奏議十四首

卷四

奏議十四首

忠肅集二十卷　之二

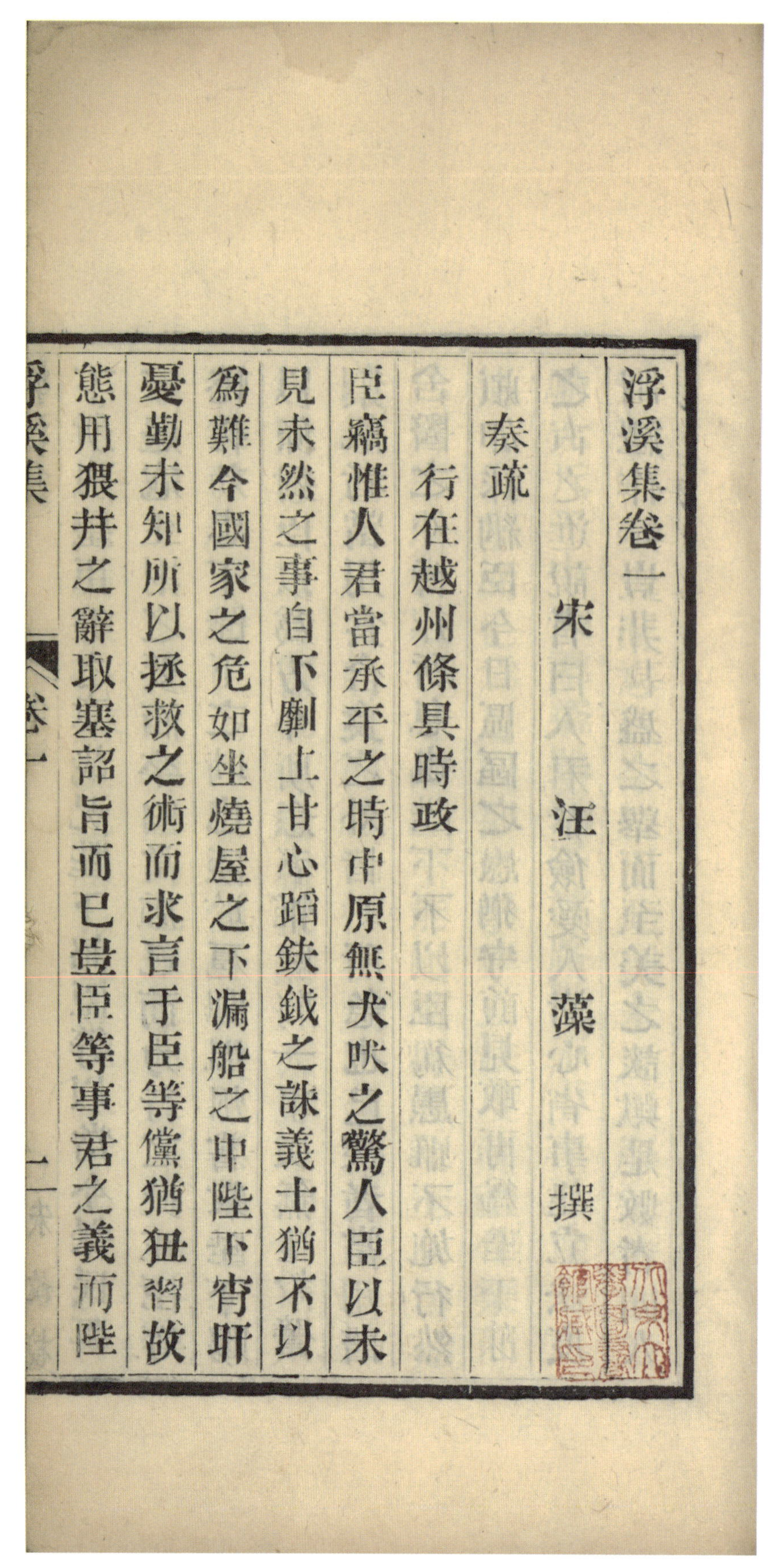

浮溪集卷一

宋　汪藻　撰

奏疏

行在越州條具時政

臣竊惟人君當承平之時中原無犬吠之驚人臣以未見未然之事自下劘上甘心蹈鈇鉞之誅義士猶不以爲難今國家之危如坐燒屋之下漏船之中陛下宵旰憂勤未知所以拯救之術而求言于臣等儻猶狃習故態用猥井之辭取塞詔旨而已豈臣等事君之義而陛

浮溪集　卷一　一

浮溪集三十二卷/八册/清乾隆四十六年（1781）武英殿聚珍本

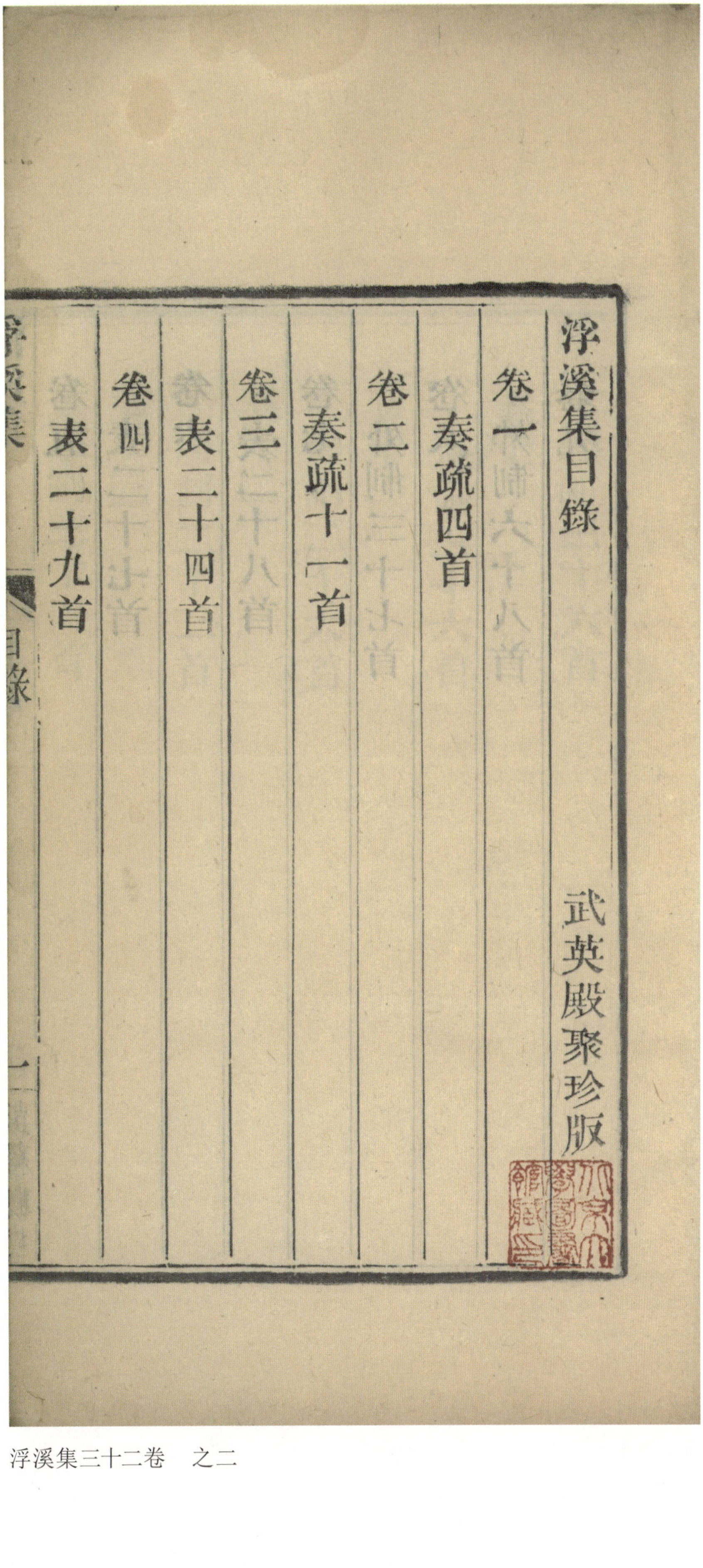

浮溪集目錄　　武英殿聚珍版

卷一

奏疏四首

卷二

奏疏十一首

卷三

表二十四首

卷四

表二十九首

浮溪集　目錄　一

浮溪集三十二卷　之二

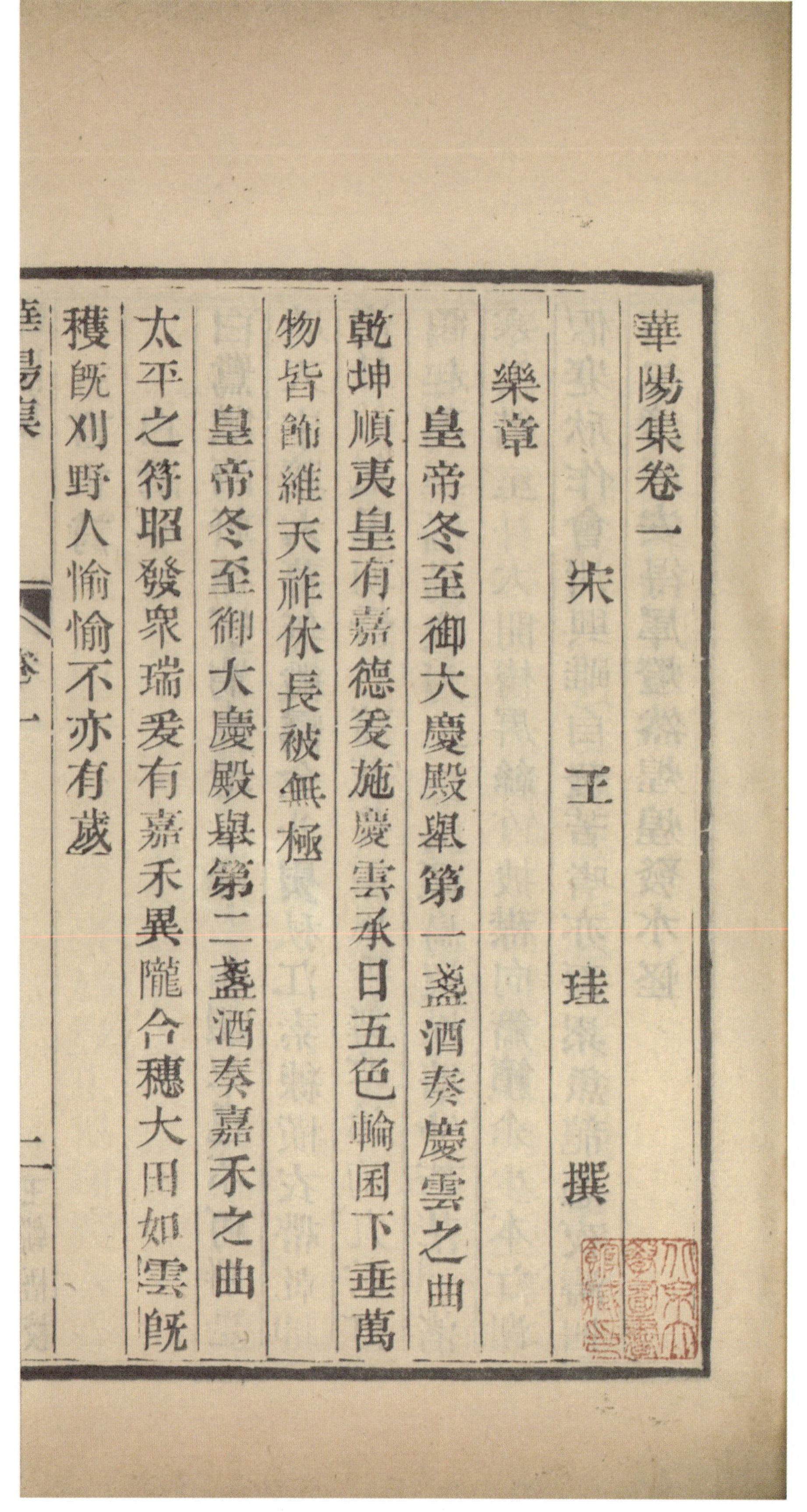

華陽集卷一

宋 王珪 撰

樂章

皇帝冬至御大慶殿舉第一盞酒奏慶雲之曲

乾坤順夷皇有嘉德爰施慶雲承日五色輪囷下垂萬物皆飾維天祚休長被無極

皇帝冬至御大慶殿舉第二盞酒奏嘉禾之曲

太平之符昭發衆瑞爰有嘉禾異隴合穗大田如雲既穫既刈野人愉愉不亦有歲

華陽集四十卷/二函十册/清乾隆四十六年（1781）武英殿聚珍本

華陽集目錄　武英殿聚珍版

華陽集　目錄　一

華陽集四十卷　之二

華陽集　目録　　彭紹觀校

湮没宋文鑑文翰類選等書僅載其文數首今從
永樂大典各韻中裒綴排比所存詩文尚多其中
青詞密詞黙詞醮詞齋文道場文功德疏及教坊
致語之類均非文章正軌謹稟承
聖訓槩加刪削重編爲四十卷用聚珍版摹印以廣其
傳焉乾隆四十六年九月恭校上
總纂官内閣學士臣紀昀
光禄寺卿臣陸錫熊
纂修官翰林院編修臣周厚轅

華陽集四十卷　之三

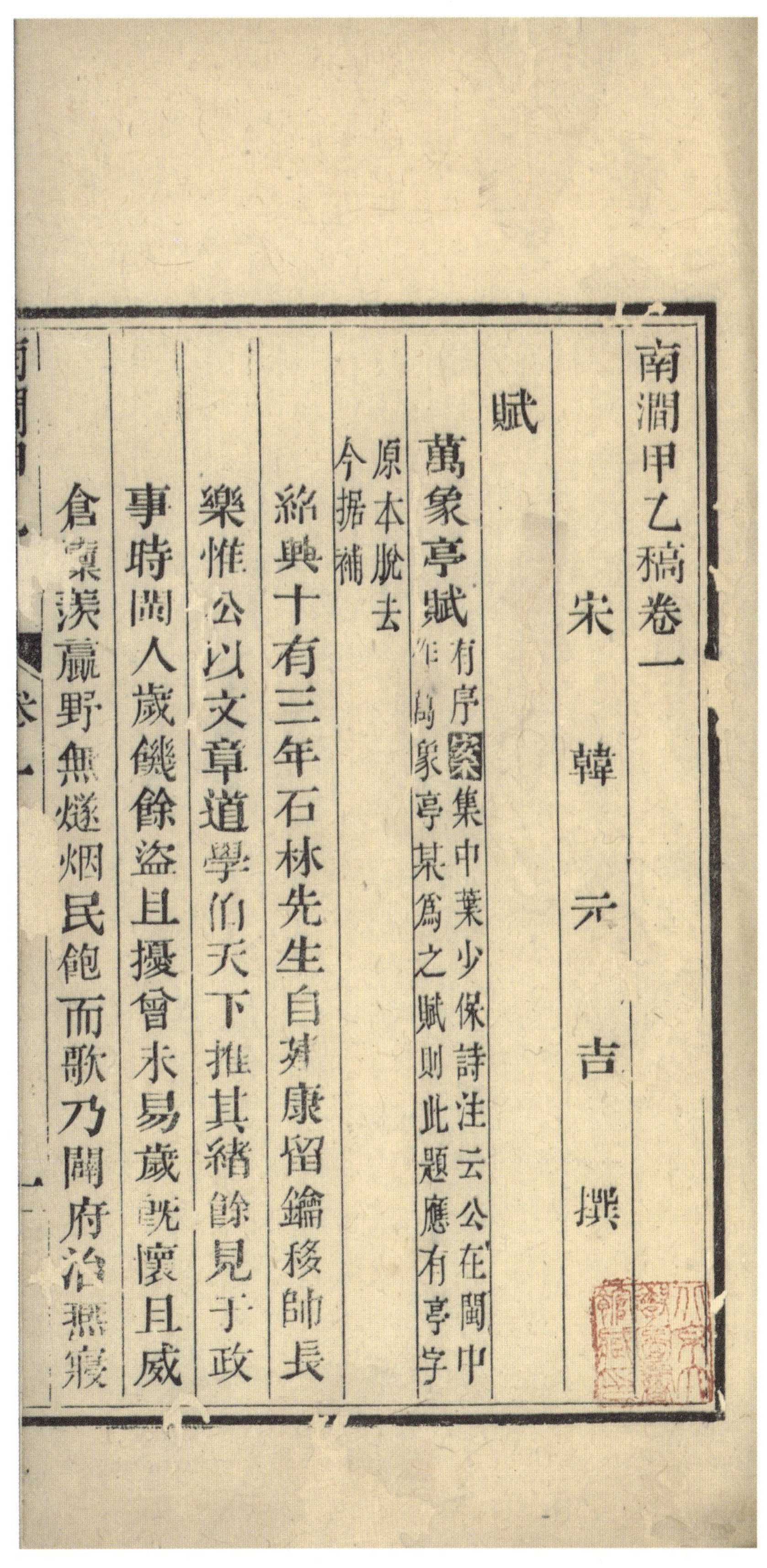

南澗甲乙稿二十二卷拾遺一卷／二函十二册／清乾隆四十六年（1781）武英殿聚珍本

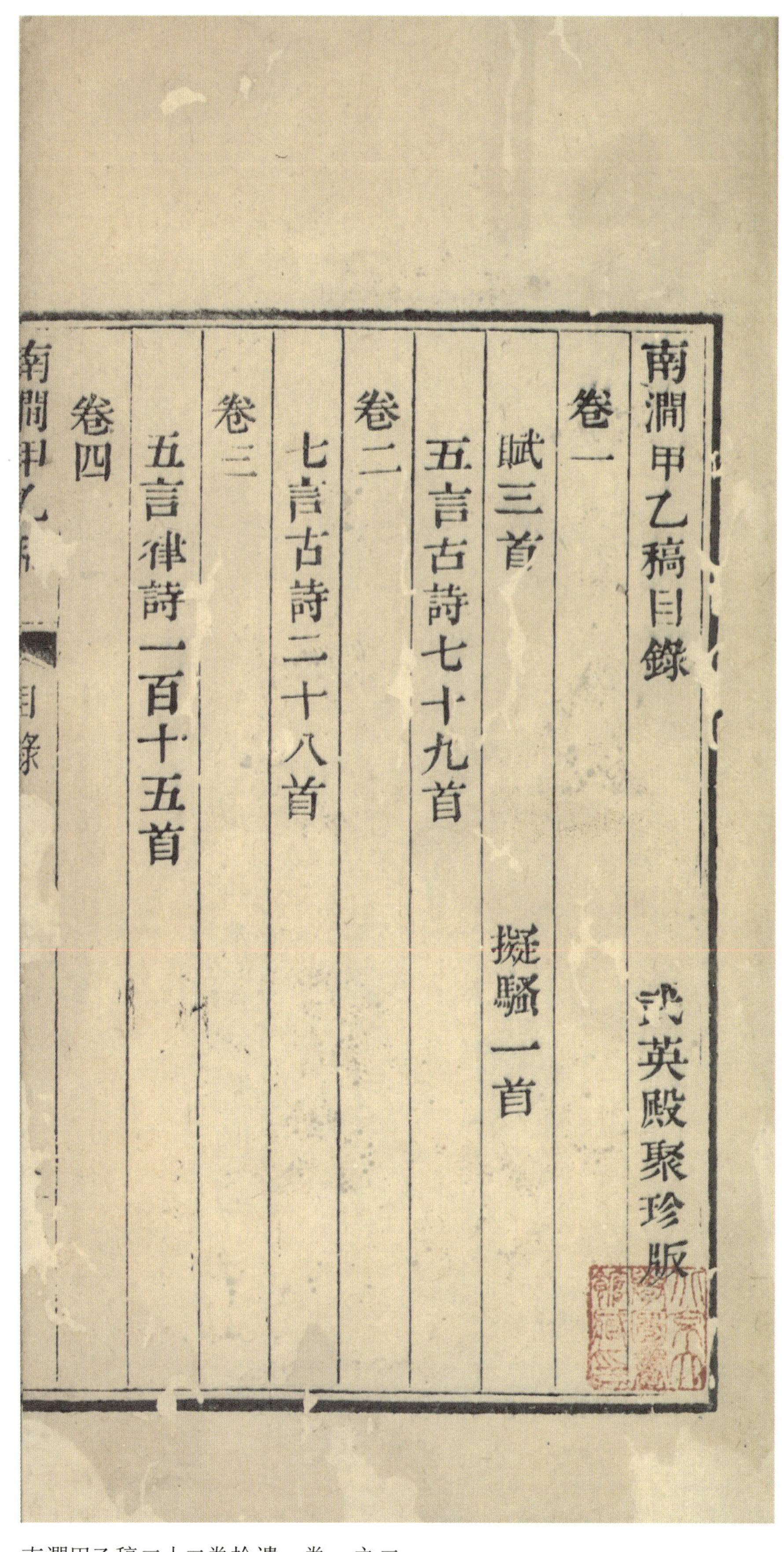
南澗甲乙稿目錄　　武英殿聚珍版

卷一

賦三首　　擬騷一首

五言古詩七十九首

卷二

七言古詩二十八首

卷三

五言律詩一百十五首

卷四

南澗甲乙稿　目錄

南澗甲乙稿二十二卷拾遺一卷　之二

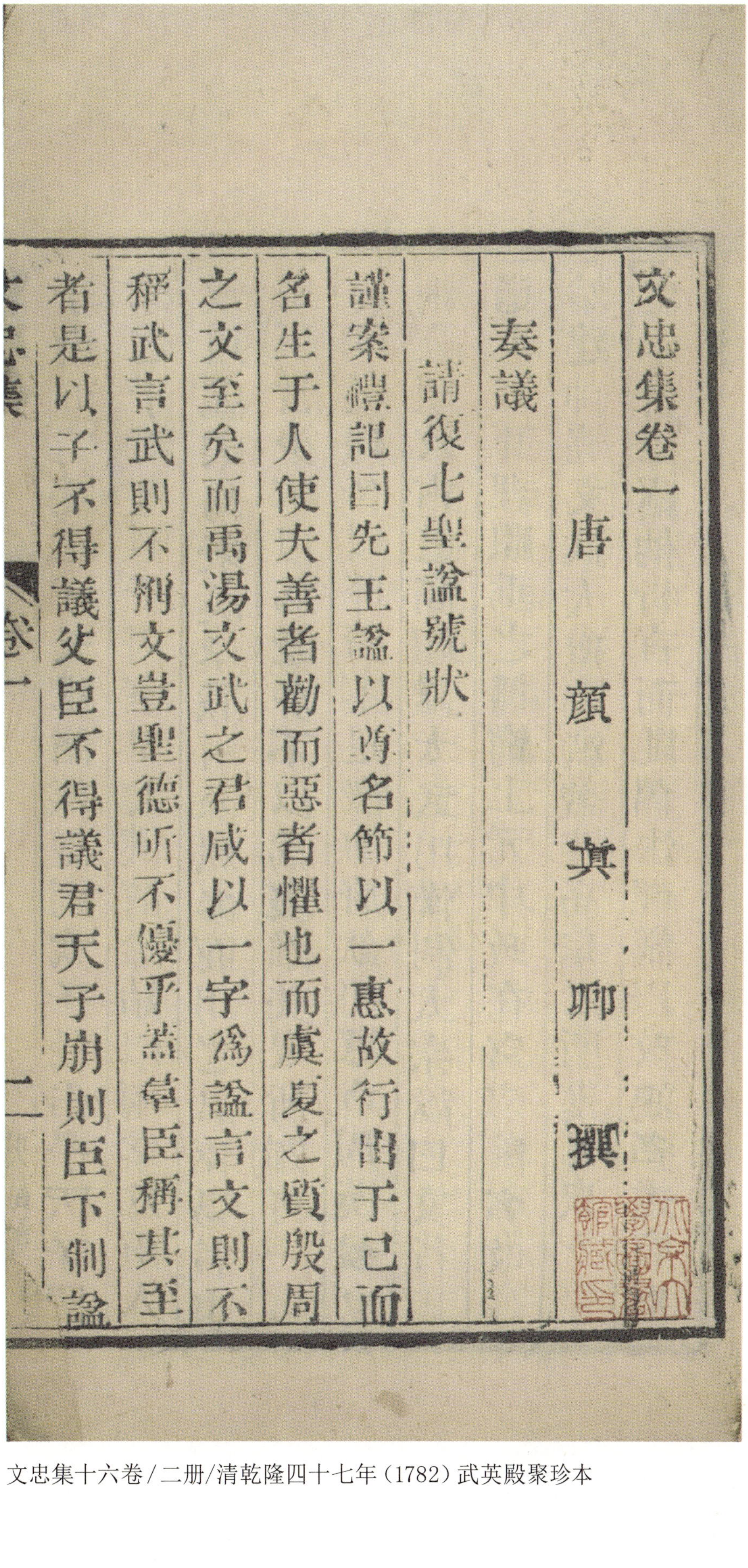

文忠集卷一

唐 顏真卿 撰

奏議

請復七聖謚號狀

謹案禮記曰先王謚以尊名節以一惠故行出于己而名生于人使夫善者勸而惡者懼也而虞夏之質殷周之文至矣而禹湯文武之君咸以一字為謚言文則不稱武言武則不稱文豈聖德所不優乎蓋羣臣稱其至者是以子不得議父臣不得議君天子崩則臣下制謚

文忠集 卷一 一

文忠集十六卷/二册/清乾隆四十七年(1782)武英殿聚珍本

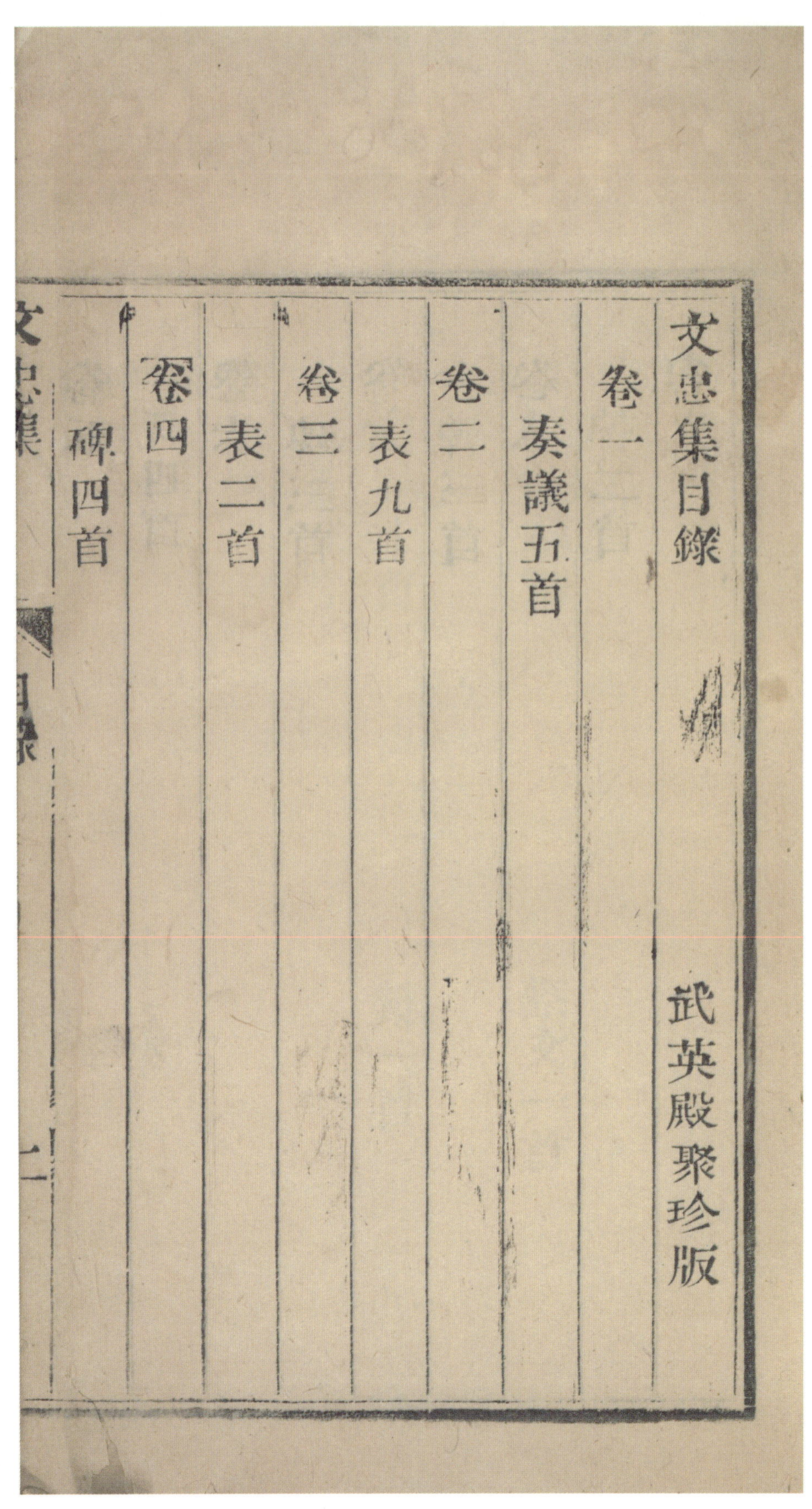
文忠集目錄
卷一
奏議五首
卷二
表九首
卷三
表二首
卷四
碑四首
武英殿聚珍版

文忠集十六卷　之二

彭城集卷一

宋 劉攽 撰

賦

鴻慶宮三聖殿賦并序謹案此賦見宋文鑑與永樂大典原本互有差訛今校改

臣伏見陛下追述祖考崇奉明祀新作三聖殿以昭孝明功于天下臣以文學中第太常試官祕書目覩盛事不敢以鄙薄自絀輒作古賦一篇以歌詠盛德昔靈光景福之作世稱其美麗然其所謂狀大不出雕刻畫繢文彩之煌煌而

彭城集 卷一 一

彭城集四十卷/二函八册/清乾隆四十七年（1782）武英殿聚珍本

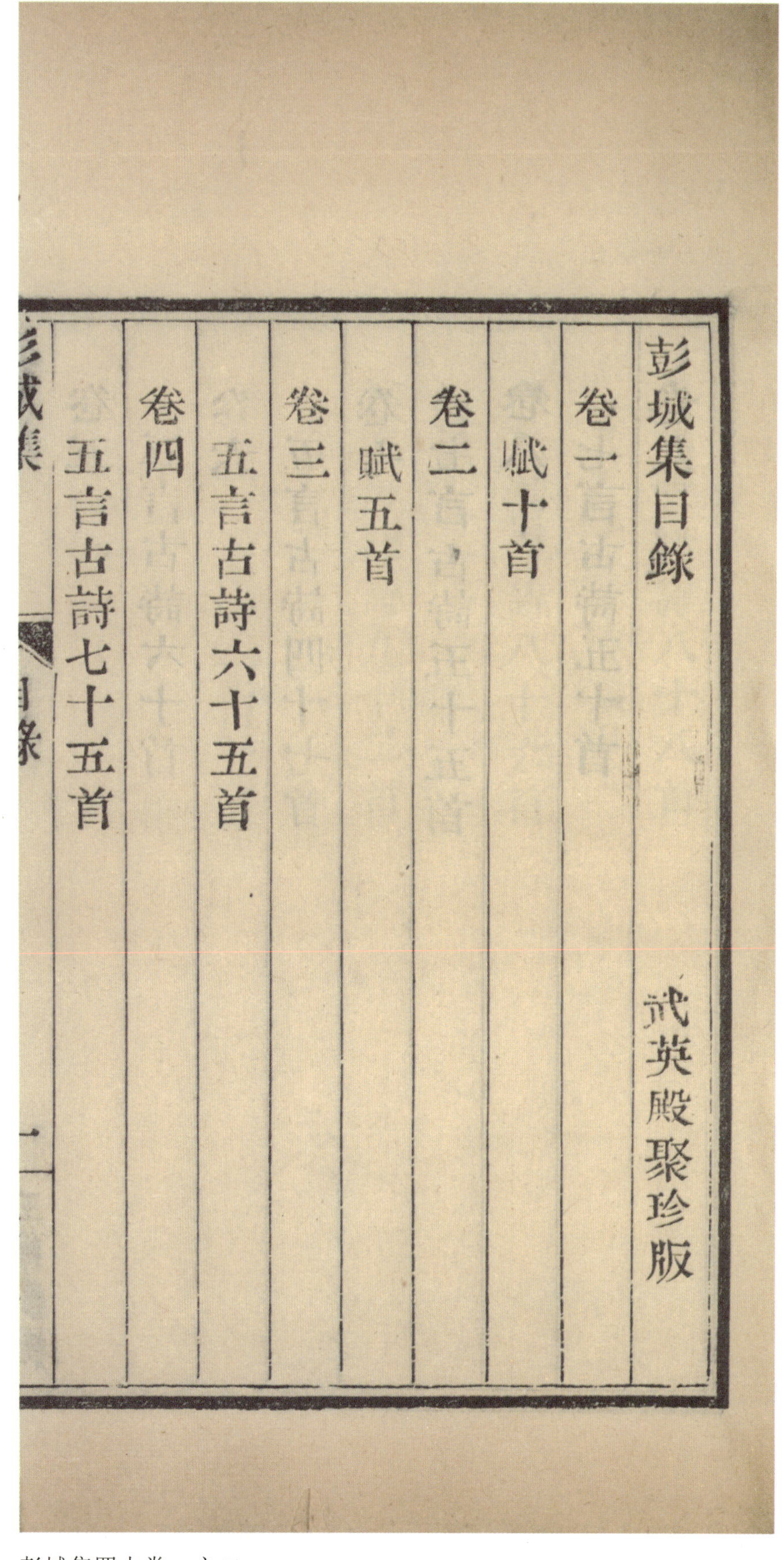
彭城集目錄　　武英殿聚珍版

卷一

賦十首

卷二

賦五首

卷三

五言古詩六十五首

卷四

五言古詩七十五首

彭城集四十卷　之二

武英殿刻本硃批詩經樂譜

欽定詩經樂譜全書卷一

國風

周南

關雎三章一章四句二章章八句

言后妃之德陰教之始也大呂爲陰呂之首以

配黃鍾今擬以大呂立宮倍南呂起調　爲清

羽高上字調

簫譜　壎篪排簫同

關清羽仩關清宫仩雎清商伬鳩清角佮在清徵亿河清角佮之清羽仩洲清徵亿

欽定詩經樂譜全書　卷一　關雎　一

欽定詩經樂譜全書三十卷樂律正俗一卷／二函二十一册／清乾隆五十三年（1788）武英殿聚珍朱墨套印本

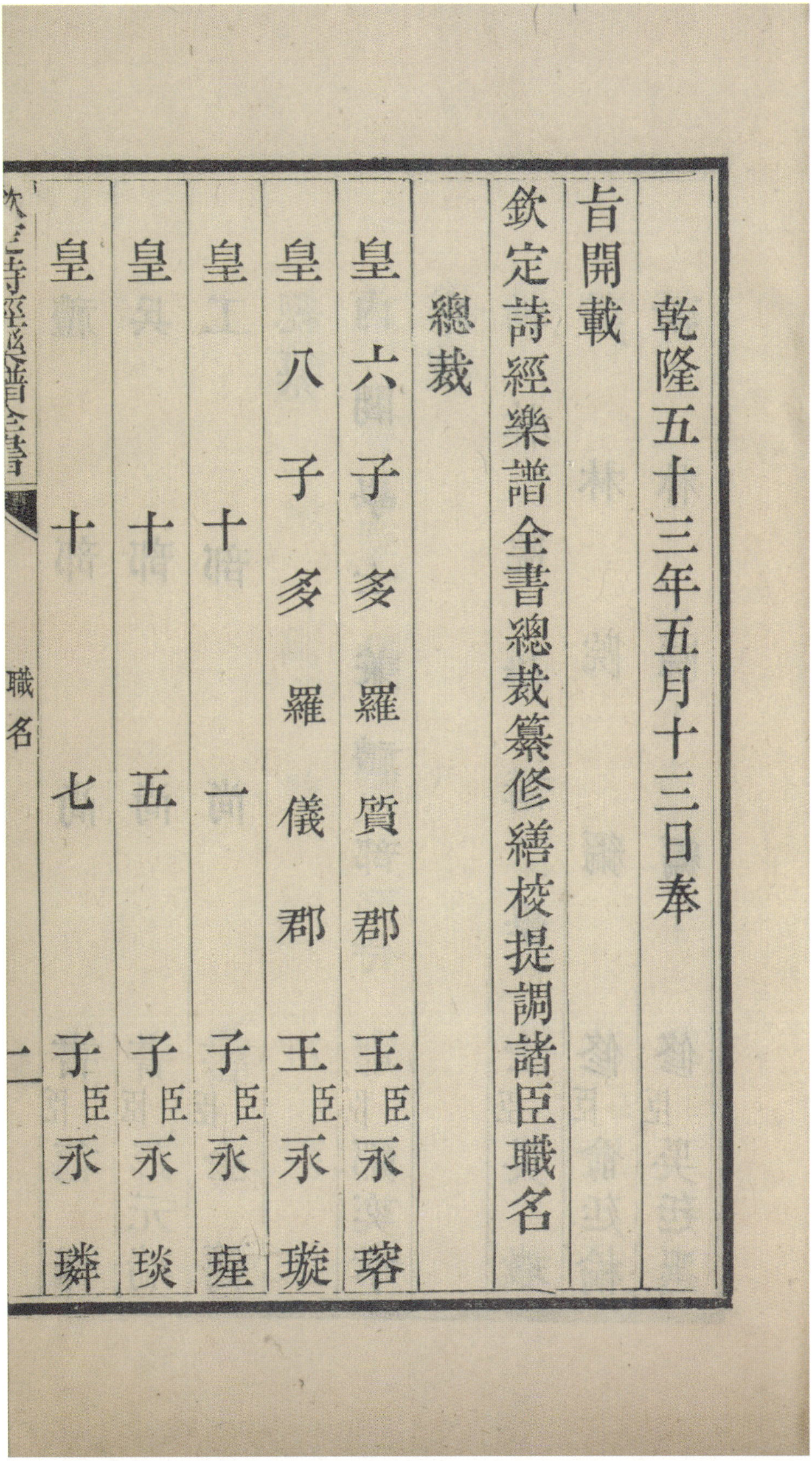

乾隆五十三年五月十三日奉

旨開載

欽定詩經樂譜全書總裁纂修繕校提調諸臣職名

總裁

皇六子多羅質郡王臣永瑢

皇八子多羅儀郡王臣永璇

皇十一子臣永瑆

皇十五子臣永琰

皇十七子臣永璘

欽定詩經樂譜全書 職名 二

欽定詩經樂譜全書三十卷樂律正俗一卷　之二

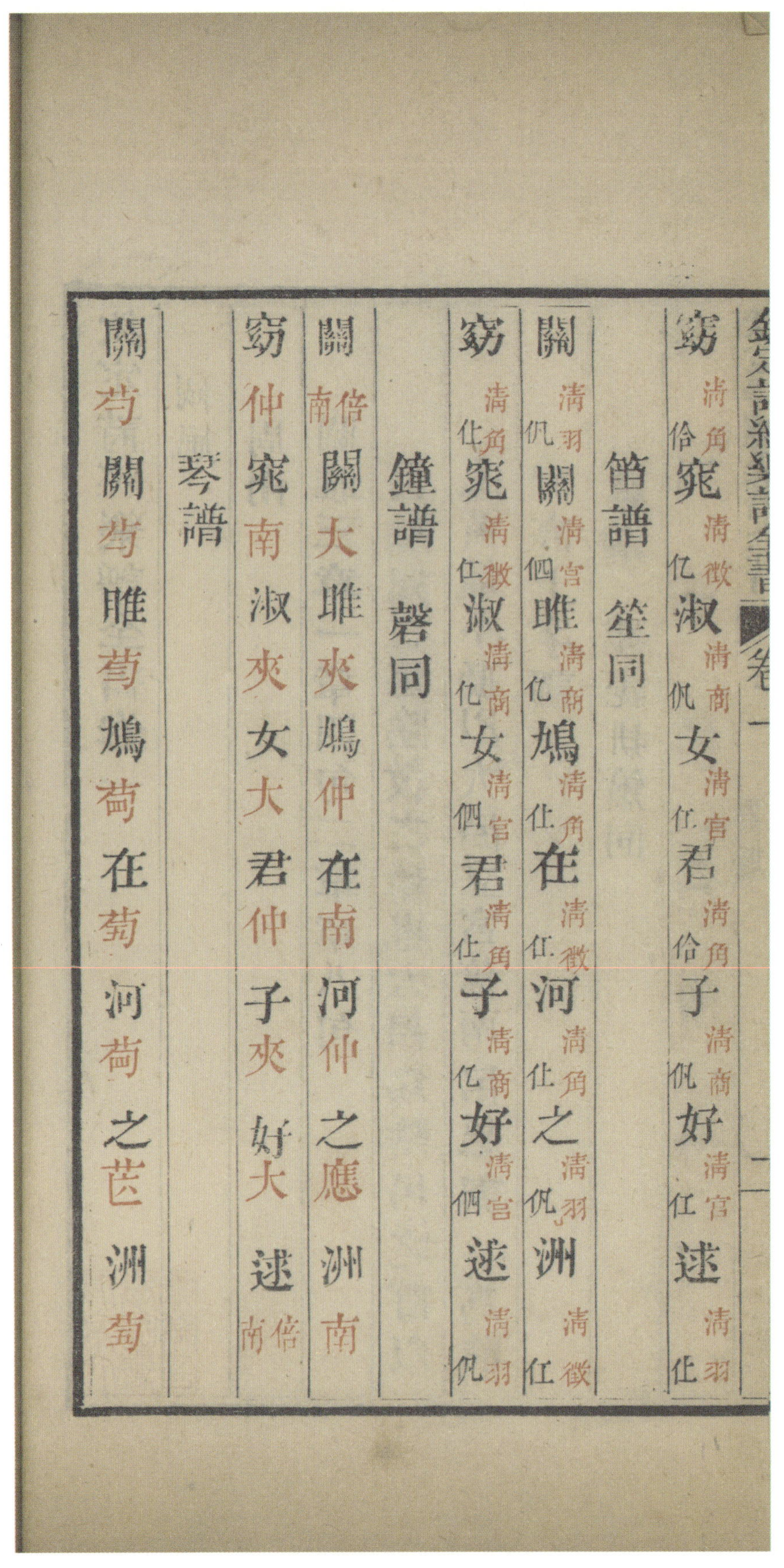

欽定詩經樂譜全書三十卷樂律正俗一卷　之三

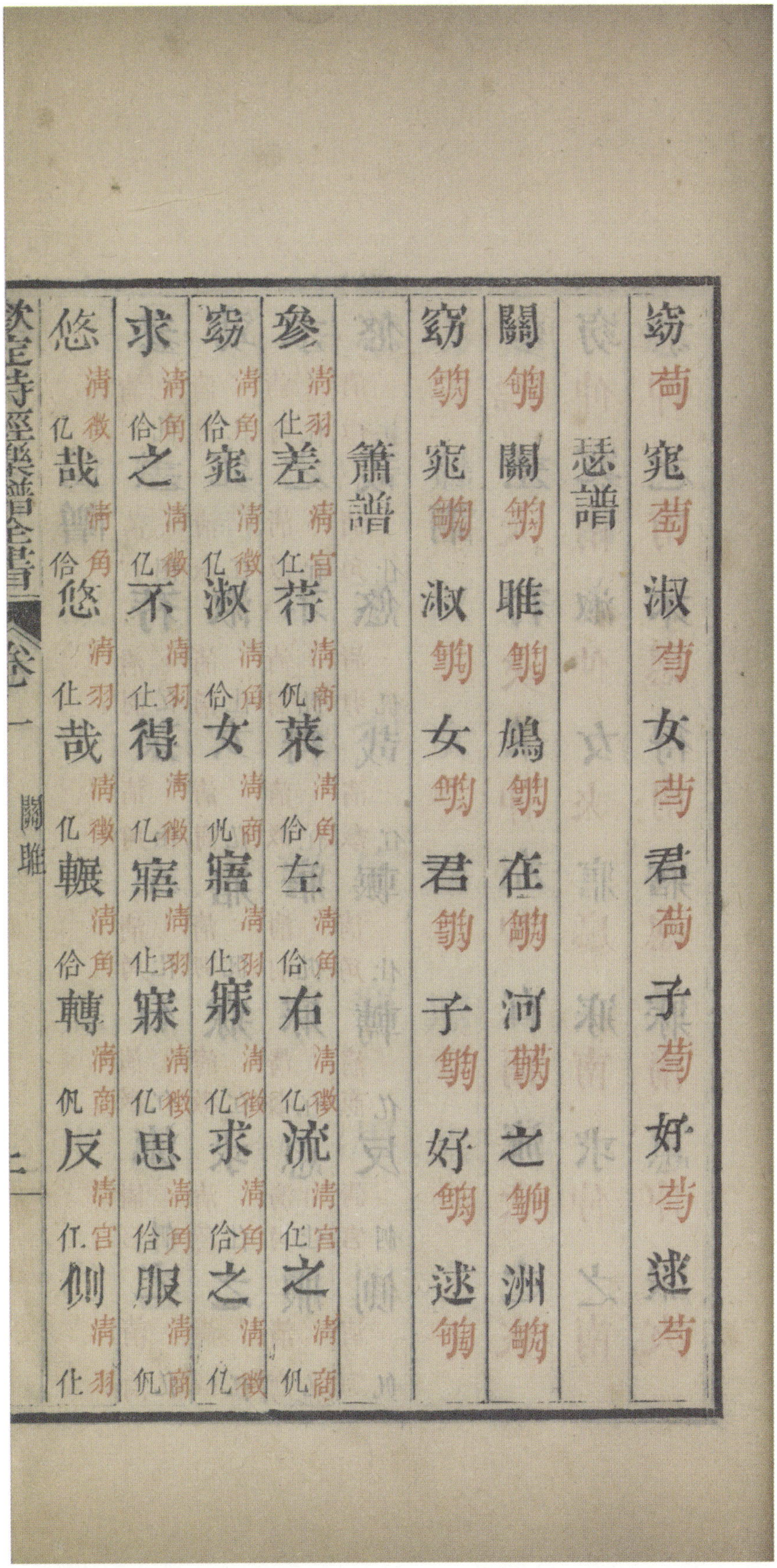

窈茍窕茍淑茍女茍君茍子茍好茍逑茍

瑟譜

關䲰關䲰雎䲰鳩䲰在䲰河䲰之䲰洲䲰

窈䲰窕䲰淑䲰女䲰君䲰子䲰好䲰逑䲰

簫譜

參清羽仩差清宮仩荇清商伬菜清角伵左清角伵右清徵亿流清宮仩之清商伬

窈清角伵窕清徵亿淑清角伵女清商伬寤清羽仩寐清徵亿求清角伵之清徵亿

求清角伵之清徵亿不清羽仩得清徵亿寤清羽仩寐清徵亿思清角伵服清商伬

悠清徵亿哉清角伵悠清羽仩哉清徵亿輾清角伵轉清商伬反清宮仜側清羽仩

欽定詩經樂譜全書三十卷樂律正俗一卷　之四

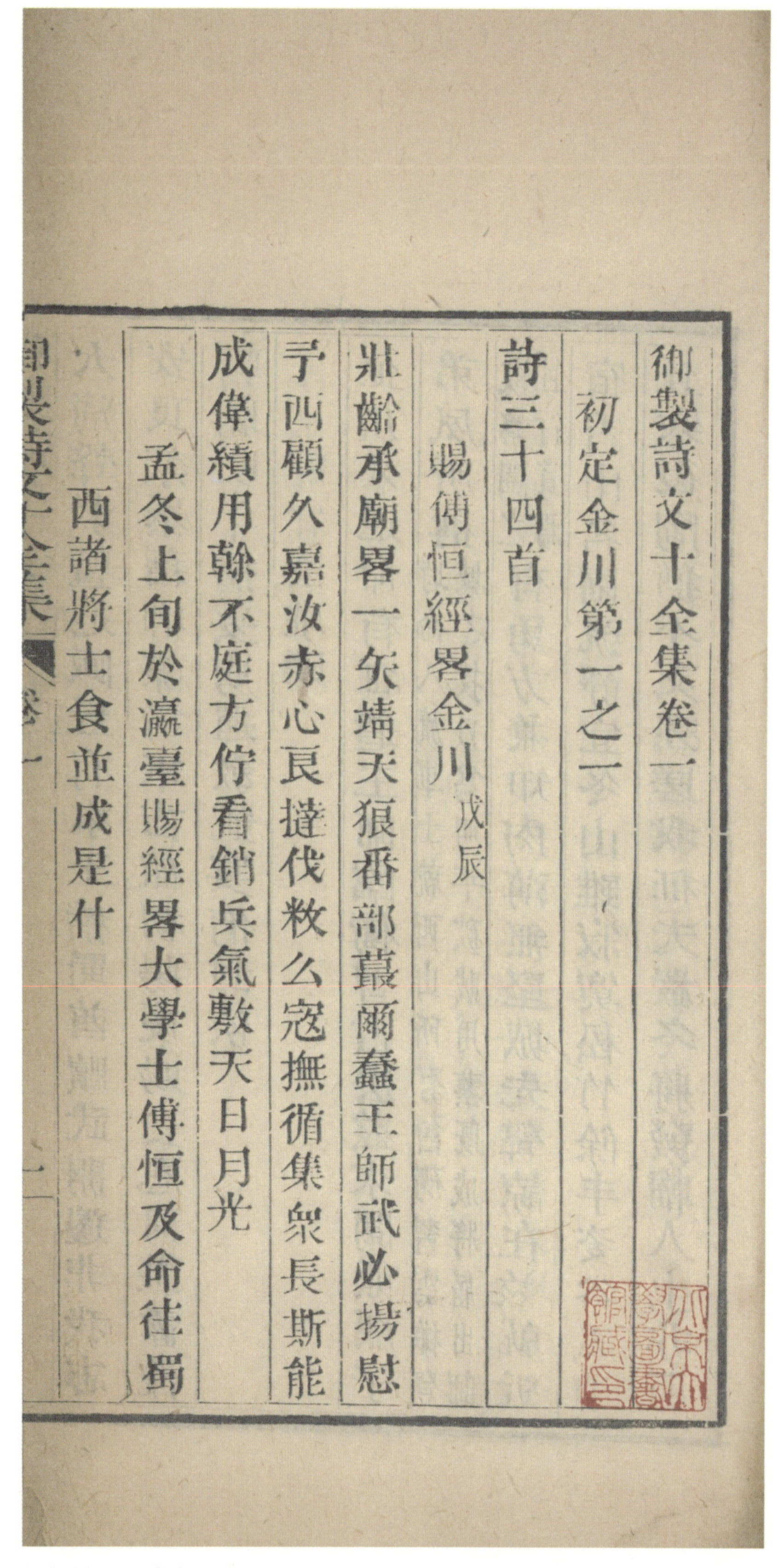

御製詩文十全集卷一
初定金川第一之一
詩三十四首
賜傅恒經畧金川戊辰
壯齡承廟畧一矢靖天狼番部蕞爾蠢王師武必揚慰
予西顧久嘉汝赤心良撻伐救么寇撫循集衆長斯能
成偉績用弼不庭方佇看銷兵氣敷天日月光
孟冬上旬於瀛臺賜經畧大學士傅恒及命往蜀
西諸將士食並成是什

御製詩文十全集五十四卷卷首一卷/十二册/清乾隆五十九年（1794）武英殿聚珍本

御選明臣奏議卷一

應求直言詔上書 洪武九年 葉伯巨

臣伏讀聖諭因邇者五星紊度日月相刑詔臣民直言得失海內聞之懽呼雷動皆曰此禹湯罪己之道也凡有識知莫不欲竭智盡忠況臣愚蒙久承養育以至今日者乎臣竊惟漢晉唐宋之世凡有災異必由刑政失宜賢愚倒置遂至紀綱不振或制于權臣或移于宦寺或陵夷于女主或潰敗于邊戎上下偷安苟延歲月天變于上而不知戒人怨于下而不知恤天下已壞而莫

御選明臣奏議四十卷/四函二十四册/清乾隆武英殿聚珍本

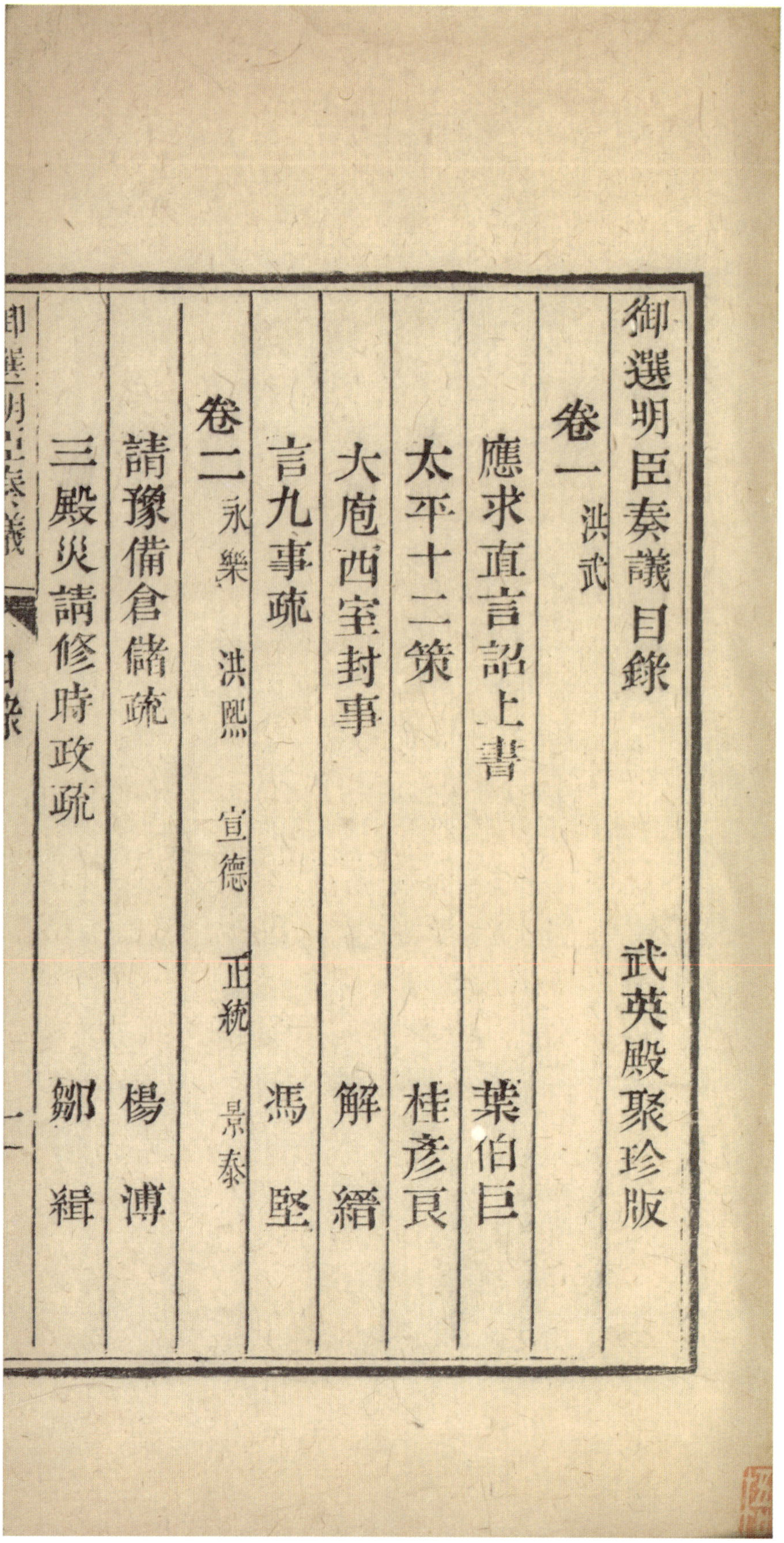

御選明臣奏議目録　武英殿聚珍版

卷一　洪武

應求直言詔上書　葉伯巨

太平十二策　桂彦良

大庖西室封事　解縉

言九事疏　馮堅

卷二　永樂　洪熙　宣德　正統　景泰

請豫備倉儲疏　楊溥

三殿災請修時政疏　鄒緝

御選明臣奏議　目録　一

御選明臣奏議四十卷　之二

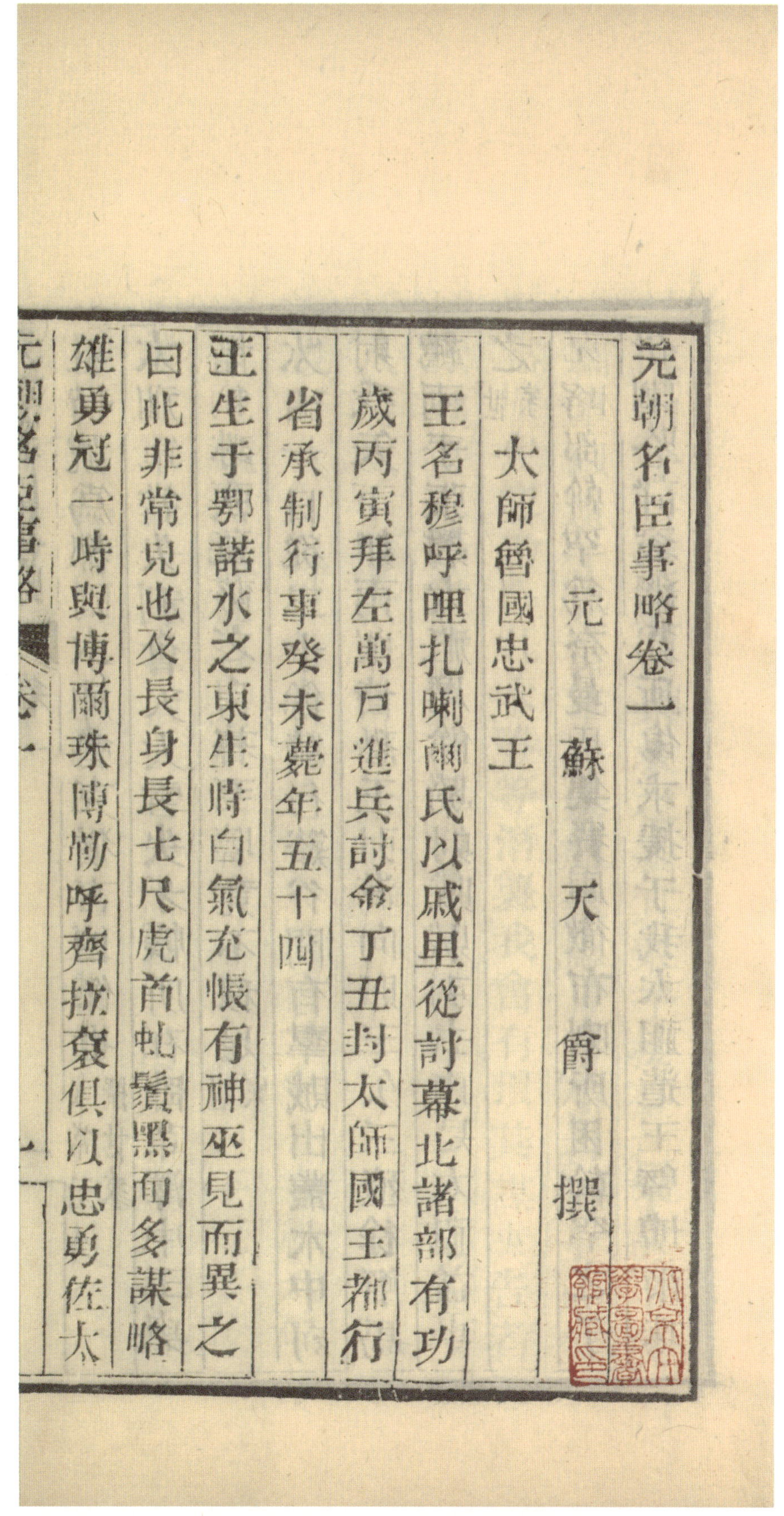

元朝名臣事略卷一

元　蘇天爵撰

太師魯國忠武王

王名穆呼哩扎喇爾氏以戚里從討幕北諸部有功歲丙寅拜左萬戶進兵討金丁丑封太師國王都行省承制行事癸未薨年五十四

王生于鄂諾水之東生時白氣充帳有神巫見而異之曰此非常兒也及長身長七尺虎首虬鬚黑面多謀略雄勇冠一時與博爾珠博勒呼齊拉袞俱以忠勇佐太

元朝名臣事略　卷一　一

元朝名臣事略十五卷/一函四册/清乾隆武英殿聚珍本

元朝名臣事略

武英殿聚珍版

提要

臣等謹按元朝名臣事略十五卷元蘇天爵撰天爵字伯修眞定人由國子監學生試第一釋褐授從仕郎薊州判官終浙江行省參知政事事跡具元史本傳此書記元代名臣事實始穆呼哩終劉因凡四十六人大抵據諸家文集所載墓碑墓志行狀家傳爲多其雜書可徵信者亦採掇焉一一注其所出以示有徵蓋仿朱子名臣言行錄例而

元朝名臣事略　提要　一

元朝名臣事略十五卷　之二

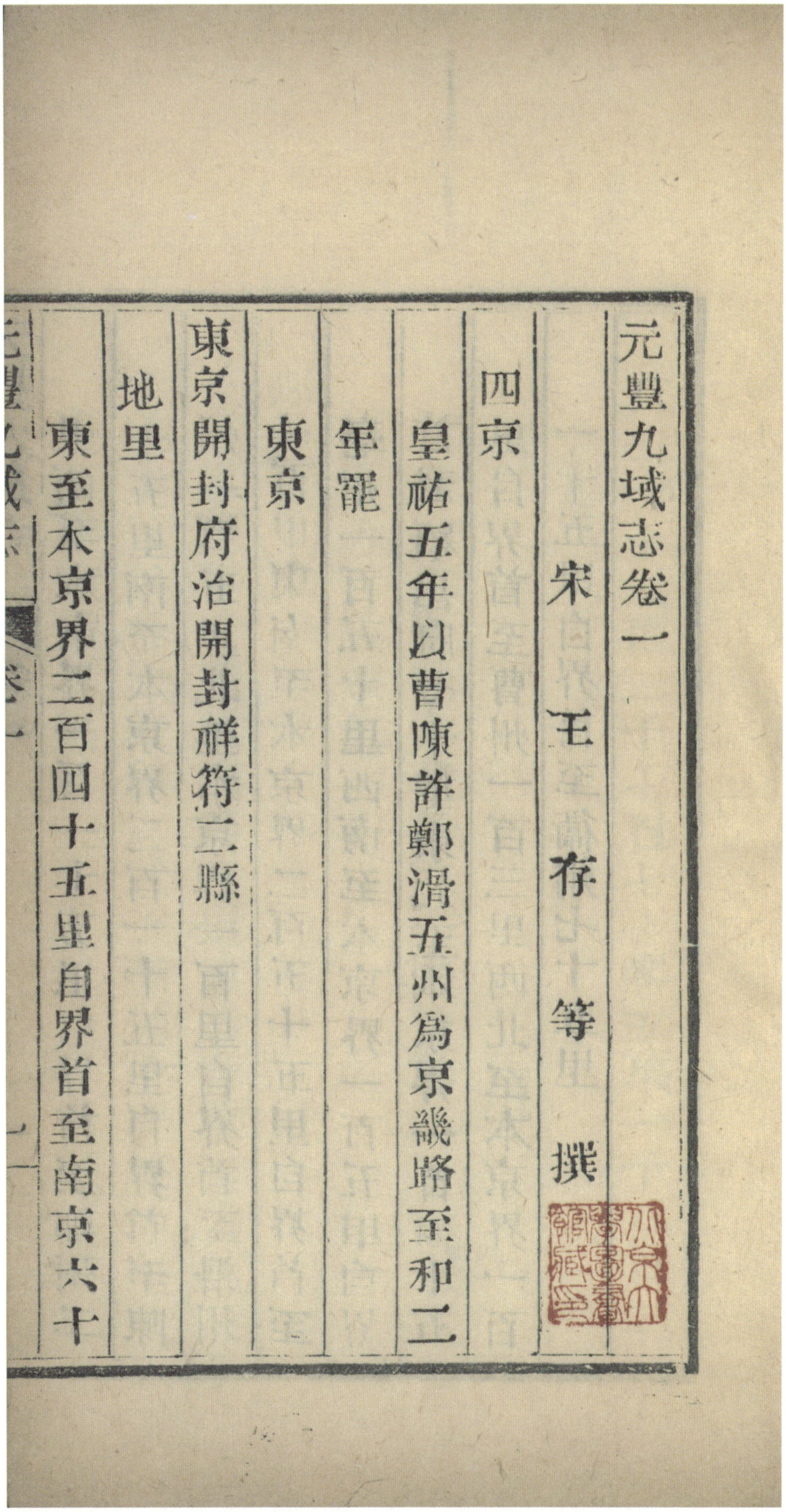

元豐九域志卷一

宋王存等撰

四京

皇祐五年以曹陳許鄭滑五州爲京畿路至和二年罷

東京

東京開封府治開封祥符二縣

地里

東至本京界二百四十五里自界首至南京六十

元豐九域志卷一 一

元豐九域志十卷/一函六册/清乾隆武英殿聚珍本

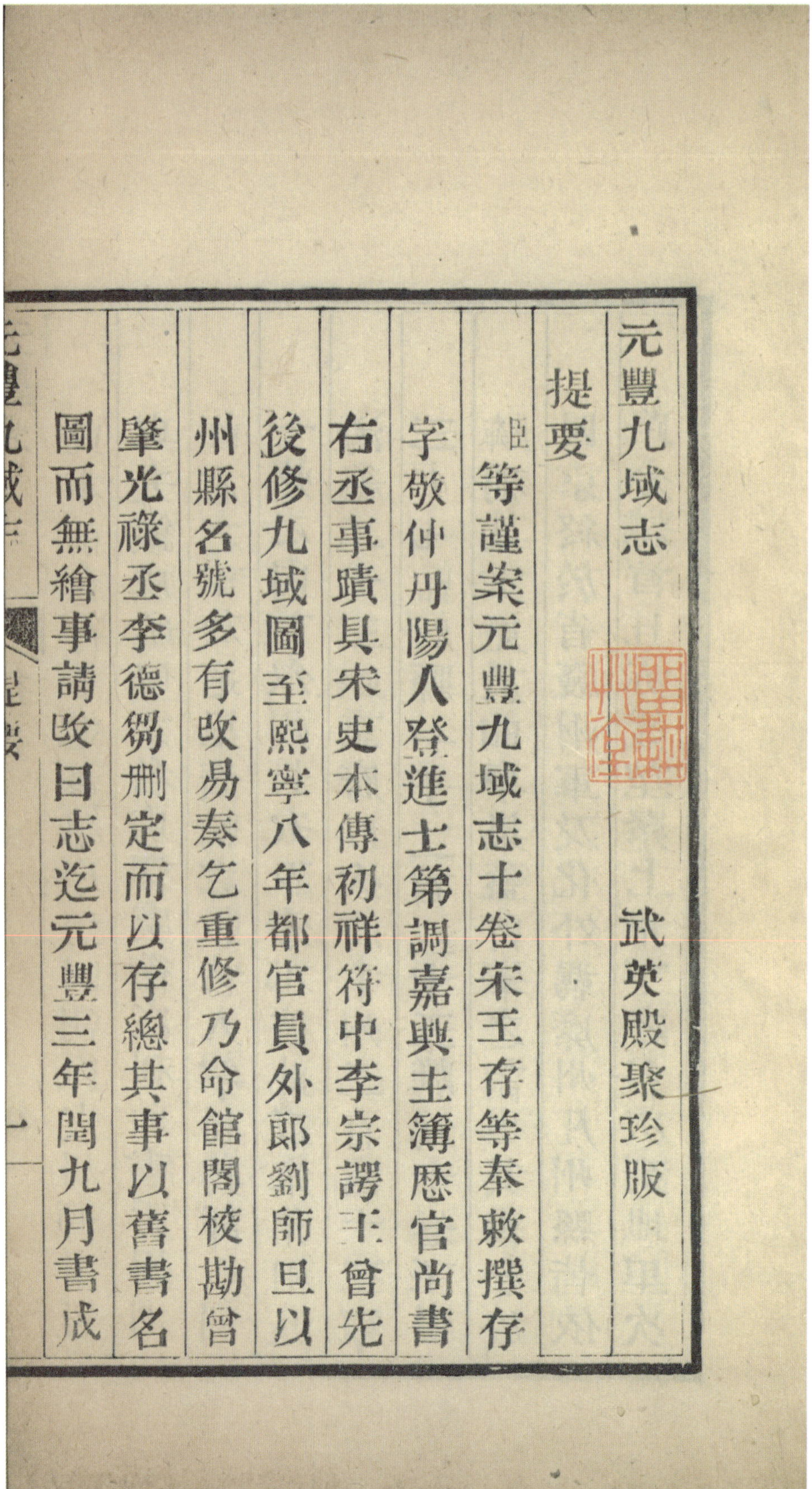

元豐九域志　　武英殿聚珍版

提要

臣等謹案元豐九域志十卷宋王存等奉敕撰存字敬仲丹陽人登進士第調嘉興主簿歷官尚書右丞事蹟具宋史本傳初祥符中李宗諤王曾先後修九域圖至熙寧八年都官員外郎劉師旦以州縣名號多有改易奏乞重修乃命館閣校勘曾肇光祿丞李德芻刪定而以存總其事以舊書名圖而無繪事請改曰志迄元豐三年閏九月書成

元豐九域志　提要　一

元豐九域志十卷　之二

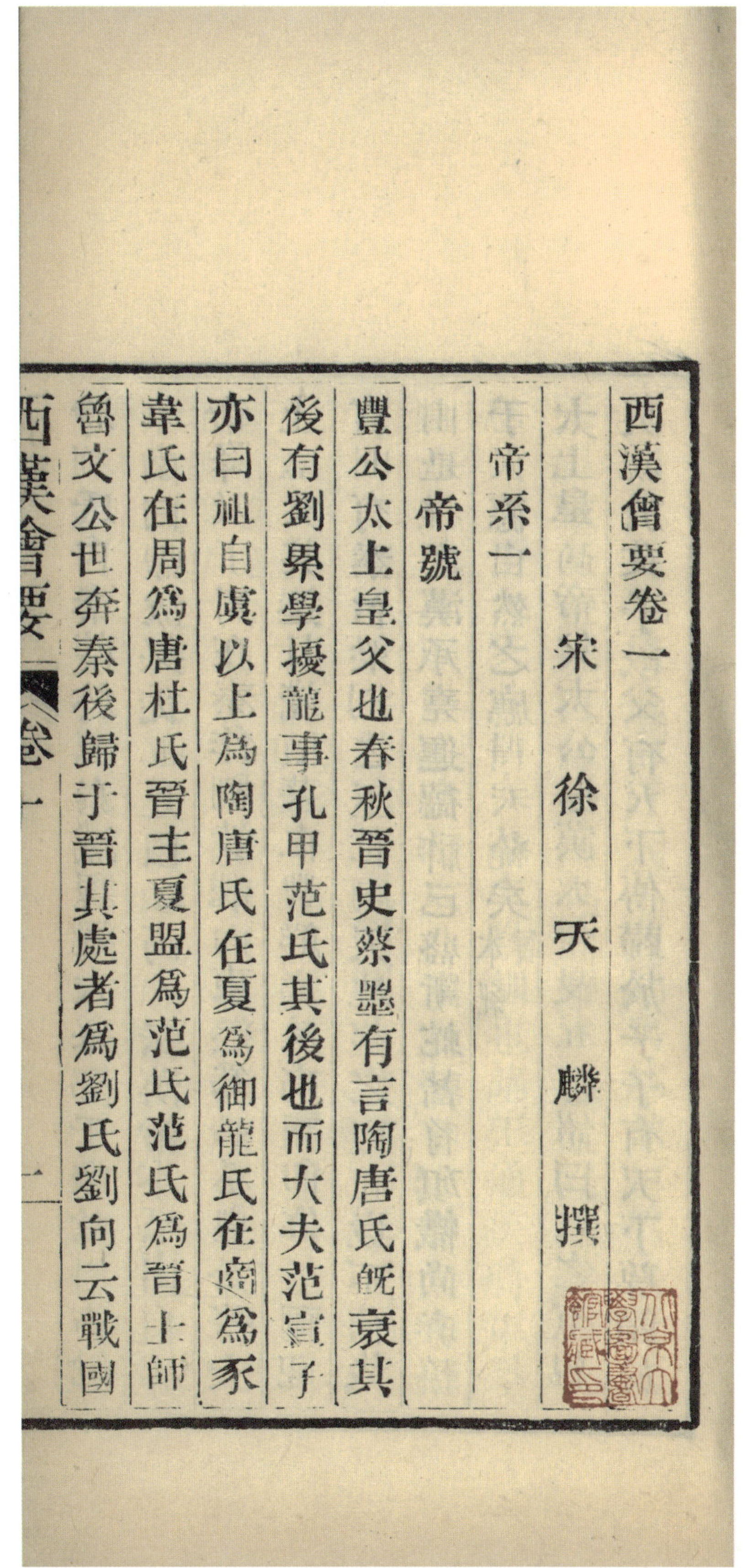
西漢會要卷一

宋 徐天麟 撰

帝系一

帝號

豐公太上皇父也春秋晉史蔡墨有言陶唐氏既衰其後有劉累學擾龍事孔甲范氏其後也而大夫范宣子亦曰祖自虞以上爲陶唐氏在夏爲御龍氏在商爲豕韋氏在周爲唐杜氏晉主夏盟爲范氏范氏爲晉士師魯文公世奔秦後歸于晉其處者爲劉氏劉向云戰國

西漢會要 卷一 一

西漢會要七十卷/八册/清乾隆武英殿聚珍本

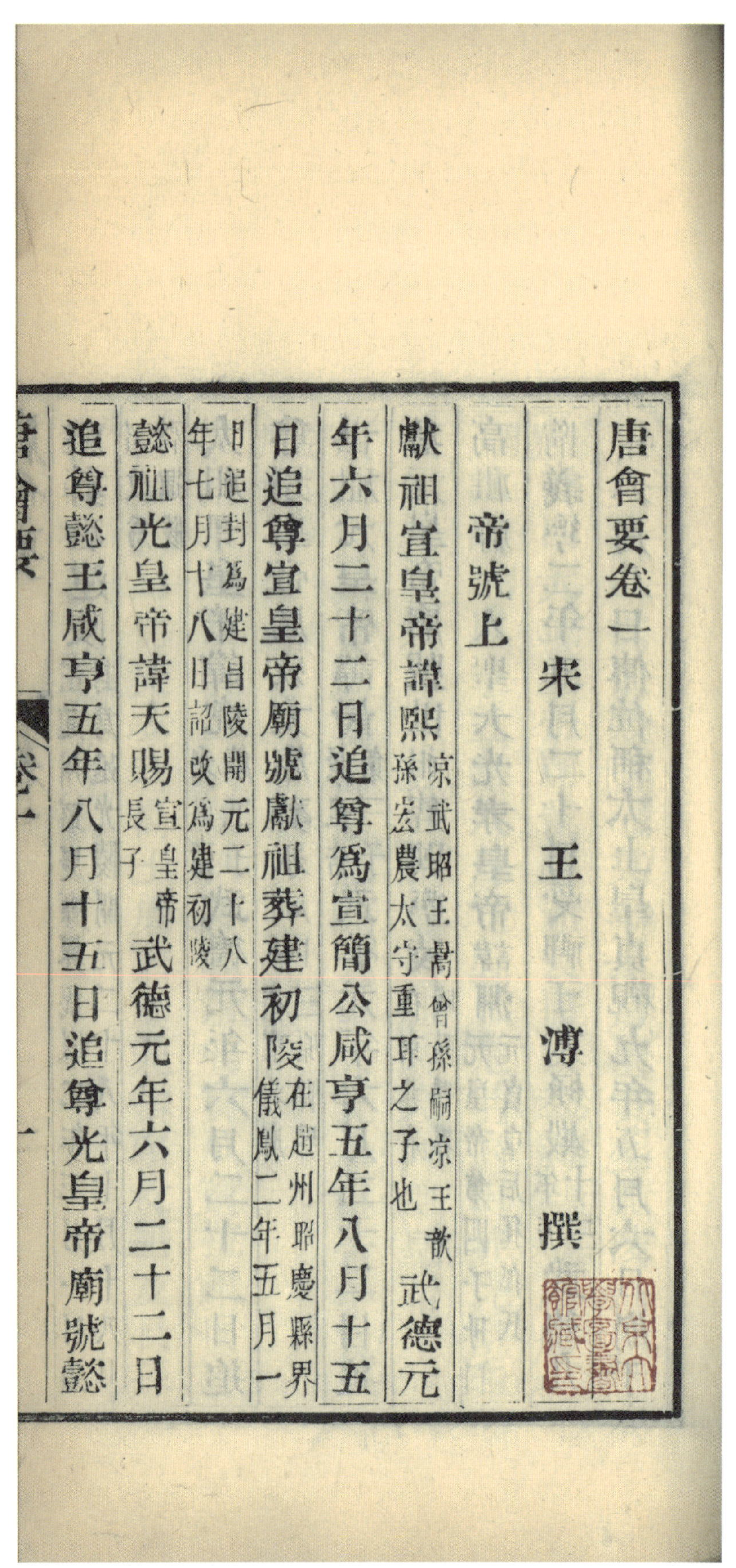

唐會要一百卷／二十四册／清乾隆武英殿聚珍本

唐會要

提要　　　　武英殿聚珍版

唐會要一百卷宋王溥撰溥字齊物并州祁人漢乾祐中登進士第一周廣順初拜端明殿學士恭帝嗣位官右僕射入宋仍故官進司空同平章事監修國史加太子太師封祁國公卒謚康定事迹具宋史本傳初唐蘇冕嘗次高祖至德宗九朝之事爲會要四十卷宣宗大中七年又詔楊紹復等次德宗以來事爲續會要四十卷以崔鉉監修段

唐會要一百卷　之二

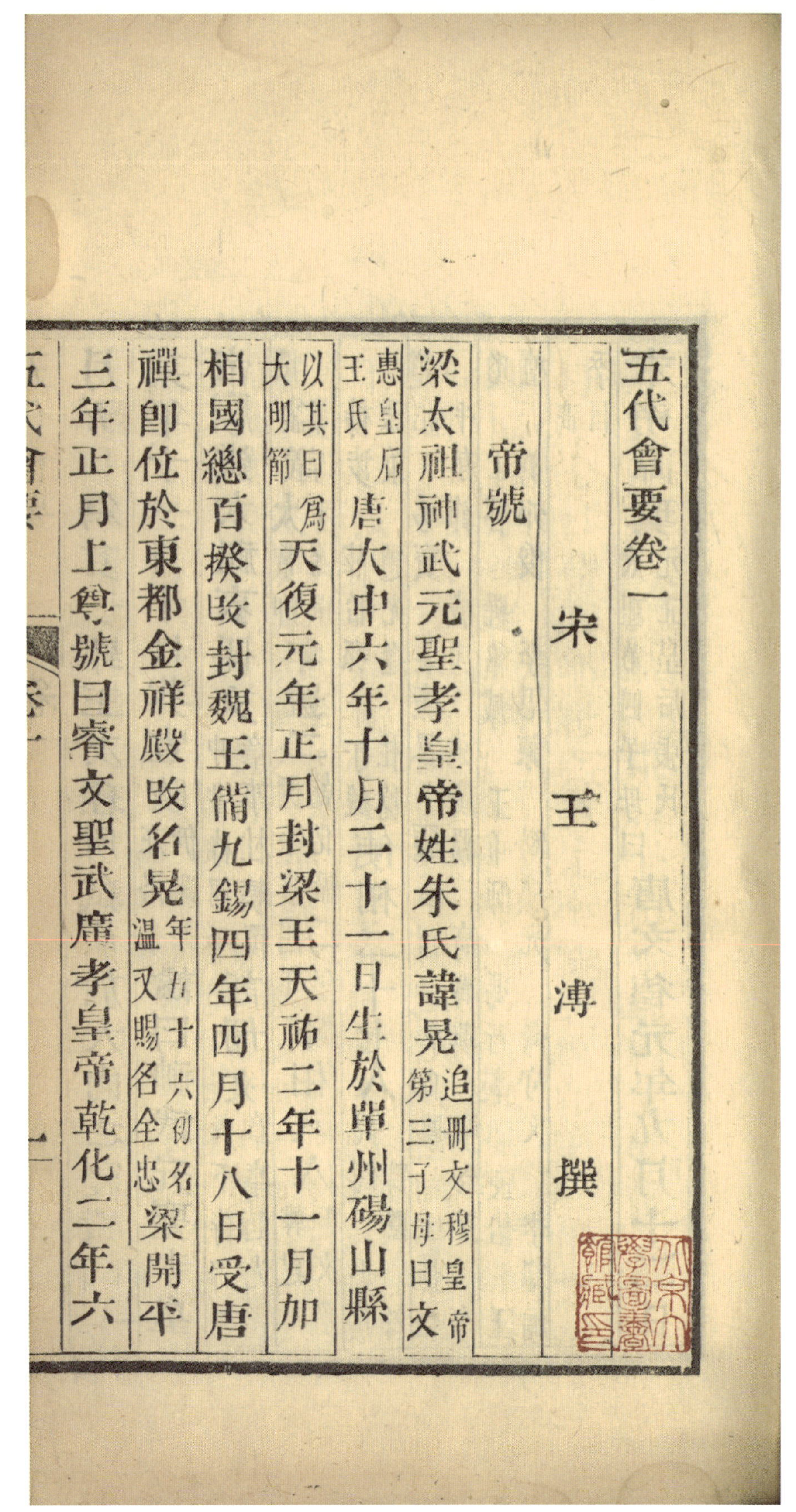
五代會要卷一

宋 王溥 撰

帝號

梁太祖神武元聖孝皇帝姓朱氏諱晃追冊文穆皇帝第三子母曰文惠皇后王氏唐大中六年十月二十一日生於單州碭山縣以其日爲大明節天復元年正月封梁王天祐二年十一月加相國總百揆改封魏王備九錫四年四月十八日受唐禪即位於東都金祥殿改名晃年五十六初名溫又賜名全忠梁開平三年正月上尊號曰睿文聖武廣孝皇帝乾化二年六

五代會要 卷一 一

五代會要三十卷/一夾板六册/清乾隆武英殿聚珍本

五代會要　武英殿聚珍版

提要

臣等謹案五代會要三十卷宋王溥撰五代干戈俶擾百度淩夷故府遺規多未暇修舉然五十年間法制典章尚略具于累朝實錄溥因檢尋舊史條分件繫類輯成編於是建隆二年與唐會要並進詔藏史館後歐陽修作五代史僅列司天職方二考其他均未之及如晉段顒劉昫等之議廟制周王朴之議樂皆事關鉅典亦略而不詳又如經

五代會要　一　提要　一

五代會要三十卷　之二

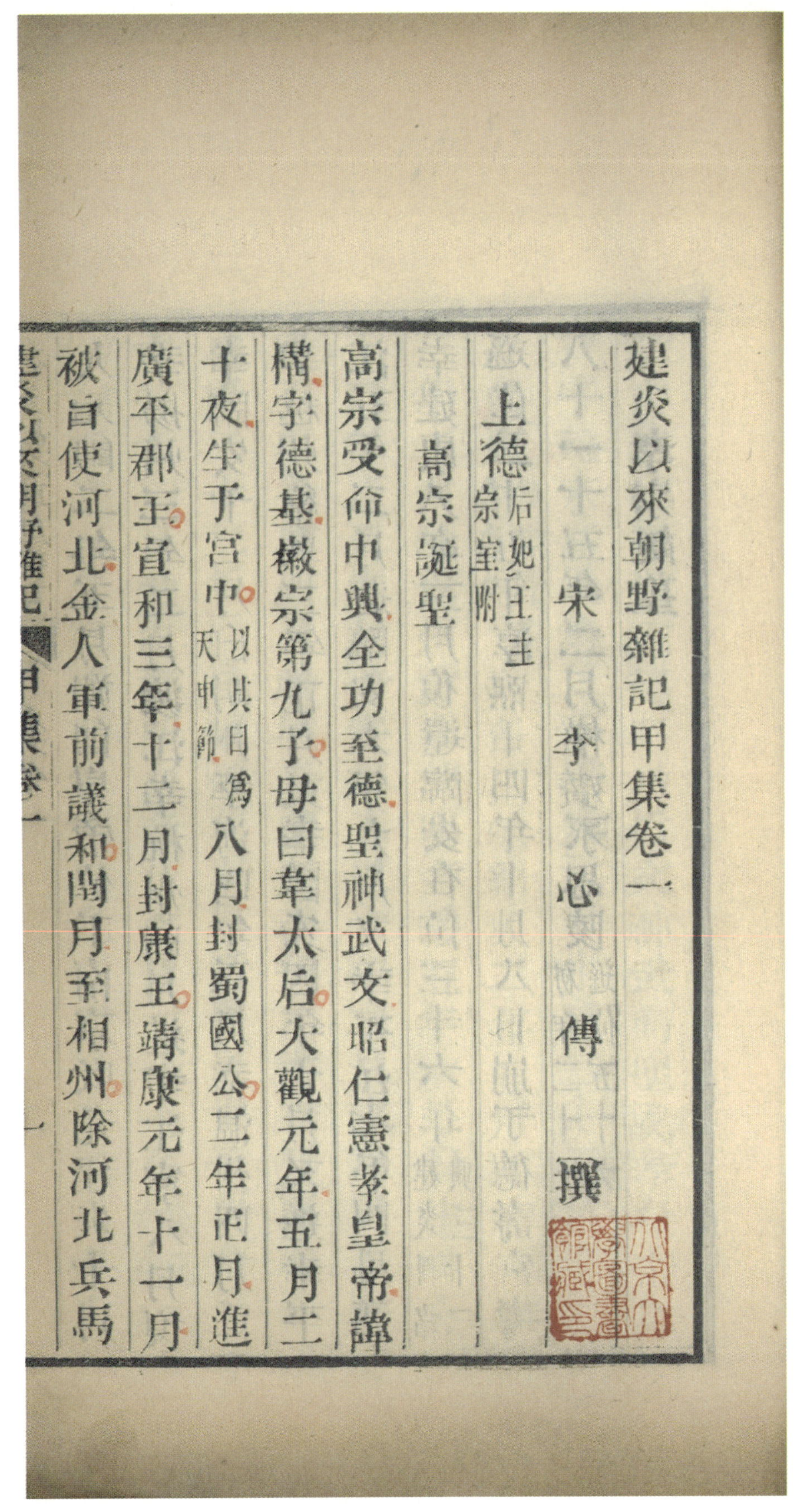

建炎以來朝野雜記甲集卷一

宋 李心傳 撰

上德后妃王主宗室附

高宗誕聖

高宗受命中興全功至德聖神武文昭仁憲孝皇帝諱構字德基徽宗第九子母曰韋太后大觀元年五月二十夜生于宮中以其日爲天申節八月封蜀國公二年正月進廣平郡王宣和三年十二月封康王靖康元年十一月被旨使河北金人軍前議和閏月至相州除河北兵馬

建炎以來朝野雜記 甲集 卷一 一

建炎以來朝野雜記甲集二十卷乙集二十卷/一函十册/清乾隆武英殿聚珍本

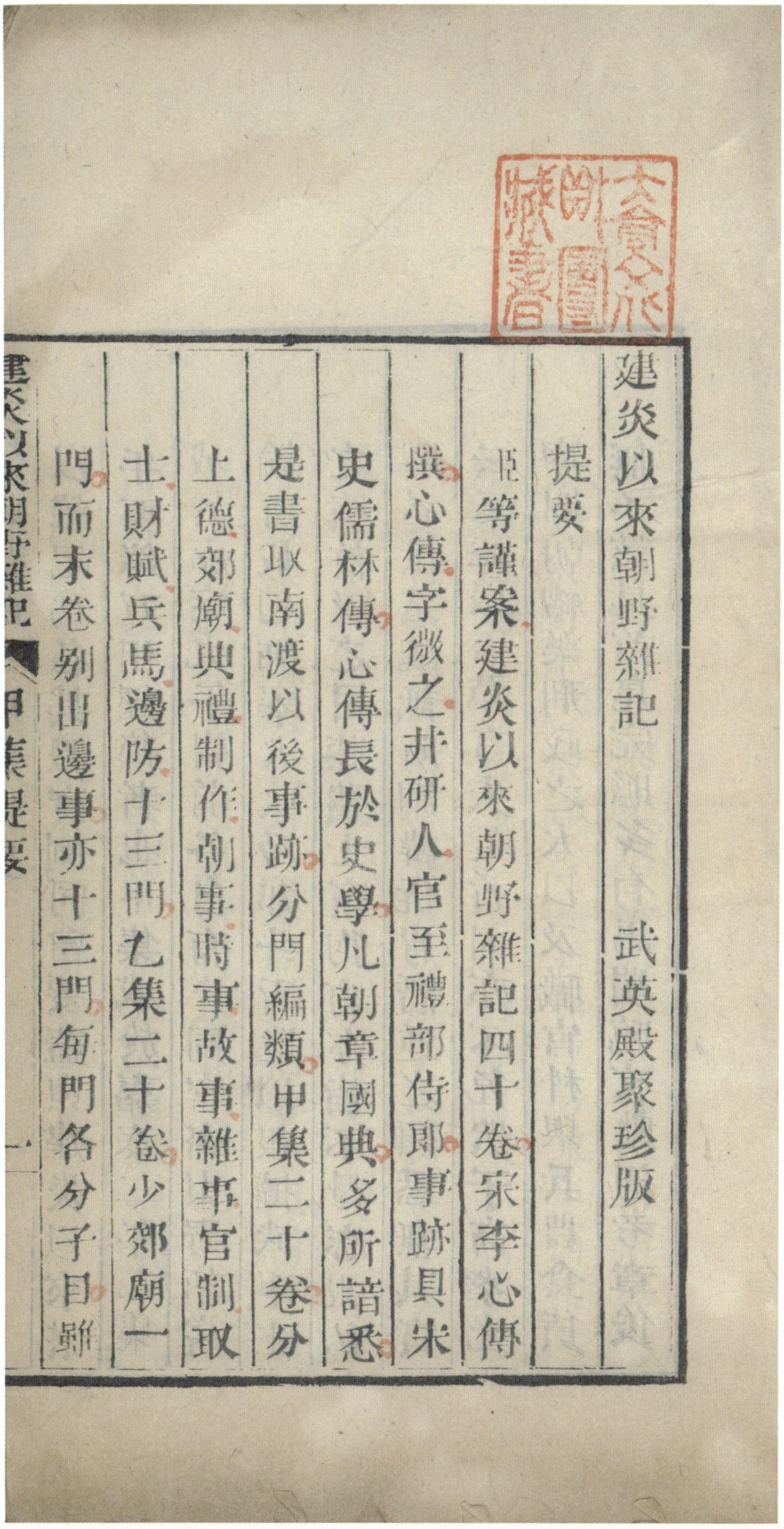

建炎以來朝野雜記　武英殿聚珍版

提要

臣等謹案建炎以來朝野雜記四十卷宋李心傳撰心傳字微之井研人官至禮部侍郎事跡具宋史儒林傳心傳長於史學凡朝章國典多所諳悉是書取南渡以後事跡分門編類甲集二十卷分上德郊廟典禮制作制事時事故事雜事官制取士財賦兵馬邊防十三門乙集二十卷少郊廟一門而末卷别出邊事亦十三門每門各分子目雖

建炎以來朝野雜記　甲集提要　一

建炎以來朝野雜記甲集二十卷乙集二十卷　之二

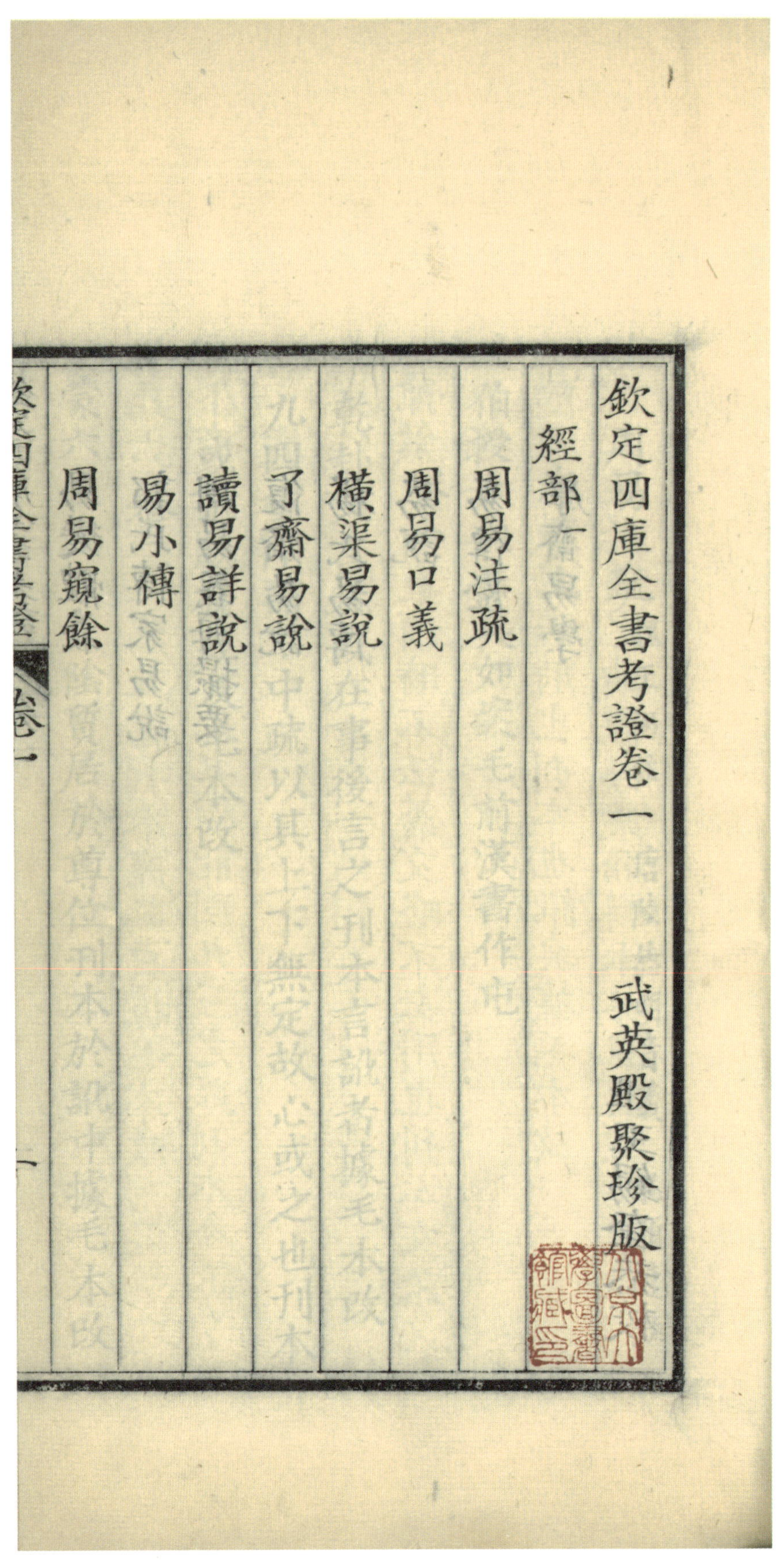

欽定四庫全書考證卷一　　武英殿聚珍版

經部一

周易注疏

周易口義

橫渠易說

了齋易說

讀易詳說

易小傳

周易窺餘

欽定四庫全書考證　卷一　一

欽定四庫全書考證一百卷／六函四十八册／清乾隆武英殿聚珍本

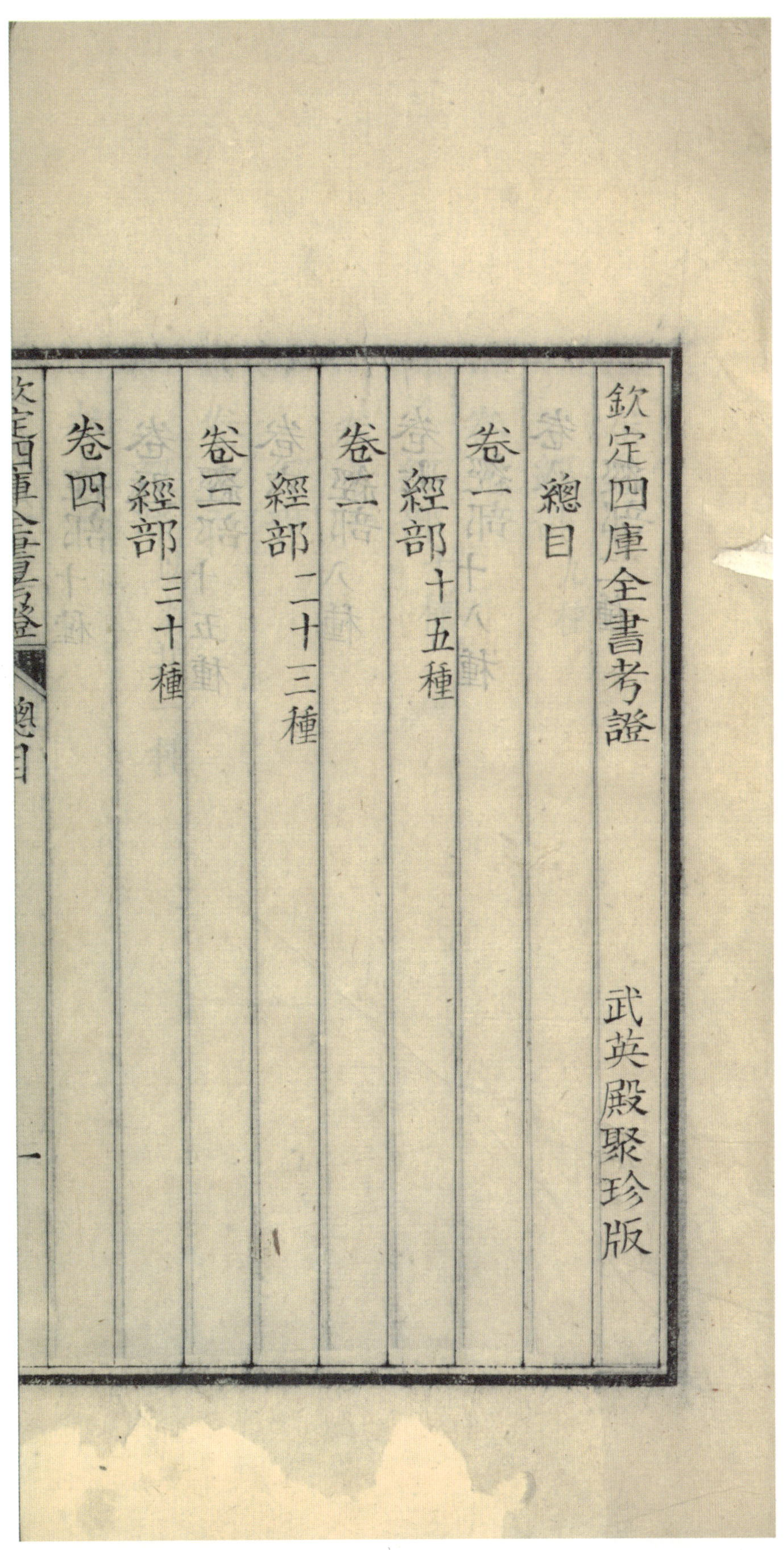

欽定四庫全書考證　　武英殿聚珍版

總目

卷一　經部十五種

卷二　經部二十三種

卷三　經部三十種

卷四

欽定四庫全書考證　總目　一

欽定四庫全書考證一百卷　之二

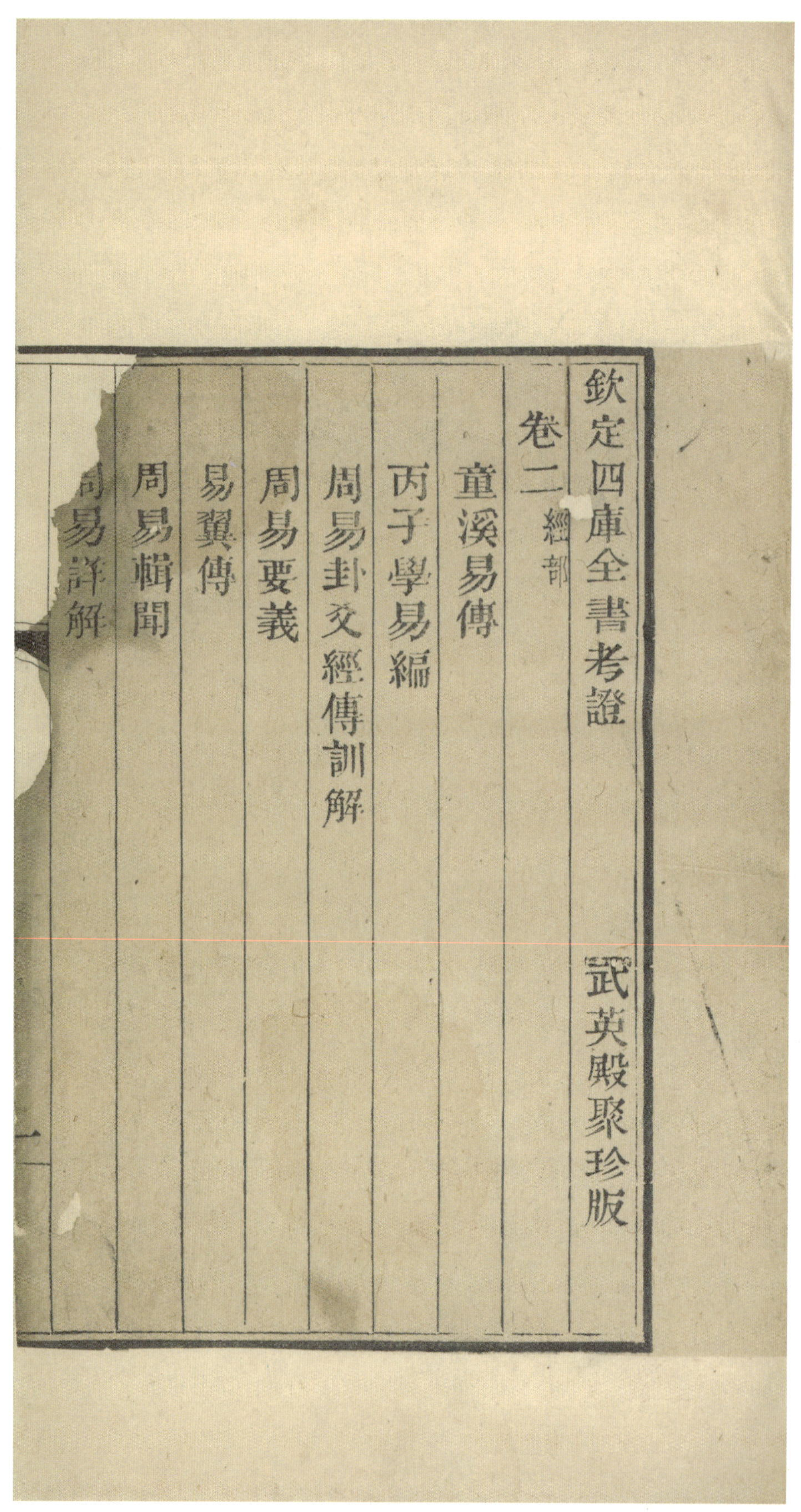

欽定四庫全書考證
卷二 經部
童溪易傳
丙子學易編
周易卦爻經傳訓解
周易要義
易翼傳
周易輯聞
周易詳解
武英殿聚珍版

欽定四庫全書考證一百卷　之三

武英殿聚珍版農書
武英殿聚珍版農書 二
武英殿聚珍版農書 三
武英殿聚珍版農書 四
武英殿聚珍版農書 五
武英殿聚珍版農書 六

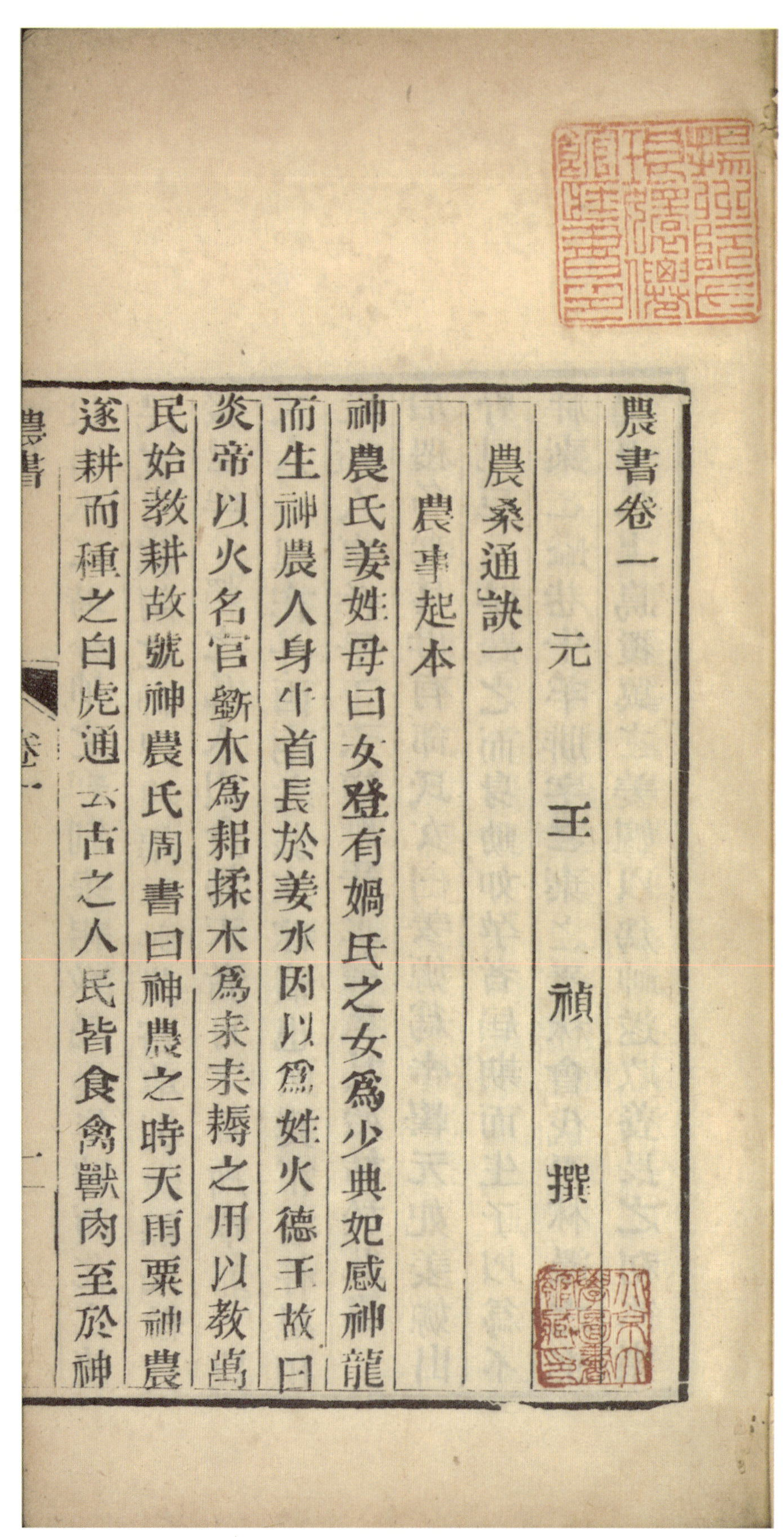

農書卷一

元　王禎　撰

農桑通訣一

農事起本

神農氏姜姓母曰女登有媧氏之女爲少典妃感神龍而生神農人身牛首長於姜水因以爲姓火德王故曰炎帝以火名官斲木爲耜揉木爲耒耒耨之用以教萬民始教耕故號神農氏周書曰神農之時天雨粟神農遂耕而種之白虎通云古之人民皆食禽獸肉至於神

農書　卷一　一

農書二十二卷／一夾板六册／清乾隆武英殿聚珍本

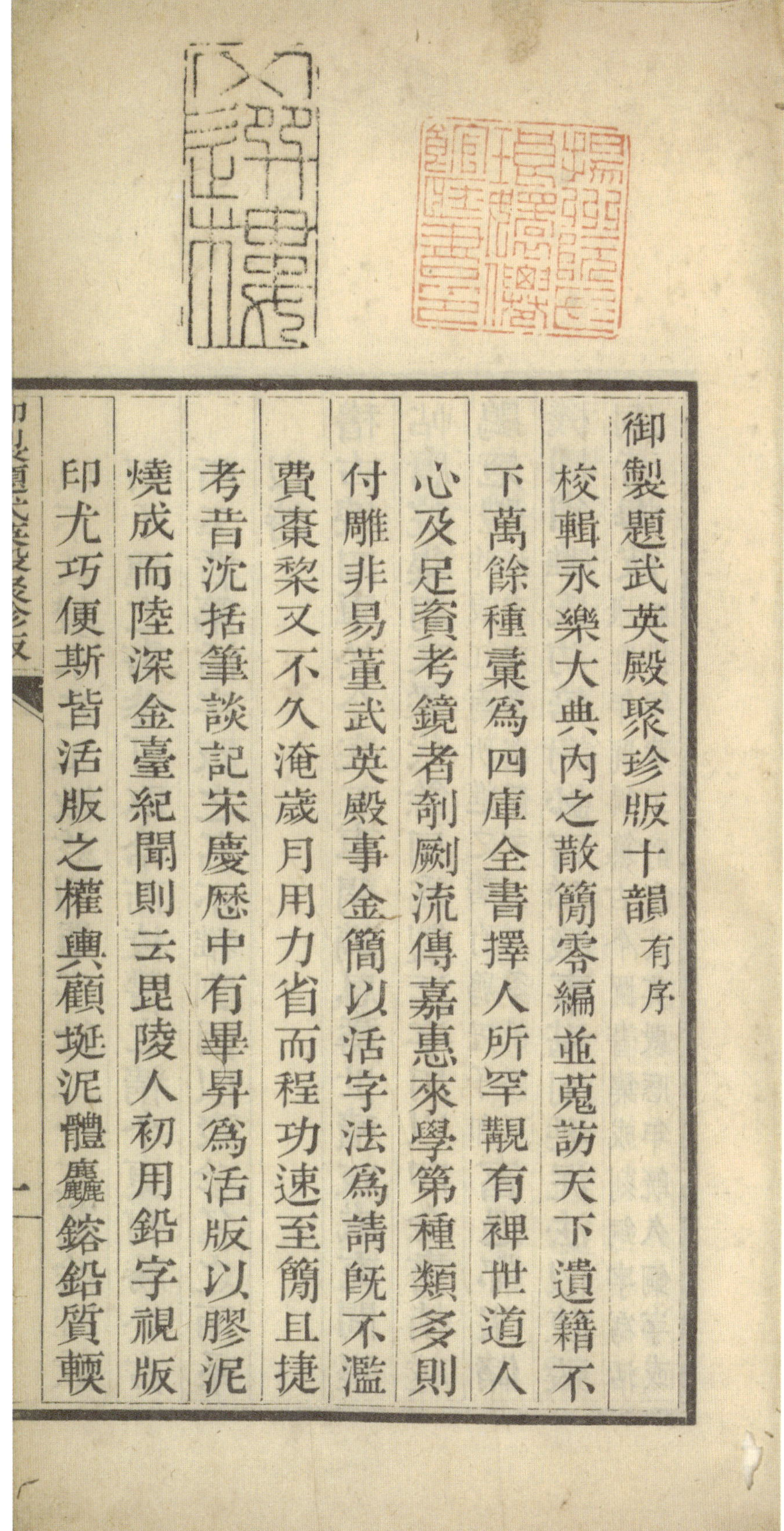

御製題武英殿聚珍版十韻有序

校輯永樂大典內之散簡零編並蒐訪天下遺籍不下萬餘種彙爲四庫全書擇人所罕覯有裨世道人心及足資考鏡者剞劂流傳嘉惠來學第種類多則付雕非易董武英殿事金簡以活字法爲請旣不濫費棗梨又不久淹歲月用力省而程功速至簡且捷考昔沈括筆談記宋慶歷中有畢昇爲活版以膠泥燒成而陸深金臺紀聞則云毘陵人初用鉛字視版印尤巧便斯皆活版之權輿顧埏泥體麤鎔鉛質輭

農書二十二卷　之二

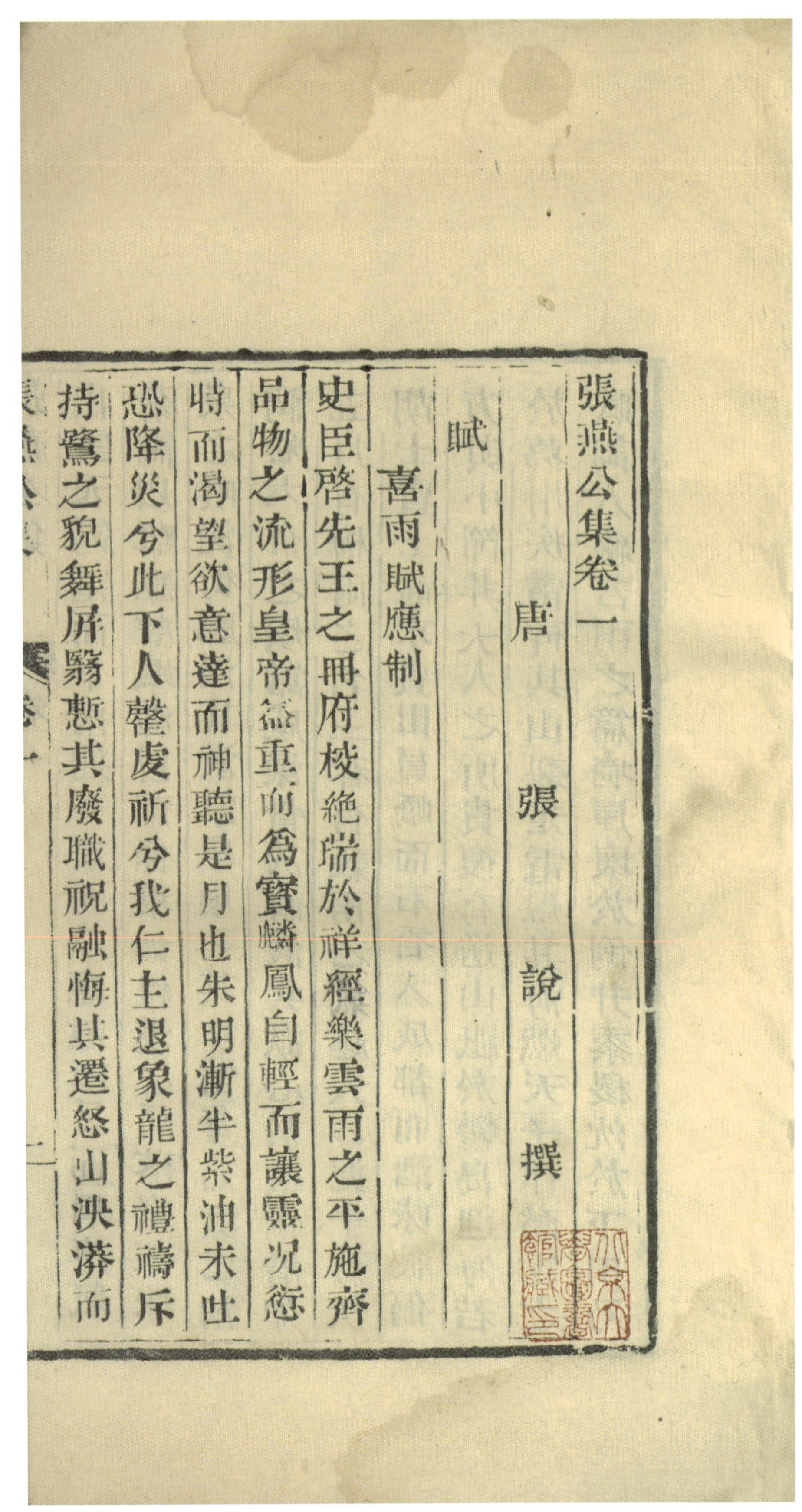
張燕公集卷一
唐 張說 撰
賦
喜雨賦應制
史臣啓先王之冊府校絶瑞於祥經樂雲雨之平施齊品物之流形皇帝謚重而爲寶麟鳳自輕而讓靈况慾時而渴望欲意達而神聽是月也朱明漸半紫油未吐恐降災兮此下人罄虔祈兮我仁主退象龍之禮禱斥持鶩之貌舞屏翳慭其廢職祝融悔其遷怒山泱漭而

張燕公集二十五卷/六册/清乾隆武英殿聚珍本

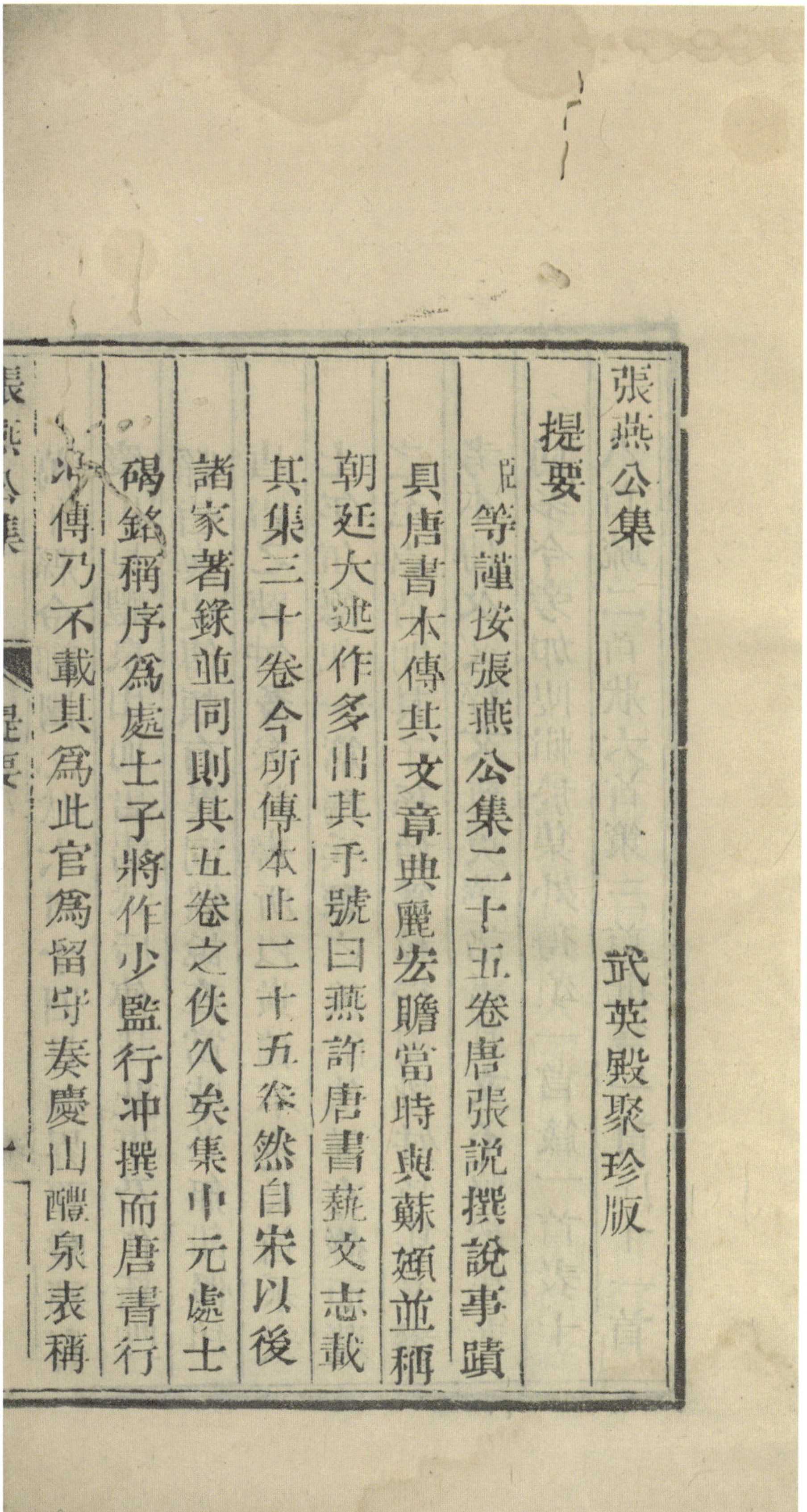

張燕公集　武英殿聚珍版

提要

臣等謹按張燕公集二十五卷唐張說撰說事蹟
具唐書本傳其文章典麗宏贍當時與蘇頲並稱
朝廷大述作多出其手號曰燕許唐書藝文志載
其集三十卷今所傳本止二十五卷然自宋以後
諸家著錄並同則其五卷之佚久矣集中元處士
碣銘稱序爲處士子將作少監行冲撰而唐書行
沖傳乃不載其爲此官爲留守奏慶山醴泉表稱

張燕公集　提要

張燕公集二十五卷　之二

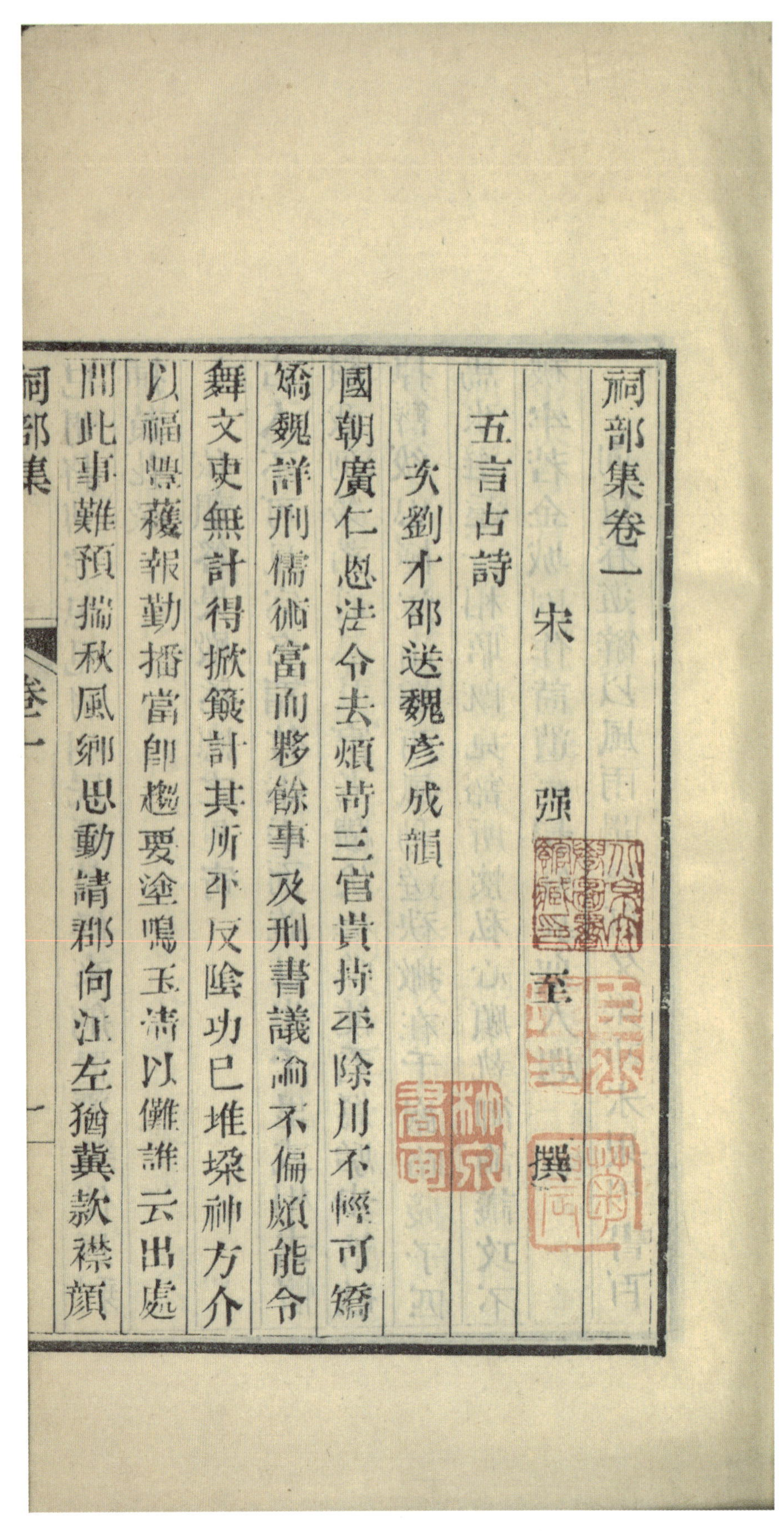

祠部集卷一

宋　强至　撰

五言古詩

次劉才邵送魏彦成韻

國朝廣仁恩法令去煩苛三官貴持平除川不輕可矯
矯魏詳刑儒術富而夥餘事及刑書議論不偏頗能令
舞文吏無計得撼籤計其所平反險功已堆垛神方介
以福豊穫報勤播當卽趨要塗鳴玉肅以儺誰云出處
間此事難預揣秋風鄉思動請郡向江左猶冀款襟顔

祠部集　卷一　一

祠部集三十五卷/一夾板八册/清乾隆武英殿聚珍本

祠部集　　武英殿聚珍版

提要

臣等謹案祠部集三十五卷宋彊至撰至字幾聖錢塘人官至三司戸部判官尚書祠部郎中宋史不爲立傳曾鞏序稱其爲韓琦所知常引入幕府自助今世所傳韓忠獻遺事即至所撰其歷官本末見於集中者大約登第後調選得泗掾以薦令浦江東陽元城諸邑又嘗入爲京曹從韓琦辟入陝西幕府其上河北都運元給事書所云四歷州

祠部集　提要　一

祠部集三十五卷　之二

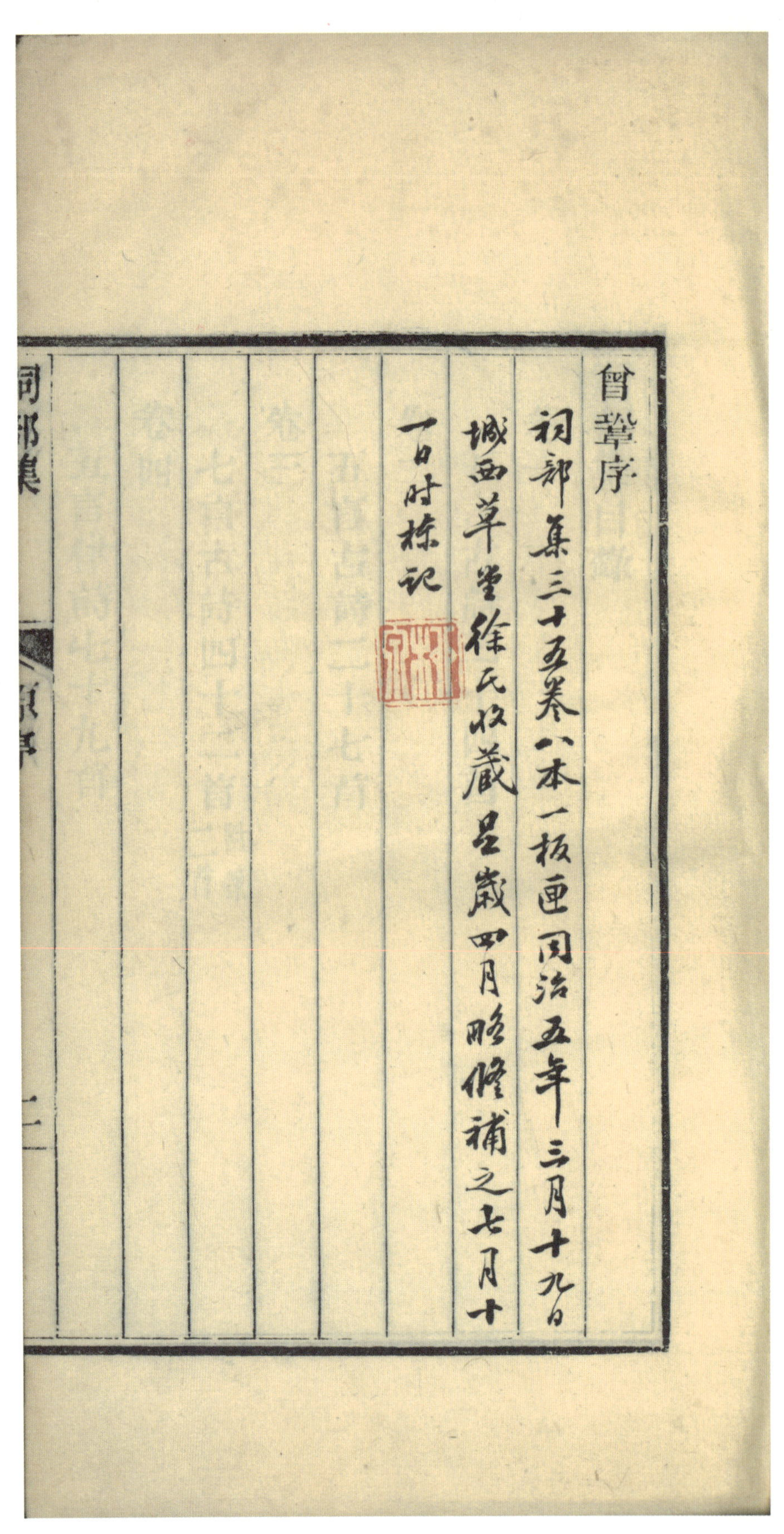
曾鞏序

祠部集三十五卷八本一板匣同治五年三月十九日城西草堂徐氏收藏是歲四月略修補之七月十一日時栋記

祠部集

祠部集三十五卷　之三

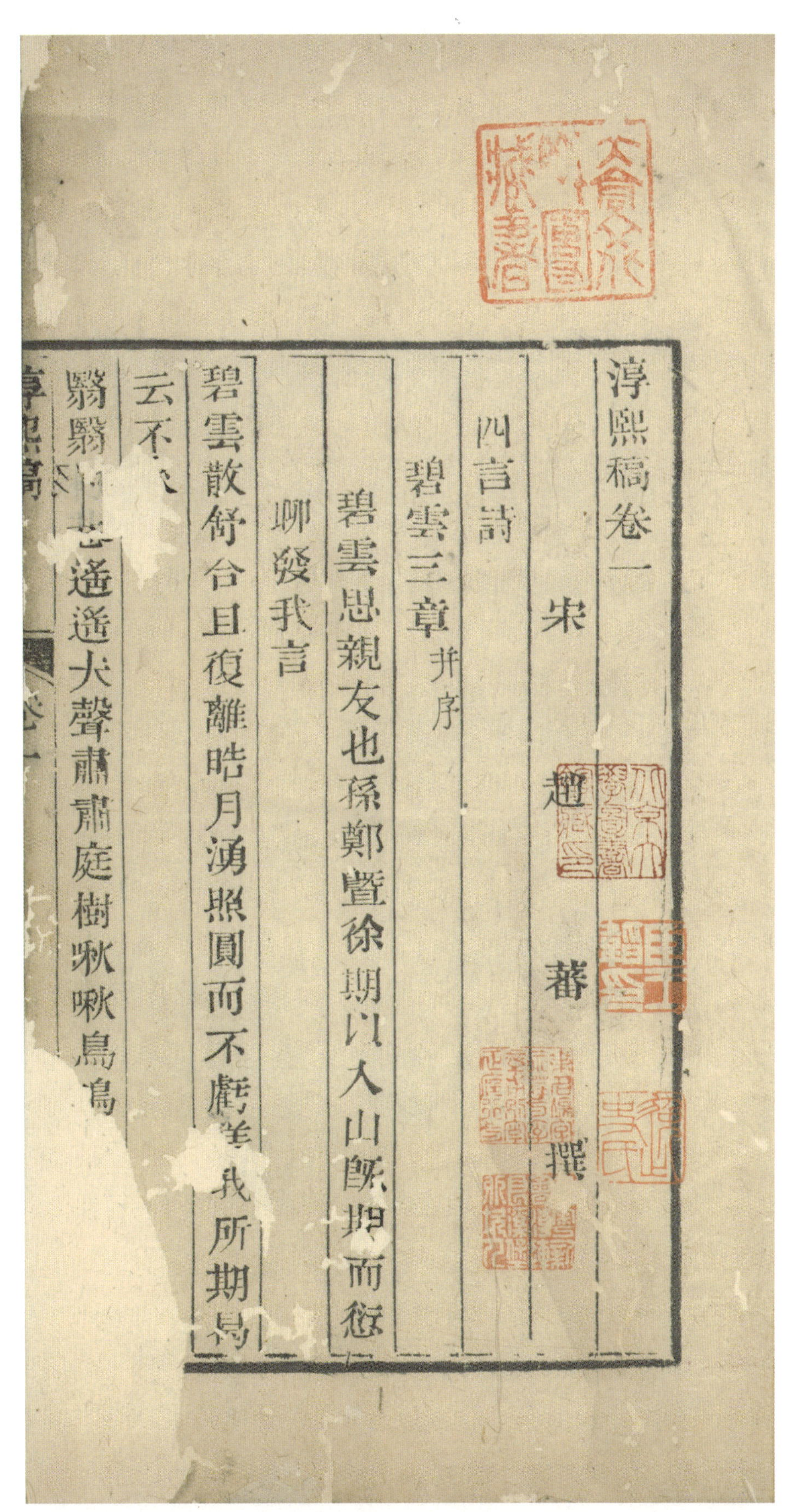
淳熙稿卷一　宋　趙蕃　撰
四言詩
碧雲三章并序
碧雲思親友也孫鄭暨徐期以入山既期而忿
聊發我言
碧雲散舒合且復離皓月涌照圓而不虧嗟我所期曷
云不來
翳翳□兮遥遥犬聲肅肅庭樹啾啾鳥鳥

淳熙稿二十卷/一函八册/清乾隆武英殿聚珍本

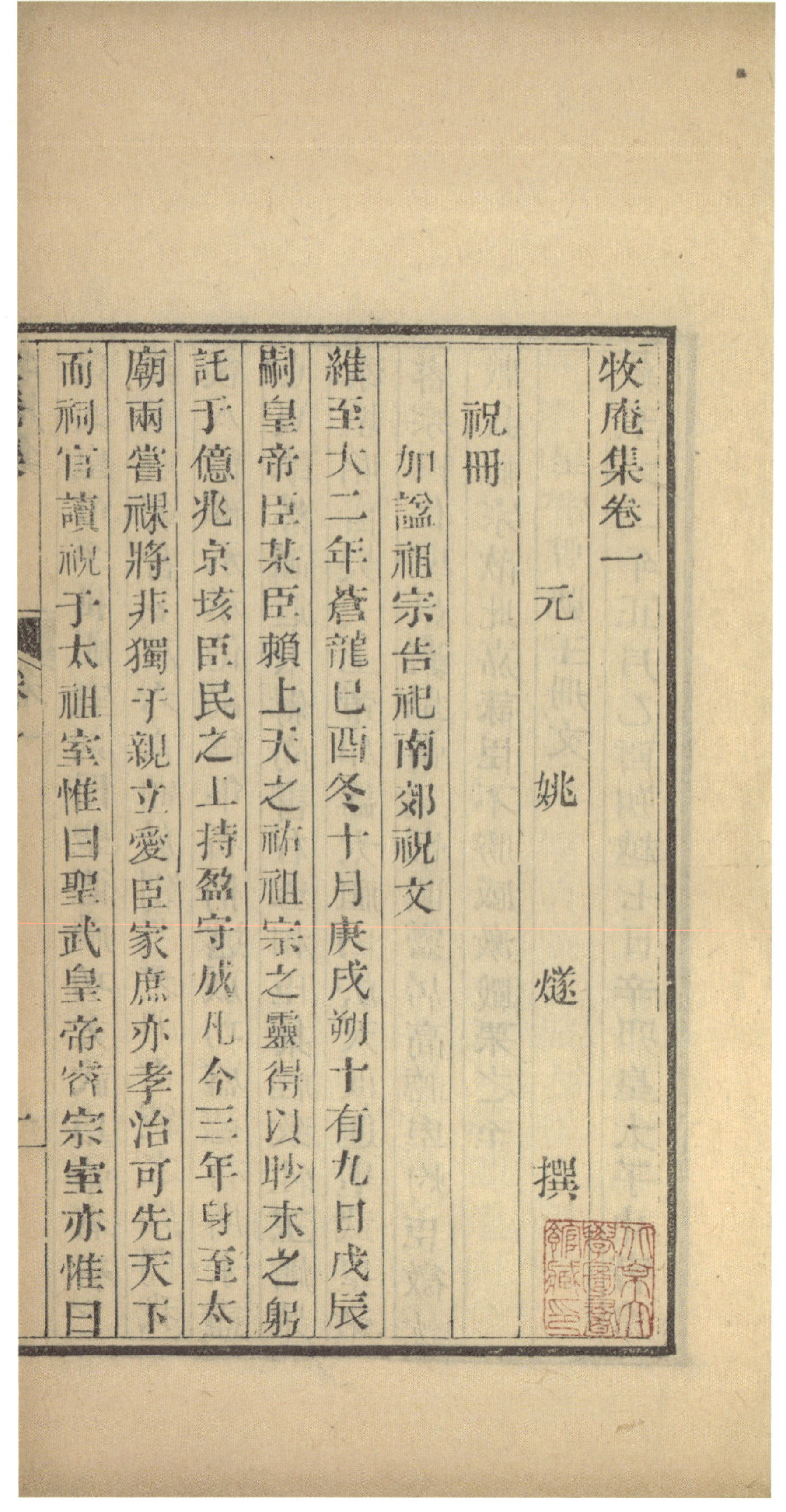

牧庵集卷一

元　姚燧　撰

祝冊

加謚祖宗告祀南郊祝文

維至大二年蒼龍己酉冬十月庚戌朔十有九日戊辰嗣皇帝臣某臣賴上天之祐祖宗之靈得以眇末之躬託于億兆京垓臣民之上持盈守成凡今三年身至太廟兩嘗祼將非獨于親立愛臣家庶亦孝治可先天下而祠官讀祝于太祖室惟曰聖武皇帝睿宗室亦惟曰

牧庵集三十六卷附録一卷/一函八册/清乾隆武英殿聚珍本

牧庵集　　　　　　武英殿聚珍版

提要

臣等謹案牧庵集三十六卷元姚燧撰燧字端甫號牧庵河南人姚樞從子也案元史稱樞爲柳城人元無柳城當是據誌狀之文著其祖貫耳初以薦爲秦王府文學後歷官至翰林學士承旨集賢大學士謚曰文事迹具元史本傳燧雖受學於許衡而文章則過衡遠甚張養浩作是集序稱其才驅氣駕縱横開闔紀律惟意如古勁將率市人戰鼓行六合無敵不北柳貫作燧

牧庵集三十六卷附録一卷　之二

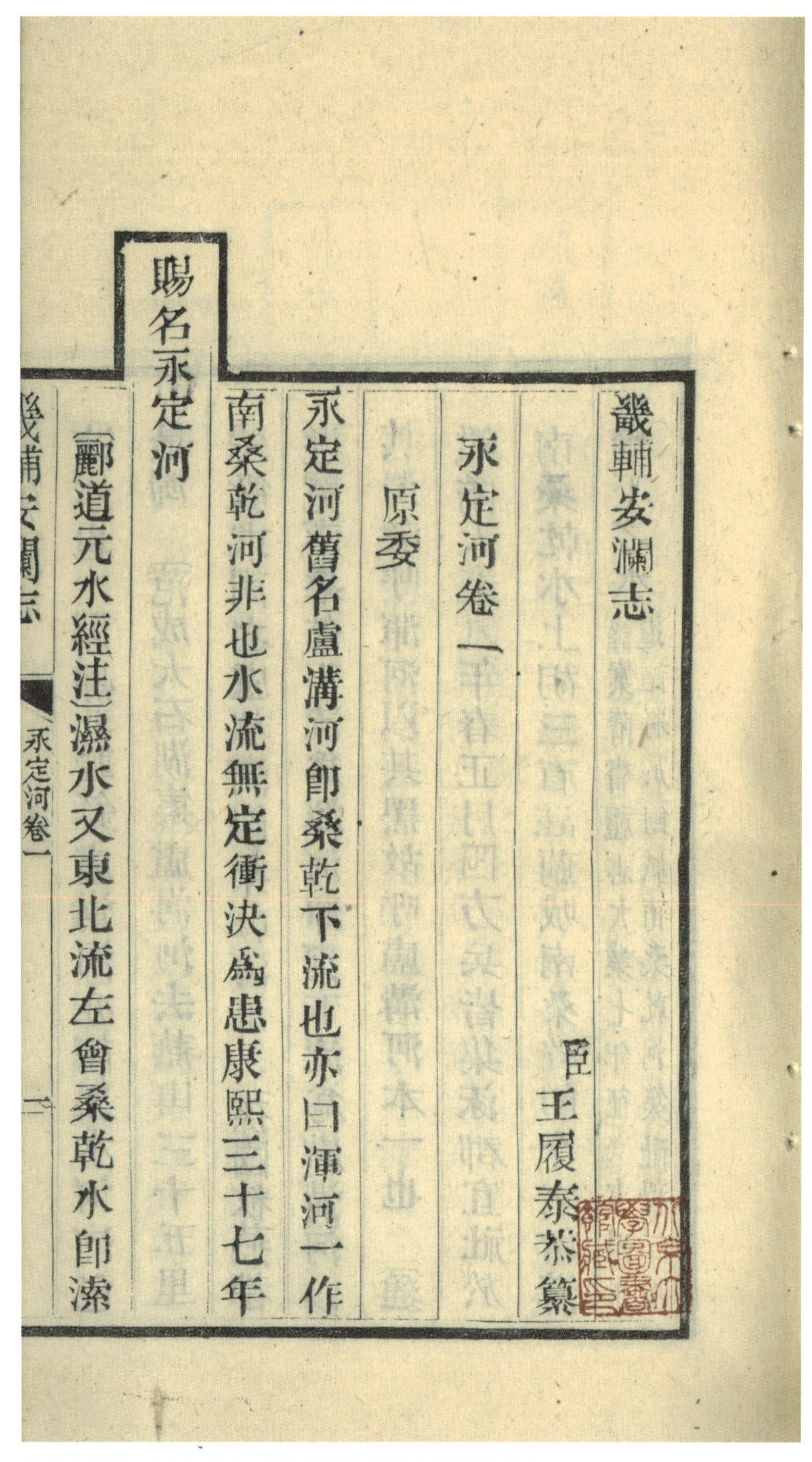

畿輔安瀾志　臣王履泰恭纂

永定河卷一

原委

永定河舊名盧溝河即桑乾下流也亦曰渾河一作南桑乾河非也水流無定衝決爲患康熙三十七年

賜名永定河

酈道元水經注㶟水又東北流左會桑乾水即漯

畿輔安瀾志　永定河卷一　一

畿輔安瀾志五十六卷／二十四册／清嘉慶武英殿聚珍本

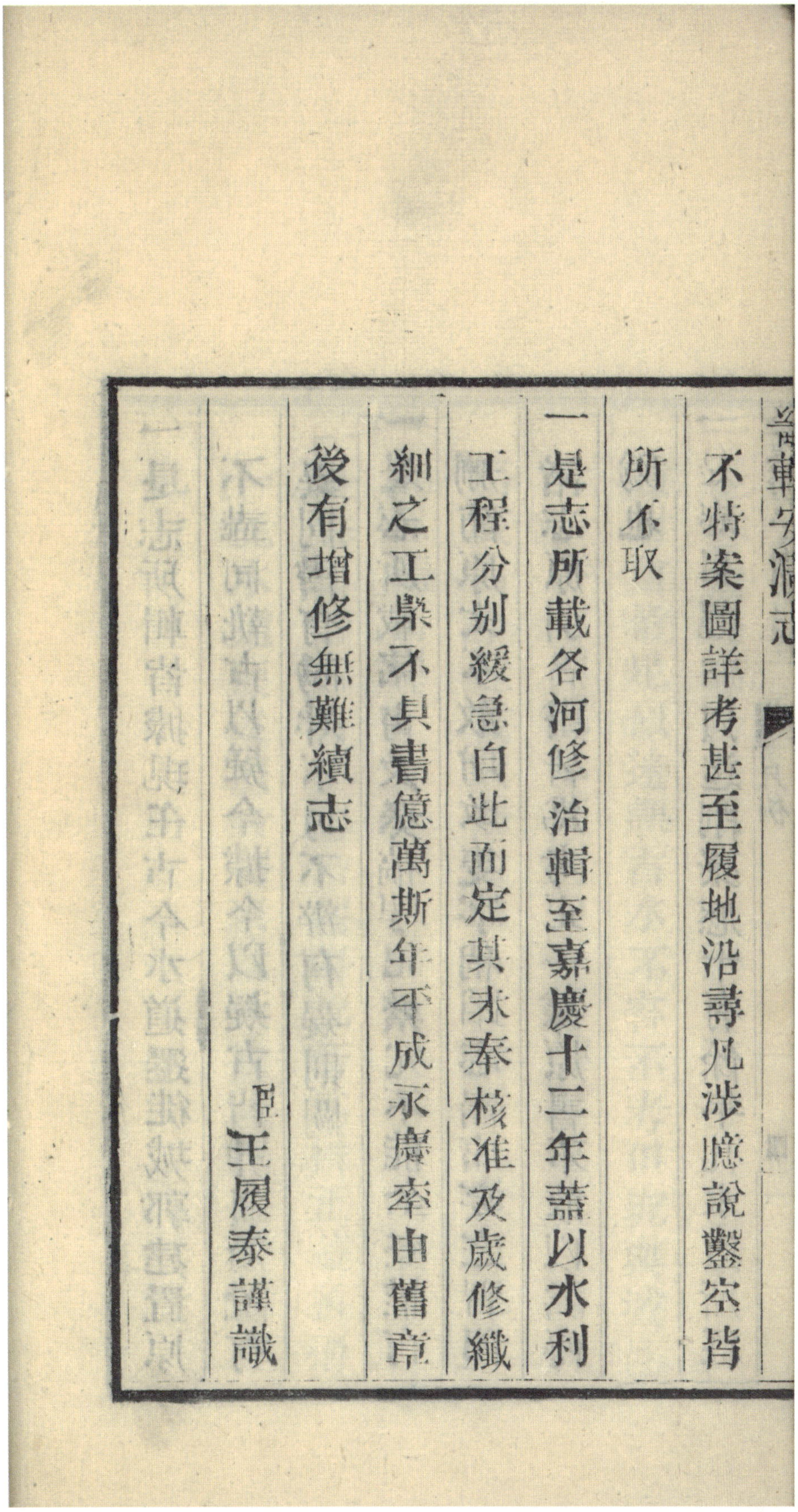

畿輔安瀾志

不特案圖詳考甚至履地沿尋凡涉臆說鑿空皆

所不取

一是志所載各河修治輯至嘉慶十二年蓋以水利

工程分別緩急自此而定其求奉核准及歲修纖

細之工槩不具書億萬斯年平成永慶率由舊章

後有增修無難續志

臣王履泰謹識

畿輔安瀾志五十六卷　之二

北京大學圖書館藏
“大倉文庫”善本圖録

北京大學圖書館 編

（下）

中華書局

鈔稿本

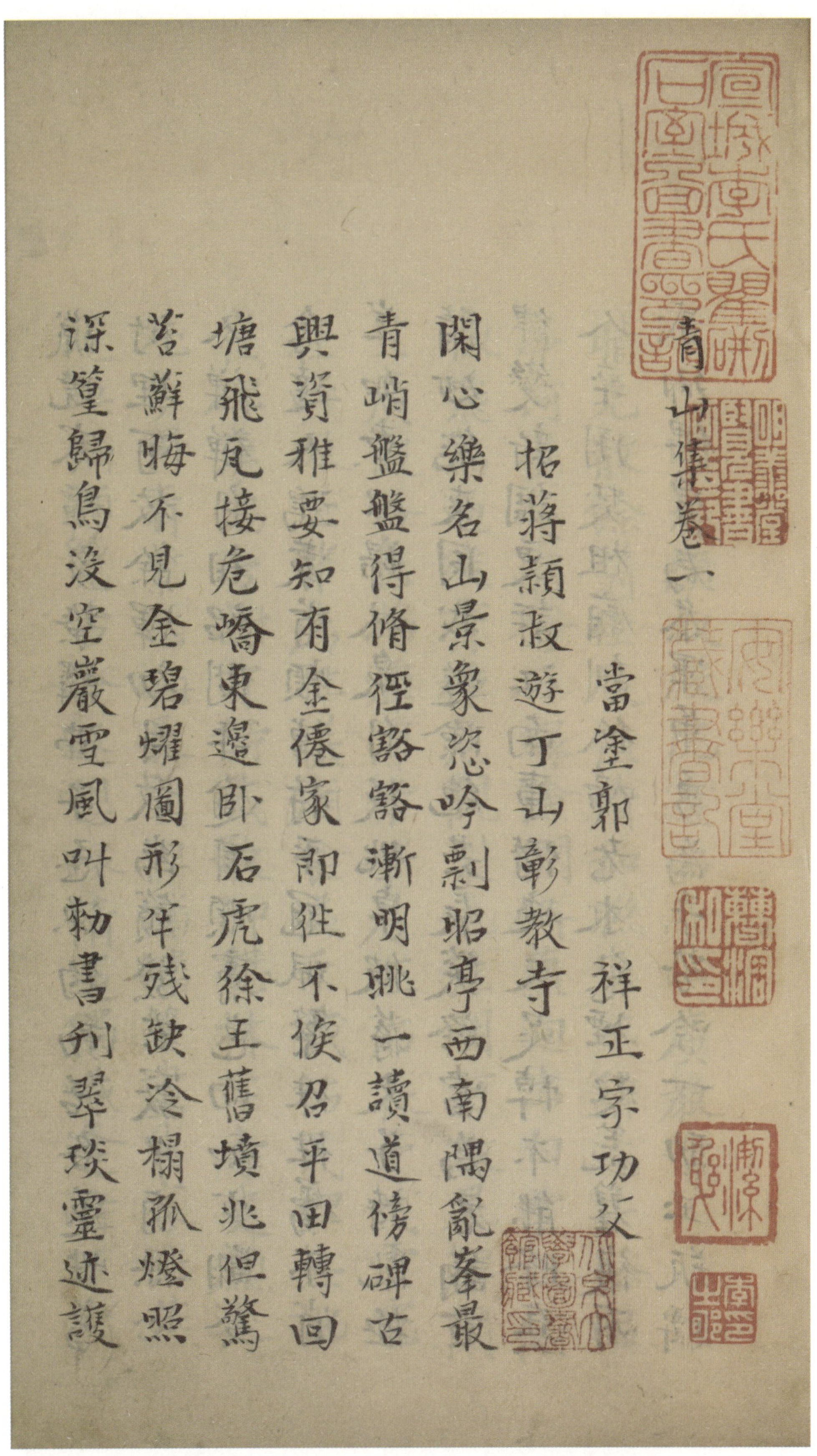
青山集卷一

當塗郭　祥正　功父

招蔣穎叔遊丁山彰教寺

閑心樂名山景象恣吟剽昭亭西南隅亂峯最
青峭盤盤得脩徑谽谺漸明眺一讀道傍碑古
興資雅要知有金僊家郎從不俟召平田轉回
塘飛瓦接危嶠東邉卧石虎徐王舊墳兆但驚
苔蘚晦不見金碧耀圖形半残缺冷榻孤燈照
深篁歸鳥沒空巖雪風叫勑書刊翠琰靈迹護

青山集六卷/二册/明鈔本

華尚可擬揮筆方争豪求心翻自鄙請看梁上
題半是全中畏白髮纏利名何由外生死道師
深悟禪軟語聽亹亹明驅三乘車濟我岸超彼
臺名將謂何此喻有深理香色存天然了不染
泥滓報物運真悲得法終日喜

遊雲蓋寺

名山寺多占此寺山尤名妙雲鎮彌覆層層結
縵纓曰光晝微開爍射黄金城木老枝葉簡水
長音韻清五峯如紺蓮中有樓殿横是必龍華

小草齋鈔本

青山集六卷　之二

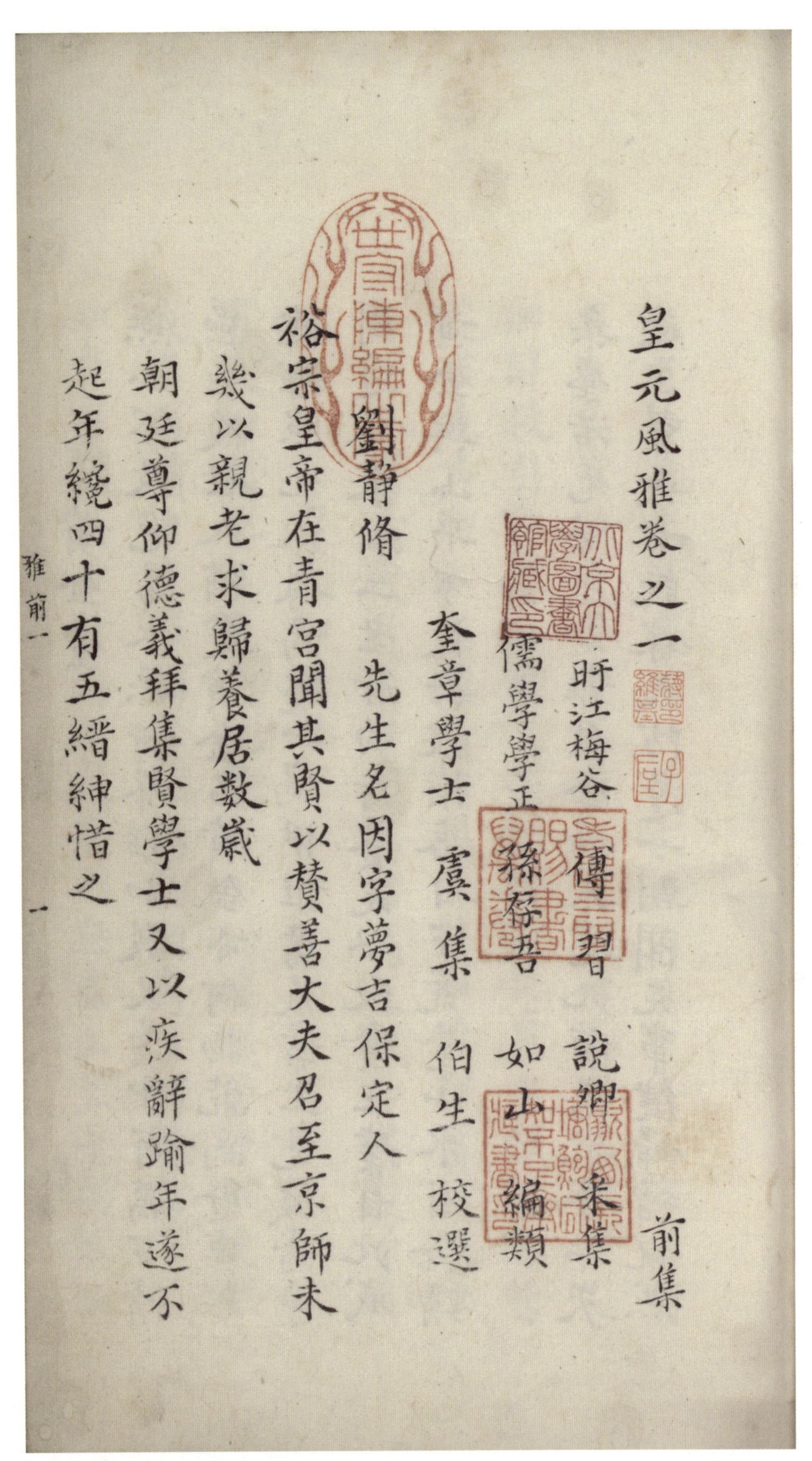

皇元風雅卷之一　　前集

盱江梅谷　傅習　說卿　采集

儒學學正　孫存吾　如山　編類

奎章學士　虞集　伯生　校選

劉靜脩

先生名因字夢吉保定人

裕宗皇帝在青宮聞其賢以賛善大夫召至京師未

幾以親老求歸養居數歲

朝廷尊仰德義拜集賢學士又以疾辭踰年遂不

起年纔四十有五搢紳惜之

雅前一　　一

皇元風雅前集六卷后集六卷/一函六册/明鈔本

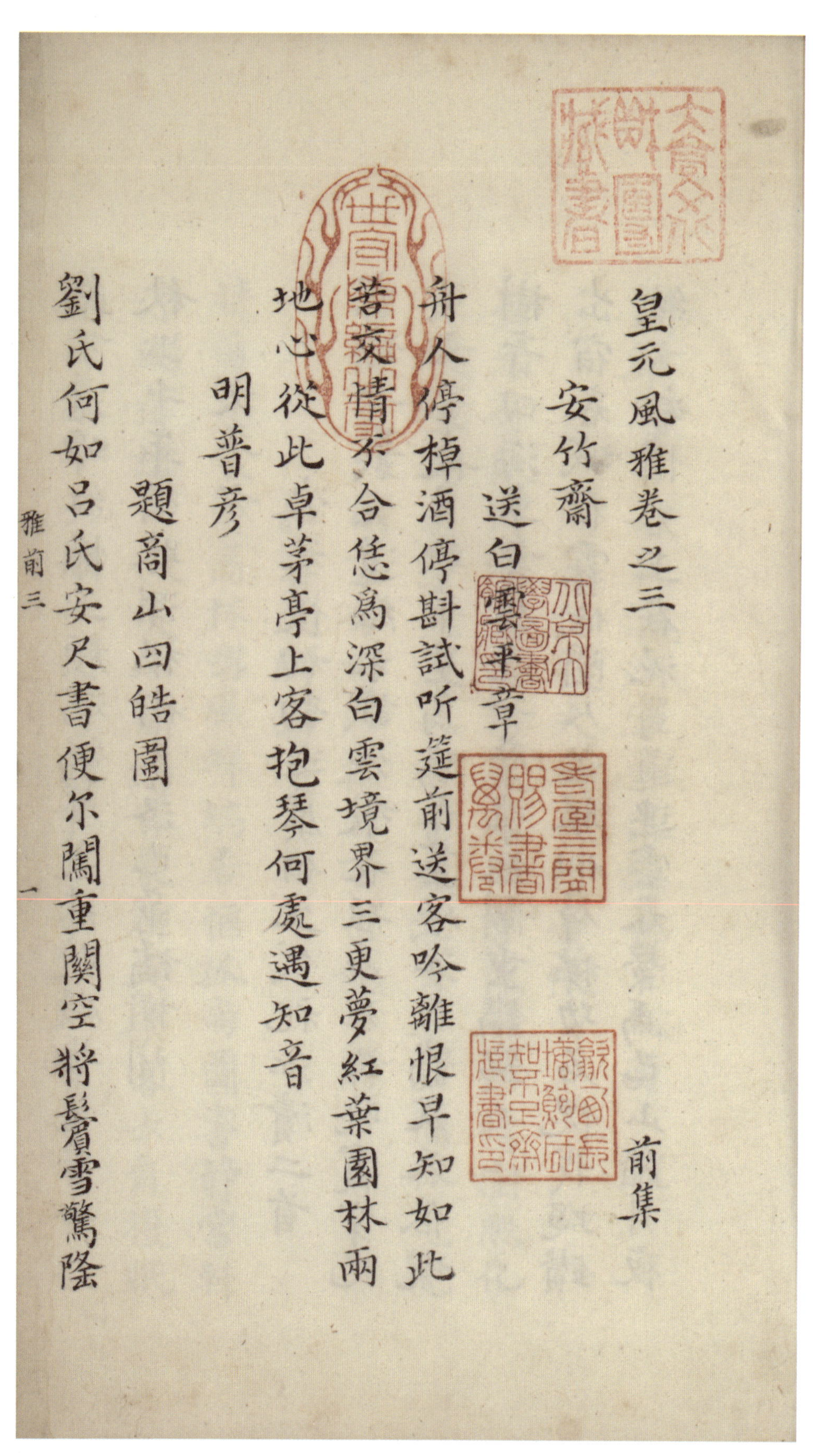

皇元風雅卷之三　　前集
安竹齋
送白雲平章
舟人停棹酒停斟試听筵前送客吟離恨早知如此
若交情不合恁爲深白雲境界三更夢紅葉園林兩
地心從此卓茅亭上客抱琴何處遇知音
明普彥
題商山四皓圖
劉氏何如呂氏安尺書便尔闖重關空將鬢雪驚隆

雅前三　一

皇元風雅前集六卷后集六卷　之二

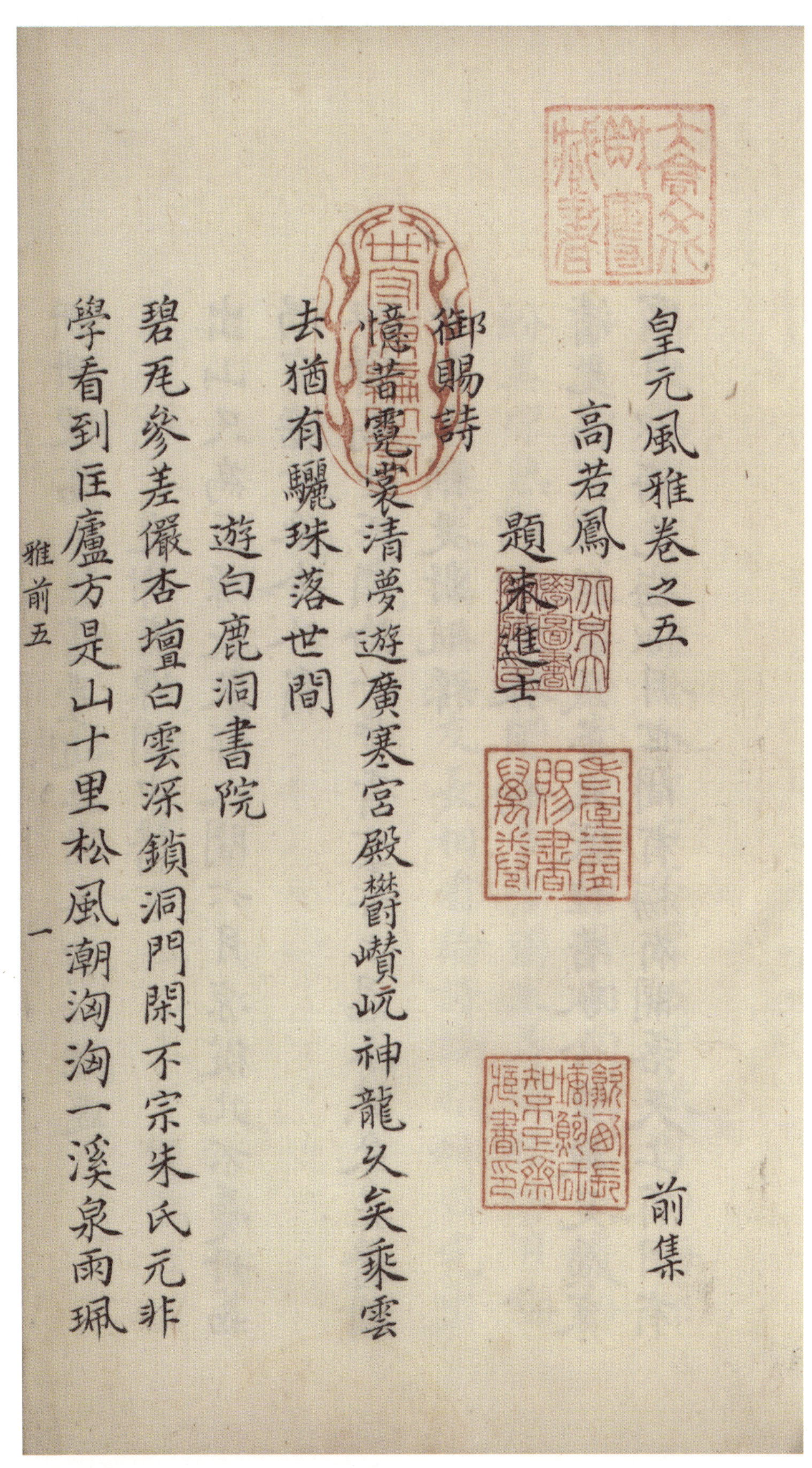

皇元風雅卷之五　　　　　　　　　　前集

高若鳳

題宋進士

御賜詩

憶着霓裳清夢遊廣寒宫殿欝嶙屼神龍久矣乘雲去猶有驪珠落世間

遊白鹿洞書院

碧甃參差儼杏壇白雲深鎖洞門閑不宗朱氏元非學看到匡廬方是山十里松風潮洶洶一溪泉雨珮

雅前五　　一

皇元風雅前集六卷后集六卷　之三

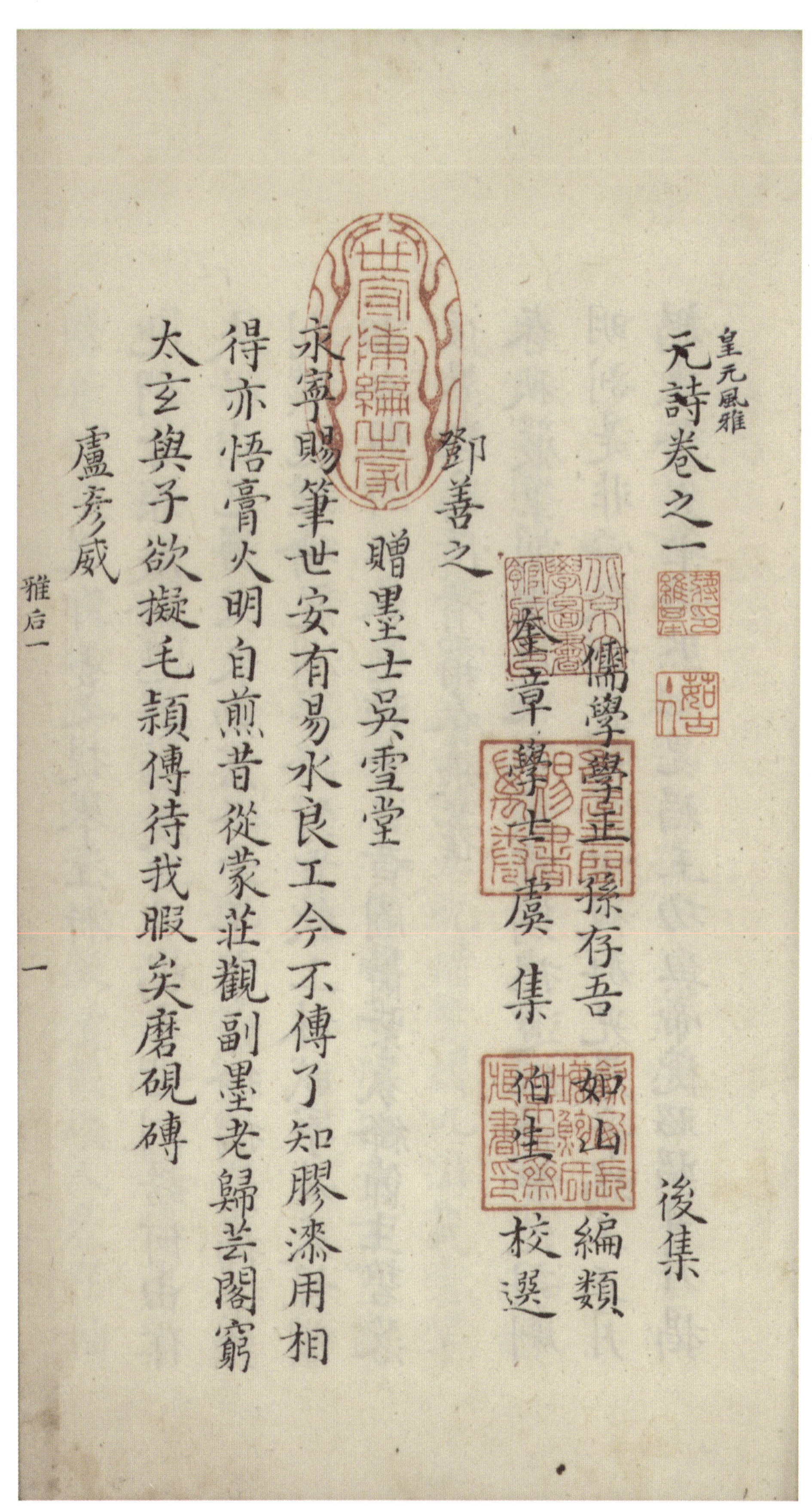

皇元風雅元詩卷之一　後集

儒學學正孫存吾　如山　編類

奎章學士虞　集　伯生　校選

鄧善之

贈墨士吴雪堂

永寧賜筆世安有易水良工今不傳了知膠漆用相得亦悟膏火明自煎昔從蒙莊觀副墨老歸芸閣窮太玄與予欲擬毛穎傳待我暇矣磨硯磚

盧彦威

雅后一　一

皇元風雅前集六卷后集六卷　之四

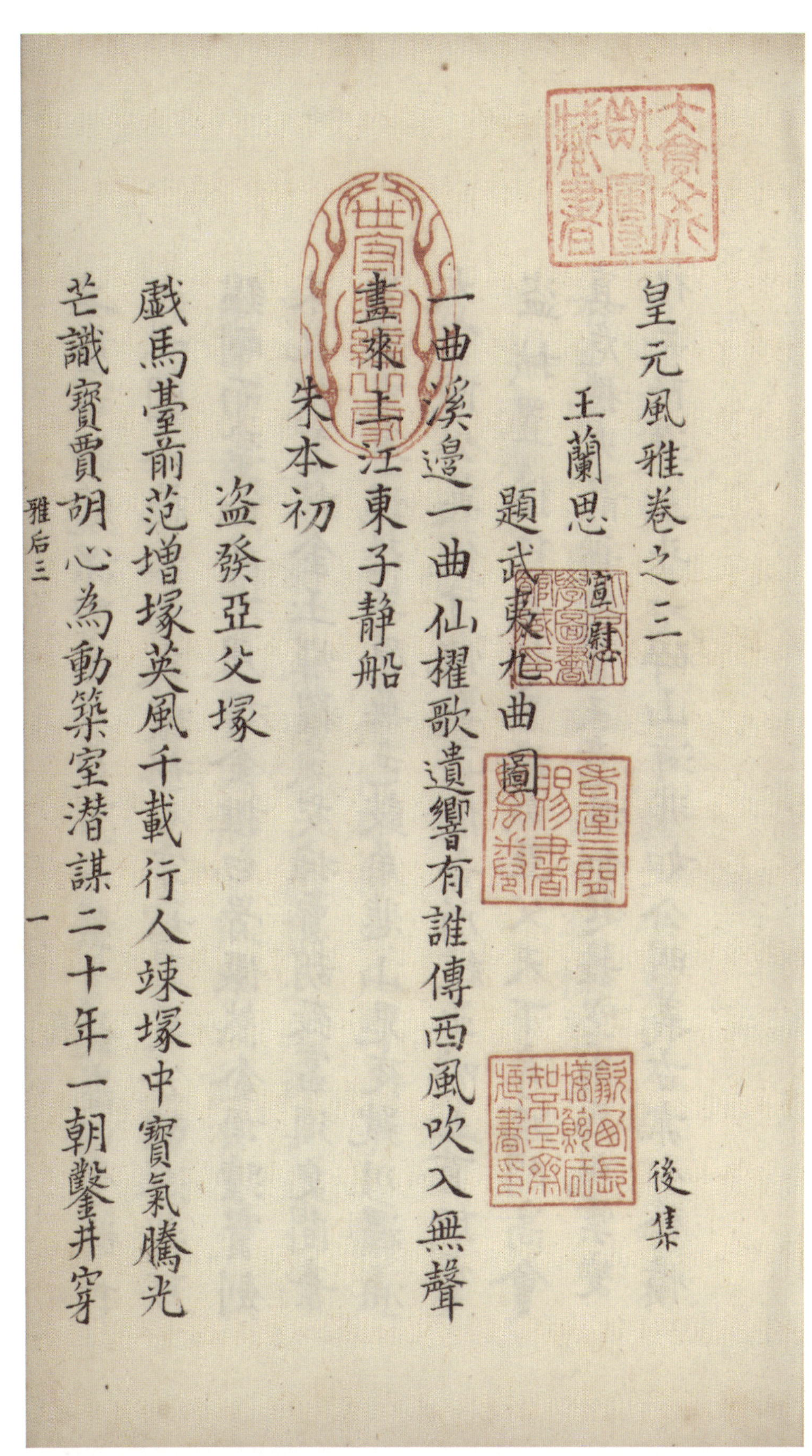
皇元風雅卷之三　　後集

王蘭思

題武夷九曲圖

一曲溪邊一曲仙櫂歌遺響有誰傳西風吹入無聲

畫來上江東子靜船

朱本初

盗發亞父塚

戲馬臺前范增塚英風千載行人竦塚中寶氣騰光

芒識寶賈胡心為動築室潛謀二十年一朝鑿井穿

雅后三　一

皇元風雅前集六卷后集六卷　之五

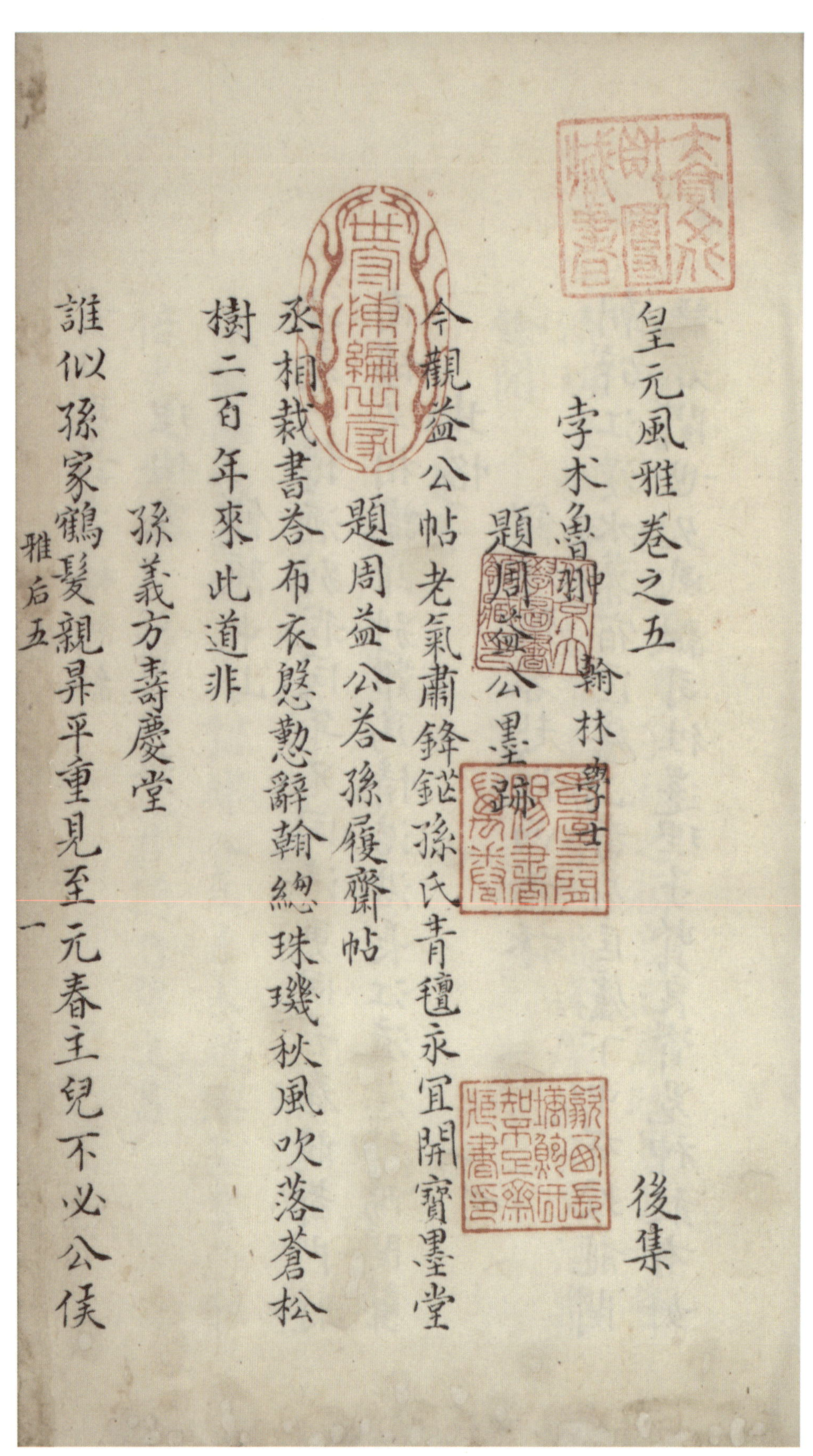
皇元風雅卷之五　　後集

孛术魯翀　翰林學士

題周益公墨跡

今觀益公帖老氣肅鋒鋩孫氏青氊永宜開寶墨堂

題周益公荅孫履齋帖

丞相栽書荅布衣慇懃辭翰總珠璣秋風吹落蒼松

樹二百年來此道非

孫義方壽慶堂

誰似孫家鶴髮親昇平重見至元春主兒不必公侯

雅后五　一

皇元風雅前集六卷后集六卷　之六

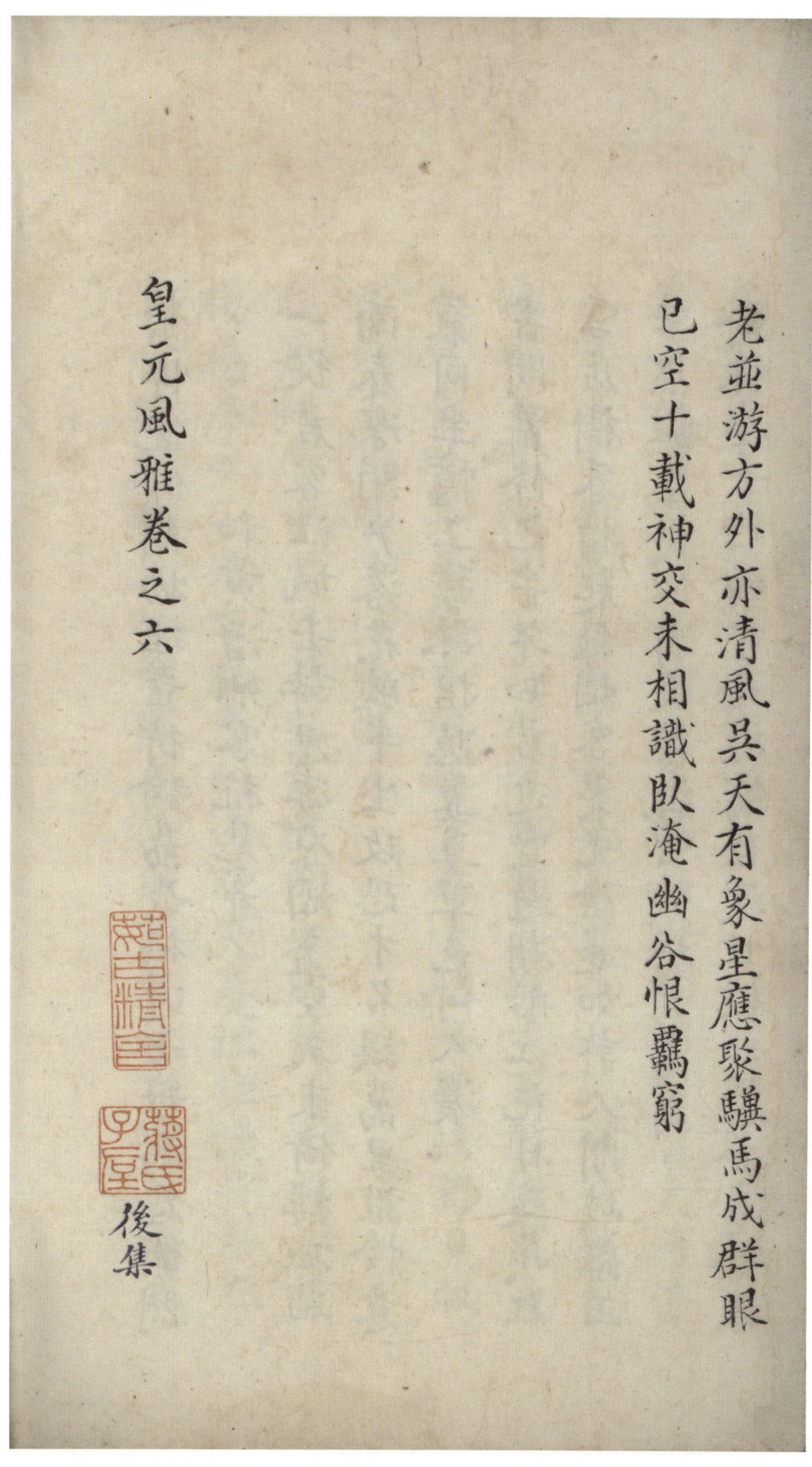

老並游方外亦清風呉天有象星應聚驥馬成群眼
已空十載神交未相識臥淹幽谷恨羈窮

皇元風雅卷之六

後集

皇元風雅前集六卷后集六卷　之七

是書四庫著錄作十二卷謂前集首劉因凡一百十四家後集首鄧文原凡一百六十六家此本雖僅六卷然家數與提要合蓋卷第增併不同也舊為鮑淥飲藏書後歸湘潭李亦園適余有元人選元詩之刻以元興文署本通鑑互易得之假羅叔言所藏元槧後集用藍筆校正嗣獲狩谷掖齋舊藏元朝野詩集即元風雅改名前後集僅五卷蓋隨刊隨印非足本也復用硃筆校正並將錯簡脫佚一一釐正補錄榛蕪漸淨惟前集卷二滕玉霄第一首失去題目朝野詩集復多詩十三首半似有脫簡錄附本卷之末以待元本校正云壬子仲春

武進董康誌

皇元風雅前集六卷后集六卷　之八

詩之爲教存乎性情苟無得於
斯則其道謂之幾絶可也皇元
近時作者迭起庶幾風雅之遺
無愧騷選然而
朝廷之制作或不盡傳於民間
山林之高風必不俯諧於流俗
以詠歌爲樂者固嘗病其不備

雅前序　一

皇元風雅前集六卷后集六卷　之九

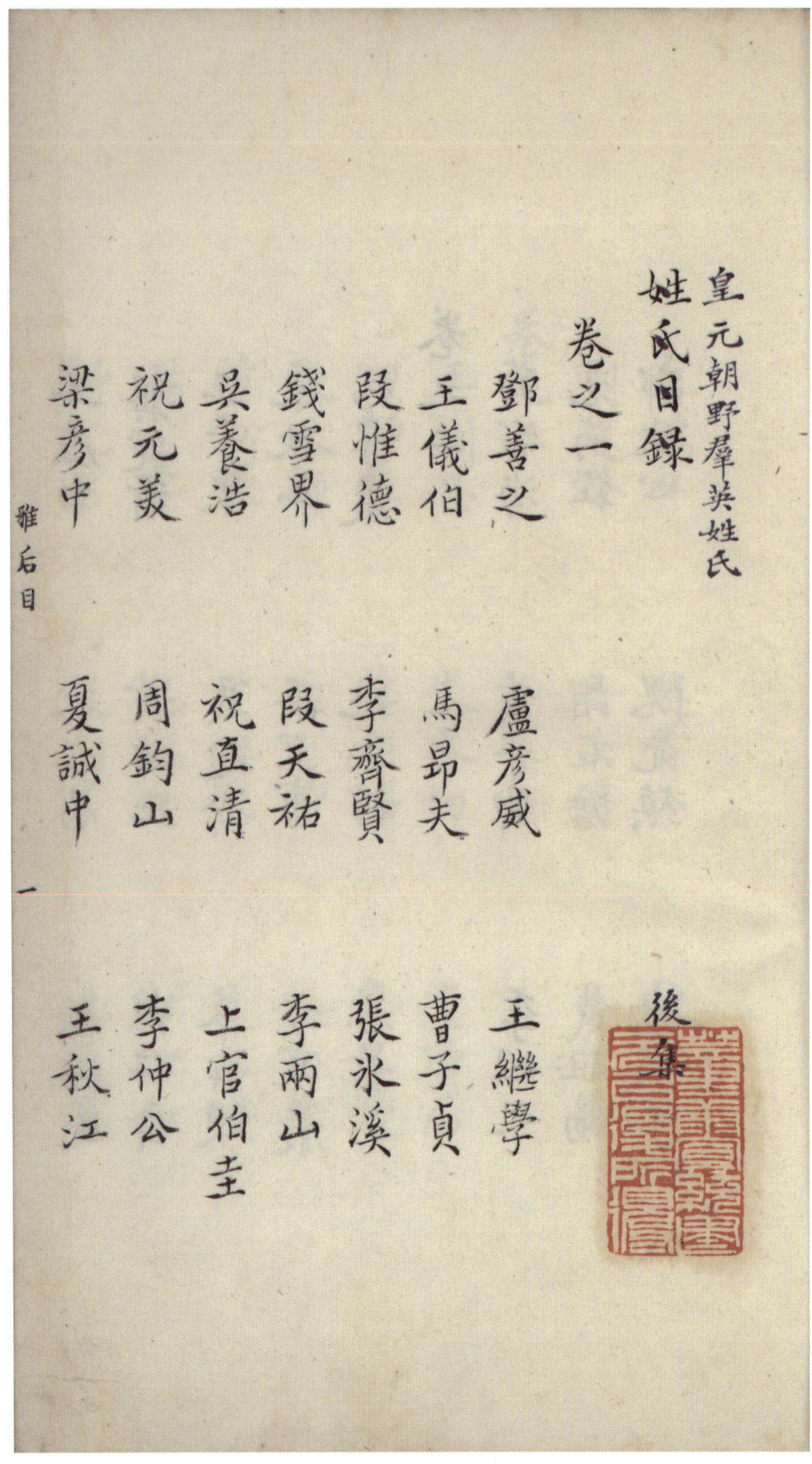

皇元朝野羣英姓氏

姓氏目録　後集

卷之一

鄧善之　盧彥威　王繼學

王儀伯　馬昂夫　曹子貞

段惟德　李齊賢　張氷溪

錢雪界　段天祐　李兩山

吳養浩　祝直清　上官伯圭

祝元美　周鈞山　李仲公

梁彥中　夏誠中　王秋江

雅后目　一

皇元風雅前集六卷后集六卷　之十

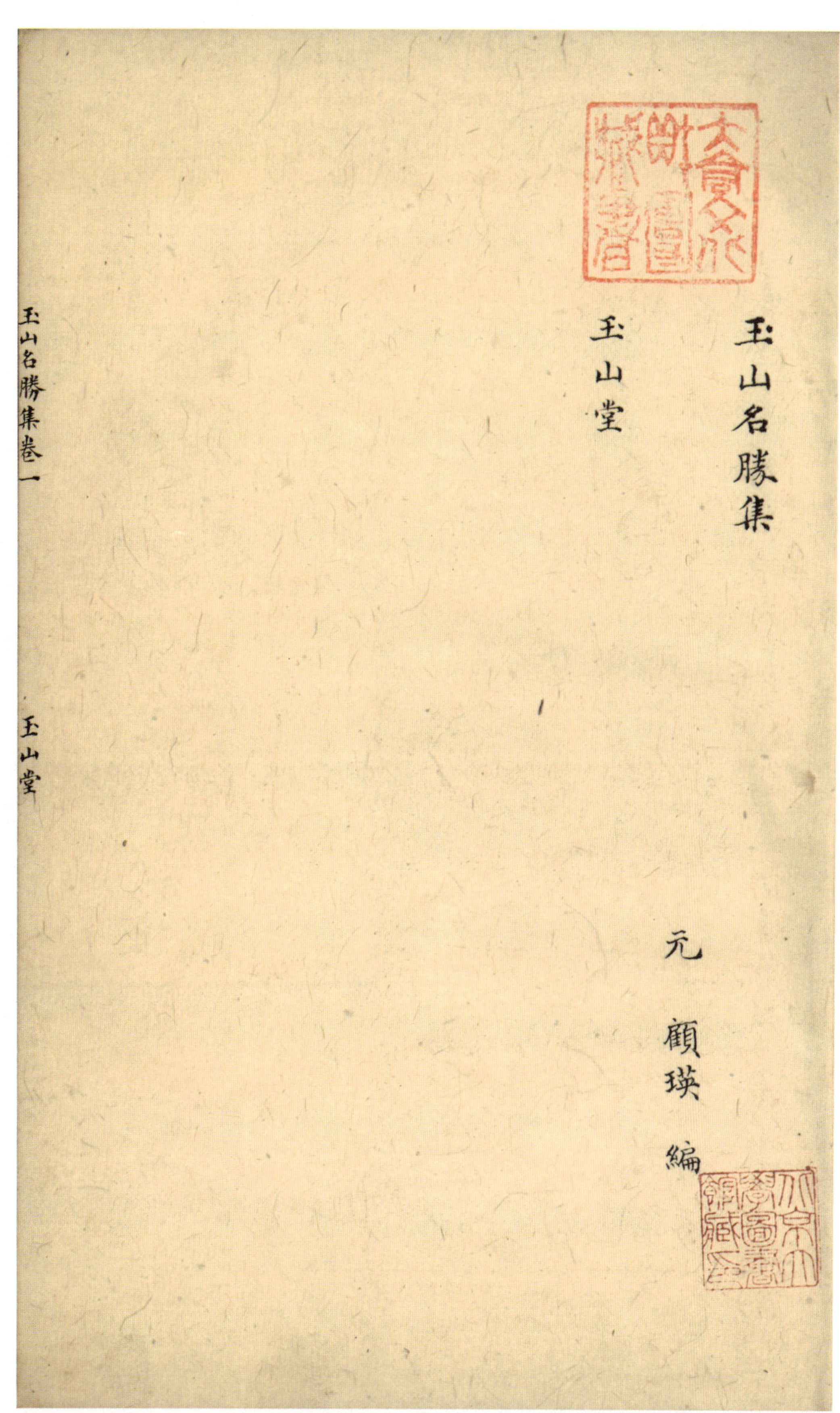
玉山名勝集
元 顧瑛 編
玉山堂
玉山名勝集卷一
玉山堂

玉山名勝集不分卷外集一卷/五册/明鈔本

文苑英華第八十六本
文苑英華第八十八本
文苑英華第八十九本
文苑英華第九十一本
文苑英華第九十二本
文苑英華第九十三本
文苑英華第九十四本
文苑英華第九十五本
文苑英華第九十七本
文苑英華第六十七本
文苑英華第六十八本
文苑英華第六十九本
文苑英華第七十本
文苑英華第七十八本
文苑英華第七十七本
文苑英華第八十一本
文苑英華第八十二本
文苑英華第八十三本
文苑英華第八十四本
文苑英華第八十五本

明人寫本藍絲界文苑英華

文苑英華卷第二　　　　賦二

天象二

日賦三首　　日中有王字賦二首

黄人守日賦一首　　二黄人守日賦二首

太陽合朔不虧賦一首

日賦　　李邕

惟元氣之播儀式景曜之騰烈何崇蓋而西轉駿流光之東晰豈盈縮兮彌歲亦畏愛兮異節曒淑色而布龢赫炎氛而生熱所謂純精至高至明燭龍照灼以首事踆烏奮迅而澒成開天地之司目爲帝王之我兄文思以之寅餞神武以之揭行是以節朝有政建畀未飡揚揮而四方動色霽景而万物登覩駱雲

文苑英華一千卷/二十函一百零一册/明藍絲欄寫本

文苑英華目録

翰林學士朝請大夫中書舍人廣平縣開[illegible]食邑三百戸上柱國賜紫金魚袋宋白等奉勑撰

卷第一　賦一

天象一　天十首

卷第二　賦二

天象二　日九首

卷第三　賦三

天象三　日十首

卷第四　賦四

天象四　日十一首

卷第五　賦五

文苑英華一千卷　之二

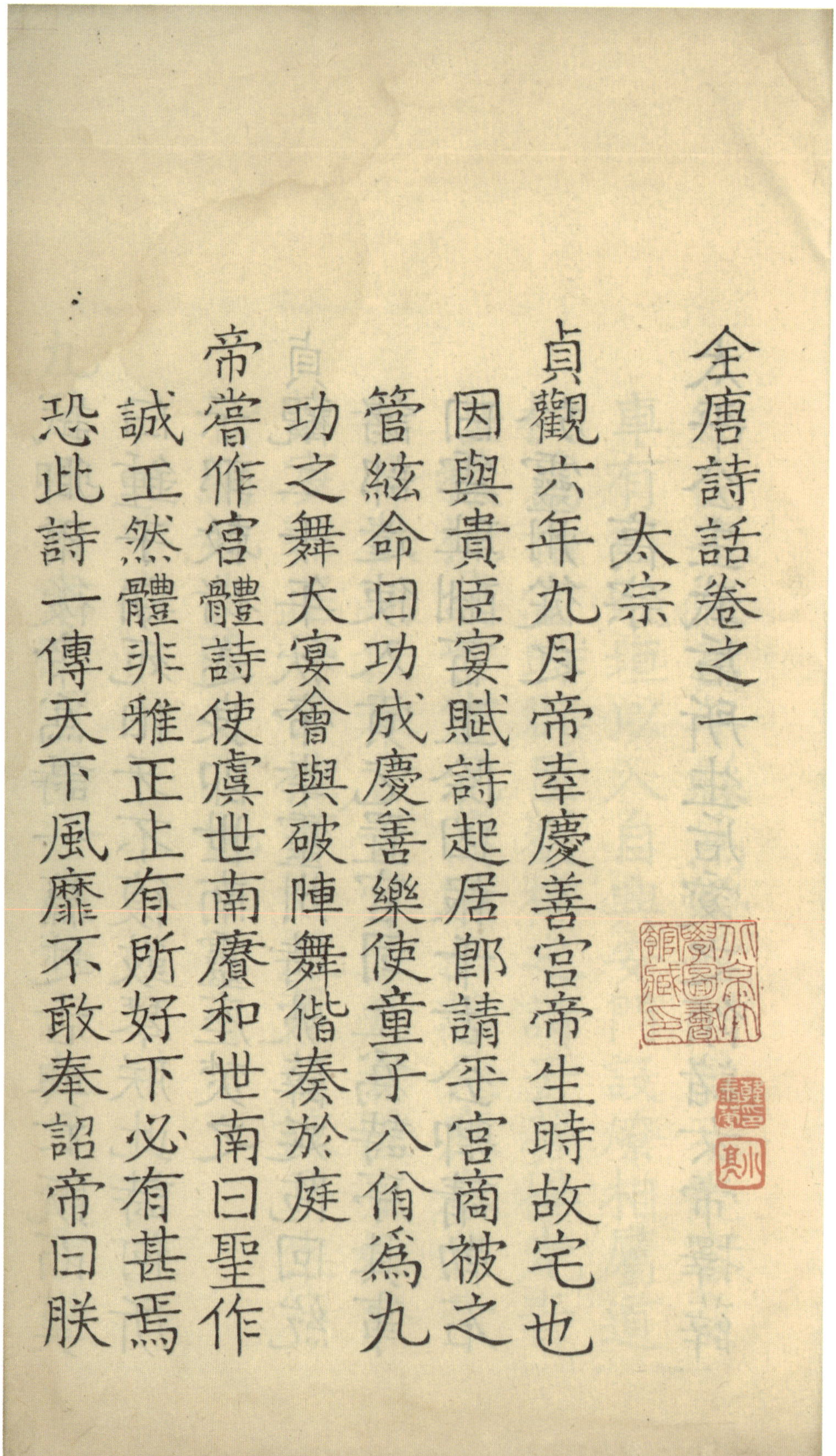

全唐詩話卷之一

太宗

貞觀六年九月帝幸慶善宮帝生時故宅也因與貴臣宴賦詩起居郎請平宮商被之管絃命曰功成慶善樂使童子八佾爲九功之舞大宴會與破陣舞偕奏於庭

帝嘗作宮體詩使虞世南賡和世南曰聖作誠工然體非雅正上有所好下必有甚焉恐此詩一傳天下風靡不敢奉詔帝曰朕

全唐詩話六卷/二册/明鈔本

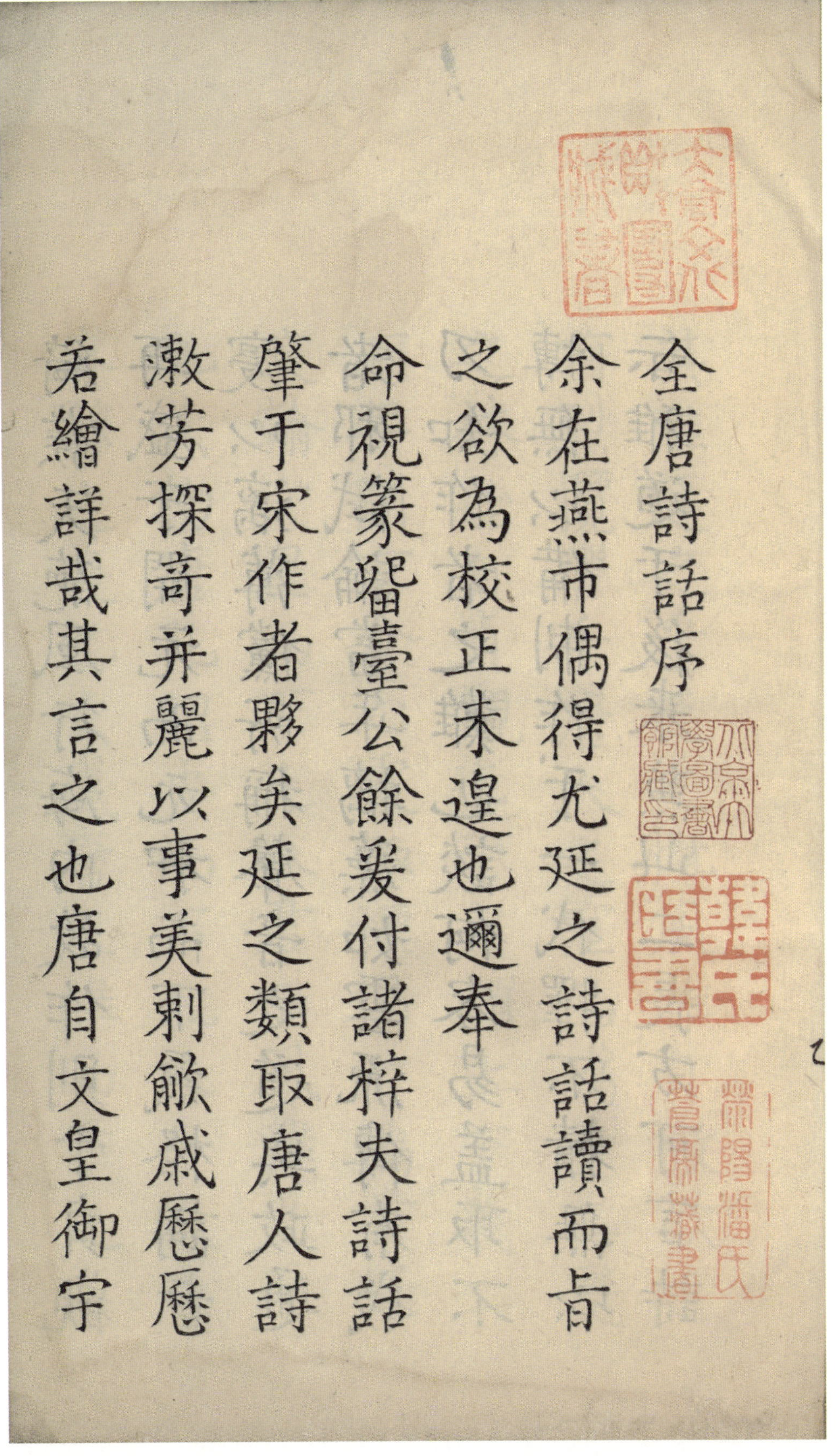

全唐詩話序

余在燕市偶得尤延之詩話讀而旨之欲為校正未遑也邇奉
命視篆畱臺公餘爰付諸梓夫詩話肇于宋作者夥矣延之類取唐人詩漱芳探奇并麗以事美刺歈慼歷歷若繪詳哉其言之也唐自文皇御宇

全唐詩話六卷　之二

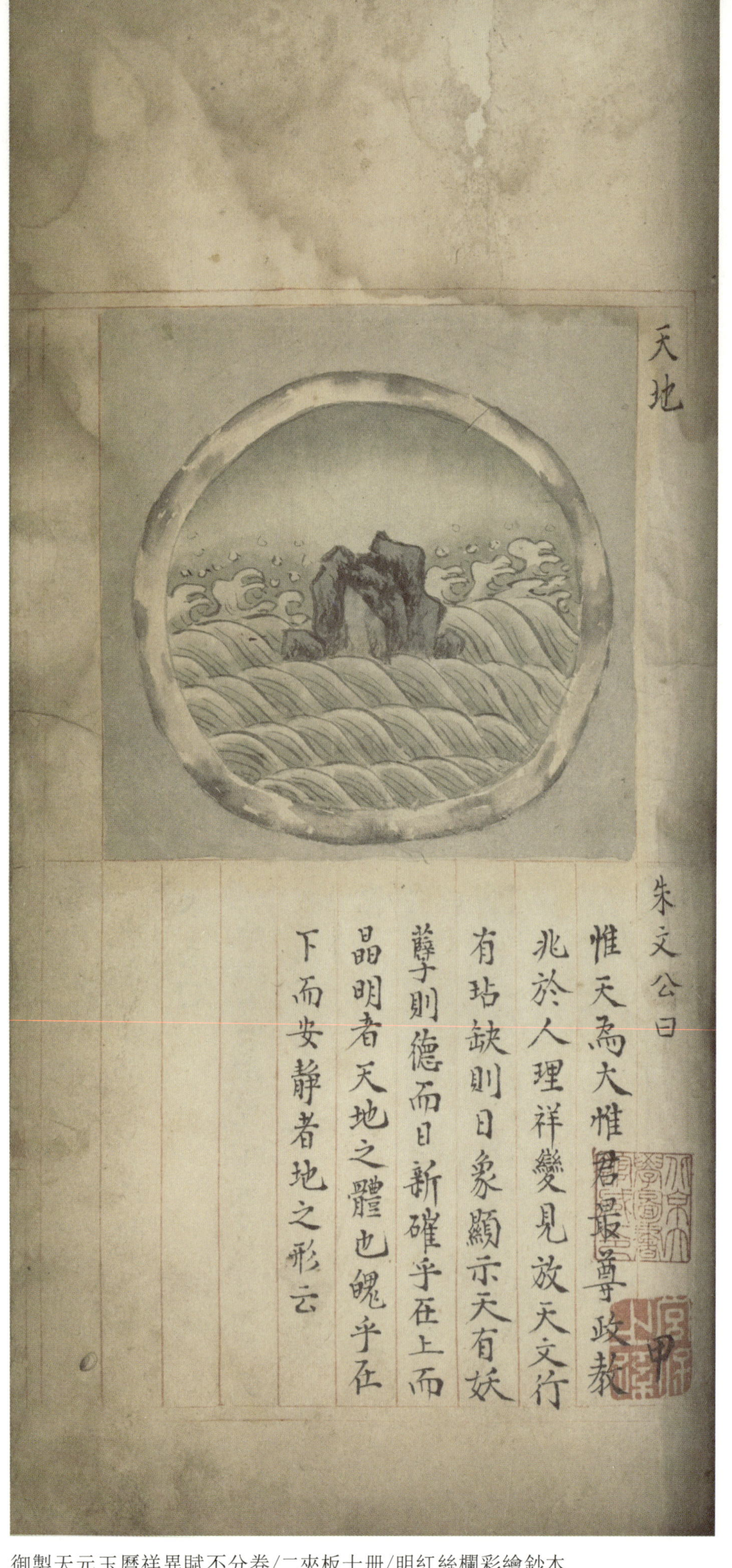

天地

朱文公曰

惟天爲大惟君最尊政教兆於人理祥變見放天文行有玷缺則日象顯示天有妖孽則德而日新確乎在上而晶明者天地之體也隗乎在下而安静者地之形云

御製天元玉曆祥異賦不分卷/二夾板十册/明紅絲欄彩繪鈔本

天元玉曆祥異賦目録

序
自有詩而長短句寓焉
南風之操五子之謌是
已周之頌三十一篇長
短句居十八漢郊祀歌
十九篇長短句居其五

南唐二主詞

應天長　後主云　先皇御製歌詞墨蹟在晁公留家

一鈎初月臨粧鏡蟬鬢鳳釵慵不整重簾靜層
樓迴惆悵落花風不定　柳堤芳艸逕夢斷轆
轤金井昨夜更闌酒醒春愁過却病

望遠行

玉砌花光錦繡明朱扉長日鎖長扃夜寒不去
寢難成爐香烟冷自亭亭　殘月秣陵砧不傳

江南岸柳枝江北岸柳枝折送行人無盡時恨
分離柳枝　酒一盃柳枝淚雙垂柳枝君到長
安百事迷几時歸柳枝

半唐給諫刻樵歌從吳枚庵鈔本出對校一過原注一作云云亦錄存之　荃孫記

南詞四十二種四十九卷附録三卷/四函十二册/明末清初鈔本

沃手識于卷末

戊申正月以本集及汲古本校　董康

知稼翁詞終

春曉曲

西楼落月雞聲急夜浸踈香淅瀝玉人酒渴嚼

春氷曉色入簾横寶瑟

卯支

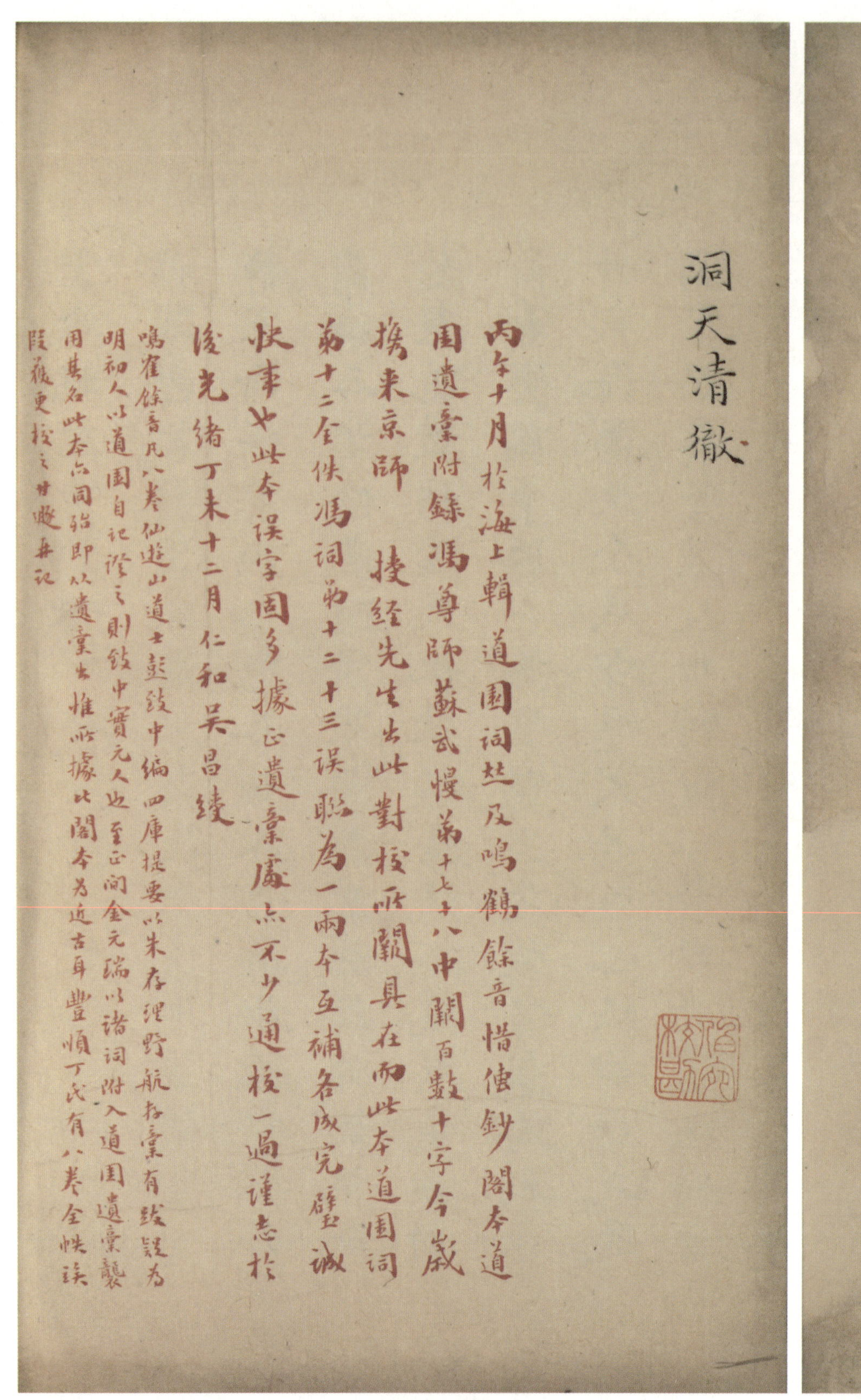

洞天清徵

丙午十月於海上輯道園詞並及鳴鶴餘音惜僅鈔閣本道
園遺稿附録馮尊師蘇武慢第十七十八中闕百數十字今歲
携來京師　撥經先生出此對校所闕具在而此本道園詞
第十二至馮詞第十二十三誤聯爲一兩本互補各成完璧誠
快事也此本誤字固多據正遺稿處亦不少通校一過謹志於
後光緒丁未十二月仁和吳昌綬

鳴鶴餘音凡八卷仙遊山道士彭致中編四庫提要以朱存理野航存稿有跋疑爲
明初人以道園自記證之則致中實元人也至正間全元瑞以諸詞附入道園遺稿襲
用其名此本亦同殆即從遺稿出惟所據比閣本爲近古耳豐順丁氏有八卷全帙誤
陡獲更校之甘遯再記

南詞四十二種四十九卷附録三卷　之二

南詞總目

宋

南唐二主詞一卷

龜峯詞一卷 陳人傑著

蓬萊鼓吹詞一卷 夏元鼎著字宗禹

逍遥詞一卷 潘閬著

耐軒詞一卷 王達著

文湖州詞一卷 此係喬吉夢符樂府章丘李中麓有刻本不知何以嫁名湖州今不録

右鳳林書院草堂詩餘三卷亡名氏選至元大德間諸人所作皆南宋遺民也詞多悽惻傷感不忘故國而於卷首冠以劉藏春許魯齋三家厥有深意至其採擷精妙無一語凡近弁陽老人絶妙好詞而外渺焉寡匹余于此二種心所愛玩無時離手每當會意輒作碧落空歌清湘瑤瑟之想 樊榭山民

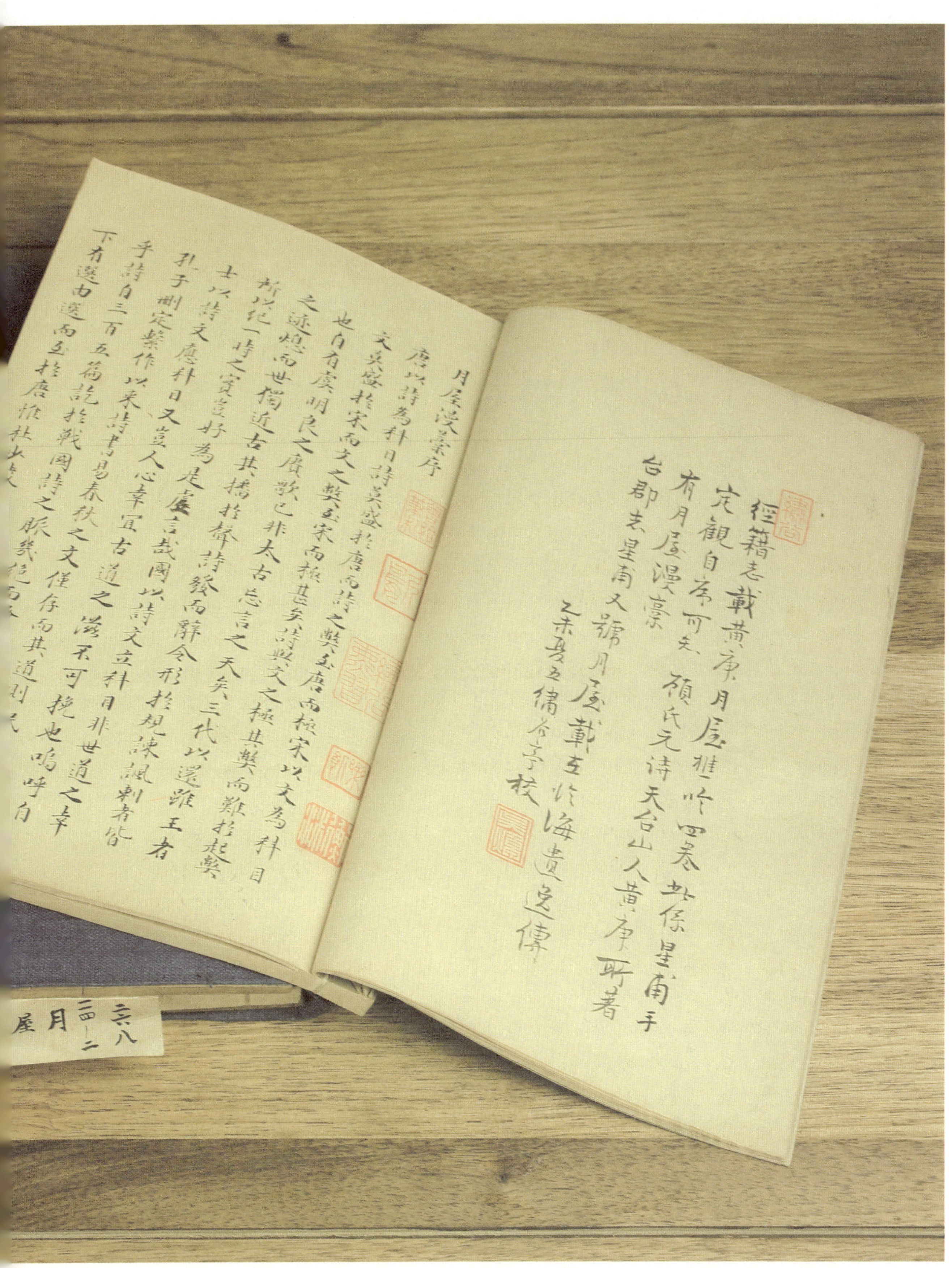
經籍志載黃庚月屋樵吟四卷此係星甫手
定觀自序可知　顧氏元詩天台山人黃庚所著
有月屋漫稿
台郡志星甫又號月屋載在於海遺逸傳
月屋漫稿序
唐以詩為科目詩莫盛於唐而詩之弊至唐而極宋以文為科目
文莫盛於宋而文之弊至宋而極甚矣詩與文之極其弊而難於起弊
也自有虞明良之賡歌已非太古忘言之天矣三代以還雖王者
之迹熄而世猶近古其播於聲詩發而辭令形於規諫諷刺者皆
所以紀一時之實豈好為是虛言哉國以詩文立科目非世道之幸
士以詩文應科目又豈人心之幸宜古道之湮不可挽也嗚呼自
孔子刪定繫作以來詩書易春秋之文僅存而其道則
手詩自三百五篇訖於戰國詩之脈幾絕而
下有選由選而至於唐惟杜
月屋

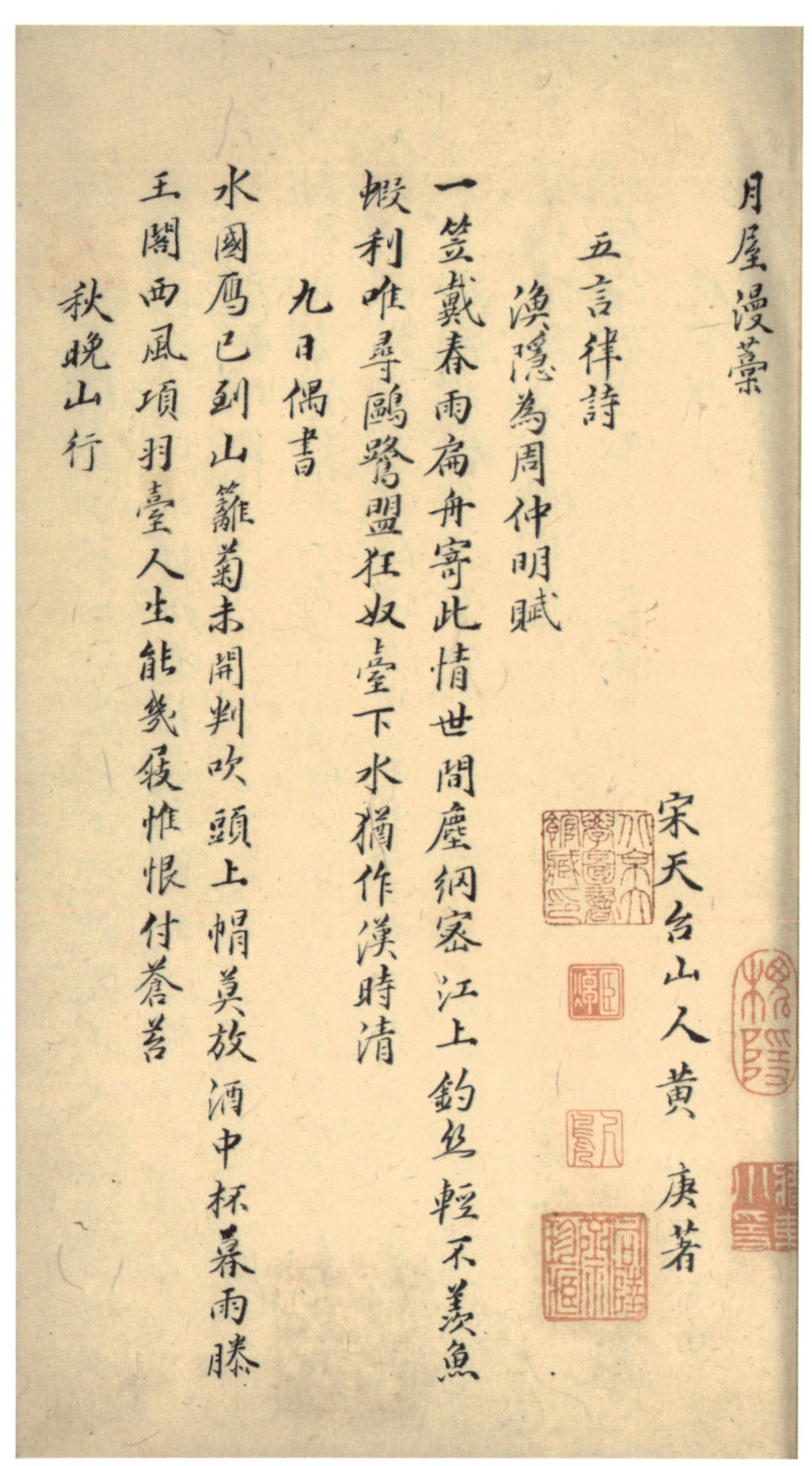

月屋漫藁

宋天台山人黄庚著

五言律詩

漁隱為周仲明賦

一笠戴春雨扁舟寄此情世間塵網密江上釣絲輕不羨魚
蝦利唯尋鷗鷺盟狂奴臺下水猶作漢時清

九日偶書

水國鴈已到山籬菊未開判吹頭上帽莫放酒中杯暮雨滕
王閣西風項羽臺人生能幾度惟恨付蒼苔

秋晚山行

月屋漫藁不分卷/二册/清康熙十八年（1679）王乃昭鈔本

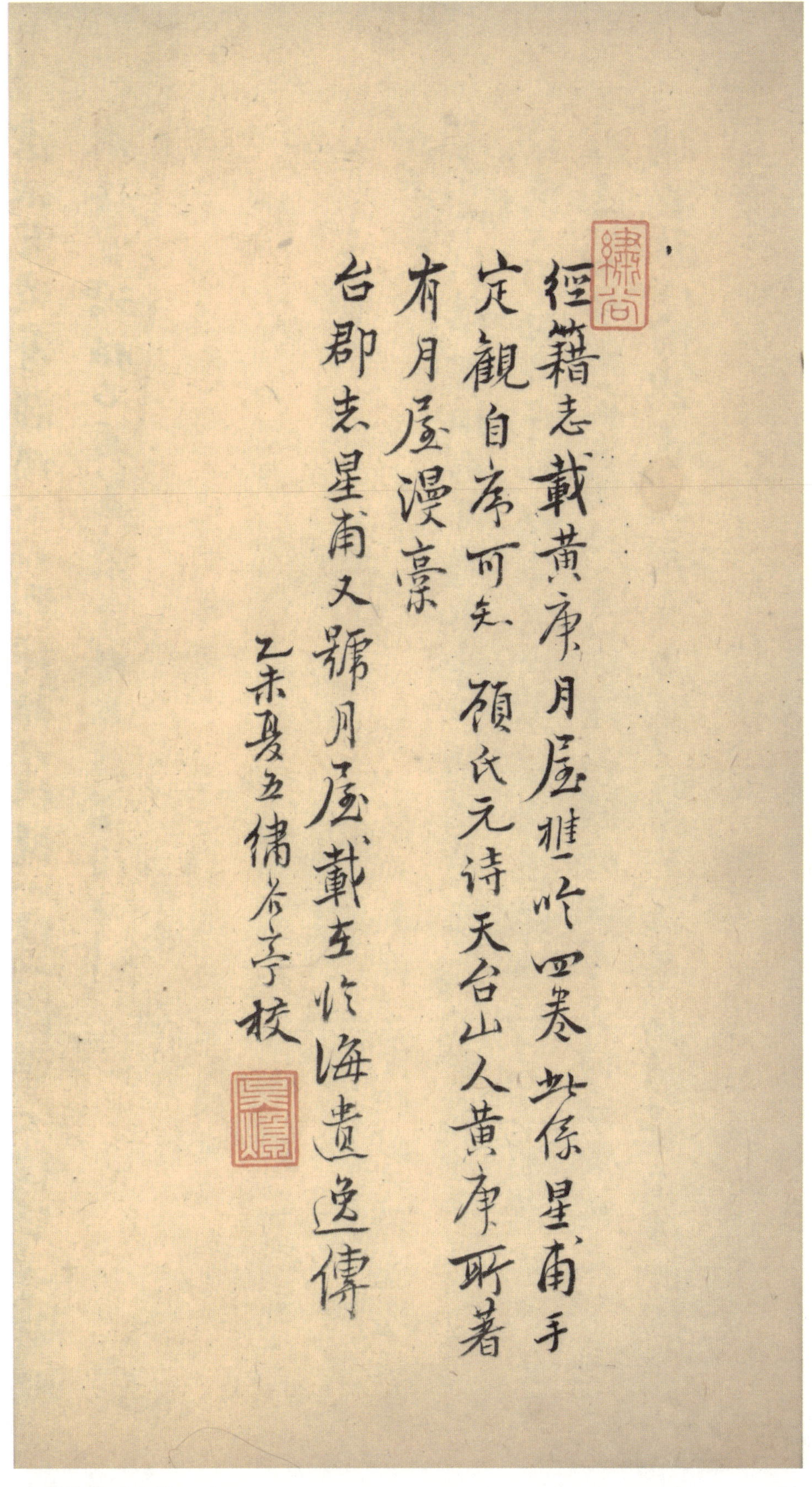
經籍志載黃庚月屋樵吟四卷此係星甫手
定觀自序可知 顧氏元詩天台山人黃庚所著
有月屋漫藁
台郡志星甫又號月屋載在海遺逸傳
乙未夏五倩谷亭校

月屋漫藁不分卷　之二

月屋漫藁序

唐以詩爲科目詩莫盛於唐而詩之弊至唐而極宋以文爲科目文莫盛於宋而文之弊至宋而極甚矣詩與文之極其弊而難於起弊也自有虞明良之賡歌已非太古忘言之天矣三代以還雖王者之迹熄而世獨近古其播於聲詩發而辭令形於規諫諷刺者皆所以紀一時之實豈好爲是虛言哉國以詩文立科目非世道之幸士以詩文應科目又豈人心幸宜古道之滋不可挽也嗚呼自孔子删定繫作以來詩書易春秋之文僅存而其道則泯矣以言乎詩自三百五篇訖於戰國詩之脉幾絶而騷續之故有功於騷之下有選由選而至於唐惟杜少陵爲備以言乎文　獲麟絶筆之餘

月屋漫藁不分卷　之三

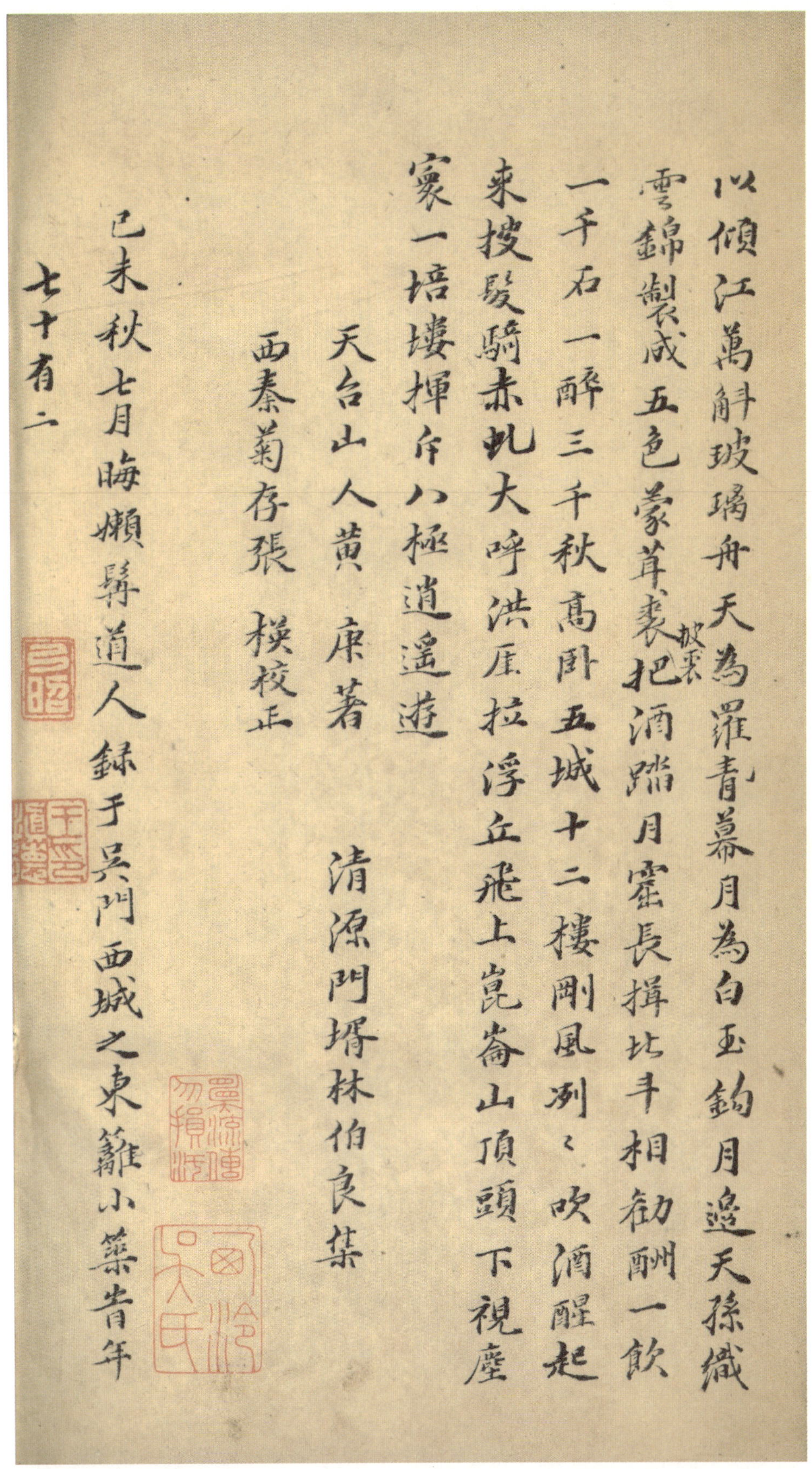
以傾江萬斛玻璃舟天為羅青幕月為白玉鉤月邊天孫織
雲錦製成五色蒙茸裘（披裘）把酒踏月露長揖北斗相勸酬一飲
一千石一醉三千秋高卧五城十二樓剛風冽冽吹酒醒起
來披髮騎赤虬大呼洪厓拉浮丘飛上崑崙山頂頭下視塵
寰一培塿揮斥八極逍遥遊

天台山人黄　康著　　清源門壻林伯良集
西秦菊存張　模校正

己未秋七月晦懶翁道人録于吴門西城之東籬小築旹年
七十有二

月屋漫藁不分卷　之四

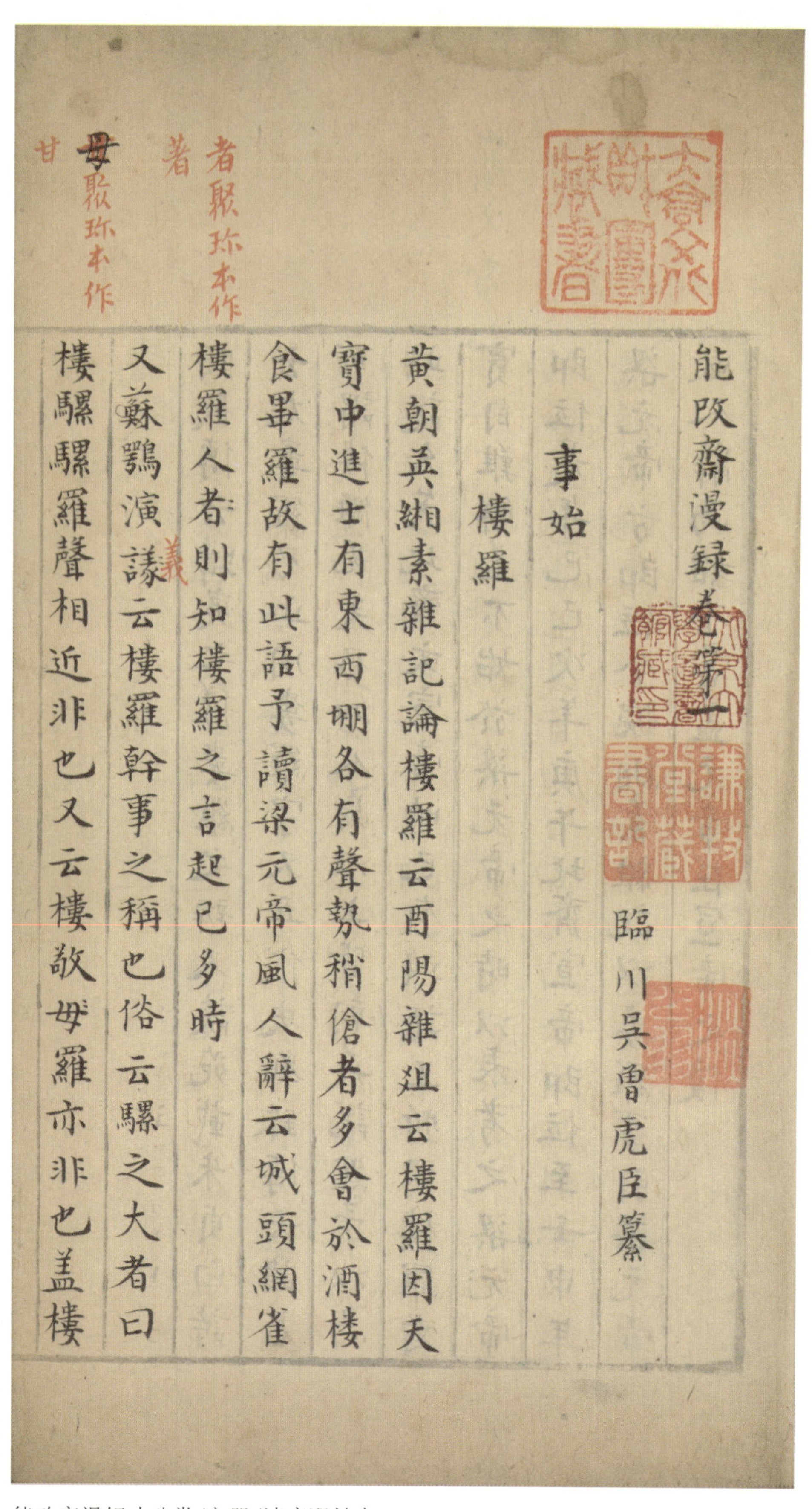

能改齋漫録卷第一

臨川吳曾虎臣纂

事始

樓羅

黄朝英緗素雜記論樓羅云酉陽雜俎云樓羅因天寶中進士有東西棚各有聲勢稍傖者多會於酒樓食畢羅故有此語予讀梁元帝風人辭云城頭網雀樓羅人者則知樓羅之言起已多時

又蘇鶚演議云樓羅幹事之稱也俗云騾之大者曰樓騾騾羅聲相近非也又云樓敔毋羅亦非也盖樓

能改齋漫録十八卷/六册/清康熙鈔本

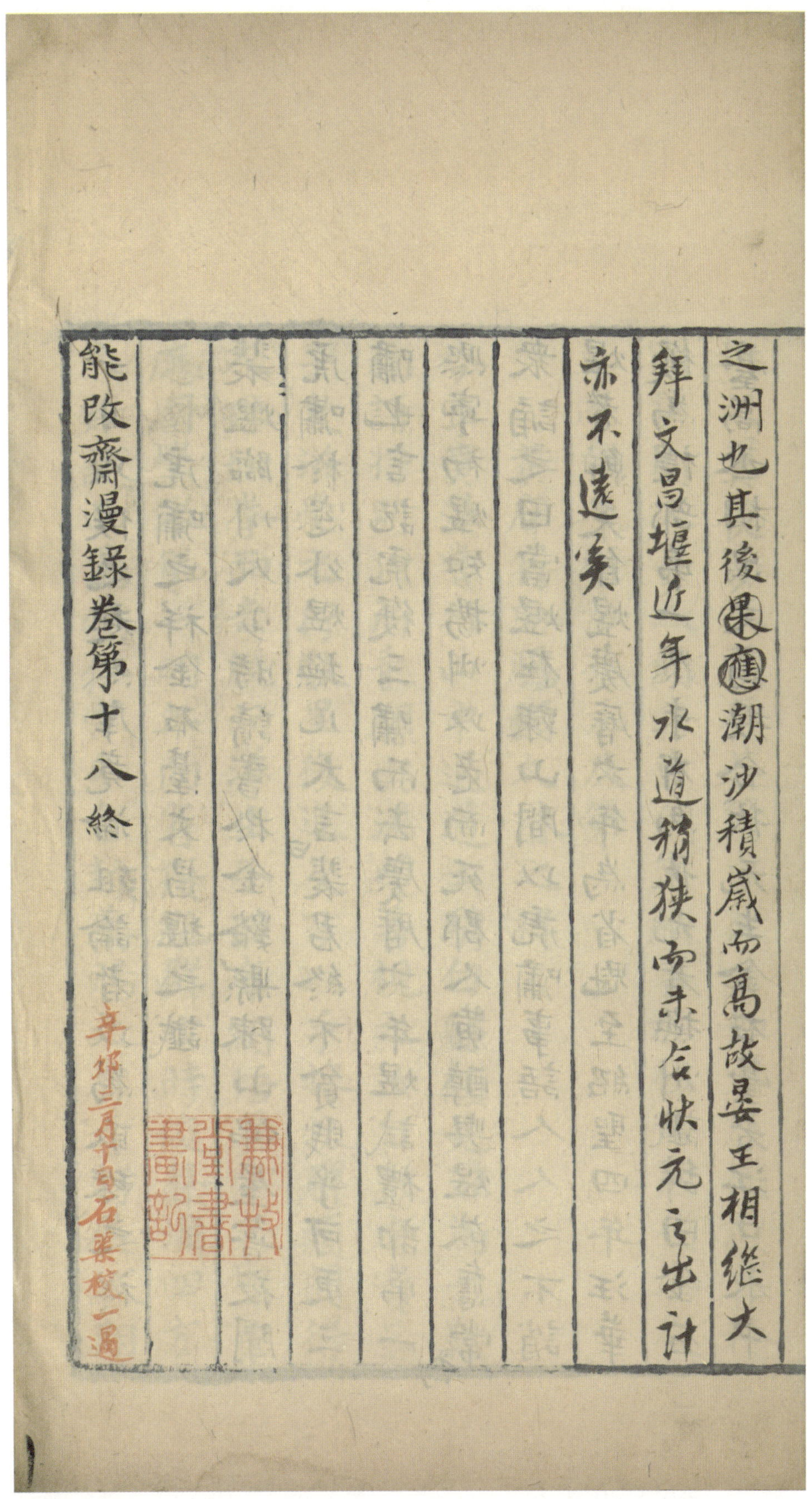
之洲也其後果應潮沙積歲而高故基王相繼大
拜文昌壇近年水道稍狹而未合狀元之出計
亦不遠矣

能改齋漫録卷第十八終

辛卯三月十日石渠校一過

能改齋漫録十八卷　之二

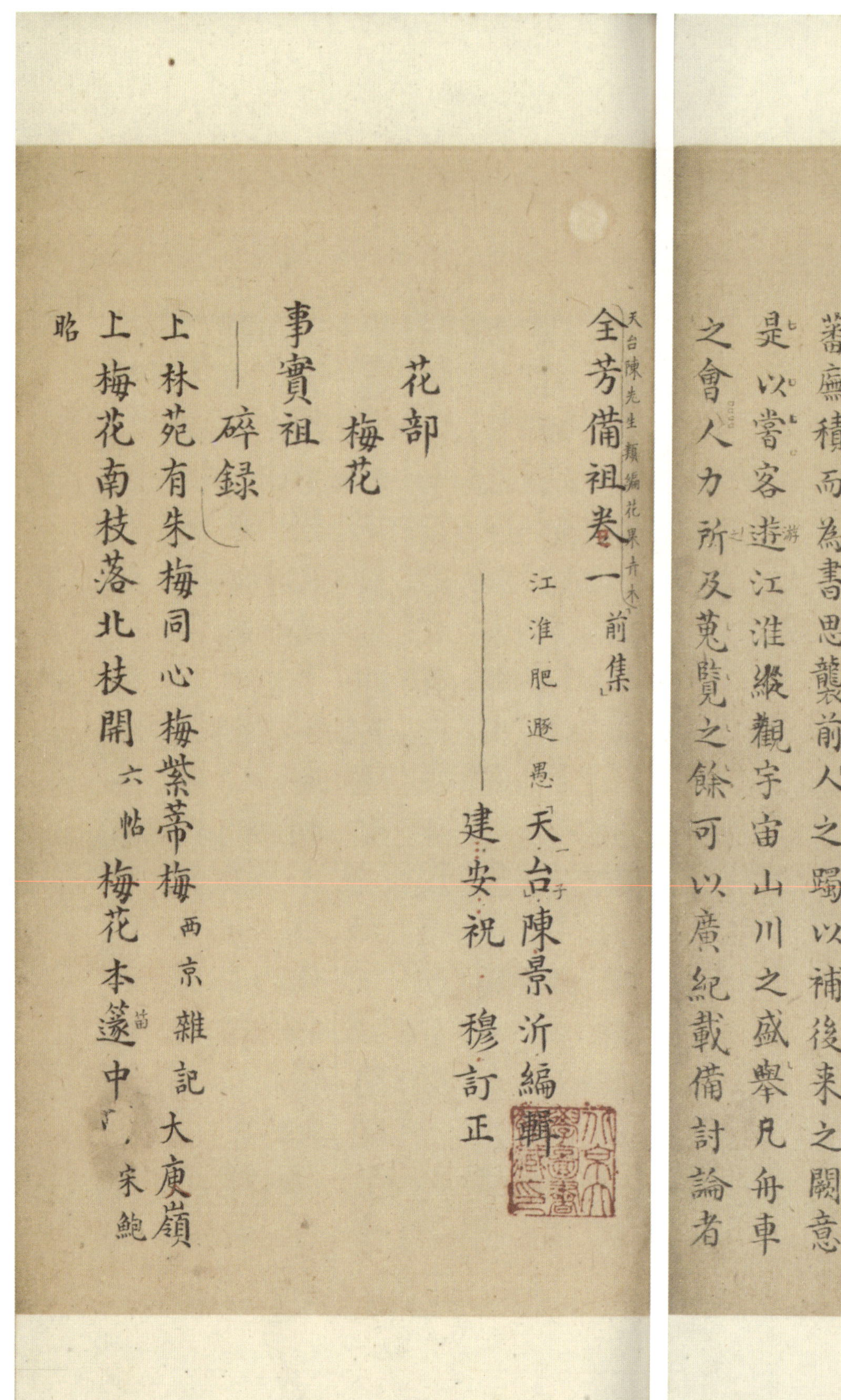

全芳備祖前集二十七卷後集三十一卷/四函二十四册/清初鈔本

曝書亭鈔校　止前集卷缺末　又後集卷八止

丁氏抄本校　前集　補校卷二之末廿七全卷并序　餘卷略比對　卷所補首曝書亭本所無又有幾出缺詩詞，處亦曝書本所無　後役它本

後集全校

瀛奎律髓二十梅花 朱文公清江道中見梅注云書坊刊全芳備組節去首尾以中四句爲庾信詩誤甚

後集卷二十三又廿七　引錦繡萬花谷提要說未的　據韓序此書是出萬花谷後

全芳備祖序

類書之作其來尚矣自唐率更有藝文類聚白傅有六帖至我　朝元獻有類要宜無復加矣近世乃有建章萬花谷事類本末諸書大槩誇多於品

丁本校

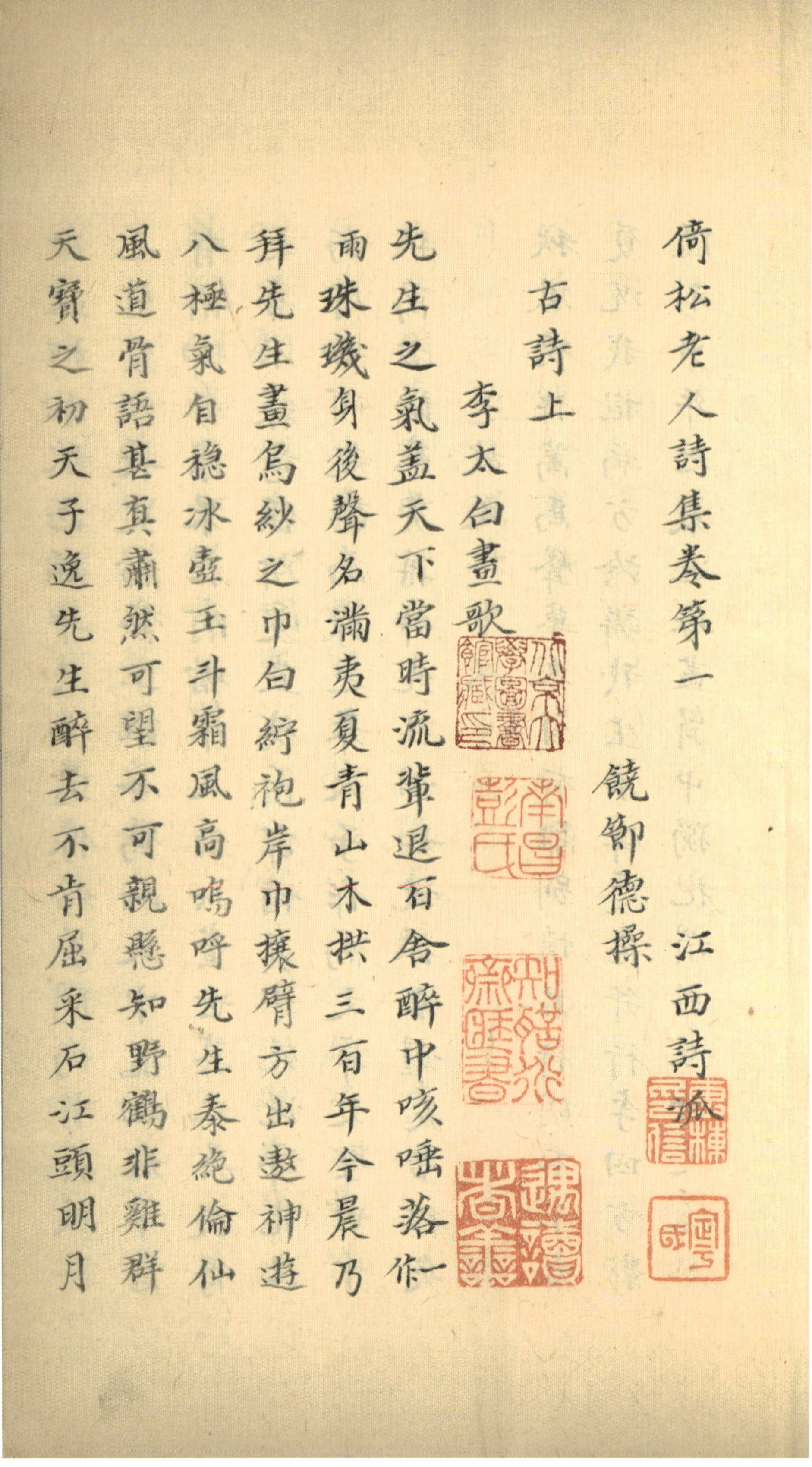

倚松老人詩集卷第一　江西詩派

饒節德操

古詩上

李太白畫歌

先生之氣蓋天下當時流輩退百舍醉中咳唾落作一

雨珠璣身後聲名滿夷夏青山木拱三百年今晨乃

拜先生畫烏紗之巾白紵袍岸巾攘臂方出遨神遊

八極氣自穩冰壺玉斗霜風高嗚呼先生泰絶倫仙

風道骨語甚真肅然可望不可親懸知野鶴非雞群

天寶之初天子逸先生醉去不肯屈采石江頭明月

倚松老人诗集二卷/一册/清初鈔本

饒節號德操宋史有傳詩列西江宗派二十五人之七本
儒士後祝髮為僧自號倚松道人取閑上人詩意閑携經
卷倚松立笑問客從何處來既以名菴又以自號故陳瑩
中寄詩云舊時饒措大今日壁頭陀為問心安心法禪儒
較何幾政和間林靈素主道教上議以僧為德士使加冠
巾意以為釋氏出於其下也饒故有改德士頌五首
嘉慶二十年秋九月十日日下駱光啓得此集遂志

倚松老人诗集二卷　之二

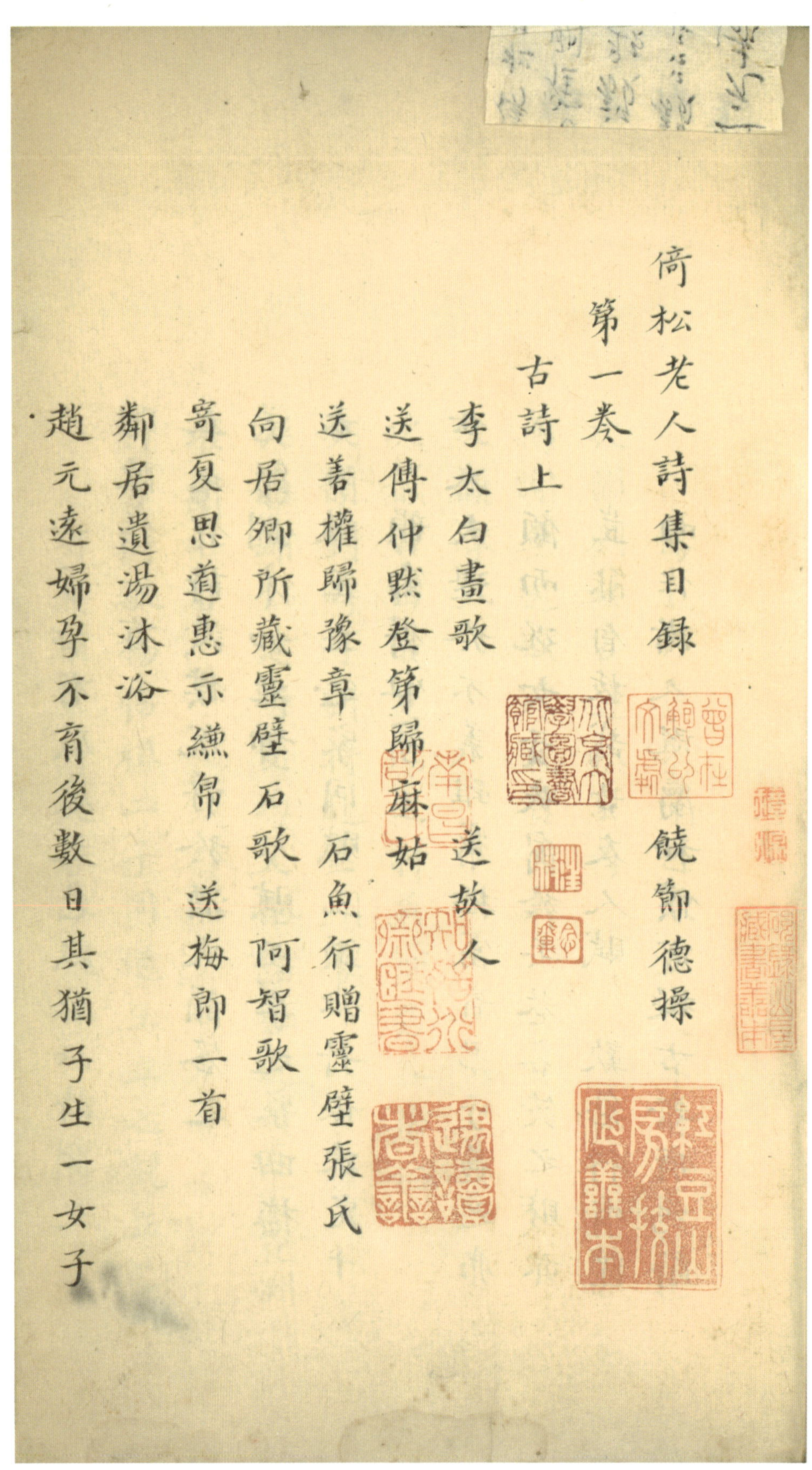

倚松老人詩集目録　饒節德操
第一卷
古詩上
李太白畫歌　送故人
送傅仲黙登第歸麻姑
送善權歸豫章　石魚行贈靈壁張氏
向居卿所藏靈壁石歌　阿智歌
寄夏思道惠示纖帛　送梅郎一首
鄰居遺湯沐浴
趙元遠婦孕不育後數日其猶子生一女子

倚松老人诗集二卷　之三

趙元遠題作達　錢塘清照律師芝草出其墓上題其下有父字

次韻呂居仁送李肅老題是商老　次韻酬潘庭立題後次字　果道人庭

立韻題韻下有作字　元輝上人果亦用韻題作同　以上卷上

贈崔明文偉題是明父　次韻護公首座公題作八　以上卷下

倚松集目与題相左如此須覓善本再為校正　嘉慶六年九日湘甫校

李太白畫哥

送傅仲默登第歸麻姑

送善權歸豫章　石魚行贈靈壁張氏

向居卿所藏靈壁石歌　阿智歌

寄夏思道惠示纖帛　送梅郎一首

鄰居遺湯沐浴

趙元遠婦孕不育後數日其猶子生一女子

倚松老人诗集二卷　之四

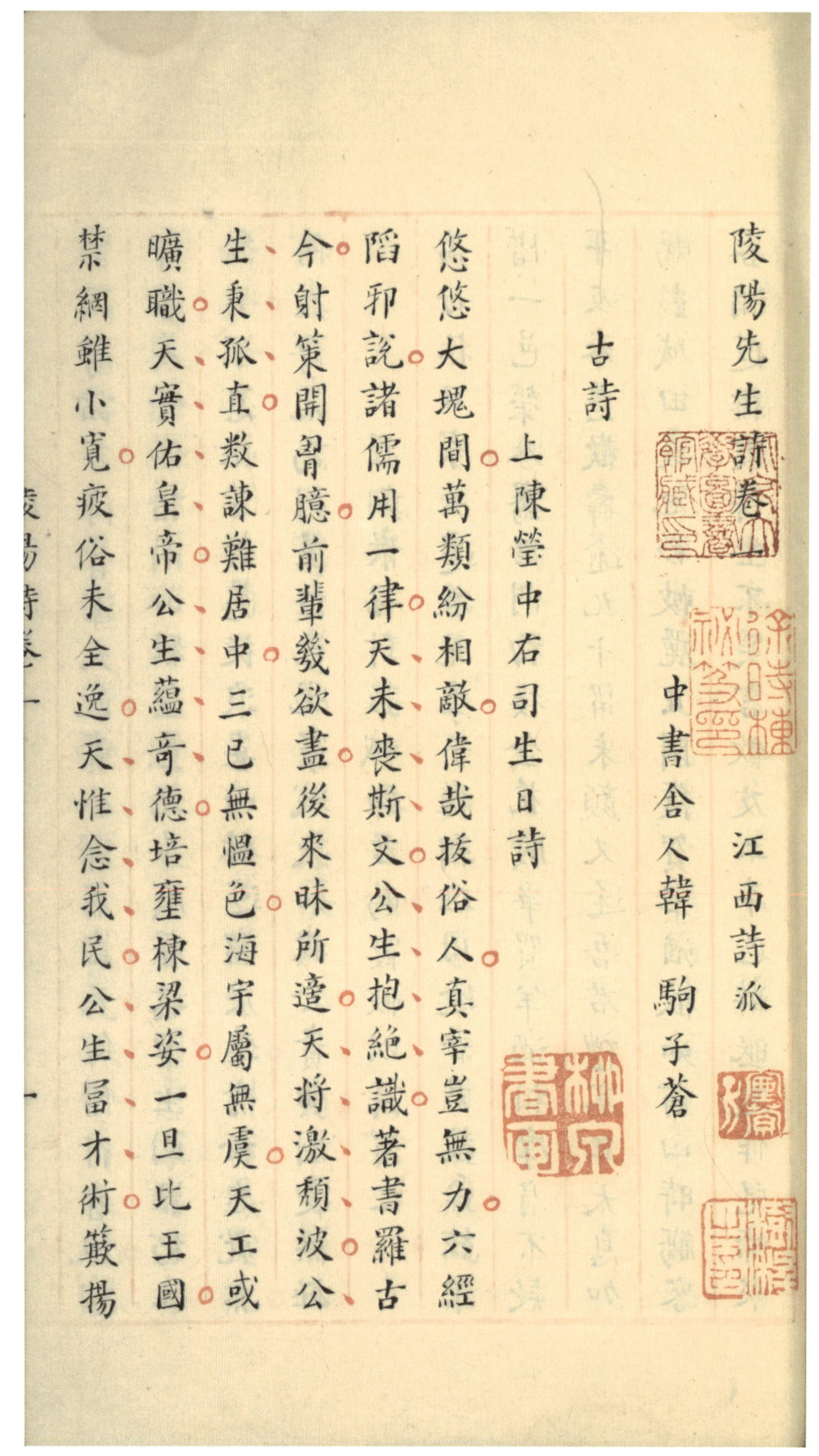

陵陽先生詩卷一　江西詩派

中書舍人韓駒子蒼

古詩

上陳瑩中右司生日詩

悠悠大塊間萬類紛相敵偉哉拔俗人真宰豈無力六經

陷邪說諸儒用一律天未喪斯文公生抱絶識著書羅古

今射策開胷臆前輩發欲盡後來昧所適天將激頹波公

生秉孤直數諫難居中三已無慍色海宇屬無虞天工或

曠職天實佑皇帝公生藴奇德培壅棟梁姿一旦比王國

禁網雖小寬疲俗未全逸天惟念我民公生畐才術蕆揚

陵陽詩卷一　一

陵陽先生詩四卷/一册/清初朱絲欄鈔本

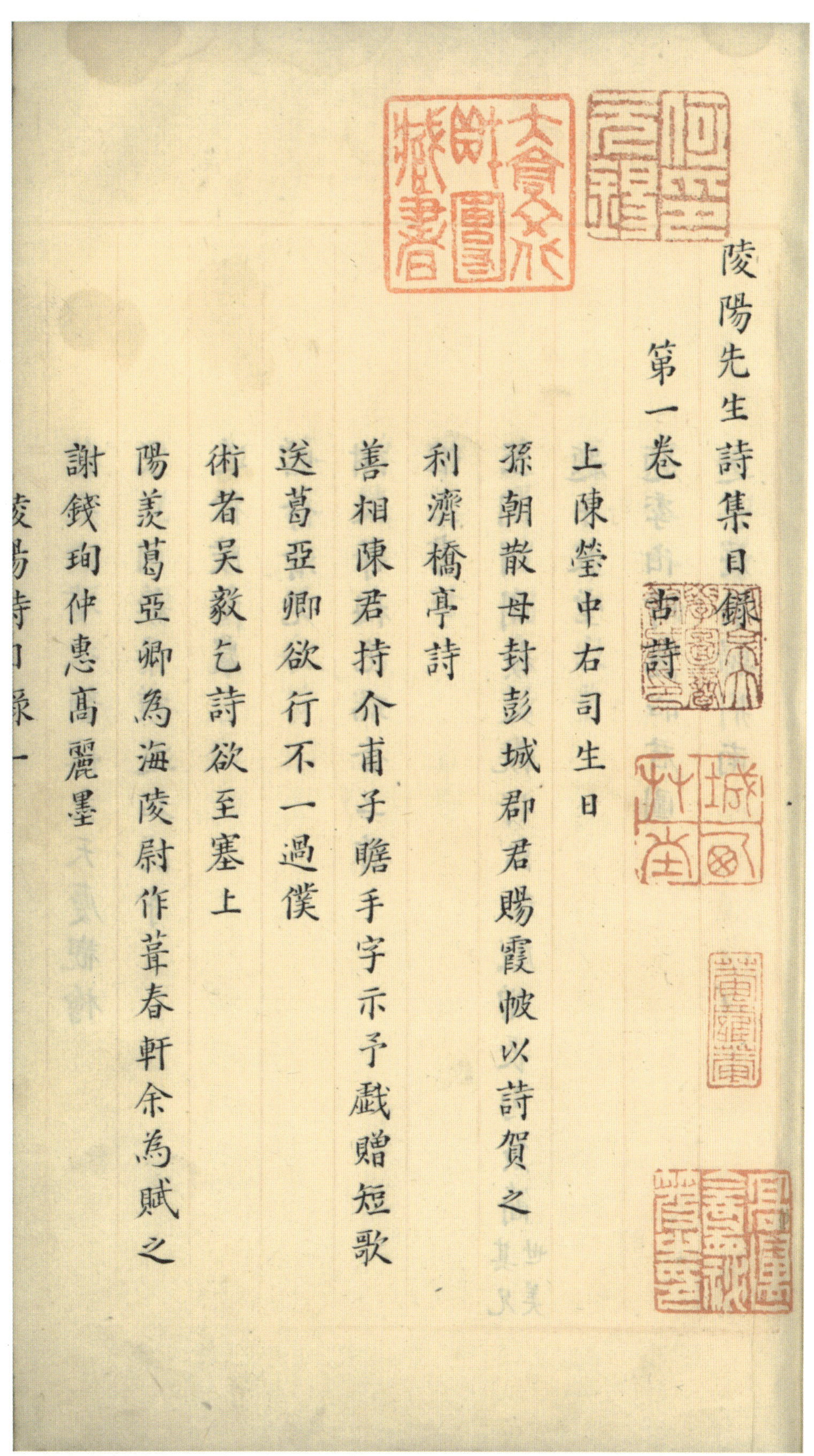
陵陽先生詩集目錄

第一卷　古詩

上陳瑩中右司生日

孫朝散母封彭城郡君賜霞帔以詩賀之

利濟橋亭詩

善相陳君持介甫子瞻手字示予戲贈短歌

送葛亞卿欲行不一過僕

術者吴毅乞詩欲至塞上

陽羨葛亞卿為海陵尉作葺春軒余為賦之

謝錢珣仲惠高麗墨

陵陽詩目錄　一

陵陽先生詩四卷　之二

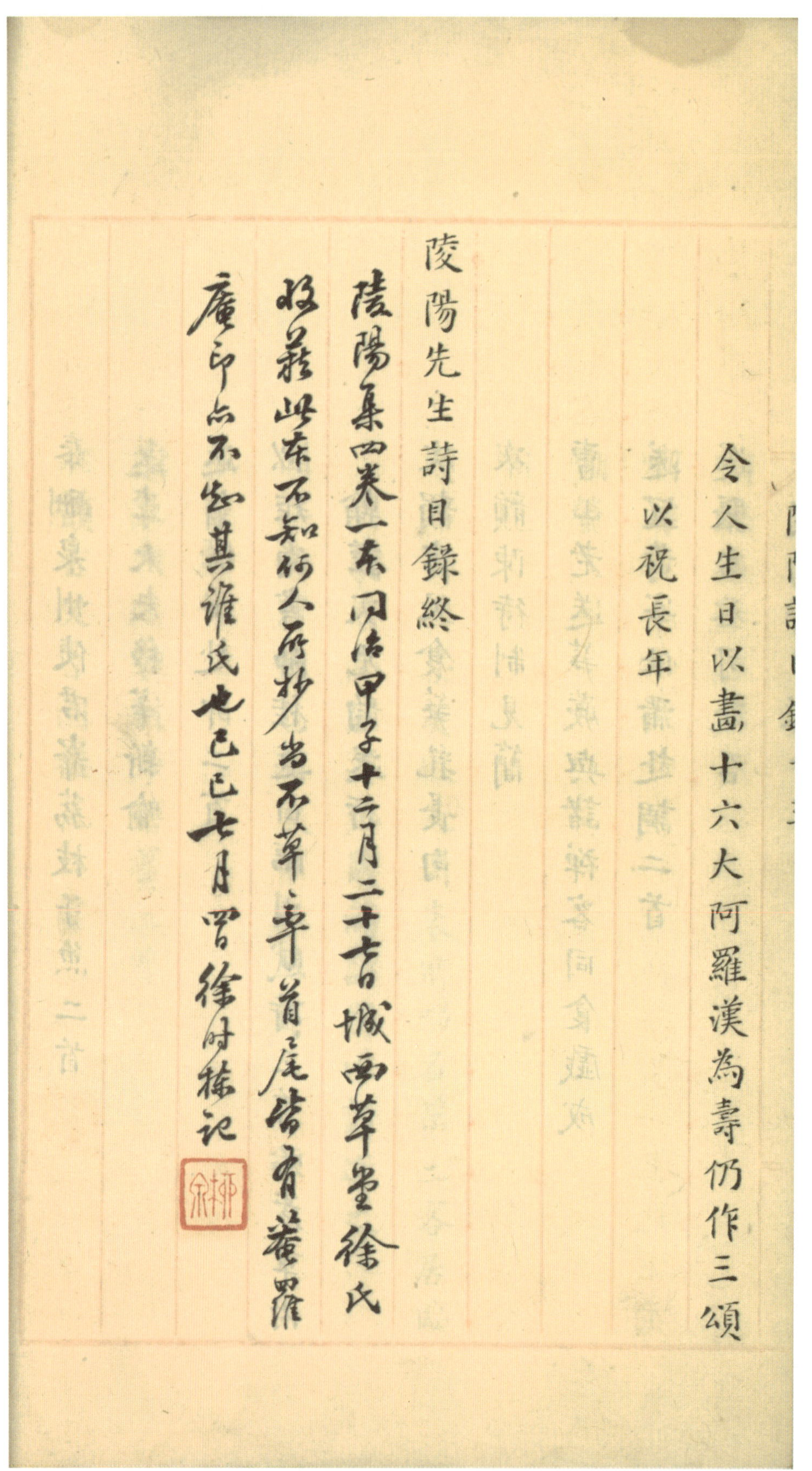

令人生日以畫十六大阿羅漢為壽仍作三頌
以祝長年

陵陽先生詩目録終

陵陽集四卷一本同治甲子十二月二十吉城西草堂徐氏
收藏此本不知何人所抄書不草〻首尾皆有蓉羅
庵印亦不知其誰氏也己巳七月望徐時棟記

陵陽先生詩四卷　之三

以祝長年。

悟得玄機已數年。曾蒙老宿印明禪。定知萬物誰爲壽。故仗高人結數緣。

數枝西國芬陁利。一瓣南天波律香。待作誕辰羅漢供。願如羅漢壽無央。

生朝欲作祈年供。長壽玉圭天上來。定是從今有家慶。世人傳作畫圖開。

丙子秋孟錄力行堂甲辰二月

陵陽先生詩卷四終　重抄本子

陵陽先生詩四卷　之四

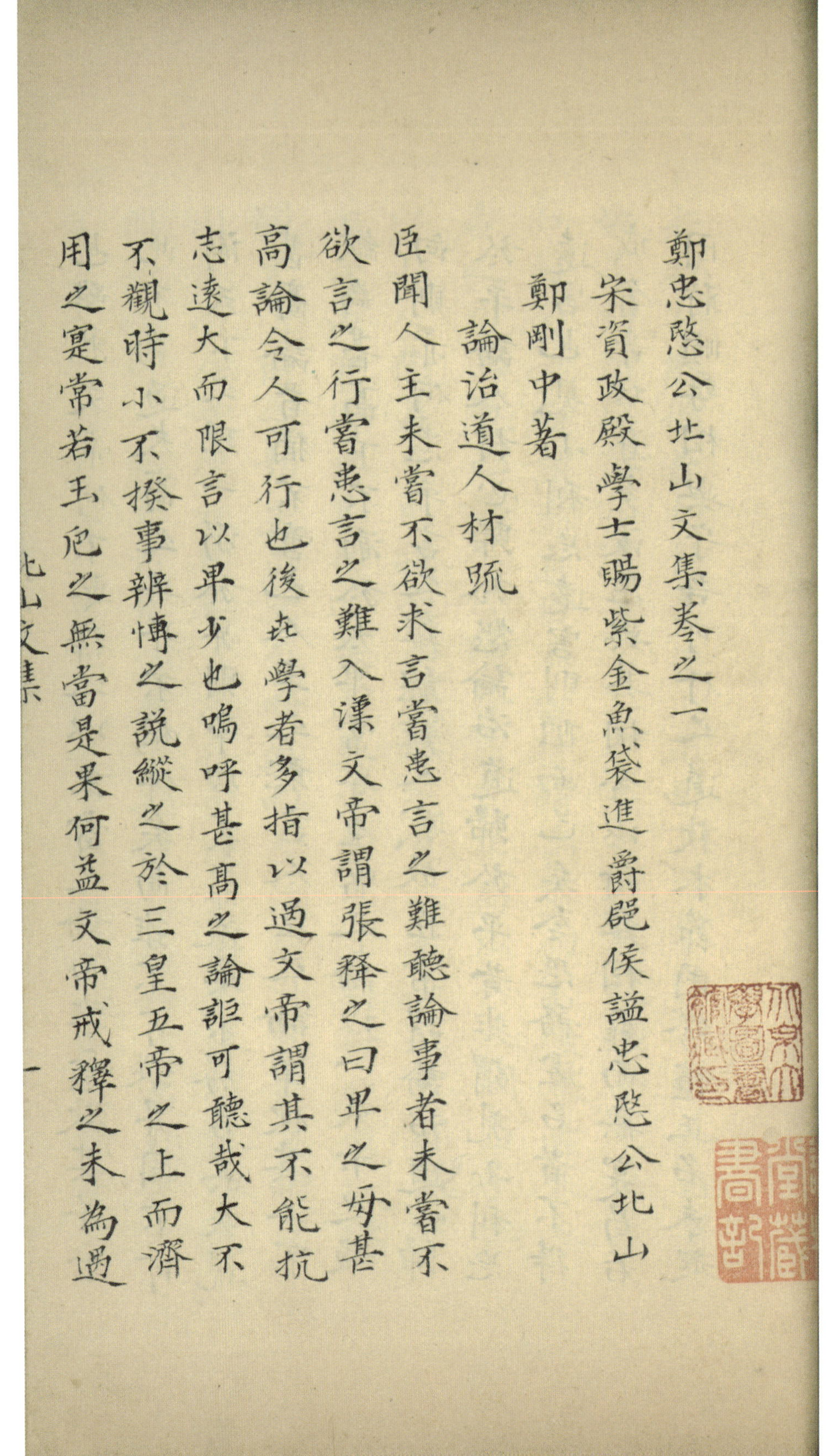

鄭忠愍公北山文集巻之一

宋資政殿學士賜紫金魚袋進爵邑侯謚忠愍公北山

鄭剛中著

論治道人材疏

臣聞人主未嘗不欲求言嘗患言之難聽論事者未嘗不欲言之行嘗患言之難入漢文帝謂張釋之曰卑之毋甚高論令人可行也後世學者多指以過文帝謂其不能抗志遠大而限言以卑步也嗚呼甚高之論詎可聽哉大不不觀時小不揆事辨博之説縱之於三皇五帝之上而濟用之寔常若玉巵之無當是果何益文帝戒釋之未為過

北山文集 一

鄭忠愍公北山文集三十卷附敕跋一卷誌銘一卷題跋一卷/三册/清初鈔本

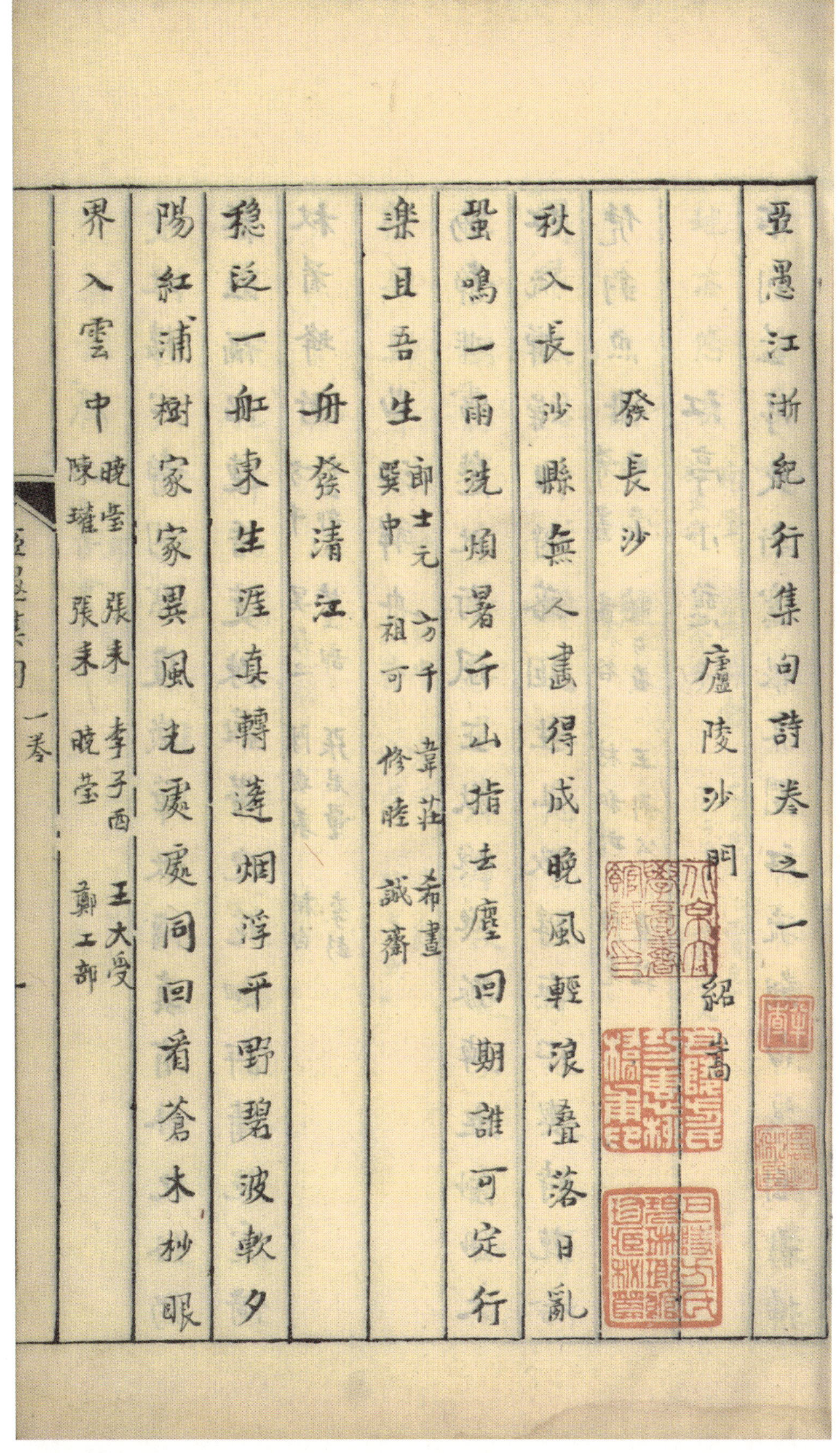
亞愚江浙紀行集句詩卷之一
廬陵沙門紹嵩
發長沙
秋入長沙縣無人畫得成晚風輕浪疊落日亂
蛩鳴一雨洗煩暑千山指去塵回期誰可定行
樂且吾生 郎士元 方干 韋莊 希晝 嬰中 祖可 修睦 誠齋
舟發清江
穩泛一舡東生涯真轉蓬烟浮平野碧波軟夕
陽紅浦樹家家異風光處處同回看蒼木杪眼
界入雲中 晚堂 張耒 李子酉 王大受 陳瓘 張耒 晚瑩 鄭工部
亞愚集句 一卷

亞愚江浙紀行集句詩七卷/一册/清初小山堂鈔本

感山書事

愛此棲心靜陶然度歲華放慵真有味化俗獨無涯隔沼連香芰疎籬帶晚花細評清絕處倚杖看蜂衙

方千 杜工部 吴損之 杜工部 陳與義 張君量 栖白 李彭

曲江解舟

動靜非常態此行風正秋巉巉孤棹起渺渺大江流蟬噪日將落烟生山欲浮無心與時乾吟凭釣魚舟

希晝 晚瑩 薊谷 陳与義 林和靖 王荊公 陳克 韋莊

江亭小憩

不到茲亭久軒窗眼界開江流翻白浪樹影掃

笑殺人來斷殺腸可憐羸得鬢成霜人情易變

乃如此秪有江山不改常 誠齋 呂居仁 晚瑩 翁元廣

道方時險擬如何今古踈愚似我多否去泰來

終可待尚須客裏訪蹉跎 韓偓 常莊 方千 楊濟翁

小園和雨掃莓苔箇箇圓如濟世財丘壑同盟

從已定莫談休咎動寒灰 呂居仁 李彭 鄭谷 翁元廣

沙邊鷗鷺日相親老去光陰非我春百巧從來

知是妄獨援詩筆得天真 翁元廣 蘇潁濱 陳克 和靖

示德圓

莫因居此與名踈未可唐捐附後書晝短夜長

亞愚江浙紀行集句詩七卷　之三

蒙川先生遺稿一卷

弟山中劉應奎成伯校正

後學阮存存畊編次

古詩上

太玉洞聽琴

無絃不成聲有絃多失真々聲在何所和陶方寸春

文操惜已遠孔壇嗟復陳所以桑濮響鄭衛波麤秦

渠知幽谷間廼聞太古淳游魚出塞水鳴鶴横霜晨

休羨廣陵秘是雅皆怡神

接家書

蒙川集一

蒙川先生遺稿十卷/一册/清初一字齋鈔本

蒙川先生遺稿序　一字齋主人熙依元抄手録

先伯氏蒙川先生少有志操刻勵清苦以成其學而惟孝惟忠雖流離顛沛中亦未嘗忘於言其立身大節雖没齒無愧怍也生無他嗜好惟殫精畢思於文字間凡所著述與諫坡奏牘薇垣制稿經帷獻納若干卷悉以自隨今皆散落不復見矣不哀也耶若夫廬室為燬幸而讀書朝陽閣巋然於蒼松翠竹間亦天也耶喜而為謁記求當代之鴻師碩儒題稀矣惟息堂先生鄭公又赴蒲輪之召應奎　有　焉乃嘗念同年之舊思獻納之暇據其實而　炳如

蒙川先生遺稿十卷　之二

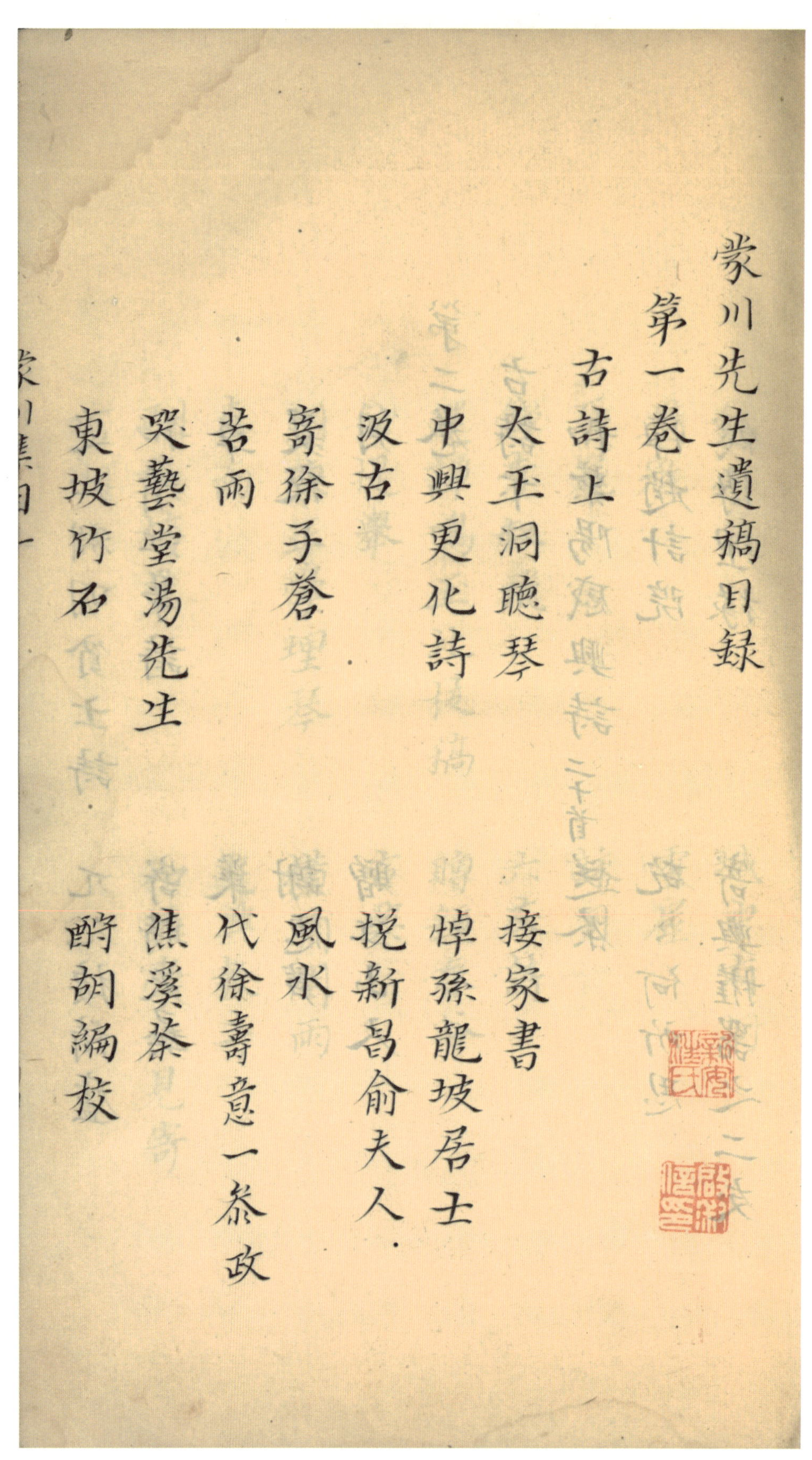
蒙川先生遺稿目録
第一卷
古詩上
太王洞聽琴 接家書
中興更化詩 悼孫龍坡居士
汲古 挽新昌俞夫人
寄徐子蒼 風水
苦雨 代徐壽意一恭政
哭藝堂湯先生 焦溪茶
東坡竹石 酹胡編校

蒙川先生遺稿十卷　之三

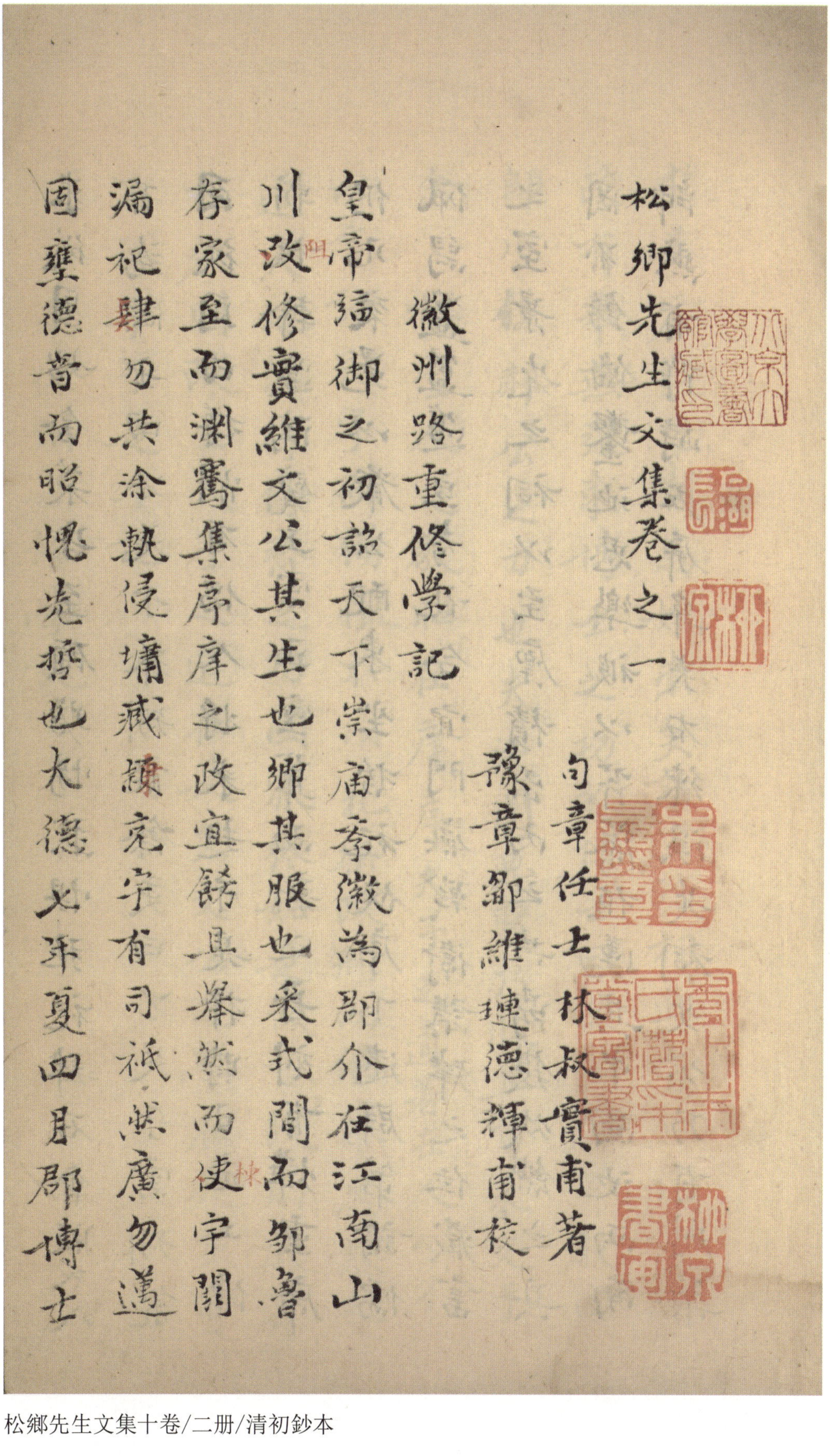

松鄉先生文集卷之一

句章任士林叔實甫著

豫章鄧維璉德輝甫校

徽州路重修學記

皇帝纉御之初詔天下崇廟祭徽為郡介在江南山川陂修實維文公其生也鄉其服也采式閭而鄒魯存家至而淵騖集庠序之陂宜飭且峯然而使宇闓漏祀肆勿共涂執侵壖臧纇完宇有司祇然廣勿邁固墾德音而昭愢先哲也大德七年夏四月郡博士

松鄉先生文集十卷/二册/清初鈔本

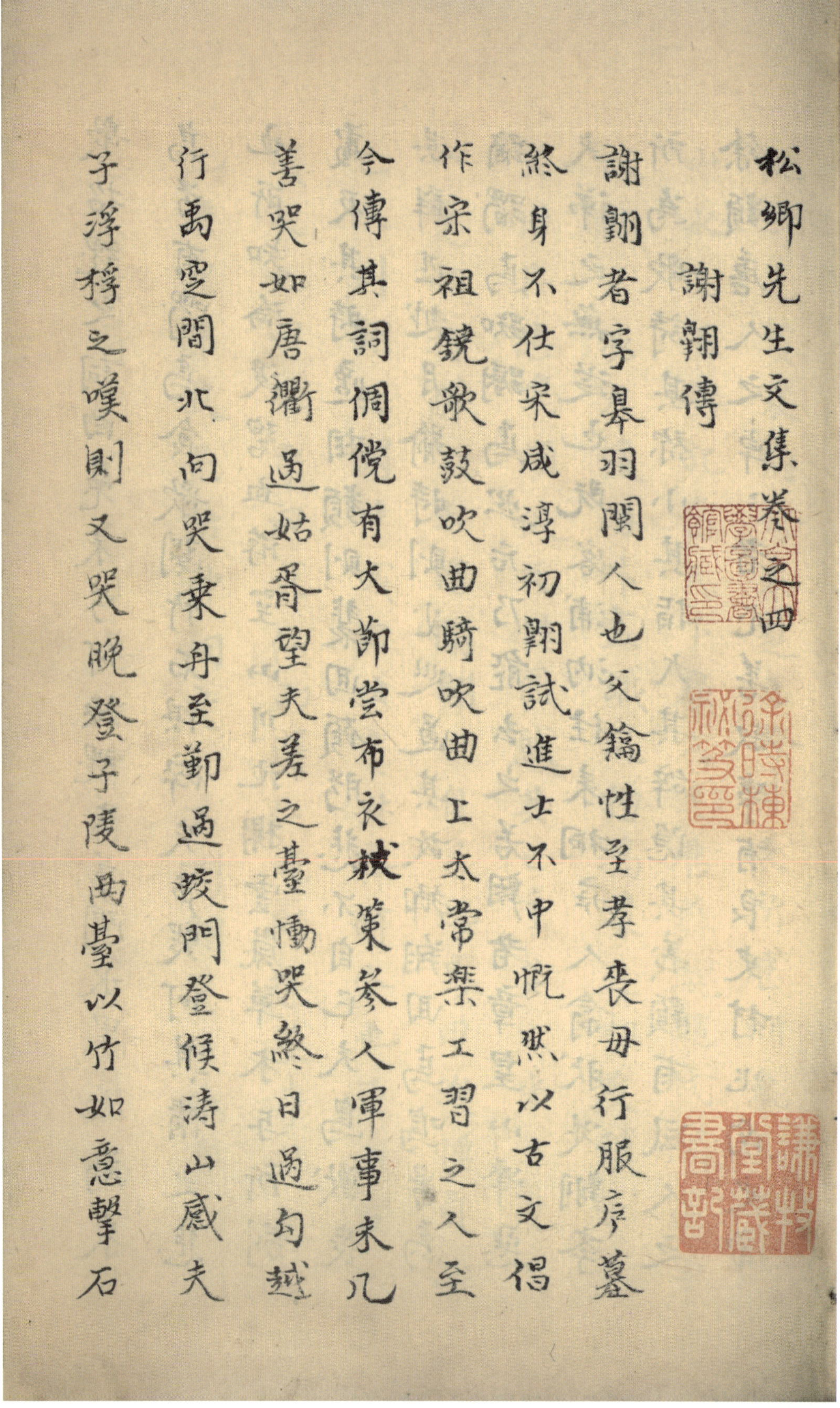
松鄉先生文集卷之四
謝翶傳
謝翶者字臯羽閩人也父鑰性至孝喪母行服廬墓終身不仕宋咸淳初翶試進士不中慨然以古文倡作宋祖鐃歌鼓吹曲騎吹曲上太常樂工習之人至今傳其詞倜儻有大節嘗布衣杖策叅人軍事未几善哭如唐衢過姑胥望夫差之臺慟哭終日過句越行禹冢閭北向哭乘舟至鄞過蛟門登候濤山感夫子浮桴之嘆則又哭晚登子陵西臺以竹如意擊石

松鄉先生文集十卷　之二

數百種兵燹以後僅得一種視爲秘笈矣此本抄
寫不佳而朱筆校之不知出何人中夾一箋云儀征
統上虞縣志錄蓋亦從本曾動筆者有朱檢
討及其家潛采堂印記又有謹牧堂及山陰杜氏知
聖道齋藏書印余舊所蓄松鄉集凡二部
一爲寫本稍勝此本一爲明初刻本影雕厚齋
先生松鄉先生手書精采煥發不異墨寶既得
此本置邊念故物爲之憫然十月望夕徐時棟記

松鄉先生文集十卷　之三

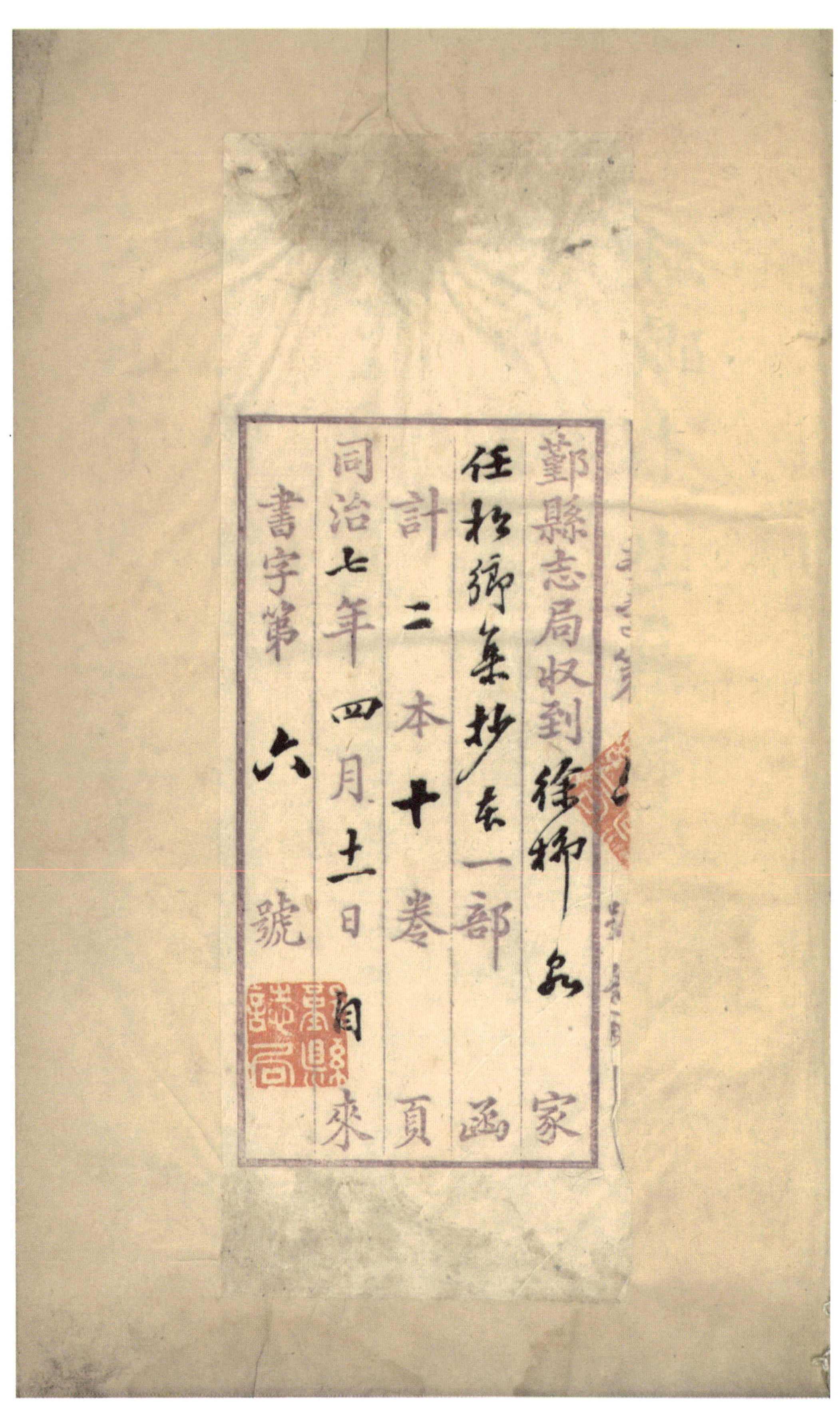

鄞縣志局收到徐柳泉家
任松鄉集抄本一部　函
計二本十卷　頁
同治七年四月十一日自來
書字第六號

松鄉先生文集十卷　之四

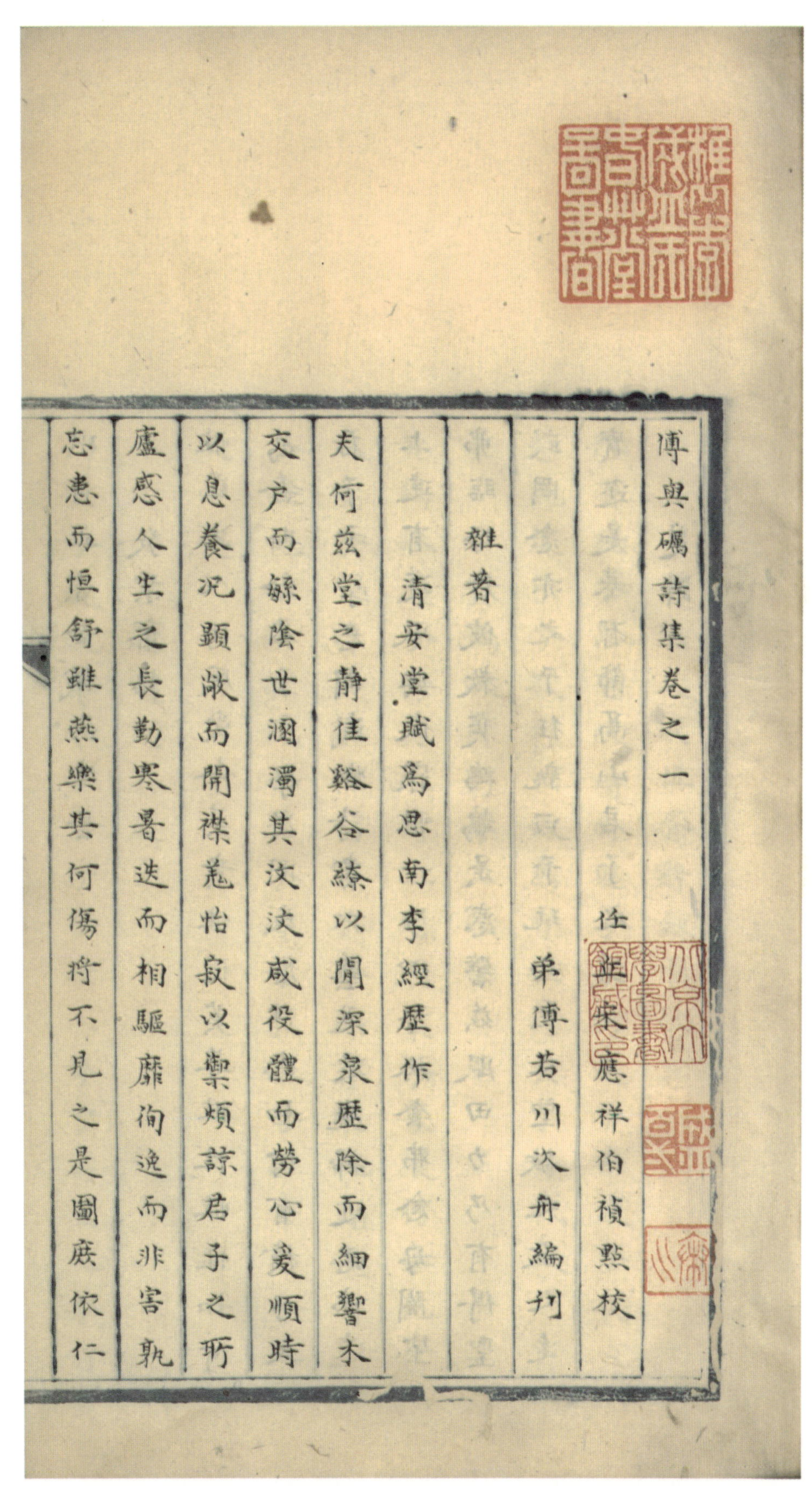
傅與礪詩集卷之一
任　應祥伯禎點校
弟傅若川次舟編刊
雜著
清安堂賦爲思南李經歷作
夫何茲堂之静佳谿谷繚以間深泉歷除而細響木
交户而緑陰世溷濁其汶汶咸役體而勞心爰順時
以息養况顥敞而開襟羌怡寂以禦煩諒君子之所
廬感人生之長勤寒暑迭而相驅靡徇逸而非害孰
忘患而恒舒雖燕樂其何傷將不見之是圖庶依仁

傅與礪詩集八卷補集一卷續補集一卷/二册/清初鈔本

傅與礪詩集補遺 以下清江集内選出 嶽雪樓補錄

七古

奉題達兼善御史辟間劉伯希所畫古木圖

遠樹含幽姿近樹亦古色水傍嘗見畫不得乃在君家中堂之素壁青林寂寞行人窮白澗微茫斷烟隔入門蕭蕭雲氣生落日便恐歸禽爭耳後颼颼寒風聲知君夜眠愁雨黑留客畫（書）坐宜秋清劉侯學李成畫手稱獨步時見作古松盤屈有怪聚（一作任形勢）中林一株直且（良）安得劉侯寫其趣（一作安得揮毫縱奇氣）禾簇簇題鄒福所藏勸耕圖

傅與礪詩集八卷補集一卷續補集一卷 之二

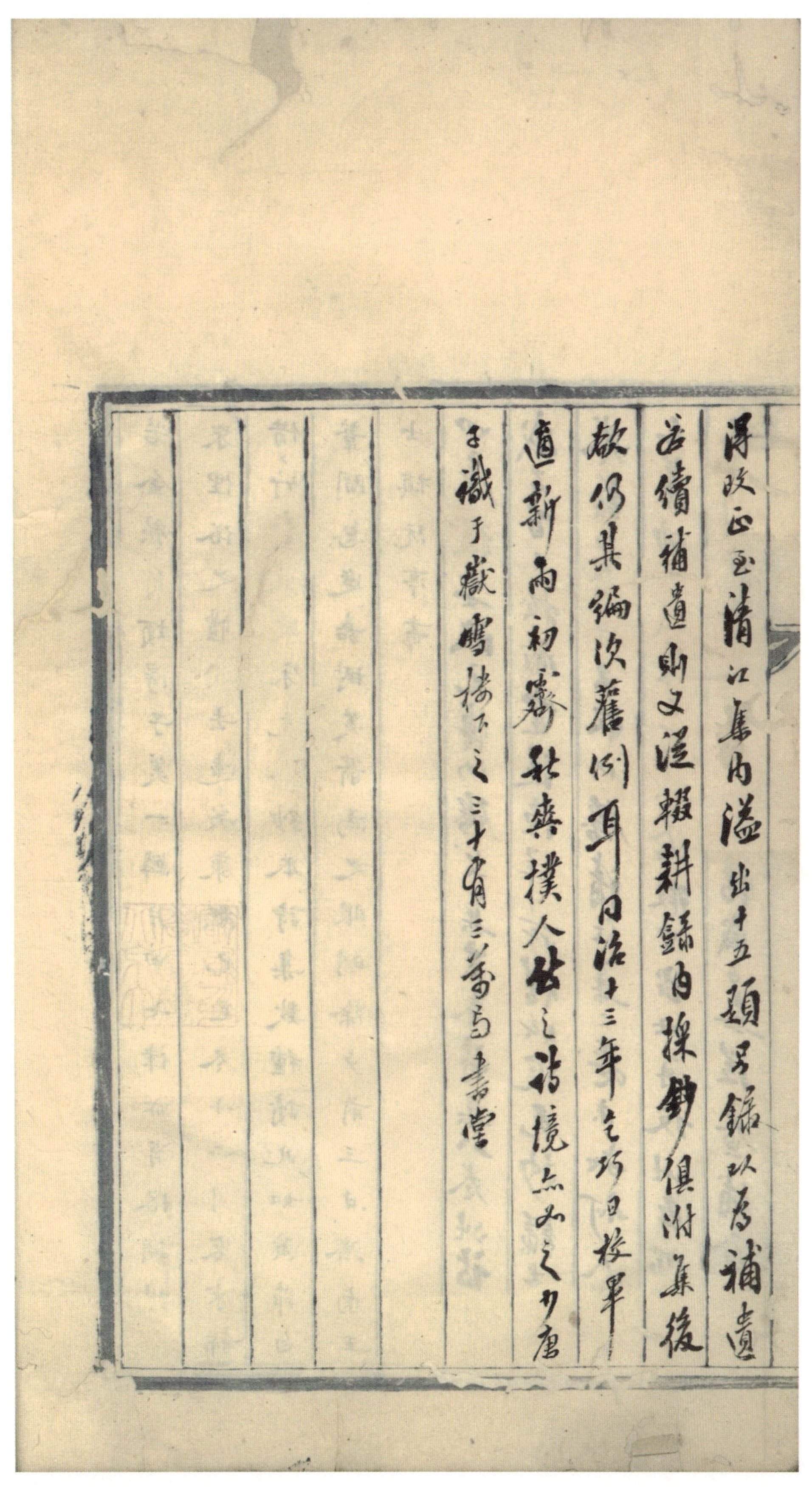
得改正至清江集內溢出十五題另錄以為補遺
並續補遺與文選輟耕錄內採鈔俱附集後
敘仍其編次舊例耳同治十三年乞巧日校畢
適新雨初霽秋爽撲人然之詩境亦如之少唐
子識于嶽雪樓下之三十有三萬卷書堂

傳與礪詩集八卷補集一卷續補集一卷　之三

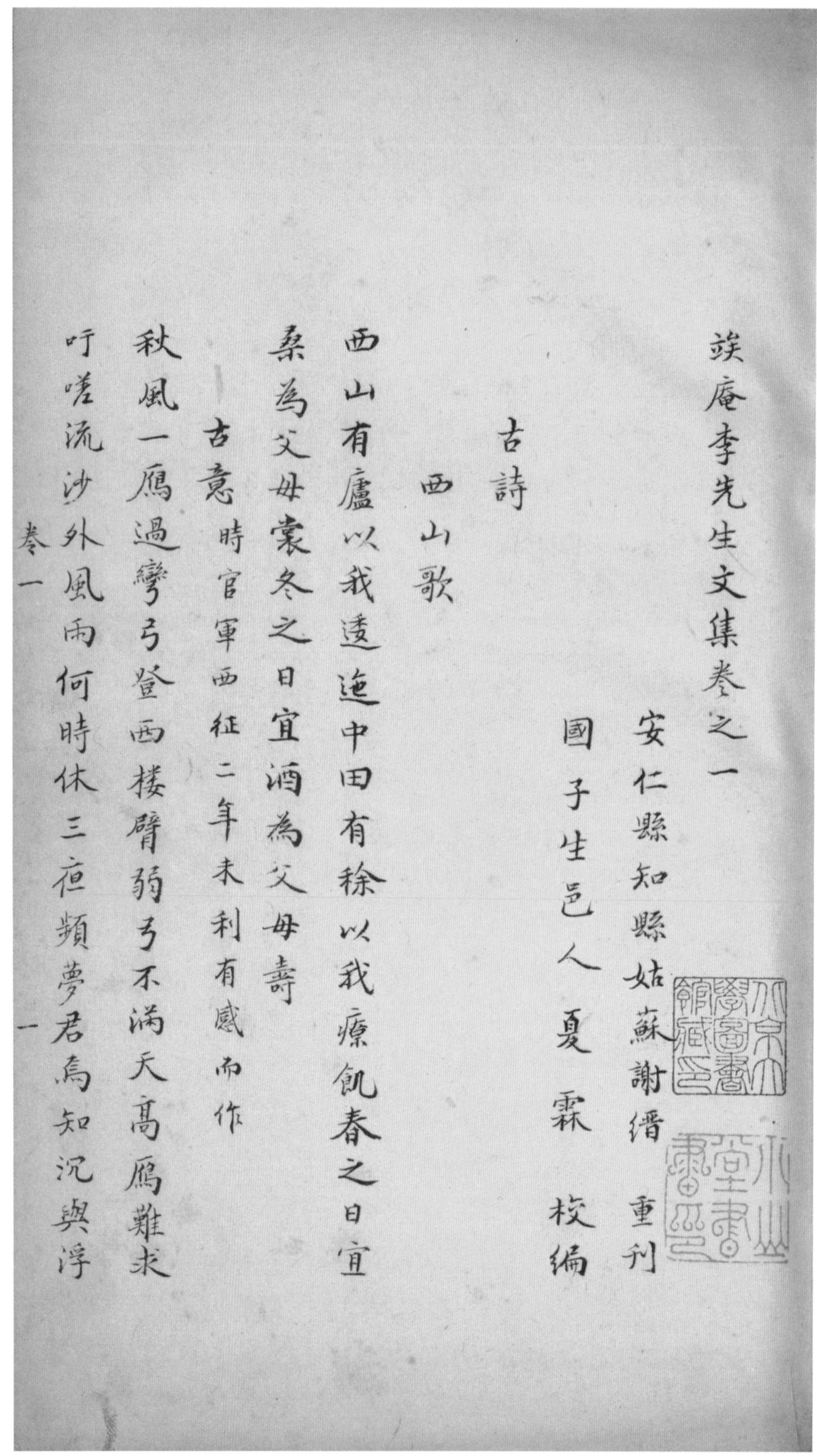
竢庵李先生文集卷之一

安仁縣知縣姑蘇謝縉 重刊

國子生邑人 夏霖 校編

古詩

西山歌

西山有廬以我逶迤中田有稌以我療飢春之日宜桑為父母裳冬之日宜酒為父母壽

古意 時官軍西征二年未利有感而作

秋風一鴈過彎弓登西楼臂弱弓不滿天高鴈難求吁嗟流沙外風雨何時休三亱頻夢君焉知沉與浮

卷一 一

竢庵李先生文集三十一卷/八册/清初鈔本

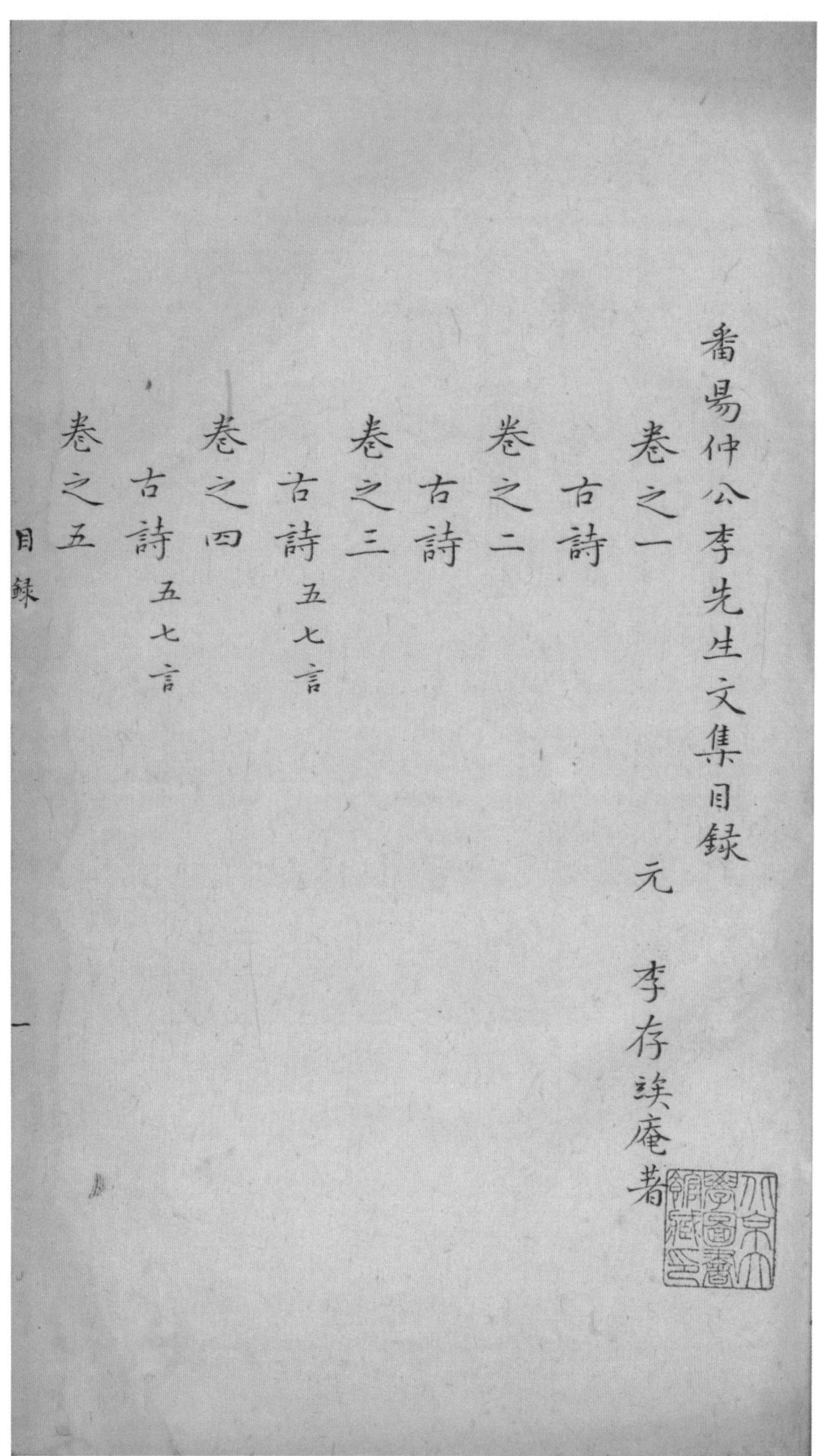

番昜仲公李先生文集目録

卷之一　　元　李存竢菴著

古詩

卷之二

古詩

卷之三

古詩五七言

卷之四

古詩五七言

卷之五

目録　一

竢庵李先生文集三十一卷　之二

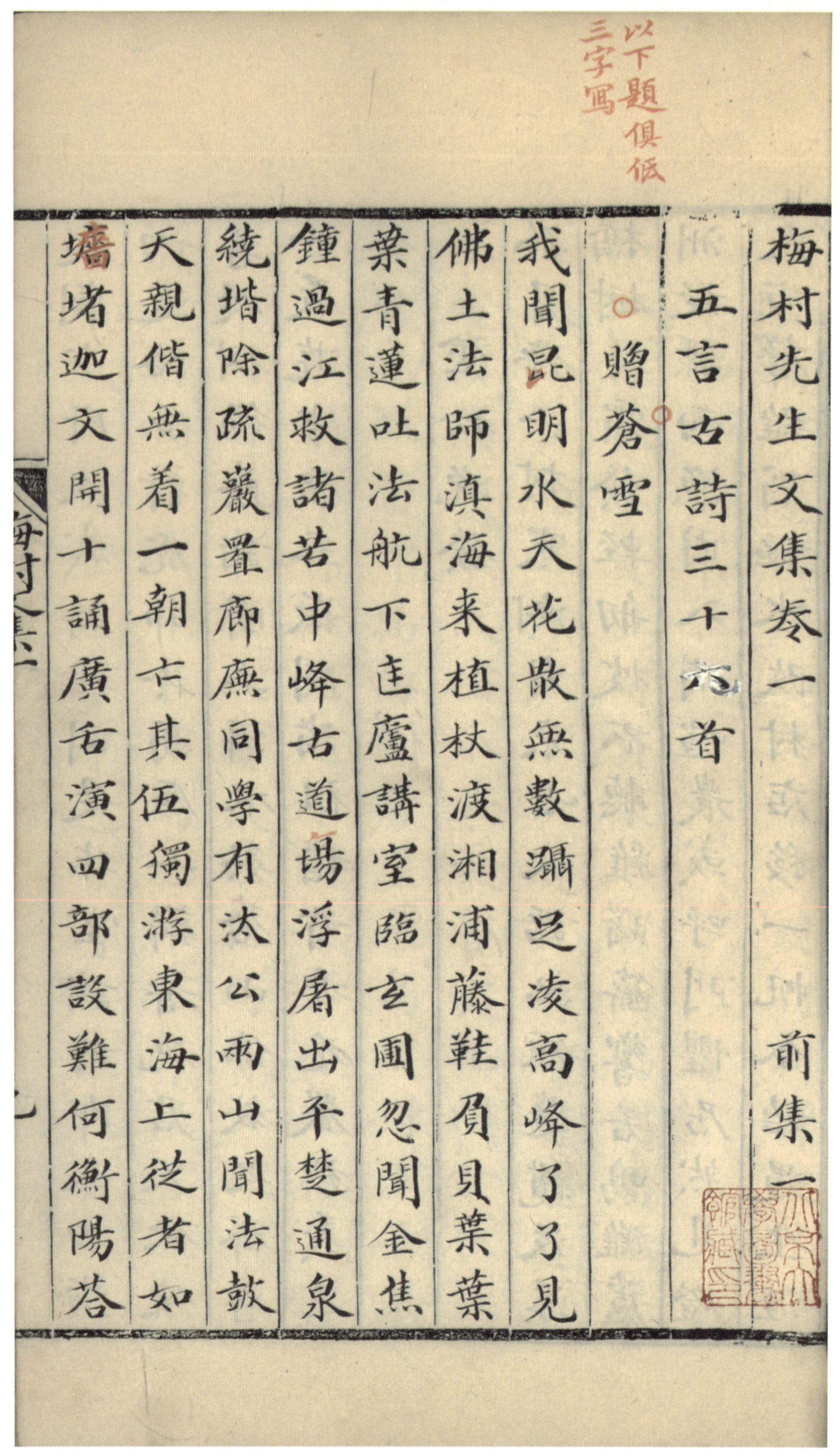

以下題俱低三字寫

梅村先生文集卷一　前集一

五言古詩三十六首

○贈蒼雪

我聞昆明水天花散無數躡足凌高峰了了見佛土法師滇海来植杖渡湘浦藤鞋貝葉葉葉青蓮吐法航下迮廬講室臨玄圃忽聞金焦鍾過江救諸苦中峰古道場浮屠出平楚通泉繞堦除疏叢罝廊廡同學有汰公兩山聞法鼓天親偕無着一朝亡其伍獨游東海上從者如墻堵迦文開十誦廣舌演四部談難何衛陽荅

梅村先生文集六十卷目録二卷/十四册/清初鈔本

天下同文前甲集卷第一

制誥

建國號制

上天眷命

皇帝聖旨誕膺

景命奄四海以

宅尊必有美名紀百王而紀統肇從隆古匪獨

我家且唐之為言蕩也堯以之而著稱虞之為言樂也舜

因之而作號馴至禹興而湯造名夏大以殷中世降以

還事殊非古雖秉時而有國不因義而制稱為秦為漢者

蓋從初起之地名曰隋曰唐者又即始封之爵邑皆狗百

姓見聞之狃習要一時經制之權宜槩以至公得無少貶

我

太祖聖武皇帝握乾符而起朔土以

天下同文前甲集五十卷/一函二冊/清初鈔本

贊

卷之二十九
贊

缺
卷之三十
頌

缺
卷之三十一
箴

卷之三十二
銘

卷之三十三
題跋

缺
卷之三十四
祝文

缺
卷之三十五

四庫以著於錄而余又得其中有太白山賦
一篇藏君本善蔣辨座右銘四首是以備吾
鄉文獻掌故鄒重存之也此本為虞抄本
相其行款似從元刻本影鈔者所經朱筆
校改而錯誤甚多卷首有私印一朱文曰
述古堂藏書記是則錢遵王家故物
也同治八年六月卅日識雪苹堂徐氏所藏
又照月命工重裝仍作二本九月二十三日鬆
閱一過為考其大略而綴之以此目錄空
白甚多即寫於其下方六日是册校寫畢
天將明矣徐時棟書

天下同文前甲集五十卷　之二

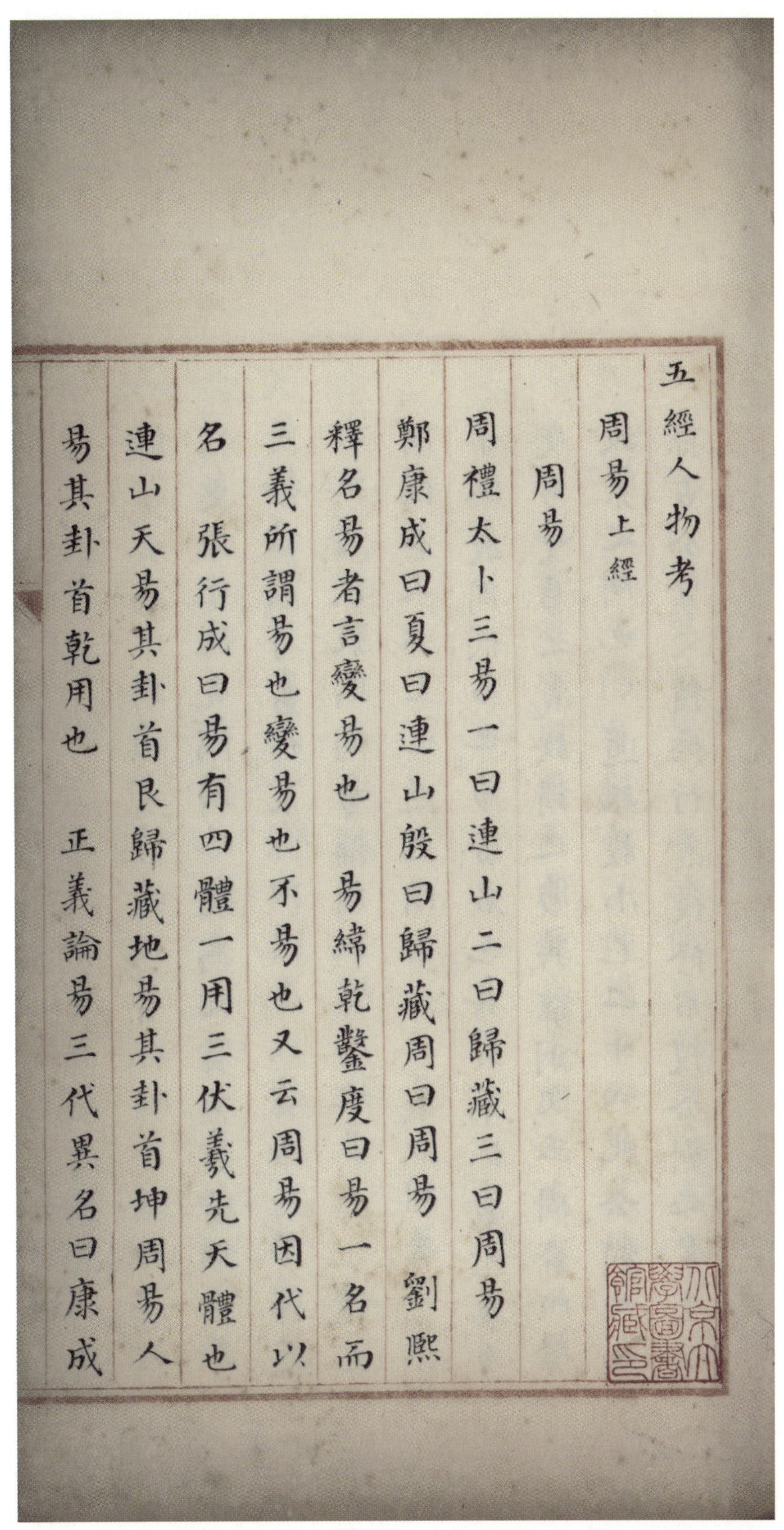

五經人物考

周易上經

周易

周禮太卜三易一曰連山二曰歸藏三曰周易

鄭康成曰夏曰連山殷曰歸藏周曰周易　劉熙

釋名易者言變易也　易緯乾鑿度曰易一名而

三義所謂易也變易也不易也又云周易因代以

名　張行成曰易有四體一用三伏羲先天體也

連山天易其卦首艮歸藏地易其卦首坤周易人

易其卦首乾用也　正義論易三代異名曰康成

五經人物考不分卷/四夾板三十八册/清初朱絲欄鈔本

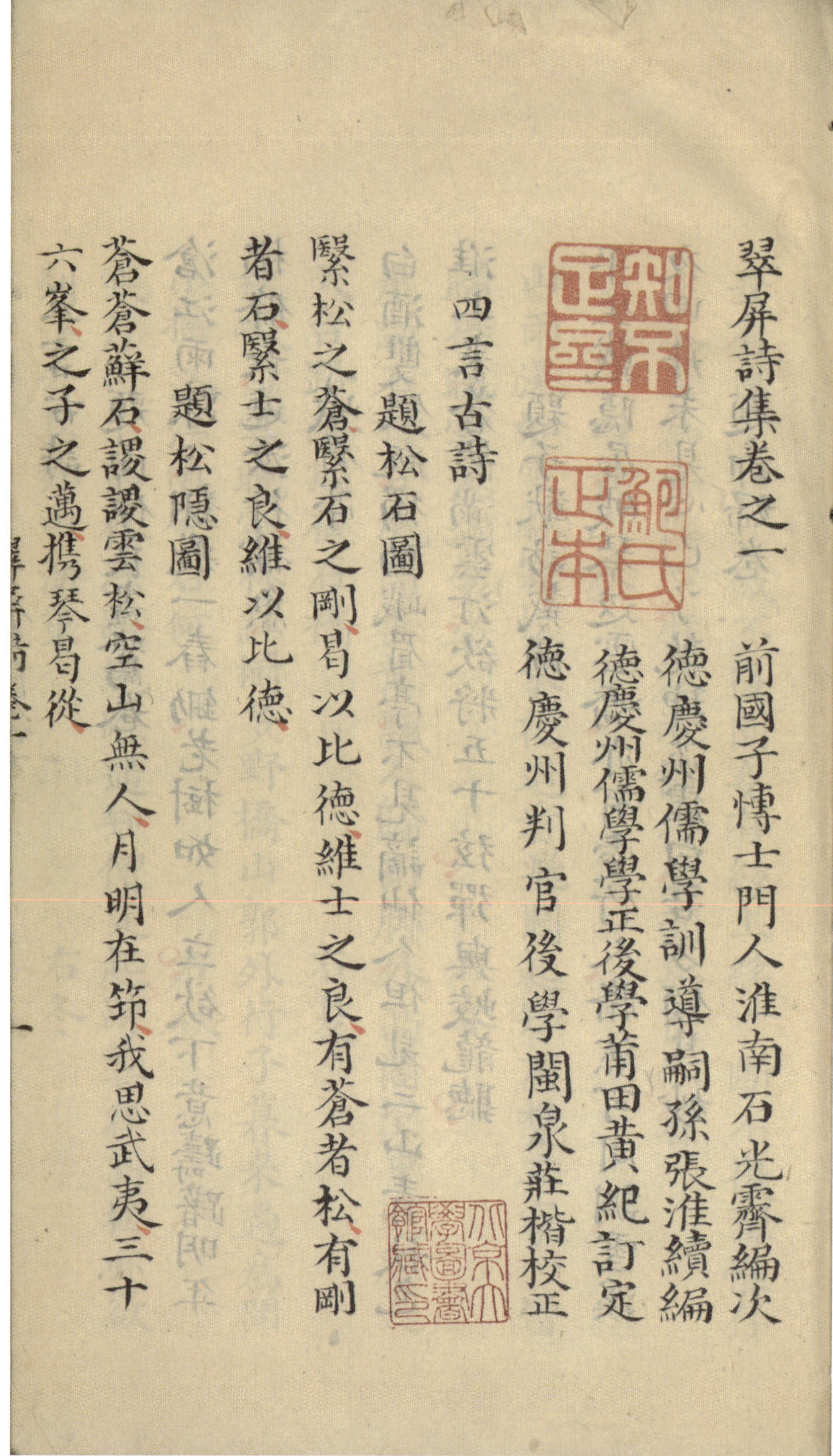
翠屏詩集卷之一
前國子博士門人淮南石光霽編次
德慶州儒學訓導嗣孫張淮續編
德慶州儒學學正後學莆田黄紀訂定
德慶州判官後學閩泉莊楷校正
四言古詩
題松石圖
繄松之蒼繄石之剛曷以比德維士之良有蒼者松有剛
者石繄士之良維以比德
題松隱圖
蒼蒼蘚石謖謖雲松空山無人月明在笻我思武夷三十
六峯之子之邁携琴曷從

翠屏詩集二卷/一册/清初鈔本

耕學齋詩集卷之一

汝陽袁華著

河東呂昭編

歸來堂辭有序

歸來堂者相州别駕章侯之所作也侯年踰知命即解印綬歸奉母夫人張于兹堂此歸來所以名也侯今七十有五斑衣白髮稱觴獻壽此天壤人間之至樂也汝陽袁華乃作歸來堂辭以美之其辭曰

翼翼兮新堂高明兮孔陽睠青龍兮東下覽鳳凰兮南翔堂中美人兮金玉其相入直承明兮近日月之清光踰河

耕學齋詩集十二卷/三册/清雍正元年（1723）文瑞樓鈔本

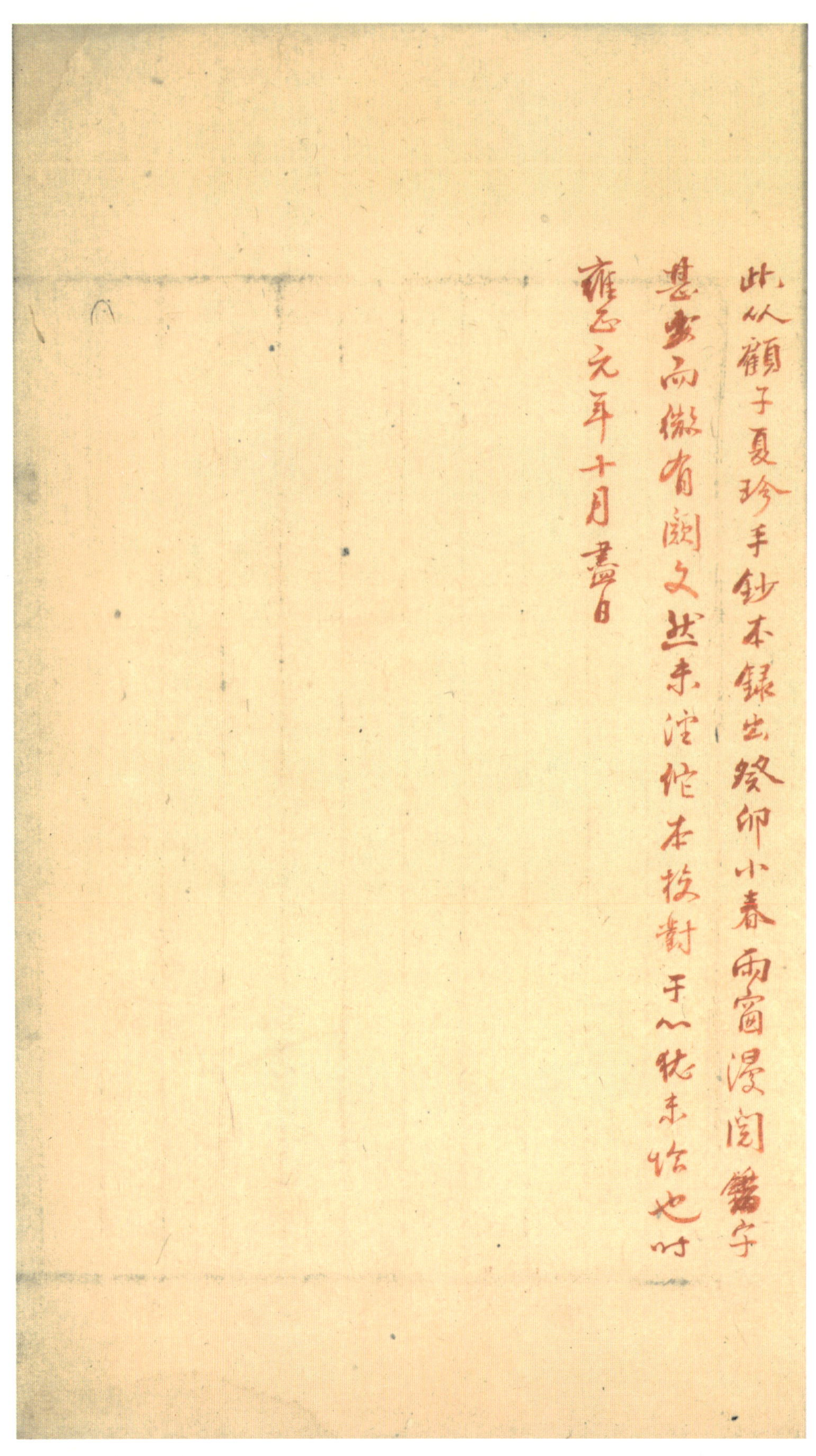

此從顧子夏珍手鈔本錄出癸卯小春雨窗漫閱錯字
甚多尚微有闕文然未從他本校對于心猶未恰也
雍正元年十月盡日

耕學齋詩集十二卷　之二

宋本作故唐律疏議
元本亦是疏議通部
並同

唐律疏議卷第一

太尉揚州都督監脩國史上柱國趙國公長孫無忌等撰

名例凡七條

疏夫三才肇位萬象斯分

三才解見前肇始也萬象萬物也左傳物生而後有象

有象而後有滋有滋然後有數

天以二氣五行化生萬物氣以成形人也得其秀而最

靈書太誓曰惟天地萬物父母惟人萬物之靈謂稟受

天地之氣而含虛靈者萬物之中惟人爲先

稟氣含靈人爲稱首

唐律疏議　卷一　一

唐律疏義三十卷圖二册/十册/清乾隆五十四年（1789）抱經堂寫校本

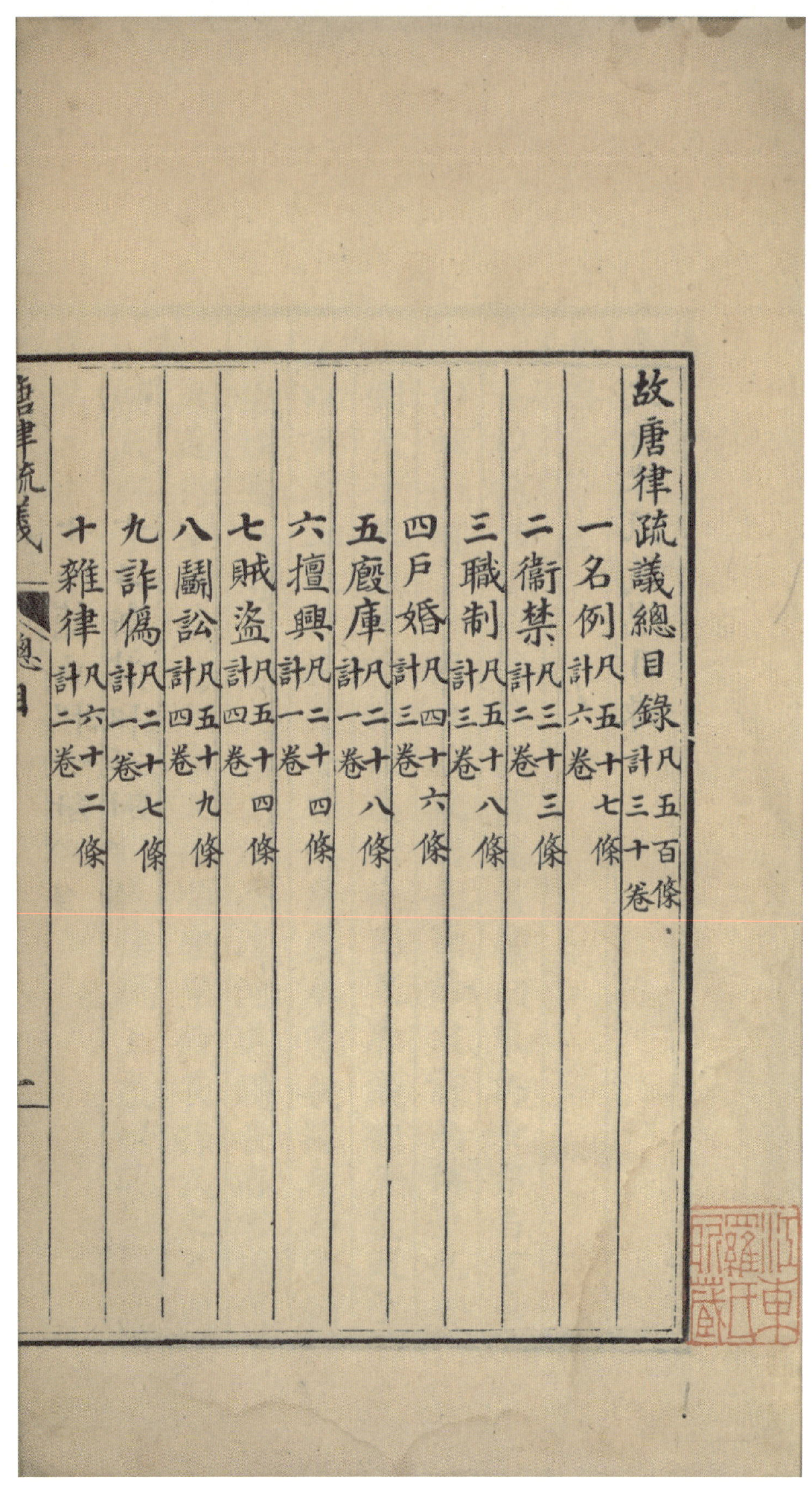
故唐律疏議總目録 凡五百條 計三十卷

一名例 凡五十七條 計六卷

二衛禁 凡三十三條 計二卷

三職制 凡五十八條 計三卷

四戶婚 凡四十六條 計三卷

五廄庫 凡二十八條 計一卷

六擅興 凡二十四條 計一卷

七賊盜 凡五十四條 計四卷

八鬭訟 凡五十九條 計四卷

九詐僞 凡二十七條 計一卷

十雜律 凡六十二條 計二卷

唐律疏議 總目 一

唐律疏義三十卷圖二册　之二

據理亦未有辜雖復經問不承未合得罪
又問藏匿之事限內未首及應改正簿帳未通乃有
非是物至傍人言告未知告者得罪以否
荅曰赦前之罪各有程期限內事發律許免罪終須
改正徵收告者理不合坐

庚戌二月二日校

釋文
齠齔上音條下音襯男子八歲毁齒謂之齔女子七
歲毁齒謂之齠歲也三赦按周禮三赦之法一曰赦
幼弱謂七歲者二曰赦老耄謂八九十者三曰赦戇愚者
謂其識見淺劣者聖人於此三等哀其無知故令赦宥也

唐律疏義三十卷圖二冊　之三

疏義曰假有本坐合徒一年官司決杖一百決訖事
發還合科徒前已決杖一百不可追改准徒一年贖
二十斤即是十八日徒當銅一斤准笞十前決一百總
合減徒一百八十日即當銅十斤折徒半年若一年
之徒罪已笞五十即以五斤之銅減徒役九十日減外
殘徒各依式配役

庚戌二月三日抱經校

釋文

劾　音亥鞫問罪人謂之劾　三爲首　萌兆猶端緒也
免辠　音孤訓罪也　首捕　謂捉同犯罪者而又自言
已罪　刑戮　音六訓殺也　官當　謂官折罪也　官

唐律疏義　卷五

唐律疏義三十卷圖二册　之四

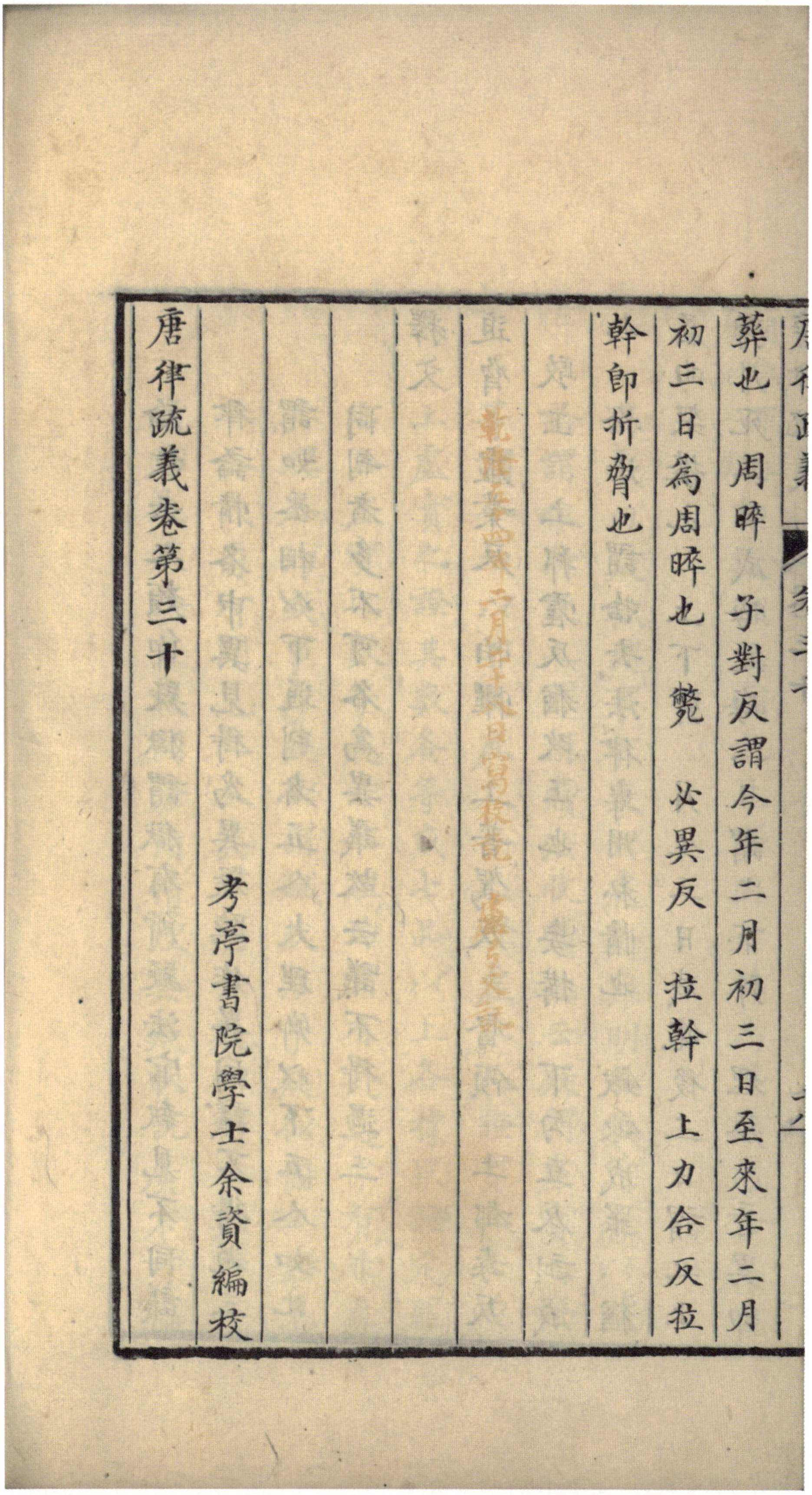

葬也 周晬子對反謂今年二月初三日至來年二月初三日爲周晬也 臂必異反 拉幹上力合反拉幹卽折脅也

乾隆五十四年二月[illegible]日寫校訖 盧文弨

唐律疏義卷第三十

考亭書院學士余資編校

唐律疏義三十卷圖二冊　之五

友石山人遺藁

靈武　王翰　用文

送別劉子中二首

幽蘭抱貞姿結根岩石中猗猗汎叢碧及此春露濃君子每見取衆草羞與同當為王者香揚芳待清風撫琴起長歎曲盡情未終

執手寒江濱慷慨難為別豈無楊柳枝零亂不堪折鴻鴻雁西北來嗷嗷喚晴雪陽和忽已暮旅况轉凄切誰憐蘇子卿天涯持漢節

題南塘喬木圖

一　知不足齋藏書

友石山人遺藁一卷附録一卷/一册/清乾隆丙子（二十一年，1756）鮑氏知不足齋鈔本

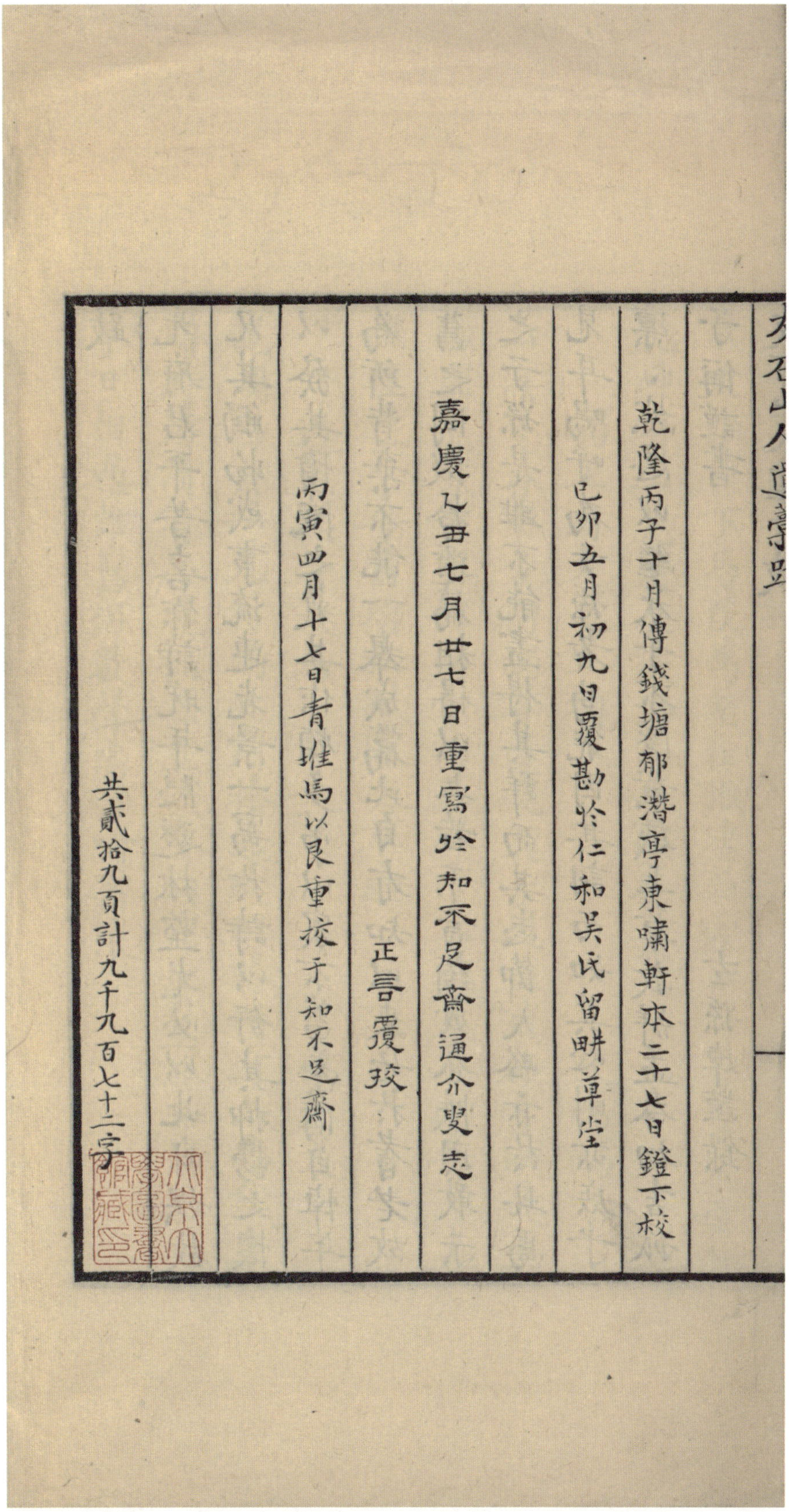

友石山人遺藁跋

乾隆丙子十月傅錢塘郁潛亭東嘯軒本二十七日鐙下校

己卯五月初九日覆勘於仁和吴氏留畊草堂

嘉慶乙丑七月廿七日重寫於知不足齋通介叟志

丙寅四月十七日青since雉焉以艮重校于知不足齋

正吾覆校

共貳拾九頁計九千九百七十二字

友石山人遺藁一卷附録一卷　之二

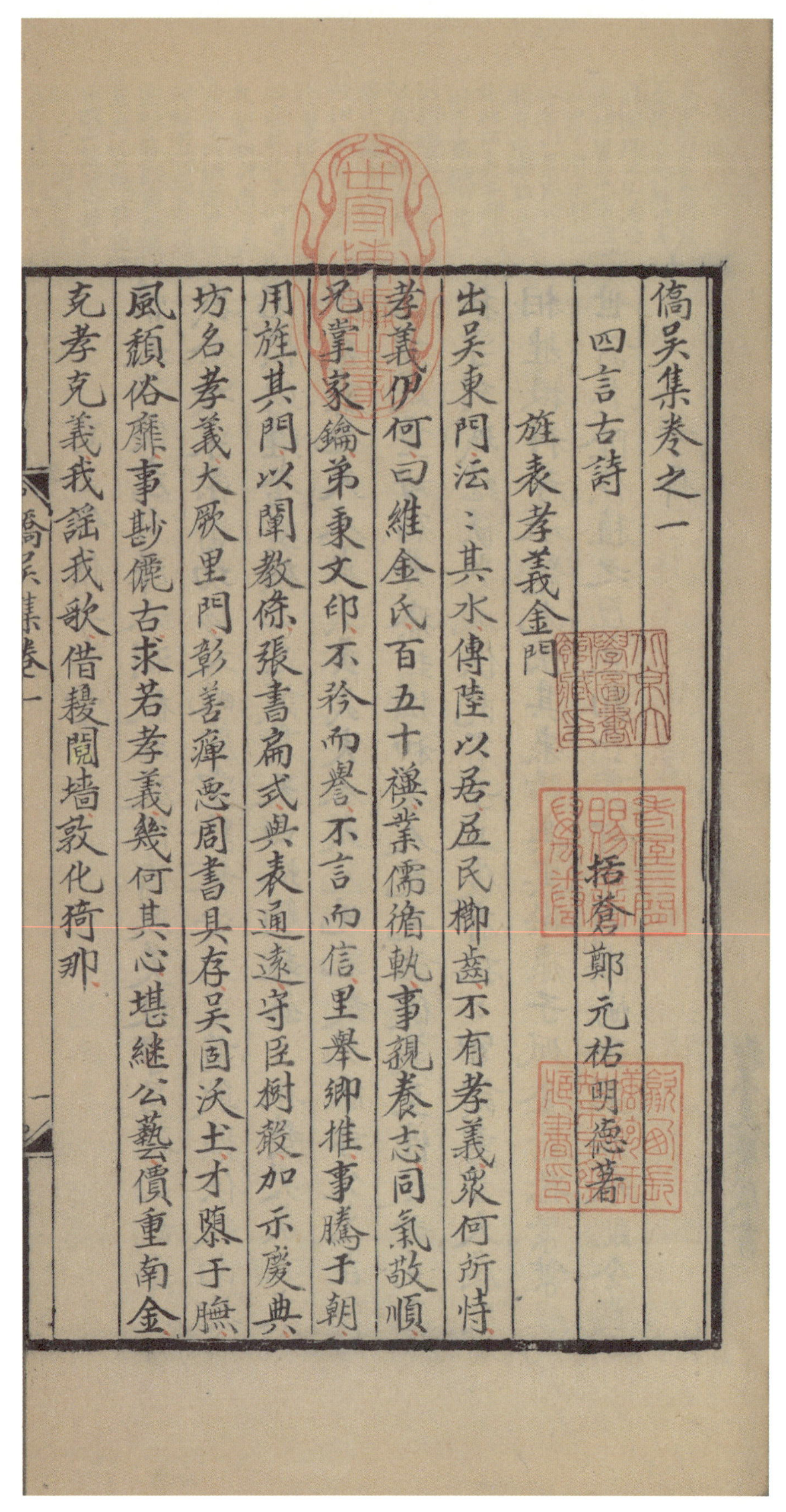

僑吴集卷之一

四言古詩

旌表孝義金門

括蒼鄭元祐明德著

出吴東門浤浤其水傳陸以居匠民櫛齒不有孝義衆何所恃孝義伊何曰維金氏百五十禩業儒循軌事親養志同氣敬順兄掌家鑰弟秉文印不矜而譽不言而信里舉鄉推事騰于朝用旌其門以闡教條張書扁式與表通逵守臣樹毅加示慶典坊名孝義大厥里門彰善癉惡周書具存吴國沃土才類于膴風頹俗靡事尟儷古求若孝義幾何其心堪繼公藝價重南金克孝克義我謡我歌借㩲閲墻敦化猗那

僑吴集卷一　一

僑吴集十二卷附録一卷/一函三册/清乾隆二十五年（1760）鮑氏知不足齋鈔本

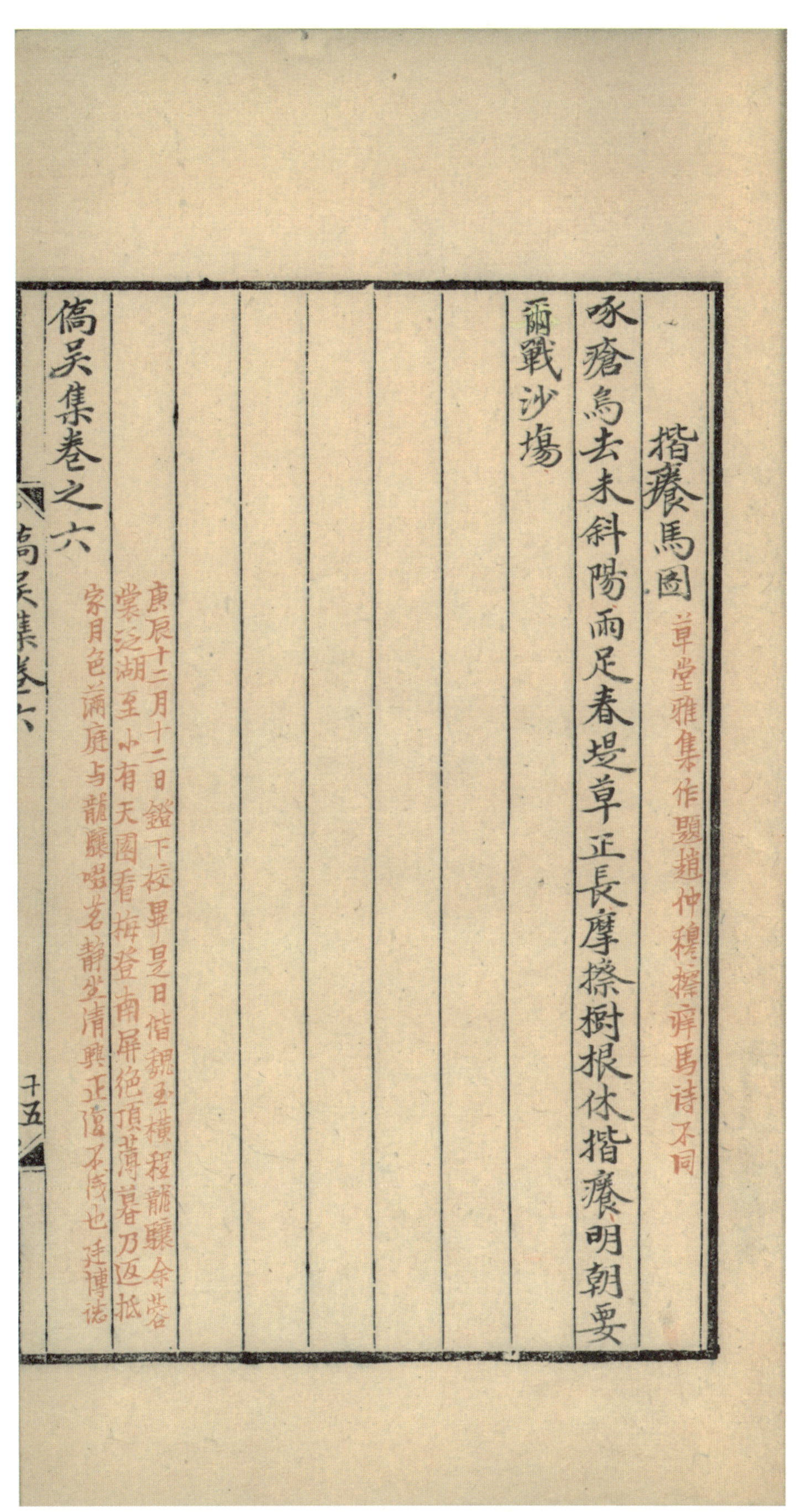

揩癢馬圖　草堂雅集作題趙仲穆揩癢馬詩不同

啄瘡烏去未斜陽雨足春堤草正長摩擦樹根休揩癢明朝要爾戰沙場

庚辰十二月十二日鐙下校畢是日偕錫玉横程龍驤余崈棠泛湖至小有天園看梅登南屏絶頂薄暮乃返抵家月色滿庭与龍驤啜茗静坐清興正濃不倦也　廷博誌

僑吴集卷之六

僑吴集卷六　十五

僑吴集十二卷附録一卷　之二

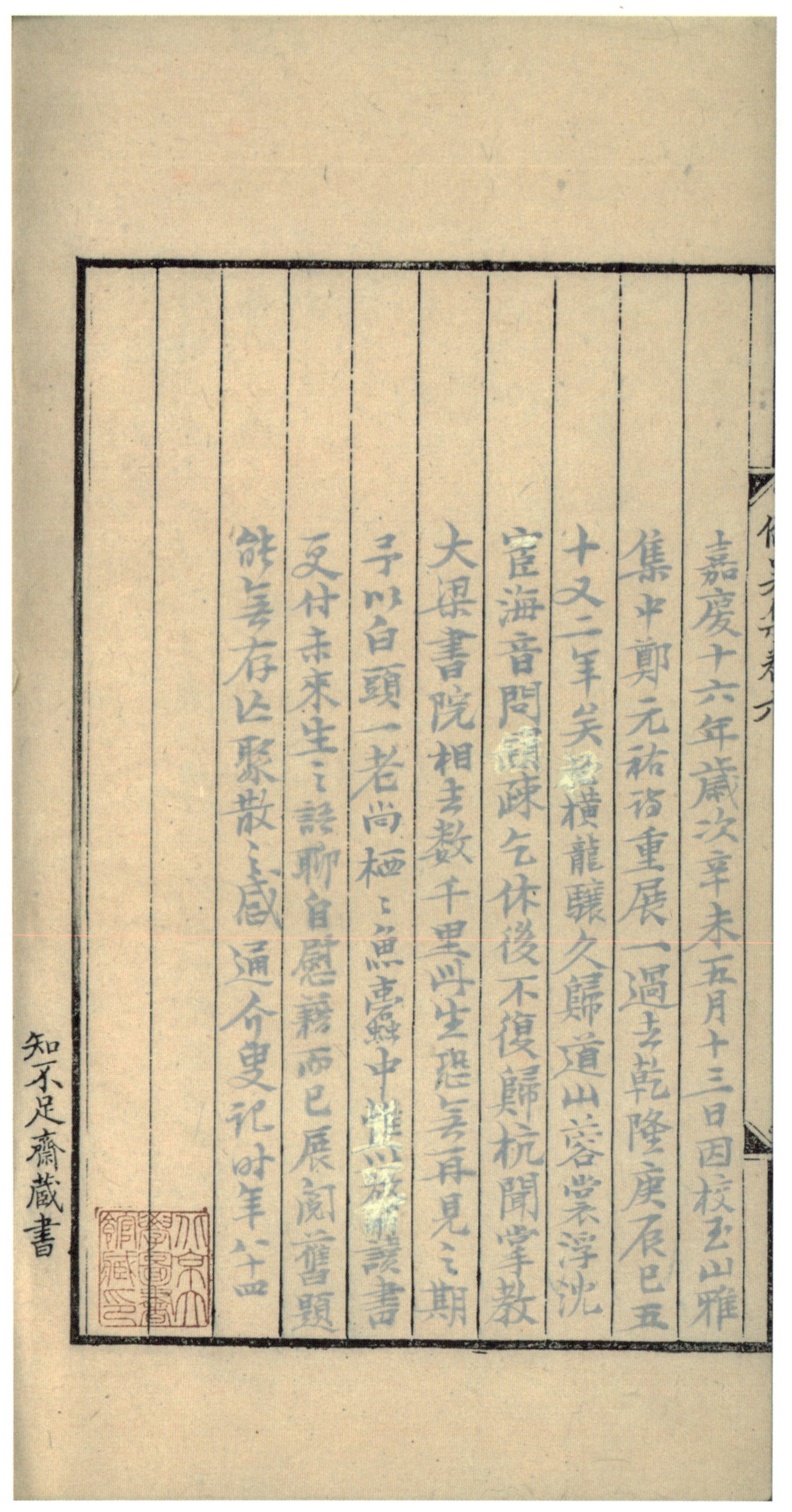
嘉慶十六年歲次辛未五月十三日因校玉山雅集中鄭元祐詩重展一過去乾隆庚辰已五十又二年矣君横龍驤久歸道山蓉裳浮沈宦海音問闊疎乞休後不復歸杭閒掌教大梁書院相去數千里此生恐無再見之期予以白頭一老尚栖栖蟲魚中惟此故紙書叉付未來生之話聊自慰藉而已展閱舊題能無存亡聚散之感通介叟記時年八十四

知不足齋藏書

僑吳集十二卷附録一卷　之三

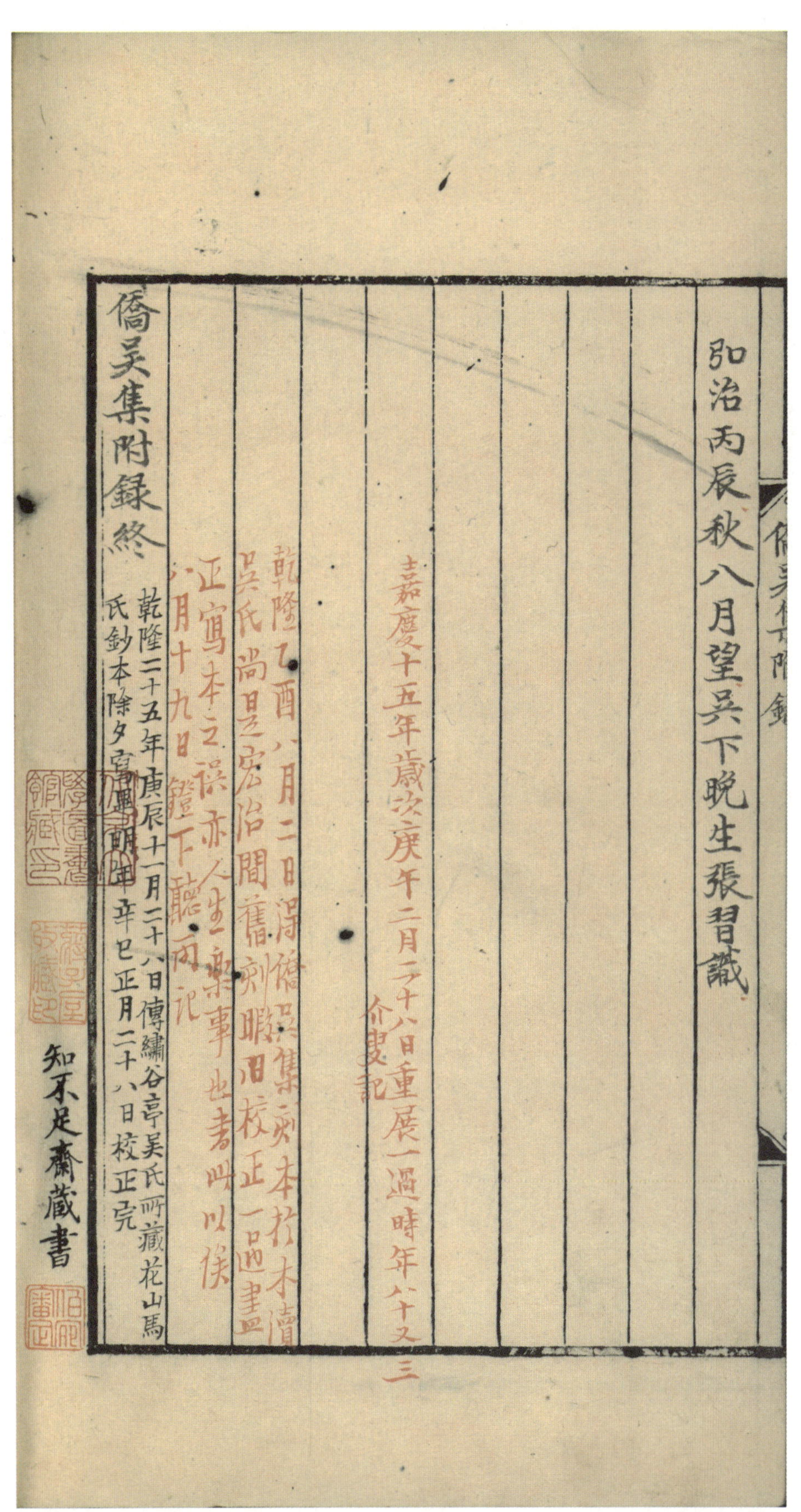

弘治丙辰秋八月望吴下晚生張習識

嘉慶十五年歲次庚午二月二十八日重展一過時年八十又三 介叟記

乾隆乙酉八月二日得僑吴集舊本於木瀆吴氏尚是宏治間舊刻暇日校正一過書正寫本之誤亦人生樂事也書此以俟八月十九日鐙下聽雨記

僑吴集附録終

乾隆二十五年庚辰十一月二十八日傳録谷亭吴氏所藏花山馬氏鈔本除夕寫畢明年辛巳正月二十八日校正完

知不足齋藏書

僑吴集十二卷附録一卷　之四

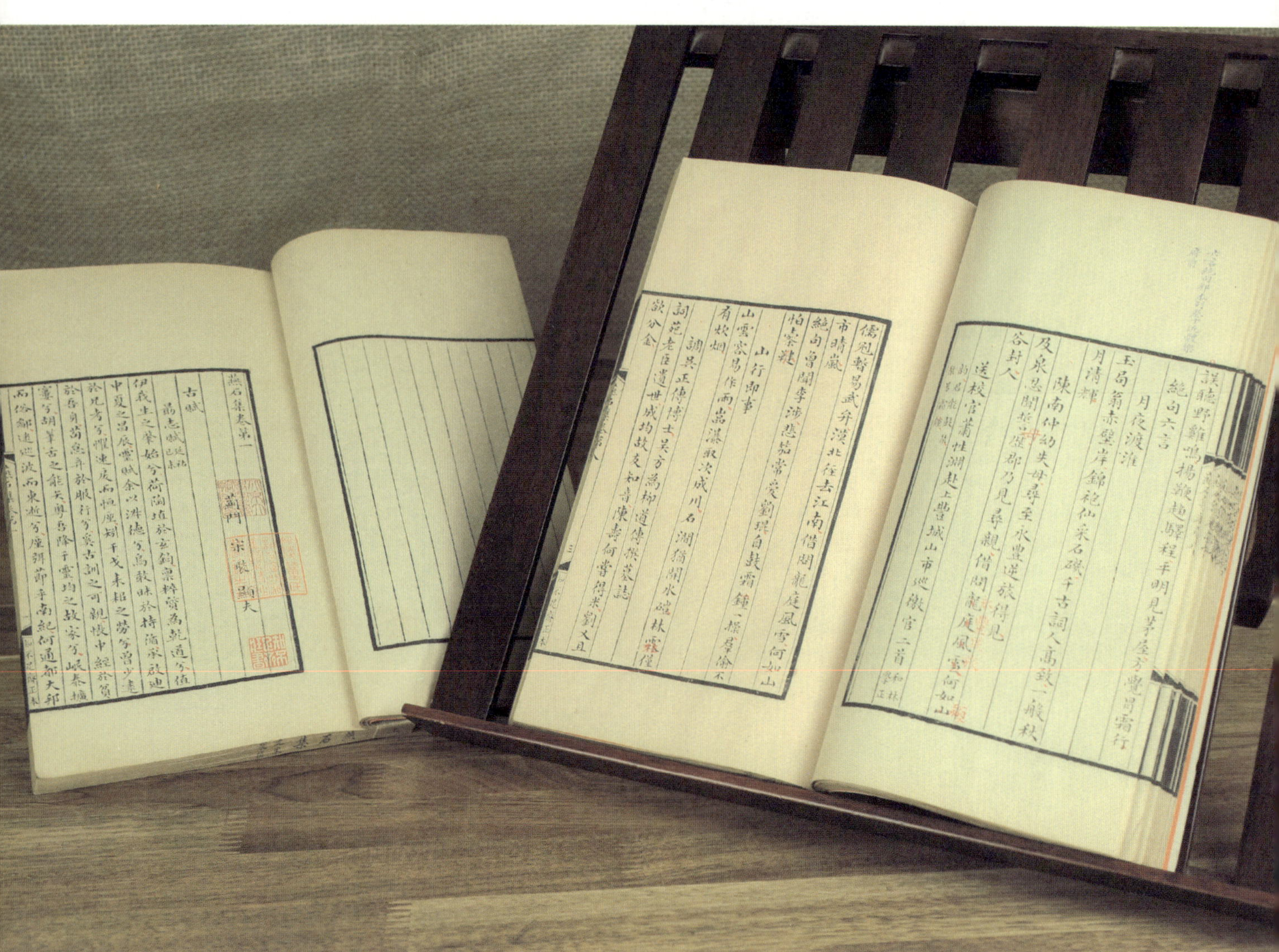
燕石集卷第一
古賦
絶句六言
月夜渡淮

燕石集卷第一

古賦

愬志賦 延祐己未

伊我生之肇始兮，荷陶埴於玄鈞。稟粹質爲乾道兮，值中夏之昌辰。靈賦余以淑德兮，烏敢昧於持循。承啟廸於兄考兮，懼速戾而恒壓。矧干戈未弭之勞兮，曾少遠於吾身。苟怠弃於服行兮，奚古訓之可親。悵中經於貧窶兮，胡筆舌之能矢。粵吾降于靈均之故家兮，岷泰擴而俗鄙。逺巡波而東逝兮，壓弭節乎南紀。何通都大邦

燕石集十卷/一函二册/清乾隆鮑氏知不足齋鈔本

素旆翻佳城儀新市㮇首賦招䰟

送楊惟霄字與似

浩〻岷江水循〻蜀郡人山川賦清淑絃誦襲真淳毓秀年華　學業新金鐘縣彩仗玉樹照青春翰墨資耆舊才猷隱淪前時辭上國指日問通津懷土心雖切觀光氣遂振鯨魚騰碧海鷙鳥擊蒼旻識鑒茲無愧因依得可親吾儕陪客次汝伯寘儒珍促席衿期密知音語笑頻悲歌忘宇宙慷慨惜風塵愛尔情俱似而合意愈真闕門車馬集奥室簡編陳會合時難久漸摩德有鄰三年曾刻楮一旦忽思蓴自分燕雖鈍深

燕石集十卷　之二

漸越女矉贈言申繾綣別酒話酸辛時𤖸文明日詩書

少壯身重來偕計吏何用苦傷神

同年小集探策賦詩得天字

仁廟尊儒術嘉猷邁古先丕承綿列聖大比涉三年棟

桷歸陶冶柖徠際幅員文星明似月公道直如絃𤖸運

逢熙洽吾儕屬引延雨班延虎拜多士出臚傳恩重冠

蒙賜御清館閣聯綸章趍畫闕華服曳春筵載酒芳坰

外聞歌小海邊歡娛能幾日去住不同天文省摛辭麗

容臺執禮虔四門崇教育庶府雜周旋桂玉悲妻子塵

埃厭市廛緬思州縣職恒畏簡書愆苦樂寧非分升沈

燕石集卷第五 四 知不足齋正本

息存元氣行藏問太虚泛、千歲獨坐致欲何如
陶令惟耽飲虞卿漫著書雄文莫弔屈高士不徵徐
酒肉朱門臭塵埃白屋虚古來崇節義時慕藺相如

元夕西門外訪友

信馬出林坰因君得暫停春燈九子殿夕照百官廳斷
水波猶白荒坡草未青遥觀陪扈處懷昔意冥、

送明理赴南豐州判官 字原道

吴越流亡歲湖湘餽餉時目前堪撫字江右少瘡痍上
佐官何美南行樂不支感年思報國莫動别離思

先兄正獻公坟所寒食五首

燕石集十卷　之四

車馬自駢闐風寒復禁烟野筵惟粔籹村女亦秋千遠
岫清明雨高墳白打錢乞墦君莫笑攫肉有軭鳶
纔動山林興還增畎畝憂夕陰仍不雨春冷欲如秋撫
舊惟傷悼乘時盡醉遊農家多苦旱啼殺舍南鳩
樹冷杏慳花池乾草勒芽愁吟春自淺樂飲日還斜遠
翼摩霄鶴喧傳得食鴉城中火宅苦吾欲覓仙家
兀坐尋詩句豪吟引酒杯悲歌常激烈暗詠亦徘徊景
向眼前得興從天外來成章多坦率猶待故人裁
三日春郊宿留連不肎回尋詩成款段步屧踏莓苔勝
景僧多占深村客少來明朝入城市那復好懷開

燕石集十卷　之五

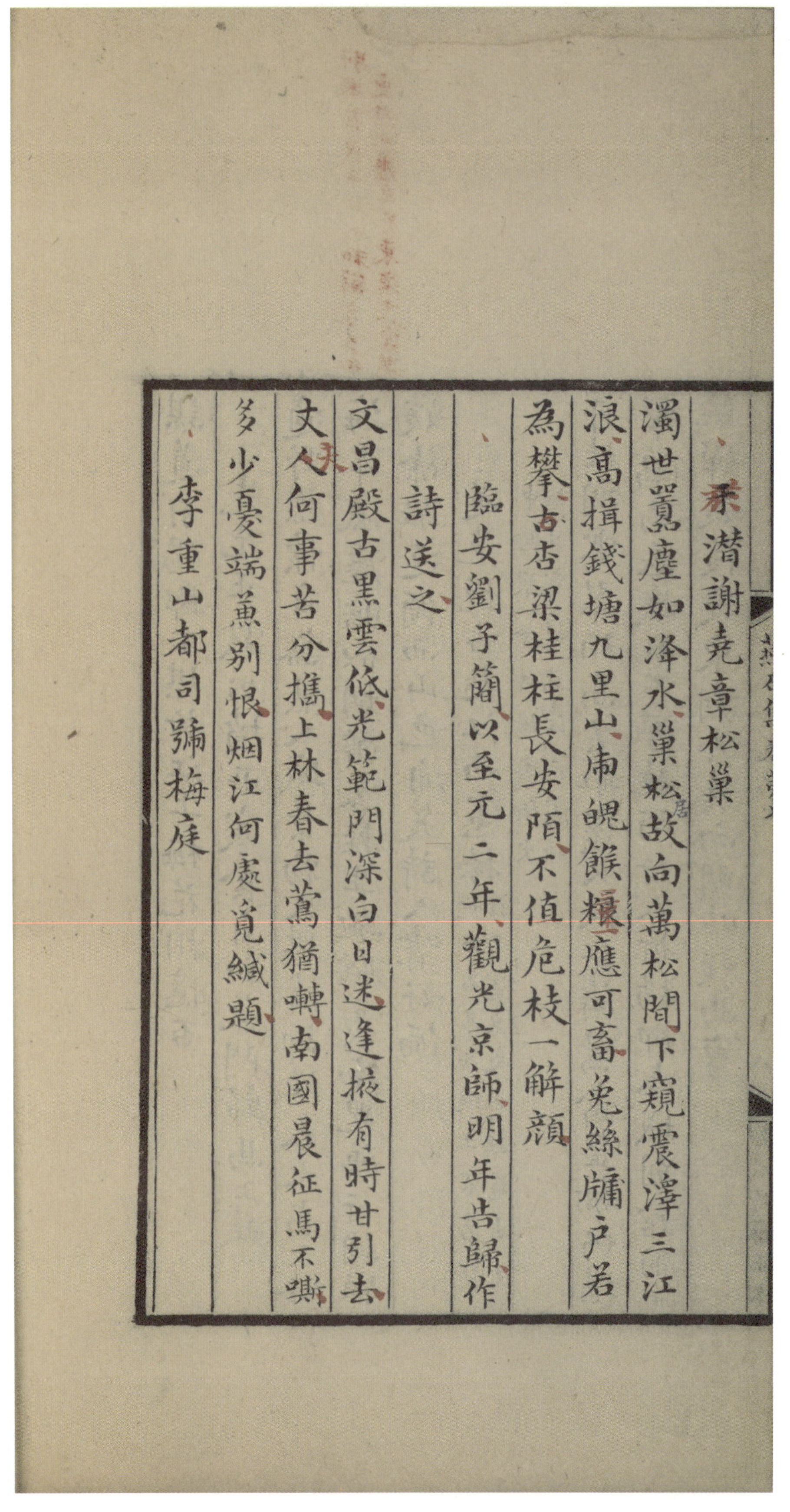

黍潛謝堯章松巢

濁世囂塵如浲水巢松故向萬松閒下窺震澤三江浪高揖錢塘九里山甬䰟餱糧應可畜免絲牖户若爲攀古杏梁桂柱長安陌不值危枝一觧顔

臨安劉子簡以至元二年觀光京師明年告歸作詩送之

文昌殿古黑雲低光範門深白日迷逢掖有時甘引去丈人何事苦分攜上林春去鶯猶囀南國晨征馬不嘶多少憂端兼別恨烟江何處覓緘題

李重山都司歸梅庭

燕石集十卷　之六

別本有昌平縣廨和解之子昂御史時巡歷京畿東道十八字題

愛梅自是清絶倫置之庭除尤可人寒影夜移青玉案暗香晨裹白綸巾隴頭江上徒千里月地雲堦步四隣更道廣平心鐵石可無新語慰花神

向来按部指秋期子月登車我獨遲雙堠道旁觀俗（昌平縣廨和解之子昂御史時巡歷京畿東道）處百泉莊上郵交時煙昏導騎搖籠籙燈暗痴童下廢廖不聽謳歌聽愁歎何心工和壁間辭

漷州除夕憶京師諸公奉寄

豈不懷歸畏簡書無人袒跣鬪樗蒲那知年後得春氣漫向天涯邊瞻斗樞一榻衾裯明榾柮五更簫鼓踊躍踰屠蘇詰旦誰先飲鵷鷺黎明衆共趍纖手菜

五言絶句祁本附卷五五言律詩後

燕石集卷第八

絶句五言

友人借書為科舉文檢閲戲書以荅之

一笑鶡擕兔終朝獺祭魚秋闈与春試却用郝隆書

公安道中

碌軸如醉翁深春卧晴緑坳徑露不乾下有蚯蚓哭

小景扇

桂楫寒煙浦茅廬老樹枝畫圖嗟歲莫不及見春時

訪僧不遇題壁

莎艸沿堦窓篔簹繞檻幽禪牀太清絶聊待碧雲休

知不足齋正本

燕石集十卷　之八

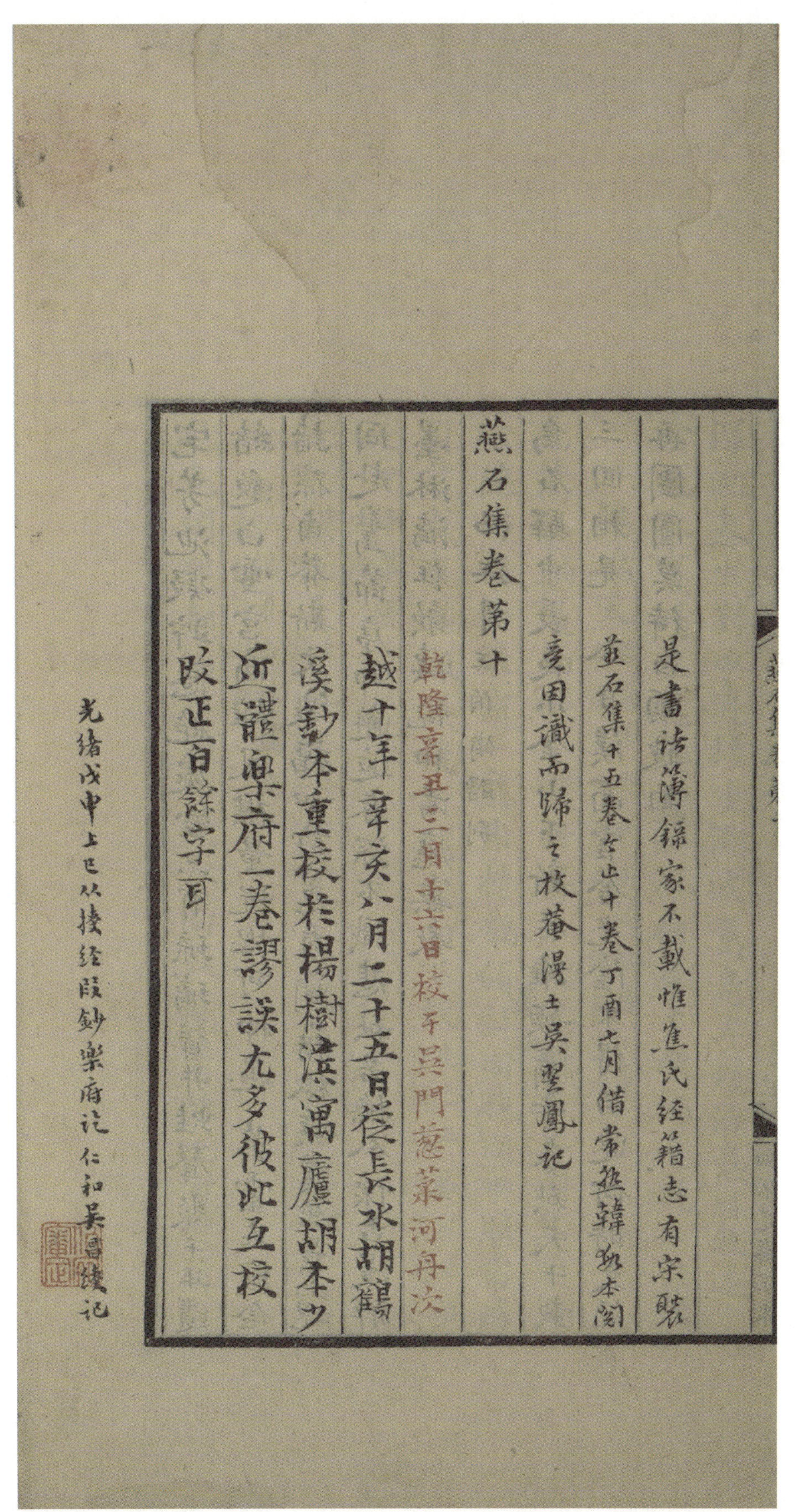
是書諸簿錄家不載惟焦氏經籍志有宋褧
燕石集十五卷今止十卷丁酉七月借常熟韓氏本閱
竟因識而歸之校菴漫士吳翌鳳記
燕石集卷第十
乾隆辛丑三月十六日校于吳門葱菜河舟次
越十年辛亥八月二十五日從長水胡鶴
溪鈔本重校於楊樹濱寓廬胡本少
近體樂府一卷謬誤尤多彼此互校
改正百餘字耳
光緒戊申上巳以校經段鈔樂府訖仁和吳昌綬記

燕石集十卷　之九

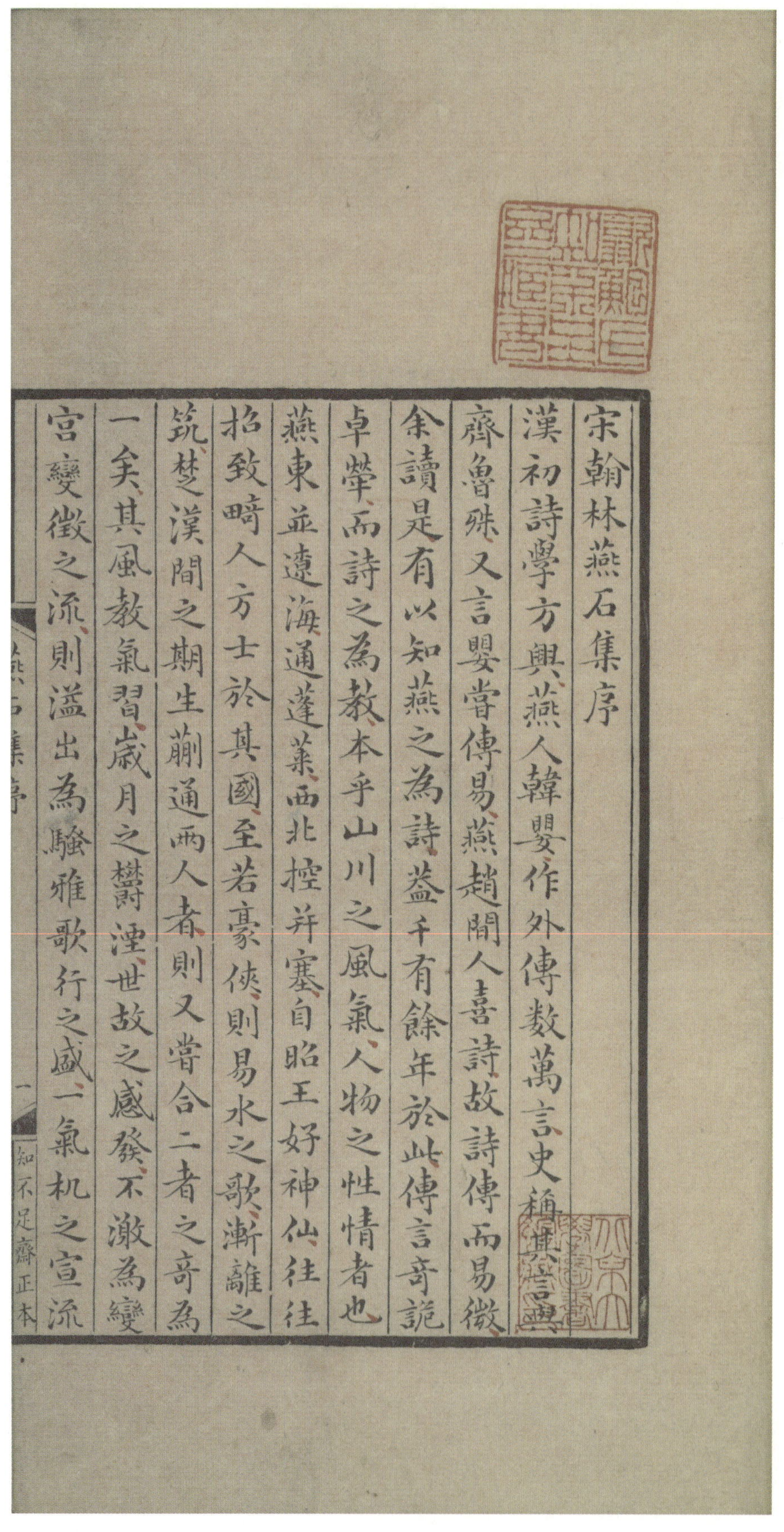

宋翰林燕石集序

漢初詩學方興燕人韓嬰作外傳數萬言史稱其言與齊魯殊又言嬰嘗傳易燕趙間人喜詩故詩傳而易微余讀是有以知燕之為詩蓋千有餘年於此傳言奇詭卓犖而詩之為教本乎山川之風氣人物之性情者也燕東並遼海通蓬萊西北控幷塞自昭王好神仙往往招致畸人方士於其國至若豪俠則易水之歌漸離之筑楚漢間之期生蒯通兩人者則又嘗合二者之奇為一矣其風教氣習歲月之鬱湮世故之感發不激為變宮變徵之流則溢出為騷雅歌行之盛一氣机之宣流

燕石集序 一 知不足齋正本

燕石集十卷　之十

皇帝聖旨裏中書省御史臺呈據監察御史段㵾楊惠王思順

忠王思順並程宗等呈嘗謂文章天下之公器不可以無傳若敬言責之所先詎容緘隱竊見故翰林直學士亞中大夫知制誥同脩國史兼經筵宋褧行脩而潔學正而醇（一作以）識量宏遠而能守乎堅貞文章清麗而不越乎軌範兄本俱由進士並擢巍科旋歷清顯一時聲華繹（一作籍）律要暨觀其翰林供奉史館著述之暇佑及詩文記序碑誌雜文一十五卷或嚴謹純正或瑰瑋雄贍或清婉富麗出入乎班馬之場與騁乎嚴徐之行頡頏乎沈謝之間是以皆云參識可表儀後進宜從憲臺具呈中（一有子行省二字）書省有錢糧學校官及刊行不惟斯人有光亦可以彰我朝文治之盛具呈照（一作已）詳得此送據禮部呈議（一作擬）得上項事理合准監察御史所言依口刊行相應如蒙准呈照宜從都省移咨江浙省於各路有錢糧學校內刊印行呈詳得此都省合行移咨請照驗

燕石集十卷 之十一

溪堂集卷一

傳四庫全書本

臨川　謝逸　撰

雪後折梅賦

耿夜闌之青燈沉萬籟於岑寂忽竹風之聲林顫簷端而索索徐披衣而啟戶飛雪花之如席眺溪上之寒梅亘千林於一色恐青女之下臨喑玉妃之墮謫競孤峭以相高兩含情而脉脉乃策壺公之杖乃躡阮生之屐度橫彴以跰躚排寒威而辟易繞琪樹之玲瓏攀瓊柯之的皪搖蹤影之橫斜漾清溪之寒碧披緒風而香冷

溪堂集十卷/三册/清鮑氏知不足齋鈔本

欽定四庫全書提要

溪堂集十卷宋謝逸撰逸字無逸臨川人屢舉不第然以詩文名一時呂本中作江西詩派列庭堅而下凡二十五人逸與弟薖並與焉本中嘗稱逸才力富贍不減康樂劉克莊作江西詩派序則謂逸輕快有餘而欠工緻頗以本中之言為失實今觀其詩雖稍近寒瘦然風格雋拔時露清新上方黄陳則不足下比江湖詩派則渢渢乎雅音矣且克莊序中又稱宣政間有岐路可進身韓子蒼諸人或自鬻其技至貴

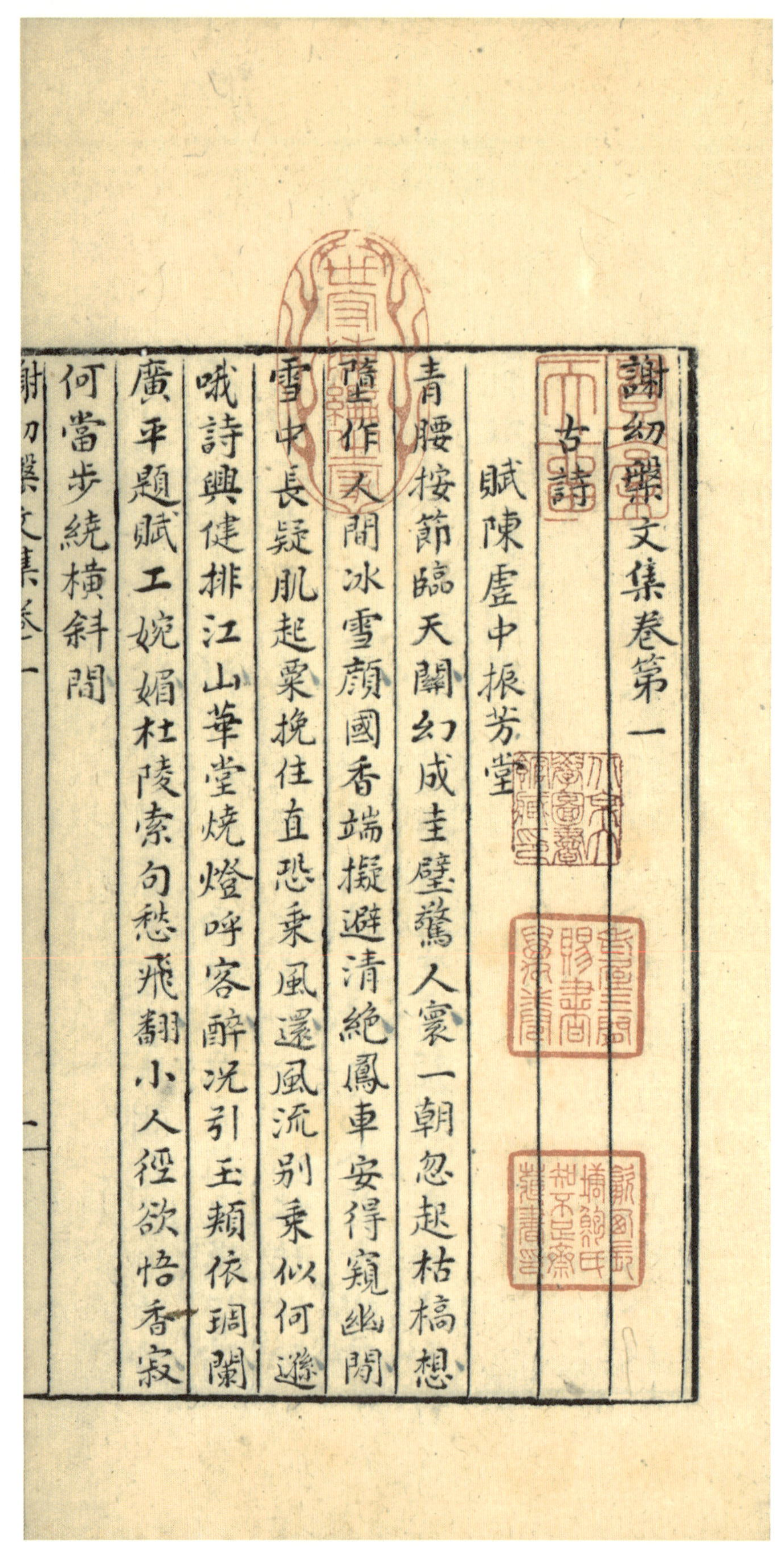

謝幼槃文集卷第一

古詩

賦陳虛中振芳堂

青腰按節臨天闕幻成圭壁驚人寰一朝忽起枯槁想
墮作人間冰雪顏國香端擬避清絕鳳車安得窺幽閑
雪中長疑肌起粟挽住直恐乘風還風流別乘似何遜
哦詩興健排江山華堂燒燈呼客醉況引玉頰依琱闌
廣平題賦工婉媚杜陵索句愁飛翻小人徑欲悟香寂
何當步繞橫斜間

謝幼槃文集卷一　一

謝幼槃文集十卷/三冊/清鮑氏知不足齋鈔本

欽定四庫全書提要

竹友集十卷

宋謝薖撰薖字幼槃臨川人宋史藝文志陳振孫書録解題載薖竹友集俱作十卷而世所行本止四卷又有詩無文蓋流傳僅存已多闕佚此本乃明謝肇淛從内府鈔出凡古詩四卷律詩三卷雜文三卷與宋時卷數相合蓋猶舊本卷末有紹興壬申撫州州學教授建康苗昌言題識稱二謝文集合三十卷郡之學士欲刊之而未能朝議大夫

竹友集提要

謝幼槃文集十卷　之二

謝幼槃文集目録

第一卷古詩

賦陳虚中振芳堂

雙蓮閣

三益齋

顔魯公祠堂

十八學士寫真圖

觀文忠公墨蹟

汲同樂泉烹茶

謝幼槃文集目録 一

謝幼槃文集十卷　之三

毅齋詩集別錄

婺女 徐僑 崇父

雲山歌

雲山窈兮風徽，山徑繚兮雲依。蘭馨兮晨晞，松摎兮夕暉。有禽消搖其間兮，不去俯啄兮薮薇。昂吟兮綠筠枝，春與鼯騰兮秋鶯與啼。希鸞鵠兮志亦幾絕，樊弋兮隨所棲。空碧臨臨兮山四圍，泉咽咽兮流以時。寧易地兮顛若箕，與世相忘兮幽人期。山雖高兮步坦夷，雲雖深兮光陸

毅齋詩集別錄一卷（與耕閒集一卷古梅吟稿六卷合為二冊一函）/清鮑氏知不足齋鈔本

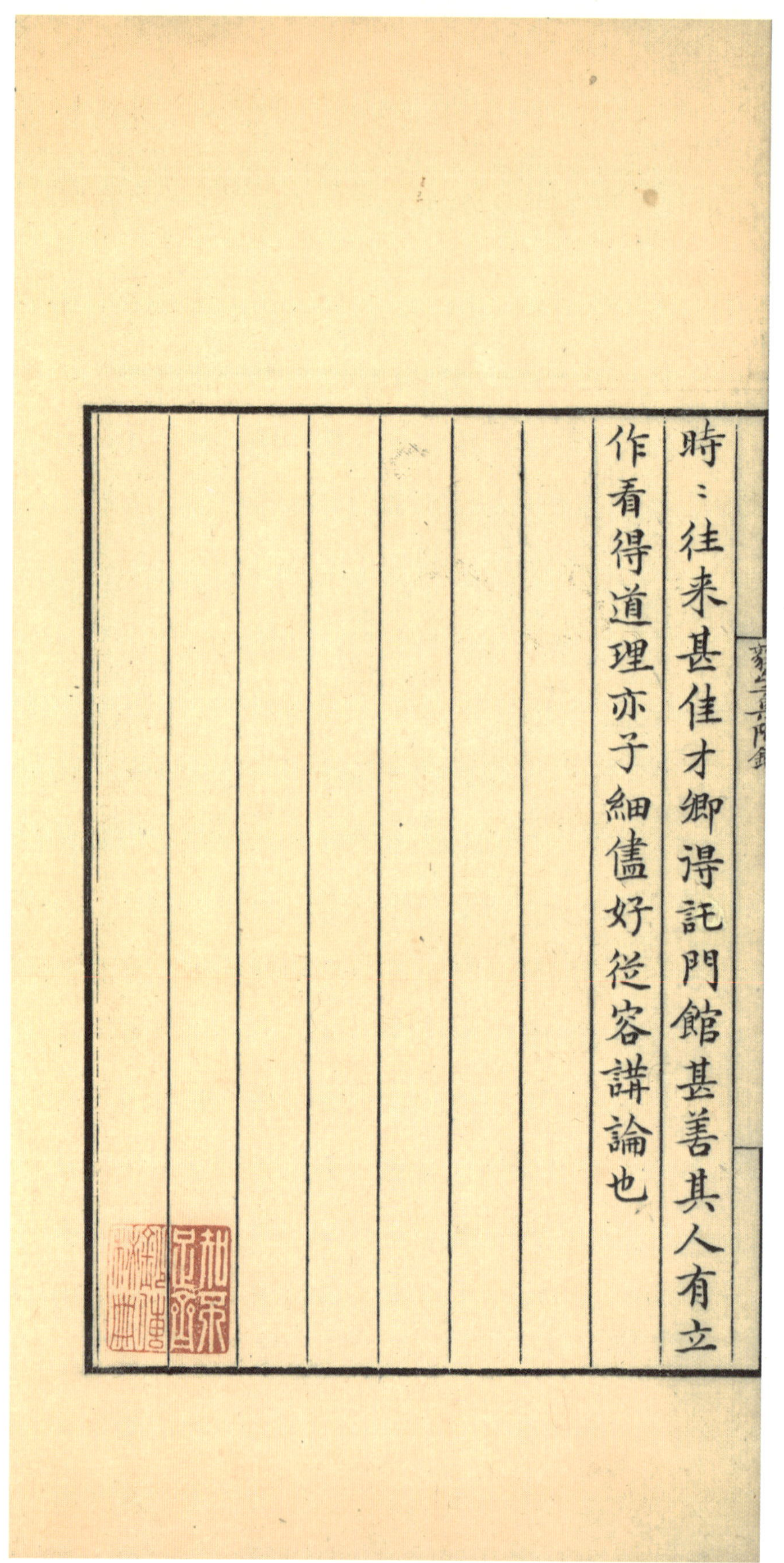

時〻往来甚佳才卿得託門館甚善其人有立
作看得道理亦子細儘好從容講論也

毅齋詩集別録一卷　之二

耕閒集

吳江孫鋭頴叔著

雨阻秦溪宿馬拙林下

櫂入江村暮叩門求友生青衫新底夢白髮舊
鷗盟卷僻苔痕滑林深鳥舌清共尋物外味溪
上老漁聲

壽楊廣文六十解組南還時署邑篆事

五載槃堂奏未央烏紗紫綬鬢蒼蒼三鱣已集
弘農兆五柳仍分彭澤芳廉石一車歸吏部清

耕閒集 二

耕閒集一卷（與毅齋詩集別録一卷古梅吟稿六卷合為二册一函）/清鮑氏知不足齋鈔本

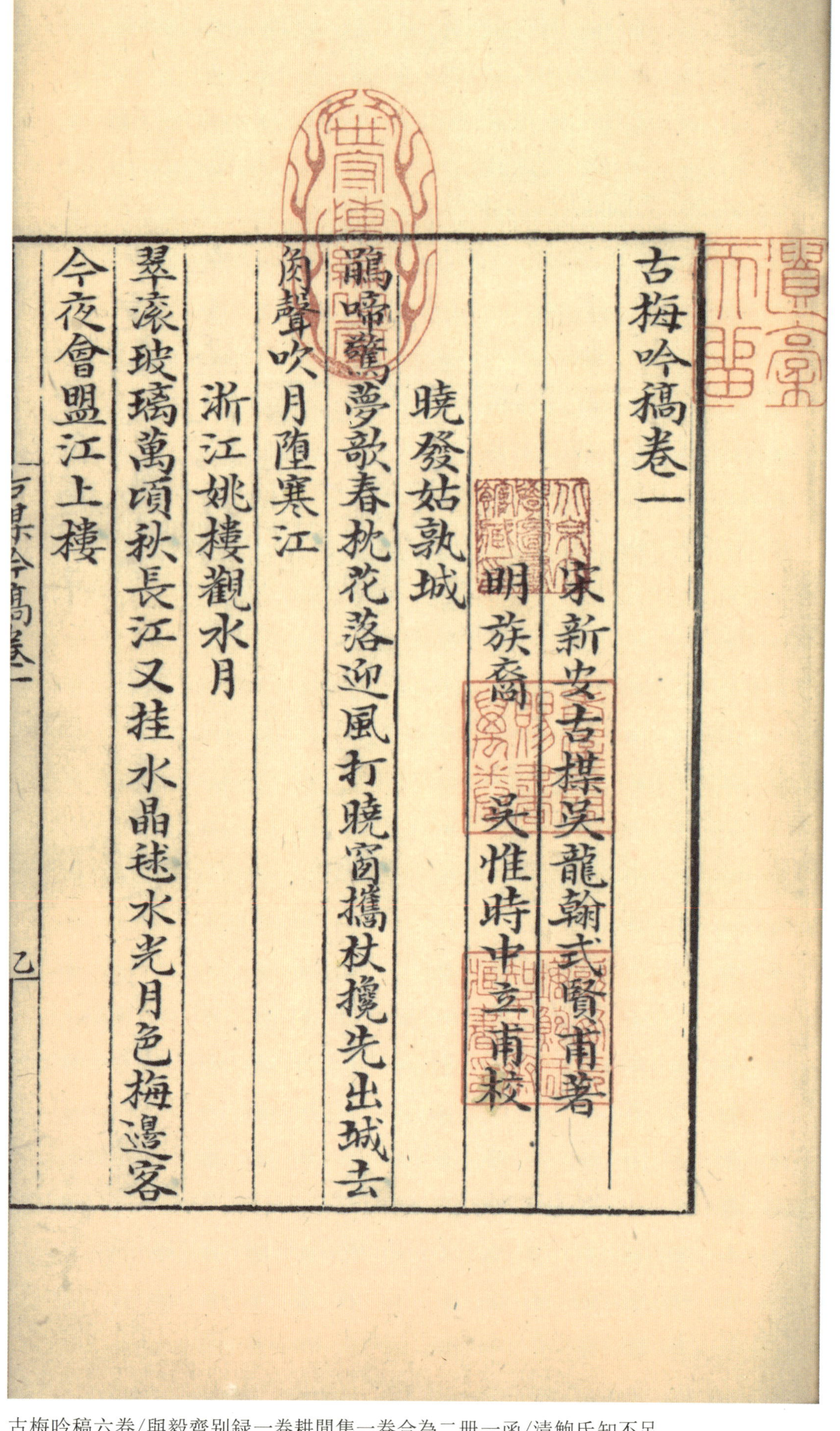
古梅吟稿卷一

宋新安古楳吴龍翰式賢甫著

明族裔吴惟時中立甫校

曉發姑孰城

鵑啼驚夢歇春枕花落迎風打曉窗攜杖攙先出城去角聲吹月墮寒江

淅江姚樓觀水月

翠滾玻璃萬頃秋長江又挂水晶毬水光月色梅邊客今夜會盟江上樓

古梅吟稿卷一　乙

古梅吟稿六卷/與毅齋别録一卷耕閒集一卷合為二册一函/清鮑氏知不足齋鈔本

古楳先生歙縣西鄉向杲人去余家長塘二十里而近予往來郡城經其里申桑梓之敬必小憩焉先生有詩集十六卷雜文二百餘篇見新安文獻志此其吉光片羽耳詢其後裔已不可得則其不亡者幾希矣亟録而傳之元名古梅吟稿前明族裔重雕改題遺稾特更正以存其舊云

嘉慶壬申重陽前四日同里後學鮑廷博識

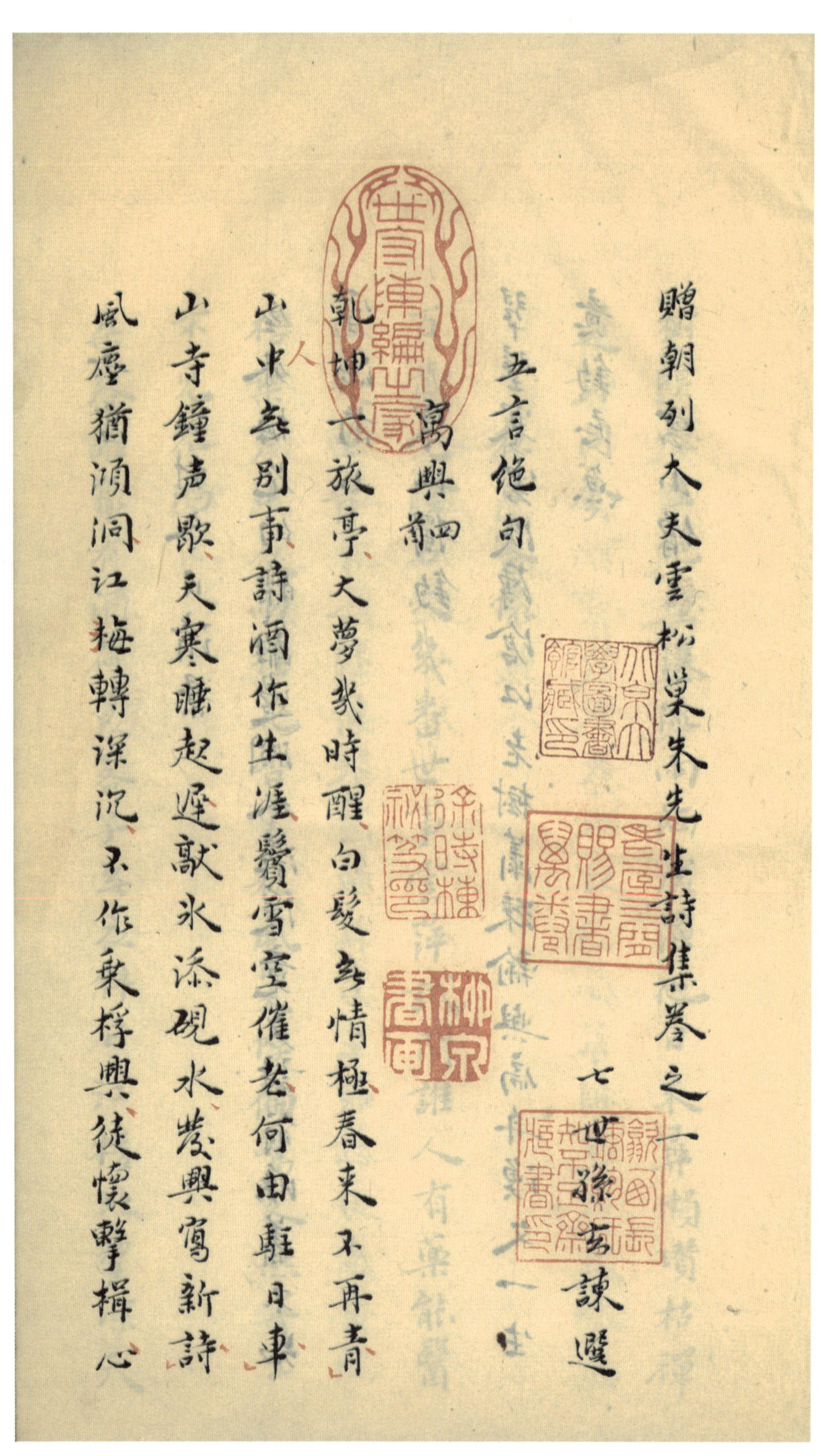
贈朝列大夫雲松巢朱先生詩集卷之一
七世孫吉諫選
五言絶句
寓興 四首
乾坤一旅亭大夢幾時醒白髮多情極春來不再青
山中無別事詩酒作生涯鬢雪空催老何由駐日車
山寺鐘声歇天寒睡起遲敲氷添硯水發興寫新詩
風塵猶澒洞江梅轉深沉不作乘桴興徒懷擊楫心

贈朝列大夫雲松巢朱先生詩集三卷/一册/清鮑氏知不足齋鈔本

雲松巢詩集三卷一本，同治三年甲子十二月二十有古
城西草堂徐氏收藏，又明年丙寅重修訂之。此書爲鮑以文
家鈔本，鮑氏藏書名天下，所蓄多秘本，其家寫官必多
能書，而此本寫手殊草草，至寫嘉諱爲州，謬何如快意一
印。卷首三印雕刻、印泥皆佳，然不印于無字空白間，而反
蓋于有字之上，又何也？八年己巳七月吾徐時棟記
方識鮑氏用印，已乃倒用，報應何捷也。柳

贈朝列大夫雲松巢朱先生詩集三卷　之二

雲松巢詩集序

雲松巢集者樂清朱先生希晦所賦咏也先生家瑤川世有令德自幼嗜學勵行有志於古人元季遭海内亂遂囊括不仕益閉戶讀書以究其業不算未恩泉湯而於詩尤工故因物寄情傷時感事凡有觸於外而動於中一於歌詠發之日增月積多至千餘篇扁其室曰雲松巢而稿因以名焉自先生沒迄今五六十載而遺詞藻句往往傳誦于世予每見而竊嘆

贈朝列大夫雲松巢朱先生詩集三卷　之三

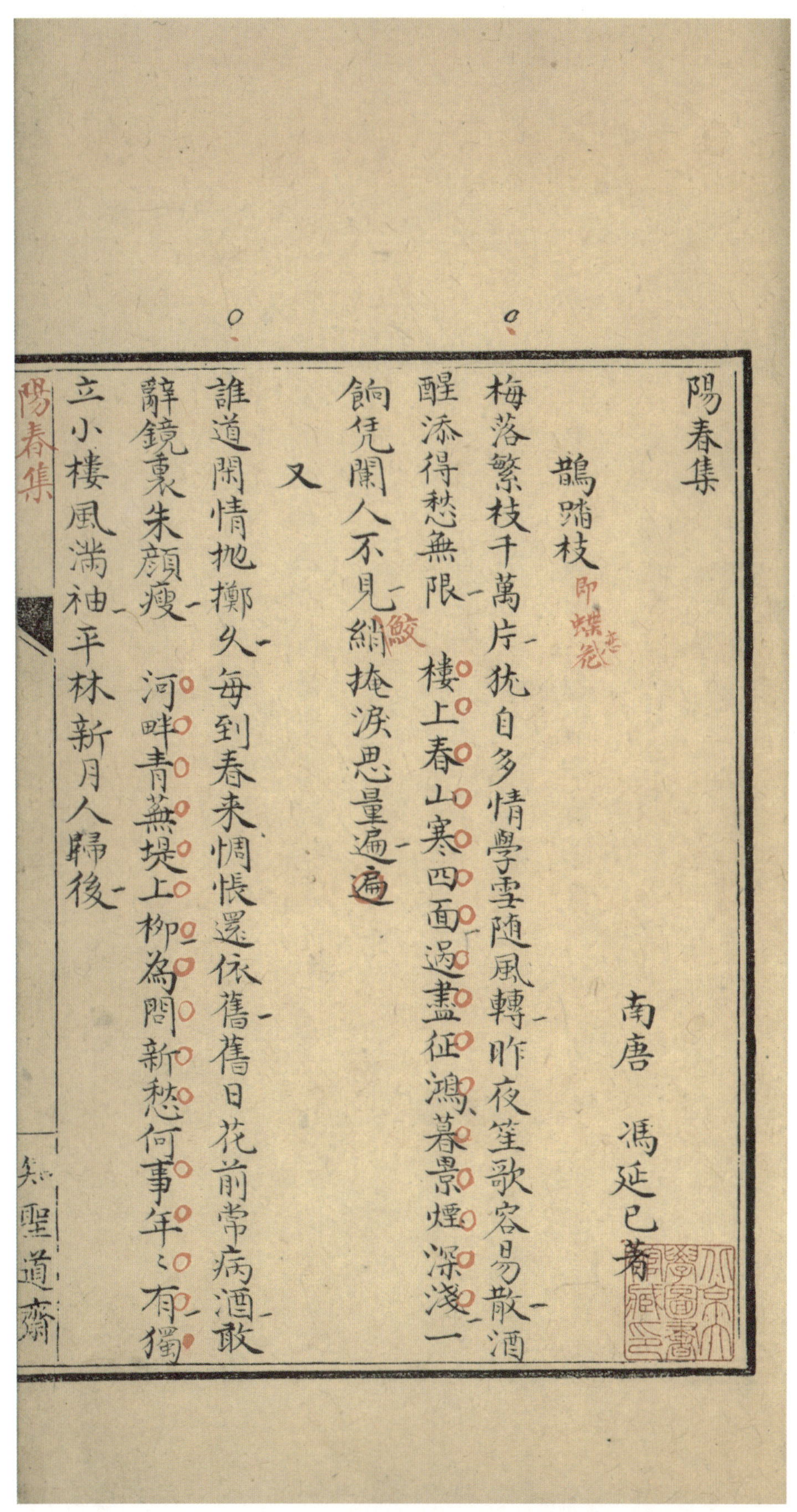
陽春集

鵲踏枝　即蝶戀花

南唐　馮延巳著

梅落繁枝千萬片猶自多情學雪隨風轉昨夜笙歌容易散酒
醒添得愁無限　樓上春山寒四面過盡征鴻暮景煙深淺一
餉凭闌人不見鮫綃掩淚思量遍

又

誰道閑情拋擲久每到春來惆悵還依舊日日花前常病酒敢
辭鏡裏朱顏瘦　河畔青蕪堤上柳為問新愁何事年年有獨
立小樓風滿袖平林新月人歸後

陽春集

知聖道齋

汲古閣未刻詞二十二種二十四卷/一函六册/清乾隆彭氏知聖道齋鈔校本

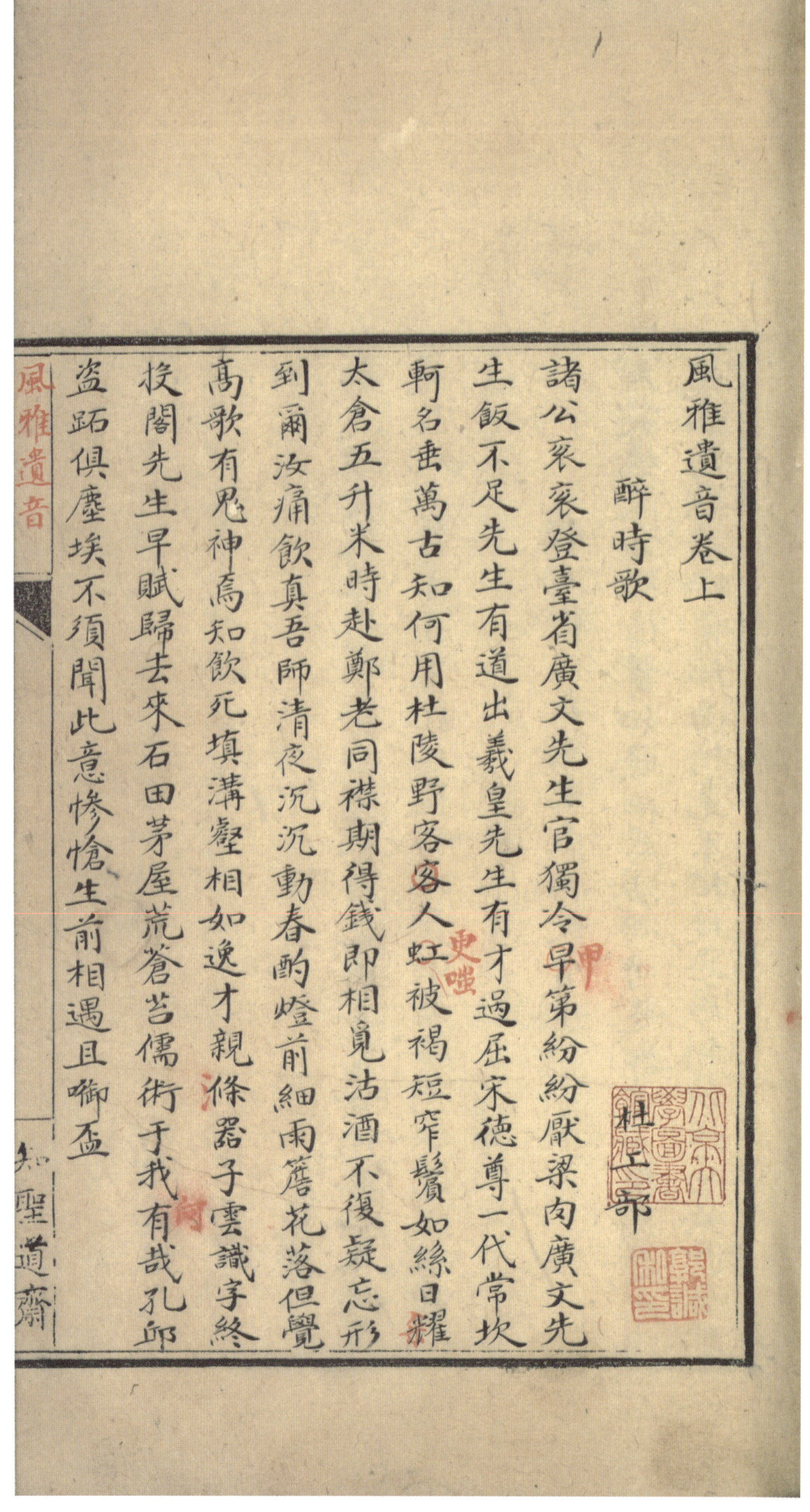
風雅遺音卷上

醉時歌　　杜工部

諸公衮衮登臺省廣文先生官獨冷甲第紛紛厭粱肉廣文先生飯不足先生有道出羲皇先生有才過屈宋德尊一代常坎軻名垂萬古知何用杜陵野客人更嗤被褐短窄鬢如絲日糴太倉五升米時赴鄭老同襟期得錢即相覓沽酒不復疑忘形到爾汝痛飲真吾師清夜沉沉動春酌燈前細雨簷花落但覺高歌有鬼神焉知餓死填溝壑相如逸才親滌器子雲識字終投閣先生早賦歸去來石田茅屋荒蒼苔儒術於我有哉孔丘盜跖俱塵埃不須聞此意慘愴生前相遇且啣盃

汲古閣未刻詞二十二種二十四卷　之二

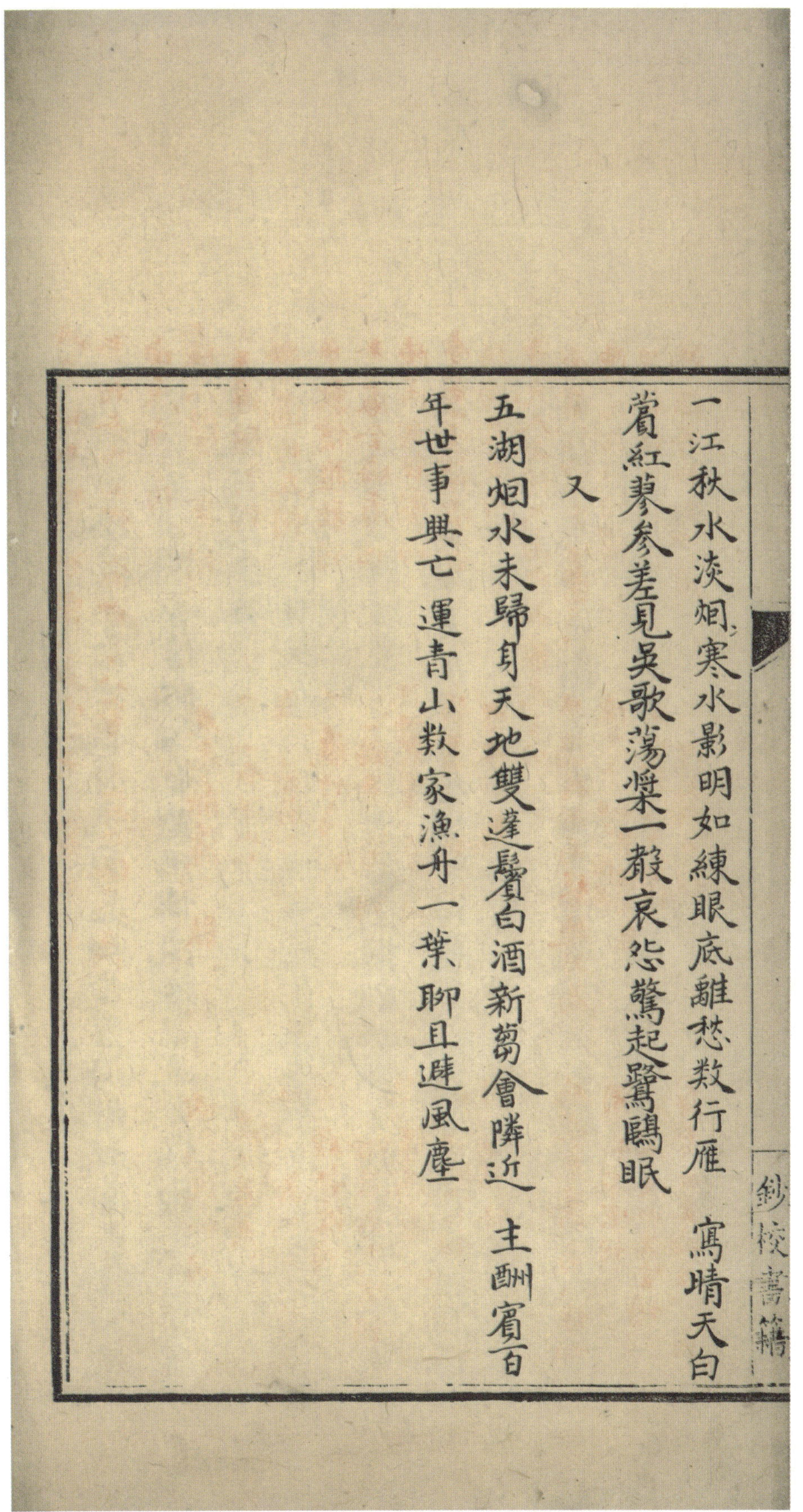
一江秋水淡烟，寒水影明如練眼底離愁數行雁　寫晴天白
蘋紅蓼參差見吳歌蕩槳一般哀怨驚起鷺鷗眠
又
五湖烟水未歸身天地雙蓬鬢白酒新蒭會隣近　主酬賓白
年世事興亡　運青山數家漁舟一葉聊且避風塵

汲古閣未刻詞二十二種二十四卷　之三

全家慶

不知何人所作演富錦章積善感天父子同膺顯爵夫婦齊眉閬門元吉故名全家慶然事蹟荒唐無据畧云富錦章字雄文雲間人少失怙恃年二十讀書入泮尚未有室慨然慕陶朱公郭汾陽之爲人聞廬山紫雲道人善卜往決行藏于中途遇桂榮留宿榮有女青娥年方及笄而喑啞乞錦章代卜錦章行至淮水界倦甚小憩財神廟見一女子跣足蓬頭抱孩童欲投黄河錦章急救之女云黄氏夫錢德周畜豕数口將貨納粮不意夫入城一人以假銀十兩售之畏夫詰責故投水耳錦章以行笈中銀十兩贈之勸令速歸而財神鑒察錦章捐銀救女陰

傳奇彙考/六册/清乾隆鈔本

全家慶　雙龍墜　玉尺樓　群星會　壽榮華
龍華會　三虎賺　白紗紀　通仙枕　丹心照
求如願　瓦崗寨　泮宮緣　百歲圓　龍鳳錢
藍采和　别有天　買愁村　杏花山　長生像
千里舟　雪香園　樓外樓　雙忠俠　兩香丸
十錦塘　小天台　雙卺緣　莽書生　報恩亭
赤鬚龍　醉西湖　鉄冠圖　完璧記　天錫貴
松筠操　雙鳳環　表忠記　龍燈賺　百壽圖
紫珍舄　雙飛石　大椿樓　鮫銷記　五福記
龍鳳圖　元宵鬧　合歡圖　未央天　天錫福
龍鳳合　文犀帶　天中天　鸞釵記　狀元香

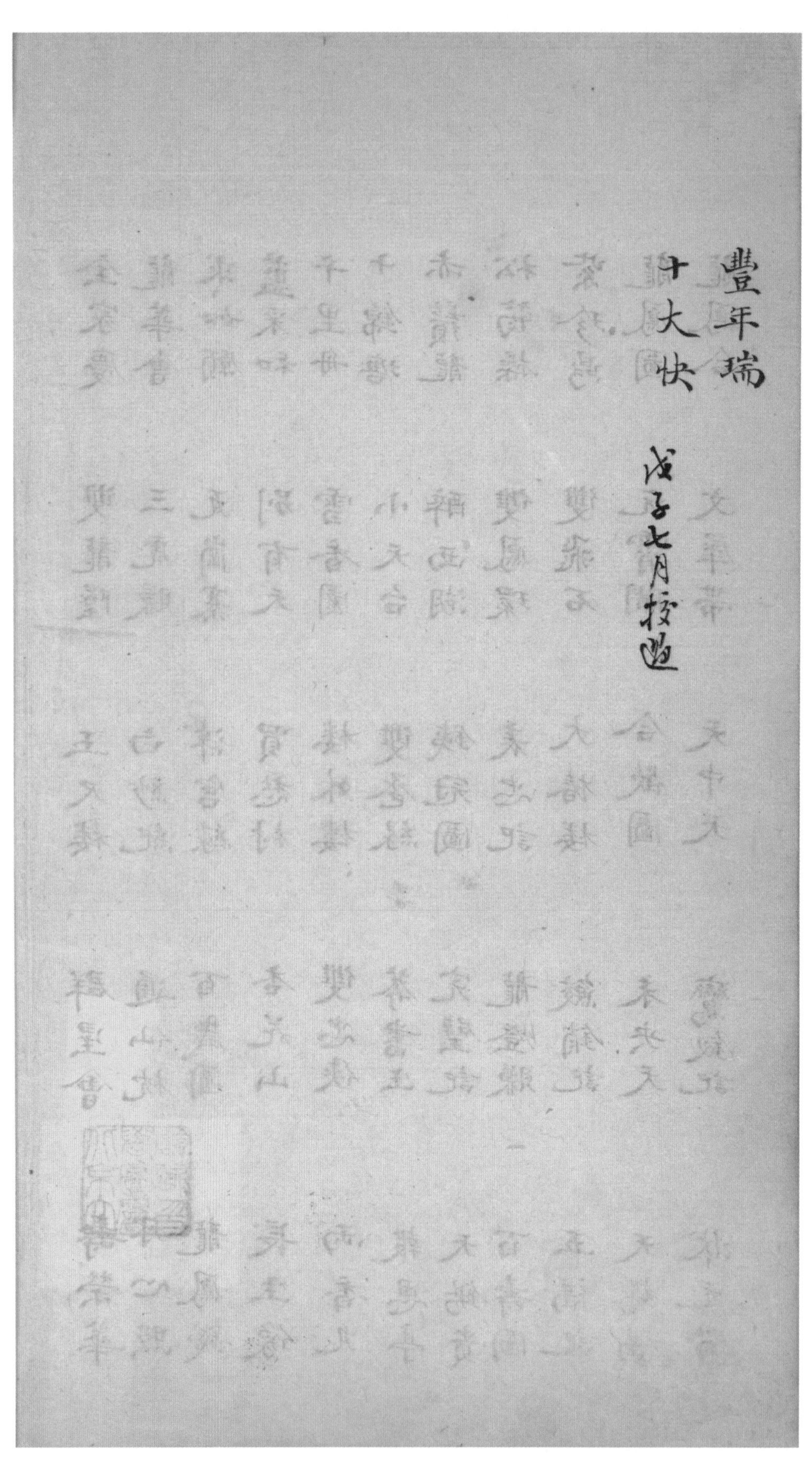

傳奇彙考　之三

廣寒香 義貞緣 傑中禅 三孝記
一合相 兩榮歸 祥麟現 狀元旗
吉慶圖 雙合歡 善惡報 齊天樂
雙玉人 鬧門人 錦蒲團 通天遲
奪秋魁 財星現 幻緣箱 軟藍橋
合歡殿 君臣福 寶曇月 蝴蝶夢
慶有餘 倒銅旗 芙蓉劒 魚藍記
順天時 狀元堂 桃林賺 釣魚船
遍地錦 耳鳴寃 天樞賦 蘆夜雨
滿床笏 彩燕詩 小江東 合釵記

名花譜

刊本曰種花儂撰不著姓名而作序者杭州白恭已大意指作者嘗為錢塘縣令其後僑居西湖云所演陸龍黃素娥以花譜為関目標名以此事本小說日宜園九日牡丹開一段而變易姓氏情蹟增飾大半要之均屬子虛也畧云臨安諸生陸龍字御天妻黃素娥子桂芳年甫五歲唐相賈耽著百花譜以牡丹為花王龍為楊妃緣此得禍題詩誚之裂碎花譜太真偕女伴王太英趙素臺仙游花神持碎譜送覧太真大怒欲加罪譴令花神于八月中大開牡丹花遊騎雜遝金陵監生趙叔譙恃富兇狠遊學西湖入陸園玩花見素娥之美使家人鄧義縱火

傳奇彙考　之五

燒園東閙劫入舟中徑歸白下素娥覔死不得趙妻施氏賢甚問其根由知係豪奪乃與素娥共處不令夫見龍宅既燬家因亦貧一日出郊掃塋其子桂芳復被拐賣農家牧牛桂芳且牧且讀為牛主叱辱洛陽許韵文由通州副將陞廣西總兵鎮守左江留妻子在家妻蔡氏子錦郎女瓊英也老僕從廣歸過浙以銀與牛主買桂芳還家為錦郎伴讀瓊英見其清秀以牡丹為題使賦之桂芳作詩云魏家深紫姚家黃同是名花一樣香今日若還逢太白須教妃子换新粧其婢秀蘭來興趣瓊英和韻瓊和詩云滿園桃柳鬭紅黃徧折芳叢一捻香分付東君須好護休教野鹿損霞粧母出見之虞有放越乃給桂芳銀三兩

立遣出門道遇畢有仁者賣子于梅翰林先春家為童得十二
金納粮還積所存三金為剪綹者竊去廹欲自盡桂芳即以已
銀與之然既失銀漂泊無倚避雨古廟有石中玉見之收以為
子改名夢蛟素娥之居趙宅也施氏甚與相得叔謙與鄧義妻
馮翠蓮通義故為盗多膂力殺叔謙及翠蓮書名于壁而去五
溪洞主賽梨花赫連氏有妖術侵擾左右江至丁郎山白溪洞
賞雪義往投之許總兵出討為所敗初星家五道明嘗筭龍及
叔謙子平言龍先凶後吉而叔謙冣金然不吉叔謙欲毆龍勸
止之及叔謙被殺道明遷至金陵素娥以夫命推筭道明言昔
日推過預断其数年宂悔素娥因與五金託其寄書于夫至此

傳奇彙考　之七

相施訪氏以叔謙尊重倸素娥夫至以家貲悉付之遂出家焚修龍之始至施恐其疑妻有玷使婢紫鸞假託翠蓮之魂泣叙素娥貞節自守以堅龍心素娥始出見令夫改姓為趙名壁字完初入京應試中二甲進士授郴州司理因軍興旁午刻期赴任孑身先往素娥舟泊冰月庵為赫連氏掠去以其知書逼為幕府參謀而其子改名石夢蛟者與壁同登第出梅翰林門欽授廣西巡按闈中之卷錯寫抬頭梅童力勸其主乃獲中式謁見時語及則其童即畢有仁子也梅問夢蛟姻事夢蛟欲求許氏女而豹文即梅至戚會有大司馬李亮来子友白挾貴而求許姻許妻挈女避之任所夢蛟已代巡至粵持梅書示許即以

女嫁爲鄧義在賊中聞豹文䕫蛟偕引兵至入告賽主見素娥侍旁大恐入帳先殺之則誤殺赫連氏素娥因取兵符傳令殺義束身自歸豹文䕫蛟尚未知降婦爲䕫蛟母也道明入粤探璧得璧妻在賊營之信與璧言之璧聞有降婦特來踪跡之果其妻也於是父子相認夫婦復合姑媳團圓而太真空中示現告以十數年顛沛緣塗抹花譜之故璧乃復加修輯裝潢綈錦珍藏閣中　按小說夫名劉玉妻袁氏元娘彰德安陽富家也重陽日壯丹大放刼之者鎮平監生蔣青斷絃未娶遂以元娘爲妻其僕三才故盜也三才妻曰文歡笑命者李星王自失元娘家貲敗盡後回李星通信玉至青家青與文歡通爲三才所殺三才亦自刎元娘盡挈家貲數萬與玉歸安陽復爲富人其子在青家元娘爲取名曰本劉歸宗復姓又使玉收文歡爲妻其情跡止此餘盡改增也

癸巳春二月校過

傳奇彙考　之九

傳奇彙攷

目録

習學記言序目卷第一

易

乾 乾下乾上　坤 坤下坤上

其為三陽也天也此易之始畫本一而三者非三其則無以為八也有陰則地也理未有不對立者也陽之一雷二水三山陰之一風二火三澤此卦也其為六也陽則乾震坎艮陰則坤兌離巽此義也以卦則三足矣以義必六而交錯往來所以行於事物也學者觀其一不觀其二此易道所以難明也乾文言詳矣學者玩文言而忽彖象蓋文言與上下繫說卦序卦之說謬謬焉皆

習學記言序目五十卷/十二册/清乾隆嘉慶間錢氏萃古齋鈔本

序

習學記言叙目者龍泉葉先生所述也初先生輯録經史百氏條目名習學記言未有論述自金陵歸間研玩羣書更十六寒暑迺成序目五十卷予案旣以先志編次詮

今越師新安汪公録本郡齋又囑之宏揭其大指于書首竊聞學必待習而成因所習而記焉稽合乎孔氏之本統者也夫去聖縣邈百家競起孰不曰

獨先生之書能稽合

統何也蓋學失其統久矣漢唐諸儒推宗孟軻氏謂其能嗣孔子至本朝關洛驟興

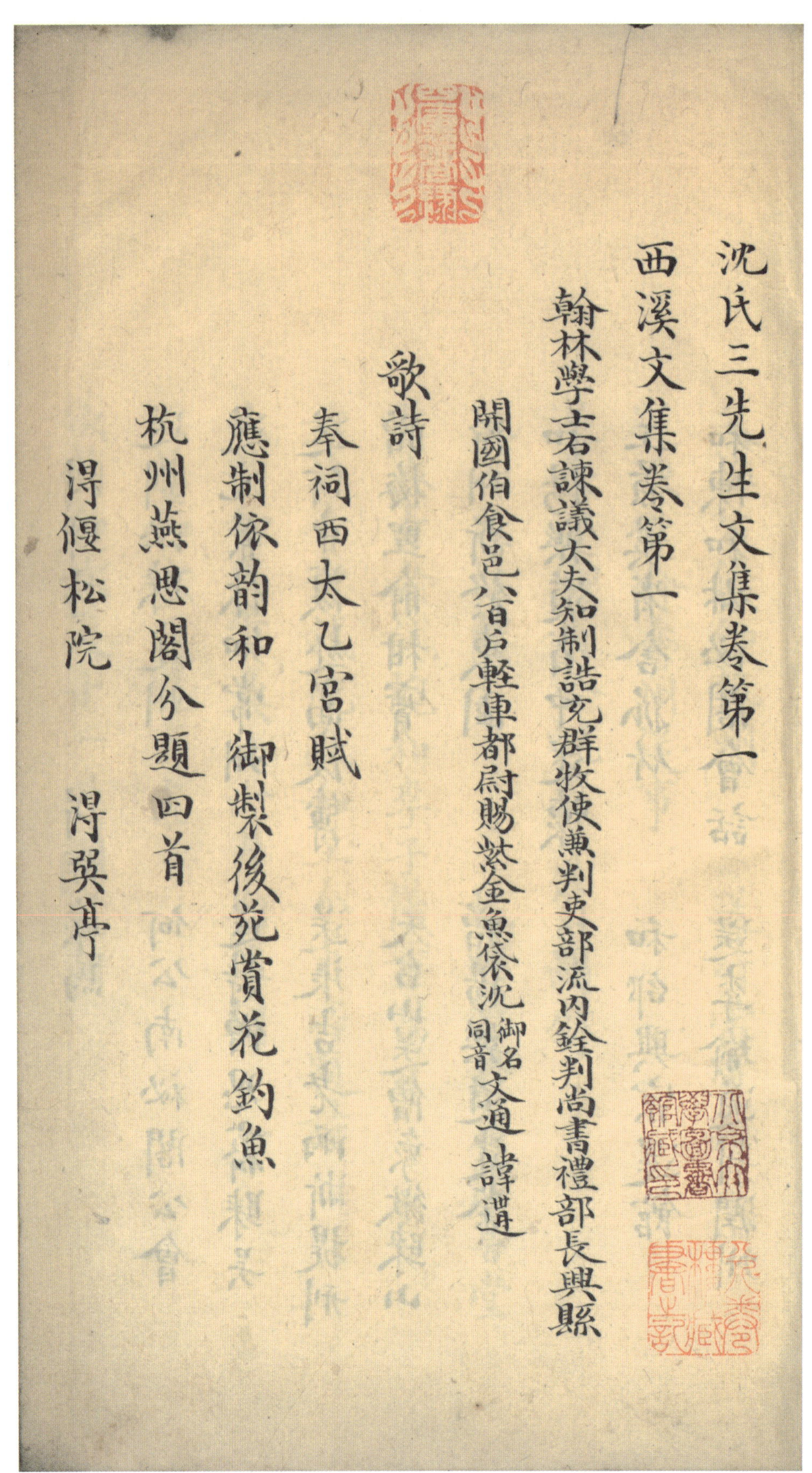
沈氏三先生文集卷第一
西溪文集卷第一
翰林學士右諫議大夫知制誥充群牧使兼判吏部流内銓判尚書禮部長興縣
開國伯食邑八百户輕車都尉賜紫金魚袋沈御名同音文通 諱遘
歌詩
奉祠西太乙宫賦
應制依韵和 御製後苑賞花釣魚
杭州燕思閣分題四首
浔偃松院 浔奐亭

沈氏三先生文集六十二卷附録一卷/十册/清乾隆嘉慶間鈔本

沈氏三先生文集卷第十一

長興集卷第一 原本闕今補

龍圖閣學士沈括存中　著

騷賦

幽命

懷歸賦

歌詩

海州觀放鶻搏兔不中而飛去

圖畫歌　江南曲

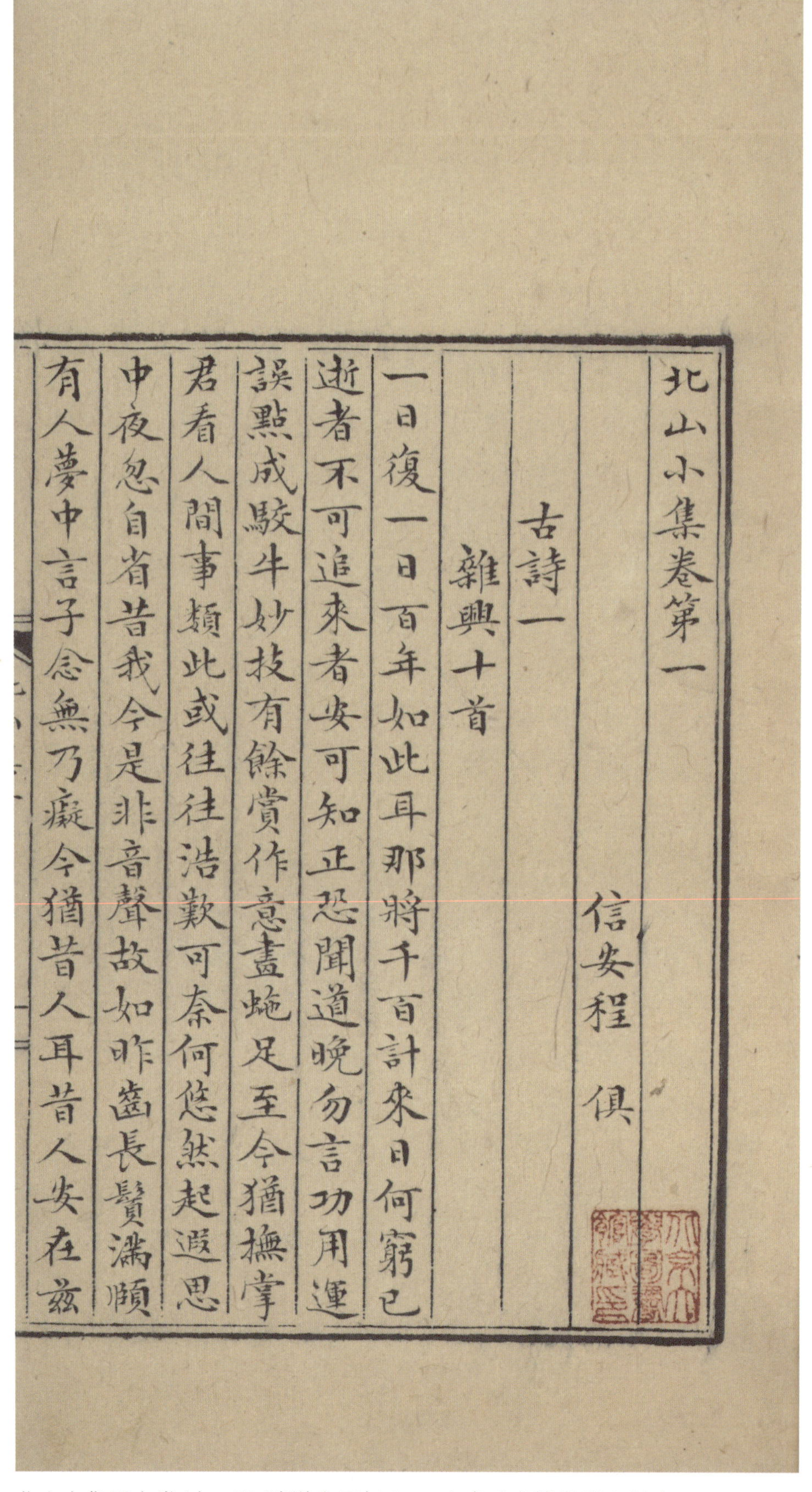

北山小集卷第一

信安程　俱

古詩一

雜興十首

一日復一日百年如此耳那將千百計來日何窮已
逝者不可追來者安可知正恐聞道晚勿言功用運
誤點成駮牛妙技有餘賞作意畫蛇足至今猶撫掌
君看人間事類此或往往浩歎可奈何悠然起遐思
中夜忽自省昔我今是非音聲故如昨齒長鬢滿顛
有人夢中言子念無乃癡今猶昔人耳昔人安在茲

北山小集四十卷/十二册/清道光五年（1825）袁氏貞節堂影宋鈔本

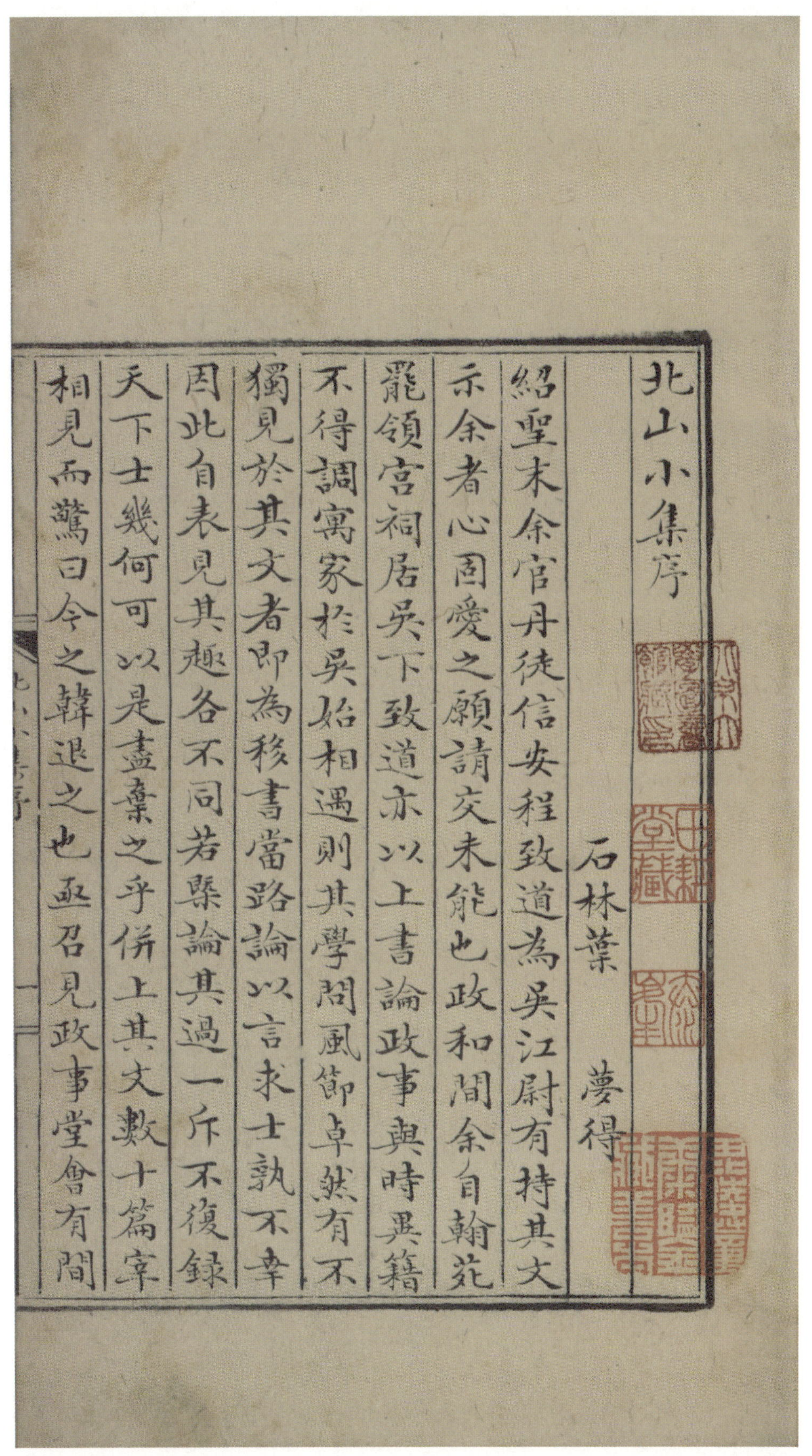

北山小集序

石林葉　夢得

紹聖末余官丹徒信安程致道為吳江尉有持其文示余者心固愛之願請交未能也政和間余自翰苑罷領宫祠居吳下致道亦以上書論政事與時異籍不得調寓家於吳始相遇則其學問風節卓然有不獨見於其文者即為移書當路論以言求士孰不幸因此自表見其趣各不同若槩論其過一斥不復録天下士幾何可以是盡棄之乎併上其文數十篇宰相見而驚曰今之韓退之也亟召見政事堂會有間

北山小集序　一

北山小集四十卷　之二

序文次于目錄後卷一前故遺失半葉也今每葉後有字影及硃筆痕隱隱可見是為確證爰復著數語以傳信于後時在王洗馬巷新宅之士礼居

蕘圃氏識

是歲良月廿又叅日瞿中溶籀觀于蒼風亭

癸亥六月一日輯宋刻書目檢及此集其去得書之歲月已五八年矣昔余繪續乃書圖名是曰蝸廬松竹蓋致道寓居吾郡之城北葺居曰蝸廬而松桂竹椽饒有古樸之意今余自壬戌冬又遷東城之縣橋題藏書室曰百宋一廛夫亦取其小為者耳爰誌數語于冊尾

蕘翁記

乾隆六十年六月二十日夜余家因已遣之婢尋物失火燄起老母房中以致及余卧室倉皇奔救幸無大患而器用財賄為之一空所貯書籍歸然獨存是必有神物護持者余亦以是轉憂為喜焉閱兩日書友胡益謙持北山小集示余款一淺其宋本與否余開卷指示紙背曰此書宋刻宋印子不知宋本獨不見其紙為宋時冊子乎胡君深謂余為不欺遂議交易余許其每冊一金卒以物主居奇倍價易得復以二金酬之親朋見者無不笑余癡獃余曰天災忽來身外之物俱盡所不盡者唯此書籍耳則書籍之待儲於余者益急矣余曷敢不竭盡心力以為收藏計且是集流播絶少寫本不多見矧其為宋本乎近時浙江採集遺書總錄載有知不足齋藏影宋鈔寫本吳之振識云此冊昔年為季滄葦侍御所贈侍御從絳雲樓宋槧本影寫者是宋本係東澗舊藏今本首冊有健庵圖章而彭城無所記識豈真絳雲餘燼耶余不能辨其是一是二也卷尾有黃氏淮東圖籍印未知吾宗何人轉相授受仍歸江夏家藏我子孫其世寶之或可自詡為天下無復也與

吳郡棘人黃丕烈識

嘉慶二年歲在丁巳閏六月八日天晴曝書展玩一過時與西賓顧澗薲夏方米同觀因見目錄在葉鄭兩序後而反鈔半葉未解其故余曰此當年裝潢匠誤以

宋可繼鍾々侯々者而此本紙墨古雅的是淳熙以前物讀之殊不忍釋手嘉慶丁巳冬十一月廿日竹汀居士錢大昕題時年七十

黄孝廉蕘圃買得宋槧本北山小集四十卷皆用故紙印刷驗其紙背皆乾道六年官司簿帳其印記文可辨者曰湖州司理院新朱記曰湖州戶部贍軍酒庫記曰湖州監在城酒務朱記曰湖州司獄朱記曰烏程縣印曰歸安縣印曰監湖州都商税務朱記是此集板刻於吳興官廨也古人文移案牘所用紙皆精好事後尚可它用蘇子美監進奏院以鬻故紙之錢祀神宴客可見宋世故紙未嘗輕棄今官文書紙率鬆薄不耐久數年之後黴爛蠹蝕不復可用矣北山詩文有風骨在南

讀書者之藏書也聞余有此欲傳其副遂復從余分寫本仍分寫予之并讎校之古云書經三寫魯魚亥豕自謂此寫本出余士礼居雖未經老人過眼並兒孫輩頗習聞校書緒論一一手校當不致為鈔胥所誤回憶初得時及復寫此已歷三朝世有三本可謂此書幸即為余補過幸安乃世有好事者盡如月霄其人未舉世間未見之書傳録其副是真士樂事想藝芸當亦不恡余之屢假也書此以俟月霄聞之不識以余言為何如

道光二年歲在壬午秋七月蕘夫識

北山小集為宋人集中罕有之本且其中多与吾郡典实有涉故錢潛擘老人取其集中文字入養新錄中謂他日修志可資攷證噫潛擘往矣而是集余不能守早歸蕘芸書舍當日家藏时無暇傳錄副本此又余生平缺憾事也歲辛巳郡中有修志之舉始憶及此遂向主人借鈔分手傳錄錄畢細校即以原本歸趙而余亦作一小跋記其原委是又為此書添一重公案矣海虞月霄張君愛書好古收弆秘册甚多著有愛日精廬讀書志於一書之源流纖悉畢具余所鈔之書亦乃坿名簡末此真

聲價也中秋節後一日武進董康記

道光五年春三月仿士礼居黄氏影
宋本鈔録藏於五硯樓貞節堂
袁廷檮識

宋程致道北山小集四十卷傳世絶稀惟黄蕘圃獲有宋槧嘗繪蝸廬松竹圖徵詩紀事後歸汪閬源藝芸書舍繼歸琹川龐氏今不知更屬誰何當時影鈔二本一爲日精廬鈔本一即蕘翁由藝芸書舍假歸影寫者此本今歸瞿氏光緒乙巳中秋節宿逋群集無以回應忽隆福寺書估老段携此集過余誦芬室云一故家子迫於逋負欲以賤直求售諦審之乃吳門袁氏貞節堂仿士礼居影宋本所傳録者按袁名廷檮字又凱號壽堦少孤母韓教之成立建貞節堂三楹後爲竹柏樓以奉母其儲書之室名五硯樓子爲蕘圃埒嘉慶時與蕘圃周香嚴顧抱沖所謂吳郡四藏書家是也以其出自黄本且爲五硯樓故物不忍舍棄議價三十金留之癡獃之日自咲可与百宋

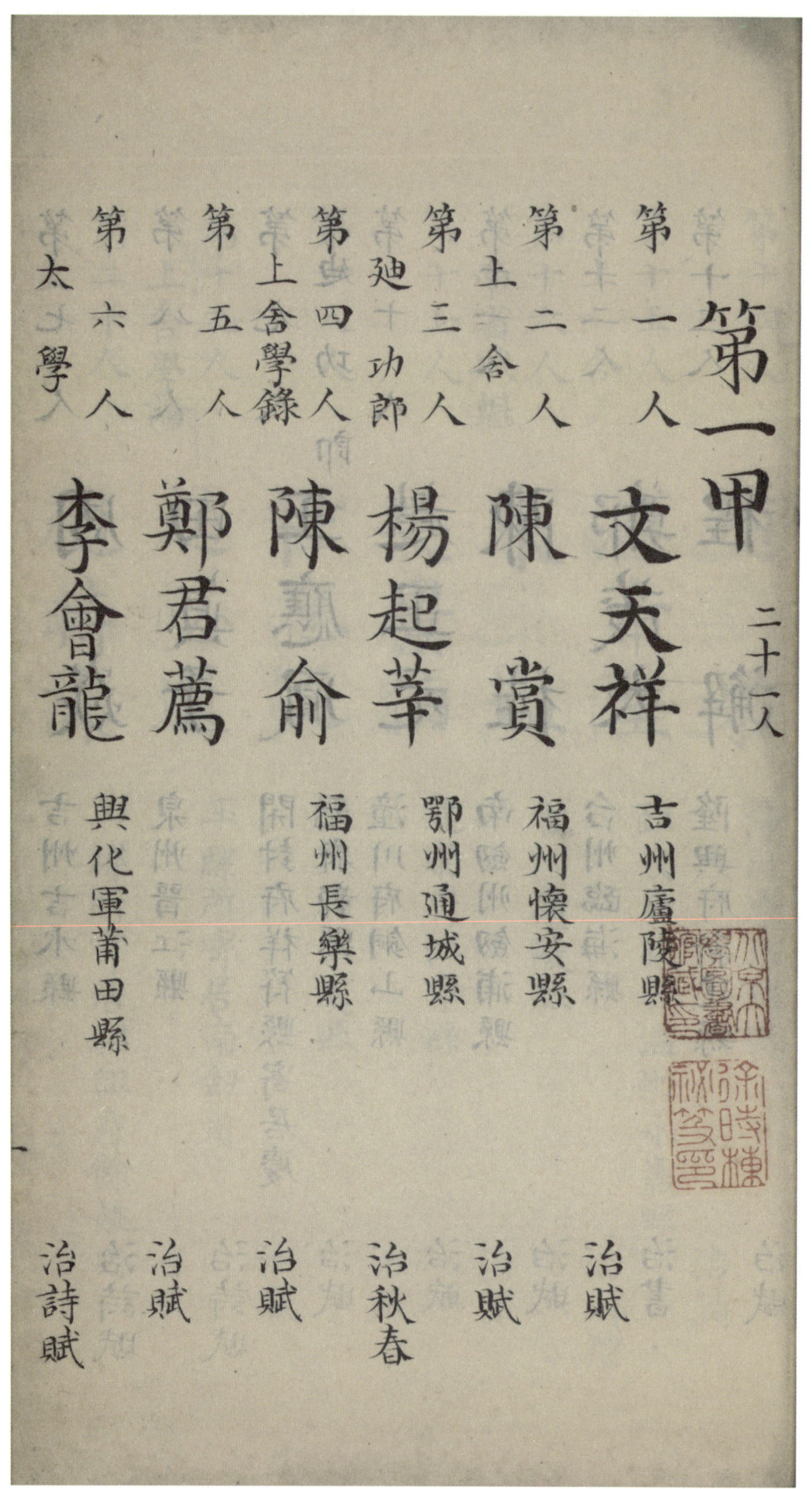
第一甲 二十一人
第一人 文天祥 吉州廬陵縣 治賦
第二人 上舍 陳賞 福州懷安縣 治賦
第三人 廸功郎 楊起莘 鄂州通城縣 治秋春
第四人 上舍學錄 陳俞 福州長樂縣 治賦
第五人 鄭君薦 治賦
第六人 太學 李會龍 興化軍莆田縣 治詩賦

寶祐四年登科録不分卷/二册/清道光十一年（1831）鈔本

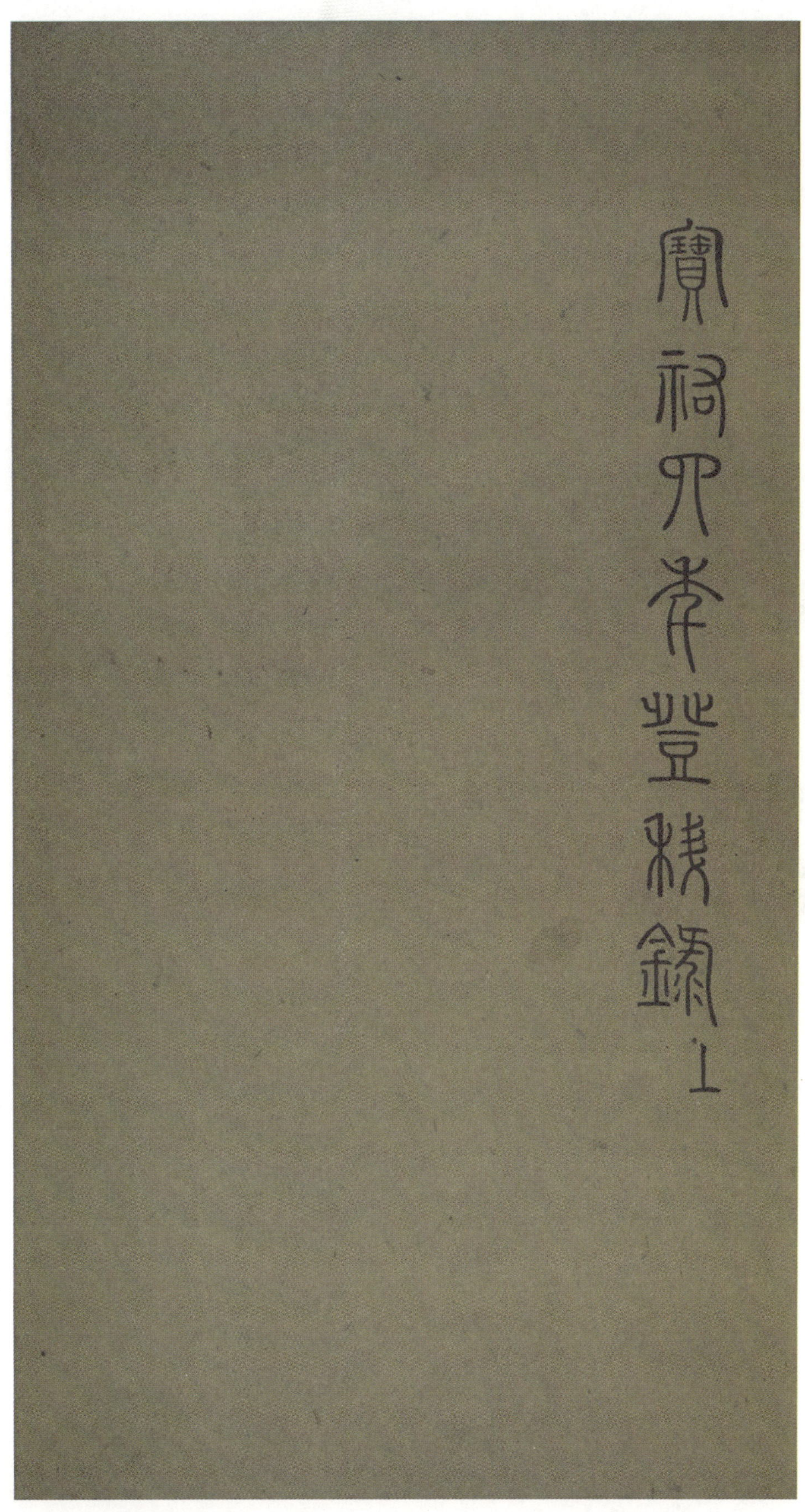

寶祐四年登科録不分卷　之二

貢出表脫去凡二十九人八十二又九十三又九十四又百五又百六又百九十五標末二百十三凡二十四人又特奏進士全於未載此十六人載在二十九人之中去係特奏名均不可知據另紙言括蒼彙紀泉州府志萬姓統譜三書所採寶祐四年進士多爲是錄所無者皆在所闕之內而不及寶慶四明志似亦偶於疏忽矣延祐四明志與寶慶志全同二志並經當時仕采進並兼錄於據另紙是錄原作二本八月重裝仍之九月二十三日夜半

徐時棟記於城西草堂

寶祐四年登科録不分卷　之三

職官分紀卷第一

歷代揔序

前漢百官公卿表易敘宓羲神農黃帝作教化民而傳述其官以為伏羲龍師名官神農火師火名黃帝雲師雲名少昊鳥師鳥名自顓頊以來為民師而命以民事有重黎句芒祝融后土蓐收玄冥之官然已上矣書載唐虞之際命羲和四子順天文授民時咨四岳以舉賢材揚側陋十有二牧柔遠能邇禹作司空平水土棄作后稷播百穀卨作司徒敷五教咎繇作士正五刑垂作共工利器用益作朕虞育草木鳥獸伯夷 秩宗典三

職官分紀 卷一 一 山陰杜氏鈔本

職官分紀五十卷/十二册/清道光山陰杜氏知聖教齋鈔本

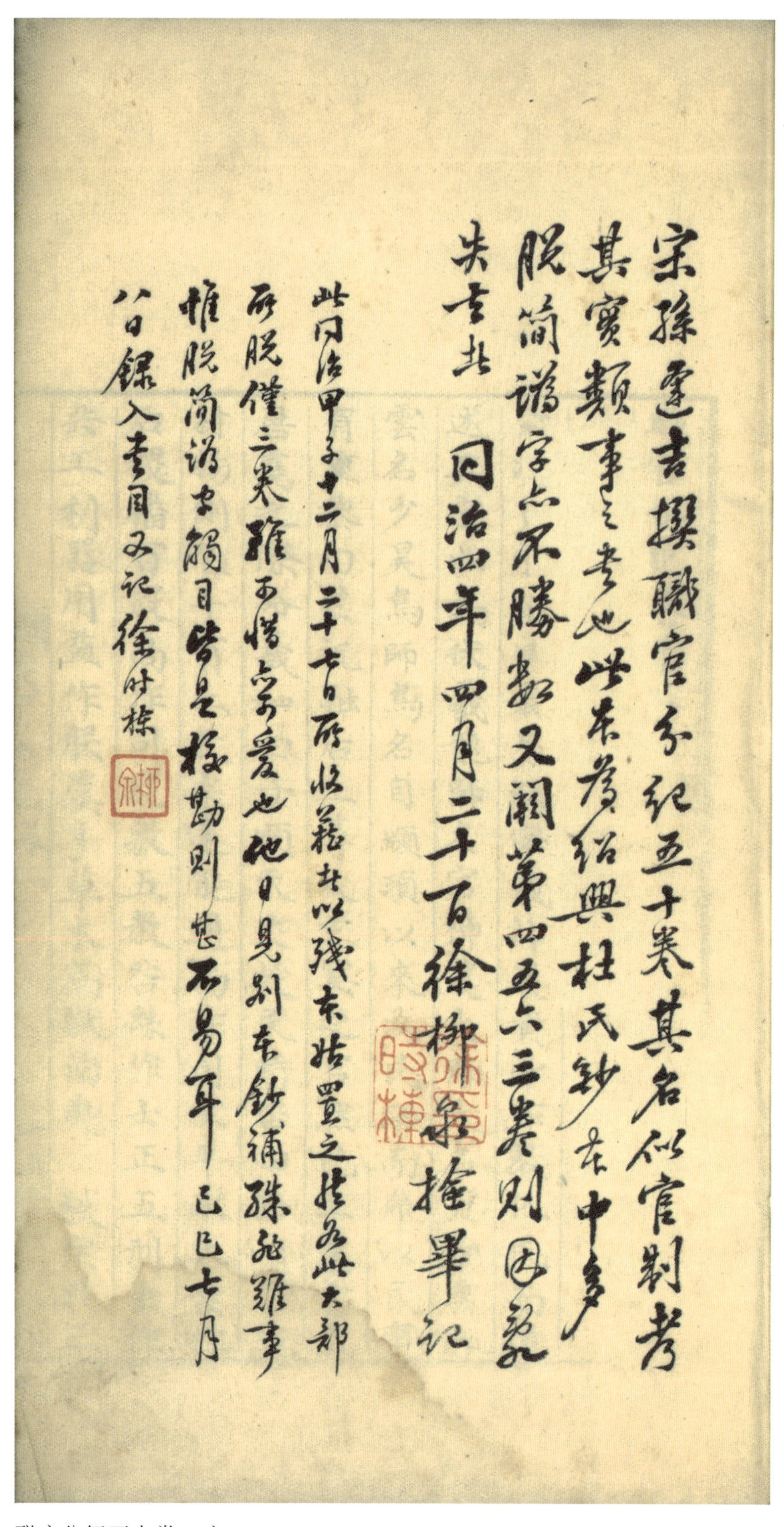

宋孫逢吉撰職官分紀五十卷，其名似官制考，其實類書也。此本爲紹興杜氏鈔本，中多脫簡譌字，亦不勝數。又闕第四五六三卷，則因蠹失去也。同治四年四月二十日徐柳泉檢畢記

此同治甲子十二月二十七日所收，蓋亦以殘本故置之。然如此大部所脫僅三卷，雖可惜亦可愛也。他日見別本鈔補殊非難事，惟脫簡譌字觸目皆是，校勘則甚不易耳。乙巳七月八日錄入書目又記 徐時棟

職官分紀五十卷　之二

嘉禾志卷第一

沿革

嘉興路九域志曰上秀州古揚州之境也周時為吳國釋名曰吳虞也即太伯避季歷之地吳伐越越子禦之檇李檇李即今嘉興也舊有檇李城魯定公十四年春秋書越敗吳于檇李至哀公元年吳王夫差敗越於夫椒報檇李也按此則知檇李者吳越之戰地也周顯王四十六年楚威王伐越破之盡取其地至于浙江之北故此地亦名曰楚杜佑通典云吳滅屬越越滅屬楚是也又吳錄地理曰吳王時此地本

至元嘉禾志三十二卷/一夾板四冊/清道光錢氏守山閣鈔本

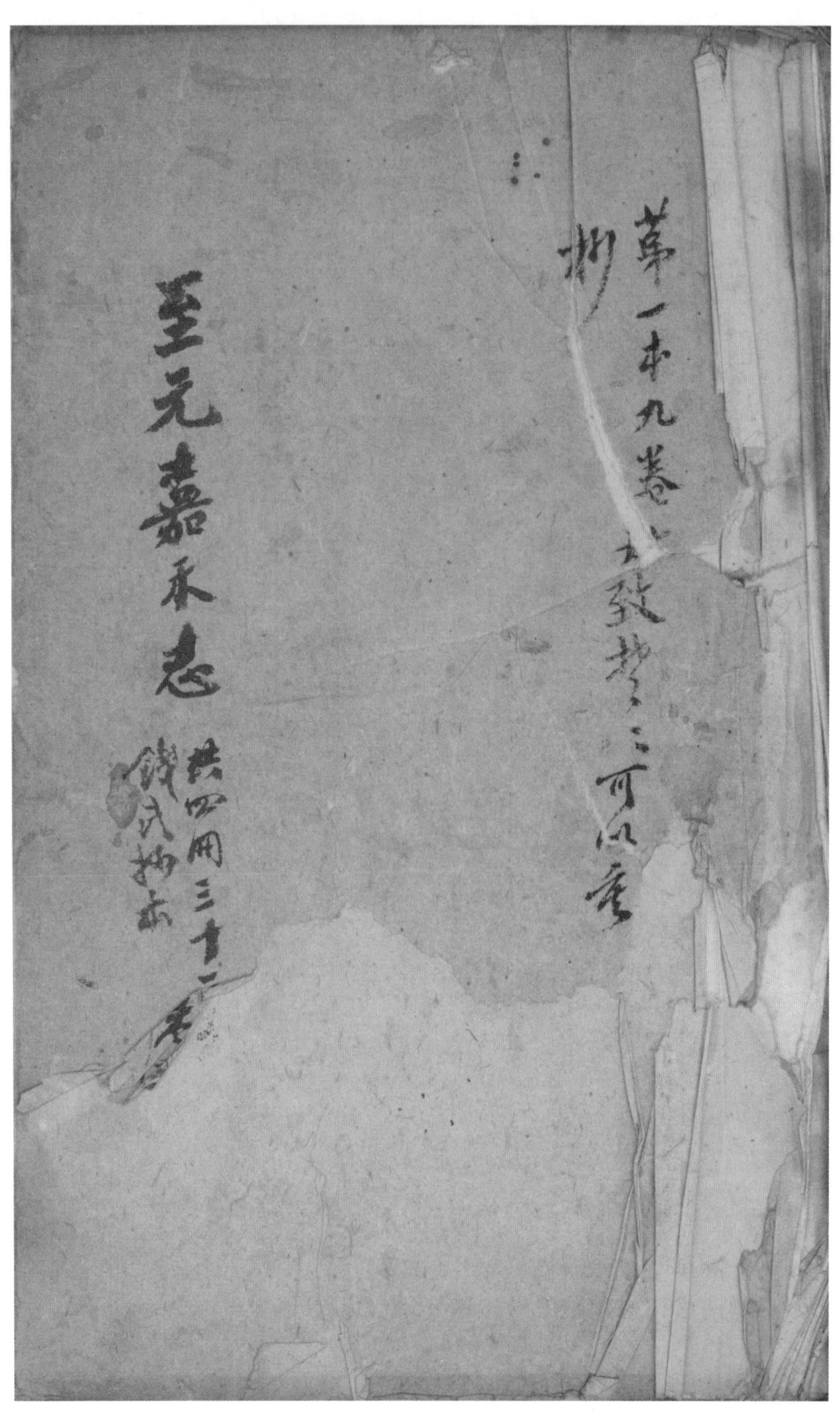

至元嘉禾志三十二卷　之二

之卒不傳惟寶祐四年以文天祥陸秀夫謝枋得三人爲世所重如日星
河岳亘古長留足以搘拄綱常振興風教而表揚以朱子名在五甲第
九十諸學之家亦自相傳錄以至今之下即推駁王鏊之改名之妄其
於寶祐錄云三人並以孤忠勁節搘拄綱常數百年後睹其姓名者凜
然生敬此錄流傳不朽若有神物呵護者豈容得指數之相其語氣殊
覺抑揚過甚平心論之三忠同榜固是希有之事而以朱子一人敵三忠同
懸亦未易軒輊二錄並傳至今並足寶貴何必區作優劣詞說紀文達
不喜宋儒時亦不滿朱子但以身修官書朱子爲
列生所學素未敢訾言之耳至是同年錄之傳不傳不特非朱子所能逆
料抑亦非張大其門戶者之能必至久傳且與朱子生平學術毫無
涉而乃扱於筆端上下其手亦可已而不已者矣同治八年九月二十二
夜四鼓徐時棟書於城西草堂

紹興十八年同年小録不分卷/一册/清道光鈔本

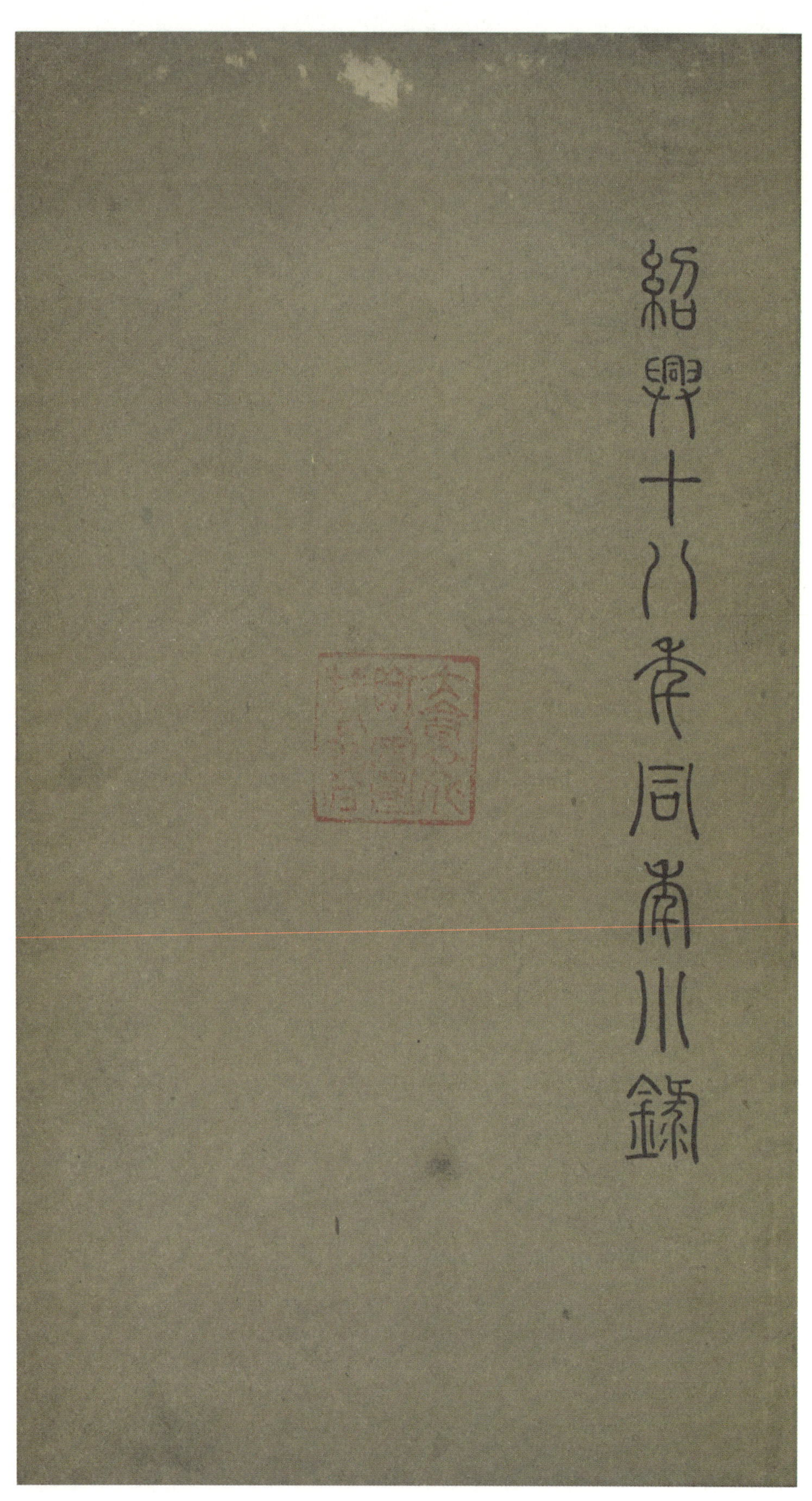

紹興十八年同年小録不分卷　之二

第一甲

第一人 王佐 紹興府山陰縣禹會鄉廣陵里

第二人 董德元 右廸功郎 吉州永豐縣雲盖鄉善和里

第三人 陳孺 和州助教 撫州臨川縣西園鄉文公坊

第四人 莫汲 右修職郎 開封府開封縣吹臺鄉百赤里

第五人 蕭燧 臨江軍新喻縣蒙山鄉折桂坊

第六人 王忠彥 眉州眉山縣忠孝鄉崇道里

紹興十八年同年小録不分卷　之三

第一人　王佐字宣子小名千里小字驥兒
年二十九月初一日生　外氏葉　具慶下
第五十八　兄弟五人　一舉　娶高氏
曾祖仁故不仕　祖忠故不仕　父俊彦見任左
廸功郎鎭江府教授
本貫紹興府山陰縣禹會鄉廣陵里父爲户

第二人　董德元字體仁小名丙哥小字長壽初奏第一以有
官遜佐特勅還擢居首詳卷末
年五十三十月初五日生　外氏曾　永感下
第七十七　兄弟二人　六舉　娶曾氏
曾祖倚故都官員外郎累至太子太保　祖蒙休
故延賞都官贈太子太傅　父奐累贈少卿
本貫吉州永豐縣雲蓋鄉善和里曾祖爲户

第三人　陳孺字漢卿小名叔禎小字石老
年三十一十一月初十日生　外氏湯　具慶下

紹興十八年同年小録不分卷　之四

太常因革禮卷第一

推忠協謀佐理功臣光祿大夫行尚書吏部侍郎叅
知政事上柱國安樂郡開國公食邑三千三百户食
實封八百户臣歐陽脩等奉勑編

揔例一

擇日　　神位上

擇日

通禮凡大祀中祀及大事並前七日卜日小祀及小事並
前五日筮日皆於太廟南門之外今儀皆廢國朝之制歲
之常祀有定日者無定日而擇日者司天監前一季具畫
日牒禮院禮院看詳無妨礙回牒本監本監牒尚書祠部

太常因革禮一百卷/一夾板五册/清道光咸豐間鈔本

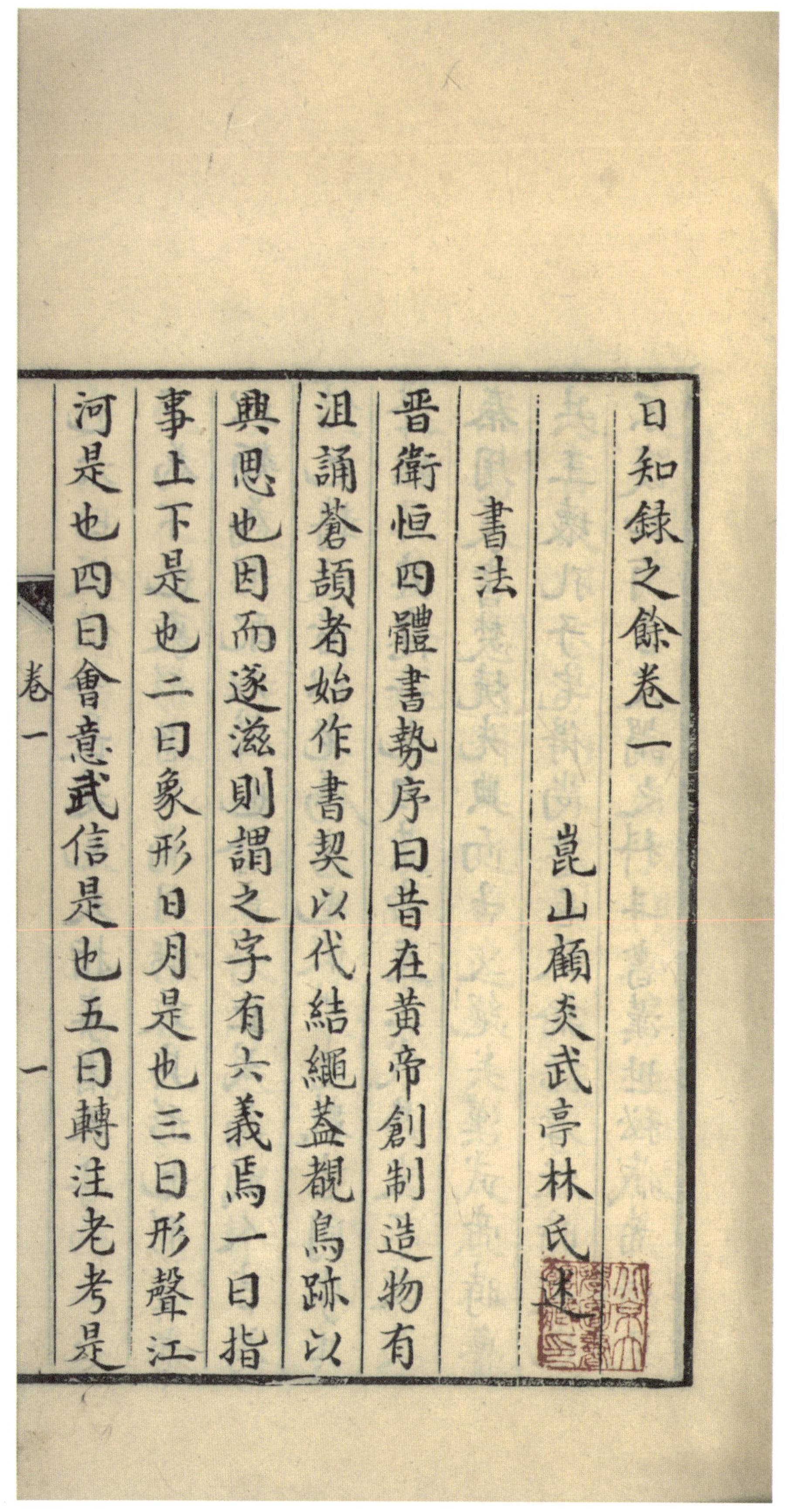
日知録之餘卷一

崑山顧炎武亭林氏述

書法

晉衛恒四體書勢序曰昔在黄帝創制造物有沮誦蒼頡者始作書契以代結繩蓋覩鳥跡以興思也因而遂滋則謂之字有六義焉一曰指事上下是也二曰象形日月是也三曰形聲江河是也四曰會意武信是也五曰轉注老考是

卷一　一

日知録之餘四卷/二册/清道光咸豐間鈔本

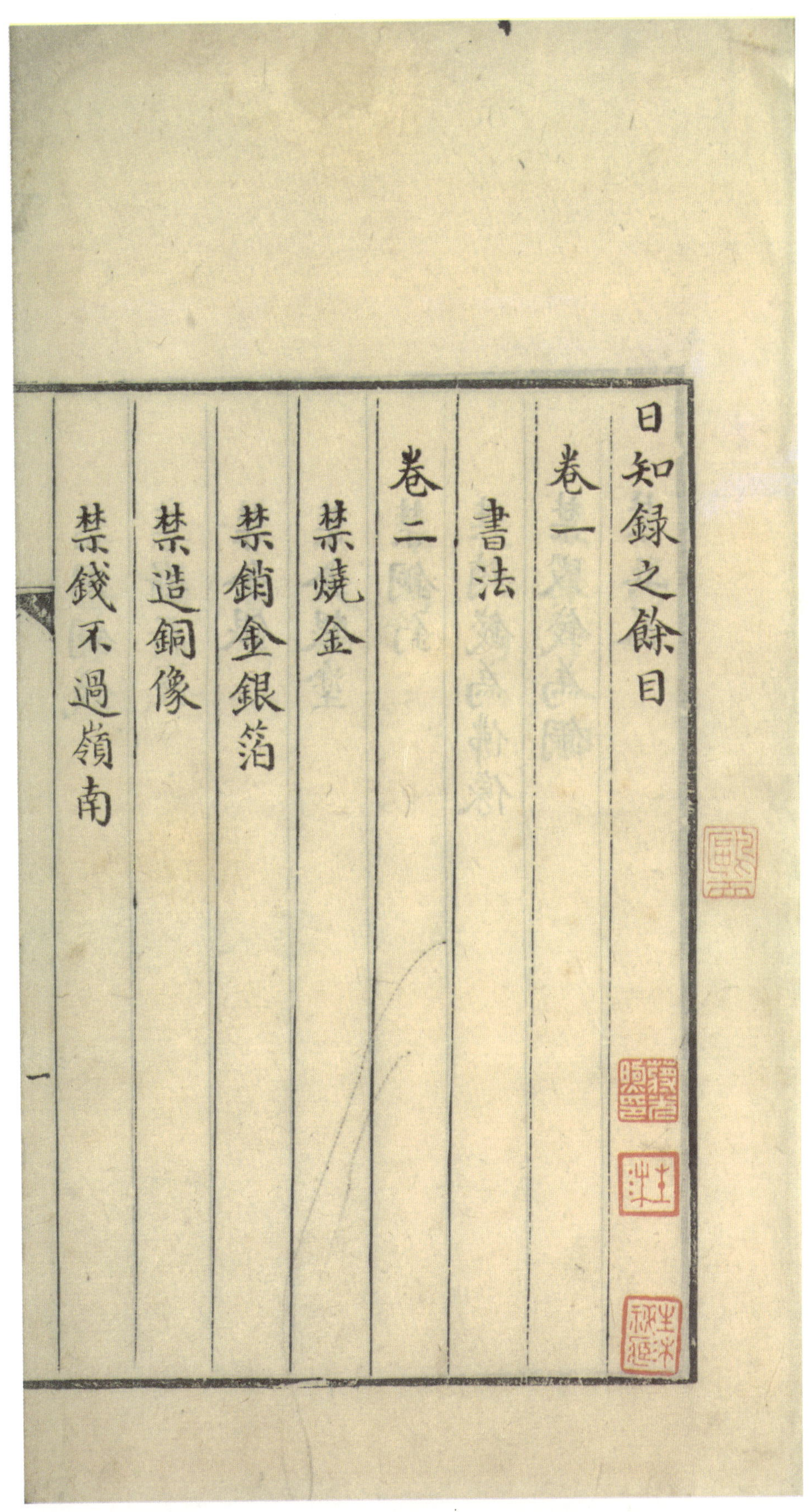

日知録之餘目

卷一

書法

卷二

禁燒金

禁銷金銀箔

禁造銅像

禁錢不過嶺南

日知録之餘四卷　之二

重修琴川志卷第一

叙縣

古制五鄙為縣此遂縣也四甸為縣此州縣也王畿千里分為百縣縣有四郡此畿縣也時縣大而郡小至春秋楚莊王滅陳遂縣陳則縣為尤大戰國相侵大國分置郡邑縣鄙秦分三十六郡以監天下之縣而縣始統于郡矣是制一定迄今行之茲地之為縣也自晉始而海虞南沙常熟凡三易名其更革當紀其沿襲當具其

琴川志卷一　一

重修琴川志十五卷/四册/清同治光緒間鈔本

此序八行十三四格

重修琴川志叙

知常熟州事淮南盧君嘗以古者郡國有圖風土有記所以備一方之紀載今之志書即古之圖記也其可廢乎哉然常熟舊志自宋兵南渡版籍不存至慶元丙辰縣令孫應時始編次為書其後縣升為州歷年浸遠而是書之存焉者寡且丙辰以後續其所未備者後未有其人非缺典歟乃亟訪孫令所編而重正之合十有五卷仍其舊名而題之曰重修琴川志予得而讀

戴叙 一

重修琴川志十五卷　之二

在人一源故不同地時生聖賢吳通上國公即
遊魯胡然歷世莫踵公武覩迹亦昧吁方肇祠
是用作記意嚴灑識嗟予小子世闡産吳敢誦
所自滄洲之徒登橋而思刻銘述記期我同心
如水洊至能令後學本末易明僞行不作踵公
自今

重修琴川志卷第十五終

重修琴川志十五卷　之三

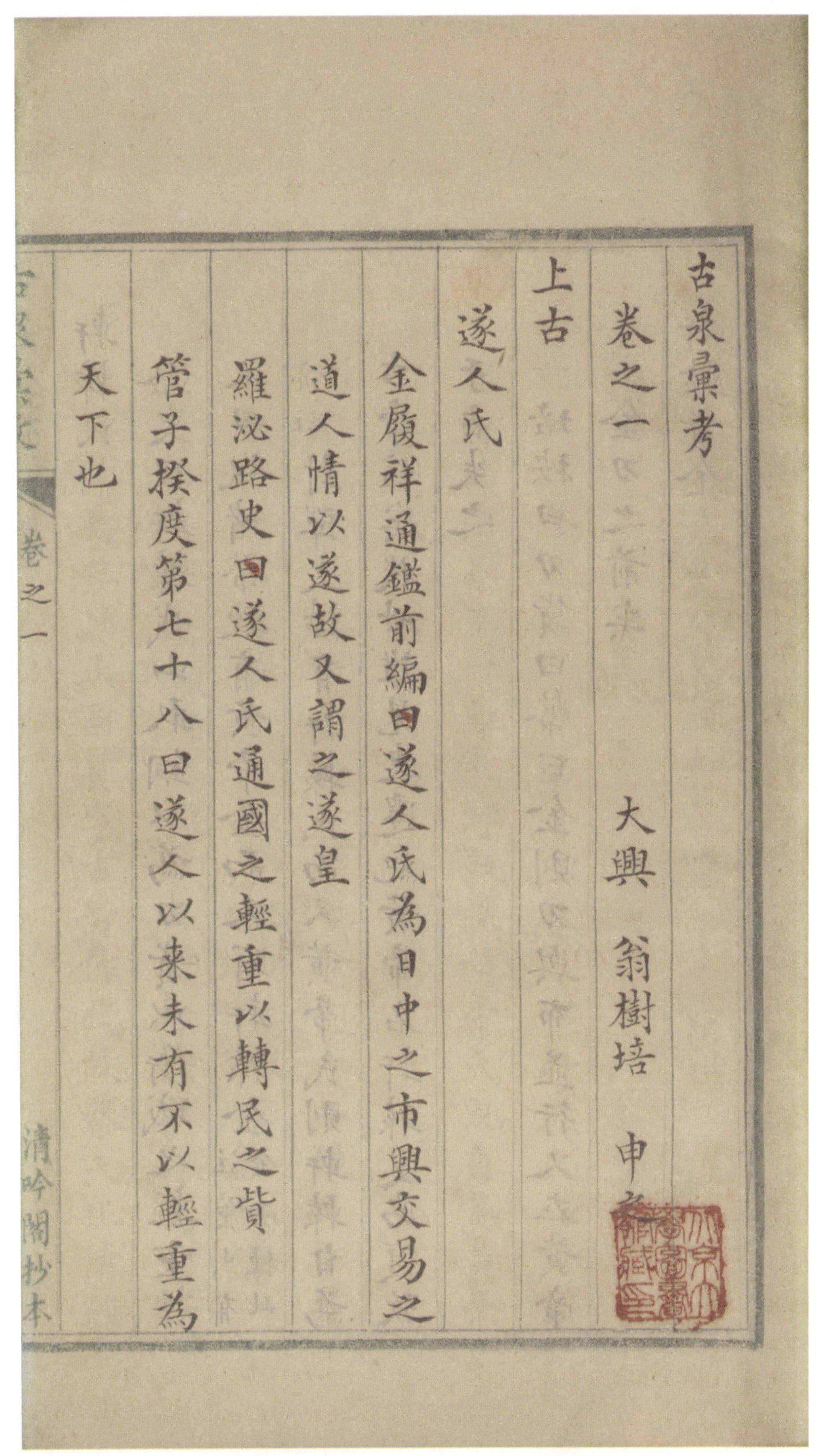

古泉彙考

卷之一　　大興　翁樹培　申之

上古

遂人氏

金履祥通鑑前編曰遂人氏為日中之市興交易之

道人情以遂故又謂之遂皇

羅泌路史曰遂人氏通國之輕重以轉民之貲

管子揆度第七十八曰遂人以來未有不以輕重為

天下也

古泉彙考　卷之一　清吟閣抄本

古泉彙考八卷/十一册/清末瞿氏清吟閣抄本

五乃王之誤字改之可耳此校語可删

景王至赧王正十三世非十一世也

錢文曰寶貨皆非事實舒注十一世即自武王至東周君詩僖三十八世五十三世誤敏校

通典曰錢者金幣之名先曰泉後曰錢班固以爲文曰寶貨韋注國語云文曰大泉五十未詳孰是故兩存焉

杜佑引韋昭注國語云徑寸二分重十二銖文曰大泉五十

通志曰周景王時患錢輕更鑄大錢徑寸二分重十二銖文曰大泉五十肉好皆有周郭

古泉彙考八卷　之二

古泉彙考卷五

大興 翁樹培 申之

宋

太祖

宋元通寶

宋史食貨志曰錢有銅鐵二等而折二折三當五折十則随時立制行之久者唯小平錢夾錫錢最後出宋之錢法至是而壞自五代以來相承用唐舊錢其别鑄者殆鮮太祖初鑄錢文曰宋通元寶

王應麟玉海曰國初錢文曰宋元通寶

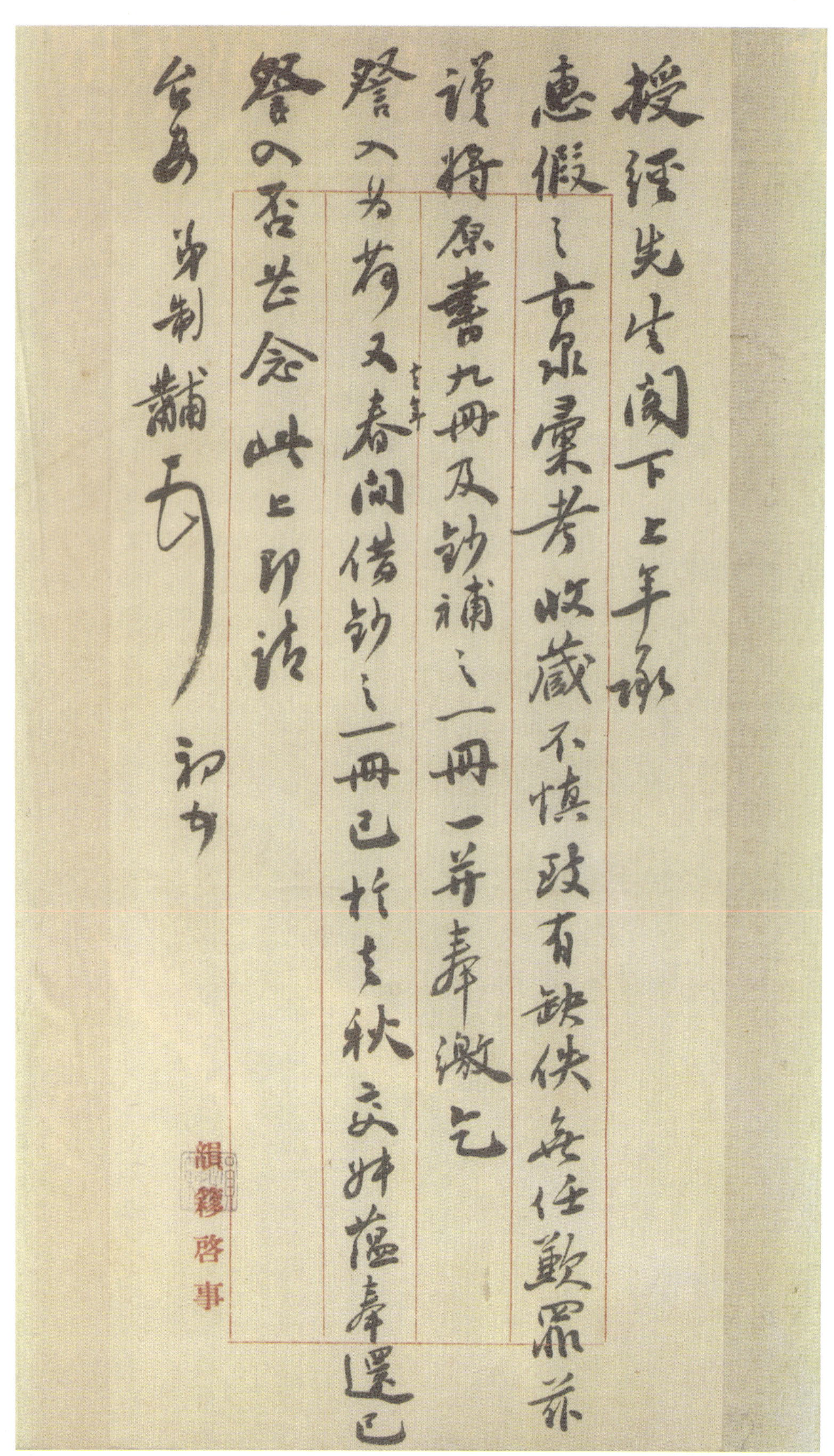

授經先生閣下上年承
惠假古泉彙考收藏不慎致有缺佚無任歉罪茲
謹將原書九冊及鈔補之一冊一并奉繳乞
詧入為荷又去年春間借鈔之一冊已於去秋交姊蕴奉還已
詧入否茲念 此上即請
台安 弟制 黼 頓 初九

緝穆啓事

古泉彙考八卷　之四

六帖補卷第一

代郡楊伯嵒 彥瞻

天文

天

虛碧

玉源夫人中秋詩云玉兔步虛碧

瓊宮

思玄賦覿天皇于瓊宮

通明殿

玉帝殿名嘗有紅雲擁之東坡詩云侍臣

楊氏六帖補二十卷/一夾板五册/清萃古齋鈔本

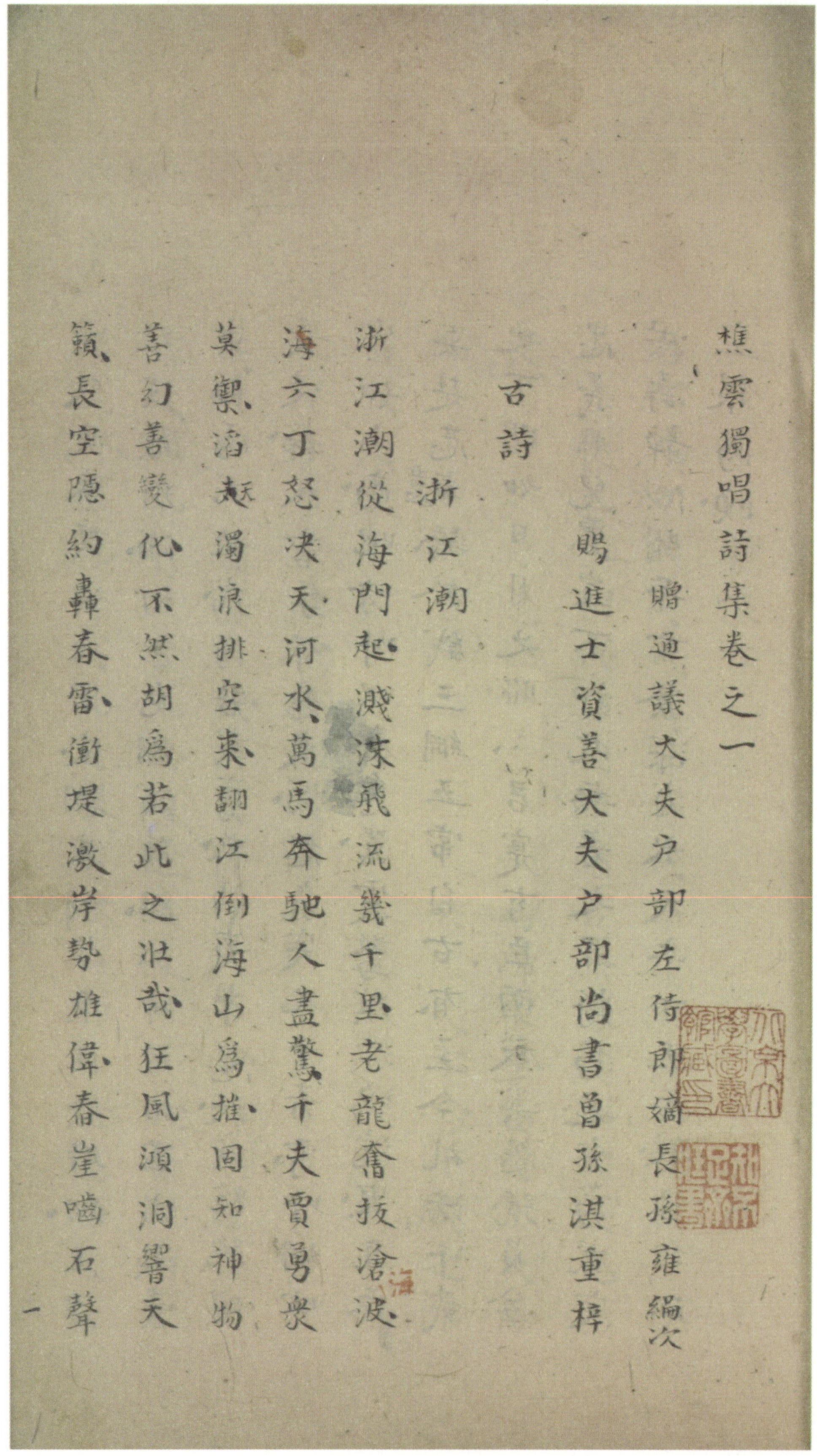
樵雲獨唱詩集卷之一

贈通議大夫户部左侍郎嫡長孫雍編次

賜進士資善大夫户部尚書曾孫淇重梓

古詩

浙江潮

浙江潮從海門起濺沫飛流幾千里老龍奮拔滄波
海六丁怒決天河水萬馬奔馳人盡驚千夫賈勇衆
莫禦滔天濁浪排空來翻江倒海山爲摧固知神物
善幻善變化不然胡爲若此之壯哉狂風須洞響天
籟長空隱約轟春雷衝堤激岸勢雄偉春崖嚙石聲

一

樵雲獨唱詩集六卷/一函二册/清鈔本

下、玉容玄髮不勝寒

辛未八月初六日補錄于武林兩廣會館

樵雲獨唱詩集卷之六

樵雲獨唱詩集六卷　之二

松雨軒集卷之一

五言古詩

光霽堂

碧雞翠冥濛夕影倒滇水月出金馬東徘徊白雲裏
电峻堂既崇燕塏塵不起書籤承素輝琴露濕烏几
我公黔寧嗣世濟忠孝美容光照隙罅於焉燭斯理
悵望珠履榮老客思未已何當駕長風一遡秋萬里

次韻答陳叔振

横經諸侯師韋布榮已極居依尺五天月既三百魄
琴尊樂清時圖書庋高壁客來醉或歌我掌和而拍

松雨軒集八卷/一函二册/清鈔本

松雨軒集八卷明平顯撰按朱竹垞明詩綜顯字仲微錢唐人以薦授廣西藤縣知縣謫戍雲南沐黔國延為西席張宗海云仲微泝長江徑洞庭道夜郎謫昆明其為歌詩怪變豪放得於遠游之助惜傳本甚稀各書目均未見

四庫亦未經收入此本得自申江為知不足齋故物且經硃筆校讐亦希世之珍也光緒癸未大寒節前灯下讀

東陵方功惠柳橋甫識

松雨軒集八卷　之二

新編三場文海卷第一

經學類㊀

經傳格言 在止至善 記大學曰大學之道在明明德在親民在止於至善○爲王者事 揚子云學之爲王者事其已久矣堯舜禹湯文武汲汲仲尼皇皇其已久矣 並新添

故事綱領 堯 兢兢日行其道 舜 業業日致其孝 董仲舒策 禹 惜寸陰 並新入 ○湯之於伊尹學焉而後臣之 孟 盤銘曰德日新日日新又日新 記 ○高宗惟學遜志務時敏厥脩乃來允懷于茲道積于厥躬惟斅學半念終始典于學厥德脩罔覺 書 ○文王在傳傳弗勤處師師弗煩 國語 ○成王敬之群臣進戒嗣王也日就月將學有緝熙于光明佛時仔肩示我顯德行 詩 周禮訓誦掌道方志以詔觀事雖 說四方所識久遠之以吉王觀傳古所識 ○漢高祖不修文學天性明達 本紀 陸賈稱說詩書帝曰乃公居馬上得之安事詩書賈曰馬上得之寧可以馬上治乎遂著新語十二篇每奏一篇帝未嘗不稱善 本傳 新入 ○武帝卓然罷黜百家表章六經 新入 東方朔言

新編三場文海一百卷綱目十卷圖說二十卷/十册/清鈔本

三場文海序

洪波洶湧萬里無際百川衆壑翕然東注堯水九年而不盈湯旱七年而不涸此海之所以爲大也貫穿經史總括百家記事纂言需材度用貿諸鬼神而無疑㪅諸天地而無恥此文之所以爲海也國家以三場設科群天下英材試之于有司士之登金門上玉堂者往往繇此塗出然詩賦則貴其用事押韻引證經史論策則

新編三場文海一百卷綱目十卷圖說二十卷　之二

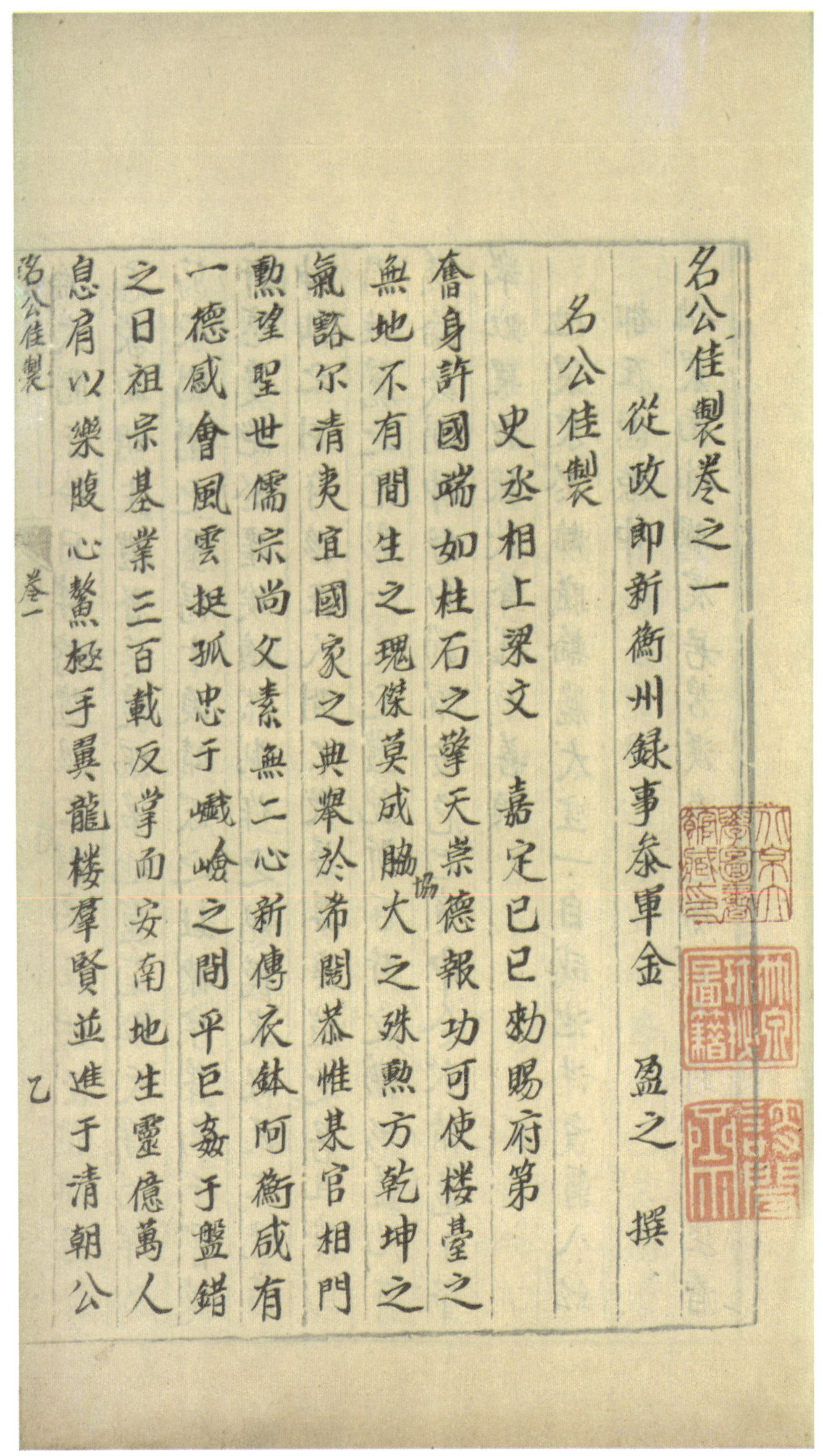

名公佳製卷之一

從政郎新衢州録事叅軍金　盈之　撰

名公佳製

史丞相上梁文　嘉定巳巳勅賜府第

奮身許國端如柱石之擎天崇德報功可使楼臺之無地不有間生之瑰傑莫成脇大之殊勲方乾坤之氣節尔清夷宜國家之典舉於希闊恭惟某官相門勲望聖世儒宗尚文素無二心新傳衣鉢阿衡咸有一德感會風雲挺孤忠于巇嶮之間平巨姦于盤錯之日祖宗基業三百載反掌而安南地生靈億萬人息肩以樂腹心鰲極手翼龍楼羣賢並進于清朝公

名公佳製　卷一　乙

醉翁談録八卷/合一册/清鈔本

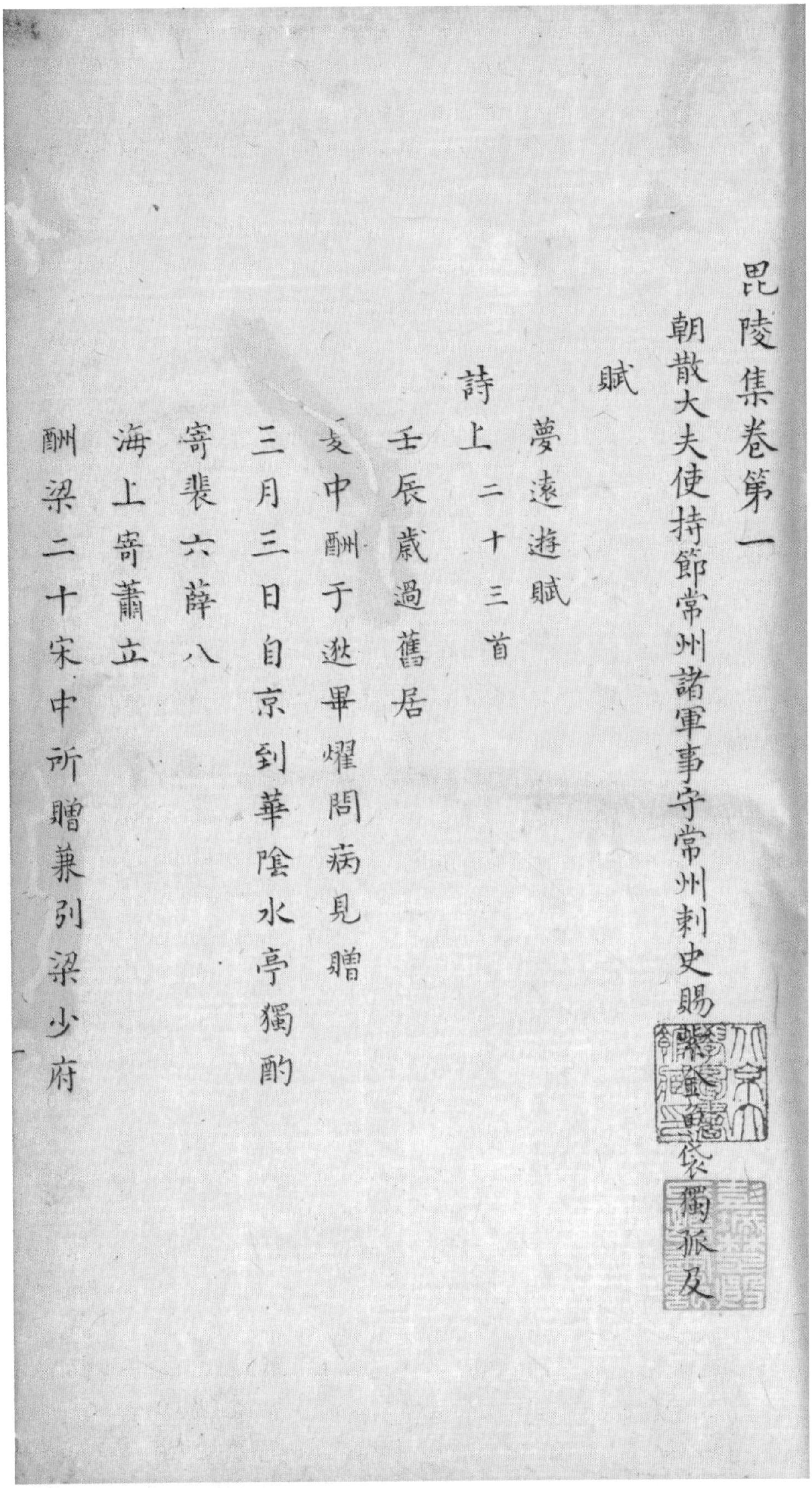

毘陵集卷第一
朝散大夫使持節常州諸軍事守常州刺史賜緋魚袋獨孤及
賦
夢遠遊賦
詩上二十三首
壬辰歲過舊居
[illegible]支中酬于逖畢燿問病見贈
三月三日自京到華陰水亭獨酌
寄裴六薛八
海上寄蕭立
酬梁二十宋中所贈兼𠡠梁少府

毘陵集二十卷/一函四册/清鈔本

唐獨孤公毘陵集二十卷祕藏 天府世罕其傳
是本為吳文定公在 東閣時抄出以藏於家者
也其孫經府君与貞山給事為内兄弟給事乃得
假歸命傭書者録之惜乎訛舛艱讀知余嗜古書
來請校一過余且校且録積四旬有二日訖事噫
余之用心亦勤矣安能吾子若孫同余之嗜世而
守之也與哉

毘陵集二十卷　之二

咸平集卷第一　　　　京兆田錫

奏議

上太宗應詔論火災

雍熙元年六月詔曰朕以不敏不明託於兆人之上夙夜祇惕罔敢怠荒賴九廟儲祥上天垂佑萬務粗治于今九年而數日前迅雷之中烈火遽作既延災於正殿蓋示譴於眇躬抑畏

咸平集三十卷附録一卷/四册/清鈔本

寧國簿康震　　司法參軍張玄珪

宣城令毋克溫　　太平簿張誦

太平令賈昭偉　　涇縣簿王中古

咸平集三十卷四本同治四年二月二十七日城西草堂徐氏收藏按宋史載表丞奏議二卷文集通考載咸平集五十卷則此為後人搜葺本矣特末附其所撰先君墓碣一篇不編入集中而録之集後何耶　十二月十二日時栋記

咸平集目録

無為集卷之一

古律賦

歸來堂賦

碧虛子陳景元字泰初入道為右街録賜號真靖主太乙宮屢請歸廬山朝廷不從大丞相舒公因真靖自言而題之云身官有吏責觸事遇嫌猜野性難堪此廬山歸去來無為子楊傑蓋碧虛子之友也聞而歎曰昔靖節先生賦歸去來以歸廬山之陽且八百

無為集十五卷/二册/清鈔本

無為集序

國家以文教作成海内近二百年
主上紹開中興息馬論道者一紀於茲比詔有司修
建太學益以儒術粉飾治具漸磨士類未始須臾置
也無為在淮右為小壘而多名士侍講楊先生名傑
字次公道號無為子寔一時文人公自妙齡擢巍科
以雄文妙賦醇德懿行得名于時中間立朝議禮樂
因革人尤多之晚年嘗奉使過泰山觀日出於絶頂
之上重九日賦詩舉酒於華山蓮花之峰繼被詔從

無為集十五卷　之二

當職官員取受錢物受人情囑行遣不公等事約法
合得免官除名不（在）原赦之罪者如勘證得委是誣告
即下狀并借詞之人斷本罪外亦乞申取朝廷指揮
量情輕重編管刺配或遇赦宥亦乞（一本作亦乞首不得赦原）特不以赦原所（庶）
貴（使）狡獪頑惡之徒稍有畏憚不敢輒以虛詐干臺省
誣罔監司州縣承勘官員謹錄奏聞伏乞朝廷特賜
詳酌指揮下刑部立法施行

癸未重易後五日燈下校畢

無為集十五卷　之三

龍雲先生文集卷第一

安成劉弇偉明

古律賦

進元符南郊大禮賦表

臣弇言臣疵賤坎壈生亡益縣官紹聖中有司第臣宏辭程文入等奏御蒙　陛下誤恩擢太學博士厥績弗底祿尸食浮今者歲一再見矣平居訓講之暇不敢自齒于祿〻則間驤意翰墨因得窺意古人所以班〻概見而不可厚誣如三都二京客卿烏有之比者竊嘗謂詞人文士之作雖取

龍雲先生文集三十二卷附録一卷/八册/清鈔本

龍雲先生文集序

宋有天下四百餘年廬陵郡以古文倡明斯道自歐陽文忠公始繼之者龍雲劉先生也先生諱弇字偉明龍雲其號也登元豐進士第繼中愽學宏詞科元符中有事於南郊嘗進南郊大禮賦哲宗覽之動容以為相如子雲復出予每以不獲見先生之文為恨今年春吾閩大恭安成劉公孟向宣來延平語予曰吾祖龍雲先生著述甚富歷世既遠流落天地間漫不可省天順間先君始得龍雲集

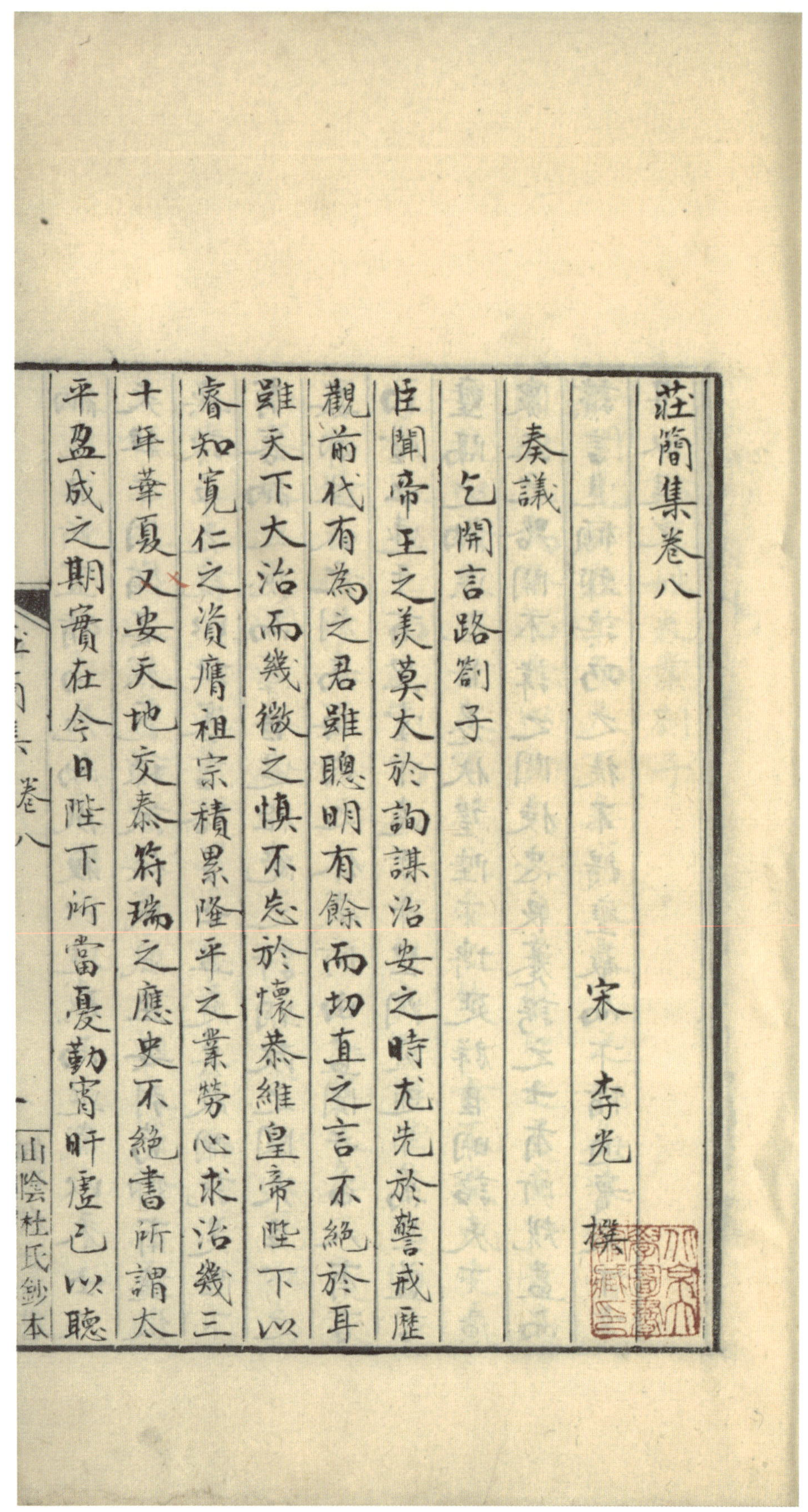
莊簡集卷八

宋　李光　撰

奏議

乞開言路劄子

臣聞帝王之美莫大於詢謀治安之時尤先於警戒歷觀前代有為之君雖聰明有餘而切直之言不絶於耳雖天下大治而幾微之慎不忘於懷恭維皇帝陛下以睿知寬仁之資膺祖宗積累隆平之業勞心求治幾三十年華夏又安天地交泰符瑞之應史不絶書所謂太平盈成之期實在今日陛下所當憂勤宵旰虛己以聽

山陰杜氏鈔本

莊簡集十八卷/一册/清山陰杜氏知聖教齋鈔本

筠谿文集卷第一

奏議　　連江　李彌遜似之著

紹興五年被召上殿第一劄子

臣聞光武起南陽一年而破新室肅宗起靈武一年而復兩京元帝起建康數月而君臣之禮定遂成東晉之基事雖不同皆謀深志定力行而不疑故功效之成如此其速也竊惟國家之患振古未聞天佑宋德陛下興起于艱難之中以陛下英睿神武何啻並駕漢唐之君

筠谿集　卷一

筠谿集二十四卷筠谿樂府一卷/二函十二册/清鈔本

筠谿先生文集序

士大夫種學績文孰不欲流傳於後資禀有厚薄用力
有淺深固不可誣然湏器度過人則自應高勝有非勤
苦之所能强進者此可與知者道尒筠谿先生以父兄
之賢少有聲于太學一夕厠有同舍投繯于梁間公時
年才十七八略無悶意亟解其繫卧而枕于股上親撫
摩而噓呵之會有後至者怪而問焉徐語其故馳報齋
中羣士兢篝火而来相與抱持而歸竟全其生即日名
動京師弱冠遂為大觀三年上舍第一人繼登科其才

筠谿集二十四卷筠谿樂府一卷　之二

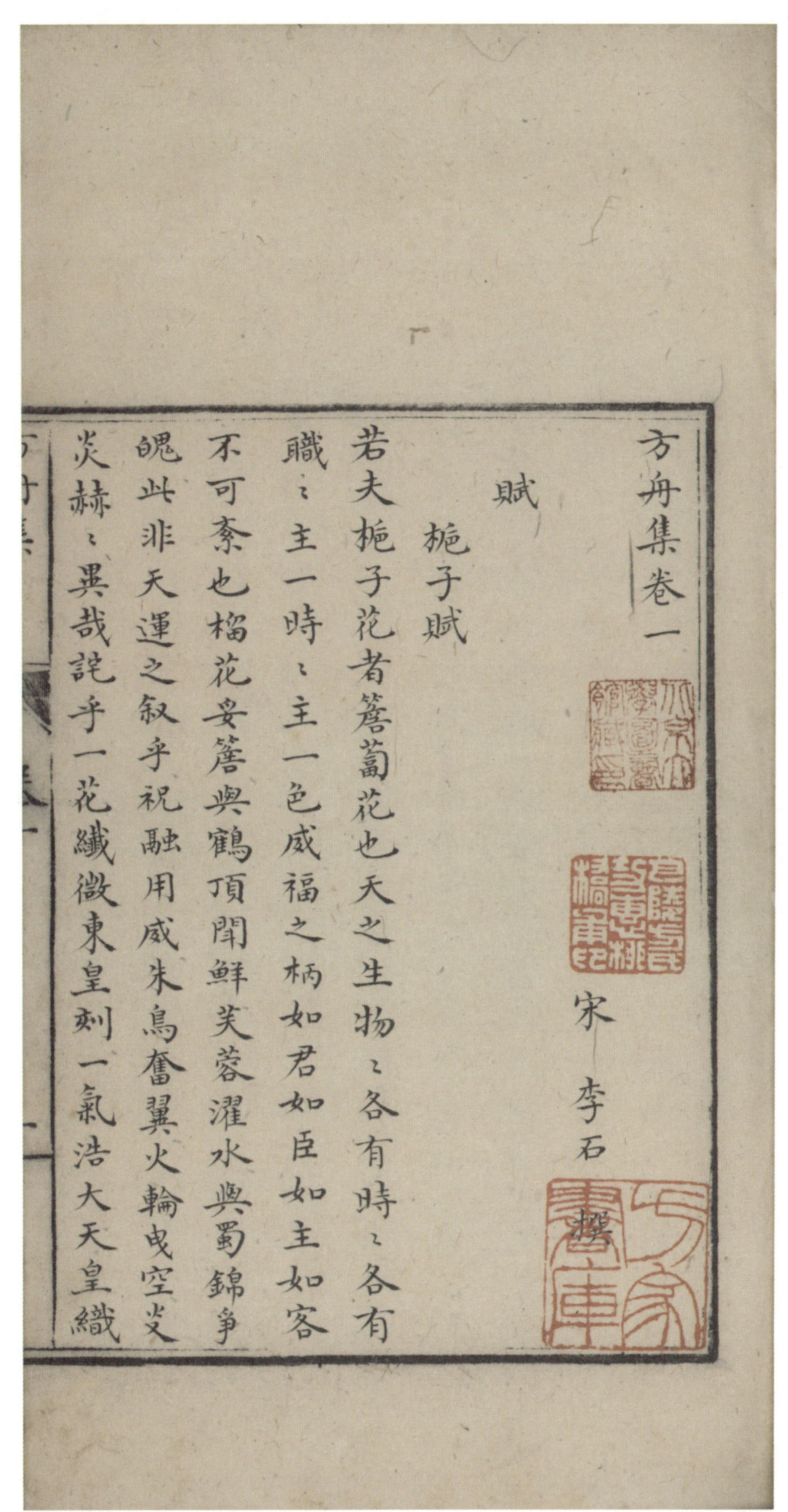
方舟集卷一

宋 李石 撰

賦

梔子賦

若夫梔子花者薝蔔花也天之生物〻各有時〻各有職〻主一時〻主一色咸福之柄如君如臣如主如客不可紊也榴花妥薝與鶴頂鬭鮮芙蓉濯水與蜀錦爭魄此非天運之叙乎祝融用咸朱鳥奮翼火輪曳空炎炎赫〻異哉詫乎一花纖微東皇刻一氣浩大天皇織

方舟集二十四卷/一夾板八册/清鈔本

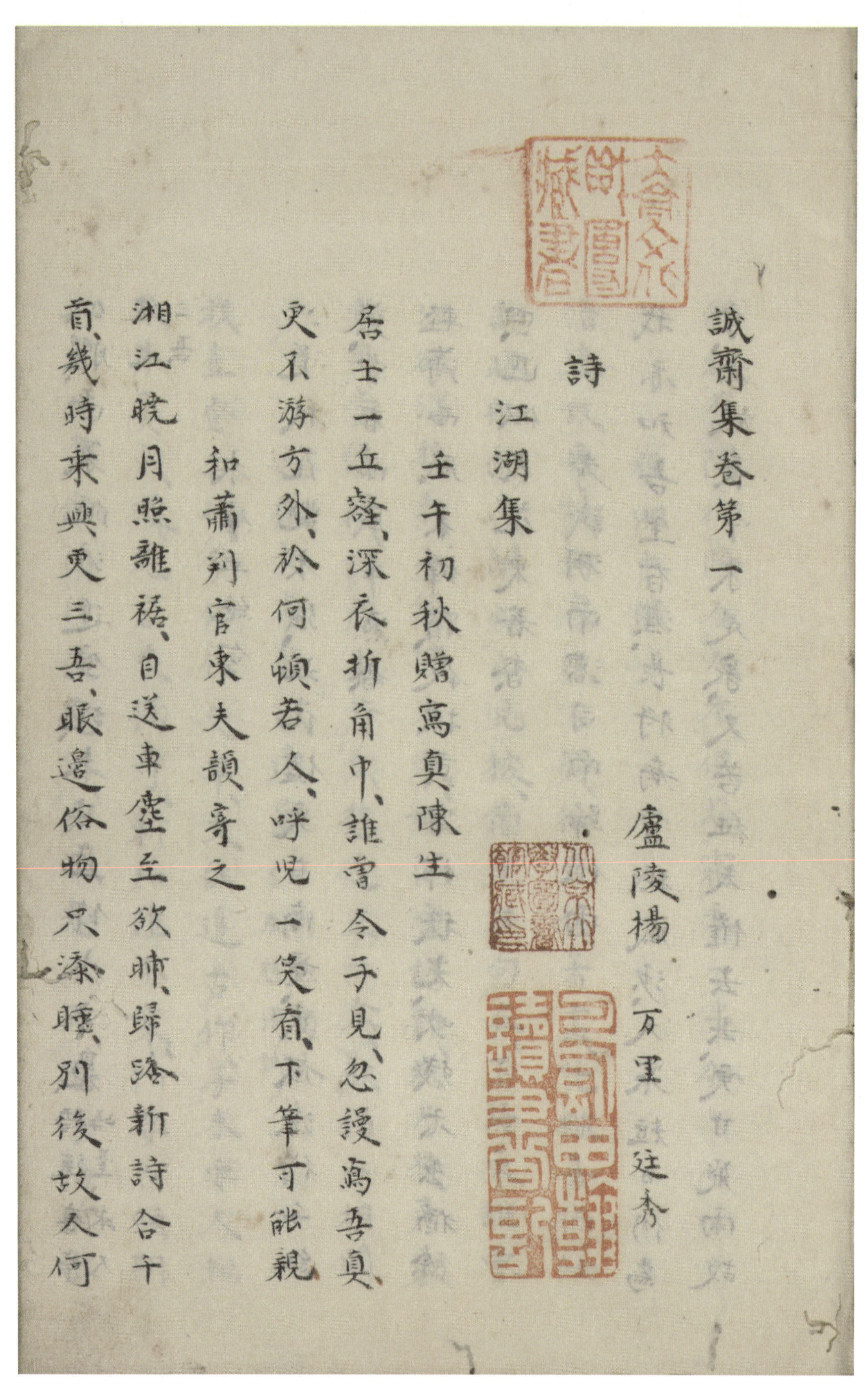
誠齋集卷第一

廬陵楊　万里　廷秀

詩

江湖集

壬午初秋贈寫真陳生

居士一丘壑、深衣折角巾、誰曾令予見、忽謾寫吾真、更不游方外、於何領若人、呼兒一笑看、下筆可能親

和蕭判官東夫韻寄之

湘江曉月照離袂、自送車塵至欲晡、歸路新詩合千首、幾時來興更三吾、眼邊俗物只添眵、別後故人何

誠齋集一百三十三卷目録四卷/四十三册/日本元禄間鈔本

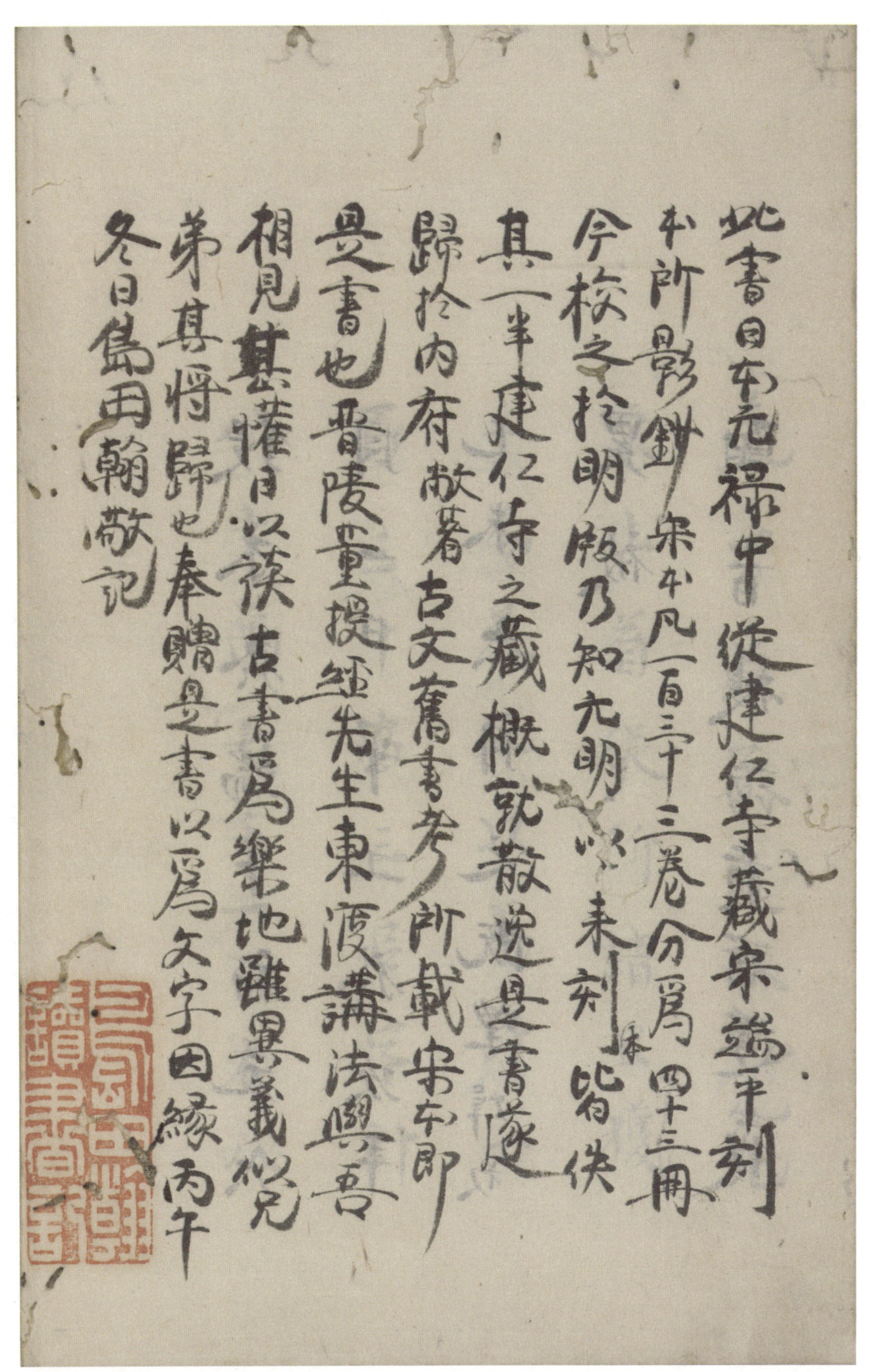

此書日本元禄中從建仁寺藏宋端平刻本所影鈔宋本凡一百三十三卷分爲四十三冊今校之於明版乃知元明以來刻本皆佚其一半建仁寺之藏概就散逸是書遂歸於內府敬著古文舊書考所載宋本即是書也晉陵董授經先生東渡講法與吾相見甚懽日以談古書爲樂地雖異義兄弟其將歸也奉贈是書以爲文字因緣丙午冬日島田翰敬記

誠齋集一百三十三卷目録四卷　之二

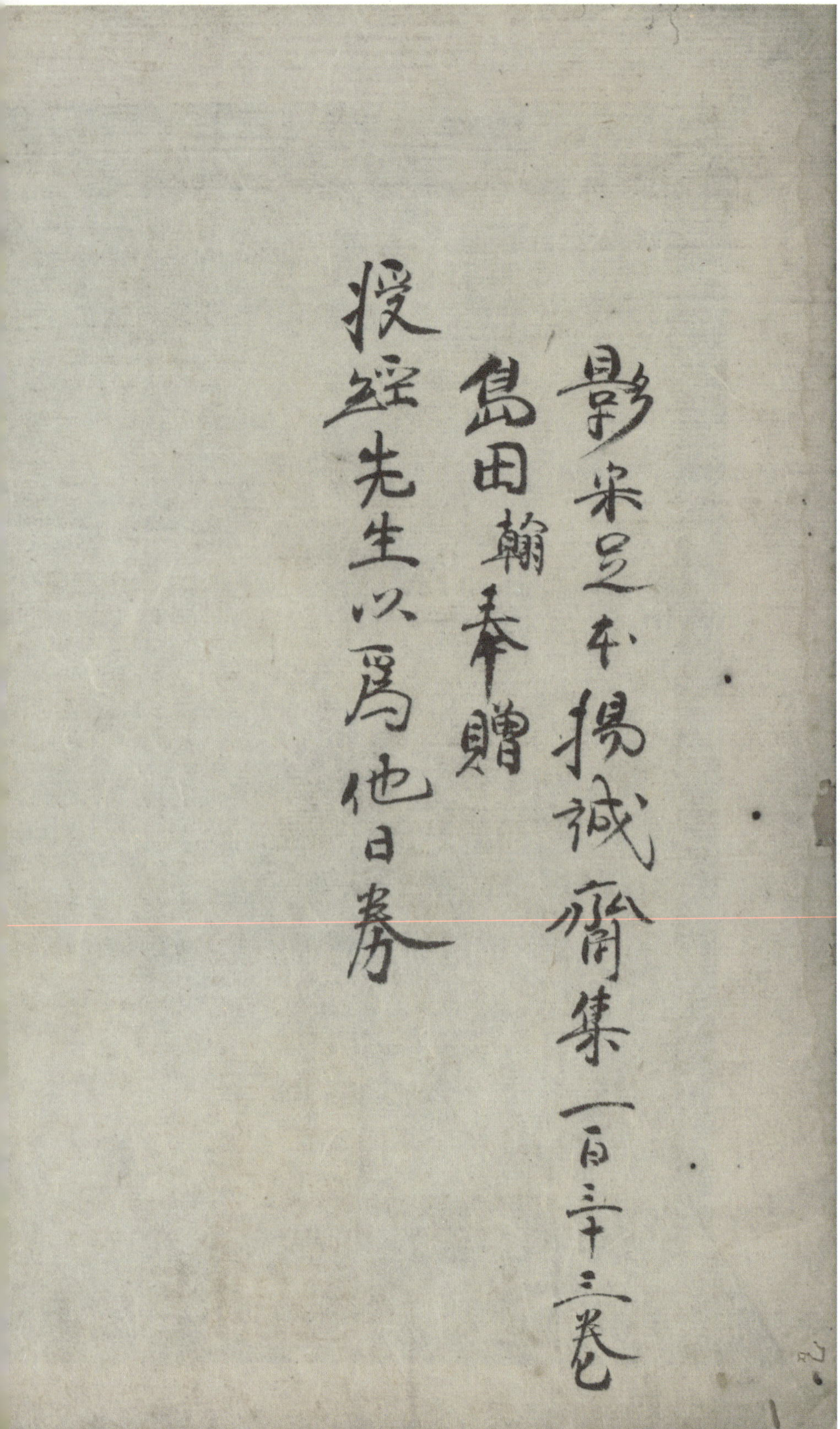

影宋足本揚誠齋集一百三十三卷
島田翰奉贈
授經先生以爲他日券

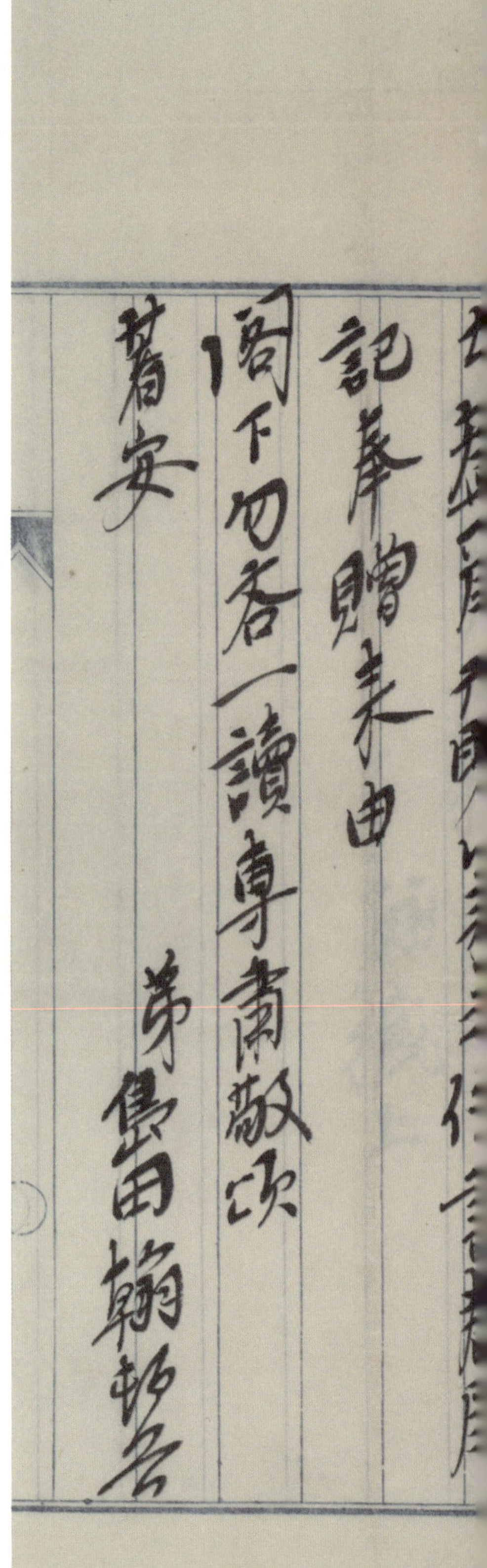
記奉贈來由
閣下切吝一讀專肅敬頌
著安
弟島田翰頓首

誠齋集一百三十三卷目録四卷　之三

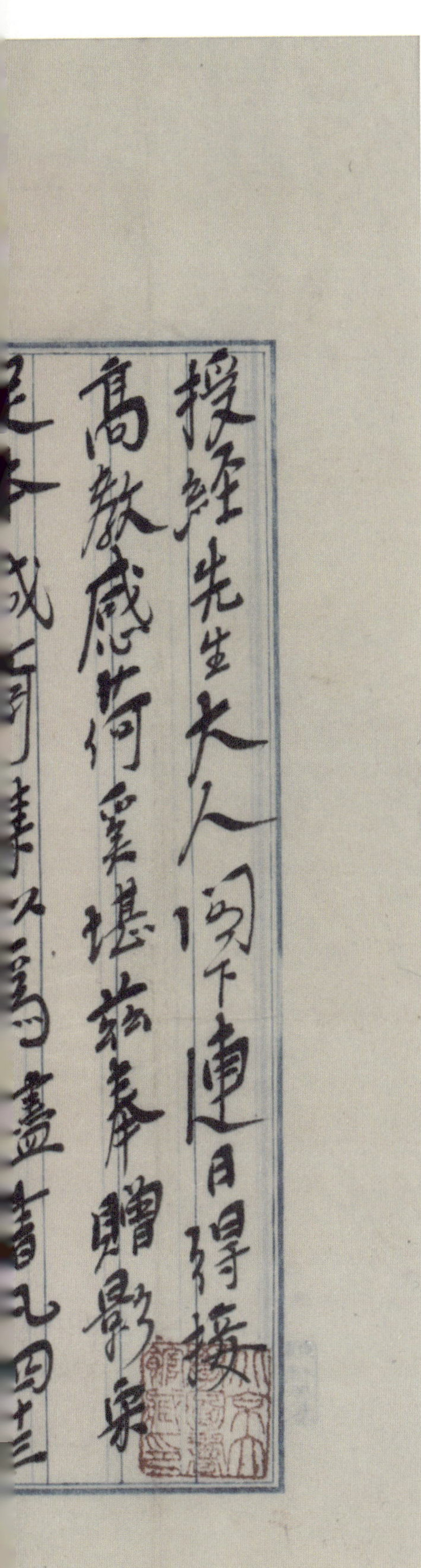

授經先生大人閣下連日得接
高教感荷無堪茲奉贈影宋

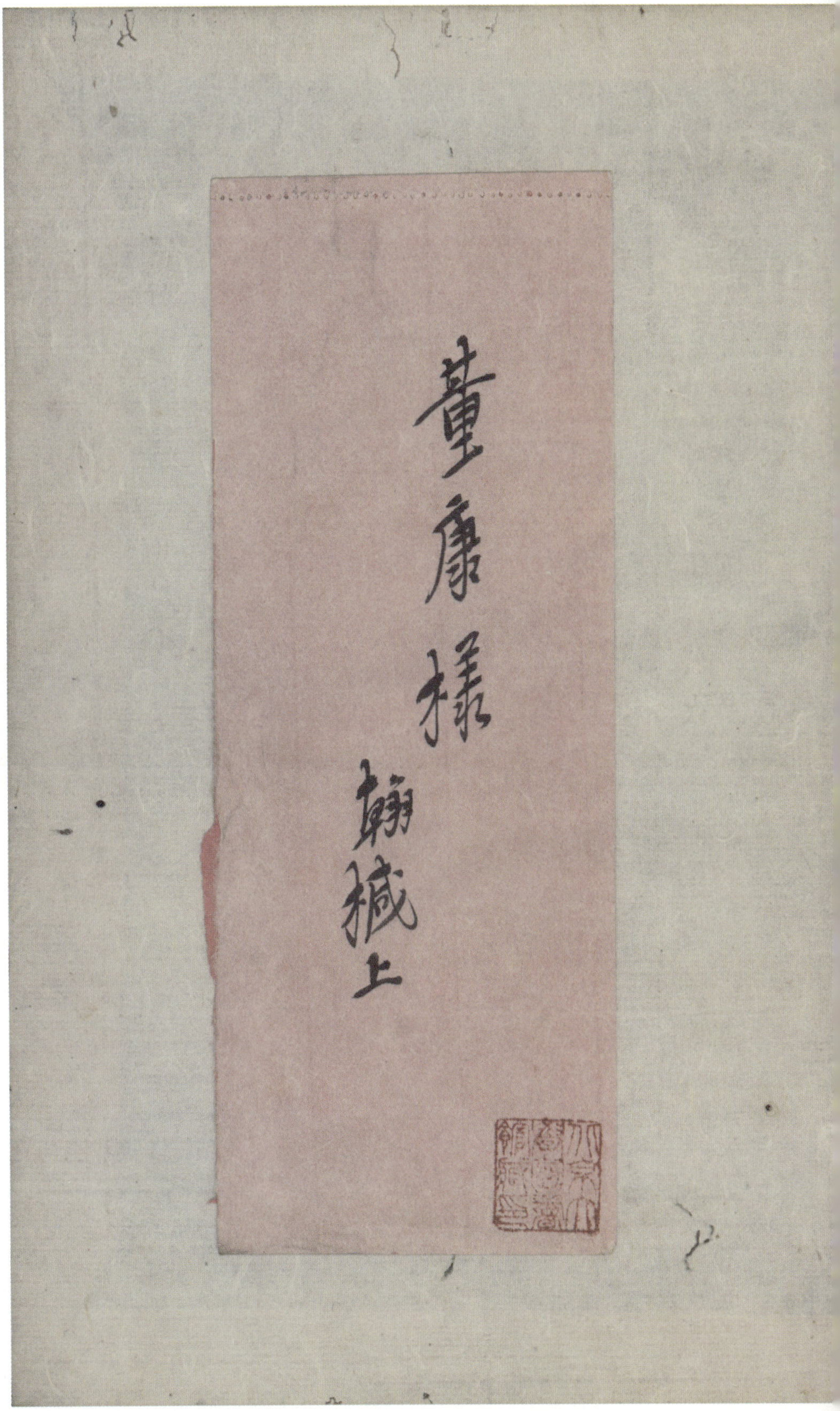

董康様
翰織上

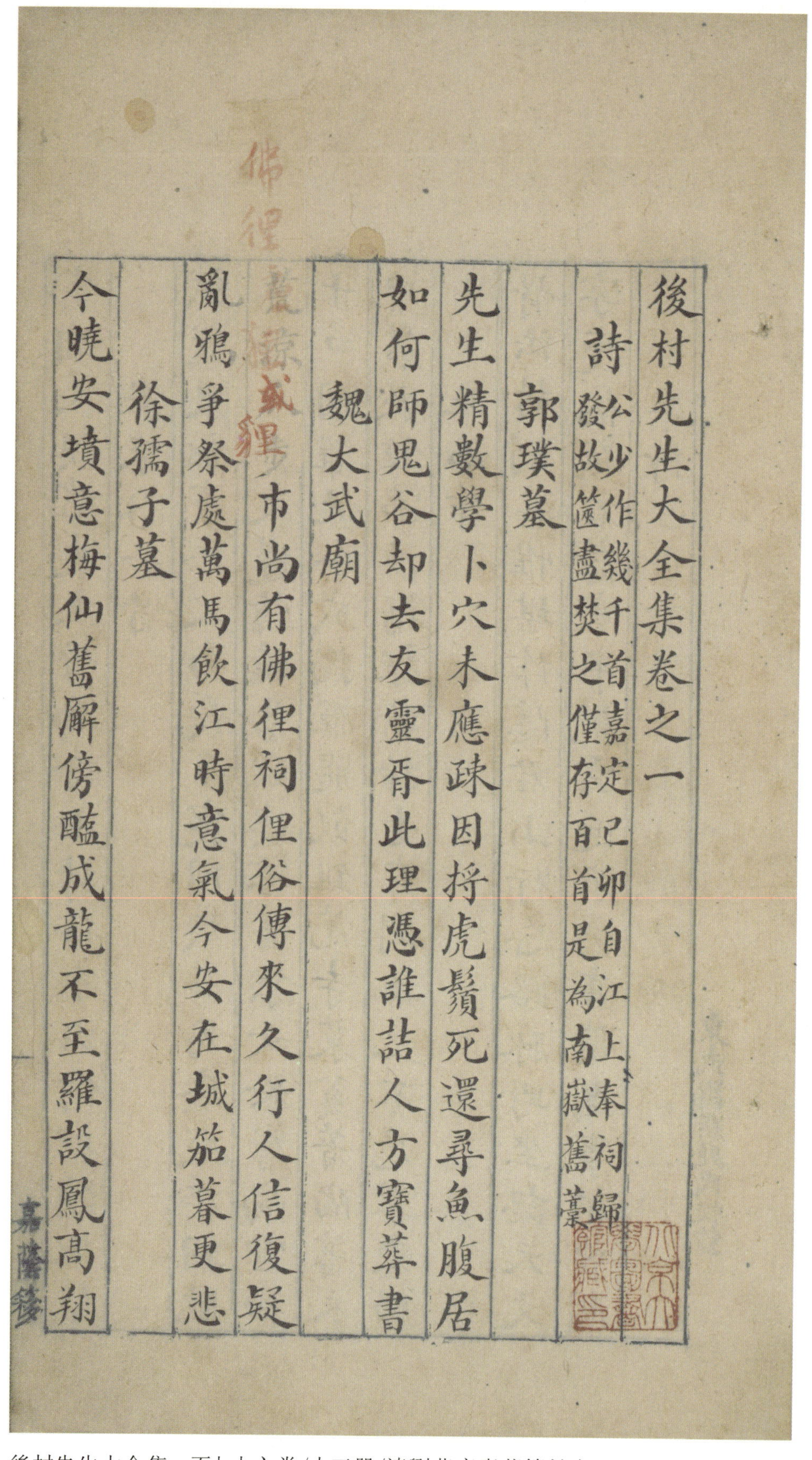

後村先生大全集一百九十六卷/十三册/清劉燕庭嘉蔭簃鈔本

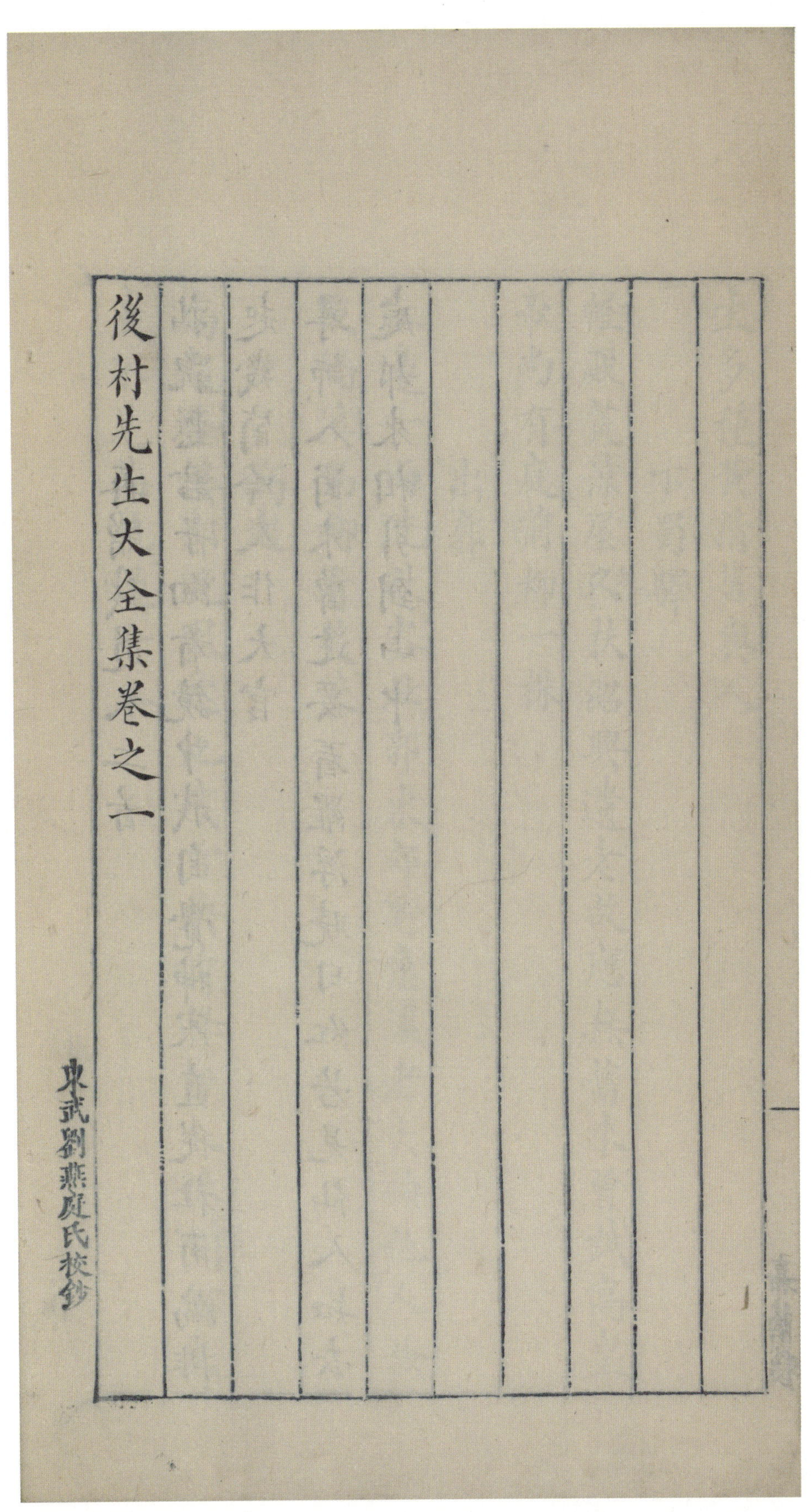

後村先生大全集一百九十六卷　之二

魯齋王文憲公文集卷之一

廬陵銅溪劉同編輯

鄱陽三臺劉傑校正

賦

宋文書院賦

蔡子明講於鵝湖用文公白鹿洞賦韻示學者以墨本見寄因用

韻和之　繄奎纏之珠聚闡文教於無疆涵景朝之樂有莘慶曆

元祐之忠良維陽九之震蕩復王氣於錢唐鴉有時而號晝鳳終

翺於桐岡抑理大之矣謀達此道於八荒錫書堂之四號揭儒隱

之遺芳因宏規而恢拓立郡縣之膠庠發天地之清淑導濂洛之

洋洋自龜山之後南開太宗之世運繹分殊之一語極精析而莫

渾彼憑虛而夸毗忌所藏之難遁盛哉乾淳之大儒四合朋簪而

辨問有昧性質之異同惡此知行之並進蓋入德之有序孰先傳

魯齋王文憲公文集二十卷/一函四册/清鈔本

王文憲公文集序

孔子曰禮云禮云玉帛云乎哉樂云樂云鐘鼓云乎哉文之爲文關乎道也古之聖賢得時行道若堯舜禹湯文武之爲君皋夔稷契伊傅周召之爲臣善政嘉謨載之方册夫是之謂文或聖賢之徒不見用於時窮極天人之理考古帝

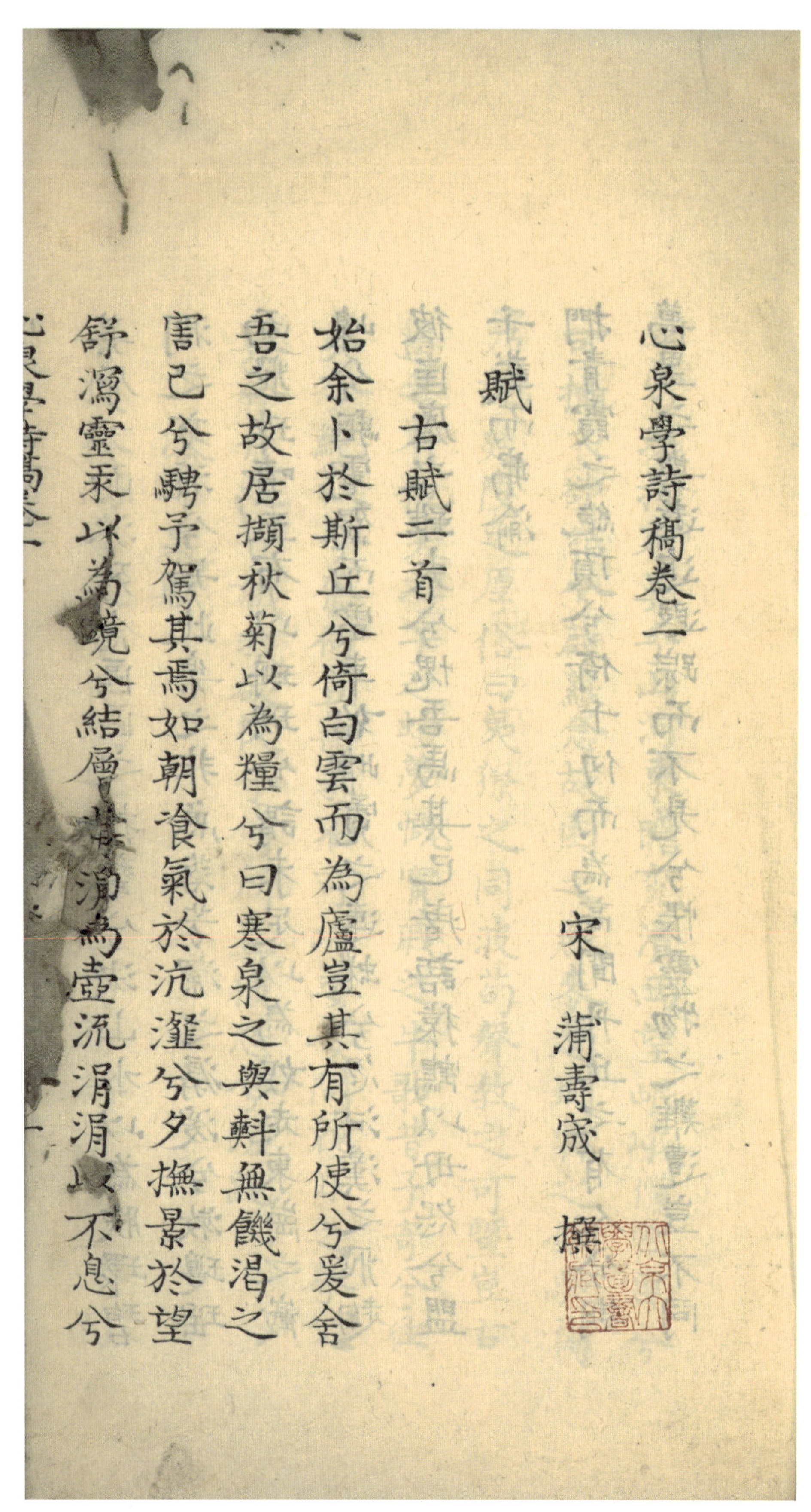
心泉學詩稿卷一　　宋　蒲壽宬　撰
賦
古賦二首
始余卜於斯丘兮倚白雲而為廬豈其有所使兮爰舍
吾之故居擷秋菊以為糧兮日寒泉之與斟無饑渴之
害己兮騁予駕其焉如朝飡氣於沆瀣兮夕撫景於望
舒瀉靈汞以為鏡兮結層冰以為壺流涓涓以不息兮
心泉學詩稿卷一

心泉學詩稿六卷/一册/清鈔本

虛谷桐江續集卷之四

紫陽方回　萬里

仲夏書事十首

園林夏宜晚葉葉溜晴光此地吾能淨非天獨肯涼汲泉
看馬飲剗草免蛇藏似亦為形役終無市井忙
南風吹客樹古屋隱林隈捲畫防梅雨鐫詩惜石苔醫書
鄰叟借庵記野僧催細省仍微笑猶勝走俗埃
幽居少四鄰長日屬閑人石氣常蒸霧鶯聲不改春子錢
償未已卯酒醉何頻說與耘畦者無錐未是貧
一 閑身何所事詩外別無心但見獨危坐焉知長苦吟兵戈

虛谷桐江續集四十八卷/二冊/清鈔本

袁氏考妣葬碣

同邑袁清之之父死葬潘奧十年而母劉氏死於是清之兄弟從余游亦且十年前祔縗絰詣余門請曰昔者清之之喪吾父也嘗使人迹公於天台山中求公文以誌葬公辭而不畀之文雖葬竊比之猶未成葬也今者祔吾母而卜其舊兆不吉訊葬書西其兆八十舉武則吉乃西而新之而求所未獲於公幸公哀之余受其請嘆曰嘻乎禮哉子之葬其親乎夫葬親死事也而不可死其親今之人死其親者既葬而忘之甚者安其葬之不可而不改也而曰古不脩墓夫古不脩墓欲其始葬之善使不至於脩也非謂不善而不脩也而況葬於所不可而安之者乎今夫清之藏其親十年矣而哀如始

剡源文集補

剡源詩文補不分卷/一册/清鈔本

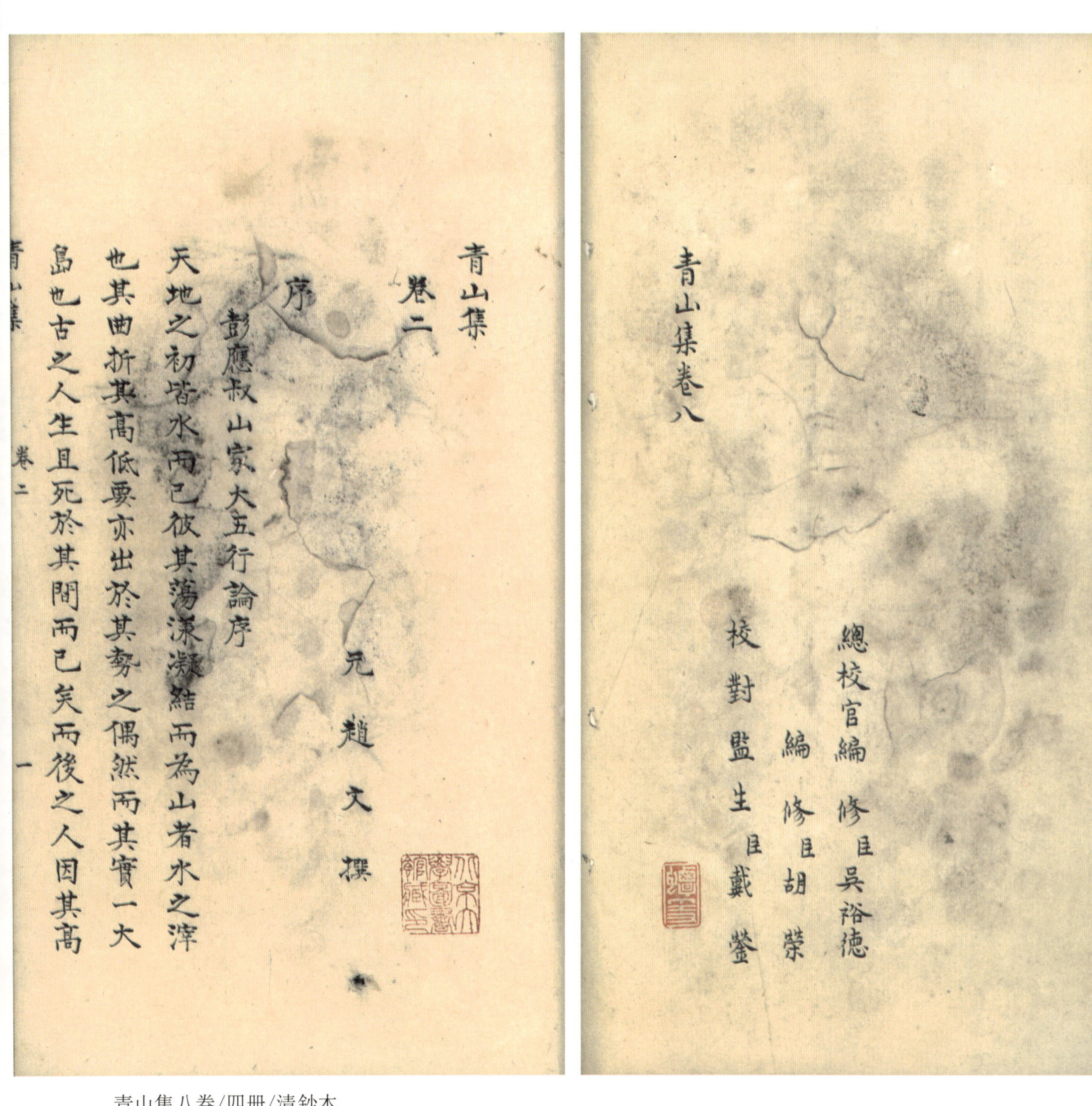

青山集八卷/四册/清鈔本

知非堂藁卷之一

五言古詩　臨川何中太虛著

後學　孫何賤雅言編集

趙郡管時中校正

別謝提刑

戊子十一月二十四日拜疊山先生於雙桐驛蓋先伯見山同丙辰理宗親擢也先生叙舊好言同心焉明日中賦二詩為別

巖巖樓觀地寂寂風雨墟可憐零落身萬里投脩途窅窕千峨着已奉他人娛主恩天罔極苟生豈良圖行行重行行善保千金軀別懷不敢訴頓步復踟躕

知非堂藁六卷/一册/清鈔本

何太虛文集序

夫言之秩然次序條理者謂之文[illegible]無待於作也後之人口之所言雜亂無紀則必締構於思撰造其辭而后筆之於簡牘古人雖不作文孔子嘗云辭達而已矣此固作文之大法也而奈何作者之不知此哉東漢以來氣弱體卑無復有善作者至於今殆千餘年唐宋盛時號為追蹤先漢而僅見韓柳歐陽曾王二蘇七人焉若李習之若唐子西若張文潜非不遊韓蘇之門而竟未與韓蘇合一也茲事豈可易視哉表弟何中太虛少負逸才弱冠已能詩而亦用意於文至順二年春予卧病顧予於病中授以大集予讀之蓋優優升七子之堂矣予不勝其喜非私喜也喜

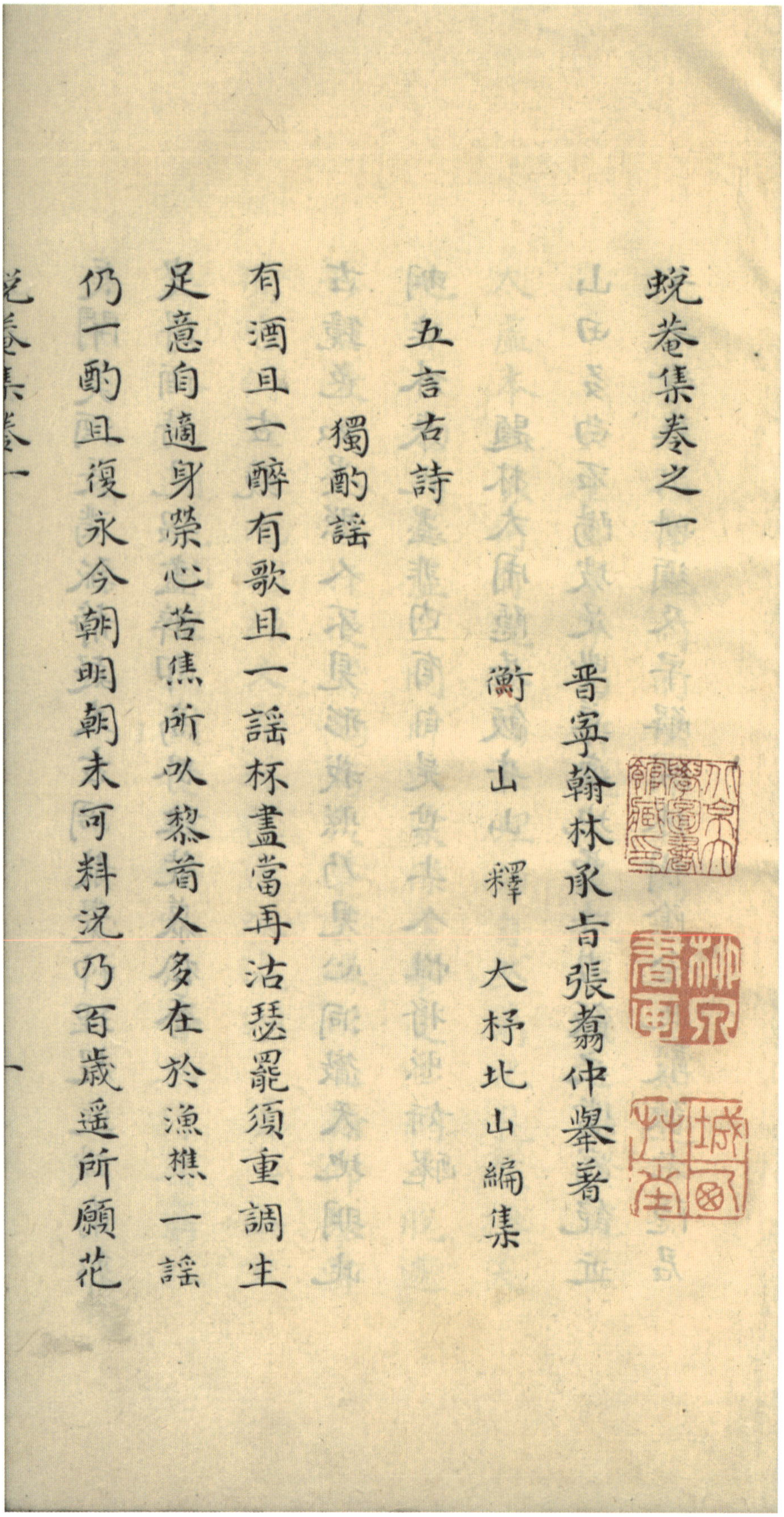

蛻菴集卷之一

晋寧翰林承旨張翥仲舉著

衡山釋大杼北山編集

五言古詩

獨酌謡

有酒且一醉有歌且一謡杯盡當再沽琵琶須重調生

足意自適身榮心苦焦所以黎首人多在於漁樵一謡

仍一酌且復永今朝明朝未可料況乃百歲遥所願花

蛻菴集卷一

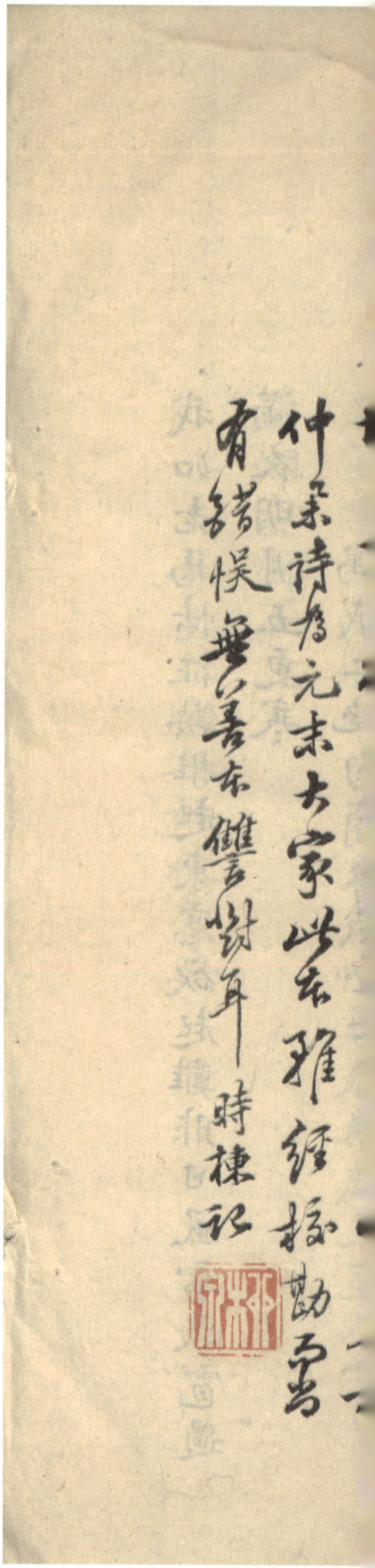

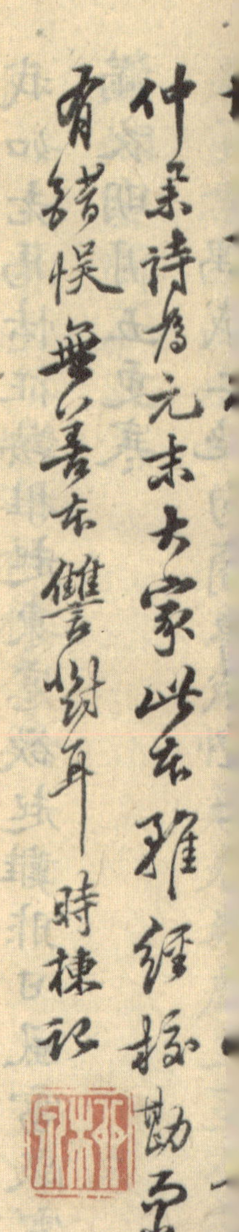

仲舉詩為元末大家此稿經校勘尚

有錯誤無善本讎對耳　時棟記

蛻菴集五卷/一册/清鈔本

蜕菴集卷之五

趙氏小山堂本玉山草堂雅集所錄仲舉詩百餘首皆在此集內次序尚合所缺祗數首耳取以相校頗多足正四庫本草堂雅集與趙本迥異惟七古三篇見於此集其餘脫誤極多竟妄隨校改非得悅廬別本不可 宣統庚戌正月 樓經系御攜此見示漫記卷端 呂緩

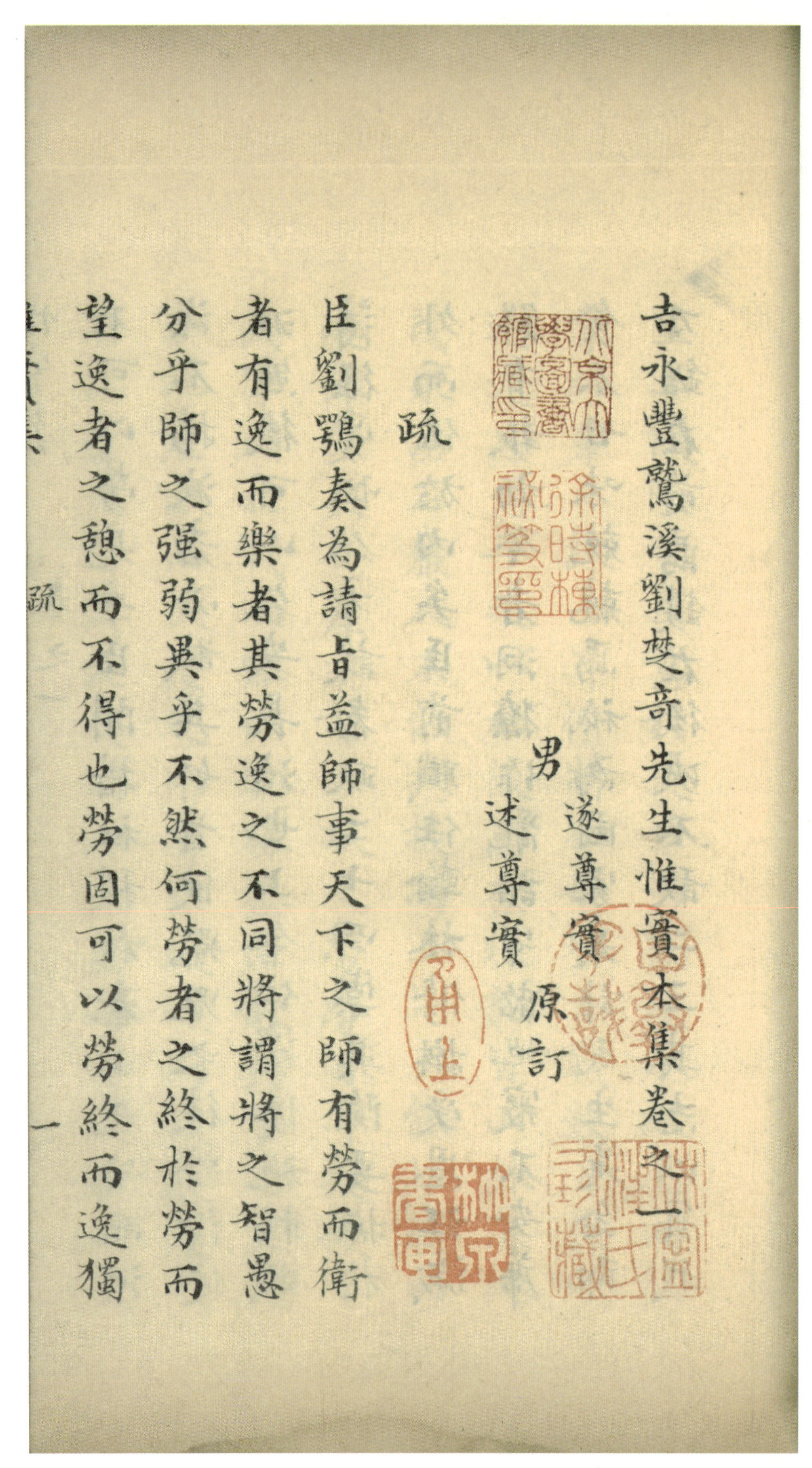
吉永豐鷺溪劉楚奇先生惟實本集卷之一
男 遂尊實 原訂
述尊實
疏
臣劉鶚奏為請旨益師事天下之師有勞而衛者有逸而樂者其勞逸之不同將謂將之智愚分乎師之强弱異乎不然何勞者之終於勞而望逸者之憩而不得也勞固可以勞終而逸獨

吉永豐鷺溪劉楚奇先生惟實本集四卷外集二卷/五册/清鈔本

惟實集序

吉州忠節祠肇自宋知州李公芾以祀四忠一節故名祠云其後增祀文信國諸公有司歲時祭饗典甚鉅也丙戌燬於兵墠祀者六十年歲乙酉予乃捐俸倡修工既訖復考之邑乘其忠節顯著

惟實集序 一

吉永豐鷺溪劉楚奇先生惟實本集四卷外集二卷　之二

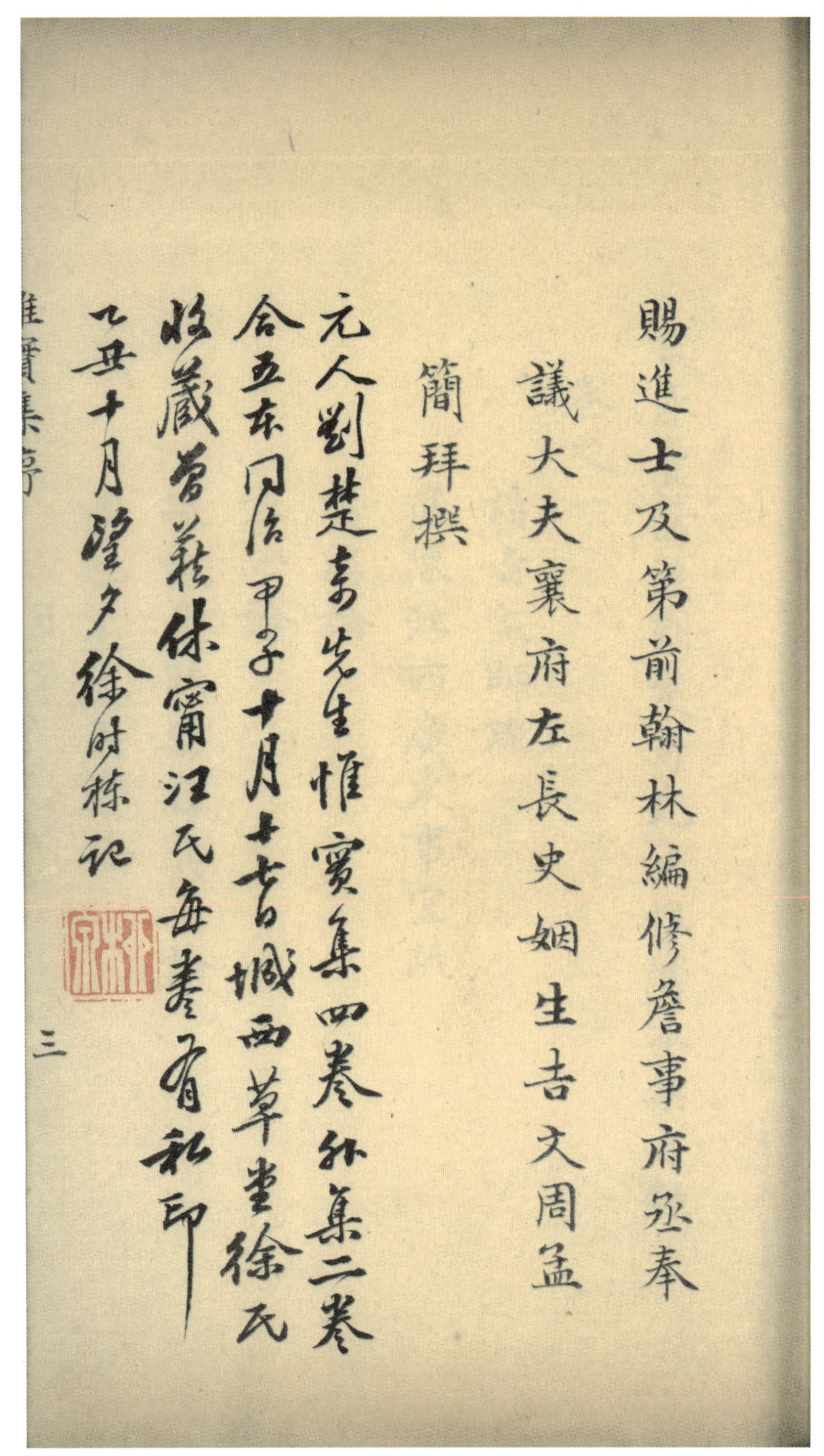
賜進士及第前翰林編修詹事府丞奉
議大夫襄府左長史姻生吉文周孟
簡拜撰

元人劉楚奇先生惟實集四卷外集二卷
合五本同治甲子十月十七日城西草堂徐氏
收藏曾藉休甯汪氏每卷有私印
乙丑十月望夕徐時棟記

惟實集序　三

吉永豐鷺溪劉楚奇先生惟實本集四卷外集二卷　之三

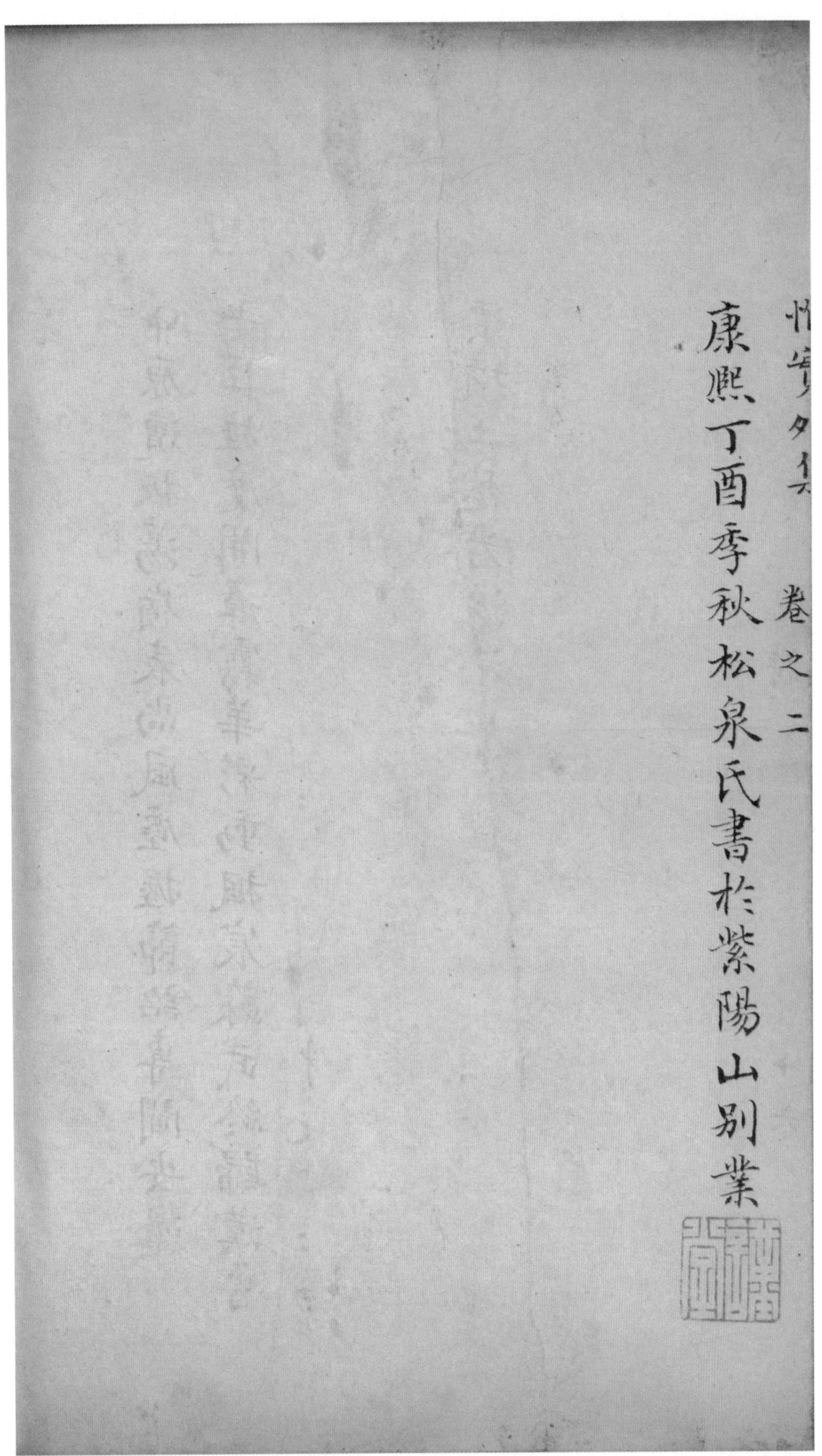
惟實外集　卷之二

康熙丁酉季秋松泉氏書於紫陽山别業

吉永豐鷺溪劉楚奇先生惟實本集四卷外集二卷　之四

龜巢摘稾卷之一

四言

方竹杖

予性喜方偶得一方竹爲杖甚愛之因念古之崇節義尚廉隅者類焉刻詩其端持以自警

猗歟竹君易圜爲方虛心固節悉如其常其方伊何如玉界尺不砥而平不繩而直曰予老矣賴君扶持義以方外庶克佀之

上録囚官

淛水沄沄其類始夷孰恤株連維皇念茲

龜巢摘稾三卷/一册/清鈔本

東維子集

卷一

元 楊維楨撰

序

鄭氏遺訓序

吳常熟鄭君玉氏自旌德官遊歸理故園以老焉其垂訓子孫嚴其顓畫者凡若干件來謁余於姑胥邸次曰某髮已種種懼一旦捐子孫去故述誡若干件雖話言拙直使奉成規行之亦不致畔名教墮門地且將勒石

東維子集三十卷附録一卷/一函八册/清鈔本

東維子集

提要

案東維子集三十卷附録一卷元楊維楨撰維楨有春秋合題著説已著録此其初刊詩文集也維楨以詩才奇逸凌誇一時此編乃録文二十八卷詩僅二卷又以襍文六篇足之蓋以文為主詩特附行耳朱國楨湧幢小品載王彝嘗詆維楨為文妖今觀所傳詩集詩歌樂府出入於盧仝李賀之間奇奇怪怪溢為牛鬼蛇神者誠所不免至其文

東維子集三十卷附録一卷　之二

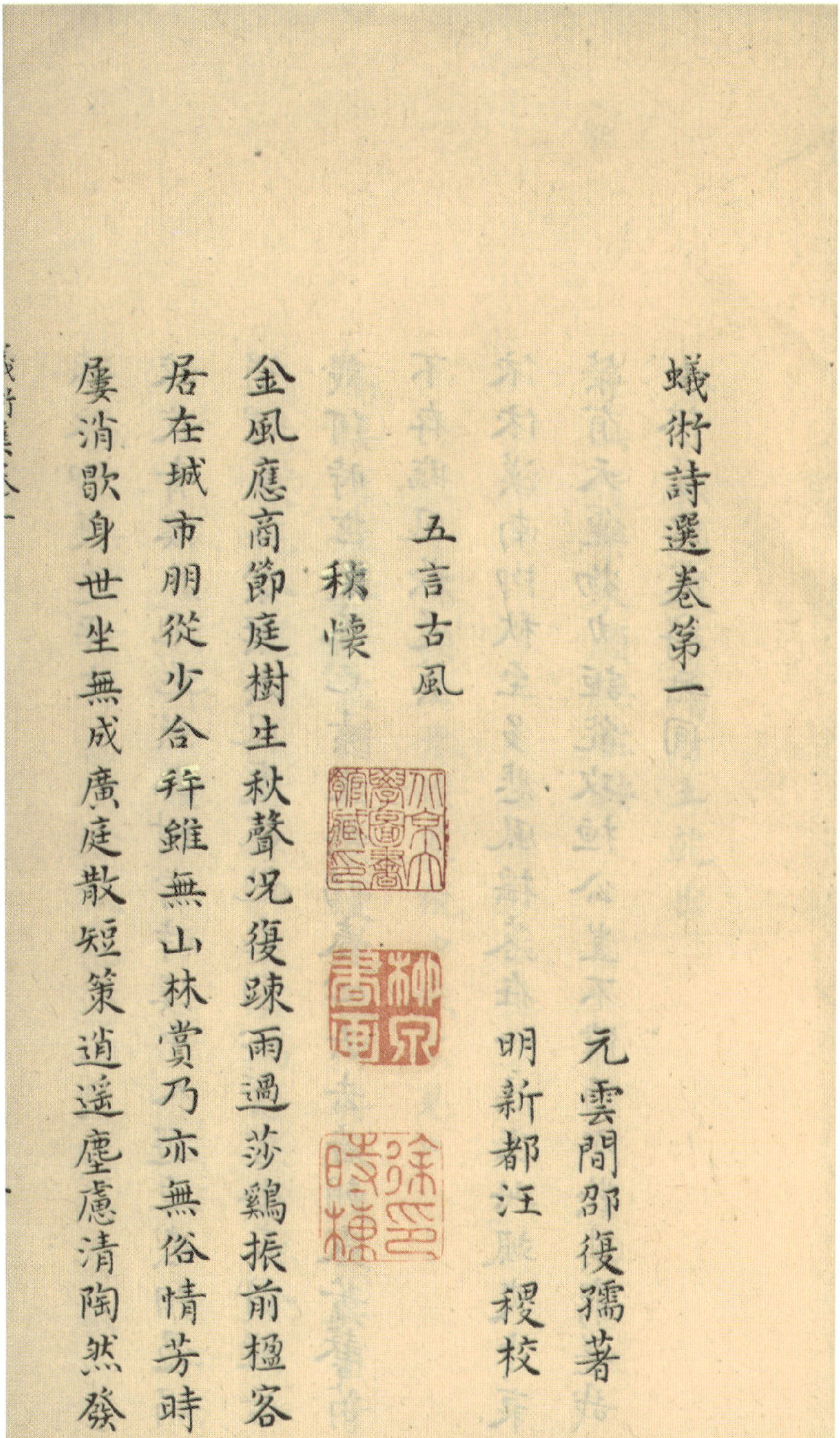

蟻術詩選卷第一　　元雲間邵復孺著

明新都汪䑓稷校

五言古風

秋懷

金風應商節，庭樹生秋聲。况復䟽雨過，莎鷄振前楹。客居在城市，朋從少合并。雖無山林賞，乃亦無俗情。芳時屢消歇，身世坐無成。廣庭散短策，逍遥塵慮清。陶然發

蟻術詩選四卷詞選四卷/二册/清鈔本

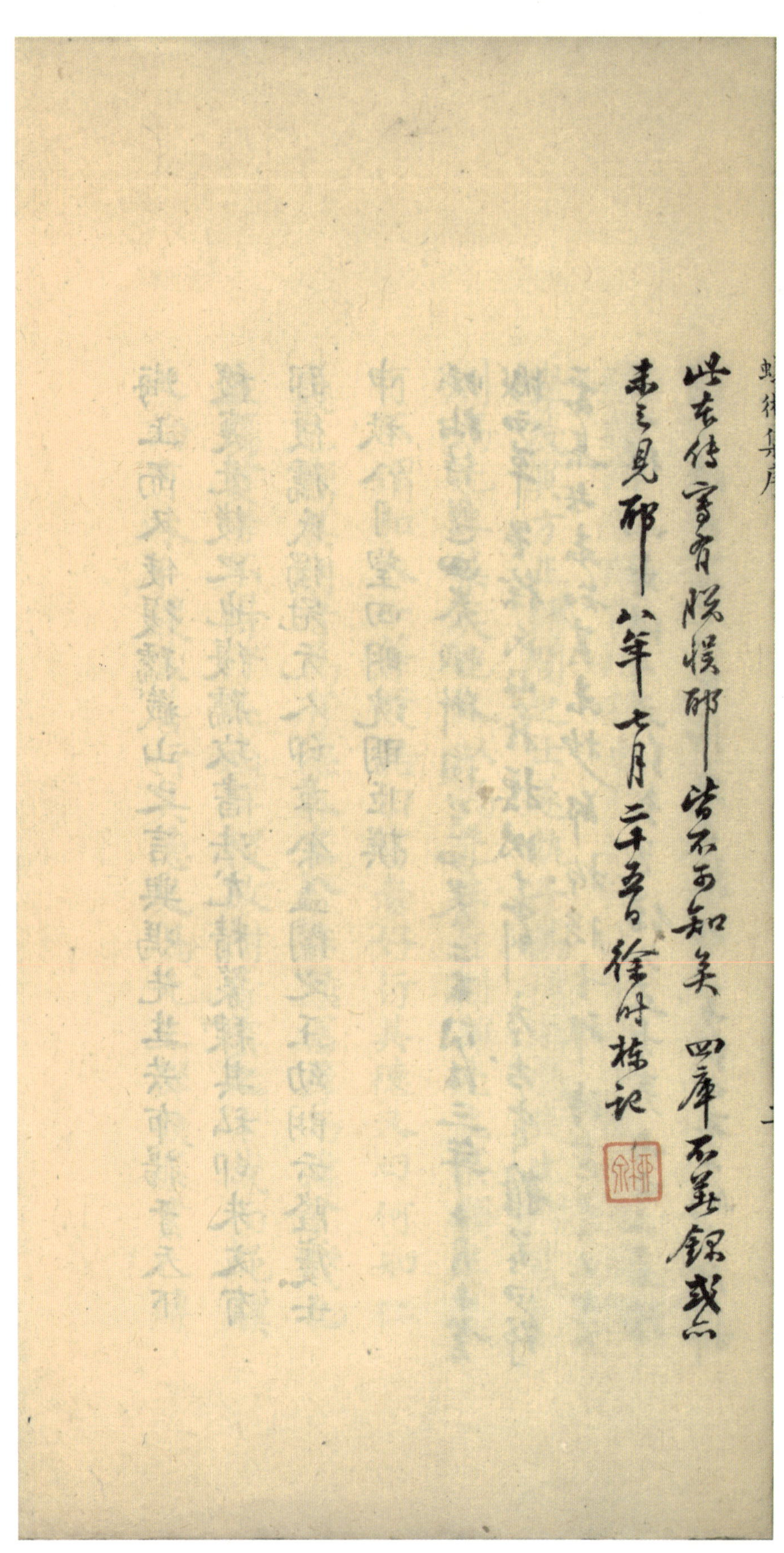
蟻術集序

此本傳寫有脫誤耶，皆不可知矣。四庫不著錄，或亦未之見耶。八年七月二十五日徐時棟記

蟻術詩選四卷詞選四卷　之二

麟原王先生文集卷之一

碑

贛州路總管府判官王侯紀勛碑

今大郡古侯國也而政令之設施財賦之出納軍民之統治尤為繁浩必長克長貳克貳同德協共臂指同運則事無不舉不然雖平世不能以治況搶攘亡紀之日哉贛之政可睹矣兵部尚書全公以選牧茲郡文武並用聲威赫然越二年為至正壬辰蔡穎流毒江右搖于吉安間道縣撫以窺贛四月據寧都於是府判官奉議王侯分兵討之癸亥戰猶兒石得間諜偞之甲子戰小庄寇退乙丑至葛坳三提毀其茇舍奪其馬丙寅戰印山寇奔潰已巳駐兵女冠三方

麟原文集 卷一

麟原王先生文集十二卷後集十二卷附録一卷/一函四册/清鈔本

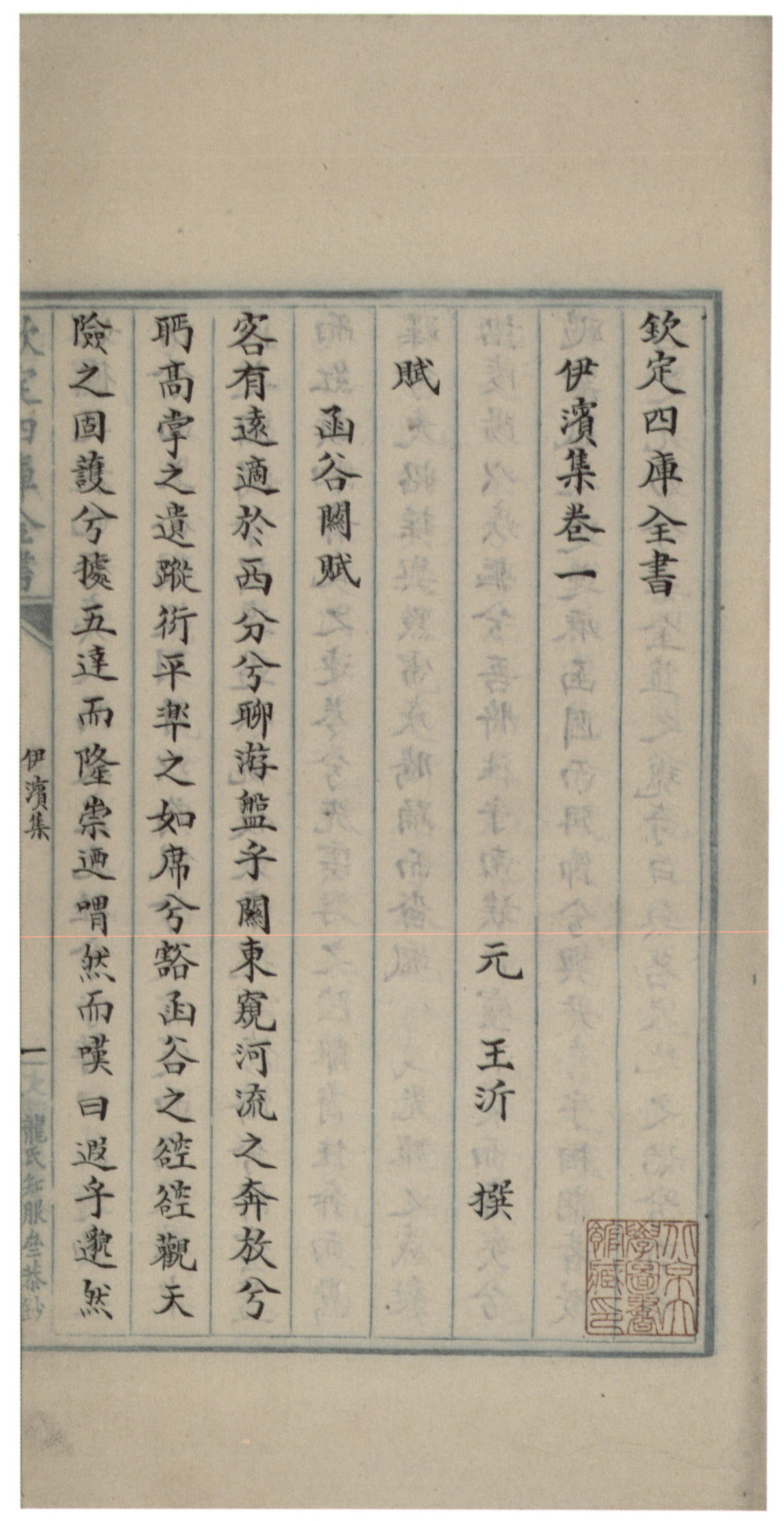

欽定四庫全書

伊濵集卷一

元　王沂　撰

賦

函谷關賦

客有遠適於西兮聊游盤乎關東窺河流之奔放兮聘高掌之遺蹤衍平樂之如席兮豁函谷之徑徑觀天險之固護兮據五達而隆崇迺喟然而嘆曰遐乎邈然

欽定四庫全書　伊濵集　一　龍氏知服齋鈔

伊濱集二十四卷/一函六册/清龍氏知服齋據文瀾閣四庫全書鈔本

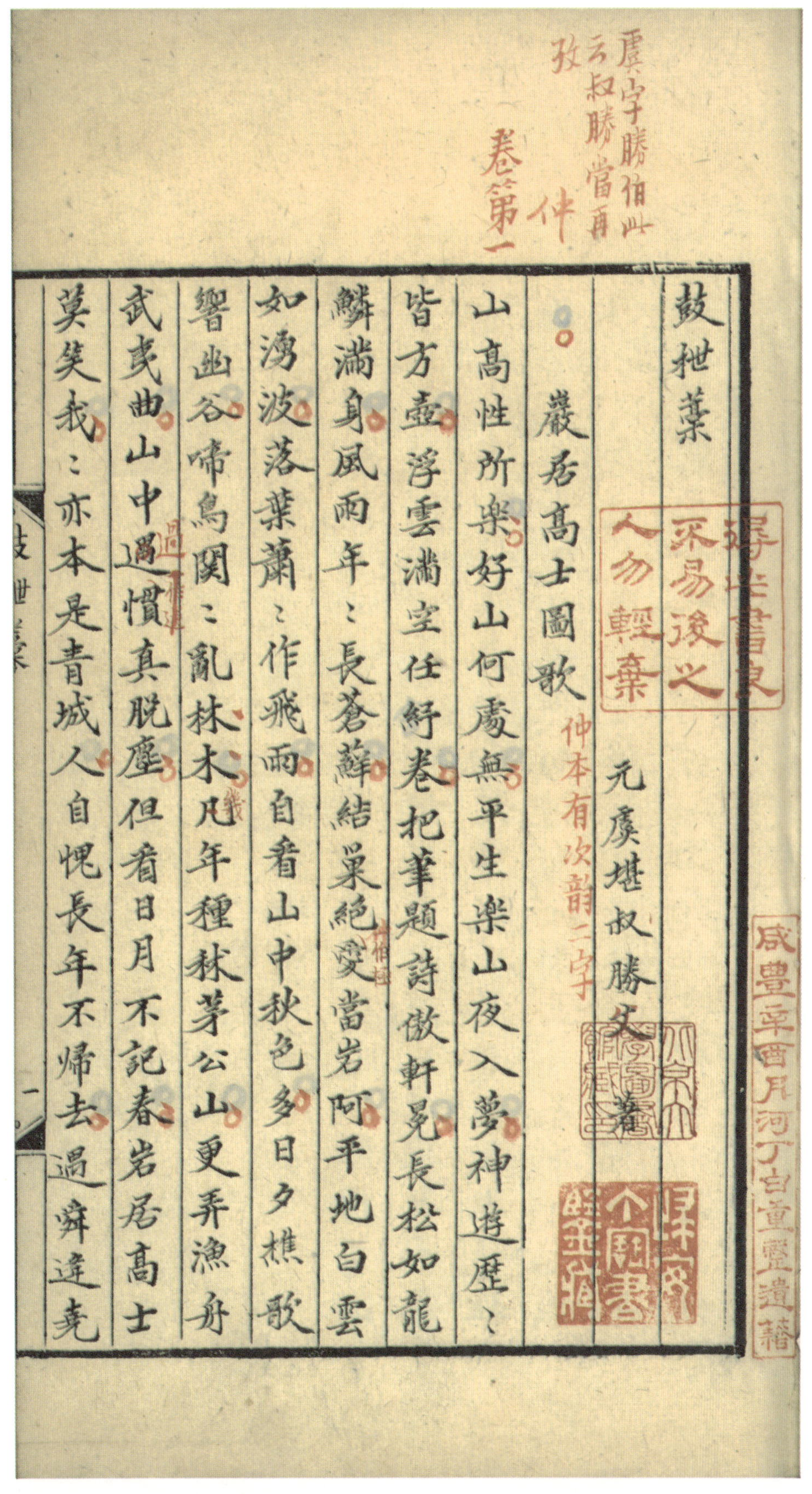

鼓枻藁一卷/一册/清鈔本

皇元風雅卷之一　　贊善大夫容城劉因夢吉

黄金臺

燕山不改色易水無新聲誰知數尺臺中有萬古情區區後世人猶愛黄金名黄金亦何物能為賢重輕德輝照九仞鳳鳥才一鳴伊誰腐鼠弃坐見飢鳶爭周道日東漸二老皆西行養民以致賢王業自此成黄金與山平不救兵縱横落日下荒臺山水有餘清

仙臺

碣石來海際西南奄全燕中有學仙臺燕平欲

皇元風雅三十卷/一函八册/清鈔本

皇元風雅卷之四　學士承旨吳興趙孟頫

古風

詩亡春秋作仲尼蓋苦心空言恐難托指事□已深大義炳如日萬古仰照臨鳳鳥久不至楚狂乃知音愁来不得語起坐彈吾琴

其二

烈風號枯條落葉滿周道原野何蕭索川流亦浩浩離居日已遠懷思令人老功名會有時□世若不早顧瞻靡所騁憂心惄如擣

其三

皇元風雅三十卷　之二

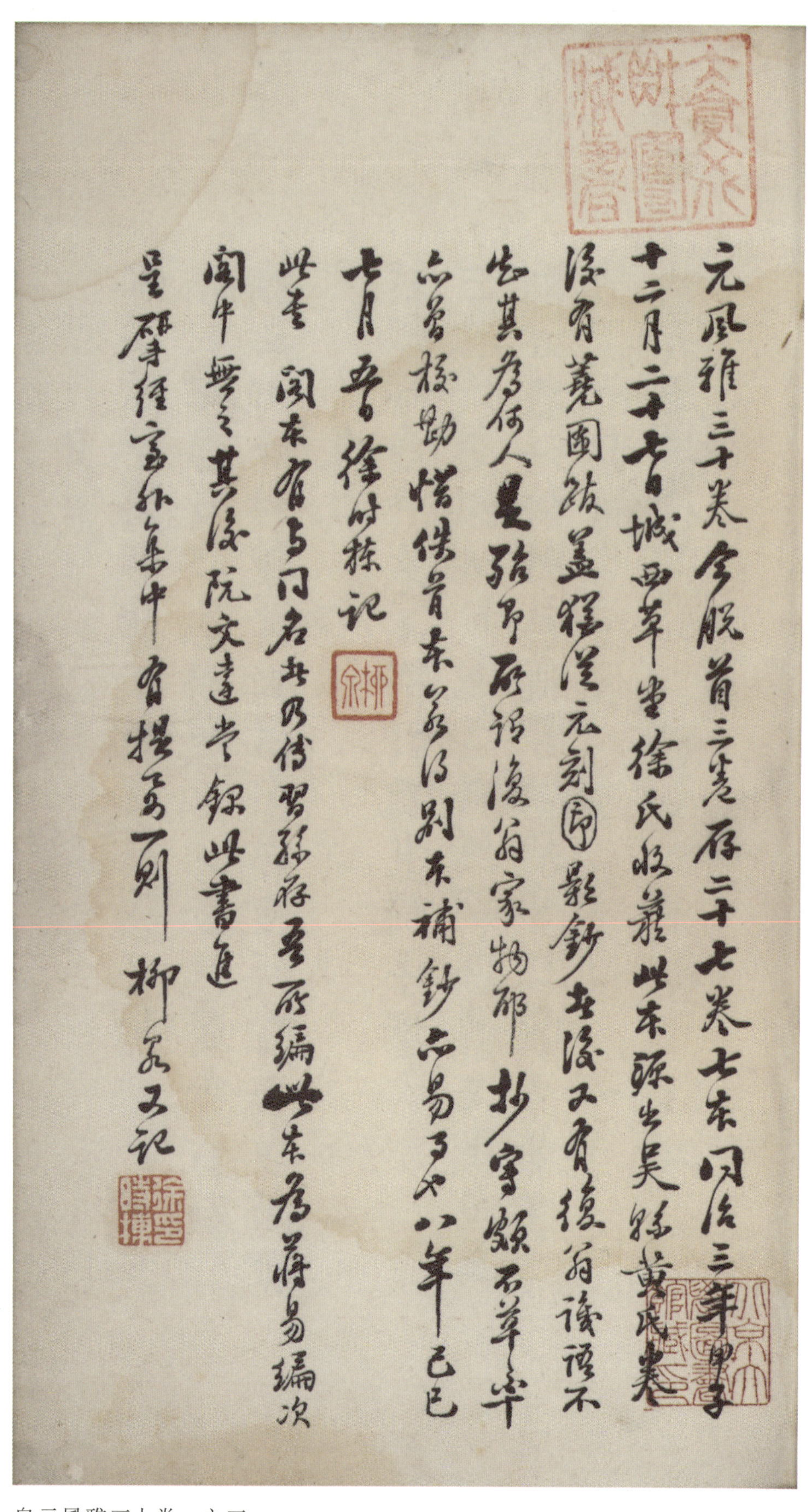

皇元風雅三十卷　之三

而列二字擬補
某人某人之詩

皇元風雅三十卷蔣易編次者載諸焦竑國史志經籍
近浙江采輯遺書目已二卷天一閣書目寫本知此書之流
傳非廣矣向嘗假得元刻殘本又從香嚴書屋借得元刻
殘本影鈔婉[惋]之總不符三十卷之數亦第藏諸篋衍備元
詩舊本之一家耳頃有書友携一部來竟三十卷序目都
有遇缺失處已鈔補其裝潢識是金星軺家故物非
出自尋常藏書人家者宜可信為全本也然以余及香
嚴本核之却多歧異序目向闕無可參攷至每卷各有
子目於一卷而列諸人者則題國朝風雅蔣易編集於一卷
而列一人者則曰其人詩目錄建陽蔣易編集間於目錄板心

皇元風雅三十卷　之四

刻字模糊某字
舊存本年
字字模糊

刻某卷於卷中起處但以人姓名為大題官銜籍貫表
字為小題不載書名卷數每葉板心各載每人名無卷數
茲刻子目都無間存王繼學詩目一葉想子目本與舊藏本
同此皆失之至每卷各標卷數其、板心亦如之細玩字跡無
一與本書同者當是板片不全子目盡失遂按人姓名分
卷加此題頭及板心刻入故字跡各異、否則本書字跡同出
一刻何中多歧異耶總之古書日、就淪亡既得見元刻殘本
矣又得見元刻全本矣而鈔、補增改究不知元刻真面目
購書、難一至于是余日來俗務填膺尚為此忙中閒事
所謂書魔積習自笑亦自歎也
嘉慶十七年歲在壬申中元後三日求古居主人黃、丕烈識

皇元風雅三十卷　之五

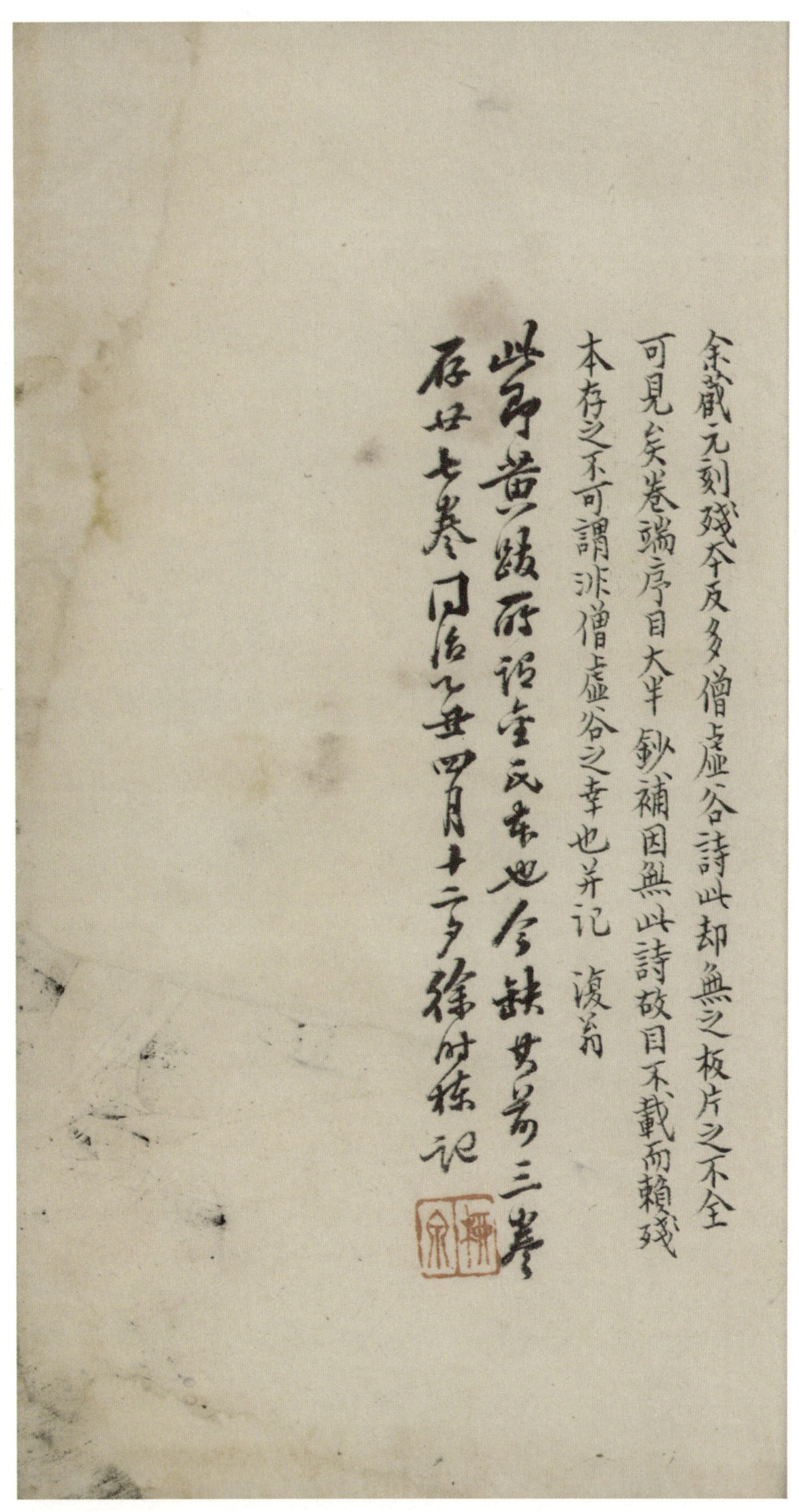

余藏元刻殘本反多僧虛谷詩此卻無之板片之不全可見矣卷端序目大半鈔補因無此詩故目不載而賴殘本存之不可謂非僧虛谷之幸也并記 滂翁

此即黃跋所謂金氏本也今缺其首三卷存廿七卷 同治乙丑四月十二日徐時棟記

皇元風雅三十卷　之六

洗塵集 排比依韻序

丙寅五月田邊碧堂歸自臺灣大倉聽松爲設洗塵筵於酣春樓席上分韻得真 碧堂田邊華

緑樹成陰花作塵薰風滿座越羅新東都詞客豪襟在一酌還将酣百春

得文 天淵加藤虎

月自清涼風自薰玉纖捧盞有紅裙如斯豪興難多得一曲瑶琴遏夜雲

三臺一覽勝千聞騷客説遊辭涌雲囊有新

洗塵集/一册/日本大正丙寅（十五年，1926）稿本

洗塵并請名流老宿以光雅會席上分韻各抒藻思揚芬飛文遒吟俯暢體素貯潔高談轉清翰墨因緣風流逸興固不可付之雲烟過眼彙爲小冊以紀韻事抑余汩没塵務尤寡暇豫幸得厠大雅末光暢敘幽情私謂文字賜也

丙寅六月　聽松大倉喜七郎識

清宫舊藏

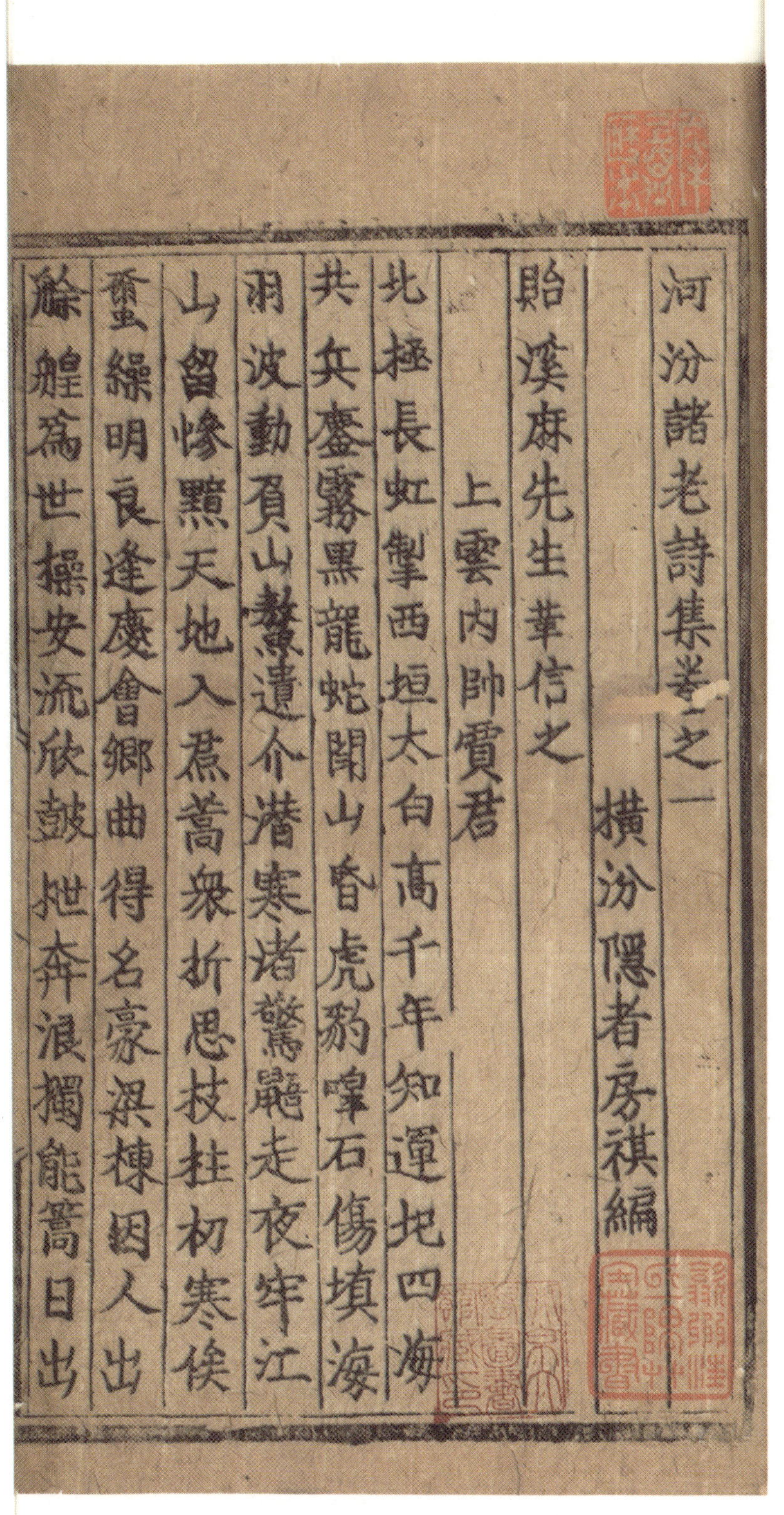

河汾諸老詩集卷之一
橫汾隱者房祺編
貽溪麻先生革信之
上雲內帥賈君
北極長虹掣西垣太白高千年知運圮四海
共兵塵霧黑龍蛇閙山昏虎豹嘷石傷填海
羽波動負山鼇遺介潜寒渚驚飇走夜牢江
山留慘黯天地入焄蒿衆折思枝拄初寒俟
蜚繅明良逢慶會鄉曲得名豪渠棟因人出
艅艎爲世操安流欣皷枻奔浪獨能篙日出

河汾諸老詩集八卷／一函一册／明弘治十一年（1498）刻本

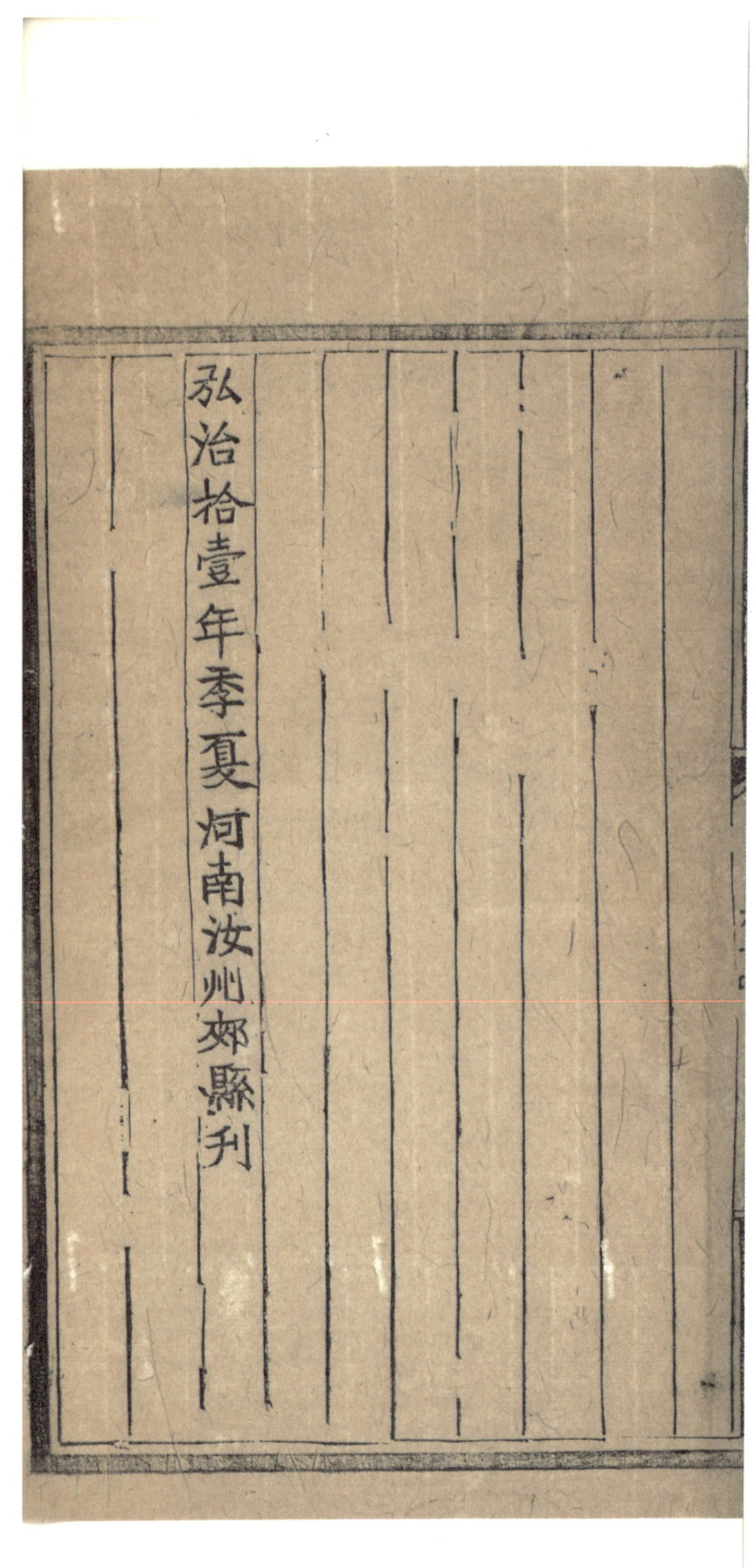
弘治拾壹年季夏河南汝州郟縣刋

河汾諸老詩集八卷　之二

梅巖胡先生文集卷之一

族孫　胡璉　蒐輯

後學　潘滋　校正

〇賦

〇〇雪梅賦

〇草遭雪而萎木遇雪而折雪其酷哉梅挺然立雪貌澤香烈雪雖酷不能加於梅也孟子曰威武不能屈於梅有焉庚申冬十二月對雪觀梅有慨於衷嗚呼人不能卓然特立至横逆之來作兒女態其視梅得無愳乎乃爲之賦

孔子曰歲寒然後知松栢之後凋也豈獨松栢歟羌對

梅巖胡先生文集十卷/一函四册/明嘉靖十八年(1539)胡璉刻本

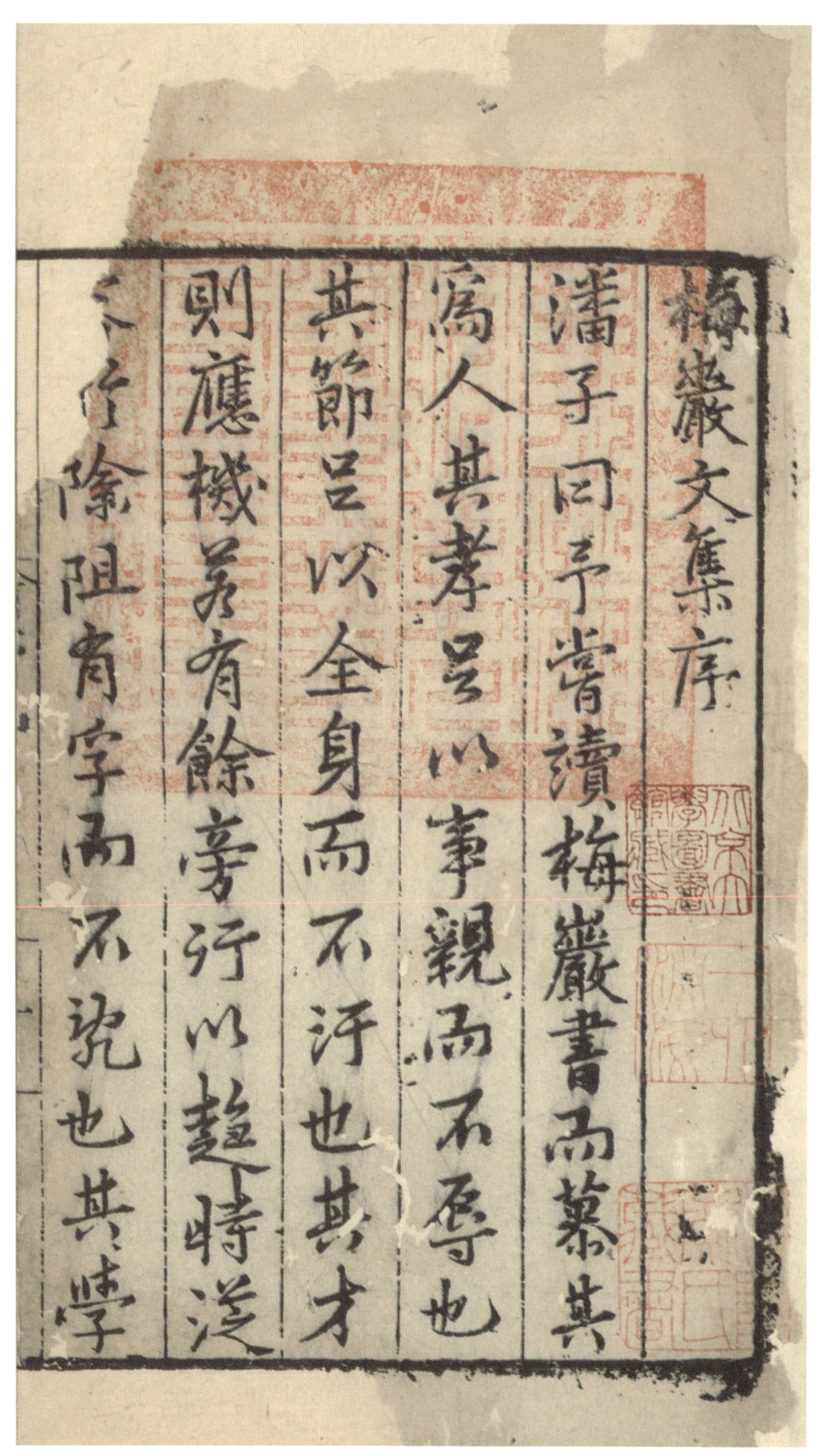

梅巖文集序

潘子同亭嘗讀梅巖書而慕其爲人其孝足以事親而不辱也其節足以全身而不汙也其才則應機若有餘旁行以趨時從容行險阻有字而不究也其學

梅巖胡先生文集十卷　之二

徒杠　六頁前頁　杠當作杠兮反

分校李燊簽

賦其詞曰

客有登步瀛之橋賦步瀛之景者率爾而歌曰槃川之

山兮蒼蒼槃川之水兮泱泱嗟惟槃川之人兮深厲淺

揭孰爲槃川之津兮徒杠輿梁猗與樵叟慨然心目知

詣　　滅頂之非福迺掄材而畫楮迺鳩工而

之石迺架石塩之木迺下杙兮椽泥甎

吾囊中之財粟吾廩中之粟寧朴其屋

於衆而儉於獨東坡之犀帶無所受金

闔之寶錢無所取儻不能篤拯溺之心未有能爲中流

之砥者也觀夫玉鯨長脊兮隱隱金鰲巨背兮隆隆浮

波心兮百丈之龜卧水面兮千尺之虹簷牙兮掃漢闕

梅巖文集卷一　七

梅巖胡先生文集十卷　之三

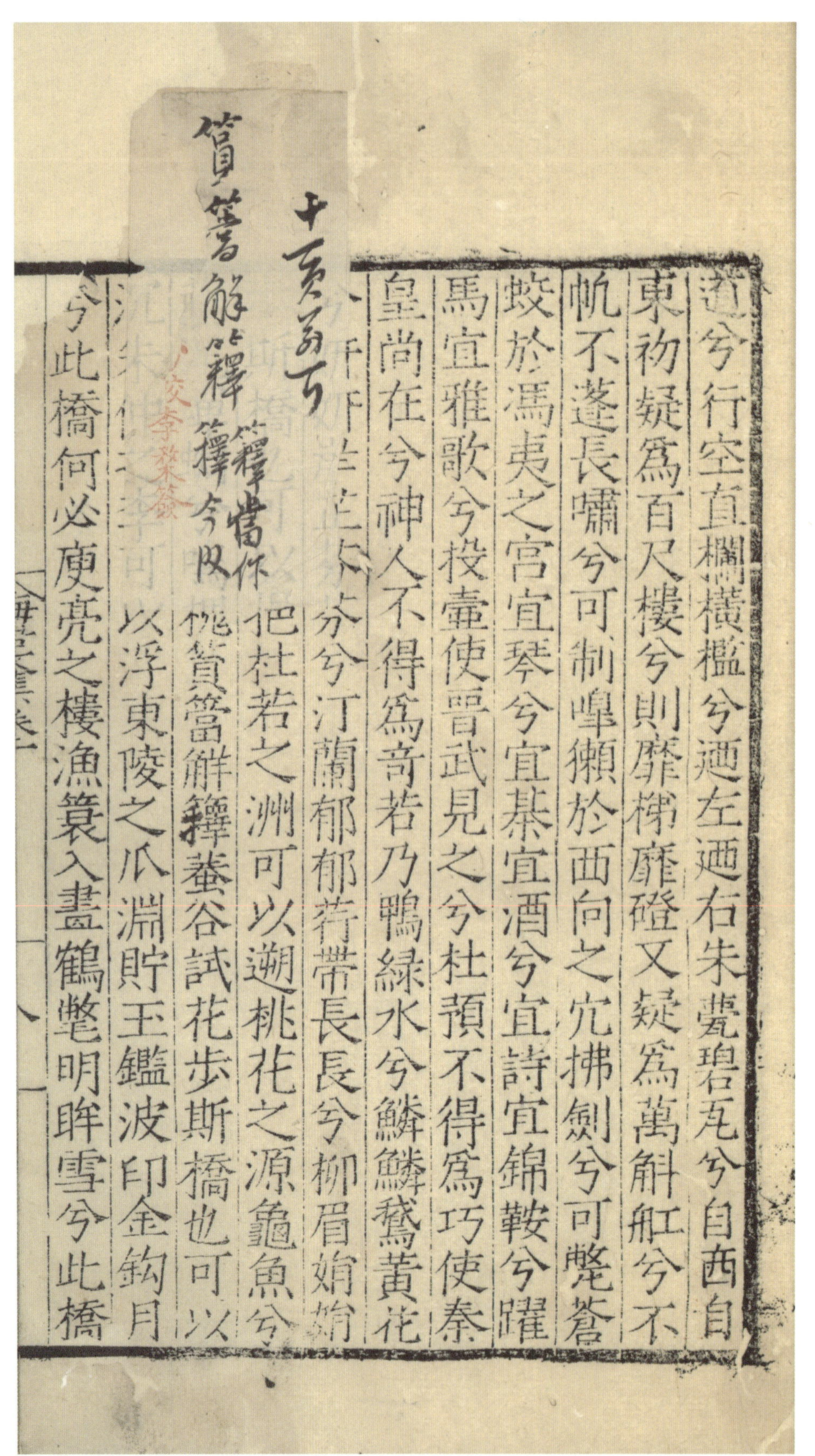
道兮行空直欄橫檻兮迤左迤右朱甍碧瓦兮自西自
東初疑爲百尺樓兮則靡梯靡磴又疑爲萬斛舡兮不
帆不蓬長嘯兮可制嗥獺於西向之穴拂劍兮可斃蒼
蛟於馮夷之宫宜琴兮宜棊宜酒兮宜詩宜錦鞍兮躍
馬宜雅歌兮投壺使晋武見之兮杜預不得爲巧使秦
皇尚在兮神人不得爲奇若乃鴨緑水兮鱗鱗鵞黄花
分兮汀蘭郁郁荇帶長長兮柳眉娟娟
杷杜若之洲可以遡桃花之源龜魚兮
篔簹解籜蕎谷試花步斯橋也可以
以浮東陵之瓜淵貯王鑑波印金鈎月
兮此橋何必庾亮之樓漁簑入畫鶴氅明眸雪兮此橋

十五頁
篔簹解籜

梅巖胡先生文集十卷　之四

察呵凍拈楮惶懼惶懼辛卯仲冬廿日具

○先生宋咸淳四年陳文龍榜進士官止貴池縣尉

於經於四書皆有註

國朝采入大全書著姓婺問荅則篁墩程學士采入

新安文獻志詩未子感興詩則少尹括蒼葉君嘗

刻之縣齋註唐詩則僉憲石礫潘君刻之關中惜

不見其全書耳璉侍先大夫于庠于官蒐輯

勒成此編屬予甥潘滋校正寶藏于家有年

楊子雲有言存則人亡則書璉為是懼幾欲

刋布惜力未遂及是始克壽諸梓與同志者共之

嘉靖十有八年秋七月既望姪孫胡璉識

又第二行于官 官當作宦 今改

第三行 楊當作揚 今改

分校李

梅巖胡先生文集十卷　之五

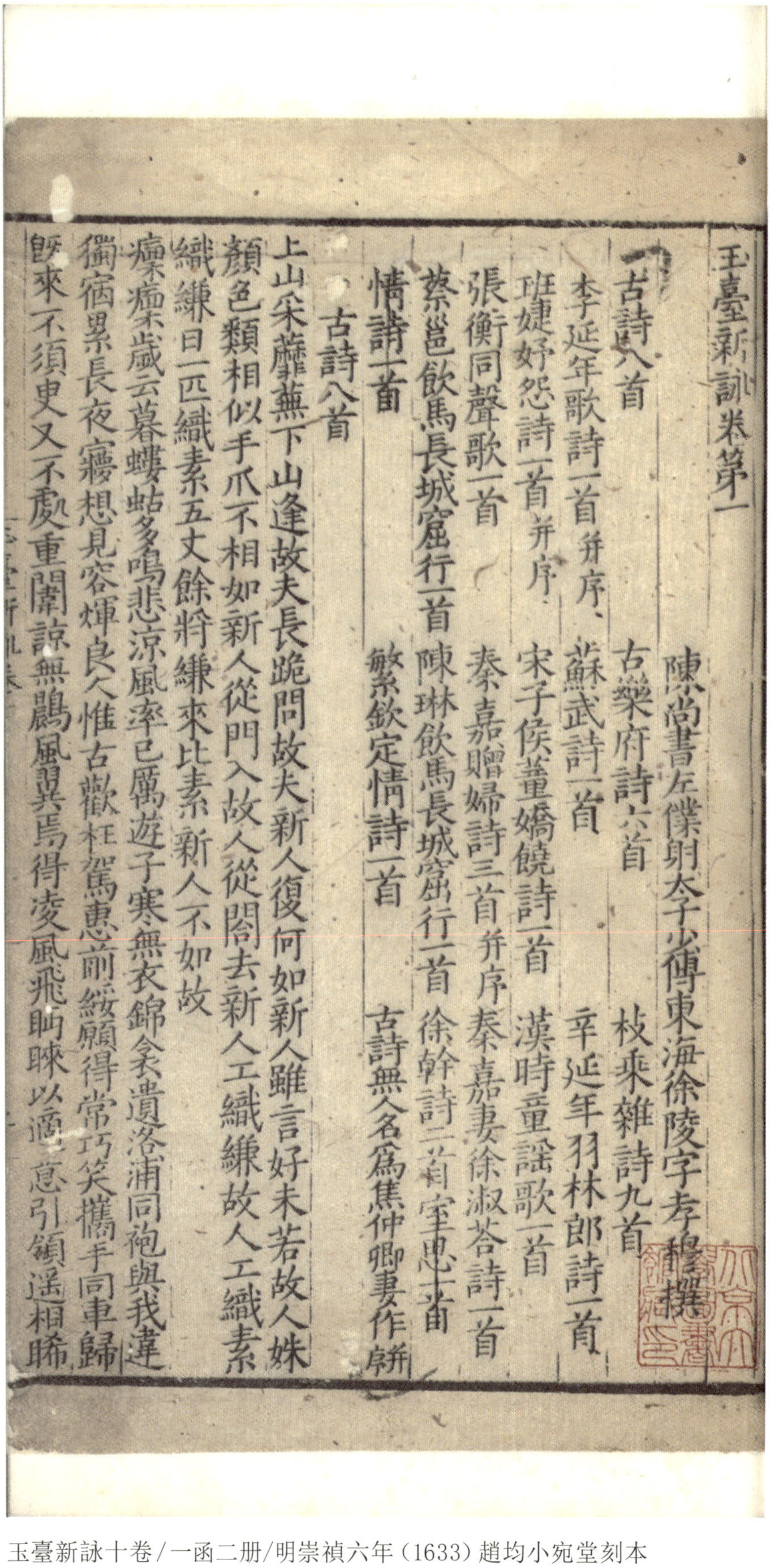

玉臺新詠卷第一

陳尚書左僕射太子少傅東海徐陵字孝穆撰

古詩八首　古樂府詩六首　枚乘雜詩九首

李延年歌詩一首并序　蘇武詩一首　辛延年羽林郎詩一首

班婕妤怨詩一首并序　宋子侯董嬌饒詩一首　漢時童謡歌一首

張衡同聲歌一首　秦嘉贈婦詩三首并序　秦嘉妻徐淑荅詩一首

蔡邕飲馬長城窟行一首　陳琳飲馬長城窟行一首　徐幹詩二首室思一首

情詩一首　繁欽定情詩一首　古詩無人名爲焦仲卿妻作并

古詩八首

上山采蘼蕪下山逢故夫長跪問故夫新人復何如新人雖言好未若故人姝顔色類相似手爪不相如新人從門入故人從閤去新人工織縑故人工織素織縑日一匹織素五丈餘將縑來比素新人不如故

凛凛歲云暮螻蛄夕鳴悲涼風率已厲遊子寒無衣錦衾遺洛浦同袍與我違獨宿累長夜夢想見容輝良人惟古歡枉駕惠前綏願得常巧笑攜手同車歸既來不須臾又不處重闈諒無鵾風翼焉得淩風飛眄睞以適意引領遥相睎

玉臺新詠十卷/一函二册/明崇禎六年（1633）趙均小宛堂刻本

玉臺新詠集序

陳尚書左僕射太子少傅東海徐陵字孝穆撰

夫凌雲槩日由余之所未窺千門萬戶張衡之所曾賦周王璧臺之上漢帝金屋之中玉樹以珊瑚作枝珠簾以瑇瑁爲押其中有麗人焉其人五陵豪族充選掖庭四姓良家馳名永巷亦有潁川新市河間觀津本號嬌娥曾名巧笑楚王宮裏無不推其細腰衛國佳人俱言訝其纖手閱詩敦禮豈東鄰之自媒婉約風流異西施之被教弟兄協律生小學歌少長河陽由來能舞琵琶新曲無待石崇箜篌雜引非關曹植傳鼓瑟於楊家得吹簫於秦女至若寵聞長樂陳后知而不平畫出天僊閼氏覽而遥妒至如東鄰巧笑來侍寢於更衣西子微顰得横陳於甲帳陪遊馺娑騁纖腰於結風長樂鴛鴦奏新聲於度曲妝鳴蟬之薄鬢照墮馬之垂鬟反插金鈿横抽寶樹南都石黛最發雙蛾北地燕支偏開兩靨亦有嶺上僊童分丸魏帝腰中寶鳳授曆軒轅金星將婺女爭華麝月與常娥競爽驚鸞冶袖時飄韓掾之香飛燕長裾宜結陳王之珮雖非圖畫入甘泉而不分言異神僊戲陽臺而無別眞可謂傾國傾城無對無雙者也加以天時開朗逸思雕華妙解文章尤工詩賦琉璃硯匣終日隨身翡翠筆牀無時

玉臺新詠十卷　之二

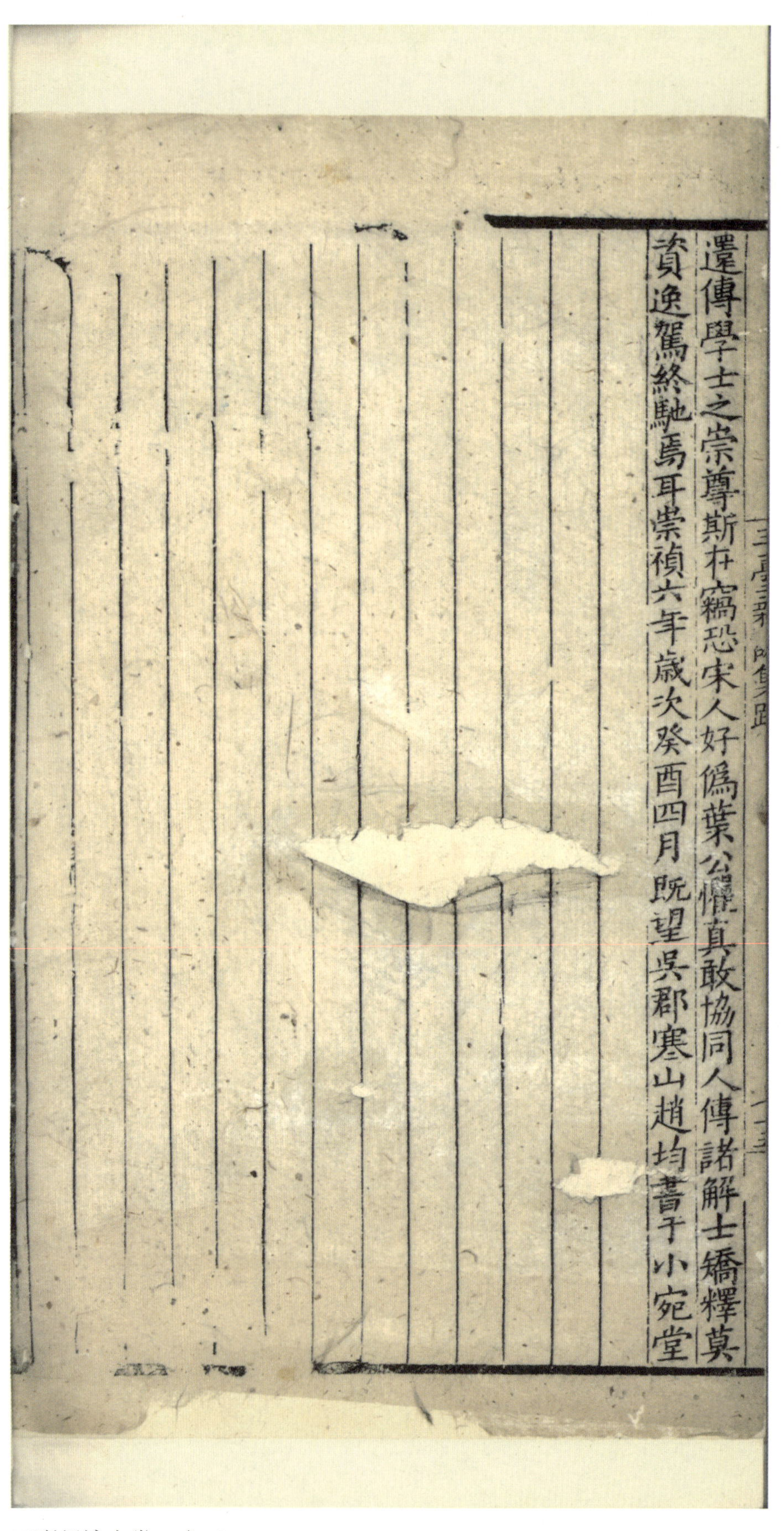
還傳學士之崇尊斯存竊恐宋人好僞葉公懼真敢協同人傳諸解士矯釋莫
資逸駕終馳焉耳崇禎六年歲次癸酉四月既望吳郡寒山趙均書于小宛堂

玉臺新詠十卷　之三

桂隱詩集卷一

元　謚文敏桂隱劉　詵著

元　賜進士門人羅　如篪　顔成子編刊

明　曾孫　三德　用敦　炌　重編

族孫　方輿　天健　志孔　較刊

古體五言

感興五首

其一

昔在唐虞時萬象昭白日聖人垂龍衣巖殿吹鳳律朱草聯階生景星當戶出群賢布天下野穀盡嘉實嗟哉戰國交九寓淪斧鑕糟糠委仁義軒蓋寵權術孟軻起驅馳白髮颯垂軾空餘七篇書千載資歎息

桂隱詩集卷一　一

桂隱詩集四卷文集四卷附録一卷/一函五册/明嘉靖四十二年（1563）劉弇刻本

桂隱文集卷一

元　謚文敏桂隱劉　詵　著

元　賜進士門人羅　如篪　顏成子編刊

明　曾孫　三德　用敦　炌　重編

族孫　方興　天健　志孔　較刊

賦

聞角 有短序

予久客城中朝暮聞角念歲月易徂有感而賦

孤城始秋涼月流夜懸蛬鳴空踈螢入樹雲鱗鱗而不風漢耿耿以西下皷屢急而遄絶鍾漸遠而欲罷有聲鳴噫非咽非咤節迭轉而愈長哀一送而如瀉於是劉子喟然嘆曰兹非羌人所以愁予焉者耶鰲極四立物象兩數肇帝鴻之智創忽幾閱

桂隱詩集四卷文集四卷附録一卷　之二

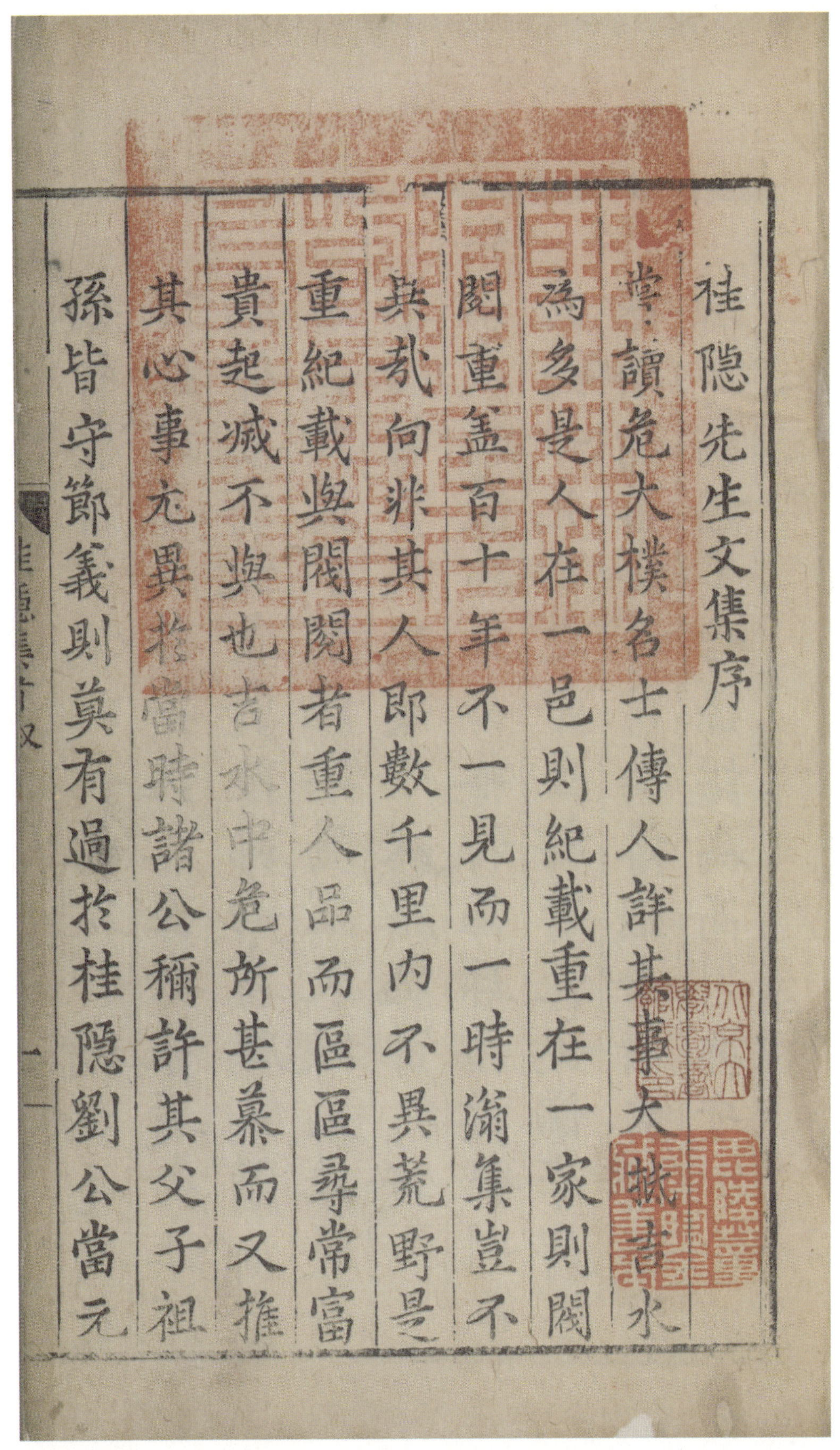
桂隱先生文集序

嘗讀危大樸名士傳人許其事大抵吉水爲多是人在一邑則紀載重在一家則閥閱重盖百十年不一見而一時澥集豈不與氣向非其人即數千里内不異荒野是重紀載與閥閱者重人品而區區尋常富貴起滅不與也吉水中危所甚慕而又推其心事尤異於當時諸公稱許其父子祖孫皆守節義則莫有過於桂隱劉公當元

桂隱集序　一

桂隱詩集四卷文集四卷附録一卷　之三

余齠年竊覩翰林解公手筆家譜序有稱
桂隱先生者心已識之弱冠見
念菴羅大史師兩序吾劉新譜復亟稱不
置愈切嚮慕於是從南嶺族之長老讀其
詩文存稿始知先生道德文章出處皆大
有関於世教匪徒一族光顯已也遂手録
以歸玩閱數載懼其散逸令男弁托梓以
永其傳俾後有作者得因文以求夫先生
之所至可也月日為嘉靖四十二年癸亥
中秋族孫來新志孔拜手謹識于白雲洞

桂隱詩集四卷文集四卷附録一卷　之四

桂隱詩集四卷文集四卷附録一卷 之五

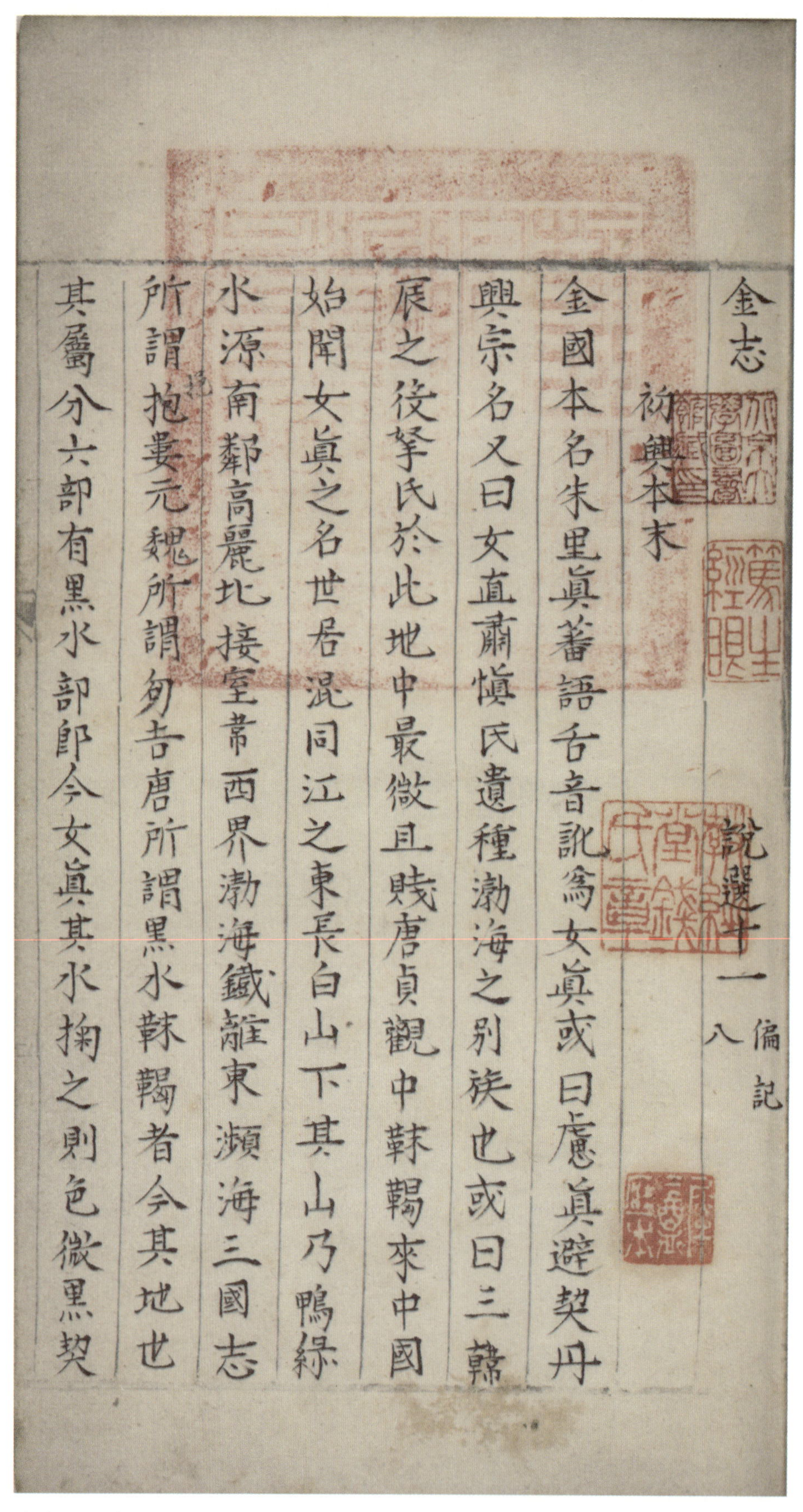

金志　說選十一　八　偏記

初興本末

金國本名朱里真蕃語舌音訛爲女真或曰慮真避契丹興宗名又曰女直肅慎氏遺種渤海之別族也或曰三韓辰之後筝氏於此地中最微且賤唐貞觀中靺鞨來中國始聞女真之名世居混同江之東長白山下其山乃鴨綠水源南鄰高麗北接室韋西界渤海鐵離東瀕海三國志所謂挹婁元魏所謂勿吉唐所謂黑水靺鞨者今其地也其屬分六部有黑水部即今女真其水掬之則色微黑契

金志不分卷/一册/明藍格鈔本

金志不分卷　之二

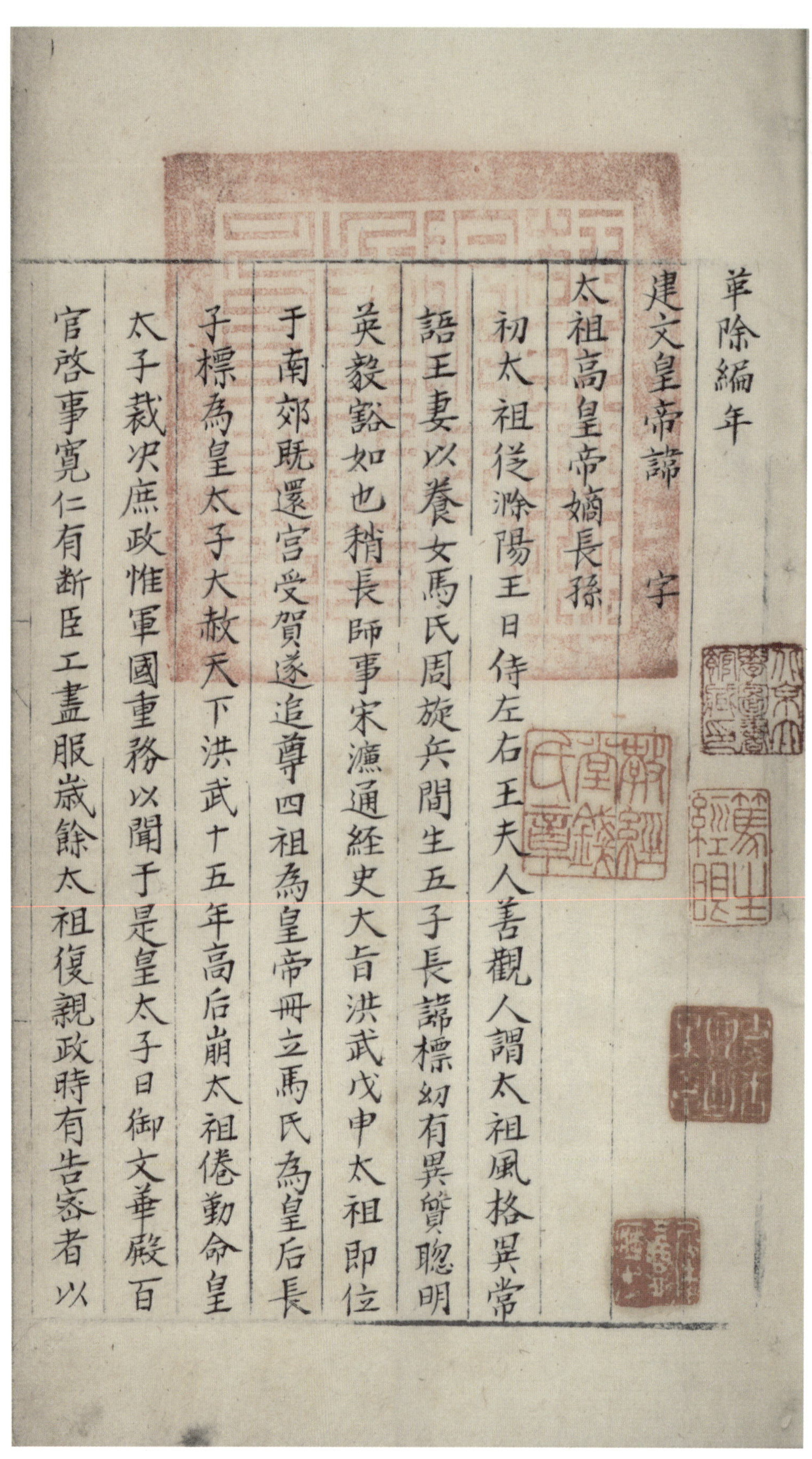

革除編年

建文皇帝諱　字

太祖高皇帝嫡長孫

初太祖從滁陽王日侍左右王夫人善觀人謂太祖風格異常

語王妻以養女馬氏周旋兵間生五子長諱標幼有異質聰明

英毅豁如也稍長師事宋濂通經史大旨洪武戊申太祖即位

于南郊既還宮受賀遂追尊四祖為皇帝冊立馬氏為皇后長

子標為皇太子大赦天下洪武十五年高后崩太祖倦勤命皇

太子裁决庶政惟軍國重務以聞于是皇太子日御文華殿百

官啓事寬仁有斷臣工盡服歲餘太祖復親政時有告密者以

革除編年不分卷／一函四冊／明藍格鈔本

革除遺事

元年春正月癸未帝祀天地于郊祀壇始以太祖高皇帝配饗是歲帝即位改元郊見上帝如歲祀之禮戊寅御奉天殿誓戒百官是夕遂宿于文華殿齋室己卯出舍皇邸尚膳進素食庚辰子夜合祀天地配以太祖高皇帝太祖坐西向帝脫舄登大祀殿東珪真瓚興俯拜跪罔弗如禮昧爽還宮御奉天殿受群臣賀翰林院侍講學士方孝孺進郊祀頌謂是日夜半禮成天宇澄瑩父老咸以為未嘗遇

四日改四川行都司昌州為昌州長官司普濟州為普濟州長官司威龍州為威龍州長官司○詔應天府及十二布政司開科鄉

革除編年不分卷　之二

革除編年不分卷　之三

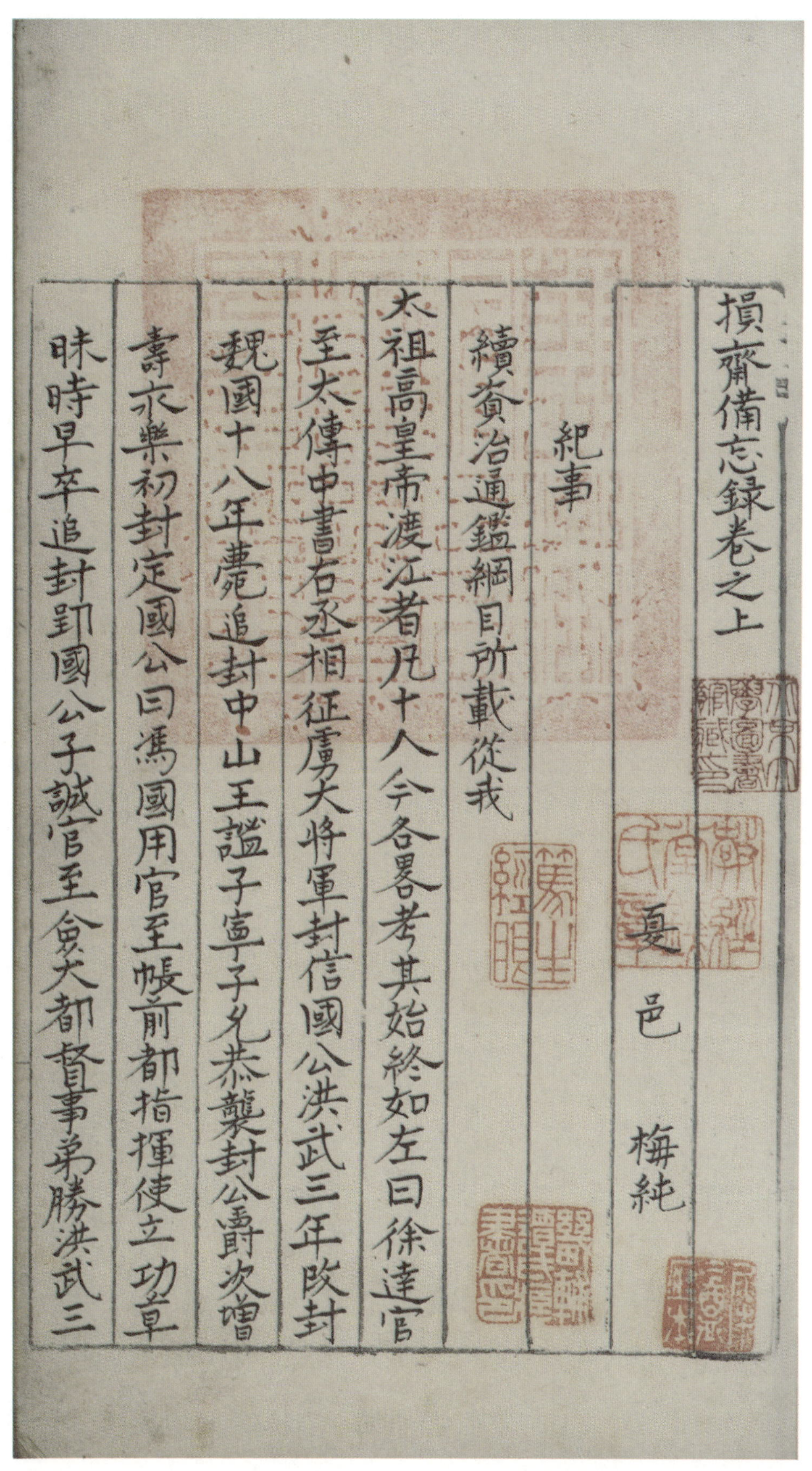
損齋備忘録卷之上

夏邑 梅純

紀事

續資治通鑑綱目所載從我

太祖高皇帝渡江者凡十人今各畧考其始終如左曰徐達官至太傅中書右丞相征虜大将軍封信國公洪武三年改封魏國十八年薨追封中山王謚子寧子允恭襲封公爵次增壽永樂初封定國公曰馮國用官至帳前都指揮使立功草昧時早卒追封郢國公子誠官至僉大都督事弟勝洪武三

損齋備忘録一卷/一册/明藍格鈔本

損齋備忘録一卷　之二

固本第十一 四篇 第十二闕

第十三闕 第十四闕

无能子卷上

聖過第一

天地未分混沌一炁一炁充溢分為二儀有清濁焉有輕清者上為陽為天重濁者下為陰為地矣天則剛健而動地則柔順而静炁之自然也天地既位陰陽炁交於是裸蟲鱗蟲毛蟲羽蟲甲蟲生焉人者裸蟲也與夫鱗毛羽蟲俱焉同生天地交炁而已無所異也或謂有所異者豈非乎人自謂異於鱗羽毛甲諸蟲者豈非乎能用智慮耶言語耶夫自鳥獸迨乎蠢蠕皆好生避死營其巢穴謀

無能子三卷/一冊/明藍格鈔本

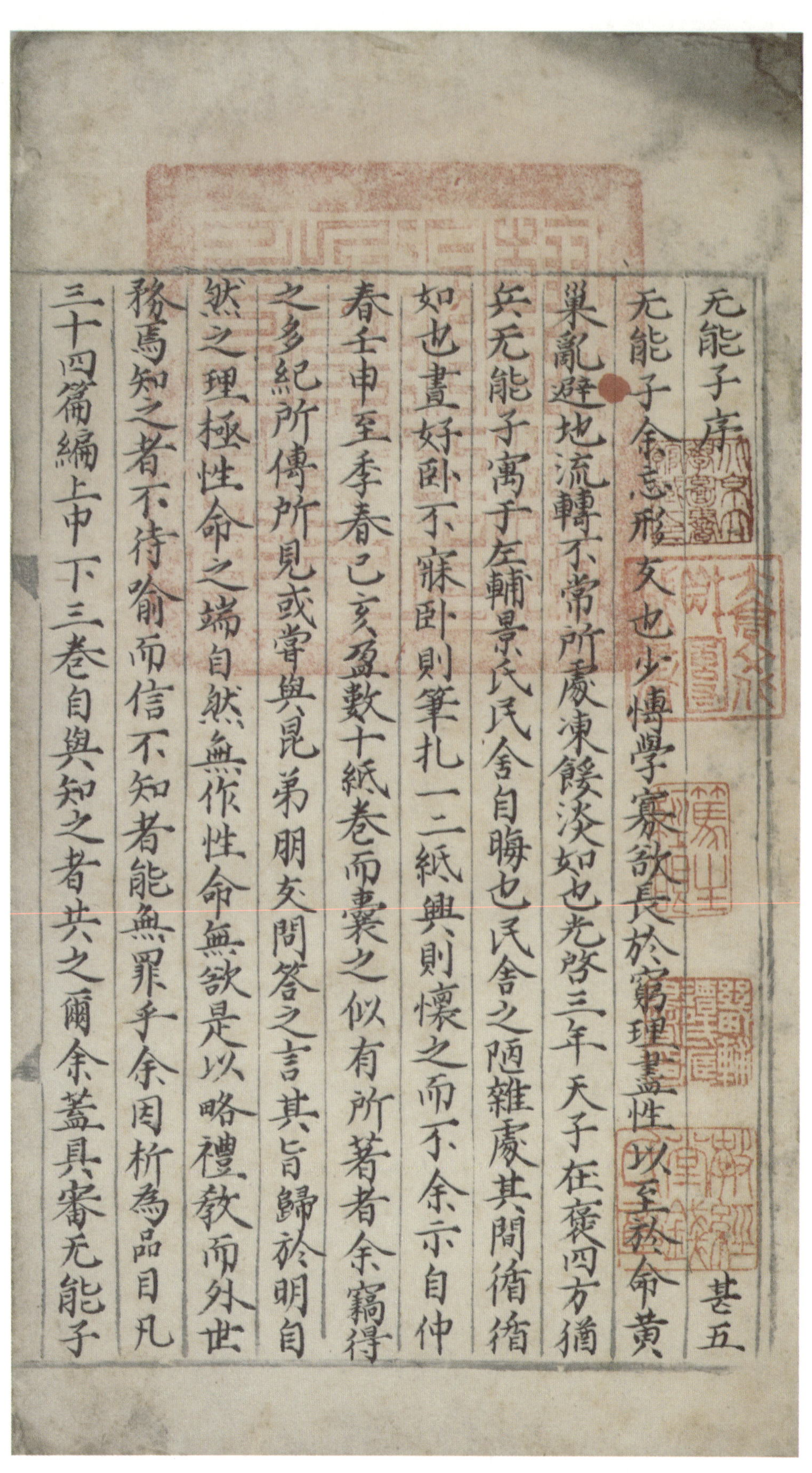

无能子序　　　　　　　　　　　　甚五
无能子余忘形友也少博學寡欲長於窮理盡性以至於命黄
巢亂避地流轉不常所處凍餒淡如也光啓三年天子在襃四方猶
兵无能子寓于左輔景氏民舍自晦也民舍之陋雜處其間循循
如也晝好卧不寐卧則筆札一二紙興則懷之而不余示自仲
春壬申至季春己亥盈數十紙卷而囊之似有所著者余竊得
之多紀所傳所見或嘗與昆弟朋友問答之言其旨歸於明自
然之理極性命之端自然無作性命無欲是以略禮教而外世
務焉知之者不待喻而信不知者能無罪乎余因析為品目凡
三十四篇編上中下三卷自與知之者共之爾余蓋具審无能子

無能子三卷　之二

錦帶補註

南湖体圃翁　杜　開　述

知於道者達至意之淺深明於理者合禮義之先後况君子耻一物而不知聖人固多能鄙事由是論之凡處於世所貴乎牋牘爲先容應對爲事業因觀梁昭明太子錦帶十二篇其中叙陳事情光爛錦帶起發後人益揚言既著錦者文彩光輝之稱帶者以物束身之謂也淮南子曰錦帶者燦爛身之富也實濟時之端助文之倫也以其文雖妙矣亦未詳

錦帶補註一卷/一册/明鈔本

錦帶按十二大節律令

正月太簇

伏以北斗周天送玄英之故節東風拂地啓青陽之芳辰梅花舒雨歳之粧栢葉泛正元之酒飄颻餘雪入簫管以成歌皎絜輕氷對蟾光而寫鏡敬想足下休神書帳縱性琴臺談咲發流水之源筆海引崩雲之路昔時文會長思風月之交今日言離永嘆參辰之隔但某執鞭賤品耕鑿庸流沉形南畝之間屏迹東皋之上不任仰德聊吐愚懷謹憑黄耳之傳佇望白雲之信

錦帶補註一卷　之二

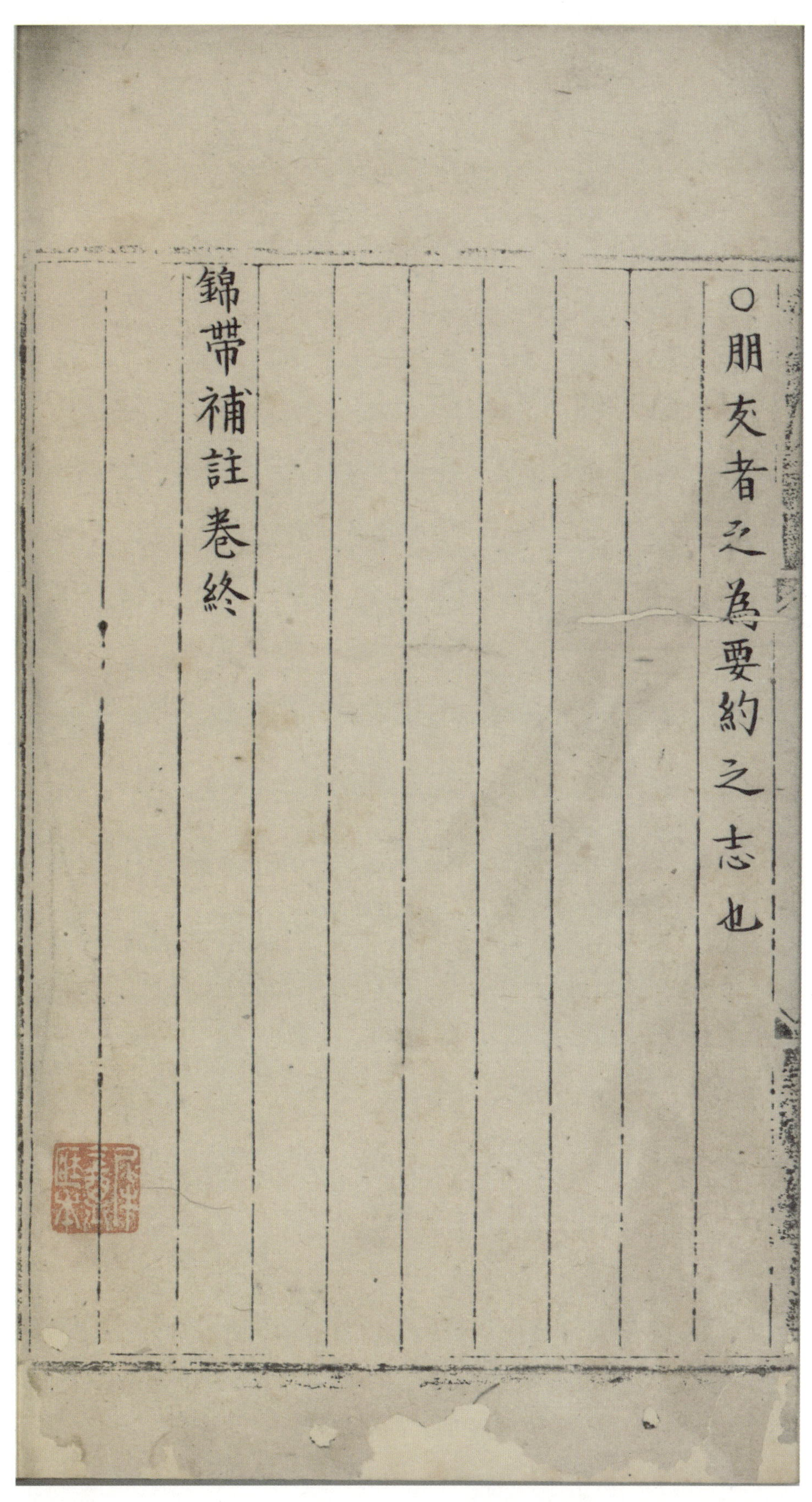
○朋友者之為要約之志也

錦帶補註卷終

錦帶補註一卷　之三

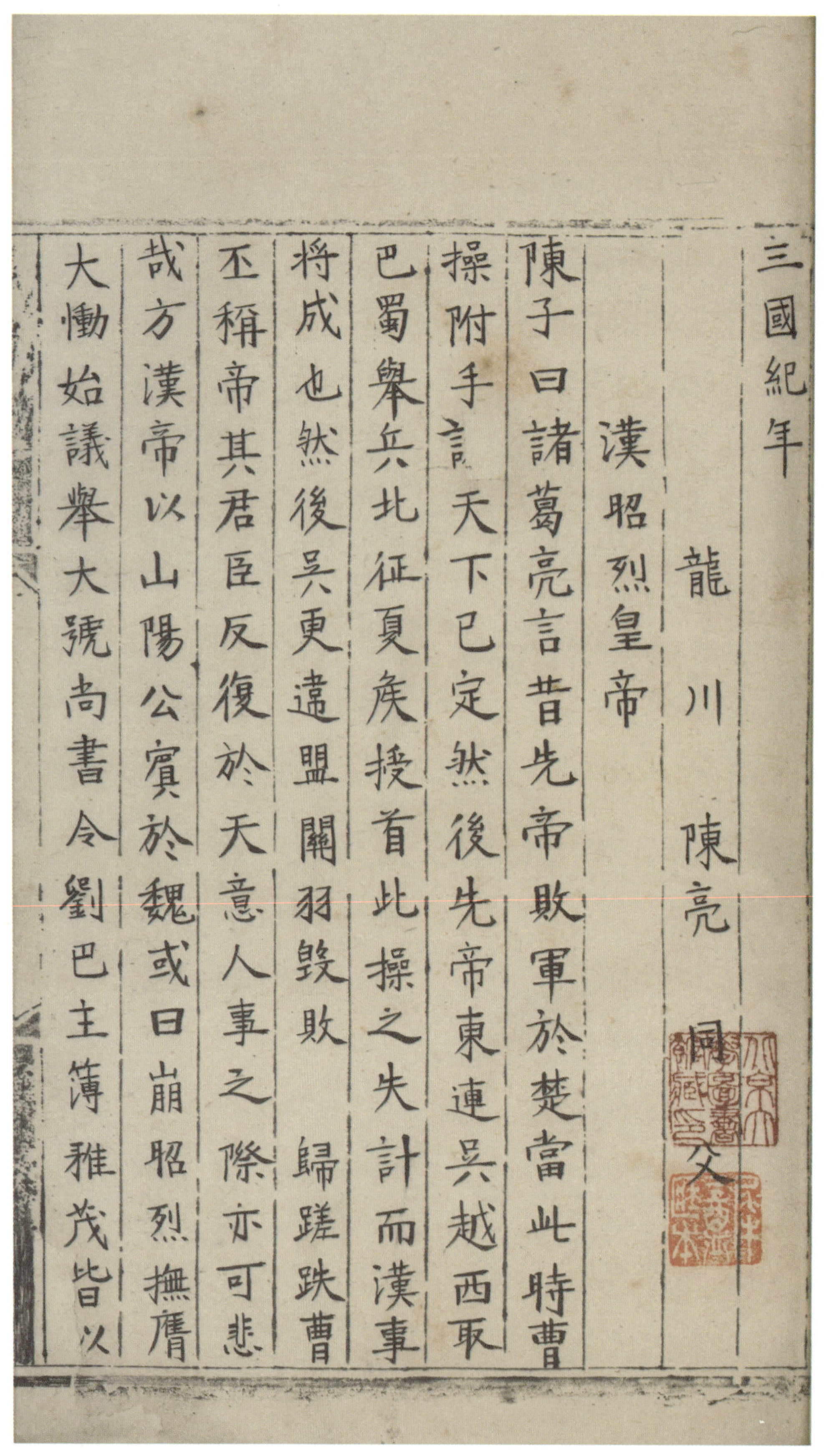

三國紀年

龍川　陳亮　同父

漢昭烈皇帝

陳子曰諸葛亮言昔先帝敗軍於楚當此時曹操附手言天下已定然後先帝東連吳越西取巴蜀舉兵北征夏侯授首此操之失計而漢事將成也然後吳更違盟關羽毁敗　歸蹉跌曹丕稱帝其君臣反復於天意人事之際亦可悲哉方漢帝以山陽公賓於魏或曰崩昭烈撫膺大慟始議舉大號尚書令劉巴主簿雍茂皆以

三國紀年一卷/一册/明鈔本

三國紀年序

自書契之興代有法記後聖有作而言動之記分矣自當時之諸侯國各有史一言一動罔不畢載故四方之志外史掌之天子之言動天下之幾也諸侯之言動一國之幾也合諸侯之言動亦足以觀天下之變焉有源有流不可遺也昔者孔子適周觀禮晚而有述焉上古之初不可詳已著其變之大者易所載十三卦聖人是也至於書斷自唐虞定其深切著明者爲百篇葢嘗欲備三代損益之禮以待後聖是故之杞

三國紀年一卷 之二

來教謂司馬子長雖高不欲學而諸贇命意及筆勢往往似之何耶因便並望見教朱元晦工夫亦謂大槩如此　吳益恭昨日得陽書云見今攝郡却不　郡也某近日思得着書大是難事方將一意玩索　養　求其所未至雖高明之資與駑鈍者不同然考之前作者亦須待經歷之久歲月之晚然後下筆今及此暇時序次裒集固亦無害然亦不可不思有餘不敢盡之語也人回略此上布餘不悉侯續禀

三國紀年一卷　之三

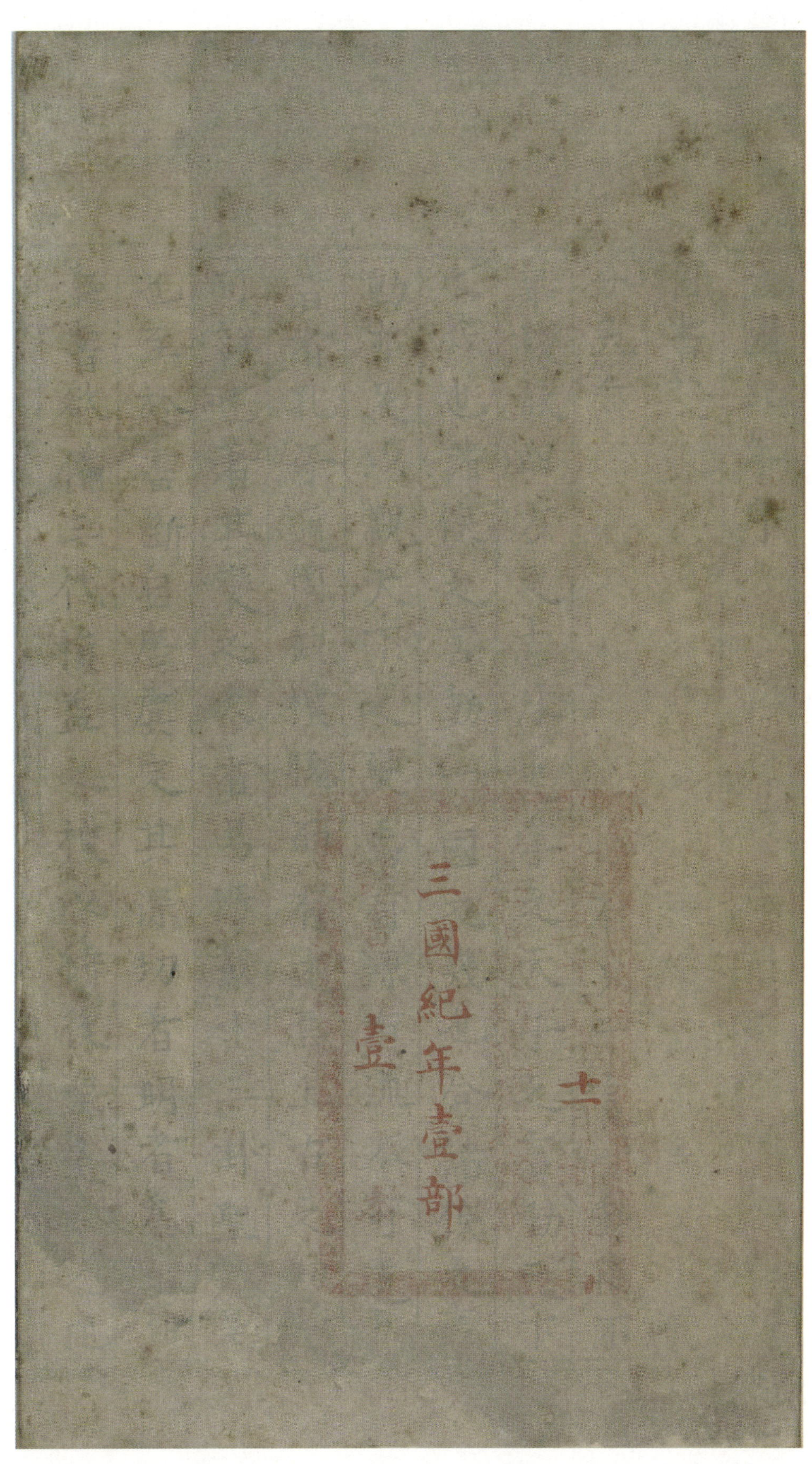

三國紀年一卷　之四

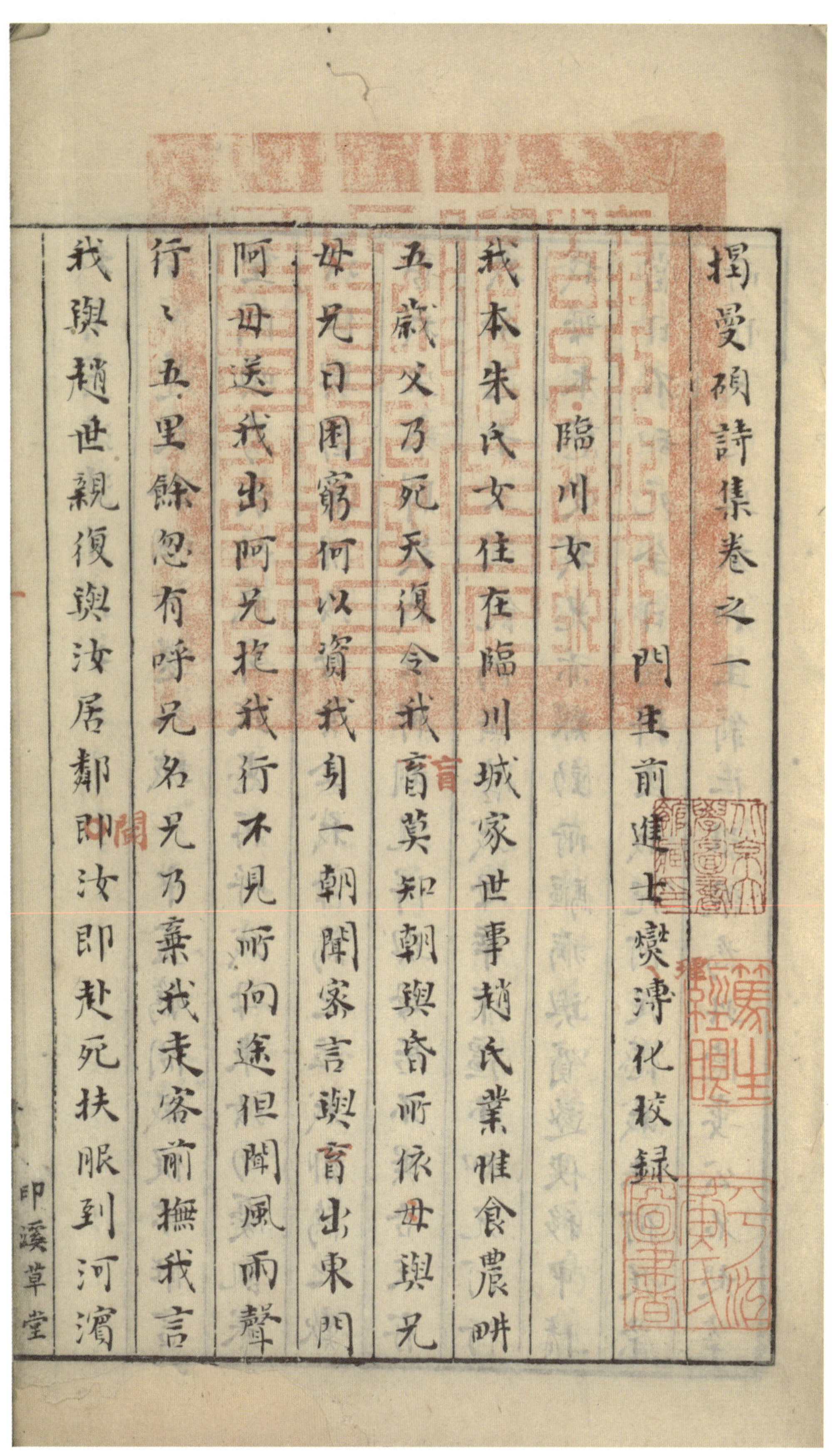
揭曼碩詩集卷之一

門生前進士燮溥化校録

臨川女

我本朱氏女住在臨川城家世事趙氏業惟食農畊

五歲父乃死天復令我盲莫知朝與昏所依母與兄

母兄日困窮何以資我身一朝聞客言與盲出東門

阿母送我出阿兄抱我行不見所向途但聞風雨聲

行〻五里餘忽有呼兄名兄乃棄我走客前撫我言

我與趙世親復與汝居鄰即汝即赴死扶脈到河濱

印溪草堂

揭曼碩詩集三卷/一册/明印溪草堂鈔本

尋盧學士船至漢口留詩為別

晴江落微瀾暮雲在層巘參差連舫出散漫群鷗遠始知遵江廣遥聯高旆□□賢每忘賤臨流亦忘蹇蒼茫景時入窈眇春猶淺新知處相逢餘悰何由展

入秦淮和曾編脩

秦淮江上送飛鴻秦淮水流西復東六朝人物已寂寞萬古雲山空疊重明日還沽采石酒昨朝猶聽廣陵鐘人生不似寒潮水去去來來有定蹤

黼季遊白門從黃于部借得刻本屬予校此刻本一卷末缺味經堂詩一首其第三卷亦缺三十三首知為不全本也按其行間字裏板多脩補字面亦復譌謬間有全葉翻刻者意板經模糊闕失後人草率補湊僞刻首尾改竄板心苟且以行世亦是集之厄也刻中多詩八首不敢輒置僞錄如右以補缺略云己未中秋日靚葊彭典識

揭曼碩詩集三卷　之二

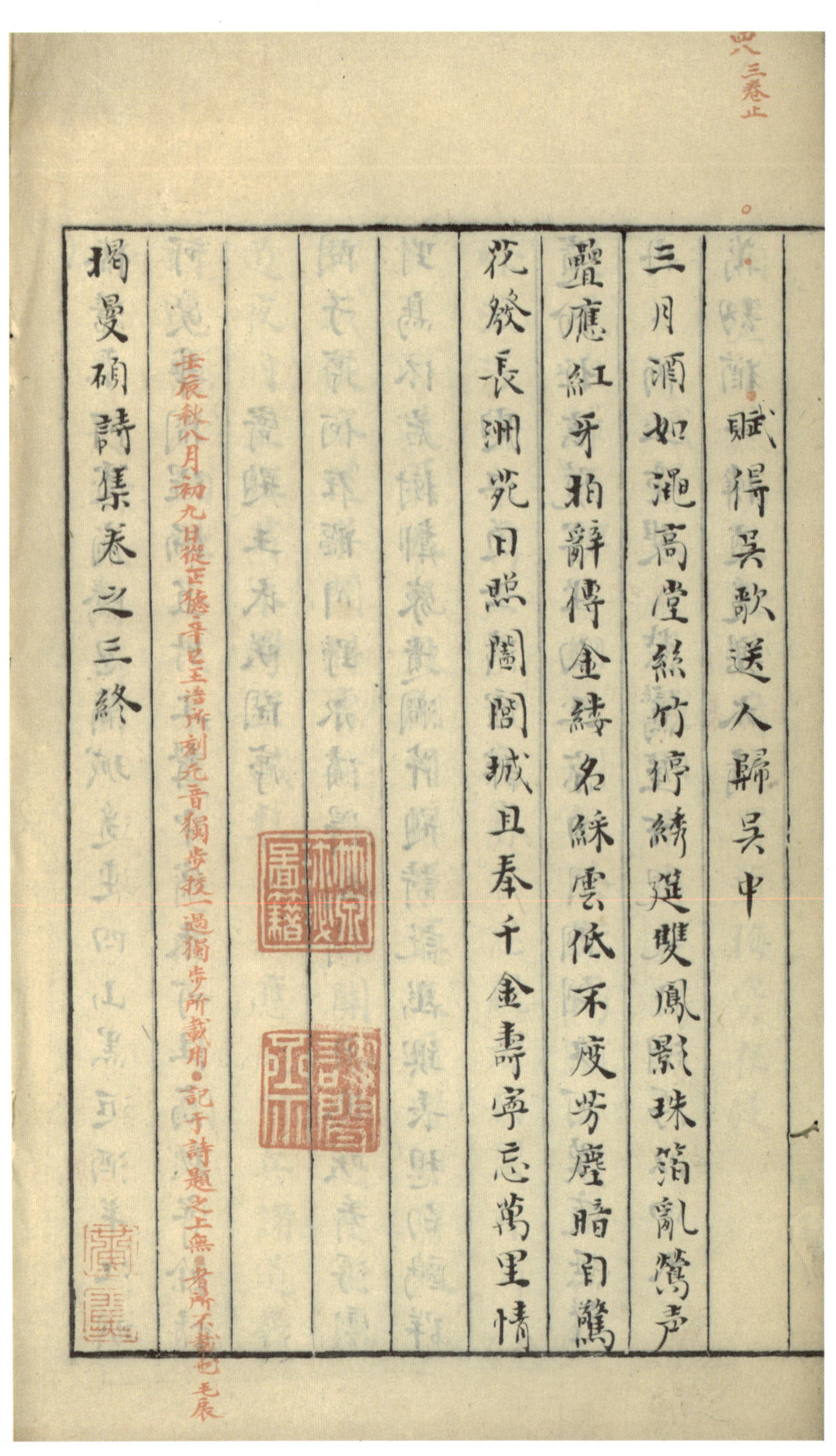

揭曼碩詩集三卷　之三

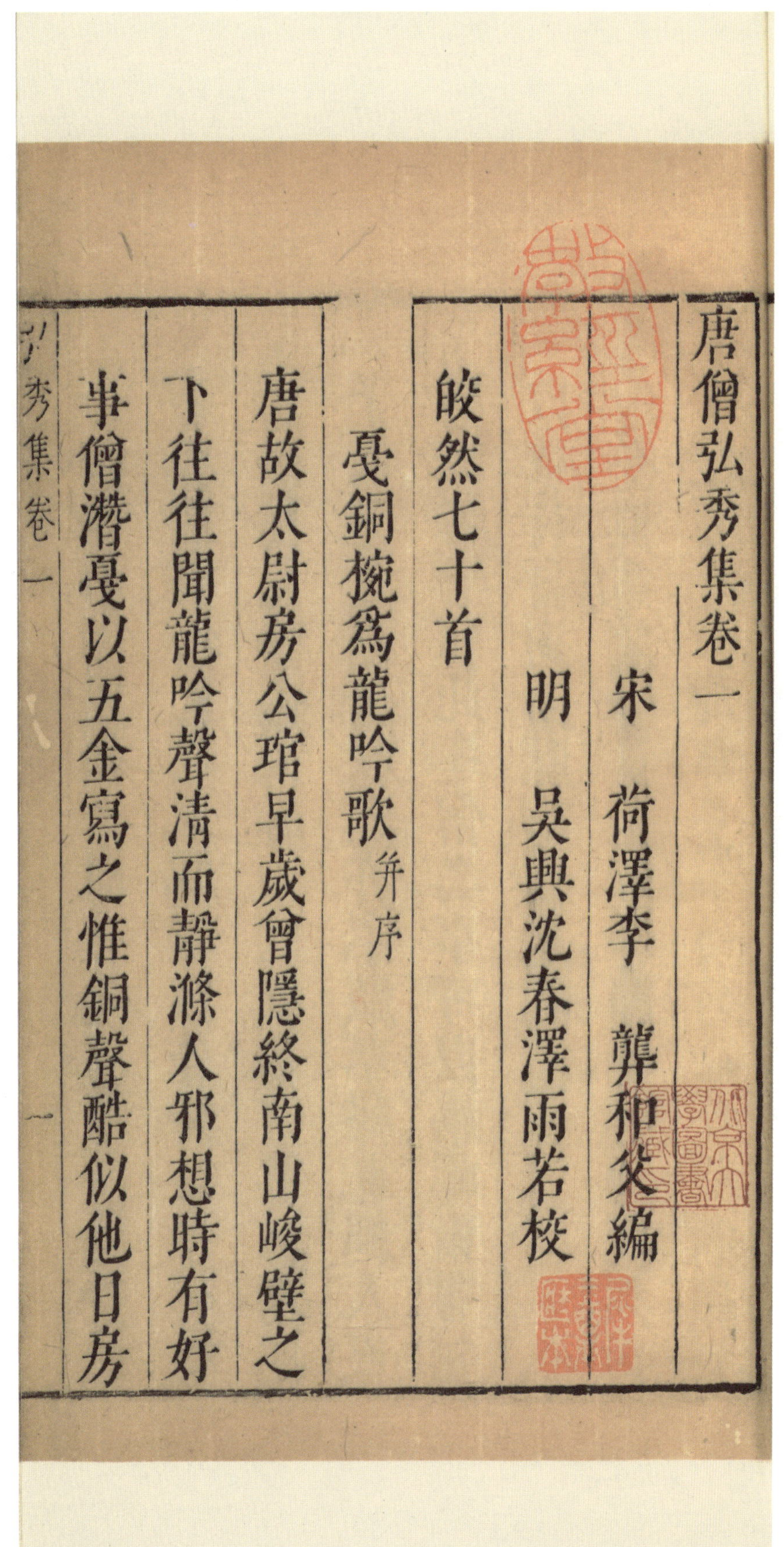

唐僧弘秀集十卷/一函二册/明末李春澤刻本

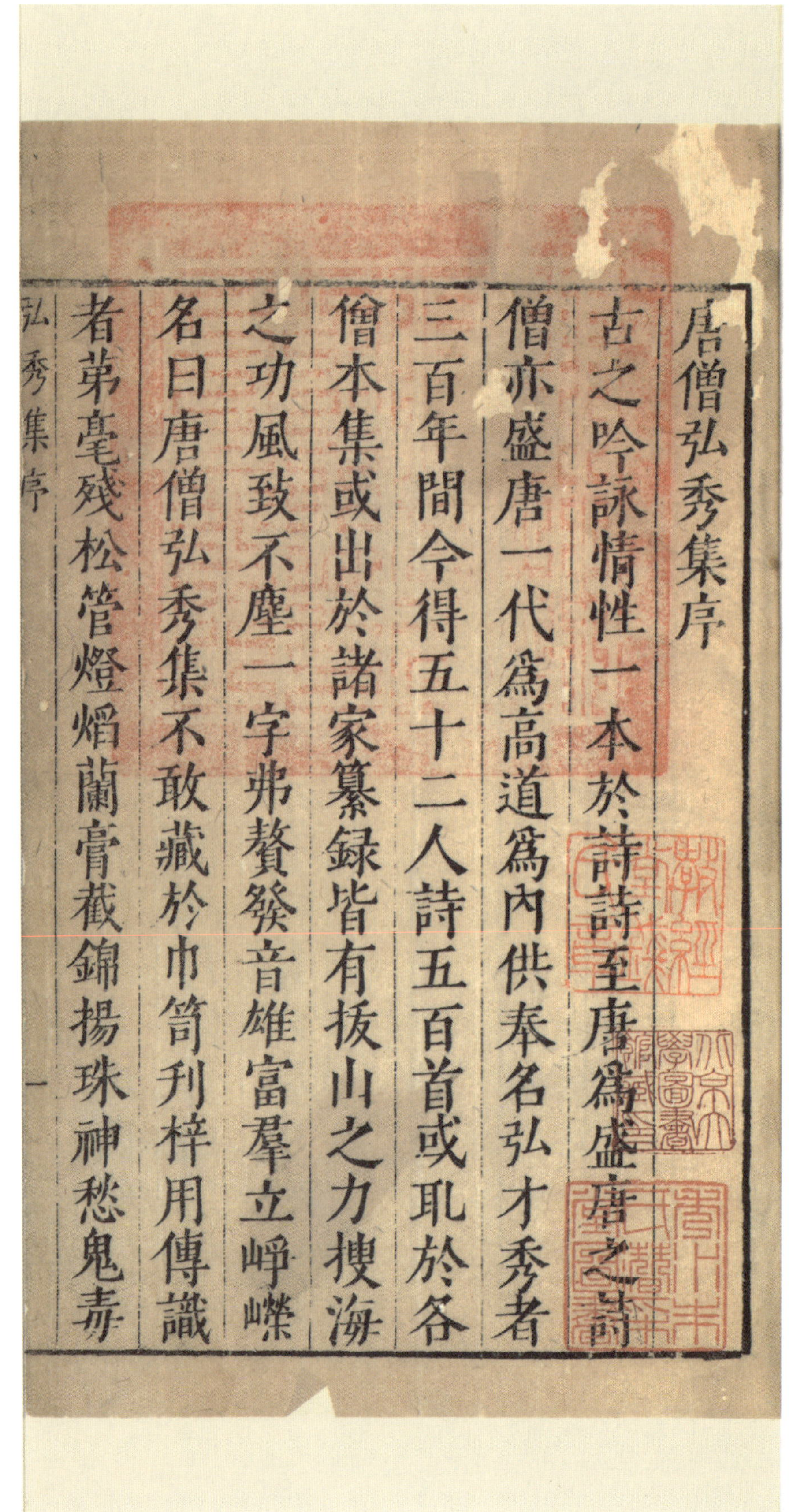
唐僧弘秀集序

古之吟詠情性一本於詩詩至唐爲盛唐之詩僧亦盛唐一代爲高道爲内供奉名弘才秀者三百年間今得五十二人詩五百首或耻於各僧本集或出於諸家纂録皆有拔山之力搜海之功風致不塵一字弗贅發音雄富羣立崢嶸名曰唐僧弘秀集不敢藏於巾笥刊梓用傳識者第毫殘松管燈熠蘭膏截錦揚珠神愁鬼妒

弘秀集序　一

唐僧弘秀集十卷　之二

唐僧弘秀集十卷　之三

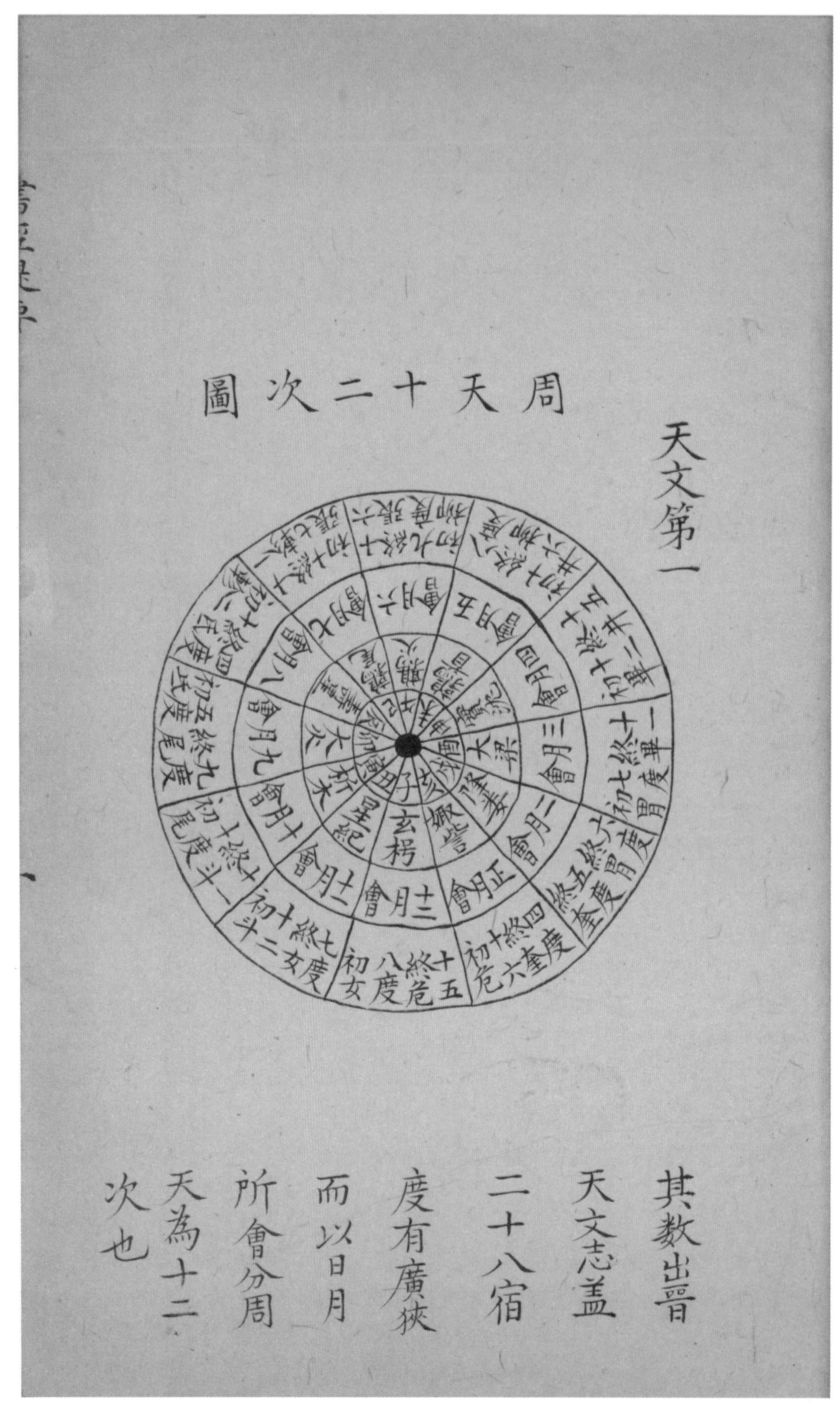

書經提要一卷／一册／明末清初鈔本

書經撮要序

聖人定書所以紀帝王之治也上明天道下述人事旁叙萬物罔不畢具其經世之大典乎自燔于秦火緝于漢儒雖遺經僅存而大義隱矣迨宋九峯先生承考亭指授而為之傳然後聖人微詞奥旨煥然復彰於世其有功於後學卓乎不可尚已抑聞韓子有曰記事者必提其要若天文地理圖書律吕四者皆是經之要也然天文之度数或未易析地理之沿革或有不同至於圖書律吕先儒固有成説而散見他書未有萃于一者故學經之

書經提要一卷　之二

書經提要目録

禮部主事天台章陬著述

門人任麒編輯

天文第一

周天十二次圖　二十八宿合周天数圖

子午為陰陽正位圖　旋璣玉衡六合儀圖

八干十二支四隅方位圖四仲陰陽消長圖

一歲日月行数圖　氣盈朔虛餘日圖

十九歲氣朔分齊圖　召誥土中說

地理第二

書經提要目録　一

書經提要一卷　之三

翠微南征錄卷之一

宋　華岳　著

同里後學　郎　遂編次

王爾綱較閲

五言古

賀趙可爻法曹

紅日轉簷牙飛鳴一聲雝雝翅未離簷有客拽鈴索呼童急啓戶問客意何若客聞笑而言法曹參計鑰因知雝之鳴報我良不惡知我門下人一揵聯相托如公材器大未掾豈能縛咫尺蓬萊宮左右芙容幕直入鳳凰池叓上麒麟閣賤子無所需願伻揚州鶴

寄葉敬甫

翠微南征録卷之一五古　一

翠微南征録十卷卷首一卷／一函一册／清康熙三十年（1691）郎遂刻本

翠微南征録十卷卷首一卷　之二

采石瓜洲斃亮記

門人右宣教郎潼川　蹇駒　編次

紹興辛巳逆亮渝盟先是遣使賀天申節登對出悖語要將相大臣乞割兩淮襄漢之地朝廷駭愕上命宰相就都堂宣虜悖語閤侍從臺諫偹虜之策宰相又宣聖語今日更不問和與守只問戰當如何亮已提兵駐汝州之温湯詐示江渡漢從上流以窺吴會朝論欲遣成閔提禁衛五方兵守襄漢中書舍人虞允文言今虜為疑形〻我上流不足慮直恐盡擻禁

采石瓜洲斃亮記一卷附録一卷/一册/清初鈔本

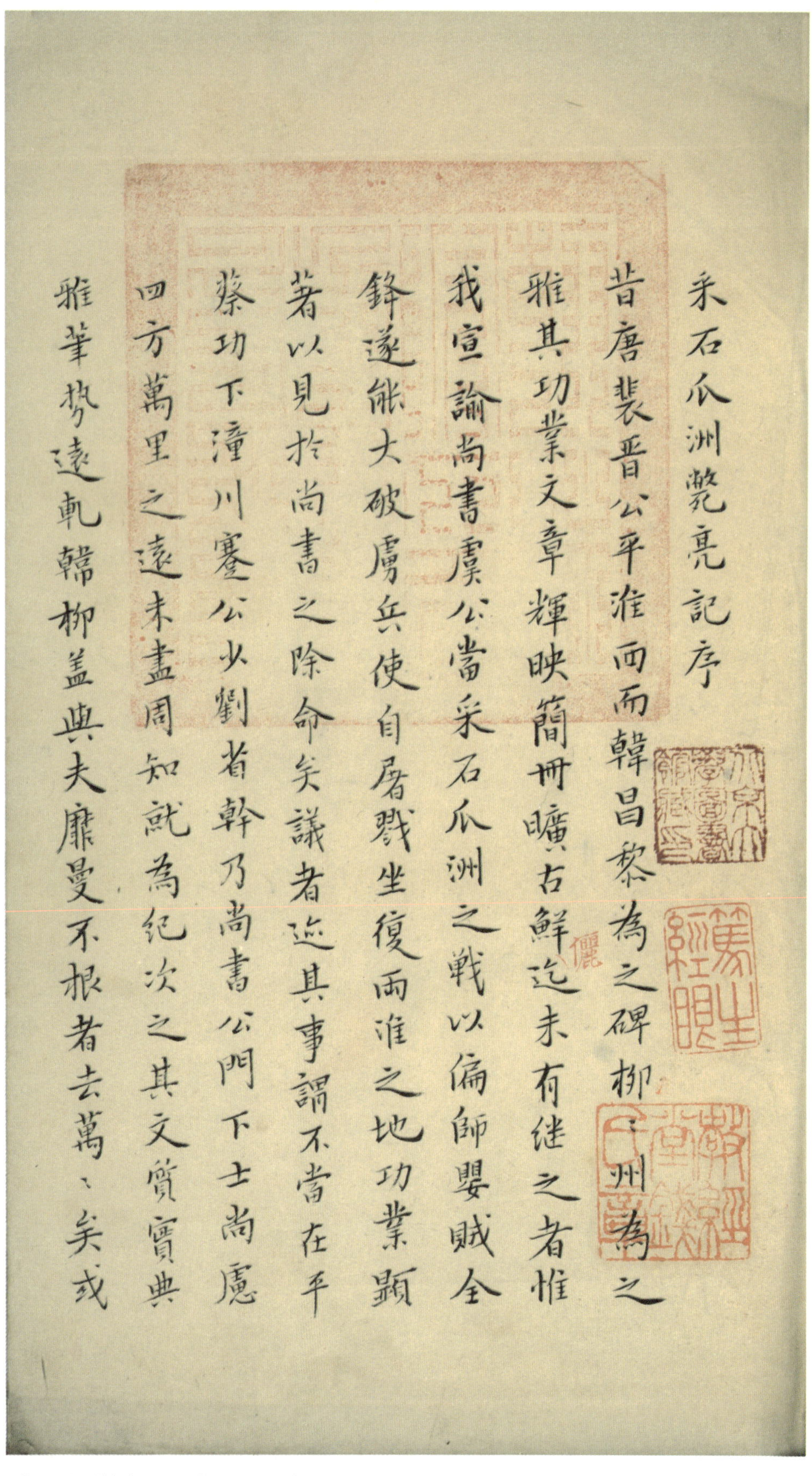

采石瓜洲斃亮記序

昔唐裴晉公平淮西而韓昌黎為之碑柳〻州為之雅其功業文章輝映簡冊曠古鮮儷迄未有繼之者惟我宣諭尚書虞公當采石瓜洲之戰以偏師嬰賊全鋒遂能大破虜兵使自屠戮坐復两淮之地功業顯著以見於尚書之除命矣議者迄其事謂不當在平蔡功下潼川蹇公必劉者斡乃尚書公門下士尚慮四方萬里之遠未盡周知就為紀次之其文質實典雅筆勢遠軌韓柳盖與夫靡曼不根者去萬〻矣或

采石瓜洲斃亮記一卷附録一卷　之二

采石瓜洲斃亮記一卷附録一卷　之三

江表志卷上

宋 鄭文寶 著

南唐高祖姓李諱知誥生於徐州有唐鄭王疏屬之枝派父志祖榮俱不仕帝少孤有姊出家為尼出入徐温妻李氏同姓帝亦隨姊往來温妻以其同宗憐其明慧收為養子居諸子之上名曰知誥累典郡符温為丞相封齊王出鎮金陵留帝在都執楊氏政事帝沈機遠畧莫知其際折節謙下中外所瞻纔及弱冠即秉大權楊都浩繁之地海内所聞率由儉素無所躭溺内輔幼主

一

江表志三卷/一函一册/清初鈔本

江表志叙

江表志者有國之時朝章國典粲然可觀執政之臣以史筆為不急之務洎開寶中起居郎高遠當職始編緝昇元以來故事事將成一家之言書未成遠疾篋數函文章皆令焚之無孑遺矣太宗皇帝欲知前事命湯悦徐鉉撰成江南録十卷事多遺落無年可編筆削之際亦無高下當時好事者往往少之文寶耳目所及編成三卷方國志則不足比通曆則有餘聊補足以俟来者

庚戌歲閏三月二十三日

江表志三卷　之二

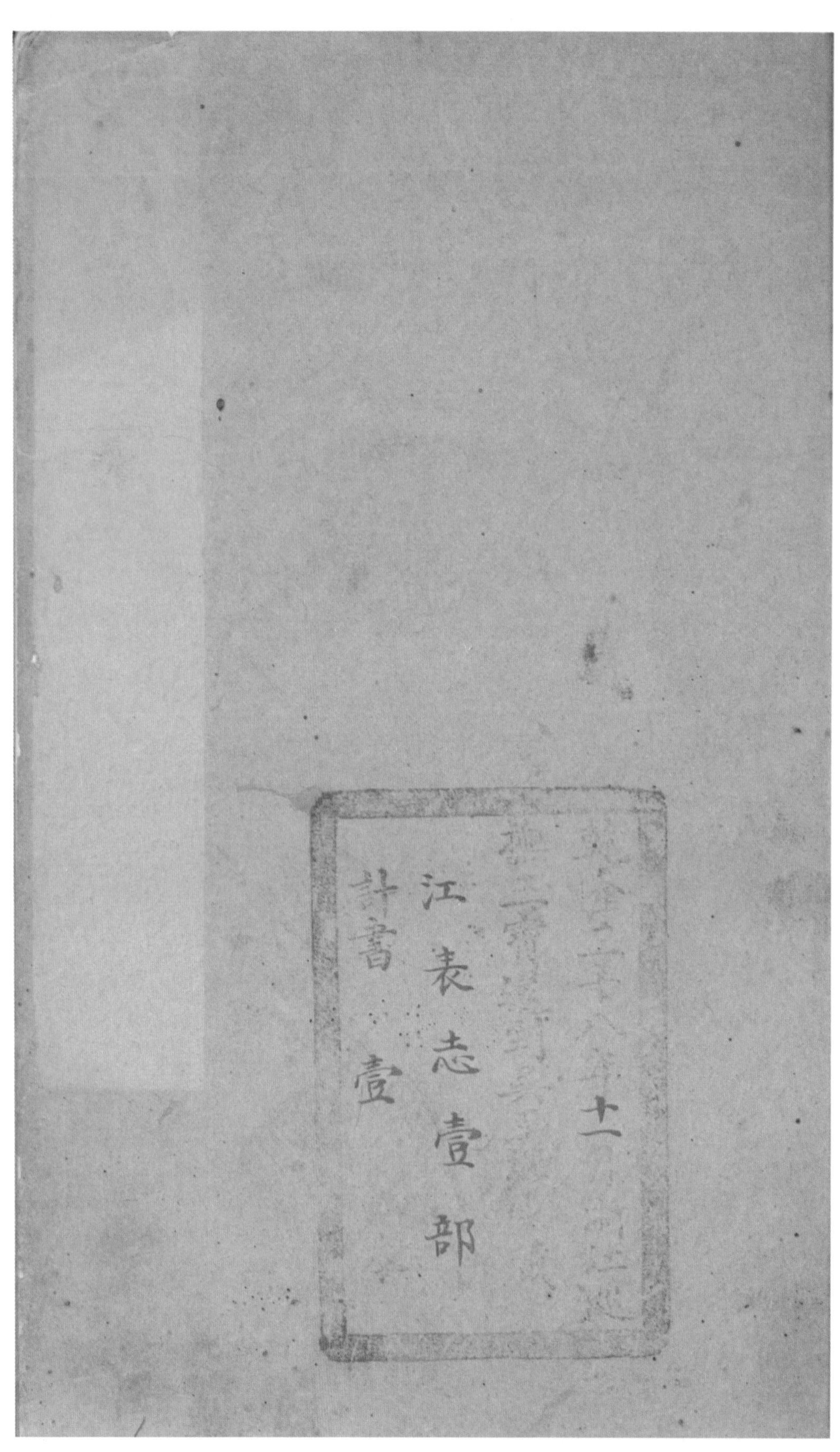

江表志三卷　之三

伏吟 玄胎

寅巳申

寅甲 申酉戌亥 不守本禄

寅寅 未 子 去投空谷

午午 午 丑 馬載虎鬼

午午 巳辰卯寅 末后相逐

寅禄臨干癸用宜静守妄動則投中巳之空脱又進逢虎鬼乘馬動則有咎春占成事餘費力乃折腰之体事從中止賓主不投刑在上三刑入傳末鬼克干幸初傳一德扶身百禍皆消 晝貴亢謀不成病訟亦凶夜貴春占有喜 午丁

六壬不分卷／一函四册／清初朱墨鈔本

大夫經筵講官太子太保東閣大學士兼禮部尚書加五級臣徐本等奉

敕恭校

世祖體天隆運定統建極英睿欽文顯武大德

弘功至仁純孝章皇帝諱福臨

太宗應天興國弘德彰武寬溫仁聖睿孝敬敏

昭定隆道顯功文皇帝第九子也

母

孝莊仁宣誠憲恭懿至德純徽翼天啓聖文皇

大清世祖章皇帝實録一百四十四卷／二十四函一百四十七册／清乾隆四年（1739）實録館小紅綾紅欄寫本

大清世祖體天隆運定統建極英睿欽文顯武
大德弘功至仁純孝章皇帝實錄卷之一

監修總裁官光祿大夫內大臣吏部尚書中和殿大學士加一級臣巴泰

總裁官光祿大夫都統吏部尚書中和殿大學士加一級臣圖海光祿大夫戶部尚書保和殿大學士臣索額圖
光祿大夫太子太保戶部尚書保和殿大學士加二級臣李霨光祿大夫太子太保禮部尚書保和殿大
學士加一級臣魏裔介光祿大夫太子太保禮部尚書保和殿大學士加一級臣杜立德等奉
敕修

總裁官光祿大夫經筵講官太保議政大臣保和殿大學士總理兵部事三等

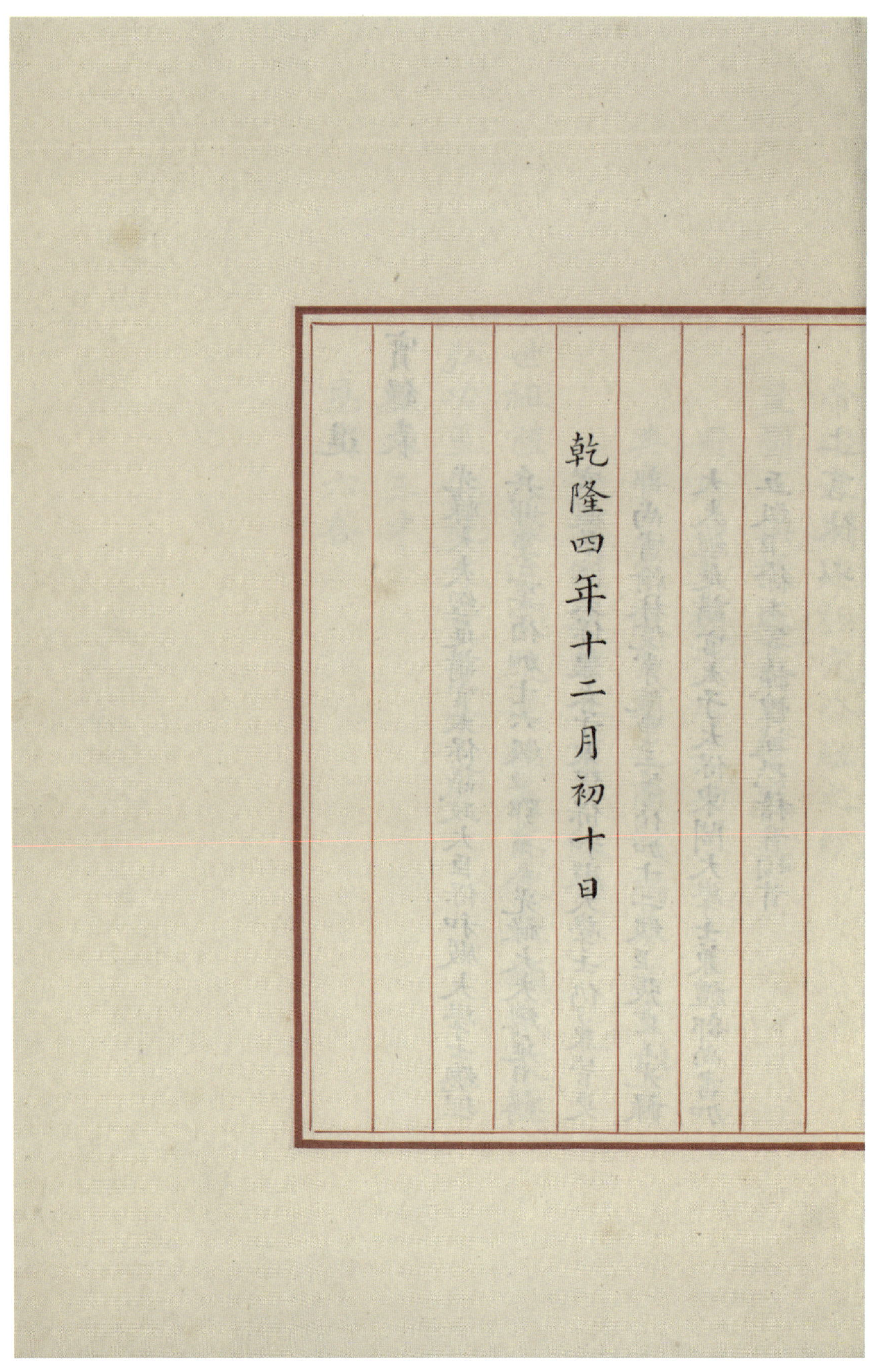
乾隆四年十二月初十日

大清世祖章皇帝實録一百四十四卷　之二

中謝二字
並寫小字

欽定四庫全書

字溪集卷一

宋　陽枋　撰

表

冬至表代安撫廣西賀

開於子生於子機潛起於黄鍾至於南盛於南運黙扶於紫蓋仰一人之有慶宜萬邦之作孚中謝恭惟皇帝陛下神化密移天行不息莫能消長聽陰終陽始之屈伸弗囿盈虚任月窟天根之來往德惟純而不已福茂

欽定四庫全書　字溪集　一

字溪集十二卷/一函八册/清乾隆四庫館臣寫本

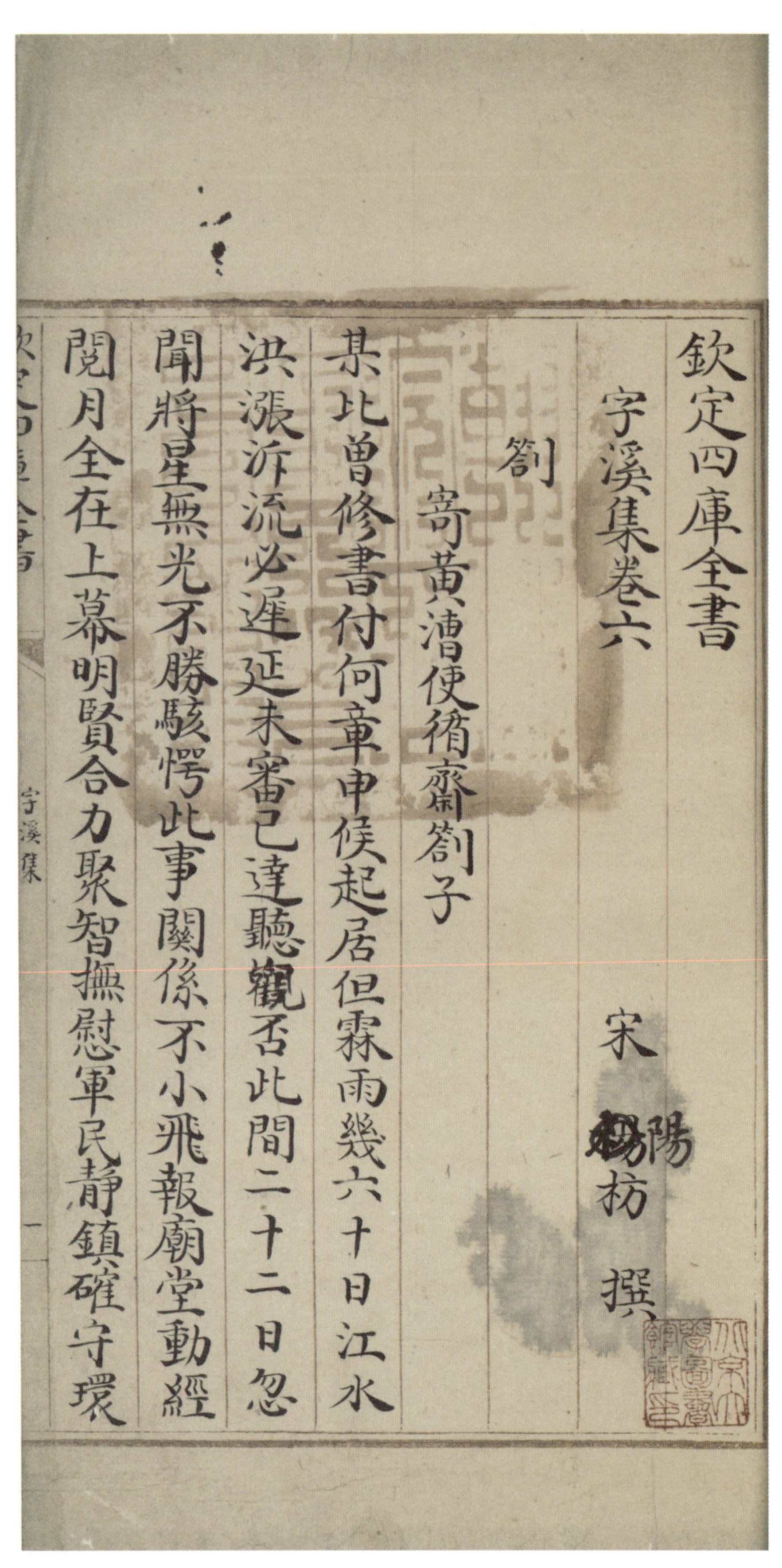
欽定四庫全書

字溪集卷六

宋 陽枋 撰

劄

寄黄漕使循齋劄子

某比曾修書付何章申候起居但霖雨幾六十日江水洪漲泝流必遲延未審已達聽覽否此間二十二日忽聞將星無光不勝駭愕此事關係不小飛報廟堂動經閲月全在上幕明賢合力聚智撫慰軍民静鎮確守環

欽定四庫全書　字溪集　一

字溪集十二卷　之二

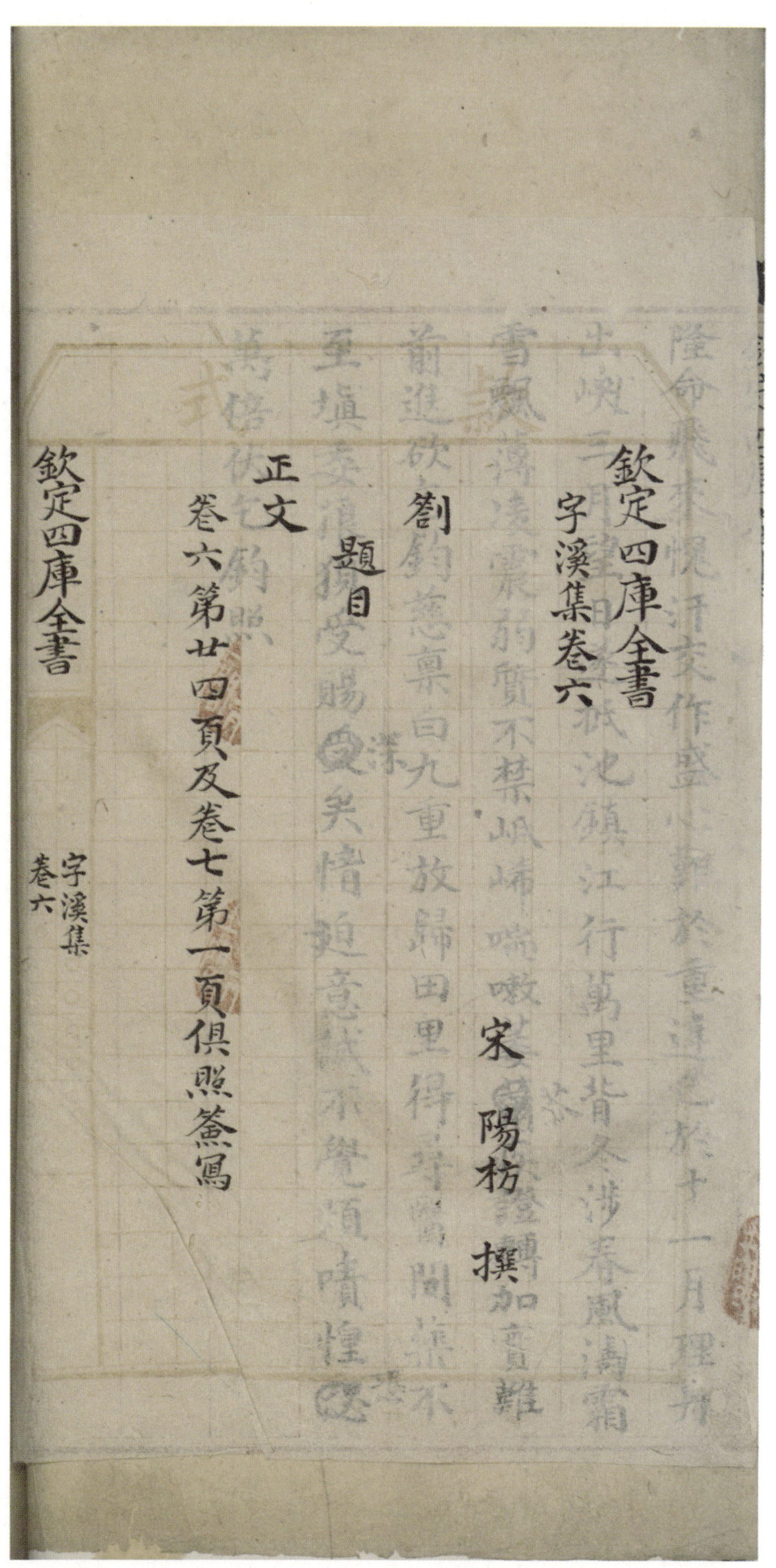

字溪集十二卷　之三

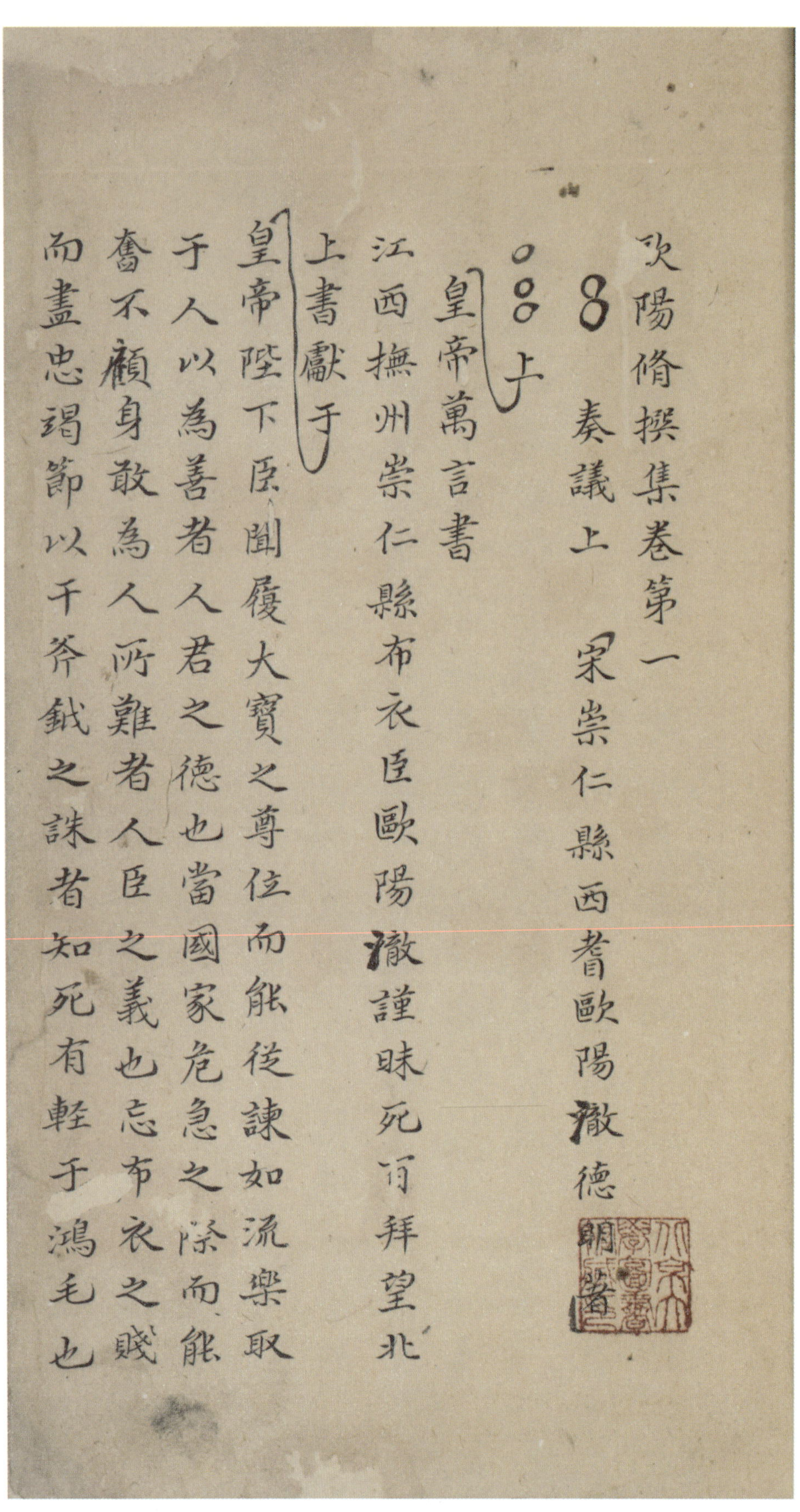

歐陽偹撰集八卷／一函三册／清乾隆鈔本

予為兒時聞德明歐陽公日記數千言落筆便有可
觀雖生客十輩隨事泛應捷若發機意其胷奇氣逸
必有異于人者比於其弟國平家得其遺文一編大
抵咳唾渾斥之餘十百不存一二讀之飄然皆有不
羣之思迹其盛氣憤蓄如萬鈞強弩引滿向敵雖未
能保其必中勢必一發而後已稽諸前人抑太白之
流乎白遇明皇妃[illegible]閭逸氣少舒故得以文配杜而
為一代詞人以道靖康橫決[illegible]忘身拯溺不暇規
行故得以忠配陳而為中朝義士皆不世才也至所
存緩急之殊宜所造淺深之[illegible]以死易彼[illegible]之必

歐陽脩撰集八卷　之二

平既久士不知戰馬不堪用一旦邊隙創開無以支梧中國素號甲兵之盛反不能却夷狄鐵騎之勇其禍寔係于蔡京三尺孺子知京之名者亾切齒怨之雖梟首暴骨以謝天下減族削迹以快人意猶恐其不足也臣愚欲乞摧却敵人殲夷金賊安撫黎元即下詔委河北河東監司選擇近西北鄙田野平夷可以興作牧養之地遵唐舊制創為八坊每坊以右職兩員為監牧于鄰近運漕茶貨收斂鹽酒課利以充市馬之資仰監牧官多方搜買西北良馬以多為貴盖馬生其地則習山川之險阻而可用仍乞重立賞罰不許受

歐陽脩撰集八卷　之三

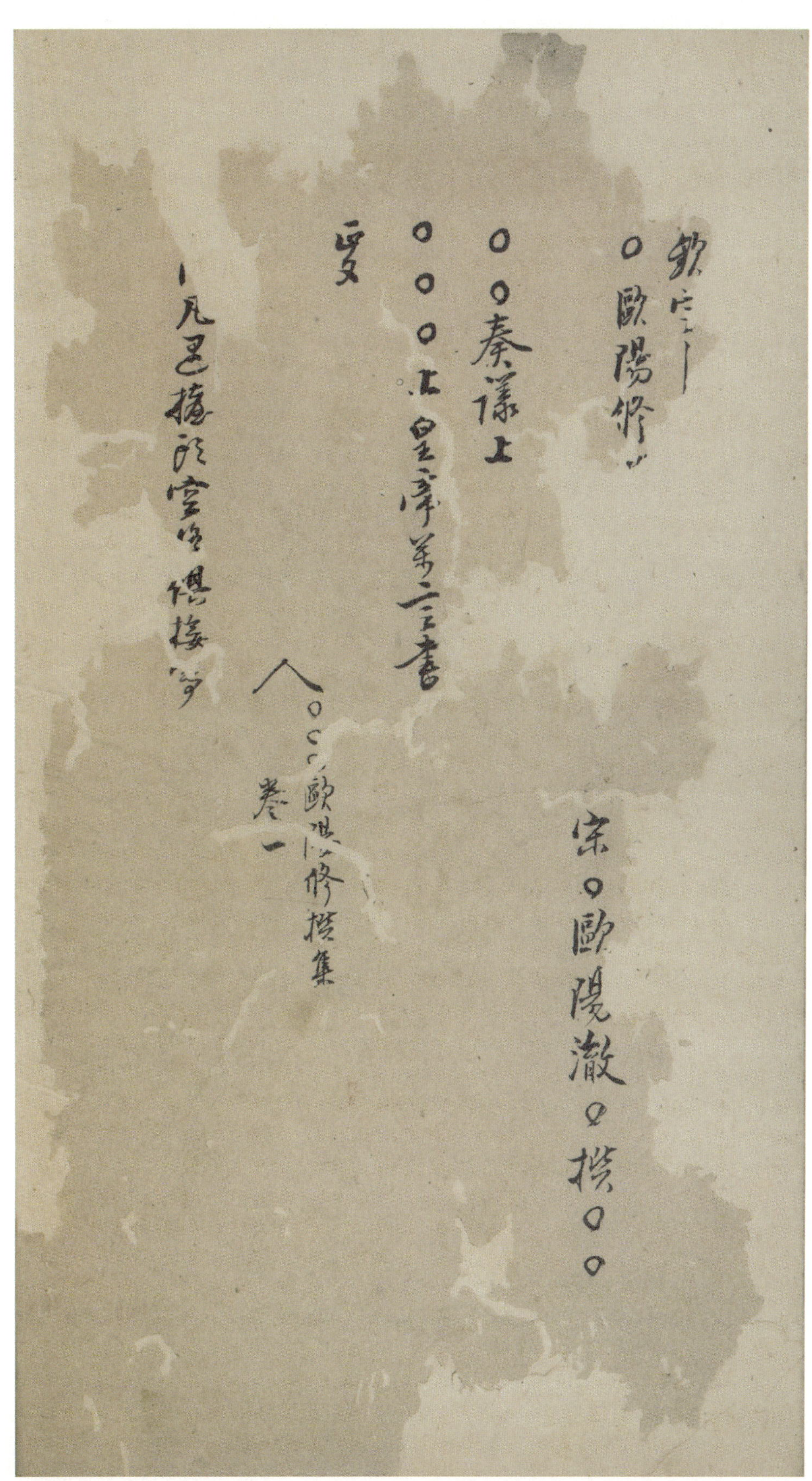

歐陽脩撰集八卷　之四

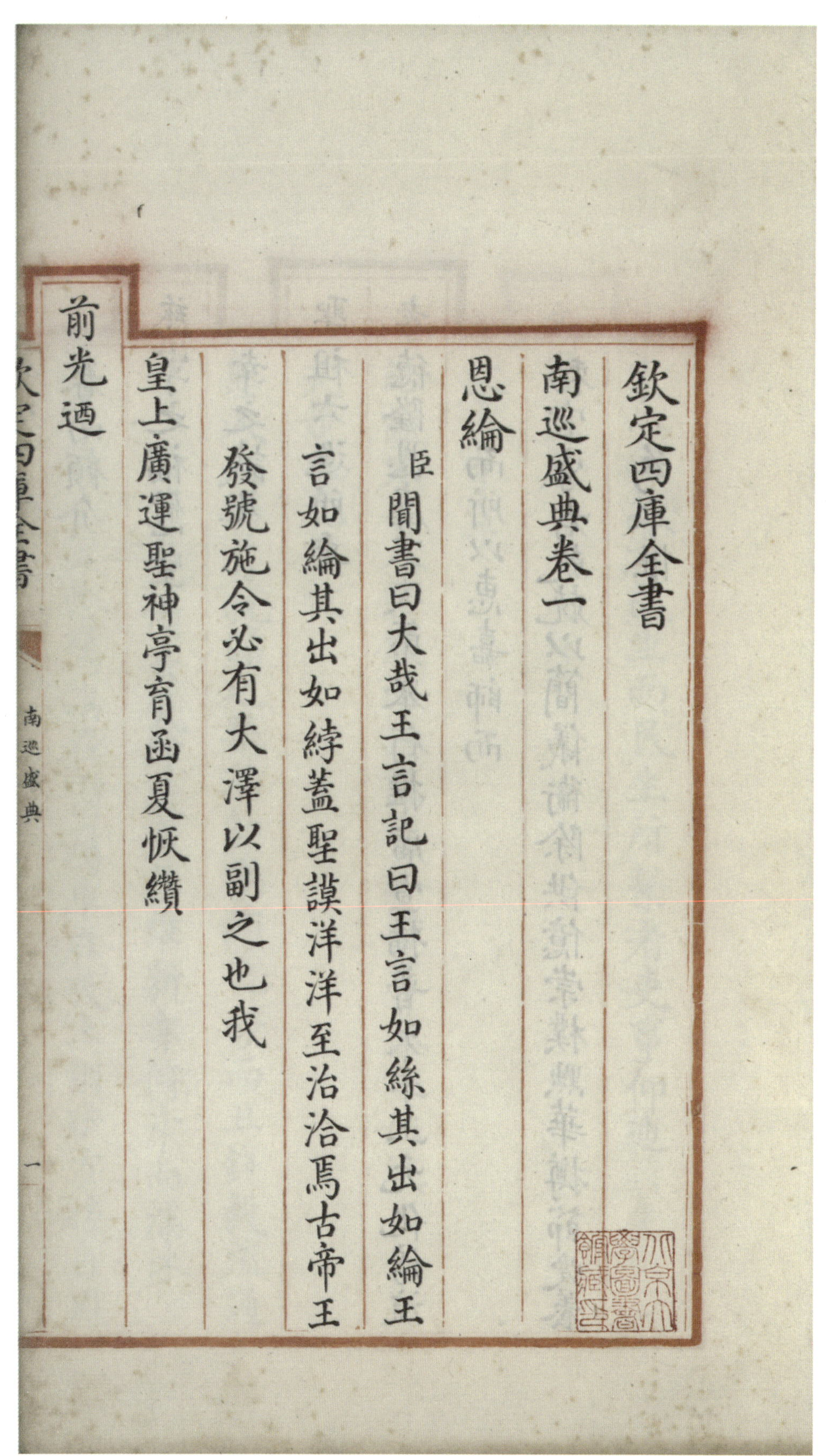
欽定四庫全書
南巡盛典卷一
恩綸
臣聞書曰大哉王言記曰王言如絲其出如綸王
言如綸其出如綍蓋聖謨洋洋至治洽焉古帝王
發號施令必有大澤以副之也我
皇上廣運聖神亭育函夏恢纘
前光迺

欽定四庫全書　南巡盛典　一

南巡盛典一百二十卷/二夾板四十二册/清乾隆四庫館寫本

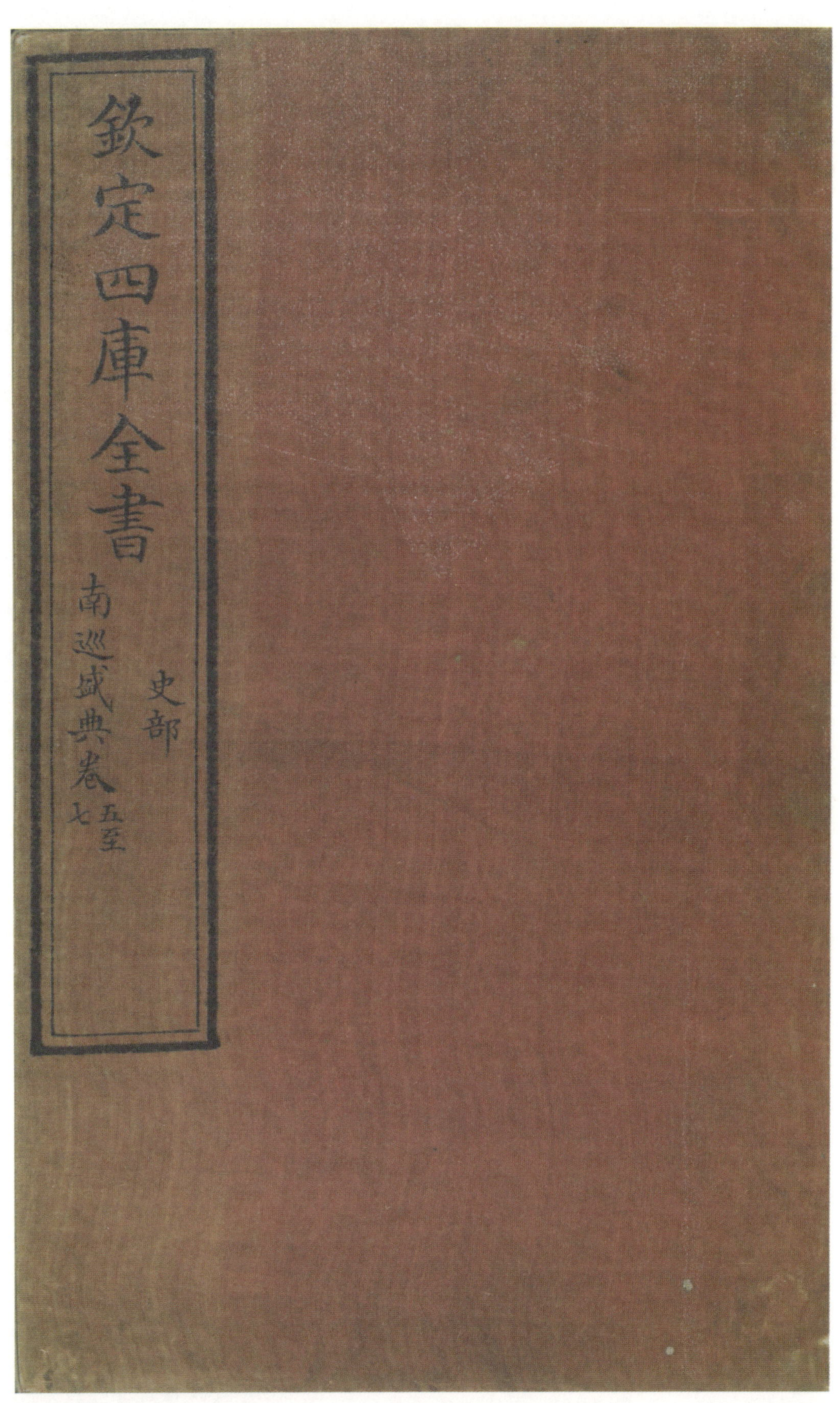

南巡盛典一百二十卷　之二

南巡盛典一百二十卷　之三

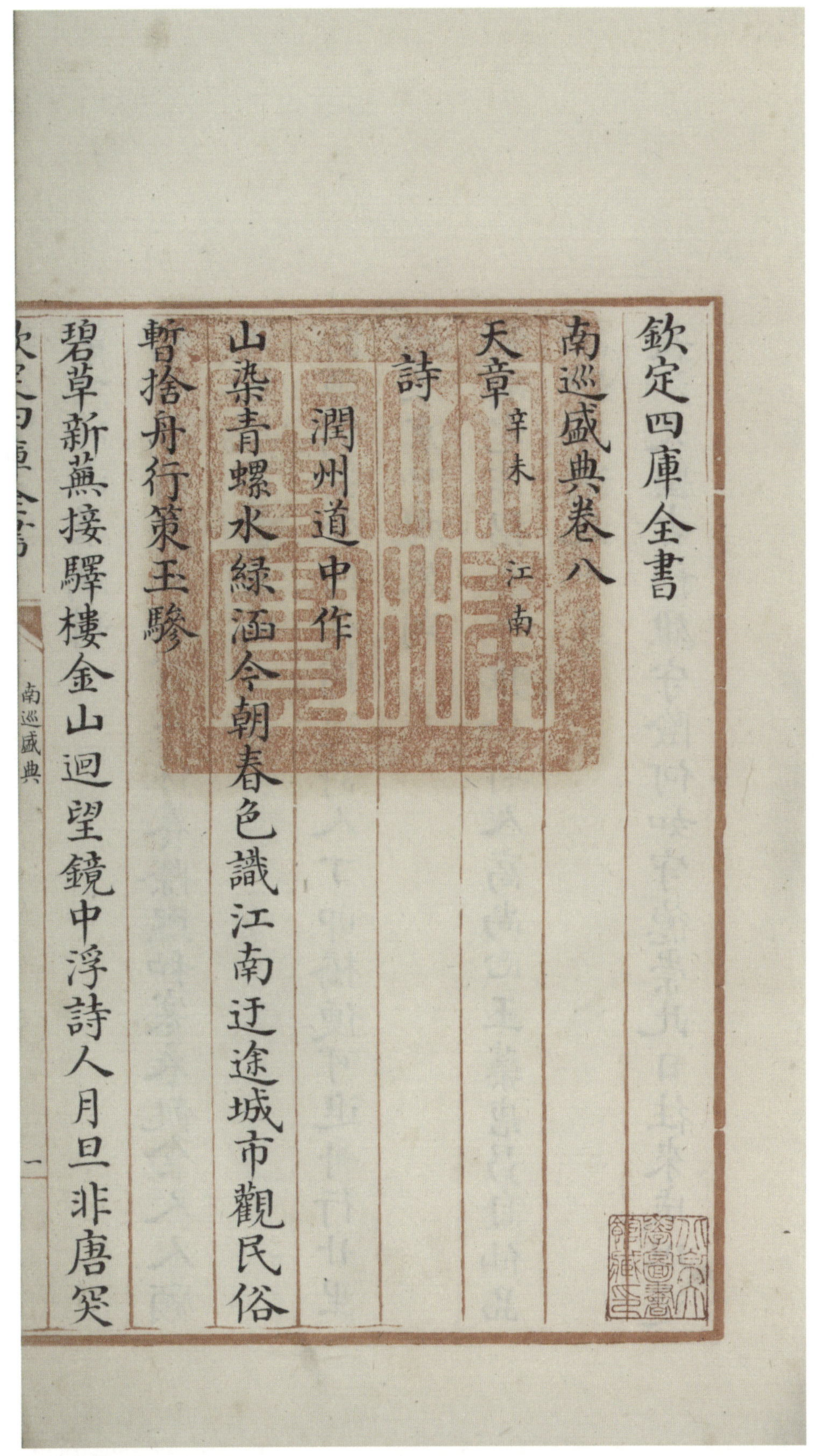
欽定四庫全書
南廵盛典卷八
天章辛未 江南
詩
潤州道中作
山染青螺水緑涵令朝春色識江南迂途城市觀民俗暫捨舟行策玉騶
碧草新蕪接驛樓金山迴望鏡中浮詩人月旦非唐突
欽定四庫全書
南廵盛典 一

南巡盛典一百二十卷　之四

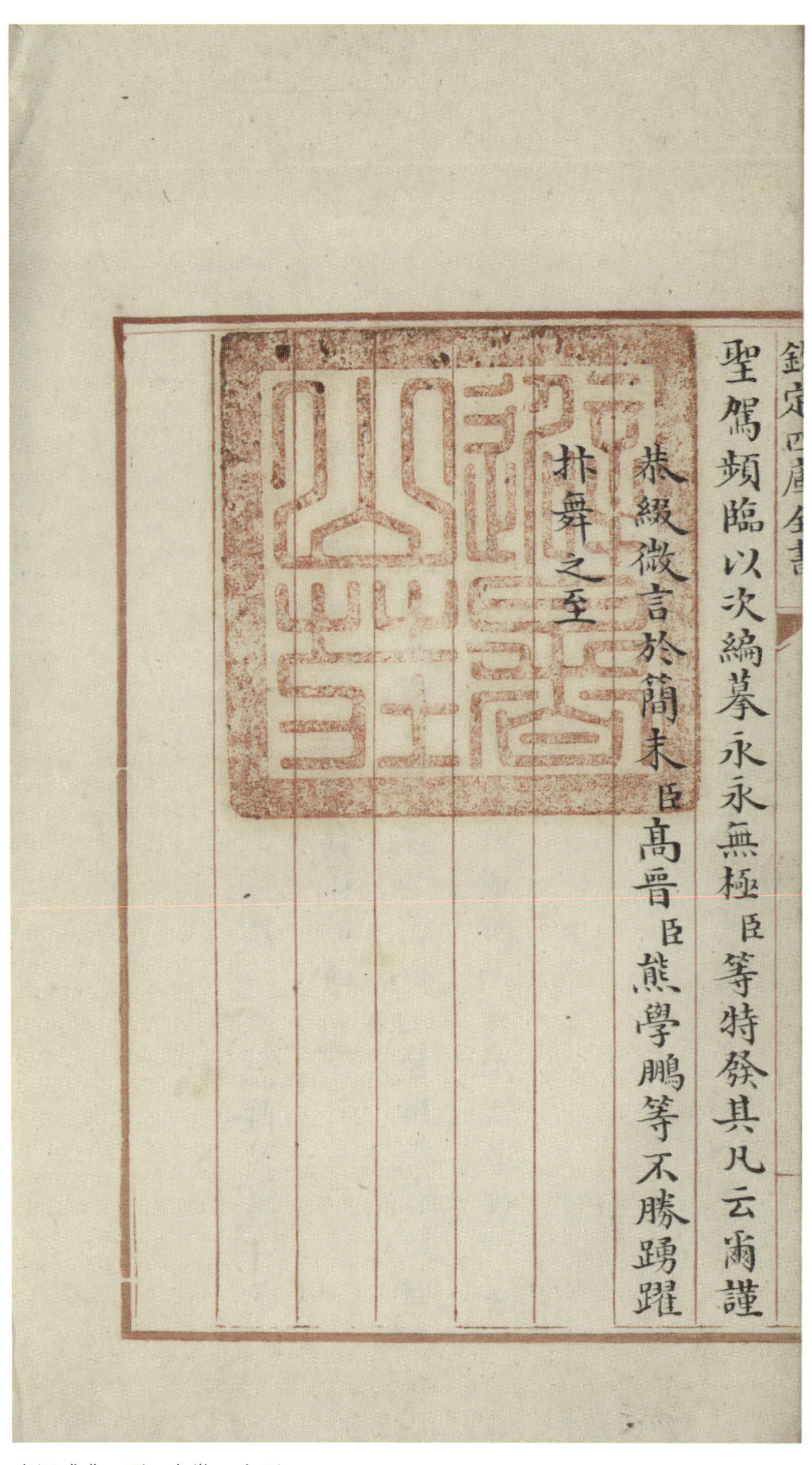

欽定四庫全書

聖駕頻臨以次編摹永永無極臣等特發其凡云爾謹

恭綴微言於簡末臣高晉臣熊學鵬等不勝踴躍

抃舞之至

南巡盛典一百二十卷　之五

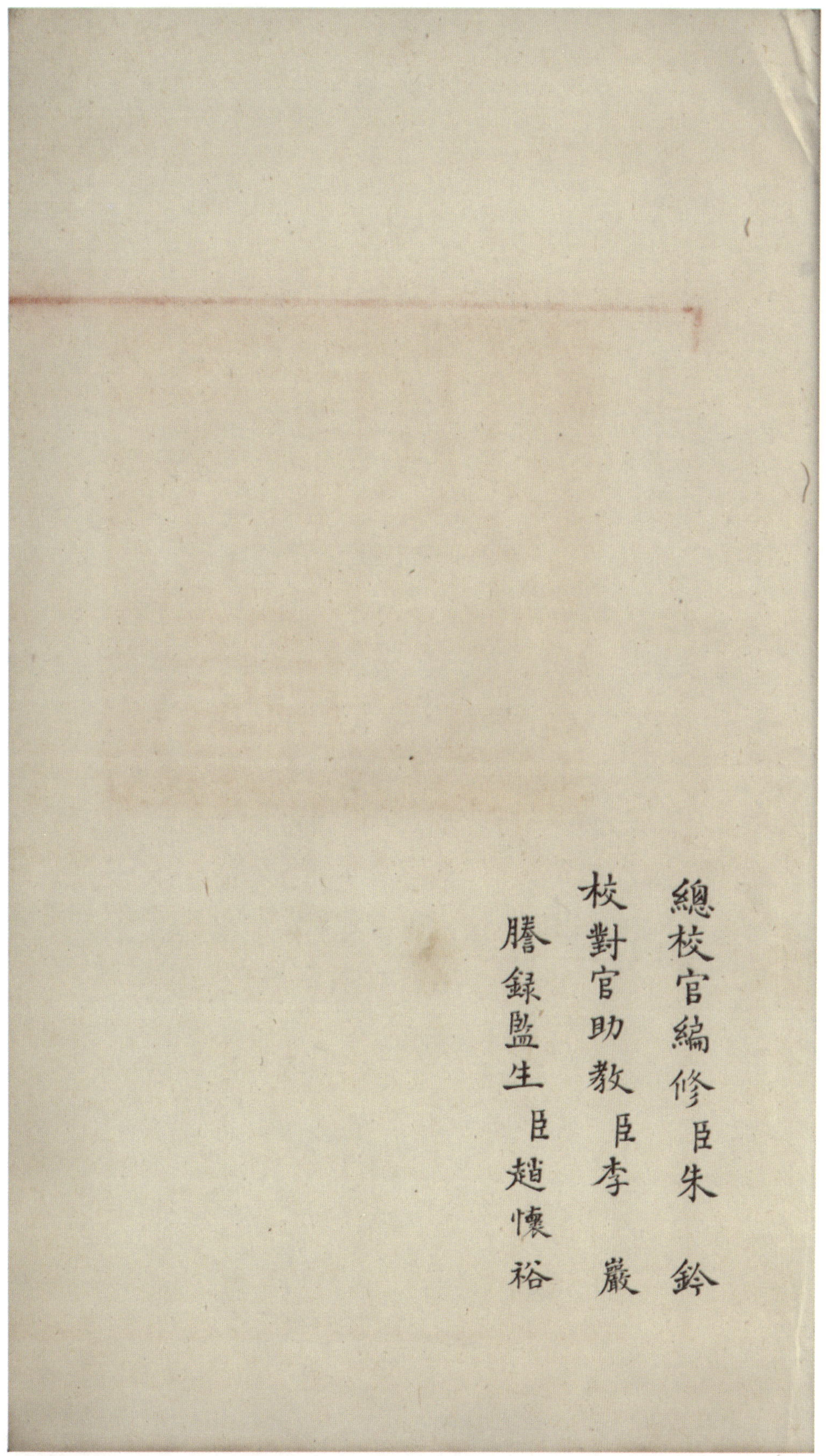
總校官編修臣朱鈐
校對官助教臣李巖
謄録監生臣趙懷裕

南巡盛典一百二十卷　之六

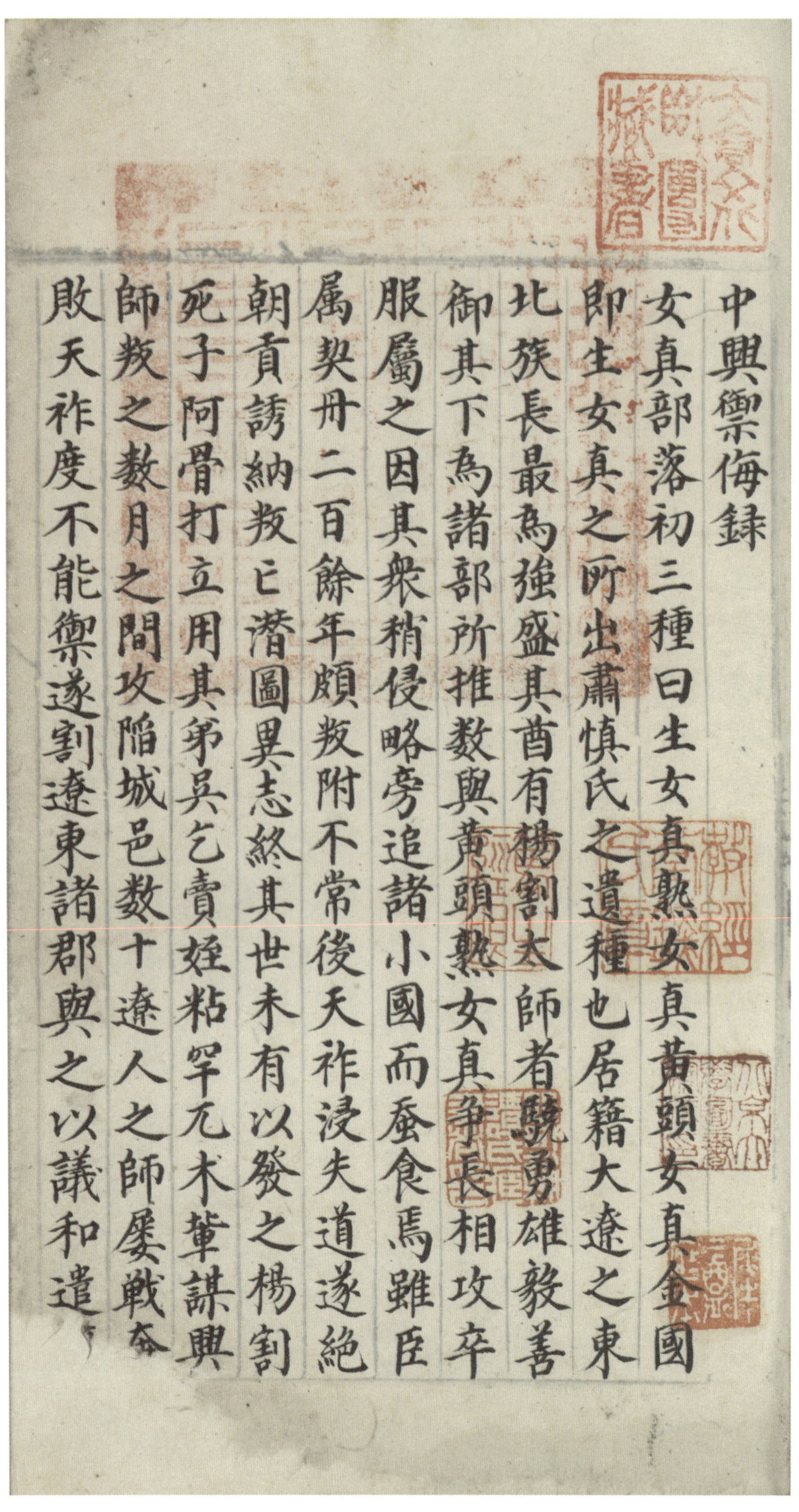

中興禦侮録

女真部落初三種曰生女真熟女真黄頭女真金國即生女真之所出肅慎氏之遺種也居籍大遼之東北族長最爲強盛其酋有楊割太師者驍勇雄毅善御其下爲諸部所推數與黄頭熟女真爭長相攻卒服屬之因其衆稍侵略旁追諸小國而蚕食焉雖臣屬契丹二百餘年頗叛附不常後天祚浸失道遂絶朝貢誘納叛亡潛圖異志終其世未有以發之楊割死子阿骨打立用其弟吴乞賣姪粘罕兀朮輩謀興師叛之數月之間攻陷城邑數十遼人之師屢戰奔敗天祚度不能禦遂割遼東諸郡與之以議和遣

中興禦侮録二卷/一函一册/清鈔本

中興禦侮録二卷　之二

未下者燕京婁城且貫不肯取後[illegible]
遂貽彼笑故使粘罕輩有輕視朝廷南窺中原之意
矣阿骨打立六年卒弟吳乞買立改天輔六年為天
會元年雖謀欲南犯而猶豫未發既得吾叛臣劉彥
宗及契叛臣耶律余覩遂與之謀二人者力勸南朝可
圖仍不必以衆因糧就兵可也宣和七年（時金國天會三年）
果率衆南犯燕山統帥郭藥師首以城叛降遂以連
兵入寇時朝廷久安成平民不知戰一旦倉卒起變
列城無與抗者故使虜衆得以長驅中原攻陷京闕
既邀二帝出疆遂立宰臣張邦昌為偽楚以主中國
地然後完師歸國既聞建炎帝自河北建師入嗣大

中興禦侮録二卷　之三

冊命為東懷國皇帝永為兄弟阿骨打發冊怒曰
懷者乃書称小邦德之義是薄我耳杖其使遣之歸
遂自立為大金國大聖皇帝建元天輔時本朝政和
八年契丹亦天慶八年也始金國起事之初遣使航
海與本朝議夾攻約併有遼國後以五代所陷没燕
舊地盡還中國既得志則背其約朝廷遣使屢請復
言欲得舊與契丹歲賂銀絹数外别取燕城地歲出
租稅百萬緡然後與地仍預借兩歲徽宗不得已悉
從其請所有燕中户口職官偖畜等盡席巻而東朝
廷勞師累年捐金繒数百萬計所得者空地而已初

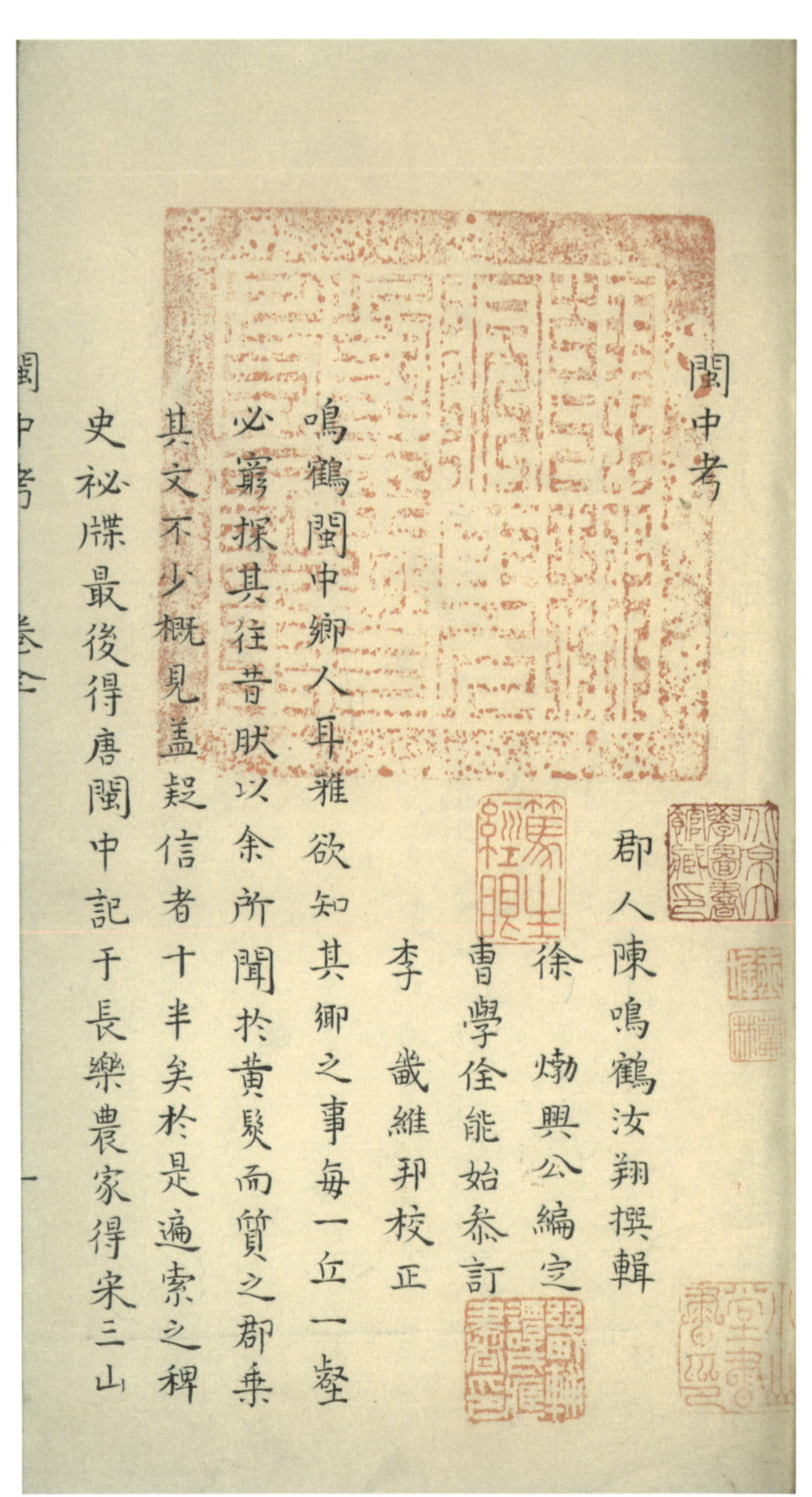

閩中考

郡人陳鳴鶴汝翔撰輯

徐𤊹興公編定

曹學佺能始叅訂

李畿維邦校正

鳴鶴閩中鄉人耳雖欲知其鄉之事每一丘一壑必竆探其往昔肰以余所聞於黄髮而質之郡乘其文不少概見盖疑信者十半矣於是遍索之稗史祕牒最後得唐閩中記于長樂農家得宋三山

閩中考 卷全 一

閩中考一卷/一函一册/清鈔本

閩中考一卷　之二

王黄州小畜集卷一

古賦

藉田賦并序

臣謹按周制孟春之月天子親載耒耜躬耕藉田所以事天地山川社稷先王醴酪粢盛於是乎取之恭之至也自周德下衰禮文殘缺故宣王時有虢公之諫秦皇定霸鮮克由禮漢祖隆興日不暇給孝景始復行焉昭帝弄田亦其義也後漢永平中明帝東巡耕于懷縣非古制焉

王黄州小畜集三十卷/二函十二册/清鈔本

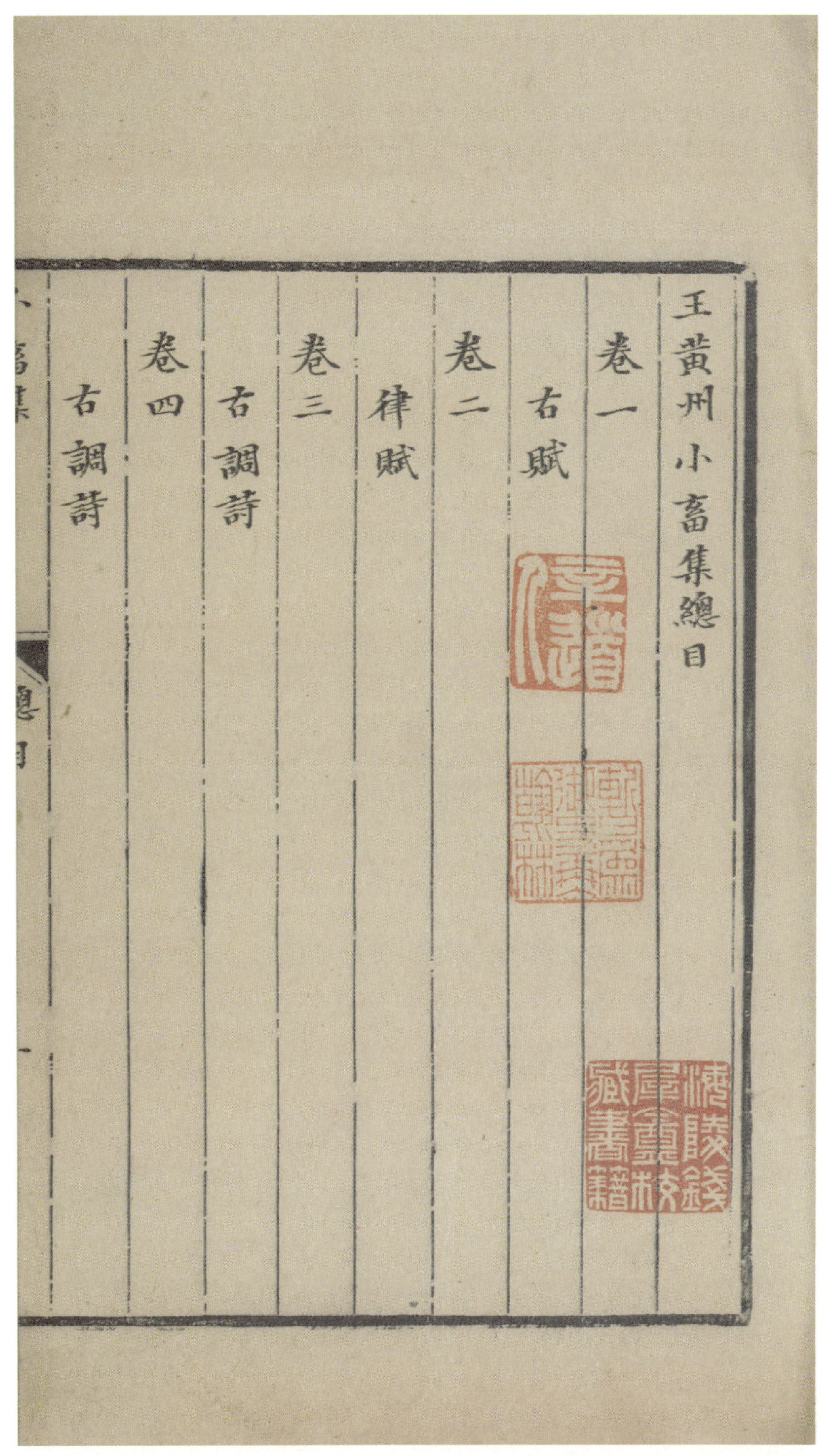
王黃州小畜集總目
卷一
古賦
卷二
律賦
卷三
古調詩
卷四
古調詩

王黃州小畜集三十卷　之二

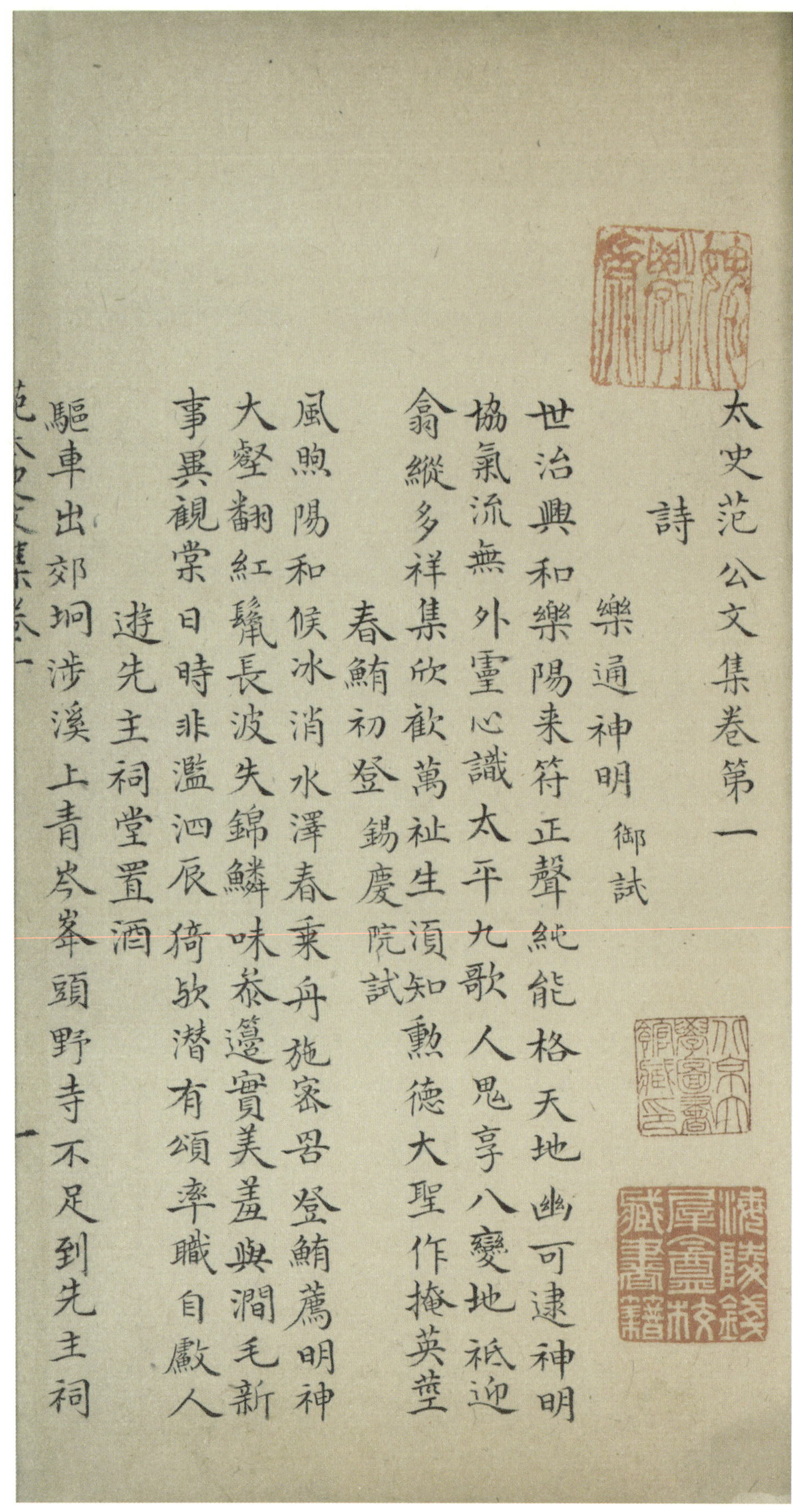
太史范公文集卷第一
詩
樂通神明 御試
世治興和樂陽来符正聲純能格天地幽可逮神明
協氣流無外靈心識太平九歌人鬼享八變地祇迎
翕縱多祥集欣歡萬祉生須知勲德大聖作掩英莖
春鮪初登錫慶院試
風煦陽和候冰消水澤春乘舟施密罟登鮪薦明神
大壑翻紅鬣長波失錦鱗味叅籩實美羞與澗毛新
事異觀棠日時非濫泗辰猗歟潛有頌率職自獻人
遊先主祠堂置酒
驅車出郊坰涉溪上青岑峯頭野寺不足到先主祠

太史范公文集五十五卷/二函十二册/清鈔本

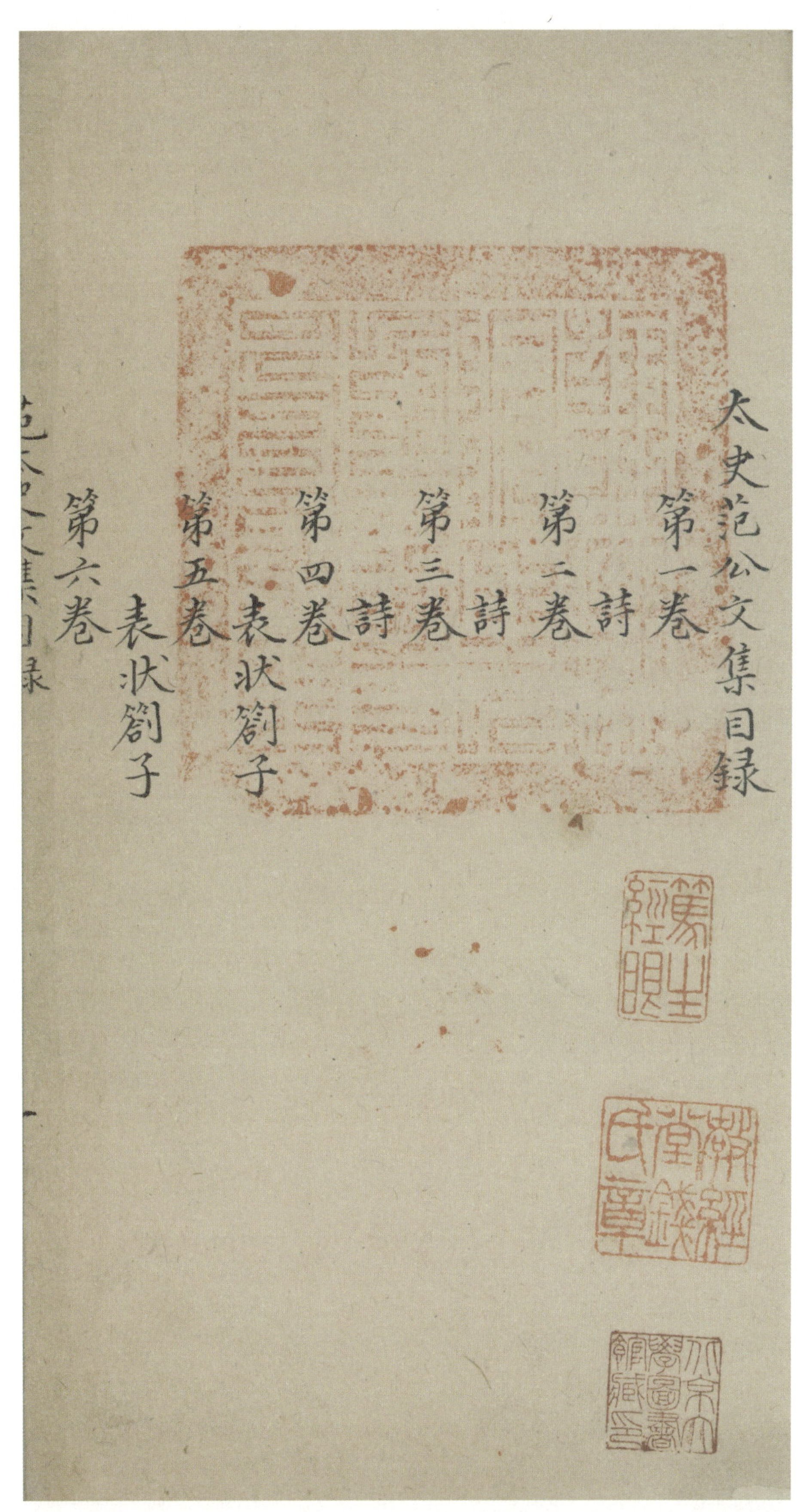

太史范公文集目録

第一卷　詩

第二卷　詩

第三卷　詩

第四卷　表狀劄子

第五卷　表狀劄子

第六卷

太史范公文集五十五卷　之二